revista de derecho público

Allan [...]

I0050291

http://www.allanbrewercarias.com

José Ignacio **HERNÁNDEZ G**, Sub-Director
jihernandezg@cantv.net

Mary **RAMOS FERNÁNDEZ**, Secretaria de Redacción
Maryra77@gmail.com

Revista de Derecho Público
Fundación de Derecho Público

Torre América, PH, Av. Venezuela, Bello Monte, Caracas 1050, Venezuela
Email: fundaciondederechopublico@gmail.com.

Editada por la **Fundación Editorial Jurídica Venezolana**, Avda. Francisco Solano López, Torre Oasis, P.B., Local 4, Sabana Grande, Caracas, Venezuela. Telf. (58) 212 762-25-53/38-42/ Fax. 763-52-39 Apartado N° 17.598 – Caracas, 1015-A, Venezuela.

Email: fejv@cantv.net
Pág. Web: http://www.editorialjuridicavenezolana.com.ve

© 1980, FUNDACIÓN DE DERECHO PÚBLICO/EDITORIAL JURÍDICA VENEZOLANA

Revista de Derecho Público
N° 1 (Enero/marzo 1980)
Caracas.Venezuela

Publicación Trimestral

Hecho Depósito de Ley
Depósito Legal: pp 198002DF847
ISSN: 1317-2719
1. Derecho público–Publicaciones periódicas

Normas para el envío de originales

La Revista de Derecho Público aceptará artículos inéditos en el campo del derecho público. Los artículos deberán dirigirse a la siguiente dirección secretaria@revistadederechopublico.com

Se solicita atender a las normas siguientes:

1. Los trabajos se enviarán escritos a espacio y medio, con una extensión aproximada no mayor de 35 cuartillas tamaño carta.

2. Las citas deberán seguir el siguiente formato: nombre y apellidos del autor o compilador; título de la obra (en letra cursiva); volumen, tomo; editor; lugar y fecha de publicación; número de página citada. Para artículos de revistas u obras colectivas: nombre y apellidos del autor, título del artículo (entre comillas); nombre de la revista u obra colectiva (en letra cursiva); volumen, tomo; editor; lugar y fecha de publicación; número de página citada.

3. En su caso, la bibliografía seguirá las normas citadas y deberá estar ordenada alfabéticamente, según los apellidos de los autores.

4. Todo trabajo sometido deberá ser acompañado de dos resúmenes breves, en español e inglés, de unas 120 palabras cada uno y con una palabras clave (en los dos idiomas)

5. En una hoja aparte, el autor indicará los datos que permitan su fácil localización (N° fax, teléfono, dirección postal y correo electrónico). Además incluirá un breve resumen de sus datos académicos y profesionales.

6. Se aceptarán para su consideración y arbitraje todos los textos, pero no habrá compromiso para su devolución ni a mantener correspondencia sobre los mismos.

La adquisición de los ejemplares de la Revista de Derecho Público puede hacerse en la sede antes indicada de la Fundación Editorial Jurídica Venezolana, o a través de la librería virtual en la página web de la Editorial: http://www.editorialjuridicavenezolana.com

La adquisición de los artículos de la Revista en versión digital puede hacerse a través de la página web de la Revista de Derecho Público: http://www.revistadederechopublico.com

Las instituciones académicas interesadas en adquirir la Revista de Derecho Público mediante canje de sus propias publicaciones, pueden escribir a canje@revistadederechopublico.com

La Revista de Derecho Público se encuentra indizada en la base de datos CLASE (bibliografía de revistas de ciencias sociales y humanidades), Dirección General de Bibliotecas, Universidad Nacional Autónoma de México, LATINDEX (en catálogo, Folio N° 21041), REVENCYT (Código RVR068) y DIALNET (Universidad de la Rioja, España).

Portada: Lilly Brewer (1980)

Diagramado y montaje electrónico de artes finales: Mirna Pinto,
en letra Times New Roman 9,5, Interlineado 10,5, Mancha 20x12.5

Hecho el depósito de Ley
Depósito Legal: DC 2019001934
ISBN Obra Independiente: 978-980-365-477-1
Impreso por: Lightning Source, an INGRAM Content company
para Editorial Jurídica Venezolana International Inc.
Panamá, República de Panamá.
Email: ejvinternational@gmail.com

revista de derecho público

N° 155 - 156

Julio – Diciembre 2018

Director Fundador: Allan R. Brewer-Carías
Editorial Jurídica Venezolana
Fundación de Derecho Público

SUMARIO

ESTUDIOS

Artículos

Comentarios Monográficos

ESTUDIOS

Artículos

El Juez Constitucional en Venezuela y la destrucción del principio democrático representativo

Allan R. Brewer-Carías

Director de la Revista

Resumen: *Desde 1999, en nombre de un supuesto "nuevo constitucionalismo," se comenzó a plantear en Venezuela la pretendida sustitución de la "democracia representativa," que como régimen político el país ha tenido desde 1811, por una supuesta "democracia participativa," basada en el "poder popular," a cuyo efecto, luego de la fracasada reforma constitucional de 2007 que se diseñó para implementarla, ha sido el Juez Constitucional el que ha tratado de implementarla inconstitucionalmente a través de múltiples decisiones, a cuyo estudio se dedica este artículo.*

Palabras Clave: *Democracia representativa. Democracia participativa. Justicia constitucional.*

Abstract: *Since 1999, invoking a supposed "new constitutionalism," in Venezuela began to be formulated a proposal to substitute "representative democracy" that since 1811 as been the political regime of the country, by a supposed "participatory democracy," based on the "popular power," which after the failed constitutional reform of 2007 designed in order to implement it, has unconstitutionally been implemented by the Constitutional tribunal, through multiple rulings, some of which are analyzed in this article.*

Key words: *Representative Democracy. Participatory Democracy. Judicial Review.*

INTRODUCCIÓN

Al hablar del Tribunal Constitucional español, Eduardo García de Enterría lo calificó en su muy conocido libro sobre *La Constitución como Norma y el Tribunal Constitucional*, con razón, como el "comisario del poder constituyente, encargado de defender la Constitución y de velar por que todos los órganos constitucionales conserven su estricta calidad de poderes constituidos."[1]

Por ello, es ciertamente inconcebible, o si se quiere, sería una contradicción intrínseca que un Juez Constitucional pudiera tener como misión la de demoler el Estado de derecho y con ello, destruir las bases del sistema democrático. Sin embargo, después de más de cuarenta años de consolidación de una Justicia Constitucional autónoma e independiente en Venezuela impartida por la antigua Corte Suprema de Justicia,[2] eso fue lo que precisamente ocurrió en el país durante los últimos 20 años, donde la Sala Constitucional del Tribunal Supremo de Justicia, lejos de haber garantizado el Estado social y democrático de derecho y de justicia que quedó plasmado en el texto de la Constitución de 1999, ha sido el más importante instrumento utilizado por el régimen autoritario, ya dictatorial, para demoler sus bases y principios;[3] y ello, además en nombre de un supuesto "nuevo constitucionalismo" latinoamericano.

El inicio de este proceso destructivo que causó la debacle del constitucionalismo democrático y del Estado de derecho en Venezuela, se produjo a partir de la instalación de una Asamblea Nacional Constituyente en 1999, convocada y electa violando la Constitución de 1961. Ese proceso constituyente fue, precisamente, el que sirvió de conejillo de indias y de detonante para que se comenzara a tratar de definir en América Latina un llamado "nuevo constitucionalismo" "insurgente" o "nuevo paradigma constitucional," que luego se expandió hacia Ecuador y Bolivia, y sobre el cual, salvo por algunos de sus ideólogos españoles como Roberto Viciano Pastor y Rubén Martínez Dalmau,[4] en Venezuela, en realidad, muy pocos

---

[1]   Véase E. García de Enterría, *La Constitución como norma y el Tribunal constitucional*, Madrid, 1985, p. 198.

[2]   Véanse todos nuestros trabajos sobre el tema en: Allan R. Brewer-Carías, *Instituciones del Estado democrático de derecho. Constitución de 1961*, Colección Tratado de Derecho Constitucional, Tomo IV, Caracas 2015, 1180 pp.; *Derechos y garantías constitucionales en la Constitución de 1961 (La Justicia Constitucional),* Colección Tratado de Derecho Constitucional, Tomo V Caracas 2015, 1022 pp.

[3]   Sobre el tema nos hemos ocupado desde hace unos años. Véase por ejemplo: Allan R. Brewer-Carías, "El juez constitucional al servicio del autoritarismo y la ilegítima mutación de la Constitución: el caso de la Sala Constitucional del Tribunal Supremo de Justicia de Venezuela (1999-2009)", en *Revista de Administración Pública*, N° 180, Madrid 2009, pp. 383-418; "La ilegítima mutación de la Constitución por el juez constitucional y la demolición del Estado de derecho en Venezuela," en *Revista de Derecho Político*, N° 75-76, Homenaje a Manuel García Pelayo, Universidad Nacional de Educación a Distancia, Madrid 2009, pp. 289-325.

[4]   Véase un resumen de sus planteamientos en Roberto Viciano Pastor y Rubén Martínez Dalmau, "Los procesos constituyentes latinoamericanos y el nuevo paradigma constitucional," en *Revista del Instituto de Ciencias Jurídicas de Puebla, IUS*, N° 25, Verano 2010, Puebla, pp. 8-29, y la bibliografía allí citada; Roberto Viciano Pastor y Rubén Martínez Dalmau, "Aspectos generales del nuevo constitucionalismo latinoamericano," en la publicación de la Corte Constitucional de Ecuador para el Período de Transición, *El Nuevo Constitucionalismo en América Latina*, Memorias del encuentro internacional El nuevo constitucionalismo: desafíos y retos para el siglo XXI, Quito 2010, pp. 9-44; y Francisco Palacios Romeo, *Nuevo constitucionalismo participativo en Latinoamérica. Una propuesta frente a la crisis del Behemoth Occidental,* Thomson-Reuters-Aranzadi, Navarra 2012, pp. 255 pp. Roberto Viciano Pastor estuvo en Venezuela en 1998 y fue asesor "se-

trataron de fundamentar sobre algunas bases "teóricas" lo que en la práctica fue una monu-
mental destrucción guiada posteriormente por el Juez Constitucional.[5] Entre la escasa bibliografía venezolana puede mencionarse, sin embargo, una Tesis "secreta" de doctorado presentada en la Universidad de Zaragoza precisamente por una magistrada del Tribunal Supremo
de Justicia de Venezuela,[6] bajo la dirección de Francisco Palacios Romeo,[7] quien fue otro de
los profesores españoles, que propugnaron en Venezuela el "nuevo constitucionalismo."[8]

---

creto" de la Asamblea Constituyente en 1999, a requerimiento de la cual, según informó, dirigió a
la misma un "Dictamen sobre el Anteproyecto de Constitución" del cual que muchos Constituyentes nunca supimos. Véase lo que indicó en Roberto Viciano Pastor, "Presentación," en Asdrúbal
Aguiar, *Revisión Crítica de la Constitución Bolivariana*, Libros El Nacional, Caracas 2000, p. 5.

[5] Todos mis estudios sobre las sentencias dictadas por la Sala Constitucional en Venezuela, además
de los publicados en la *Revista de Derecho Público*, Editorial Jurídica Venezolana, Caracas; pueden consultarse en los siguientes libros: Allan R. Brewer-Carías, *Golpe de Estado y proceso constituyente en Venezuela*, Universidad Nacional Autónoma de México, México 2002, 405 pp.; *La
Sala Constitucional versus el Estado democrático de derecho. El secuestro del poder electoral y
de la Sala Electoral del Tribunal Supremo y la confiscación del derecho a la participación política*, Los Libros de El Nacional, Colección Ares, Caracas 2004, 172 pp.; *Crónica sobre la "In" Justicia Constitucional. La Sala Constitucional y el autoritarismo en Venezuela*, Caracas 2007; *Práctica y distorsión de la Justicia Constitucional en Venezuela (2008-2012)*, Colección Justicia Nº 3,
Acceso a la Justicia, Academia de Ciencias Políticas y Sociales, Universidad Metropolitana, Editorial Jurídica Venezolana, Caracas 2012, 520 pp.; *El golpe a la democracia dado por la Sala Constitucional (De cómo la Sala Constitucional del Tribunal Supremo de Justicia de Venezuela impuso
un gobierno sin legitimidad democrática, revocó mandatos populares de diputada y alcaldes, impidió el derecho a ser electo, restringió el derecho a manifestar, y eliminó el derecho a la participación política, todo en contra de la Constitución)*, Colección Estudios Políticos Nº 8, Editorial
Jurídica venezolana, Caracas 2014, 354 pp.; segunda edición, (Con prólogo de Francisco Fernández Segado), 2015, 426 pp.; *La patología de la Justicia Constitucional*, Tercera edición ampliada,
Fundación de Derecho Público, Editorial Jurídica Venezolana, 2014, 666 pp.; *estado totalitario y
desprecio a la ley. La desconstitucionalización, desjuridificación, desjudicialización y desdemocratización de Venezuela*, Fundación de Derecho Público, Editorial Jurídica Venezolana, 2014,
532 pp.; segunda edición, (Con prólogo de José Ignacio Hernández), Caracas 2015, 542 pp.; *La
ruina de la democracia. Algunas consecuencias. Venezuela 2015*, (Prólogo de Asdrúbal Aguiar),
Colección Estudios Políticos, Nº 12, Editorial Jurídica Venezolana, Caracas 2015, 694 pp.; 172.
*La dictadura judicial y la perversión del Estado de derecho. El juez constitucional y la destruc-
ción de la democracia en Venezuela* (Prólogo de Santiago Muñoz Machado), Ediciones El Cronista, Fundación Alfonso Martín Escudero, Editorial IUSTEL, Madrid 2017, 608 pp.; *La consolidación de la tiranía judicial. El Juez Constitucional controlado por el Poder Ejecutivo, asumiendo el
poder absoluto*, Colección Estudios Políticos, Nº 15, Editorial Jurídica Venezolana International.
Caracas / New York, 2017, 238 pp.

[6] Se trata de la Tesis de doctorado presentada en la Universidad de Zaragoza por la magistrada del
Tribunal Supremo de Justicia, Sra. Gladys Gutiérrez Alvarado en 2011, sobre el tema "*El nuevo
paradigma constitucional latinoamericano. Dogmática social extensa y nueva geometría del poder. Especial mención a la Constitución de Venezuela (1999).*" La Tesis, sin embargo, tal como
aparece en la información oficial de las tesis doctorales de España (TESEO), "no autoriza consulta," por lo que para poder tener acceso a la misma tuve que agotar el procedimiento administrativo
de transparencia para acceder a los documentos públicos, habiendo sido finalmente formalmente autorizado para la consulta por la Universidad de Zaragoza. en junio de 2018. Véase al respecto
*Allan R. Brewer-Carías, La Justicia Constitucional, la demolición del Estado democrático en Ve-
nezuela en nombre de un "nuevo constitucionalismo", y una Tesis "secreta" de doctorado en la Universidad de Zaragoza*. Ponencia preparada para el Seminario sobre: "El papel de la Justicia Constitucional en los procesos de asentamiento del Estado democrático en Iberoamérica," Universidad
Carlos III de Madrid, octubre 2018, Editorial Jurídica Venezolana International, octubre 2018.

La consulta de dicha Tesis "secreta" así como la lectura de los trabajos de los profesores españoles que promovieron el nuevo constitucionalismo me permitió encontrar muchas respuestas explicativas sobre las sentencias dictadas por el Juez Constitucional bajo las orientaciones de los principios del "nuevo paradigma constitucional," así como infinidad de contradicciones entre algunos aspectos expuestos en los trabajos teóricos y las ejecutorias de la Sala Constitucional del Tribunal Supremo de Justicia en Venezuela para desmontar el Estado democrático de derecho.

Nuestra intención en este trabajo es destacar algunas de las sentencias dictadas por el Juez Constitucional en Venezuela específicamente destinadas a la destrucción del principio democrático representativo; para lo cual, antes haremos algunas precisiones tanto sobre al régimen teórico de la Justicia Constitucional establecido en la Constitución de 1999, como sobre algunos principios del "nuevo constitucionalismo," para convertirla en el instrumento de destrucción del Estado democrático.

I.   LA CONSTITUCIÓN VENEZOLANA DE 1999 Y LA JUSTICIA CONSTITUCIO-NAL

La Constitución Venezolana de 1999 fue sancionada por una Asamblea Nacional Constituyente la cual aun cuando mal convocada y mal estructurada, después de una consulta popular y de haber sido electos sus miembros, sancionó el Texto constitucional, habiendo sido sometido a la aprobación del pueblo como poder constituyente originario, lo cual ocurrió mediante referendo del 15 de diciembre de 1999.[9]

---

[7]   Véase Francisco Palacios Romeo, *Nuevo constitucionalismo participativo en Latinoamérica. Una propuesta frente a la crisis del Behemoth Occidental*, Thomson-Reuters-Aranzadi, Navarra 2012, 255 pp.; y sus estudios: "La lucha por la Constitución: una dialéctica entre Agora y Fórum (con epítome sobre nuevo constitucionalismo latinoamericano)," en *Constitucionalismo crítico. Liber amicorum Carlos de Cabo Martín* (García Herrera, M., Asensi Sabater, J. y Balaguer Callejón, F., coordinadores) 2ª edición, Tirant Lo Blanch, Valencia 2016, pp. 1315-1366; "La reivindicación de la polis: crisis de la representación y nuevas estructuras constitucionales de deliberación y participación en Latinoamérica," en *Materiales sobre neoconstitucionalismo y nuevo constitucionalismo latinoamericano* (C. Storini y J. Alenza, directores), Thomson Reuters Aranzadi, Navarra 2012, pp. 147-241; "Quiebra del Estado social-aleatorio, constitucionalización material del Estado social y apertura de un nuevo sistema comunitario," en *Estudios sobre la Constitución de la República Bolivariana de Venezuela. X Aniversario* (F. Palacios y D. Velázquez, coordinadores), Procuraduría General de la República, Caracas 2009, pp. 87-138; y "La ruptura Constitucional del Estado precario: los derechos sociales en el nuevo constitucionalismo iberoamericano. La especificidad del modelo venezolano," en *Agora, Revista de Ciencias Sociales*, vol. 14 (monográfico), Fundación C.E.P.S., 2006, pp. 85-124.

[8]   Para ello el profesor Palacios fue contratado por el gobierno de Venezuela, habiendo asesorado entre 2001 y 2008, tanto a la Presidencia de la República como a la Procuraduría General de la República cuando era Procuradora precisamente la tesista, quien por tanto había sido la contratante directa de su Director de la Tesis. Véase sobre ello la información en la "hoja de vida" del profesor Palacios R. publicada en: https://redestudioscomparadosdfshh.files.wordpress.com/2017/02/cv-francisco-palacios-romeo.pdf. Véase igualmente la información en el reportaje de Maye Primera, "Asesores constituyentes. Juristas y politólogos españoles colaboraron con el Ejecutivo bolivariano de Venezuela," en *El País*, Madrid 17 de junio de 2014, en https://elpais.com/politica/ 2014/ 06/18/actualidad/1403055722_556213.html?rel=mas.

[9]   Véase sobre la Constitución de 1999, Allan R. Brewer-Carías, *La Constitución de 1999. Derecho Constitucional Venezolano*, Editorial Jurídica Venezolana, Caracas 2004, 2 vols.

La Constitución formuló la promesa de conformar un Estado Democrático y Social de derecho y de Justicia, con forma Federal y descentralizada, sobre la base de tres pilares político-constitucionales fundamentales, sobre los cuales puede decirse, retrospectivamente, que ninguno de ellos llegó a estructurarse realmente,[10] pues todos fueron traicionados: *primero*, un sistema de control del Poder Público mediante su separación horizontal y su distribución vertical;[11] *segundo*, un sistema político de gobierno democrático, de democracia representativa y participativa, que debía asegurar la legitimidad democrática de la elección directa e indirecta de los titulares de los órganos del Poder Público;[12] y *tercero*, un sistema económico de economía mixta conforme a principios de justicia social, basado en el principio de la libertad como opuesto al de economía dirigida,[13] con la participación de la iniciativa privada y del propio Estado como promotor del desarrollo económico y regulador de la actividad económica.

Yo mismo contribuí a la redacción de aquella Constitución como miembro independiente que fui de la Asamblea, –formando junto con otros tres miembros la exigua minoría opositora de cuatro constituyentes en una Asamblea de 161 miembros, totalmente dominada por los seguidores del entonces Presidente Hugo Chávez–; y puedo afirmar que transcurridas ya casi dos décadas desde que se sancionó, las promesas básicas insertas en su texto no se han cumplido, ninguno de los derechos básicos respecto de la Constitución se han respetado, pudiendo considerársela hoy en día como la muestra más vívida en el constitucionalismo contemporáneo, de una Constitución que ha sido violada y vulnerada desde antes incluso de

---

[10] Véase sobre esto Allan R. Brewer-Carías, *Estado totalitario y desprecio a la ley. La desconstitucionalización, desjuridificación, desjudicialización y desdemocratización de Venezuela*, Fundación de Derecho Público, (Con prólogo de José Ignacio Hernández), Editorial Jurídica Venezolana, Caracas 2015, 542 pp.

[11] Véase sobre esto Allan R. Brewer-Carías, "Los problemas del control del poder y el autoritarismo en Venezuela", en Peter Häberle y Diego García Belaúnde (Coordinadores), *El control del poder. Homenaje a Diego Valadés*, Instituto de Investigaciones Jurídicas, Universidad Nacional Autónoma de México, Tomo I, México 2011, pp. 159-188.

[12] Véase sobre esto Allan R. Brewer-Carías, "La necesaria revalorización de la democracia representativa ante los peligros del discurso autoritario sobre una supuesta "democracia participativa" sin representación," en *Derecho Electoral de Latinoamérica. Memoria del II Congreso Iberoamericano de Derecho*, Bogotá, 31 agosto-1 septiembre 2011, Consejo Superior de la Judicatura, ISBN 978-958-8331-93-5, Bogotá 2013, pp. 457-482. Véase, además, el texto de la Ponencia: "La democracia representativa y la falacia de la llamada "democracia participativa," *Congreso Iberoamericano de Derecho Electoral*, Universidad de Nuevo León, Monterrey, 27 de noviembre 2010.

[13] Véase sobre la Constitución Económica, lo que hemos expuesto en Allan R. Brewer-Carías, *La Constitución de 1999. Derecho Constitucional Venezolano*, Tomo II, Editorial Jurídica venezolana, Caracas 2004 pp. 53 ss.; y en "Reflexiones sobre la Constitución Económica" en *Estudios sobre la Constitución Española. Homenaje al Profesor Eduardo García de Enterría*, Madrid, 1991, pp. 3.839 a 3.853. Véase, además, Henrique Meier, "La Constitución económica", en *Revista de Derecho Corporativo*, Vol. 1, Nº 1. Caracas, 2001, pp. 9-74; Dagmar Albornoz, "Constitución económica, régimen tributario y tutela judicial efectiva", en *Revista de Derecho Constitucional*, Nº 5 (julio-diciembre), Editorial Sherwood, Caracas, 2001, pp. 7-20; Ana C. Núñez Machado, "Los principios económicos de la Constitución de 1999", en *Revista de Derecho Constitucional*, Nº 6 (enero-diciembre), Editorial Sherwood, Caracas, 2002, pp. 129-140; Claudia Briceño Aranguren y Ana C. Núñez Machado, "Aspectos económicos de la nueva Constitución", en *Comentarios a la Constitución de la República Bolivariana de Venezuela*, Vadell Hermanos, Editores, Caracas, 2000, pp. 177 y ss.

que fuera publicada.[14] Y lo más grave es que todos los temores que advertí sobre la misma antes de su aprobación popular, lamentablemente se cumplieron, sucediendo lo que incluso Roberto Viciano Pastor, sin quererlo, en 2000 vaticinó que podría ocurrir, que "la Constitución de 1999 será papel mojado y, como tal, inútil desde su primera frase."[15] Y así ha sido, lamentablemente.

En diciembre de 1999, en efecto, en la campaña del referendo aprobatorio de la Constitución, fundamenté mi propuesta por el voto "No" considerando que el proyecto de Constitución debía ser rechazado "por estar concebido para el *autoritarismo, el paternalismo estatal, el populismo y el estatismo insolvente*," expresando en un documento intitulado "Razones por el Voto 'No' de 30 de noviembre de 1999".[16] A mis advertencias sobre el sesgo autoritario de la Constitución, que incluso había formulado desde 1998 cuando se pretendía convocar la Asamblea Constituyente violentando la Constitución de 1961,[17] es muy posible que haya sido a lo que se refirió el mismo Roberto Viciano Pastor en 2000, como "asesor" secreto que fue de la Asamblea Constituyente, en la Presentación que le hizo a un libro de Asdrúbal Aguiar, al advertir sobre "la voz de alarma acerca de un supuesto peligro que se cernía por el probable resultado autoritario de los trabajos de la Asamblea Constituyente," expresados según expresó, en "libelos que –dicho sea al margen– nadie ahora recuerda o quiere recordar."[18]

Lamentablemente, ante la tragedia que veinte años después resultó de aquél proceso constituyente de 1999, todos tendremos que recordar aquellos "libelos," y con más culpa, quienes no quisieron atenderlos ni entenderlos.

Y lo cierto fue que ni siquiera fue necesario esperar que la Constitución, una vez aprobada por el pueblo popularmente el 15 de diciembre de 1999, fuera publicada (lo que ocurrió el 30 de diciembre de 1999), para que a los pocos días, precisamente el 20 de diciembre de 1999 comenzara a ser violada, al haber decretado la Asamblea Constituyente, la cual ya había concluido sus funciones, un supuesto "Régimen Transitorio" no aprobado por el pueblo el cual se aplicó por varios lustros, configurándose como un golpe de Estado contra la Constitución.[19]

---

[14]   Véase lo que hemos expuesto en Allan R. Brewer-Carías, "La traición a la Constitución: el desmontaje del Estado de derecho por el Juez Constitucional en Venezuela," en *Revista de Derecho Público*, N° 145-146, (enero-junio 2016), Editorial Jurídica Venezolana, Caracas 2016, pp. 23-48.

[15]   Véase Roberto Viciano Pastor, "Presentación," en Asdrúbal Aguiar, *Revisión Crítica de la Constitución Bolivariana*, Libros El Nacional, Caracas 2000, p. 6.

[16]   Véase "Razones por el Voto NO" en el referéndum sobre la Constitución (texto de fecha 30-11-99)," publicado en Allan R. Brewer-Carías, *Debate Constituyente (Aportes a la Asamblea Nacional Constituyente)* Tomo III (18 octubre - 30 noviembre 1999), Fundación de Derecho Público, Editorial Jurídica Venezolana, Caracas 2001, pp. 340-341.

[17]   Véase Allan R. Brewer-Carías, *Asamblea Constituyente y ordenamiento constitucional,* Serie Estudios N° 53, Biblioteca de la Academia de Ciencias Políticas y Sociales, Caracas 1999, 328 pp.

[18]   Véase Roberto Viciano Pastor, "Presentación," en Asdrúbal Aguiar, *Revisión Crítica de la Constitución Bolivariana*, Libros El Nacional, Caracas 2000, p. 4.

[19]   Véase Allan R. Brewer-Carías, *Golpe de Estado y proceso constituyente en Venezuela*, Universidad nacional Autónoma de México, México 2002. A ello se sumaron diversas "modificaciones" o "reformas" al texto introducidas con ocasión de "correcciones de estilo" para su publicación lo que ocurrió el 30 de diciembre de 1999. Véase Allan R. Brewer-Carías, "Comentarios sobre la ilegítima "Exposición de Motivos" de la Constitución de 1999 relativa al sistema de justicia constitucional", en la *Revista de Derecho Constitucional*, N° 2, Enero-Junio 2000, Caracas 2000, pp. 47-59.

Ese fue el origen de un régimen constitucional que en definitiva fue establecido para no ser cumplido, configurándose como una gran mentira desde su inicio,[20] en particular por lo que se refiere al establecimiento de un régimen político democrático representativo y participativo, que no ocurrió; al establecimiento de un Estado democrático de derecho y de justicia, fundamentado en el principio de la separación de poderes, lo cual no sucedió; a la consolidación de un Estado federal descentralizado, que al contrario fue una forma estatal que se abandonó; y al establecimiento de un Estado social, que no pasó de ser una vana ilusión propagandista, habiendo solo adquirido la deformada faz de un Estado populista para en definitiva empobrecer y hacer dependiente de una burocracia gigante e ineficiente a las personas de menos recursos, que hoy ya son casi todos los habitantes del país, que sufren las mismas carestías.[21]

La Constitución, sin embargo, en su texto, en contraste con lo que ocurrió, incorporó todos los principios imaginables del constitucionalismo democrático moderno, y entre todos, el de la supremacía constitucional formalmente expresado en su artículo 7 (*"La Constitución es la norma suprema y el fundamento del ordenamiento jurídico. Todas las personas y los órganos que ejercen el Poder Público están sujetos a esta Constitución"*), lo que implica que la Constitución debe prevalecer sobre la voluntad de todos los órganos constituidos del Estado, incluyendo el Juez Constitucional, por lo que su modificación sólo puede llevarse a cabo conforme se dispone en su propio texto, como expresión-imposición de la voluntad popular producto de ese poder constituyente originario.

La contrapartida de la obligación de los órganos constituidos de respetar la Constitución, de manera que el poder constituyente originario prevalezca sobre la voluntad de los órganos estatales constituidos, es el derecho constitucional que todos los ciudadanos tienen en un Estado Constitucional, a que se respete la voluntad popular expresada en la Constitución, es decir, *el derecho fundamental a la supremacía constitucional*.[22] Nada se ganaría con señalar que la Constitución, como manifestación de la voluntad del pueblo, debe prevalecer sobre la de los órganos del Estado, si no existiere el derecho de los integrantes del pueblo de exigir el respeto de esa Constitución, y además, la obligación de los órganos jurisdiccionales de velar por dicha supremacía.[23]

La supremacía de la Constitución, por otra parte, formalmente está asegurada en el propio texto constitucional al establecerse su carácter rígido, previéndose la necesaria e indispensable intervención popular para efectuar cualquier modificación o reforma a la Constitución;[24] y además, de todo un completísimo sistema de Justicia Constitucional para garantizar

---

[20]   Véase sobre esto Allan R. Brewer-Carías, *La mentira como política de Estado. Crónica de una crisis política permanente. Venezuela 1999-2015* (Prólogo de Manuel Rachadell), Colección Estudios Políticos, Nº 10, Editorial Jurídica Venezolana, Caracas 2015, 478 pp.

[21]   Ello ya lo habíamos advertido antes en Allan R. Brewer-Carías, *Reflexiones sobre el constitucionalismo en América*, Editorial Jurídica Venezolana, Caracas 2001.

[22]   Véase Allan R. Brewer-Carías, "El amparo a los derechos y libertades constitucionales (una aproximación comparativa)" en Manuel José Cepeda (editor), *La Carta de Derechos. Su interpretación y sus implicaciones*, Editorial Temis, Bogotá 1993, pp. 21-81.

[23]   Véase, por ejemplo, Jesús María Alvarado Andrade, "Prólogo" al libro de Allan R. Brewer-Carías, *Derecho Procesal Constitucional*, tercera edición, Editorial Jurídica Venezolana, Caracas, 2014. pp. 13-58.

[24]   En el texto se distinguen tres procedimientos diferentes para la reforma de la Constitución: la Reforma constitucional, la Enmienda constitucional y la Asamblea Nacional Constituyente. (artículo 340-47), correspondiendo al pueblo como "poder constituyente derivado" aprobar por refe-

dicha supremacía, de carácter mixto o integral, que combina el llamado método difuso con el método concentrado de control de constitucionalidad.[25]

En esa forma, la garantía de la supremacía constitucional se consagró formalmente, en primer lugar, mediante la asignación a todos los jueces de la República, en el ámbito de sus respectivas competencias y conforme a lo previsto en la Constitución y en la ley, de la obligación "de asegurar la integridad de la Constitución" (art. 334); en segundo lugar, además, mediante la asignación al Tribunal Supremo de Justicia en Sala Constitucional, es decir, a la Jurisdicción Constitucional (arts. 266,1 y 336), de la tarea de garantizar como "máximo y último intérprete de la Constitución," la "supremacía y efectividad de las normas y principios constitucionales," así como de velar "por su uniforme interpretación y aplicación" (art. 335); asignándole en concreto el control concentrado de la constitucionalidad de las leyes y demás actos estatales de rango legal, con poderes para anularlos con efectos *erga omnes*, al decidir, entre otras, la acción popular de inconstitucionalidad (art. 336); y además, en habérsele otorgado a todos los jueces de la República el carácter de jueces constitucionales en materia de amparo a los derechos y garantías constitucionales (art. 27).

Conforme a estas previsiones,[26] que son difíciles de encontrar juntas en otros sistemas constitucionales, en cuanto a la Sala Constitucional del Tribunal Supremo de Justicia de Venezuela como Jurisdicción Constitucional, la misma es, sin duda, el instrumento más poderoso diseñado para garantizar la supremacía de la Constitución y el Estado de Derecho,

---

rendo tanto la Enmienda como la Reforma Constitucional, o la convocatoria a Asamblea Nacional Constituyente. Véase Allan R. Brewer-Carías, "La intervención del pueblo en la revisión constitucional en América latina", en *El derecho público a los 100 números de la Revista de Derecho Público 1980-2005*, Editorial Jurídica Venezolana, Caracas 2006, pp. 41-52.

[25] En cuanto a nuestros trabajos sobre el tema, véase Allan R. Brewer-Carías, véase Allan R. Brewer-Carías, *Judicial Review in Comparative Law*, Cambridge University Press, Cambridge, 1989; *El sistema mixto o integral de control de la constitucionalidad en Colombia y Venezuela*, Universidad Externado de Colombia (Temas de Derecho Público N° 39) y Pontificia Universidad Javeriana (*Quaestiones Juridicae* N° 5), Bogotá 1995; publicado también en *Revista Tachirense de Derecho*, Universidad Católica del Táchira, N° 5-6, San Cristóbal, enero-diciembre 1994, pp. 111-164; en *Anuario de Derecho Constitucional Latinoamericano*, Fundación Konrad Adenauer, Medellín-Colombia 1996, pp. 163-246; y en G. J. Bidart Campos y J. F. Palomino Manchego (Coordinadores), *Jurisdicción Militar y Constitución en Iberoamérica, Libro Homenaje a Domingo García Belaúnde*, Instituto Iberoamericano de Derecho Constitucional (Sección Peruana), Lima 1997, pp. 483-560; *El Sistema de Justicia Constitucional en la Constitución de 1999: Comentarios sobre su desarrollo jurisprudencial y su explicación a veces errada, en la Exposición de Motivos*, Editorial Jurídica Venezolana, Caracas, 2000; *Justicia Constitucional, Tomo VII, Instituciones Políticas y Constitucionales*, Editorial Jurídica Venezolana, Caracas, 1996; "La Justicia Constitucional en la Nueva Constitución" en *Revista de Derecho Constitucional*, N° 1, Septiembre-Diciembre 1999, Editorial Sherwood, Caracas, 1999, pp. 35-44; Allan R. Brewer-Carías, "La justicia constitucional en la Constitución de 1999", en *Derecho Procesal Constitucional*, Colegio de Secretarios de la Suprema Corte de Justicia de la Nación, A.C., Editorial Porrúa, México 2001, pp. 931-961; publicado también en *Reflexiones sobre el Constitucionalismo en América*, Editorial Jurídica Venezolana, Caracas, 2001, pp. 255-285; "Instrumentos de justicia constitucional en Venezuela (acción de inconstitucionalidad, controversia constitucional, protección constitucional frente a particulares)", en Juan Vega Gómez y Edgar Corzo Sosa (Coordinadores) *Instrumentos de tutela y justicia constitucional Memoria del VII Congreso Iberoamericano de Derecho Constitucional*, Instituto de Investigaciones Jurídicas, Serie Doctrina Jurídica, N° 99, México 2002, pp. 75-99.

[26] Véase Allan R. Brewer-Carías, *El sistema de justicia constitucional en la Constitución de 1999 (Comentarios sobre su desarrollo jurisprudencial y su explicación, a veces errada, en la Exposición de Motivos)*, Editorial Jurídica Venezolana, Caracas 2000.

estando ella misma, por supuesto, como guardián de la Constitución, también sometida a sus normas. Como tal guardián, y como sucede en cualquier Estado de derecho, el sometimiento del tribunal constitucional a la Constitución es una preposición absolutamente sobreentendida y no sujeta a discusión, ya que sería inconcebible que el Juez Constitucional pueda violar la Constitución que precisamente está llamado a aplicar y garantizar.

Pero por supuesto, para garantizar que ello no ocurra, la Sala Constitucional, además de estar integrado por personas calificadas y juristas probos, debe gozar de absoluta independencia y autonomía, pues de lo contrario, si está sujeta a la voluntad del Poder, en lugar de ser el guardián de la Constitución se convierte en el instrumento más atroz para su destrucción.

Lamentablemente, esto ha sido lo que ha ocurrido en Venezuela en los últimos 20 años, durante los cuales la Sala Constitucional del Tribunal Supremo, lejos de haber actuado en el marco de las atribuciones expresas constitucionales antes indicadas, ampliado sus competencias al margen de la Constitución, particularmente por vía de un endémico "proceso de interpretación abstracta de la Constitución"[27] que le ha permitido administrar una "justicia constitucional a la carta" a solicitud del gobierno, en particular, del Procurador General de la República, mediante la cual ha modificado y mutado ilegítimamente el texto constitucional, legitimando y soportando la estructuración progresiva de un Estado autoritario; ha desarrollado una carrera de destrucción de todos los principios del Estado democrático de derecho, falseado en más de una ocasión el contenido de la Constitución, "mutándola" ilegítima y fraudulentamente,[28] usurpando así las potestades del poder constituyente originario.

II.   ALGO SOBRE LA PRETENDIDA "SUSTITUCIÓN" DE LA DEMOCRACIA REPRESENTATIVA POR LA "DEMOCRACIA PARTICIPATIVA"

En ese contexto del "nuevo constitucionalismo" uno de los pilares del proceso de desconstitucionalización del Estado que en su nombre se provocó en Venezuela fue el planteamiento del supuesto sacrificio de la "democracia representativa" por parte de una pretendida

---

[27]   Véase Sentencia Nº 1077 de la Sala Constitucional de 22 de septiembre de 2000, caso: *Servio Tulio León Briceño*. Véase en *Revista de Derecho Público,* Nº 83, Caracas, 2000, pp. 247 y ss. Este criterio fue luego ratificado en sentencias de fecha 9 de noviembre de 2000 (Nº 1347), 21 de noviembre de 2000 (Nº 1387), y 5 de abril de 2001 (Nº 457), entre otras. Así, por la vía de la interpretación abstracta, la Sala se ha auto-atribuido competencias no sólo en materia de interpretación constitucional; sino en relación con los poderes de revisión constitucional de cualquier sentencia dictada por cualquier tribunal, incluso por las otras Salas del Tribunal Supremo de Justicia; con los amplísimos poderes de avocamiento en cualquier causa; con los supuestos poderes de actuación de oficio no autorizados en la Constitución; con los poderes de solución de conflictos entre las Salas; con los poderes de control constitucional de las omisiones del Legislador; con la restricción del poder de los jueces de ejercer el control difuso de la constitucionalidad de las leyes; y con la asunción del monopolio de interpretar los casos de prevalencia en el orden interno de los tratados internacionales en materia de derechos humanos. Véase en general sobre ello, A.R. Brewer-Carías, *"Quis Custodiet Ipsos Custodes:* De la interpretación constitucional a la inconstitucionalidad de la interpretación," en *VIII Congreso Nacional de derecho Constitucional, Perú,* Fondo Editorial 2005, Colegio de Abogados de Arequipa, Arequipa, septiembre 2005, pp. 463-489; y en *Revista de Derecho Público*, Nº 105, Editorial Jurídica Venezolana, Caracas 2006, pp. 7-27

[28]   Véase sobre la ilegítima mutación constitucional por el Juez: Néstor Pedro Sagües, *La interpretación judicial de la Constitución*, Buenos Aires 2006, pp. 56-59, 80-81, 165 ss. Véase sobre el caso venezolano: Allan R. Brewer-Carías, "El Juez Constitucional al servicio del autoritarismo y la ilegítima mutación de la Constitución: el caso de la Sala Constitucional del Tribunal Supremo de Justicia de Venezuela (1999-2009)," en *Revista de Administración Pública*, Centro de Estudios Políticos y Constitucionales, Nº 180, Madrid 2009, pp. 383-418.

"democracia participativa," lo que incluso estuvo a la base de la propuesta de Reforma Constitucional que presentó el entonces Presidente Hugo Chávez, en 2007, con la asesoría de
algunos de los mismos profesores españoles antes mencionados,[29] y que fue rechazada mediante referéndum por el pueblo. La misma se basó en el consabido discurso autoritario que
se encubre detrás del "nuevo constitucionalismo" o del "nuevo paradigma constitucional"
sobre concepto de "democracia participativa" como si fuera contrapuesto a la democracia
representativa, a la cual se desprestigia sistemáticamente, y se le achacan todos los males de
la democracia.[30]

La "democracia participativa" en ese discurso, en realidad, de democracia sólo tiene el
nombre, siendo hábilmente utilizado frente a los fracasos políticos que han experimentado las
democracias representativas por la incomprensión de los partidos políticos en permitir su
evolución y perfeccionamiento. Es claro que muchas veces la expresión se utiliza sin que se
sepa efectivamente de qué se trata y, generalmente, confundiendo indebidamente a la democracia participativa con elementos de democracia directa, como podría ser la iniciativa para
convocar una Asamblea Constituyente o para proceder a la revocación de mandatos populares. Pero en la mayoría de los casos se utiliza como una engañosa y clara estrategia para
acabar con la propia democracia representativa como régimen político, exacerbando la des-
confianza en las propias instituciones del Estado constitucional democrático de derecho.[31]

[29]   El profesor Francisco Palacios Romeo según se informó en su C. V., entre 2004 y 2007 fue asesor en
diversas actividades en Venezuela, en particular, en proyectos de investigación en la Universidad
Central de Venezuela y en la Asamblea Nacional, y como contratado por la Procuraduría General de
la República, en temas como "Sustantividad normativa del nuevo modelo constitucional venezolano,"
"Estudio del sistema parlamentario y desarrollo legislativo del proceso," y "Proyecto de reforma
constitucional (2007)" y "Ley habilitante (2007)." Véase la información en la "hoja de vida" del profesor Palacios R. publicada en: https://redestudioscomparadosdfshh.files.word press. com/2017/02/
cv-francisco-palacios-romeo.pdf. Véase igualmente la información en el reportaje de Maye Primera,
"Asesores constituyentes. Juristas y politólogos españoles colaboraron con el Ejecutivo bolivariano
de Venezuela," en El País, Madrid 17 de junio de 2014, en https://elpais. com/politica/2014/
06/18/actualidad/1403055722_556213.html?rel=mas.Véase, además, Francisco Palacios Romeo,
"Falacias ideológicas y aporías técnicas sobre los nuevos procesos políticos de América Latina (en
torno a un argumentario de Brewer Carias sobre el hecho social-partici-pativo)," en Actas Congreso
Internacional América Latina: la autonomía de una región (XV Encuentro de latinoamericanistas
españoles), Consejo Español de Estudios Iberoamericanos, 2012, p. 615

[30]   Las críticas a la democracia representativa deben ser para perfeccionarla, no para eliminarla y
menos para sustituirla por la llamada "democracia participativa." Véase, por ejemplo, Allan R.
Brewer-Carías, "Sobre los elementos de la democracia como régimen político: representación y
control del poder," en Revista Jurídica Digital IUREced, Edición 01, Trimestre 1, 2010-2011, en
http://www.megaupload.com/?d=ZN9Y2W1R; "La necesaria revalorización de la democracia representativa ante los peligros del discurso autoritario sobre una supuesta "democracia participativa" sin representación," en Derecho Electoral de Latinoamérica. Memoria del II Congreso Iberoamericano de Derecho Electoral, Bogotá, 31 agosto-1 septiembre 2011, Consejo Superior de la
Judicatura, ISBN 978-958-8331-93-5, Bogotá 2013, pp. 457-482; "Participación y representatividad democrática en el gobierno municipal," en la Revista Ita Ius Esto, Revista de Estudiantes
(http://www.itaiusesto.com/), In Memoriam Adolfo Céspedes Zavaleta, Lima 2011, pp. 11-36; en
http://www.itaiusesto.com/participacion-y-representacion-democratica-en-el-gobierno-municipal/

[31]   Véase Allan R. Brewer-Carías, "La democracia representativa y la falacia de la llamada "democracia participativa, sin representación," en Jorge Fernández Ruiz (Coordinador), Estudios de Derecho Electoral. Memoria del Congreso Iberoamericano de Derecho Electoral, Universidad Nacional Autónoma de México, Coordinación del Programa de Posgrado en Derecho, Facultad de
Estudios Superiores Aragón, Facultad de Derecho y Criminología, Universidad Autónoma de

La confusión originada por el clamor que a veces se siente por la necesidad de la participación, la cual, además, por esencia, es contraria al autoritarismo, obliga a reflexionar sobre la propia democracia para poder situar el concepto de participación política donde le corresponde, que es, entre otros, en el ámbito local de la descentralización política. Sin duda, los dos principios fundamentales de la democracia en el mundo contemporáneo son y seguirán siendo la representación y la participación.

Pero ante el discurso autoritario, deben tenerse claros los conceptos: primero, la representación, si a algo se contrapone es a la democracia directa, por lo que la verdadera dicotomía que existe en este caso es entre "democracia representativa" o indirecta, y "democracia directa." Segundo, la participación, a la vez, si a algo se contrapone no es a la representación, sino a la "exclusión" política, de manera que la verdadera dicotomía que en este plano surge es entre "democracia participativa" o de inclusión y "democracia de exclusión" o exclusionista.

Y esto es precisamente lo que se confunde deliberadamente cuando se habla de "democracia participativa" para supuestamente acabar con los vicios de la democracia representativa, cuando en ciertos casos, lo que se quiere es destacar la necesidad de mecanismos de democracia directa; y en otros, confundiéndose los conceptos para buscar la eliminación o minimización de la representatividad y establecer una supuesta relación directa entre un líder mesiánico y el pueblo, a través de los mecanismos institucionales incluso paralelos a los propios órganos electos del Estado, dispuestos para hacerle creer al ciudadano que participa, cuando lo que se está es sometiéndolo al control del poder central, como ha ocurrido en Venezuela.

En cuanto a la democracia representativa o democracia indirecta, esta es y seguirá siendo de la esencia de la democracia, de manera que no hay democracia sin representación, y en particular, sin órganos representativos como son los Congresos o parlamentos. Su sustitución es esencialmente imposible si de democracia se trata, sin perjuicio de que la representatividad afortunadamente se haya venido enriqueciendo en las últimas décadas, precisamente con la introducción en nuestros sistemas políticos de mecanismos de democracia directa que la complementan, pero que jamás podrán sustituirla.[32]

Nuevo León, México 2011, pp. 25 a 36. Llegué a presumir que había sido en relación con este trabajo con el profesor Francisco Palacios, Director de la Tesis "secreta" de Zaragoza de la magistrada Gladys Gutiérrez, antes mencionada, escribió sus comentarios en el estudio: Francisco Palacios Romeo, "Falacias ideológicas y aporías técnicas sobre los nuevos procesos políticos de América Latina (en torno a un argumentario de Brewer Carias sobre el hecho social-participativo)," en *Actas Congreso Internacional América Latina: la autonomía de una región (XV Encuentro de latinoamericanistas españoles),* Consejo Español de Estudios Iberoamericanos, 2012, pp. 615-622. Sin embargo, no fue así, y su reacción fue contra nuestras críticas a las Leyes Orgánicas del Poder Popular de 2010 expresadas, entre otros, en Allan R. Brewer-Carías, "Introducción General al régimen del Poder Popular y del Estado Comunal. (O de cómo en el siglo XXI, en Venezuela se decreta, al margen de la Constitución, un Estado de Comunas y de Consejos Comunales, y se establece una sociedad socialista y un sistema económico comunista, por los cuales nadie ha votado)," publicado en el libro: Allan R. Brewer-Carías, Claudia Nikken, Luis A. Herrera Orellana, Jesús María Alvarado Andrade, José Ignacio Hernández y Adriana Vigilanza, *Leyes Orgánicas sobre el Poder Popular y el Estado Comunal (Los consejos comunales, las comunas, la sociedad socialista y el sistema económico comunal),* Colección Textos Legislativos Nº 50, Editorial Jurídica Venezolana, Caracas 2011, pp. 9-183. Véase los comentarios más recientes en Gabriel Sira Santana, *Poder Popular, descentralización y participación ciudadana,* Centro para la Integración y el Derecho Público, Editorial Jurídica Venezolana, Caracas 2018, pp. 102 ss.

32   Véase Allan R. Brewer-Carías, "La necesaria revalorización de la democracia representativa ante los peligros del discurso autoritario sobre una supuesta "democracia participativa" sin representa-

No puede existir en el mundo contemporáneo una democracia que sea sólo refrendaria, plebiscitaria o de cabildos abiertos permanentes; a pesar de que en casi todos los sistemas constitucionales contemporáneos se hayan incorporado mecanismos de consultas populares y de asambleas de ciudadanos con el objeto de complementar la representatividad, como son los diversos referendos (consultivos, aprobatorios, decisorios, abrogatorios, autorizatorios y revocatorios); al igual que las iniciativas populares. Ello sin duda ha contribuido, en algunos casos, a la movilización popular y a la relativa manifestación directa de voluntad del pueblo; pero es claro que esos mecanismos no pueden sustituir a la democracia conducida por representantes electos.

El reto, en este punto, para contribuir a la consolidación del Estado democrático de derecho, es asegurar que dichos representantes sean realmente representativos de las sociedades y sus comunidades, y sean elegidos en sistemas de sufragio directo, universal y secreto donde impere el pluralismo político, y a través de procesos electorales transparentes que aseguren el acceso al poder con sujeción al Estado de derecho, en los cuales no puede prescindirse de los partidos, aunque por supuesto, indispensablemente renovados.

Pero más interés contemporáneo tiene el segundo principio de la democracia, el de la participación política, que apunta a establecer un régimen democrático de inclusión política, donde el ciudadano sea parte de su comunidad organizada con autonomía política, y contribuya a tomar las decisiones que le conciernen. Participar, en definitiva, es estar incluido, por lo que la dicotomía en este caso de la participación política, es la exclusión política, la cual además conlleva la de orden social y económico.

No debe olvidarse que participar en el lenguaje común, es ser parte de…, es pertenecer, incorporarse, contribuir, estar asociado o comprometerse a…; es tener un rol, tomar parte activa, estar envuelto o tener una mano en…; es, en fin, asociarse, compartir o tener algo que ver con…; lo que implica que en el lenguaje político, no sea otra cosa que ser parte de una comunidad política que por esencia debe gozar de autonomía política, en la cual el individuo tiene un rol específico de carácter activo para contribuir a la toma de decisiones, que no se agota, por ejemplo, en el sólo ejercicio del derecho al sufragio; o en ser miembro de sociedades intermedias, aún las de carácter político como los partidos políticos; o en votar en referendos; o en participar en asambleas de ciudadanos y menos si son controladas por un poder central.

La participación política democrática, por tanto, en ninguna sociedad democrática se ha logrado permanentemente con las solas votaciones en referendos o consultas populares, ni con manifestaciones, así sean multitudinarias, y menos de las que son obedientes y sumisas a un líder. Eso, que no es más que una forma de manifestación política, la historia se ha encargado de enseñárnosla en todas sus facetas, incluyendo las propias de los autoritarismos fascistas del Siglo pasado, la cual no se puede confundir con participación política.

Para que la democracia sea inclusiva o de inclusión, tiene que permitir al ciudadano poder ser parte efectivamente de su comunidad política que ante todo tiene que ser autónoma; tiene que permitirle desarrollar conciencia de su efectiva pertenencia, es decir, de pertenecer en el orden social y político a una comunidad, a un lugar, a una tierra, a un campo, a una comarca, a un pueblo, a una región, a una ciudad, en fin, a un Estado, y ser electo para ello, como representante de la misma.

---

ción," en *Derecho Electoral de Latinoamérica. Memoria del II Congreso Iberoamericano de Derecho Electoral*, Bogotá, 31 agosto-1 septiembre 2011, Consejo Superior de la Judicatura, ISBN 978-958-8331-93-5, Bogotá 2013, pp. 457-482.

Por ello, la democracia participativa no es nada nuevo en la historia política; ha estado siempre, desde los mismos días de las Revoluciones del Siglo XIX en la teoría y prácticas políticas democráticas. En todos los países con democracias consolidadas, incluso, está imperceptiblemente arraigada en el nivel más ínfimo de los territorios de los Estados, en las entidades políticas autónomas como los Municipios o las Comunas, con gobiernos propios electos democráticamente;[33] es decir, en la base de la distribución territorial del poder que tanto aborrecen los autoritarismos.[34]

Sin embargo, según explicó el propio proponente de la Reforma Constitucional de 2007, lo que se buscaba era eliminar la representación y la democracia representativa, mediante el establecimiento del Estado del Poder Popular o del Poder Comunal, o Estado Comunal, estructurado desde los Consejos Comunales, como unidades u organizaciones sociales *no electas mediante sufragio universal, directo y secreto* y, por tanto, sin autonomía territorial, supuestamente dispuestos para canalizar la "participación ciudadana," pero conforme a un sistema de conducción centralizado desde la cúspide del Poder Ejecutivo Nacional, que es la antítesis de la participación. Así fue como se definió en el Anteproyecto de Constitución que el Presidente Chávez presentó ante la Asamblea Nacional, para "la construcción *del Socialismo Bolivariano, el Socialismo venezolano, nuestro Socialismo, nuestro modelo socialista*,"[35] cuyo "núcleo básico e indivisible" debía ser "la comunidad," "donde los ciudadanos y las ciudadanas comunes, tendrán el poder de construir su propia geografía y su propia historia."[36] Y todo ello bajo la premisa de que "*sólo en el socialismo será posible la verdadera democracia*;"[37] pero por supuesto, una "democracia" sin representación que, conforme se formuló en la reforma propuesta para el artículo 136 de la Constitución, "*no nace del sufragio ni de elección alguna*, sino que nace de la condición de los grupos humanos organizados

---

[33] Véase Allan R. Brewer-Carías, "Democracia participativa, descentralización política y régimen municipal", en Miguel Alejandro López Olvera y Luis Gerardo Rodríguez Lozano (Coordinadores), *Tendencias actuales del derecho público en Iberoamérica*, Editorial Porrúa, México 2006, pp. 1-23; y en *La responsabilidad del Estado frente a terceros. Ponencias Continentales del II Congreso Iberoamericano de Derecho Administrativo y Público*, Asociación Iberoamericana de Profesionales en Derecho Público y Administrativo "Jesús González Pérez" Capítulo Ecuador, Ecuador 2005, pp. 273-294

[34] Véase Allan R. Brewer-Carías, *Constitución, Democracia y Control del Poder*, Editorial Jurídica Venezolana, Mérida-Caracas, 2004, pp. 93 ss.

[35] Véase *Discurso de Orden pronunciado por el ciudadano Comandante Hugo Chávez Frías, Presidente Constitucional de la República Bolivariana de Venezuela en la conmemoración del Ducentésimo Segundo Aniversario del Juramento del Libertador Simón Bolívar en el Monte Sacro y el Tercer Aniversario del Referendo Aprobatorio de su mandato constitucional*, Sesión especial del día Miércoles 15 de agosto de 2007, Asamblea Nacional, División de Servicio y Atención legislativa, Sección de Edición, Caracas 2007, p. 34.

[36] *Ídem*, p. 32.

[37] *Ídem*, p. 35. Estos conceptos se recogen igualmente en la *Exposición de Motivos* para la Reforma Constitucional, Agosto 2007, donde se expresa la necesidad de "ruptura del modelo capitalista burgués" (p. 1), de desmontar la superestructura que le da soporte a la producción capitalista"(p. 2); de "dejar atrás la democracia representativa para consolidad la democracia participativa y protagónica"(p. 2); de "crear un enfoque socialista nuevo" (p. 2) y "construir la vía venezolana al socialismo"(p. 3); de producir "el reordenamiento socialista de la geopolítica de la Nación" (p. 8); de la "construcción de un modelo de sociedad colectivista" y "el Estado sometido al poder popular" (p. 11); de "extender la revolución para que Venezuela sea una República socialista, bolivariana", y para "construir la vía venezolana al socialismo; construir el socialismo venezolano como único camino a la redención de nuestro pueblo"(p. 19).

como base de la población."[38] Es decir, se pretendió establecer con la reforma constitucional, una "democracia" que no es democracia, pues en el mundo moderno no hay ni ha habido democracia sin elección de representantes.

En contraste con ello, en la Constitución venezolana de 1999, al Estado se lo configuró como un Estado social y democrático de derecho y de justicia, (art. 2) montado sobre principios de democracia representativa y participativa, para garantizar, entre otros elementos, el funcionamiento de un gobierno basado en la elección de representantes, la alternabilidad republicana, la revocatoria de mandatos, y la participación ciudadana en la conducción del Estado (art. 6).

A tal efecto, en cuanto a la elección popular de los representantes, la Constitución organizó los Poderes del Estado conforme al principio de la separación de poderes, dividiendo el Poder Público no solo entre los tres Poderes públicos tradicionales (Ejecutivo, Legislativo y Judicial), sino entre cinco poderes, agregándose a los anteriores al Poder Electoral, con la autoridad electoral, y al Poder Ciudadano, con los órganos constitucionales de control; pero con la característica fundamental de que todos los titulares de todos esos poderes deben ser electos por votación popular, en forma directa o indirecta, conforme a los principios de la democracia representativa. Es decir, conforme a la Constitución, puede decirse que todos los titulares de todos los órganos de los poderes públicos deben ser electos popularmente en forma democrática y participativa.

La diferencia en la elección popular de los titulares de los órganos del Estado está en la forma de la misma, en el sentido de que en algunos casos la elección popular es directa por el pueblo mediante sufragio universal y secreto, es decir, en primer grado, como es el caso de la elección del Presidente de la República (art. 228) y de los diputados a la Asamblea Nacional (art. 186); y en otros casos, la elección popular es indirecta, en segundo grado, mediante elección realizada en nombre del pueblo por sus representantes electos (diputados) que integran la Asamblea Nacional, como es el caso de los Magistrados del Tribunal Supremo de Justicia (art. 264, 265), del Contralor General de la República, del Fiscal General de la República y del Defensor del Pueblo (art. 279), y de los miembros del Consejo Nacional Electoral (art. 296).

Ello implica que en ambos casos, conforme a las previsiones constitucionales, todos los titulares de los órganos de los poderes públicos tienen origen representativo y tienen que ser electos popularmente, sea en forma directa o sea indirectamente, de manera que nadie que no sea electo directamente por el pueblo puede ejercer el cargo de Presidente de la República o de diputado a la Asamblea Nacional; y nadie que no sea electo indirectamente por el pueblo a través de una mayoría calificada de diputados a la Asamblea Nacional, puede ejercer los altos cargos en los Poderes Ciudadano, Electoral y Judicial.

En el segundo caso de elección popular indirecta, por tanto, solo la Asamblea Nacional actuando como cuerpo elector, puede designar a los titulares de los órganos de los Poderes Ciudadano, Electoral y Judicial, y ello exclusivamente por el voto de la mayoría calificada de las 2/3 partes de los diputados.

---

[38]   Véase las citas de la propuesta y los comentarios en Allan R. Brewer-Carías, *Hacia la Consolidación de un Estado Socialista, Centralizado, Policial y Militarista. Comentarios sobre el sentido y alcance de las propuestas de reforma constitucional 2007,* Colección Textos Legislativos, N° 42, Editorial Jurídica Venezolana, Caracas 2007, pp. 22, 38, 45, 48, 52 y 61.

En Venezuela, sin embargo, todos esos principios fueron sucesivamente demolidos por el Juez Constitucional, sobre todo después que no pudieron ser cambiados mediante la Reforma Constitucional de 2007 que fue rechazada por el pueblo, mediante la cual se propuesto la eliminación de la democracia representativa y su sustitución por una llamada "democracia participativa" que "no nace del sufragio ni de elección alguna;" correspondiéndole entonces a la Sala Constitucional del Tribunal Supremo de Justicia el haber asumido el rol de agente para atentar contra la representatividad democrática a través de muchas sentencias, es decir, contra el derecho de los ciudadanos a elegir, el derecho a ser electo, y el derecho a ejercer los cargos de representación popular. Y así sucedió, por ejemplo, con las sentencias mediante las cuales, se distorsionó el derecho a elegir representantes en fraude a la representación proporcional (2006); se avalaron las inconstitucionales inhabilitaciones políticas que afectaron el derecho de ex funcionarios públicos a ser elegidos (2008, 2011); se le arrebató a una diputada en ejercicio el poder continuar ejerciéndolas, revocándole inconstitucionalmente el mandato popular (2014); se le revocó ilegítima e inconstitucionalmente el mandato popular a varios Alcaldes, usurpando las competencias de la Jurisdicción Penal (2014); se demolieron el principio del gobierno democrático electivo y representativo, al imponerle a los venezolanos un gobierno sin legitimidad democrática en 2013, sin determinar con certeza el estado de salud, o si estaba vivo, del Presidente Hugo Chávez Frías; y se aceptó por el Juez Constitucional el funcionamiento de los órganos de gobierno local, sin representantes electos mediante sufragio (2017).

III. LA VIOLACIÓN POR EL JUEZ CONSTITUCIONAL DEL DERECHO A ELEGIR REPRESENTANTES MEDIANTE EL PRINCIPIO DE LA REPRESENTACIÓN PROPORCIONAL (2006)

Entre los primeros atentados contra la democracia representativa perpetrados por el Juez Constitucional, estuvo el perpetrado contra la elección directa de los representantes para integrar los órganos del Poder Legislativo, que además de realizarse "mediante votaciones libres, universales, directas y secretas" debe realizarse mediante un sistema mixto en el cual se debe garantizar "el principio de la personalización del sufragio y la representación proporcional" (arts. 186 y 293), y que debe implementarse a través de circunscripciones uninominales y plurinominales.

El sistema se había regulado desde la sanción de la Ley Orgánica del Sufragio y Participación Política de 1989 y del Estatuto Electoral del Poder Público de 2000, mediante la adjudicación de los puestos electos por representación proporcional en las circunscripciones plurinominales, para posteriormente sustraer de los puestos adjudicados en esa forma a los partidos, los que éstos obtuvieran por mayoría de votos en las circunscripciones uninominales, todo para mantener el grado requerido de proporcionalidad entre los votos obtenidos y los puestos adjudicados. El sistema, por supuesto, opera cuando los candidatos son de un mismo partido postulados para la elección mayoritaria en los circuitos uninominales y para la elección por lista en las circunscripciones plurinominales, por lo que si un partido sólo postulaba para elecciones uninominales o para las elecciones en las circunscripciones por lista, no había deducción alguna que hacer.

Una forma de burlar la Constitución y la Ley y eliminar la proporcionalidad era, por tanto, que unos partidos se pusieran de acuerdo electoralmente, de manera que conforme al mismo objetivo electoral, unos presentasen candidatos solo en las circunscripciones uninominales y otros solo en las circunscripciones plurinominales, de manera que no se tuvieran que producir las sustracciones mencionadas; y esa fue la práctica política para burlar la Constitución que se desarrolló en Venezuela en 2005, aplicada por el grupo de partidos que apoyaron al gobierno de Hugo Chávez, denominada como el método de "las morochas."

Dicho mecanismo, que distorsionó fraudulentamente el principio de la representación proporcional, sin embargo, en lugar de haber sido corregido por el Juez Constitucional, fue avalado por la Sala Constitucional del Tribunal Supremo de Justicia, mediante sentencia N° 74 (Caso: *Acción Democrática vs. Consejo Nacional Electoral y demás autoridades electorales*) de 25 de enero de 2006,[39] en la cual la Sala no sólo permitió la burla del principio constitucional de la representación proporcional, sino que violó el texto Constitucional al abstenerse de impartir la justicia constitucional que le fue requerida y de controlar las actuaciones del Consejo Nacional Electoral.

La Sala Constitucional, simplemente, en la sentencia, "luego de un profundo análisis" consideró que la práctica "al no estar prohibida" en la ley, entonces automáticamente:

"encuadra dentro del orden jurídico; y aun cuando pudiere afirmarse que no toda conducta permitida resulta *per se* ajustada a la Constitución, en el presente caso, tampoco encuentra la Sala afectación alguna al principio de representación proporcional, habida cuenta que el mecanismo de postulación adoptado y bajo el cual se inscribieron los candidatos a diputados para las elecciones del mes de diciembre de 2005 (incluso los del partido político accionante), no proscribe, rechaza, ni niega la representación proporcional."

La Sala Constitucional, además, para abstenerse de ejercer la justicia constitucional al conocer de una acción de amparo que había sido ejercida contra el Consejo Nacional Electoral por violación del derecho constitucional al sufragio, argumentó que supuestamente "el desarrollo de las garantías de la personalización del sufragio y la representación proporcional" debía hacerse, "a través de la reserva legal" y que "la intangibilidad de la técnica de la reserva legal *limita la actuación del Poder Judicial en esta materia*, en acatamiento del principio de la división del poder y la distribución de funciones;" –lo que equivalía al abandono pleno del ejercicio de sus funciones de control– agregando, además, que teniendo el Poder Electoral a su cargo garantizar el derecho al sufragio en la forma prevista en la Constitución, la Sala no podía "inmiscuirse en el ámbito de competencias de los órganos del Poder Público Nacional, determinado mediante la reserva legal." Mayor denegación de justicia constitucional es imposible encontrar, concluyendo la Sala con la afirmación reiterativa de que:

"La cuestión del método matemático para la adjudicación de escaños o curules corresponden fundamentalmente a la competencia exclusiva del Poder Electoral y la regulación de la garantía de la personalización del sufragio y el sistema proporcional corresponden a la Asamblea Nacional, en cuanto técnica de la reserva legal a que alude la propia Constitución en su artículo 63."

Es decir, pura y simplemente, por conveniencia política, la Sala Constitucional, con graves errores jurídicos por ejemplo al referirse a la "reserva legal," incurrió en denegación de justicia supuestamente porque no tenía competencia para controlar la constitucionalidad de los actos de los otros poderes del Estado, particularmente los del Consejo Nacional Electoral, lo que no es otra cosa que la negación misma de la Justicia Constitucional y de los poderes de la Jurisdicción Constitucional; violando abiertamente el derecho constitucional ciudadano a la representación proporcional en las elecciones de cuerpos representativos o deliberantes.

---

[39]   Véase en *Revista de Derecho Público*, N° 105, Editorial Jurídica Venezolana, Caracas 2006, pp. 122-144. Véanse los comentarios a la sentencia en Allan R. Brewer-Carías, "El Juez Constitucional vs. el derecho al sufragio mediante la representación proporcional," en el libro Allan R. Brewer-Carías, *Crónica sobre la "in" justicia constitucional. La Sala Constitucional y el autoritarismo en Venezuela*, Colección Instituto de Derecho Público, Universidad Central de Venezuela, N° 2. Editorial Jurídica Venezolana, Caracas 2007, pp. 337-348.

En definitiva, como lo expresó en su Voto salvado del magistrado Rondón Haaz, puede decirse que es lamentable que en este caso, "la Sala Constitucional, órgano rector de la justicia constitucional en nuestro ordenamiento jurídico, no haya optado por la protección de los derechos fundamentales de toda la colectividad que fueron lesionados, no haya dado justa interpretación a los principios constitucionales que rigen nuestro sistema electoral ni haya encauzado debidamente la relación esencial y recíproca entre la democracia y la Ley."[40]

IV. EL DERECHO A SER ELECTO Y LAS INCONSTITUCIONALES INHABILITACIONES POLÍTICAS IMPUESTAS POR VÍA ADMINISTRATIVA, AVALADAS POR EL JUEZ CONSTITUCIONAL (2008, 2011)

La Constitución venezolana de 1999 dispone expresamente que los derechos políticos que corresponden a los ciudadanos, "sólo puede ser suspendido por sentencia judicial firme en los casos que determine la ley" (art. 42),[41] lo que implica que el legislador no puede establecer supuestos de suspensión de derechos políticos que puedan establecerse por actos estatales distintos a una sentencia judicial firme. Es decir, este tema de las restricciones a los derechos políticos, en la Constitución de 1999 se configuró como una materia de reserva constitucional, en el sentido de que la Constitución es la que puede establecer las restricciones y limitaciones a los mismos, no pudiendo el legislador disponer limitaciones no autorizadas en la Constitución.

En consecuencia, aparte de las condiciones de edad, nacionalidad, residencia y de revocación de mandato que la Constitución regula, los ciudadanos sólo pueden ser excluidos del ejercicio de los derechos políticos al ser declarados entredichos mediante sentencia judicial dictada en un proceso de interdicción civil; o al ser inhabilitados políticamente, lo que en Venezuela puede ocurrir conforme a las previsiones de la legislación penal, mediante condena judicial penal que la establezca como pena accesoria a una pena principal (art. 64).

Son contrarias a la Constitución e incompatibles con una sociedad democrática, las inhabilitaciones políticas impuestas a los ciudadanos por autoridades administrativas, es decir, por órganos del Estado que no sean tribunales judiciales, y entre ellos, en Venezuela, la Contraloría General de la Republica. Sin embargo, a pesar de ello, en los últimos años y en violación de la Constitución, mediante decisiones administrativas dictadas por dicho órgano contralor se ha excluido sistemáticamente a los líderes de la oposición del ejercicio democrático, negándoseles la posibilidad de ser electos para cargos representativos, todo lo cual ha sido lamentablemente avalado por el Juez Constitucional en forma expresa,[42] al haber afirmado en

---

[40] El tema fue incluso analizado por Dieter Nohlen, advirtiendo que "el efecto anticonstitucional del mecanismo de "las morochas" va mucho más lejos" pues "infringe el principio de la igualdad del sufragio, o sea, uno de los principios fundamentales de la democracia moderna." Véase Dieter Nohlen y Nicolás Nohlen, "El sistema electoral alemán y el Tribunal Constitucional Federal. La igualdad electoral en debate – con una mirada a Venezuela", en *Revista de Derecho Público*, N° 109, Editorial Jurídica Venezolana, Caracas 2007.

[41] Véase en general, nuestra propuesta sobre el régimen de los derechos políticos en el proyecto de Constitución de 1999, "Principios generales sobre derechos políticos" y "Derecho a la participación política," en Allan R. Brewer-Carías, *Debate Constituyente (Aportes a la Asamblea Nacional Constituyente), Tomo II (9 septiembre-17 octubre 1999)*, Fundación de Derecho Público-Editorial Jurídica Venezolana, Caracas 1999, pp. 119-142.

[42] Véase Allan R. Brewer-Carías, "El derecho político de los ciudadanos a ser electos para cargos de representación popular y el alcance de su exclusión judicial en un régimen democrático" (O de cómo la Contraloría General de la República de Venezuela incurre en inconstitucionalidad e inconvencionalidad al imponer sanciones administrativas de inhabilitación política a los ciuda-

sentencia de la Sala Constitucional del Tribunal Supremo de Venezuela N° 1265 de 5 de agosto de 2008, que al disponer el artículo 65 de la Constitución, que "no podrán optar a cargo alguno de elección popular quienes hayan sido condenados o condenadas por delitos cometidos durante el ejercicio de sus funciones," ello supuestamente "no excluye la posibilidad de que tal inhabilitación pueda ser establecida, bien por un órgano administrativo *stricto sensu* o por un órgano con autonomía funcional, como es, en este caso, la Contraloría General de la República," agregando además, erradamente, que:

> "la norma, si bien plantea que la prohibición de optar a un cargo público surge como consecuencia de una condena judicial por la comisión de un delito, tampoco impide que tal prohibición pueda tener un origen distinto; la norma sólo plantea una hipótesis, no niega otros supuestos análogos."[43]

Las competencias de la Contraloría General de la República, en su Ley Orgánica (art. 105), de decidir la "destitución" de los funcionarios declarados responsables administrativamente y, además, de imponerle la sanción de "la inhabilitación para el ejercicio de sunciones públicas" por un tiempo determinado, es una medida establecida para ser aplicada a los funcionarios que hayan sido nombrados administrativamente pero no a los electos popularmente mediante sufragio universal y secreto.[44]

El tema, en Venezuela, fue incluso objeto de sentencia de la Corte Interamericana de Derechos Humanos de 1° de septiembre de 2011 (caso *Leopoldo López vs. Estado de Venezuela),* en la cual se condenó al Estado por violación de la Convención Americana de Derechos Humanos (art. 32.2), por habérsele impuesto al Alcalde Leopoldo López, por decisión de la Contraloría General de la República de Venezuela, que no es un órgano judicial, la sanción administrativa de inhabilitación política por 15 años mediante; considerando la Corte Interamericana que una inhabilitación política solo podría tener origen en una "condena, por juez competente, en proceso penal" (Párr. 107).

Contra la sentencia de la Corte Interamericano, el abogado del Estado (Procurador General de la Republica), intentó una bizarra "acción innominada de control de constitucionalidad" contra la sentencia de la Corte Interamericana, la cual insólitamente fue decidida por el Juez Constitucional, mediante sentencia N° 1547 de fecha 17 de octubre de 2011 (Caso *Estado Venezolano vs. Corte Interamericana de Derechos Humanos),*[45] decla-

---

nos), en *Derechos Fundamentales: Libro homenaje a Francisco Cumplido Cereceda*, Asociación Chilena de Derecho Constitucional, Santiago de Chile, 2011.

[43]   Véase en http://www.tsj.gov.ve:80/decisiones/scon/Agosto/1265-050808-05-1853.htm

[44]   Véase Allan R. Brewer-Carías, "La incompetencia de la Administración Contralora para dictar actos administrativos de inhabilitación política restrictiva del derecho a ser electo y ocupar cargos públicos (La protección del derecho a ser electo por la Corte Interamericana de Derechos Humanos en 2012, y su violación por la Sala Constitucional del Tribunal Supremo al declarar la sentencia de la Corte Interamericana como "inejecutable"), en Alejandro Canónico Sarabia (Coord.), *El Control y la responsabilidad en la Administración Pública, IV Congreso Internacional de Derecho Administrativo, Margarita 2012*, Centro de Adiestramiento Jurídico, Editorial Jurídica Venezolana, Caracas, 2012, pp. 293-371.

[45]   Véase en http://www.tsj.gov.ve/decisiones/scon/Octubre/1547-171011-2011-11-1130.htmll. Véase sobre la sentencia, Allan R. Brewer-Carías, "El ilegítimo "control de constitucionalidad" de las sentencias de la Corte Interamericana de Derechos Humanos por parte de la Sala Constitucional del Tribunal Supremo de Justicia de Venezuela: el caso de la sentencia *Leopoldo López vs. Venezuela, 2011,*" en Libro Homenaje Antonio Torres del Moral: *Constitución y democracia: ayer y hoy. Libro homenaje a Antonio Torres del Moral*. Editorial Universitas, Vol. I, Madrid, 2013, pp. 1.095-1124; en *Anuario Iberoamericano de Justicia Constitucional,* N° 16, Madrid (2012), pp. 355-387;

rando simplemente que la sentencia de la Corte Interamericana era inejecutable en Venezuela, ratificando en esa forma la violación del derecho constitucional a ser electo del Sr. López.

Por último, en cuanto al tema de las decisiones de inhabilitación impuestas por la Contraloría General de la República, debe mencionarse adicionalmente que la Sala Constitucional del Tribunal Supremo, con anterioridad, y en franca violación de la Constitución, ya se había pronunciado en su sentencia N° 1265 de 5 de agosto de 2008 (caso *Ziomara del Socorro Lucena Guédez vs. Contralor General de la República*),[46] resolviendo que el artículo 105 de la Ley Orgánica de la Contraloría General de la República no era violatorio de la Constitución ni de la Convención Americana de Derechos Humanos, admitiendo que mediante ley se podían establecer sanciones administrativas de inhabilitación política contra ex funcionarios, impidiéndoles ejercer su derecho político a ser electos, como era el caso de las decisiones dictadas por la Contraloría General de la República.

V. LA INCONSTITUCIONAL "REVOCACIÓN" POR EL JUEZ CONSTITUCIONAL DEL DERECHO DE LOS REPRESENTANTES ELECTOS A EJERCER SU MANDATO

En la Constitución de Venezuela, en respeto a la voluntad popular, se garantiza el derecho de los funcionarios electos democráticamente a ejercer el cargo para el cual fueron electos, no pudiendo el mismo ser revocado sino mediante referendo de revocación de mandato iniciado a iniciativa popular (art.72); o salvo mediante un juicio penal que se les siga cuya pena implique la inhabilitación política dictada con todas las garantías del debido proceso.

Salvo este supuesto, no hay en la ninguna otra forma de revocarle el mandato a los funcionarios electos; sin embargo, en franca violación a la Constitución en Venezuela ha sido el propio Juez Constitucional el que a procedido a revocar el mandato de diputados y alcaldes.

1. *La inconstitucional revocación por el Juez Constitucional del mandato de una diputada (2014)*

Conforme a lo establecido en la Constitución, los diputados que integran la Asamblea Nacional, quienes son electos por el pueblo mediante sufragio universal directo y secreto conforme a sus artículos 63 y 186 de la Constitución, "son representantes del pueblo y de los Estados en su conjunto, no sujetos a mandatos ni instrucciones, sino sólo a su conciencia" (art. 201), por lo que su voto en la Asamblea "es personal" (art. 201). Dado su origen popular, su mandato sólo puede ser revocado por el mismo pueblo que lo eligió en la "circunscripción" respectiva, como también lo indica el artículo 197 de la Constitución, siguiendo para ello las previsiones del artículo 72 de la misma, donde se regulan los referendos revocatorios de mandatos de elección popular que solo pueden solicitarse por iniciativa popular.

Estas disposiciones constitucionales fueron desconocidas por la Sala Constitucional del Tribunal Supremo de Justicia, en sentencia N° 207 de 31 de marzo de 2014,[47] a través de la

---

y en la *Revista de Derecho Público*, N° 128 (octubre-diciembre 2011), Editorial Jurídica Venezolana, Caracas 2011, pp. 227-250

46 Véase en http://www.tsj.gov.ve:80/decisiones/scon/Agosto/1265-050808-05-1853.htm

47 Véase en http://www.tsj.gov.ve/decisiones/scon/marzo/162546-207-31314-2014-14-0286.HTML Véase además en *Gaceta Oficial* N° 40.385 de 2 de abril de 2014. Véanse los comentarios en Allan R. Brewer-Carías, "La revocación del mandato popular de una diputada a la Asamblea Nacional por la Sala Constitucional del Tribunal Supremo de oficio, sin juicio ni proceso alguno (El

cual después de declarar inadmisible una demanda de amparo intentada por unos concejales del Municipio Baruta del Estado Miranda contra el entonces Presidente de la Asamblea Nacional Sr. Diosdado Cabello, por la usurpación de funciones y vías de hecho en que había incurrido al eliminarle el día 24 de marzo de 2014, sin tener competencia para ello, el carácter de diputado a la diputada María Corina Machado, porque ésta había acudido en tal carácter de diputada venezolana a la reunión del Consejo Permanente de la Organización de Estados Americanos del día 21 de marzo de 2014, a exponer sobre la situación política de Venezuela, como su conciencia le exigía en representación del pueblo que la eligió, siendo para ello acreditada por la representación de Panamá.

La Sala, después de desestimar la demanda por considerar que los concejales que la habían intentado carecían de la legitimación o cualidad necesaria para accionar, en lugar archivar el expediente (que era lo que correspondía), "aprovechó la ocasión" para, de oficio, –es decir, sin que nadie se lo pidiera–, "interpretar" en un obiter dictum el artículo 191 de la Constitución –mal interpretado, por cierto–,[48] y de paso, pronunciarse en sentido contrario de lo solicitado, sobre la pérdida de la investidura de la diputada María Corina Machado, considerando que su mandato popular había quedado revocado "de pleno derecho."

La decisión judicial fue el resultado de una instrucción política dada desde los otros poderes del Estado, como resultó del hecho de que antes de que se dictara la decisión, ya el Presidente de la Asamblea Nacional había despojado de hecho el mandato popular de la diputada;[49] el Presidente de la República la había calificado como "ex diputada,"[50] y la propia

---

caso de la Diputada María Corina Machado)," en Revista de Derecho Público, N° 137 (Primer Trimestre 2014, Editorial Jurídica Venezolana, Caracas 2014, pp. 165- 189; y en el libro: El golpe a la democracia dado por la Sala Constitucional, (De cómo la Sala Constitucional del Tribunal Supremo de Justicia de Venezuela impuso un gobierno sin legitimidad democrática, revocó mandatos populares de diputada y alcaldes, impidió el derecho a ser electo, restringió el derecho a manifestar, y eliminó el derecho a la participación política, todo en contra de la Constitución), Colección Estudios Políticos N° 8, Editorial Jurídica Venezolana, segunda edición, (Con prólogo de Francisco Fernández Segado), Caracas 2015, pp. 235-275

[48]   El artículo 191 de la misma Constitución dispone que "los diputados a la Asamblea Nacional no podrán aceptar o ejercer cargos públicos sin perder su investidura, salvo en actividades docentes, académicas, accidentales o asistenciales, siempre que no supongan dedicación exclusiva."

[49]   Como en efecto lo reportó la agencia EFE sobre lo dicho por Cabello: "Caracas. EFE.- El presidente de la Asamblea Nacional (Congreso unicameral) de Venezuela, Diosdado Cabello, informó este lunes que se le retiró la inmunidad parlamentaria a la diputada opositora María Corina Machado y que pedirá que sea juzgada por traición a la patria. Cabello dijo a periodistas que solicitará el Ministerio Público investigar si Machado cometió el delito de traición a la patria, por su participación en una sesión de embajadores de la Organización de Estados Americanos (OEA)." En efecto, el Presidente de la Asamblea Nacional, expresó según fue reseñado por Globovisión: "Cabello explicó que Machado violó el artículo 191 y el 149 de la Carta Magna, este último se refiere a la autorización a funcionarios públicos para aceptar cargos, honores o recompensas de gobiernos extranjeros..", "Hay que sumarle a la investigación (el delito de) tradición a la patria", dijo Cabello, / Aclaró que ya no hace falta allanarle la inmunidad parlamentaria a Machado "porque según el artículo 191, según este nombramiento (por parte de Panamá), y según sus actuaciones y acciones la señora Machado dejó de ser diputada"./ El presidente del Parlamento anunció que Machado no tendrá más acceso al Hemiciclo "por lo menos, en este periodo". "No tienen acceso porque ella ya no es diputada", recalcó." Véase "Cabello: Por el artículo 191 de la Constitución, María Corina machado "dejó de ser diputada", Globovisión, 24 de marzo de 2014, en http://globovision.com/articulo/junta-directiva-de-la-an-anuncia-rueda-de-prensa

Presidenta del Tribunal Supremo y de la Sala Constitucional ya había anunciado formalmente el sentido que tendría su actuación,[51] de despojar de su mandato a la diputada, con la excusa de que como diputada habló ante la OEA, desde el puesto del representante de Panamá, y con ello habría "aceptado" "una representación alterna de un país,"[52] lo cual por supuesto era falso.

La verdad, sin embargo fue que María Corina Machado como diputada de la Asamblea Nacional, nunca aceptó ni ejerció "cargo público" alguno en el Ejecutivo Nacional, ni en la Administración Pública, ni en general, en ninguno de los otros órganos de los Poderes del Estado, por lo que la norma mencionada del artículo 191 era completamente inaplicable a la situación generada por el hecho de haber sido acreditada, en su carácter de diputada a la Asamblea Nacional de Venezuela, en forma *ad hoc* y *ad tempore* en la representación de Panamá ante la OEA, para precisamente hablar en tal carácter de diputada a la Asamblea Nacional de Venezuela, sobre la crisis política y sobre la situación en el país. Ello, por supuesto, no lo hizo como "representante" de Panamá, lo que no pudo nunca significar que habría "aceptado" un cargo de un gobierno extranjero, y menos que esa actuación pudiera producir en forma alguna la pérdida de su investidura de diputada.[53]

---

[50]   Véase lo expresado por Nicolás Maduro: Primero: "El Presidente calificó a María Corina Machado de "exdiputada" y rechazó las intenciones de la parlamentaria de presentarse en la reunión de la Organización de Estados Americanos (OEA) que se realizó este viernes en Washington," en reseña de Alicia de la Rosa, El Universal, 23 de marzo de 2014, en http://www.eluniversal.com/nacional-y-politica/140323/maduro-califico-a-maria-corina-machado-de-exdiputada. Segundo: "Exdiputada", la llamó el presidente Nicolás Maduro el sábado, pero ayer el coordinador de la fracción del PSUV, Pedro Carreño, citó la Constitución para argumentar que Machado estaría fuera del Parlamento. "El Artículo 191 de la Constitución señala: 'Los diputados o diputadas a la AN no podrán aceptar o ejercer cargos públicos sin perder su investidura'. Machado es delegada de Panamá en OEA," en la reseña sobre "Presumen despojo de inmunidad de Machado", La Verdad, 24 de marzo de 2014, en http://www.laver-daddemonagas.com/noti-cia.php?ide=25132. Tercero: "Nicolás Maduro, indicó que "la exdiputada María Corina Machado la nombraron embajadora de la Organización de Estados Americanos, de un gobierno extranjero, se convirtió en funcionaria para ir a mal poner a Venezuela, a pedir la intervención", Reseña de M.C. Henríquez, "Maduro: "La exdiputada de la AN, María Corina Machado fue a mal poner a Venezuela," 22 de marzo de 2014, en http://noticias24carabobo.com/actua-lidad/noticia/38925/maduro-la-exdiputada-de-la-an-maria-corina-machado-fue-a-mal-poner-a-venezuela/

[51]   La Presidenta del Tribunal, Gutiérrez Alvarado, declaró en la televisión el domingo 30 de marzo de 2014, que: "obviamente tiene consecuencias jurídicas" que la parlamentaria María Corina Machado haya "aceptado un destino diplomático en un país extranjero" pero indicó que era necesario esperar el pronunciamiento del Máximo Tribunal sobre ese tema. Hemos tenido noticia por la prensa en el sentido de que ella en la condición de diputada habría aceptado un destino diplomático en un país extranjero. Obviamente tiene consecuencias jurídicas, pero preferimos hacer el estudio, y de manera formal pronunciarnos en el Tribunal Supremo, esto no es una conclusión, es necesario esperar el pronunciamiento del Tribunal Supremo de Justicia." Véase la reseña expresado durante el programa José Vicente Rangel 'Hoy', transmitido por Televen, publicado por *@Infocifras*, 31 de marzo de 2014, en http://cifrasonlinecomve.wordpress.com/2014/03/30/-presidenta-del-tsj-actuacion-de-machado-tiene-consecuencias-juridicas/

[52]   Véase la Nota de Prensa del Tribunal Supremo de Justicia, de 31 de marzo de 2014: "Operó de pleno derecho. Tribunal Supremo de Justicia se pronuncia sobre la pérdida de la Investidura de la diputada María Corina Machado," en http://www.tsj.gov.ve/informacion/notasdeprensa/notasdeprensa.asp?codigo=11799.

[53]   Para que pueda aplicarse alguna sanción a un diputado en tal caso, se requeriría de una regulación legal que prevea dicha conducta como delito, en cuyo caso, se le tendría que aplicar la pena que se

El verdadero propósito de la Sala Constitucional fue en realidad revocarle su mandato popular a la diputada María Corina Machado, siguiendo el lineamiento político que ya había sido fijado por los otros Poderes del Estado,[54] atendiendo a la "coordinación, "cooperación" y "colaboración" entre los mismos a lo cual hizo referencia la propia Presidente de la Sala Constitucional, en la víspera de la decisión

2. *La inconstitucional revocación judicial del mandato de alcaldes por el Juez Constitucional, usurpando competencias de la jurisdicción penal (2014)*

El Juez Constitucional en Venezuela, también lesionó el principio democrático representativo, al revocar sin competencia alguna para ello, el mandato de varios Alcaldes, utilizando el subterfugio de generar un incumplimiento de mandamientos genéricos de amparo en relación con el cumplimiento de sus funciones municipales, y así sancionarlos por desacato.

Conforme a la Ley Orgánica de Amparo sobre Derechos y Garantías Constitucionales de 1988, por supuesto, las decisiones de amparo como toda decisión judicial, son obligatorias, y deben ser acatadas (art. 29), no previendo la Ley, frente al desacato, otra consecuencia distinta a la sanción penal de prisión de seis (6) a quince (15) meses (art. 31),[55] lo que implica que ante desacatos lo que puede hacer es procurar el inicio de un proceso penal ante la jurisdicción penal ordinaria.

Este régimen, sin embargo fue trastocado por la Sala Constitucional del Tribunal Supremo de Justicia, mediante sentencia N° 138 de 17 de marzo de 2014,[56] a través de la cual, usurpando las competencias de la Jurisdicción Penal, se arrogó la potestad sancionatoria penal en materia de desacato a una decisión anterior de amparo (N° 136 de 12 de marzo de

---

establezca mediante un proceso penal con las garantías debidas. Véase Claudia Nikken, "Notas sobre el artículo 187.20 de la Constitución," en *Revista de Derecho Público*, Editorial Jurídica Venezolana, N° 137 (enero-marzo 2014).

[54] Véase "Cabello: Por el artículo 191 de la Constitución, María Corina Machado "dejó de ser diputada", *Globovisión,* 24 de marzo de 2014, en http://globovision.com/articulo/junta-directiva-de-la-an-anuncia-rueda-de-prensa; y "Nicolás Maduro, indicó que "la exdiputada María Corina Machado la nombraron embajadora de la Organización de Estados Americanos, de un gobierno extranjero, se convirtió en funcionaria para ir a mal poner a Venezuela, a pedir la intervención", Reseña de M.C. Henríquez, "Maduro: "La exdiputada de la AN, María Corina Machado fue a mal poner a Venezuela," *Noticias24*, 22 de marzo de 2014, en http://noticias24ca-rabobo.com/actualidad/noticia/38925/maduro-la-exdiputada-de-la-an-maria-corina-machado-fue-a-mal-poner-a-venezuela/.

[55] Como sucede en general en América Latina. Véase lo expuesto en Allan R. Brewer-Carías, *El proceso de amparo en el derecho constitucional comparado de América Latina* (edición mexicana), Colección Biblioteca Porrúa de Derecho Procesal Constitucional, Ed. Porrúa, México, 2016. 226 pp.; (edición peruana), Ed. Gaceta Jurídica, Lima 2016, 230 pp.

[56] Véase en http://www.tsj.gov.ve/decisiones/scon/marzo/162025-138-17314-2014-14-0205.HTML. Véanse los comentarios en: Véase Allan R. Brewer-Carías, "La ilegítima e inconstitucional revocación del mandato popular de alcaldes por la Sala Constitucional del Tribunal Supremo, usurpando competencias de la jurisdicción penal, mediante un procedimiento "sumario" de condena y encarcelamiento (el caso de los Alcaldes Vicencio Scarano Spisso y Daniel Ceballo)," en *Revista de Derecho Público* N° 138, Editorial Jurídica Venezolana, Caracas, 2014, pp. 176 y ss.; .y en el libro: *El golpe a la democracia dado por la Sala Constitucional, (De cómo la Sala Constitucional del Tribunal Supremo de Justicia de Venezuela impuso un gobierno sin legitimidad democrática, revocó mandatos populares de diputada y alcaldes, impidió el derecho a ser electo, restringió el derecho a manifestar, y eliminó el derecho a la participación política, todo en contra de la Constitución)*, segunda edición, (Con prólogo de Francisco Fernández Segado), Caracas 2015, 426-pp. Editorial Jurídica Venezolana, segunda edición, Caracas 2015, pp. 175-234.

2014), condenándolo a prisión, y revocándole inconstitucionalmente su mandato de Alcalde al Sr. Vicencio Scarano Spisso. Ello mismo lo hizo la Sala posteriormente mediante otras sentencias contra otros Alcaldes.[57]

Para ello, la Sala violó todas las garantías más elementales del debido proceso, entre las cuales están, que nadie puede ser condenado penalmente sino mediante un proceso penal ("instrumento fundamental para la realización de la justicia" –art. 257 de la Constitución–), en el cual deben respetarse el derecho a la defensa, el derecho a la presunción de inocencia, el derecho al juez natural (art. 49 de la Constitución), y la independencia e imparcialidad del juez (arts. 254 y 256 de la Constitución); juez que en ningún caso puede ser juez y parte, es decir, decidir en causa en la cual tiene interés.

En todos esos casos, la Sala Constitucional ordenó a los Alcaldes ejecutar, entre múltiples actividades de tipo administrativo que son propias de la autoridad municipal, las de velar por la ordenación de la circulación, la protección del ambiente, el saneamiento ambiental, la prevención y control del delito, para lo cual debían realizar acciones y utilizar los recursos materiales y humanos necesarios para "evitar que se coloquen obstáculos en la vía pública que impidan, perjudiquen o alteren el libre tránsito de las personas y vehículos; o se proceda a la inmediata remoción de tales obstáculos"[58]

Días después de dictada las medidas cautelares que habían requerido unas asociaciones de vecinos, la Sala Constitucional, actuando de oficio, y con el propósito de sancionar directamente a los destinatarios de las mismas procedió a fijar un procedimiento *ad hoc* para determinar "el presunto incumplimiento al mandamiento de amparo," advirtiendo que impondría la sanción penal prevista en la Ley y remitiría la decisión para su ejecución a un juez de primera instancia en lo penal.

---

[57] Una demanda similar se intentó simultáneamente ante la Sala Constitucional por un abogado a título personal contra los Alcaldes de los Municipios Baruta y El Hatillo, originando una medida de amparo cautelar (sentencia Nº 135 de 12 de marzo de 2014, en http://www.tsj.gov.ve /decisiones/scon/marzo/161913-135-12314-2014-14-0194.HTML); la cual, a petición del mismo abogado formulada a título personal, originó una decisión judicial de aplicación por efectos extensivos de la anterior medida judicial de amparo cautelar contra los Alcaldes de los Municipios Chacao, Lechería, Maracaibo y San Cristóbal (sentencia 137 de 17 de marzo de 2014 en http://www.tsj.gov.ve/decisiones/scon/mar-zo/162024-137-17314-2014-14-0194.HTML). Ello se anunció en la Nota de Prensa del Tribunal Supremo de Justicia de 24 de marzo de 2014. Véase en http://www.tsj.gov.ve/informa-cion/notasdeprensa/notasdeprensa.asp?codi-go=11777, debe destacarse, sin embargo, que en la Nota de Prensa oficial del Tribunal Supremo informando sobre la primera decisión de detención del Alcalde del Municipio San Diego, se afirmó, que "Los alcaldes a quienes se sancionan son de los municipios donde presuntamente se han cometido mayor número de hechos delictivos como homicidios, destrucción de organismos públicos y privados, destrucción del ambiente, incendio de vehículos y cierre de vías, desde que se iniciaron las manifestaciones violentas en el país." Véase en http://www.tsj.gov.ve/in-formacion/notasde-prensa/notasde prensa.asp?codigo=11768. Con ello, el Tribunal Supremo expresó claramente el propósito de su sentencia de amparo, que en definitiva no era el de proteger algún derecho ciudadano, sino el de sancionar a los Alcaldes de oposición, precisamente por ser de oposición

[58] Contra esta decisión de mandamiento de amparo cautelar el Alcalde del Municipio se opuso a la misma mediante escrito de 18 de marzo de 2014, y al día siguiente, el día 19 de marzo de 2014, la Sala Constitucional con base en el argumento de que en el procedimiento de amparo no debe haber incidencias, declaró como *Improponible* en derecho la oposición al mandamiento de amparo constitucional cautelar planteada por el ciudadano Vicencio Scarano Spisso." Véase la sentencia Nº 139 de 19 de marzo de 2014 en http://www.tsj.gov.ve/de-cisiones/scon/marzo/162073-139-19314-2014-14-0205.HTML.

La Sala Constitucional se erigió, así, en el perseguidor de los funcionarios públicos electos, responsables de los gobiernos municipales en los Municipios donde la oposición había
tenido un voto mayoritario.

Días después, considerando que el desacato cometido era un "hecho notorio y comunicacional,"[59] invirtiendo así la carga de la prueba y violando con ello la presunción de inocencia al compeler a los Alcaldes que "probaran" lo contrario, procedió a imponerles la sanción
penal,[60] y así, criminalizando el ejercicio de la función administrativa, sin ser juez penal,
procedió a declarar la inhabilitación política del funcionario, a encarcelarlo y a separarlo de
su cargo, es decir, revocarle en definitiva su mandato, violando el principio democrático
representativo.[61]

Sobre esta masiva violación de los derechos civiles políticos del Alcalde revocado y en-
carcelado, la Defensora del Pueblo se limitó a afirmar que "Es imposible que con la presencia
de todos los poderes públicos (en la audiencia contra Scarano) se cometa una ilegalidad;"[62] lo

[59] Sobre el tema véase Allan R. Brewer-Carías, "Sobre el tema del "hecho notorio" me he referido al
comentar la doctrina jurisprudencial en la materia sentada por el Tribunal Supremo de Justicia de
Venezuela, en los trabajos: "Consideraciones sobre el 'hecho comunicacional' como especie del
'hecho notorio' en la doctrina de la Sala Constitucional del Tribunal Supremo," en *Revista de Derecho Público*, N° 101, enero-marzo 2005, Editorial Jurídica Venezolana, Caracas 2005, pp. 225-
232; y "Sobre el llamado 'hecho comunicacional' como fundamento de una acusación penal", en
Temas de Derecho Penal Económico, Homenaje a Alberto Arteaga Sánchez (Compiladora Carmen Luisa Borges Vegas), Fondo Editorial AVDT, Obras colectivas OC N° 2, Caracas 2007, pp.
787-816.

[60] La Sala Constitucional incluso, en la sentencia N° 138 de 17 de marzo de 2014, decidió que "en
caso de quedar verificado el desacato, impondrá la sanción conforme a lo previsto en el artículo 31
de la Ley Orgánica de Amparo sobre Derechos y Garantías Constitucionales y remitirá la decisión
para su ejecución a un juez de primera instancia en lo penal en funciones de ejecución del Circuito
Judicial Penal correspondiente. Por ello, con razón, Juan Manuel Raffalli consideró que "este 'precedente' no solo supone el fin de un criterio reiterado, sino que representa "una violación a la doble instancia, porque si el TSJ ya tomó una decisión ante quién puede apelar el Alcalde". Véase en
Juan Francisco Alonso, "Con caso Scarano TSJ echó a la basura 12 años de jurisprudencia. Juristas alertan que Sala Constitucional no puede condenar a nadie", en *El Universal,* viernes 21 de
marzo de 2014 12:00 AM, en http://www.eluni-versal.com/nacional-y-politica/140321/con-caso-
scarano-tsj-echo-a-la-basura-12-anos-de-jurisprudencia. Por todo ello, también con razón, el profesor Alberto Arteaga explicó que lo decidido "no tiene precedentes en el país. Es tan absurdo como una condena a pena de muerte. Si lo hizo la sala Constitucional, cuyas sentencias tienen carácter vinculante, cualquier tribunal que conozca de un procedimiento de amparo puede hacer lo
mismo. Si damos por buena esta decisión cualquier alcalde puede ser destituido sin formula de juicio, como ocurrió con Scarano." Véase Edgard López, "Cualquier alcalde puede ser destituido
como Scarano. Los penalistas Alberto Arteaga y José Luis Tamayo consideran que la Sala Constitucional violó la carta magna," en *El Nacional*, Caracas 21 de marzo de 2014, 12.01 am, en http://
www.el-nacional.com/politica/Cualquier-alcalde-puede-destituido-Scarano_0_376162596.html.

[61] Véase en http://www.tsj.gov.ve/informacion/notasdeprensa/notasdepren-sa.asp?codigo=11771.

[62] "La defensora del Pueblo, Gabriela Ramírez, le salió al paso a las críticas que desde distintos
sectores se le han formulado al procedimiento realizado por la Sala Constitucional contra Scarano
y defendió su legalidad," limitándose dicha funcionara a decir que "Es imposible que con la presencia de todos los poderes públicos se cometa una ilegalidad", afirmó, al tiempo que aseguró que
el hoy exalcalde tuvo la oportunidad de defenderse de los señalamientos en una "audiencia muy
larga". Véase en Juan Francisco Alonso, "Con caso Scarano TSJ echó a la basura 12 años de jurisprudencia. Juristas alertan que Sala Constitucional no puede condenar a nadie", en El Universal
viernes 21 de marzo de 2014 12:00 AM, en http://www.eluniversal.com/nacional-y-politica/
140321/-con-caso-scarano-tsj-echo-a-la-basura-12-anos-de-jurisprudencia

que equivale a decir que en un régimen autoritario las violaciones al ordenamiento jurídico son "legales" cuando se cometen –como en Venezuela– por todos los órganos del Estado.[63]

En todo caso, con el Tribunal Supremo y la Defensora del Pueblo como instrumentos para someter y encarcelar los alcaldes de oposición, el Presidente de la República (N. Maduro) al día siguiente de la sentencia del Juez Constitucional, y antes de que su texto se hubiese publicado, el día 20 de marzo de 2014 ya había comenzado a amenazar directamente a los demás Alcaldes, de que usaría al Tribunal Supremo para eliminarlos,[64] y lo mismo hizo dos días más tarde el Gobernador del Estado Barinas en relación con Alcaldes de esa entidad.[65]

Las amenazas se comenzaron a concretar de inmediato, y así, la Sala Constitucional del Tribunal Supremo de Justicia, muy obediente y diligentemente, mediante sentencia N° 150 de ese mismo día 20 de marzo de 2014, con base en las mismas solicitudes de "demandas de protección por intereses colectivos o difusos," y en vista de la extensión de la medida cautelar de amparo dictada por la sentencia N° 135 de 12 de marzo de 2014 respecto del Alcalde del Municipio San Cristóbal del Estado Táchira, Sr. Daniel Ceballos, procedió a sancionarlo a cumplir 12 meses de prisión, decidiéndose además su cesación "en el ejercicio del cargo de alcalde del municipio San Cristóbal del Estado Táchira."[66]

El Alcalde Ceballos, en todo caso, en esa audiencia del 25 de marzo de 2014 les expresó a todos los magistrados directamente, entre otras cosas, que estaba allí "porque no existe Estado de derecho y justicia," que del Juez Constitucional, no esperaba justicia, y que estaba "preparado para recibir una sentencia de unos verdugos que están a punto de consumar un Golpe de Estado contra el Pueblo de San Cristóbal." Se identificó como "un civil secuestrado

[63] Era como para recordarle a la defensora del Pueblo lo que el político español Iñaki Ianasagasti, destacaba en su comentario a la traducción del profesor Carlos Armando Figueredo del libro de Ingo Müller, Los Juristas del Horror, (1987) sobre el comportamiento de los jueces durante el nazismo en Alemania, en el sentido de que "la terrible conclusión que saca del libro es que los atropellos, las prisiones, las torturas y aún el exterminio en masa se hicieron de manera legal y apegada a la norma."

[64] El día 20 de marzo de 2014, a las pocas horas de haber la Sala Constitucional dictado su decisión encarcelando al Alcalde del Municipio San Diego del Estrado Carabobo, Nicolás Maduro como Presidente de la República, refiriéndose al Alcalde del Municipio Chacao del Estado Miranda, le dijo: "Ramón Muchacho póngase las pilas, porque si el Tribunal Supremo de Justicia (TSJ) toma acciones con estas pruebas, usted se va de esa alcaldía ¿oyó? llamaríamos a elecciones, para que el pueblo de Chacao tenga un alcalde o una alcaldesa que de verdad lo represente"[…] Alertó que los manifestantes pueden protestar "todos los días que quieran, pero no pueden trancar las vías. En lo que lo hagan, entraremos y formará parte del expediente de desacato de Ramón Muchacho. Mírese en el espejo". Véase en "Maduro amenaza con elecciones en el municipio Chacao", en El Universal, jueves 20 de marzo de 2014 05:53 PM, en http://www.eluniversal.com/nacional-y-politica/140320/maduro-amenaza-con-elecciones-en-el-municipio-chacao

[65] Véase en Walter Obregón, "Adán Chávez amenazó con poner presos a dos alcaldes de Barinas. En un acto, el gobernador de Barinas advirtió al alcalde José Luis Machín (Barinas) y Ronald Aguilar (Sucre) que "podrían acabar como Scarano y Ceballos," en El Universal, viernes 21 de marzo de 2014 12:31 pm, en http://www.eluniversal.com/nacional-y-politica/protestas-en-venezuela/140321/adan-chavez-amenazo-con-poner-presos-a-dos-alcaldes-de-barinas

[66] Véase en http://www.tsj.gov.ve/informacion/notasdeprensa/notasde-pren-sa.asp?codigo=11784. En la Nota de Prensa se informa que se habría dado "estricto cumplimiento al debido proceso" por el hecho de que se oyó al encausado y a la Asociación Civil que accionó contra él. Se le olvidó a la Sala Constitucional que conforme al artículo 49 de la Constitución, el debido proceso no se agota en el derecho a ser oído, sino a la defensa, a la presunción de inocencia, al juez natural, a la doble instancia entre otros, todos violados en dicha audiencia.

en una prisión militar que comparte celdas con Enzo Scarano, un alcalde legítimo y depuesto y Leopoldo López, el hombre que con dignidad y valentía despertó al pueblo. Soy perfectamente consciente de por qué estoy aquí. Tengo muy claro las razones que me traen a este patíbulo."[67]

Lamentablemente, sin embargo, el texto de la sentencia adoptada en la audiencia del día 25 de marzo de 2014, y publicada con el N° 263 el 11 de abril de 2014,[68] no recogió todo lo expresado por el Alcalde, y lo que hizo fue aplicar la "doctrina vinculante" que se había establecido antes, con lo cual igualmente, se lo enjuició, condenó penalmente, encarceló y se le revocó su mandato popular en contra de todos los principios del debido proceso,[69] concluyendo así su arremetida contra el mandato popular de Alcaldes.

VI. LA VIOLACIÓN DEL PRINCIPIO DEMOCRÁTICO REPRESENTATIVO POR LA ARBITRARIA IMPOSICIÓN POR EL JUEZ CONSTITUCIONAL DE UN GOBIERNO A CARGO DE UN FUNCIONARIO NO ELECTO (2013)

La Constitución de 1999 establece como principio pétreo que el gobierno, además de ser siempre "democrático, participativo, descentralizado, responsable, pluralista y de mandatos revocables," también debe ser siempre "electivo y alternativo," lo que implica los ciudadanos tienen derecho a ser gobernados solo por funcionarios electos. En cuanto al Presidente de la República, dicho cargo solo lo puede ejercer alguien que haya sido electo mediante sufragio universal, directo y secreto (art. 228). Sin embargo, entre enero y marzo de 2013, contrariando los más elementales principios de la justicia constitucional, el Juez Constitucional en Venezuela atentó abiertamente contra el principio democrático representativo, imponiéndole a los venezolanos un gobierno sin legitimidad democrática, es decir, conducido por un funcionario que no había sido electo por el pueblo, una vez que el Presidente de la República, Hugo Chávez después de ser reelecto en octubre de 2012, sin embargo, por enfermedad y luego quizás por su fallecimiento,[70] no pudo tomar posesión del cargo en enero de 2013.

---

[67]   Véase en http://cifrasonlinecomve.wordpress.com/2014/03/28/alcalde-daniel-ceballos-le-da-hasta-por-la-cedula-a-los-magistrados-del-tsj/.

[68]   Véase en http://www.tsj.gov.ve/decisiones/scon/abril/162992-263-10414-2014-14-0194.HTML.

[69]   Véase los comentarios a esta sentencia en "El fallido intento de la Sala Constitucional de justificar lo injustificable: la violación masiva de todos los principios del debido proceso en el caso de las sentencias N° 245 y 263 de 9 y 11 de abril de 2014, de revocación del mandato popular de Alcaldes," 11 de abril 2014, en http://allanbrewercarias.com/wp-content/uploads/2014/04/100.Brewer.-sobre-las-sentencias-del-caso-de-los-Alcaldes-de-San-Diego-y-San-Crist%C3%B3bal.-EL-FALLI-DO-INTENTO-DE-JUSTIFICAR-L.pdf.

[70]   Debe precisarse de entrada, para este comentario, que si bien el fallecimiento del Presidente Hugo Chávez fue "anunciado" oficialmente en Caracas el 5 de marzo de 2013, la fecha de su ocurrencia efectiva siempre estuvo oculta, después de haber sido operado en La Habana, Cuba, el 10 de diciembre de 2012, a partir de lo cual nunca más se lo vio en público. En julio de 2018, sin embargo, quien para esos tiempos era la Fiscal General de la República (Luisa Ortega Díaz), confirmó lo que siempre se había sospechado, y era que el Hugo Chávez habría fallecido efectivamente en La Habana, en diciembre de 2012 y no cuando se anunció tal hecho en marzo de 2013. Véase Ludmila Vinogradoff, "La exfiscal Ortega confirma que Chávez murió dos meses antes de la fecha anunciada," en *ABC International*, 16 de julio de 2018, en https://www.abc.es/inter-nacional/abci-confirman-chavez-murio-meses-antes-fecha-anunciada-201807132021_noticia.html.

Ello ocurrió con la emisión de dos sentencias de la Sala Constitucional del Tribunal Supremo de Justicia, Nº 2 de 9 de enero de 2013 [71] y Nº 141 de 8 de marzo de 2013, [72] dictadas al decidir sendos "recursos de interpretación abstracta" de la Constitución en un contexto condicionado por los siguientes hechos y situaciones jurídicas:

Primero, que el Presidente Chávez había sido reelecto Presidente de la República el 7 de octubre de 2012 para el período constitucional 2013-2019. La reelección se produjo estando en ejercicio del cargo de Presidente por el período constitucional 2007-2013, para el cual había sido reelecto en 2006; período este que terminaba el 10 de enero de 2013.

Segundo, que el Presidente Chávez, desde el día 9 de diciembre de 2012, había viajado a La Habana, luego de haber obtenido autorización de la Asamblea Nacional para ausentarse del territorio nacional por más de 5 días (art. 234, Constitución), para someterse a una operación quirúrgica, después de la cual nunca más se le vio en público.

Tercero, que la ausencia del Presidente del territorio nacional constituyó una falta temporal (art. 234, Constitución) que constitucionalmente implicaba que el Vicepresidente Ejecutivo (Nicolás Maduro), lo debía suplir; lo que sin embargo o hizo, habiendo permanecido en Caracas, con viajes frecuentes a La Habana, actuando solo mediante una delegación de atribuciones que el Presidente Chávez había decretado el 9 de diciembre de 2012.

Cuarto, que para tomar posesión del cargo de Presidente para el nuevo período constitucional 2013-2019, el Presidente Chávez debía necesariamente juramentarse ante la Asamblea Nacional el día 10 de enero de 2013 (art. 231, Constitución).

Quinto, que si ese día 10 de enero de 2013, el Presidente electo, por alguna causa sobrevenida no se podía juramentar ante la Asamblea Nacional, luego lo podía hacer posteriormente ante el Tribunal Supremo de Justicia (art. 231, Constitución).

Sexto, que el Vicepresidente Ejecutivo Nicolás Maduro informó a la Asamblea Nacional el 8 de enero de 2013, que el Presidente de la República, dado su estado de salud, no iba a poder comparecer ante la Asamblea el día 10 de enero de 2013 para juramentarse en su cargo, informando que permanecía en La Habana; y

Séptimo, que en esa fecha 10 de enero de 2013, en todo caso, comenzó el nuevo período constitucional 2013-2019 (art. 231, Constitución), sin haberse juramentado el Presidente electo.

---

[71]   Véase el texto de la sentencia en http://www.tsj.gov.ve/decisiones/scon/-Enero/02-9113-2013-12-1358.html. Véase los comentarios en Allan R. Brewer-Carías, "El juez constitucional y la demolición del principio democrático de gobierno. O de cómo la Jurisdicción Constitucional en Venezuela impuso arbitrariamente a los ciudadanos, al inicio del período constitucional 2013-2019, un gobierno sin legitimidad democrática, sin siquiera ejercer actividad probatoria alguna, violentando abiertamente la Constitución," en *Revista de Derecho Público*, Nº 133 (enero-marzo 2013), Editorial Jurídica Venezolana, Caracas 2013, pp. 179-212.

[72]   Véase el texto de la sentencia en http://www.tsj.gov.ve.decisiones/scon/Mar-zo/141-9313-2013-13-0196.html. Véase los comentarios en Allan R. Brewer-Carías, "El Juez Constitucional y la ilegítima declaración, mediante una "nota de prensa," de la "legitimidad" de la elección presidencial del 14 de abril de 2013," en *Revista de Derecho Público*, Nº 135, Editorial Jurídica Venezolana, Caracas 2013, pp. 207 y ss.

Al día siguiente, la Sala Constitucional dictó la primera de las sentencias mencionadas, N° 2, dictada el 9 de enero de 2013,[73] destinada a resolver la situación jurídica derivada de la anunciada falta de comparecencia del Presidente Hugo Chávez, después de su reelección, para tomar posesión de su cargo el día siguiente 10 de enero de 2013, que era la fecha en la cual terminaba su período constitucional 2007-2013 y cuando comenzaba el período 2013-2019.

La Sala Constitucional se rehusó a considerar que se había producido una falta absoluta del Presidente electo, al no poder comparecer y tomar posesión de su cargo, por encontrarse fuera de Venezuela, supuestamente hospitalizado; y además, se abstuvo de tratar de conocer la realidad, y por ejemplo, solicitar prueba procesal que al menos certificara incluso si el Presidente estaba o no vivo;[74] y así, sin actividad probatoria para saber realmente sobre su estado de salud, la Sala procedió a declarar que había una supuesta "continuidad administrativa" entre la gestión de un Presidente enfermo y ausente que terminaba su período el 10 de enero de 2013,[75] y la que comenzaba el mismo día, con la ausencia del Presidente y sabiendo que obviamente no estaba en ejercicio de su cargo.

Con ese decreto-sentencia de "continuidad administrativa," en realidad, lo que hizo el Juez Constitucional fue extenderle sus funciones al Vice Presidente Ejecutivo, Nicolás Maduro, quien sin ser un funcionario electo fue instalado a la cabeza del Poder Ejecutivo, y a todo el Gabinete ejecutivo, afirmando, contra la realidad, que a pesar de que Chávez estaba ausente del país, sin embargo, supuestamente estaba "en ejercicio efectivo de su cargo," lo que obviamente era falso pues, si es que acaso estaba vivo, lo que se había informado era que estaba recluido en un Hospital en La Habana.[76]

---

[73]   Véase el texto de la sentencia en http://www.tsj.gov.ve/decisiones/scon/-Enero/02-9113-2013-12-1358.html. Véase los comentarios en Allan R. Brewer-Carías, "El juez constitucional y la demolición del principio democrático de gobierno. O de cómo la Jurisdicción Constitucional en Venezuela impuso arbitrariamente a los ciudadanos, al inicio del período constitucional 2013-2019, un gobierno sin legitimidad democrática, sin siquiera ejercer actividad probatoria alguna, violentando abiertamente la Constitución," en *Revista de Derecho Público*, N° 133 (enero-marzo 2013), Editorial Jurídica Venezolana, Caracas 2013, pp. 179-212.

[74]   En julio de 2018, como antes se dijo, quien para el momento en el cual se dictaron las sentencias que se comentan era la Fiscal General de la República (Luisa Ortega Díaz), confirmó lo que siempre se sospechó, y es que Hugo Chávez habría fallecido en La Habana en diciembre de 2012 y no en marzo de 2013 cuando se anunció tal hecho. Véase Ludmila Vinogradoff, "La exfiscal Ortega confirma que Chávez murió dos meses antes de la fecha anunciada," en *ABC International*, 16 de julio de 2018, en https://www.abc.es/interna-cional/abci-confirman-chavez-murio-meses-antes-fecha-anunciada-201807132021_noticia.html.

[75]   Sobre ello, Ricardo Combellas en declaraciones a BBC Mundo expresó que: "Ese es un principio muy sano del derecho administrativo: que independientemente de los cambios en la dirección administrativa de los asuntos del estado, las funciones del gobierno continúan. Lo que está planteado es que ha terminado un período constitucional y que eso no es un supuesto de continuidad administrativa sino es un supuesto de renovación de los poderes públicos que tienen un plazo limitado en la Constitución." En Carlos Chirinos, "El limbo de consecuencias impredecibles", *BBC Mundo*, 11 de enero de 2013. En: http://www.bbc.co.uk/mundo/movil/noticias/2013/01/130110 venezuela_cons-tituyente_combellas_opinion_cch.shtml.

[76]   Véase el texto de la sentencia en http://www.tsj.gov.ve/decisiones/scon/Enero/-02-9113-2013-12-1358.html.

Así un Vicepresidente no electo y que había sido designado como Vice Presidente por el Presidente Chávez, cuyo mandato terminaba, fue instalado en el Poder Ejecutivo sin legitimidad democrática alguna, pues no era un funcionario electo popularmente, produciéndose, sin duda, una usurpación de autoridad.[77]

Luego vino la segunda sentencia, N° 141, dictada el 8 de marzo de 2013,[78] que fue dictada tres días después de que el Vicepresidente Ejecutivo Nicolás Maduro anunciara el fallecimiento del Presidente Chávez, pero sin constatar tal circunstancia ni siquiera diciendo cuándo ese hecho habría ocurrido. Mediante esta decisión, la Sala Constitucional, pasó a asegurar que el Vicepresidente Ejecutivo que ya había sido impuesto como gobernante (sin haber sido electo) por la misma Sala, continuaría como Presidente Encargado y, además, habilitándolo, contra lo dispuesto en la Constitución, para poder presentarse como candidato presidencial sin separarse de su cargo.

Ambas sentencias, hechas a la medida del régimen autoritario, fueron abierta y absolutamente inconstitucionales y dictadas, además, en ausencia de la toda base probatoria: en enero, la Sala nunca tuvo a su vista informe médico alguno que indicara el estado de salud del Presidente Chávez, ni había fe de vida alguna del mismo; y en marzo, nunca tuvo a su vista la partida de defunción del Presidente Chávez para determinar la fecha de su fallecimiento, basándose para resolver, solamente en el hecho de que el Vicepresidente había "anunciado" su deceso.

Ambas sentencias, violentaron el derecho ciudadano a la democracia representativa y a ser gobernados por gobiernos de origen democrático; es decir, el derecho a la representación política, lo que implica que los gobernantes sean electos como resultado del ejercicio del derecho al sufragio, y el derecho a que el acceso al poder en cualquier caso se haga con arreglo a la Constitución y a las leyes, es decir, a los principios del Estado de derecho.

Esos derechos, en un Estado de derecho, deben ser garantizados por el Juez Constitucional quien es el llamado a asegurar no sólo que el ejercicio del poder por los gobernantes se realice de acuerdo con el texto de la Constitución y las leyes, sino que el acceso al poder se realice conforme a las previsiones establecidas en las mismas. Por tanto, resultaría totalmente inconcebible que en un Estado democrático de derecho, sea el propio Juez Constitucional el que viole el principio democrático, y sea dicho Juez el que designe para ocupar un cargo de elección popular, a quien no ha sido electo por el pueblo.

---

[77] Con razón la diputada María Corina Machado expresó el 11 de enero de 2013: "que el acto que vimos ayer no tiene precedentes. Dijo que Venezuela amaneció con un gobierno usurpado y el Vicepresidente, los ministros y la Procuradora General pretenden seguir ejerciendo sus cargos. "Todos los cargos de gobierno cesaron el pasado jueves y ante esa pretensión, todos sus actos son nulos, como lo establece el artículo 138 de la Constitución", recalcó. Reiteró que Diosdado Cabello ha violado su juramento, porque debió llamar a la sesión solemne de toma de posesión del nuevo período presidencial y agregó que "no reconocemos a Maduro como Vicepresidente, porque hay una situación de ilegitimidad profunda". Aseguró que en Venezuela no existe separación de poderes, "tenemos un TSJ sumiso, nuestra soberanía está siendo pisoteada". Véase reseña de Programa Primera página de Globovisión, 11 de enero de 2013, en http://www.lapatilla.com/site /2013/ 01/11/maria-corina-nuestra-soberania-esta-siendo-pisoteada/

[78] Véase el texto de la sentencia en http://www.tsj.gov.ve.decisiones/scon/Mar-zo/141-9313-2013-13-0196.html. Véase los comentarios en Allan R. Brewer-Carías, "El Juez Constitucional y la ilegítima declaración, mediante una "nota de prensa," de la "legitimidad" de la elección presidencial del 14 de abril de 2013," en *Revista de Derecho Público*, N° 135, Editorial Jurídica Venezolana, Caracas 2013, pp. 207 y ss.

Ello sería un contrasentido y un atentado al Estado de derecho, particularmente porque el Juez Constitucional no es controlable por ningún otro órgano.

Ese absurdo constitucional fue precisamente el que se produjo en Venezuela, entre enero y marzo de 2013, tiempo durante el cual, contrariando el principio democrático, el Juez Constitucional en Venezuela, a cargo de la Sala Constitucional del Tribunal Supremo de Justicia, fue precisamente el que violó abiertamente el principio democrático, sin que nadie pudiera controlarlo, dictando las dos sentencias antes indicadas

Con ellas, la Sala Constitucional, por tanto, estando el "Presidente" de hecho impedido de ejercer cabalmente sus funciones, lo que en realidad decidió fue poner el gobierno de Venezuela para el inicio del período constitucional 2013-2019, en manos de funcionarios que no habían sido electos popularmente, contrariando el principio democrático, como eran los otros mencionados en la sentencia: "el Vicepresidente, los Ministros y demás órganos y funcionarios de la Administración," indicando para ello que seguirían "ejerciendo cabalmente sus funciones con fundamento en el principio de la continuidad administrativa," a pesar de que habían sido nombrados en el período constitucional anterior. Con ello, en definitiva, lo que la Sala Constitucional hizo fue dar un golpe contra la Constitución,[79] vulnerando el derecho de los ciudadanos a ser gobernados por gobernantes electos; a raíz de lo cual, el gobierno comenzó incluso a perseguir a quienes argumentaran o informaran sobre la interpretación que debía darse a las normas constitucionales y sobre la inconstitucional decisión del Tribunal Supremo y sus efectos;[80] de manera que hasta los estudiantes universitarios que comenzaron a protestar contra la sentencia de la Sala Constitucional, fueron por ello amenazados con cárcel.[81]

Chávez, en definitiva, como era de preverse o se sospechaba, efectivamente no compareció ante la Asamblea Nacional a tomar posesión del cargo para el período constitucional 2013-2019, quizás incluso porque ya había fallecido. Ello no impidió, sin embargo, que Vicepresidente Ejecutivo y otros Ministros, instalados en el gobierno, según lo anunciaron al

---

[79] También puede calificarse la situación como golpe de Estado, pues, en definitiva, todo golpe contra la Constitución es un golpe de Estado. Véase Claudio J. Sandoval, ¿Golpe de Estado en Venezuela?, en El Universal, Caracas 10 de enero de 2013, en http://www.eluniversal.com/opinion/-130110/oea-golpe-de-estado-en-venezuela.

[80] El 9 de enero de 2013, el consultor jurídico de Globovisión, Ricardo Antela, explicó sobre el nuevo procedimiento administrativo sancionatorio abierto por la Comisión Nacional de Telecomunicaciones (CONATEL) contra la estación de TV, "por la difusión de cuatro micros informativos sobre el articulado de la Constitución", que a juicio del ente regulador, "incitan al odio, la zozobra y la alteración del orden público", prohibiendo de entrada "a la televisora retransmitir dichos mensajes o algunos similares." En horas de la tarde de ese mismo día el "presidente de la Asamblea Nacional, Diosdado Cabello; y el ministro Rafael Ramírez, habían sugerido al ente regulador "iniciar una investigación contra el canal por difundir el artículo 231 de la Constitución". Véase la información en http://globovision.com/articulo/conatel-notifica-a-globovision-de-nuevo-procedimiento-adminis-trativo-sancionatorio

[81] El Gobernador del Estado Táchira, José Gregorio Vielma Mora, afirmó a la prensa "que los estudiantes de las universidades Católica y de Los Andes de esa entidad, que manifestaron en contra del fallo del Tribunal Supremo de Justicia, estaban ebrios y otros consumieron drogas para "valentonarse en contra de la autoridad". "Son delincuentes", aseveró. Advirtió al rector académico de la ULA, Omar Pérez Díaz y demás profesores, que irá a la Fiscalía a denunciarlos. "No mienta (Pérez Díaz), usted está promoviendo la violencia en Táchira. Les están pagando desde el extranjero. "Tienen armamento y municiones dentro de la universidad", acusó. De seguir protestando "van a ser tratados como bandas criminales e irán a la cárcel de Santa Ana". Véase en http://m.notitarde.com/no-ta.aspx?id=159398.

país, que supuestamente hubieran estado con el Presidente Hugo Chávez Frías en el Hospital Militar de Caracas, donde habría sido trasladado desde La Habana, en una supuesta "reunión de gabinete" de nada menos que de cinco horas durante la noche el día 23 de febrero de 2013.[82]

Unos días después, el 4 de marzo de 2013, sin embargo, ya el Ministro de Comunicaciones anunciaba al país que el estado de salud de Chávez era "muy delicado,"[83] lo que presagiaba un anuncio final, "luego de que se informara oficialmente de un deterioro en la salud del presidente Hugo Chávez"[84] informándose de inmediato el mismo día 5 de marzo de 2013, por el Vicepresidente Ejecutivo, que se había producido su fallecimiento. En esa forma, el juramento y la toma de posesión del cargo para el cual Chávez fue reelecto, nunca tuvo lugar.

El anuncio del fallecimiento del presidente electo Chávez planteó de nuevo una serie de cuestiones jurídicas que requerían solución urgente, las cuales giraban en torno a determinar jurídica y constitucionalmente –en medio del pastel de la falsa "continuidad administrativa"–, quién, a partir del 5 de marzo de 2013, debía encargarse de la Presidencia de la República en ese supuesto de efectiva falta absoluta de un Presidente electo, no juramentado, mientras se procedía a una nueva elección presidencial. En virtud de que el Presidente Chávez ya era evidente que no tomaría posesión de su cargo, por haberse anunciado su falta absoluta, el absurdo e ilegítimo régimen de la "continuidad administrativa" impuesto por el Tribunal Supremo sin duda había cesado.

En esa situación, conforme al artículo 233 de la Constitución, el único de los supuestos de falta absoluta del Presidente que prevé,[85] aplicable en el caso, es la que se produce antes de que el Presidente electo tome posesión del cargo, que era el supuesto que había en definitiva ocurrido, en cuyo caso, dice la norma, el presidente de la Asamblea Nacional se encarga de la Presidencia de la República mientras se realiza una nueva elección y toma posesión el nuevo Presidente.

---

[82] Véase "Maduro asegura que se reunió con Chávez por más de cinco horas," en *El Universal*, 23 de febrero de 2013, en http://www.eluniver-sal.com/nacional-y-politica/salud-presidencial/130223/maduro-asegura-que-se-reunio-con-chavez-por-mas-de-cinco-horas; y En "Maduro: Chávez continúa con cánula traqueal y usa distintas vías de entendimiento," Publicado por Caracas en Febrero 23, 2013, en http://venezuelaaldia.com/2013/02/ma-duro-chavez-conti-nua-con-la-canula-traqueal-y-usa-distintas-vias-de-entendimiento/.

[83] "Villegas, "El estado general sigue siendo delicado," en *Kikiriki*, 4 de marzo de 2023, en http://www.kiki-riki.org.ve/villegas-el-estado-general-sigue-sien-do-delicado/.

[84] Véase "Venezuela transmitirá reunión entre Maduro, Gabinete y militares: oficial," en Reuters, 5-3-2013, en http://ar.reuters.com/article/topNews/id-ARL1N0BX9B220130305

[85] El artículo 233 dispone en la materia lo siguiente: "Cuando se produzca la falta absoluta del Presidente electo o Presidenta electa antes de tomar posesión, se procederá a una nueva elección universal, directa y secreta dentro de los treinta días consecutivos siguientes. Mientras se elige y toma posesión el nuevo Presidente o la nueva Presidenta, se encargará de la Presidencia de la República el Presidente o Presidenta de la Asamblea Nacional. // Si la falta absoluta del Presidente o Presidenta de la República se produce durante los primeros cuatro años del período constitucional, se procederá a una nueva elección universal, directa y secreta dentro de los treinta días consecutivos siguientes. Mientras se elige y toma posesión el nuevo Presidente o la nueva Presidenta, se encargará de la Presidencia de la República el Vicepresidente Ejecutivo o la Vicepresidenta Ejecutiva".

En este caso, el presidente de la Asamblea no pierde su investidura parlamentaria, ni asume la Presidencia de la República, sino que solo se "encarga" temporalmente de la misma; y en el caso concreto, ello implicaba que el Presidente de la Asamblea Nacional, Diosdado Cabello debió de inmediato encargarse de la Presidencia de la República, *ex constitutione*.[86]

Sin embargo, ello no fue lo que ocurrió en la práctica política, incumpliendo el Presidente de la Asamblea Nacional el mandato de la Constitución, particularmente al haberse anunciado el mismo día 5 de marzo de 2013, por la Procuradora General de la República (quien era la esposa del Vice Presidente Nicolás Maduro) que con la muerte del Presidente Hugo Chávez, "inmediatamente se pone en vigencia el artículo 233, que establece que se encarga el Vicepresidente Nicolás Maduro (...) .Y la falta absoluta determina que el que se encarga es el Vicepresidente, Nicolás Maduro."[87]

Y efectivamente, ello fue lo que ocurrió quedando evidenciado en *Gaceta Oficial* del mismo día, mediante la publicación del Decreto N° 9.399 declarando Duelo Nacional, dado y firmado por Nicolás Maduro, ni siquiera como "Vicepresidente encargado de la Presidencia," sino como "Presidente Encargado de la República."[88]

---

[86] Así por ejemplo lo consideró el diputado Soto Rojas, al señalar tras el fallecimiento del Presidente Chávez que "Diosdado Cabello debe juramentarse y nuestro candidato es Nicolás Maduro", en referencia a las próximas elecciones que deben realizarse," en *6to. Poder*, 5-3-2013, en http://www.6topo-der.com/venezuela/politica/diputado-soto-rojas-diosdado-cabello-debe-juramentarse-y-nuestro-candidato-es-nicolas-maduro/ Por ello, con razón, el profesor José Ignacio Hernández, explicó que "interpretando de manera concordada los artículos 231 y 233 de la Constitución, puede concluirse que ante la falta absoluta del Presidente electo antes de tomar posesión (mediante juramento), deberá encargarse de la Presidencia el Presidente de la Asamblea Nacional. Es ésa la conclusión que aplica al caso concreto, pues el Presidente Hugo Chávez falleció sin haber prestado juramento, que es el único mecanismo constitucional previsto para tomar posesión del cargo, con lo cual debería asumir la Presidencia quien fue designado como Presidente de la Asamblea Nacional." Véase José Ignacio Hernández, "A propósito de la ausencia absoluta del Presidente,", en PRODAVINCI, 5-3-2013, en http://prodavinci.com/-blogs/a-proposito-de-la-ausencia-absoluta-del-presidente-de-la-republica-por-jose-ignacio-hernandez-g/.

[87] Véase "Muerte de Chávez. 06/03/2013 03:16:00 p.m. Aseguró la Procuradora General de la República Cilia Flores: La falta absoluta determina que se encargará el Vicepresidente Maduro," en Notitarde.com, 7-3-2013, en http://www.notitarde.com/Muerte-de-Chavez/Cilia-Flores-La-falta-absoluta-determina-que-se-encargara-el-Vicepresidente-Maduro/2013/03/06/169847.

[88] *Gaceta Oficial* 40.123 de 5 de marzo de 2013. Con relación a este Decreto, que fue refrendado por todos los Ministros y publicado en *Gaceta Oficial*, Juan Manuel Raffalli apreció que "no hay duda de que Nicolás Maduro es el Presidente encargado de la República," llamando la atención respecto a que "Maduro no ha designado un Vicepresidente y si ostenta la doble condición de Presidente y Vicepresidente, no puede ser candidato," e indicando que "para que pueda ser candidato, tendría que designar a un Vicepresidente." Véase en "Raffalli: Maduro no puede ser candidato mientras también ostente la Vicepresidencia," en *6to.Poder*, Caracas 7-3-2013, en http://www.6topoder.com/vene-zuela/politica/raffalli-maduro-no-puede-ser-candidato-mientras-tambien-osten-te-la-vicepresidencia/; y en "Dudas Constitucionales. ¿Maduro es Vicepresidente y encargado de la Presidencia, o es Presidente encargado a secas?, en *El Universal*, 8=3-2013, en http://www.eluniversal.com/opinion/-130308/du-das-constitucionales. Sin dejar de considerar que con ese Decreto, efectivamente y de hecho, el Vicepresidente Maduro asumió sin título alguno la Presidencia de la República, es decir, ilegítimamente; sin embargo consideramos que debe puntualizarse que de acuerdo con el texto de la Constitución, en cualquier caso en el cual se produzca una falta absoluta del Presidente en los términos del artículo 233 de la Constitución, tanto el Presidente de la Asamblea Nacional como del Vicepresidente, es sus respectivos casos, lo que deben y pueden hacer es "encargarse" de la Presidencia, pero nunca pasan a ser "Presidentes encargados de la República."

Todo ello ese fraude constitucional fue ratificado por la Sala Constitucional del Tribunal Supremo de Justicia, en la ya indicada sentencia N° 141 dictada el 8 de marzo de 2013,[89] al decidir un "recurso de interpretación" interpuesto por un ciudadano solo dos días antes, el día 6 de marzo de 2013, en relación con la aplicación del artículo 233 de la Constitución a la situación concreta derivada de la anunciada falta absoluta del Presidente Chávez, que era la de un Presidente electo que no había tomado posesión de su cargo. La Sala, sin embargo, desconociendo la realidad, concluyó que la falta absoluta no se había producido antes de que Chávez tomara posesión de su cargo, como en efecto ocurrió –porque nunca tomó posesión–, sino después de la supuesta "continuidad administrativa" que inventó la propia Sala en la sentencia anterior, y que aseguraba que supuestamente había continuado en ejercicio del cargo, no siendo necesaria una nueva toma de posesión del Presidente electo.[90]

Por ello, la Sala concluyó que entonces debía convocarse a una elección universal, directa y secreta para elegir presidente, pero quedando encargado de la Presidencia Nicolás Maduro Moros, "quien para ese entonces ejercía el cargo de Vicepresidente Ejecutivo." Con ello, la Sala resolvió otro "escollo" jurídico, y dispuso que al "Presidente encargado" no se le aplicaba el "supuesto de incompatibilidad" para ser candidato previsto en el artículo 229 de la

---

[89] Véase el texto de la sentencia en http://www.tsj.gov.ve.decisiones/scon/Mar-zo/141-9313-2013-13-0196.html. Véanse los comentarios en Allan R. Brewer-Carías, y "El Juez Constitucional y la ilegítima declaración, mediante una "nota de prensa," de la "legitimidad" de la elección presidencial del 14 de abril de 2013," en *Revista de Derecho Público*, N° 135, Editorial Jurídica Venezolana, Caracas 2013, pp. 207 y ss.

[90] Días después de dictada la sentencia, el 12 de marzo de 2013, en un programa de televisión, la Presidenta del Tribunal Supremo diría lo siguiente según la reseña de prensa que: "La Constitución debemos leerla muy claramente, a mí una de las cosas que más me preocupa es la falta de lectura por parte de algunas personas, o no diría falta de lectura (…) sino la falta gravísima y el engaño que hacen al pueblo cuando se refieren al texto constitucional saltándose párrafos para que se malinterprete el resultado," detalló durante el programa Contragolpe que transmite Venezolana de Televisión. / La magistrada cuestionó que hay quienes pretenden irrespetar la Constitución, al afirmar que debe ser el presidente de la Asamblea Nacional, en este caso Diosdado Cabello, quien debió asumir la Presidencia Encargada. / Refirió que el artículo 233 expresa que "mientras se elige y toma posesión el nuevo Presidente o nueva Presidenta se encargará de la Presidencia de la República el Vicepresidente Ejecutivo o la Vicepresidenta Ejecutiva. Yo estoy leyendo la Constitución, no estoy diciendo algo que a mí se me ocurre." Véase la reseña en http://www.vive.gob.ve/actua-lidad/noticias/designaci%-C3%B3n-de-nicol%C3%A1s-maduro-como-presi-dente-e-es-constitucional. Véase igualmente la reseña en http://www.el-nacional.com/politica/Luisa-Estella-Morales-Maduro-Constitucion_0_15238-7380.html. Por lo visto no se percató la magistrada que quien analizó la Constitución "saltándose párrafos para que se malinterprete el resulta-do," fue ella misma y la Sala Constitucional que dictó la sentencia bajo su Ponencia, al ignorar (o saltarse) el primer párrafo sobre la falta absoluta del Presidente del artículo 233 que dispone que "Cuando se produzca la falta absoluta del Presidente electo o Presidenta electa antes de tomar posesión, se procederá a una nueva elección universal, directa y secreta dentro de los treinta días consecutivos siguientes. Mientras se elige y toma posesión el nuevo Presidente o la nueva Presidenta, se encargará de la Presidencia de la República el Presidente o Presidenta de la Asamblea Nacional." Tan esa parte fue "saltada" por la Sala que luego de copiar el texto íntegro del artículo la sentencia expresó, pura y simplemente que: "De la lectura de dicho precepto se observa que cuando se produce la falta absoluta del Presidente de la República se habrá de realizar una nueva elección y *se encargará de la Presidencia de la República el Vicepresidente Ejecutivo o la Vicepresidenta Ejecutiva.*" Basta comparar los dos textos para saber quién se saltó un párrafo de la norma para malinterpretarla.

Constitución, permitiendo que Maduro pudiera postularse para participar en el proceso electoral para Presidente de la República, sin separarse de su cargo.[91]

Quedaron así muy convenientemente resueltas por el Juez Constitucional todas las dudas e incertidumbres pasadas, que ya habían sido resueltas políticamente entre los órganos del Poder Ejecutivo y del Poder Legislativo. La Sala Constitucional, una vez más, interpretó la Constitución a la medida del régimen autoritario, mutándola y distorsionándola.

VII. LA INCONSTITUCIONAL ACEPTACIÓN POR EL JUEZ CONSTITUCIONAL DE UNA SUPUESTA DEMOCRACIA SIN SUFRAGIO (2017)

En 2007, el Presidente Hugo Chávez, presentó ante la Asamblea Nacional un proyecto de reforma constitucional para la creación del Estado Comunal o del Poder Popular,[92] la cual después de ser aprobada por la Asamblea Nacional,[93] afortunadamente fue rechazada por el pueblo por referendo de diciembre de 2007.

La orientación de la reforma la dio el propio Presidente de la República durante todo el año 2007, y en particular en su "Discurso de Presentación del Anteproyecto de reforma a la Constitución ante la Asamblea Nacional" en agosto de 2007,[94] en el cual señaló con toda claridad que el objetivo central de la misma era "la construcción de la Venezuela bolivariana y socialista;"[95] es decir, como lo expresó, se trataba de una propuesta para sembrar "el socialismo en lo político y económico,"[96] considerando que todos los que habían votado por su reelección en 2006 habían "votado por el socialismo"[97] lo que por supuesto no era cierto.

Por ello, el Anteproyecto de Reforma era para "la construcción del Socialismo Bolivariano, el Socialismo venezolano, nuestro Socialismo, nuestro modelo socialista"[98], cuyo "núcleo básico e indivisible" era "la comunidad," "donde los ciudadanos y las ciudadanas comu-

---

[91] La Sala Constitucional ratificó esta doctrina en sentencia N° 1116 de 7 de agosto de 2013.Véase en http://www.tsj.gov.ve/decisiones/scon/agosto/1116-7813-2013-13-0566.html.

[92] Véase Allan R. Brewer-Carías, *Hacia la consolidación de un Estado Socialista, Centralizado, Policial y Militarista, Comentarios sobre el sentido y alcance de las propuestas de reforma constitucional 2007*, Colección Textos Legislativos, N° 42, Editorial Jurídica Venezolana, Caracas 2007, 157 pp.

[93] Véase Allan R. Brewer-Carías, *La Reforma Constitucional de 2007 (Comentarios al proyecto inconstitucionalmente sancionado por la Asamblea Nacional el 2 de noviembre de 2007)*, Colección Textos Legislativos, N° 43, Editorial Jurídica Venezolana, Caracas 2007, 224 pp.

[94] Véase *Discurso de Orden pronunciado por el ciudadano Comandante Hugo Chávez Frías, Presidente Constitucional de la República Bolivariana de Venezuela en la conmemoración del Ducentésimo Segundo Aniversario del Juramento del Libertador Simón Bolívar en el Monte Sacro y el Tercer Aniversario del Referendo Aprobatorio de su mandato constitucional*, Sesión especial del día Miércoles 15 de agosto de 2007, Asamblea Nacional, División de Servicio y Atención legislativa, Sección de Edición, Caracas 2007.

[95] *Idem*, p. 4.

[96] *Idem*, p. 33.

[97] *Idem*, p. 4. Lo que no era cierto. En todo caso, se pretendió imponer al 56% de los votantes que no votaron por la reelección del presidente, la voluntad expresada por sólo el 46% de los votantes inscritos en el Registro Electoral que votaron por la reelección del Presidente. Según las cifras oficiales del CNE, en las elecciones de 2006, de un universo de 15.784.777 votantes inscritos en el Registro Electoral, sólo 7.309.080 votaron por el Presidente.

[98] Véase *Discurso...* p. 34.

nes, tendrán el poder de construir su propia geografía y su propia historia."[99] Y todo ello bajo la premisa de que "sólo en el socialismo será posible la verdadera democracia."[100] pero por supuesto, una "democracia" sin representación que, como lo propuso el Presidente y fue sancionado por la Asamblea Nacional en la rechazada reforma del artículo 136 de la Constitución, se buscaba establecer una "democracia" que "no nace del sufragio ni de elección alguna, sino que nace de la condición de los grupos humanos organizados como base de la población."[101]

Esta propuesta de reforma constitucional que buscaba eliminar el sufragio y la democracia representativa y su sustitución por la "democracia participativa;" luego de su rechazo por el pueblo, sin embargo, fue inconstitucionalmente impuesta en forma parcial, además de mediante la Ley los Consejos Comunales sancionada con antelación,[102] con las Leyes Orgánicas del Poder Popular, en particular, la Ley Orgánica del Poder Popular y la Ley Orgánicas de las Comunas,[103] y además, con la reforma de la Ley Orgánica del Poder Público Municipal,[104] que establecieron el marco normativo de un nuevo Estado, *paralelo al Estado Constitucional*, desconstitucionalizándolo,[105] denominado "Estado Comunal" o del "Poder Popular."

---

[99] *Idem*, p. 32.

[100] *Idem*, p. 35. Estos conceptos se recogieron igualmente en la *Exposición de Motivos* para la Reforma Constitucional, Agosto 2007, donde se expresó la necesidad de "ruptura del modelo capitalista burgués" (p. 1), de desmontar la superestructura que le da soporte a la producción capitalista" (p. 2); de "dejar atrás la democracia representativa para consolidad la democracia participativa y protagónica" (p. 2); de "crear un enfoque socialista nuevo" (p. 2) y "construir la vía venezolana al socialismo" (p. 3); de producir "el reordenamiento socialista de la geopolítica de la Nación" (p. 8); de la "construcción de un modelo de sociedad colectivista" y "el Estado sometido al poder popular" (p. 11); de "extender la revolución para que Venezuela sea una República socialista, bolivariana", y para "construir la vía venezolana al socialismo; construir el socialismo venezolano como único camino a la redención de nuestro pueblo" (p. 19).

[101] *Idem*.

[102] Véase en *Gaceta Oficial* N° 5.806 Extra. de 10-04-2006. Véase Allan R. Brewer-Carías, "El inicio de la desmunicipalización en Venezuela: La organización del Poder Popular para eliminar la descentralización, la democracia representativa y la participación a nivel local", en AIDA, Opera *Prima de Derecho Administrativo. Revista de la Asociación Internacional de Derecho Administrativo*, Universidad Nacional Autónoma de México, Facultad de Estudios Superiores de Acatlán, Coordinación de Postgrado, Instituto Internacional de Derecho Administrativo "Agustín Gordillo", Asociación Internacional de Derecho Administrativo, México, 2007, pp. 49 a 67.

[103] Véase en *Gaceta Oficial* N° 6.011 Extra. de 21 de diciembre de 2010. La Sala Constitucional mediante sentencia N° 1330 de 17 de diciembre de 2010 declaró la constitucionalidad del carácter orgánico de esta Ley. Véase en http://www.tsj.gov.ve/decisiones/scon/Diciembre/1330-171210-2010-10-1436.html. Véase en general sobre estas leyes, Allan R. Brewer-Carías, Claudia Nikken, Luis A. Herrera Orellana, Jesús María Alvarado Andrade, José Ignacio Hernández y Adriana Vigilanza, Leyes Orgánicas sobre el Poder Popular y el Estado Comunal (Los consejos comunales, las comunas, la sociedad socialista y el sistema económico comunal), Colección Textos Legislativos N° 50, Editorial Jurídica Venezolana, Caracas 2011; Allan R. Brewer-Carías, "La Ley Orgánica del Poder Popular y la desconstitucionalización del Estado de derecho en Venezuela," en *Revista de Derecho Público*, N° 124, Editorial Jurídica Venezolana, Caracas 2010, pp. 81-101.

[104] Véase en *Gaceta Oficial* N° 6.015 Extra. de 28 de diciembre de 2010.

[105] Véase en general sobre este proceso de desconstitucionalización del Estado, Allan R. Brewer-Carías, "La desconstitucionalización del Estado de derecho en Venezuela: del Estado Democrático y Social de derecho al Estado Comunal Socialista, sin reformar la Constitución," en *Libro Home-*

Dicho Estado paralelo se estableció con la Comuna como a su célula fundamental, buscando suplantar inconstitucionalmente al Municipio en el carácter que tiene de "unidad política primaria de la organización nacional" (art. 168 de la Constitución), con la consecuente desmunicipalización del país, regulándose a los Consejos Comunales *sin asegurar su carácter representativo* mediante la elección de sus integrantes a través de sufragio universal, directo y secreto; buscando supuestamente en cambio, el ejercicio de la soberanía popular sólo "directamente" por el pueblo, y no mediante representantes.

Se trató, por tanto, de un sistema político estatal en el cual se ignoró la democracia representativa violándose así, abiertamente, la Constitución de la República, al establecerse que los "voceros" de los Consejos Comunales son solo "nombrados" a dedo para ejercer el Poder Popular "en nombre del pueblo," por el partido de gobierno y por instrucciones desde el Poder Central. Este sistema, si nos atenemos a las experiencias históricas precedentes, todas fracasadas, unas desaparecidas como el de la Unión Soviética, y otros en vías de degradación como el de Cuba,[106] no responde a otra idea que no sea la de un Estado Comunista, para el cual se adoptó al Socialismo como doctrina oficial pública, impuesta a los ciudadanos para poder participar, montado sobre un sistema político centralizado, militarista y policial para el ejercicio del poder.

Ese sistema, en todo caso, no puede calificarse como de "democracia participativa" como se ha pretendido hacer sin fundamento. Una verdadera democracia participativa solo puede tener lugar en un sistema político descentralizado políticamente,[107] que pueda garantizar por ejemplo, a los miembros de los Consejos Comunales, las comunas y todas las organizaciones e instancias del Poder Popular, no solo su autonomía política, sino el ser electas por sufragio universal, directo y secreto, y no a mano alzada por asambleas controladas por el partido oficial y por el Ejecutivo Nacional en contravención al modelo de Estado democrático y social de derecho y de justicia descentralizado establecido en la Constitución.

---

naje al profesor Alfredo Morles Hernández, Diversas Disciplinas Jurídicas, (Coordinación y Compilación Astrid Uzcátegui Angulo y Julio Rodríguez Berrizbeitia), Universidad Católica Andrés Bello, Universidad de Los Andes, Universidad Monteávila, Universidad Central de Venezuela, Academia de Ciencias Políticas y Sociales, Vol. V, Caracas 2012, pp. 51-82; en Carlos Tablante y Mariela Morales Antonorzzi (Coord.), *Descentralización, autonomía e inclusión social. El desafío actual de la democracia,* Anuario 2010-2012, Observatorio Internacional para la democracia y descentralización, En Cambio, Caracas 2011, pp. 37-84; y en *Estado Constitucional,* Año 1, N° 2, Editorial Adrus, Lima, junio 2011, pp. 217-236.

[106] La palabra "comunismo" incluso se llegó a proponer que fuera eliminada de la Constitución de Cuba. Véase el reportaje: "Cuba elimina el término "comunismo" de su nueva Constitución y abre la puerta a la propiedad privada." "Esto no quiere decir que renunciemos a nuestras ideas, sino que en nuestra visión pensamos en un país socialista, soberano, independiente, próspero y sostenible», argumentó esta semana el presidente de la Asamblea Nacional, Esteban Lazo," en *ABC Internacional,* 23 de julio de 2018, en https://www.abc.es/inter-nacional/abci-cuba-elimina-termino-comunismo-nueva-constitucion-y-abre-puerta-propiedad-privada-201807220757_noticia.html

[107] Véase por ejemplo, Allan R. Brewer-Carías, "Democracia participativa, descentralización política y régimen municipal", en Miguel Alejandro López Olvera y Luis Gerardo Rodríguez Lozano (Coordinadores), *Tendencias actuales del derecho público en Iberoamérica,* Editorial Porrúa, México 2006, pp. 1-23; Allan R. Brewer-Carías, "La descentralización del poder en el Estado democrático contemporáneo", en Antonio María Hernández (Director) José Manuel Belisle y Paulina Chiacchiera Castro (Coordinadores), *La descentralización del poder en el Estado Contemporáneo,* Asociación Argentina de derecho constitucional, Instituto Italiano de Cultura de Córdoba, Instituto de derecho constitucional y derecho público provincial y municipal Joaquín V. González, Facultad de Derecho y Ciencias Sociales, Universidad nacional de Córdoba, Córdoba Argentina, 2005, pp. 75-89.

ESTUDIOS 43

Por ser inconstitucionales dichas leyes Orgánicas del Poder Popular fueron impugnadas ante la Sala Constitucional, al igual que la Ley de reforma de la Ley Orgánica del Poder Municipal de 2010. La Sala nunca siquiera admitió los recursos de nulidad, salvo el que se intentó respecto de la Ley Orgánica de los Consejos Comunales,[108] mediante la cual a los "voceros" de los Consejos Comunales se les asignó la función de designar a los miembros de las Juntas Parroquiales, las cuales, en consecuencia, fueron "degradadas," dejando de ser las "entidades locales" que son conforme a la Constitución, con gobiernos electos por sufragio universal directo y secreto; pasando a ser simples órganos "consultivos, de evaluación y articulación entre el Poder Popular y los órganos del Poder Público Municipal" (art. 35), cuyos miembros, además, los deben designar los voceros de los consejos comunales de la parroquia respectiva (art. 35), y sólo de entre aquellos avalados por la Asamblea de Ciudadanos "de su respectivo consejo comunal" (at. 36).[109]

Sin embargo, la Sala Constitucional, al resolver la impugnación de la ley Orgánica del Poder Municipal, mediante sentencia No. 355 de 16 de mayo de 2017,[110] simplemente y desconociendo el pilar de la democracia en Venezuela, que es la democracia representativa, admitió la posibilidad de que los miembros de las Juntas Parroquiales fueran designados por los Consejos Comunales, en un proceso que ni siguiera es una elección de segundo grado, porque no hay elección de primer grado en la designación a mano alzada de los voceros de los consejos comunales.

Para pretender privilegiar la "participación sin sufragio" sobre la participación mediante el sufragio, la Sala Constitucional en la retórica "participativa" vacía que ha utilizado en muchas de sus decisiones, en esta sentencia N° 355 de 2017 afirmó que el "derecho general a participar en los procesos de decisión en las distintas áreas como la económica, social y cultural," supuestamente se ha establecido:

> "no limitándose a la designación de representantes a cargos públicos de representación popular, toda vez que lo que se plantea, en definitiva, es el protagonismo fundamental de las ciudadanas y ciudadanos, la participación como nuevo paradigma determinante del nuevo régimen constitucional, lo que implica una nueva concepción de desarrollo integral que asume la preeminencia de los valores humanos y privilegia la participación de la población en el proceso de desarrollo económico y social."

---

[108] Véase en Gaceta *Oficial* N° 39.335 de 28 de diciembre de 2009. Véase Allan R. Brewer-Carías, *Ley Orgánica de Consejos Comunales,* Colección Textos Legislativos, N° 46, Editorial Jurídica Venezolana, Caracas 2010.

[109] Adicionalmente, en forma evidentemente inconstitucional, la Ley de reforma del Poder Municipal de 2010, decretó la "cesación" en sus funciones de "los miembros principales y suplentes, así como los secretarios o secretarias, de las actuales juntas parroquiales, quedando las alcaldías responsables del manejo y destino del personal, así como de los bienes correspondientes" (Disposición Derogatoria Segunda.

[110] Caso: *impugnación de la Ley de reforma de la Ley Orgánica del Poder Público Municipal*. Véase en http://historico.tsj.gob.ve/decisiones/scon/mayo/199013-355-16517-2017-11-0120.HTML. Véase los comentarios a esta sentencia en Emilio J. Urbina Mendoza, "Todas las asambleas son sufragios, y muchos sufragios también son asambleas. La confusión lógica de la sentencia 355/2017 de la Sala Constitucional del Tribunal Supremo de Justicia y la incompatibilidad entre los conceptos de sufragio y voto asambleario," y José Ignacio Hernández G., "Sala Constitucional convalida la desnaturalización del Municipio. Notas sobre la sentencia N° 355/2017 de 16 de mayo," en *Revista de Derecho Público*, N° 150-151 (enero-junio 2017), Editorial Jurídica Venezolana, Caracas 2017, pp. 107-116 y 349-352.

Y por ello, según la Sala, supuestamente la Ley Orgánica del Poder Público Municipal de 2010,

> "estableció los mecanismos de participación y protagonismo, que de manera articulada y soberana, se lleva adelante entre las asambleas de ciudadanos y los consejos comunales, para la elección de los miembros de las juntas parroquiales comunales, [...] a diferencia de la democracia representativa que consagraba la Constitución de 1961, el cual no entra en contradicción alguna con los mecanismos de participación electoral previstos en los artículos 62 y 63 de la Constitución;" como si en la Constitución de 1999 no estuviese prevista, como pilar del sistema político, precisamente la "democracia representativa."

No es que el derecho a la participación política previsto en el artículo 62 de la Constitución se limite a la participación mediante el sufragio conforme al artículo 63 del mismo texto constitucional; sino que tratándose de pretendidas entidades políticas territoriales como son los Consejos Comunales, la designación de sus autoridades no puede realizarse en otra forma que no sea mediante elección por sufragio universal directo y secreto; por lo que, contrario a lo resuelto por la Sala en la sentencia, el artículo 35 de la Ley Orgánica impugnada si estaba viciado de inconstitucionalidad, en lo que respecta a la designación (mal llamada "elección") de los miembros de las Juntas Parroquiales Comunales, lo que efectivamente sí quebrantaba el derecho constitucional al sufragio.

El principio de la buena administración en la gestión universitaria: La UCV como potencial caso de estudio

Armando Rodríguez García
Profesor de la Universidad Central de Venezuela
Director del Centro de Estudios de Postgrado
Facultad de Ciencias Jurídicas y Políticas

Resumen: *En este trabajo se aborda la gestión universitaria como ejemplo de una expresión de la administración pública que ofrece significativos ribetes de peculiaridad e importancia para el desarrollo social por la trascendencia de los objetivos de interés general que cumple la Universidad, a lo que se adiciona la peculiaridad que ofrece como figura organizativa, el singular valor cualitativo de su recurso humano y el plexo homogéneo de los destinatarios de su actividad (los dicentes), todo lo cual se cumple dentro del principio de autonomía, canon de alcance global con importantes consecuencias que, además, atrae la presencia del concepto de buena administración, para derivar en la apertura hacia una tarea de mayor detalle y referencia practica mediante la potencial revisión de la Universidad Central de Venezuela como caso de estudio concreto.*

Palabras Clave: *Gestión, Universidad, Autonomía, Eficiencia, Buena Administración.*

Abstract: *The paper deals with the university management as an example of a peculiar public administration because of its definite importance in social development, attending its general goals-directed activities. In addition, appears one particular organization forms, the special quality of academic staff, and the homogeneous profile of the users (students), assembled under the principle of autonomus management and the good administration rule as a behavior principle and basic right.*

Key words: *Management, University, efficiency, good administration, autonomus management.*

SUMARIO

PRELIMINAR

En la oportunidad de abordar una exploración parcial, y por lo tanto limitada, sobre el vínculo entre el principio de la *Buena administración* y la idea de *Desarrollo*, desde el enfoque de la Ciencia jurídica –y mas concretamente, desde la óptica precisa provista por el Derecho administrativo–, nos topamos con una primera imagen, de alcance panorámico, que muestra la amplitud, complejidad y dinamismo que impregna a la administración pública. Esta imagen, puesta en movimiento, permite observar en perspectiva la naturaleza creciente, cambiante y dinámica de las tareas que debe cumplir la Administración pública, en sintonía con las transformaciones que experimenta la sociedad sobre sí misma, lo que se consolida y reafirma como una de sus notas distintivas a través del tiempo, al igual que sucede en cuanto a la dimensión espacial.

Un enfoque mas agudo sobre algunas manifestaciones segmentadas de la administración conduce a distinguir detalles que, por una parte, confirman los contenidos de la imagen panorámica inicial pero además aportan mayores elementos de análisis sobre las particularidades de diversa índole que forman parte de sus ámbitos sustantivos de actuación, de donde se destacan los matices de contraste que operan entre ellos y se hacen mas marcadas sus diferencias.

Es así como se puede detectar la existencia de ciertos parámetros globales que arropan a la función administrativa del Estado en su espectro general, lo que aporta unos claros perfiles de uniformidad conceptual; sin embargo, también es factible apreciar, en paralelo, algunas expresiones diferenciales que se materializan en los modos de gestión y sus grados de intensidad, lo que produce evidentes variaciones en determinados sectores del quehacer administrativo, sin que por ello se pierda en carácter unitario que determinan los principios y las categorías básicas. A su vez, esta realidad funcional lleva a asociar las distintas modalidades y sectores de la administración pública con la realidad sustantiva y temporal del escenario sociocultural, económico, político y tecnológico dentro del cual se desenvuelven, habida cuenta de su necesaria interrelación.

El complejo dinamismo de la Sociedad apunta en forma constante y sostenida, entre otros destinos, a la proyección de crecimiento de la civilización, en tanto característica esencial del ser humano, lo que se expresa mediante una amplia gama de apreciaciones materiales y espirituales que pueden agruparse desde una perspectiva pragmática en la noción genérica de condiciones o calidad de vida, lo que se inserta en la prosecución del desarrollo como el acceso a niveles continuados o escalas progresivas de mejoramiento, que operan en las mas variadas expresiones (económico, social, espiritual, cultural, educativo, ambiental, tecnológico, político, etc.) de la vida cotidiana.

Como efecto de la constante evolución civilizatoria de la Sociedad se producen, de manera regular, nuevas apreciaciones sobre categorías fundamentales para la vida de las personas, al igual que se construyen nuevos paradigmas que acompañan y refuerzan la elevación progresiva de valores con clara trascendencia positiva para la humanidad, muchos de los cuales devienen en categorías que ocupan lugar en el campo del Derecho, habida cuenta de la cualidad que este tiene, en tanto dispositivo útil para el mas adecuado soporte de la convivencia humana, lo que en definitiva juega como un factor preponderante a los efectos de consolidar plataformas consistentes y útiles que sirven de soporte eficiente para el anclaje de condiciones de desarrollo en todas y cada una de sus múltiples vertientes.

A partir del dinamismo que impregna la variada presencia de asuntos que corresponde atender a la Administración pública se aprecia el proceso constante de transformación en la concepción definitoria y en las formas de presencia que adopta el Derecho administrativo, por ser ésta la disciplina jurídica dispuesta para sustentar y regular la conducta del Estado en esa específica forma de manifestarse. Ello ocurre así, primordialmente, a partir del surgimiento y puesta en práctica de la concepción del Estado de Derecho como una formula paradigmática dentro del proceso civilizatorio que lleva a entender a la estructura del poder, y a su ejercicio, como un complejo orgánico y una actividad que solo encuentran legitimación existencial en el orden jurídico, en virtud de lo cual, sus manifestaciones solo son reconocibles como válidas y eficaces, en tanto se encuadren adecuadamente en los moldes que las normas y principios jurídicos prescriben.

Sin embargo, el enfoque planteado no autoriza a entender que la función de la Administración pública, en la percepción contemporánea se agota en una simple tarea mecánica de aplicación de preceptos o de la sola sujeción a ellos, que se limita a generar respuestas congruentes con los dispositivos regulatorios, producidas como una suerte actos reflejos que aparecen en forma inconsciente frente a la existencia de determinados estímulos. En la actualidad, el Estado –y dentro de éste, preponderantemente la Administración–, está llamado a ser un dinamizador del bienestar colectivo, de la procura del bien común que no se agota en el crecimiento económico ni en la situación de equilibrio que ofrece la tranquilidad en el ambiente social, debe propender al desarrollo humano que comprende la esperanza de vida, la cultura, la recreación, la salud, el empleo, la educación, la igualdad, la alimentación, la democracia, las libertades, en fin, todo el entramado de valores tangibles e intangibles que demanda el hombre actual como entorno civilizado y expectativa de mejores condiciones de vida.

Es así como la concepción del Estado de Derecho, que sirve para identificar el cambio trascendente que ocurre en la presencia del Estado en el entorno de la Sociedad, deriva hacia el perfil del *Estado Social de Derecho*, con lo que se acentúa su rasgo dinamizador y servicial del aparato publico para, de sea manera, propender con mayor grado de eficiencia al logro de los umbrales superiores de calidad de vida; desde luego, estos debe ocurrir dentro del absoluto respeto a los valores de libertad, legalidad y justicia, lo que comporta, en su conjunto, la inexcusable sujeción de todas las manifestaciones del Poder Público al ordenamiento jurídico, el control sobre sus actuaciones y la responsabilidad por sus actos y conductas, así como la verificación y escrutinio de la eficiencia en las respuestas debidas a los ciudadanos, a través del diseño y gestión de las políticas públicas.

Es claro que el amplio espectro que corresponde atender al Estado a través de la función administrativa, ofrece una variada gama de posibilidades de gestión en cuanto a modulaciones aplicables a los dispositivos organizativos y a los modos de actuación, lo cual, en términos de razonabilidad, debe atender primordialmente a la misión, materia u objetivo específico que corresponde atender a cada estructura, a partir de una premisa lógica de distribución de tareas.

Por lo que respecta a la Administración pública, en ella se articula el mas complejo sistema de estructuras orgánicas y tareas que conjuga la variedad dentro de la unidad. En efecto, esto sucede así dentro de lo que podríamos delimitar como aparato administrativo del Estado o Administración pública en sentido orgánico o subjetivo (delimitación que ya de por sí representa una tarea no exenta de dificultad, como lo pone en evidencia el amplio caudal de aproximaciones doctrinarias que se han ocupado del asunto con propuestas diversas); pero además, también es una realidad que resulta referenciada en su contraste con el resto de la estructura y funciones que acomete el Estado.

En efecto, desde el punto de vista que aporta contrastar diferencias dentro del marco que sistematiza las distintas tareas que cumple el Poder Publico (Estado) y las estructuras con las que las realiza, es fácil observar la distancia que existe entre las modalidades que pueden adoptar las tareas de legislación y control político que atañen a legislativo y las que comporta la tarea de juzgar, así como las respectivas estructuras de organización dispuestas a tales fines, en contraste con la diversidad de formas de actuación y las correspondientes modulaciones organizativas que exige la creciente variedad de asuntos atribuidos a la administración.

La administración estatal es, ante todo, una función, al igual que lo son las funciones legislativa, gubernativa y judicial; pero adicionalmente, la administración asume y desempeña cometidos estatales, en tanto cumple encargos concretos atendiendo los fines de interés general mediante el cumplimiento de objetivos, así como también puede ocuparse de la realización de actividades industriales o comerciales, siendo que, en definitiva, la administración aporta en su gestión, no solo actos normativos (reglamentos) y actos administrativos (concretos) generales o singulares, sino prestaciones y actividad empresarial o industrial, con lo cual, se puede concluir compartiendo la afirmación del Profesor Moles Caubet, en cuanto a que "La administración ha de manifestarse necesariamente en las funciones. No cabe concebir una administración carente de funciones. Sería un contrasentido. Sin embargo, no se agota en ellas. En efecto, de una manera derivada. La actividad administrativa puede *eventualmente* trascender las funciones, realizando *cometidos*"[1].

Esto es así en cuanto al enfoque funcional u operativo; pero adicionalmente, y como una consecuencia del mismo, aparece una variada gama de formas de organización que hacen igualmente diferente el espectro de la administración dentro del conjunto general del Estado. De este modo, junto a los típicos y característicos órganos administrativos de diferente formato (unipersonales, colegiados, activos, consultivos, directivos, subordinados, permanentes, accidentales, etc.) que conforman la estructura clásica de la Administración, se hacen presentes, con mayor frecuencia, distintos tipos de estructuras, tales como institutos y servicios autónomos, entes corporativos o asociativos y formulas empresariales que asumen el cumplimiento de los objetivos de interés general de corresponde gestionar a la administración publica, en su sentido mas amplio, por lo que, de una u otra manera, tanto las actividades desplegadas, como los componentes subjetivos que las cumplen o de alguna manera concurren a su realización, resultan comprendidos por el Derecho administrativo, como ordenamiento y como disciplina científica o espacio epistemológico.

Toda la estructura del Estado, tanto por lo que corresponde a su organización, como en lo relativo a su funcionamiento –lo que desde luego comprende sin reservas a la Administración– obedece a una finalidad general y básica de servicio a la colectividad, a los ciudadanos que la integran, lo que pone de relieve el postulado de la centralidad del ser humano como un fin esencial del Estado[2]. De esta forma se destaca el carácter servicial y la naturaleza vicarial que, en la perspectiva conceptual contemporánea, impregnan, como un valor esencial, el ejercicio del poder público –particularmente por lo que corresponde a la práctica administrativa del Estado–, en el entendido de que no se ejerce un poder propio y para la satisfacción de objetivos personales de los agentes, sino que se actúa por la investidura de la autoridad derivada de la voluntad colectiva, y únicamente para dar satisfacción a los asuntos de interés colectivo.

---

[1]   Moles Caubet, Antonio, "Lecciones de Derecho Administrativo –Parte General–", en: *Revista de la Facultad de Ciencias Jurídicas y Políticas* N° 84. Universidad Central de Venezuela. Caracas, 1992, p. 102.

[2]   Así se expresa en el artículo 2 de la Constitución venezolana vigente (1999): *El Estado tiene como fines esenciales la defensa y el desarrollo de la persona y el respeto a su dignidad, el ejercicio democrático de la voluntad popular, la construcción de una sociedad justa y amante de la paz, la promoción de la prosperidad y bienestar del pueblo y la garantía del cumplimiento de los principios, derechos y deberes reconocidos y consagrados en esta Constitución.*

Junto a este principio general, que informa por igual a todos los componentes y formas del Estado, aparecen otros, como son el principio de legalidad o el de responsabilidad, que confluyen en la construcción de la plataforma dispuesta como soporte para la actuación válida y eficiente de la Administración publica, en cualquiera de sus expresiones de organización o de sus modalidades de actuación, lo que, desde luego ocurre con lógicos matices de diferente alcance e intensidad, determinados primordialmente por las características del sector material o sustantivo que define el campo de gestión.

En el breve planteamiento reflexivo que recogen estas líneas se consignan las cuestiones y los resultados preliminares derivados del enfoque seleccionado para intenta abrir un cauce de aproximación orientado hacia la revisión y comprobación del empleo efectivo de aquellos postulados jurídicos fundamentales en el ámbito concreto de la gestión universitaria, en tanto ésta representa una administración pública con características y cualidades singulares que hacen particularmente atractiva la ejercitación analítica, con expectativas de provocar algún tipo de respuesta a favor de la efectividad en el aprovechamiento de los anclajes teóricos hacia la elevación de los umbrales de eficacia en la gestión.

Varios factores concurren en la selección y delimitación del tema.

Primeramente, la potencialidad que, tanto en su enunciación teórica como en su comprobación empírica, ofrece el concepto de la *Buena administración*, erigido en paradigma del Derecho administrativo actual, que recoge y conjuga los principios jurídicos fundamentales para la función administrativa general con la legitimidad esencial del administrado, de la persona, en tanto destinatario de aquella, lo que sirve de soporte para la construcción de las relaciones jurídico-administrativas que aparecen como pieza clave para la existencia, caracterización y sistematización del Derecho administrativo en su unidad epistemológica y su aplicación práctica.

Luego, el carácter singular y la trascendencia que marca a la gestión universitaria desde el punto de vista de su contenido sustantivo, constituido por la atención a un segmento fundamental de la educación, calificada como un derecho social fundamental, desde la óptica de la posición de los ciudadanos; pero además, por lo que significa la construcción, sistematización y transmisión del conocimiento como un factor esencial de desarrollo y por su potencial en el crecimiento del ser humano en todas sus manifestaciones.

Además, las particulares cualidades que como consecuencia del sustrato material de su función marcan a la Universidad como administración, en su estructura y en su desempeño. De una parte, el perfil del contingente al cual se dirige su gestión inmediata, determinado por un universo acotado de usuarios del servicio educativo que podríamos denominar sus *administrados naturales*, es decir, los estudiantes de los diferentes programas de licenciatura y postgrado. Por otro lado, el perfil cualitativo del contingente funcionarial esencial para el servicio, esto es el personal docente y de investigación. Además, la variedad de matices operativos que, dentro de la unidad de misión impone la diversidad de los campos de actuación determinados por el crecimiento constante del conocimiento y la consecuente propensión a la aparición de espacios de especialización. Finalmente, la presencia del principio de *autonomía* como soporte de actuación, lo que admite precisiones desde el enfoque de sus particularidades jurídicas, es un componente esencial e inexcusable en cuanto a lo que significa el ejercicio de la exploración y divulgación del conocimiento.

Todo esto conduce a encontrar en el medio que representan la Universidad y su función, un buen ejemplo de administración, particularmente interesante a los fines de apreciar la presencia efectiva y el nivel de eficiencia que el empleo del principio de *Buena administración* puede ofrecer para cumplir objetivos de *Desarrollo* desde el campo de la gestión administrativa pública. Se trata, en definitiva, de una gerencia que lleva adelante su desempeño dentro de un *ambiente de altamente calificado*, por la naturaleza de las tareas que cumple, por el nivel de formación intelectual del personal operativo disponible, por el grado de formación que en contraste con otros ámbitos de la gestión pública presenta el contingente de sus usuarios directos y por el contacto directo con los umbrales de conocimiento propio y comparado.

De su parte, al seleccionar la gestión universitaria y sus manifestaciones como tema de investigación y reflexión científica para la tarea desplegada en esta oportunidad, pretendemos continuar en la línea de aplicación de un enfoque que hemos abordado anteriormente al trabajar el aspecto relativo a la naturaleza jurídico-administrativa de los estudios de postgrado. De este modo abrimos una nueva incursión que persigue continuar la exploración de lo que apreciamos como un frondoso espacio de búsqueda para el campo de la disciplina jurídica, con indiscutible efecto práctico[3].

Finalmente, la escogencia de la Universidad Central de Venezuela, como *caso de estudio* en esta oportunidad, deviene de su carácter emblemático como Institución en el entorno de la Administración publica venezolana, además de ser el escenario mas trabajado y de mas inmediato acceso, como se precisa mas adelante.

I. GOBERNANZA Y BUENA ADMINISTRACION

El vocablo *gobernabilidad* alude a la *cualidad de gobernable*, es decir, a la posibilidad o susceptibilidad que exhibe un determinado asunto o conglomerado para ser dirigido o guiado, por lo que su antónimo es *ingobernable*, que denota la imposibilidad o alto grado de dificultad para el logro efectivo de tal propósito. Los términos *gobernabilidad* –probablemen–te un anglicismo derivado de la palabra *governability* (*the continuous exercise of authority over a political unit*)– y *gobernanza* tienden a ser empleados como equivalentes o sinónimos; no obstante, el concepto de *gobernabilidad*, se ha venido acuñando desde hace algún tiempo, para hacer referencia, preferentemente, al complejo de factores que rodean los procesos de toma de decisiones de los gobiernos nacionales, dentro del entorno de la globalización que se hace presente con mayor intensidad a partir de ultimo cuarto del siglo pasado, como el escenario dominante del contexto político y económico.

La nota determinante a los fines de este enfoque se centra en destacar que ese ambiente impone, a los decisores, la necesidad de compartir la escena con otros múltiples actores que aparecen como grupos de poder o grupos de presión, tal como sucede con las instituciones financieras internacionales, los agentes de la sociedad civil organizada, o los organismos multilaterales, todo lo cual induce a multiplicar los factores de negociación que intervienen, ponderando sus posiciones, con lo cual se hacen mas amplios los ámbitos de atención e intereses involucrados en la ya de por sí compleja red de actividad, lo que hace un claro contraste con la realidad que era usual en momentos anteriores, cuando el camino de la construcción de decisiones era mas lineal y sencillo.

De su parte, atendiendo primeramente a su valoración técnico-semántica, el término *gobernanza* alude a la *acción o efecto de gobernar o gobernarse*, y a su vez, el verbo *gobernar* significa, en sus dos primeras acepciones, *mandar con autoridad o regir una cosa,* y *guiar o dirigir,* por lo que es muy clara la cercanía sustantiva de los vocablos, aún cuando, desde

---

[3]   Véase Rodríguez García, Armando, "Los estudios de postgrado como asunto jurídico-administrativo". *Revista de Derecho Público* N° 141, Enero-Marzo 2015, Editorial Jurídica Venezolana (EJV). Caracas 2016, p. 96 y ss.

luego, caben los detalles del significado concreto que se le pueda atribuir a cada uno, en atención a su alcance específico, atendiendo al contexto determinado dentro del cual se produzca su empleo.

De este modo, en el entorno de las ciencias sociales, y particularmente en el ambiente del Derecho público, la noción de *gobernanza* apunta a incorporar la consideración de las transformaciones que acusa el Estado en el momento contemporáneo, y que aparecen particularmente como efecto de los cambios generados por la globalización, la revolución tecnológica, y mas ampliamente la aparición de la sociedad del conocimiento, conducentes, en forma conjunta, a la construcción y difusión de categorías y valores que adquieren particular trascendencia en la configuración de nuevas concepciones y experiencias en cuanto a los modos y mecanismos como se concibe y se manifiesta el ejercicio del poder público.

Esta perspectiva proporciona un panorama sugestivo para la consideración del papel que puede y debe desempeñar la Administración Pública –en todas sus manifestaciones y escalas– a los efectos de potenciar la gobernanza general del Estado, en tanto la función administrativa pública opera, inexcusablemente, como un conducto de diseño, montaje y realización de las políticas publicas en su mas amplia y comprensiva consideración, sobre lo cual, es oportuno recordar que, en términos cualitativos, tal vertiente de la administración se realiza atendiendo a su finalidad de servir eficazmente a los intereses de la colectividad, que es, en definitiva, el núcleo duro de su existencia.

En este punto cobra especial significado considerar la eficacia como un factor de primer orden para el desempeño de la administración pública, pues, de otra manera carecen de sentido tanto el análisis conceptual y el ejercicio reflexivo sobre su arquitectura y sus funciones, como la consideración de sus realizaciones prácticas de cara a los usuarios. La administración esta obligada a procurar y preservar la eficacia y eficiente de su actuación, como objetivo y como rutina, para de esa manera poder cumplir cabalmente con la esencia de su función.

Estrechamente vinculado con la eficiencia y la eficacia en el funcionamiento de la administración pública se presentan los aspectos relativos a los procedimientos de tramitación, en el sentido de métodos de decisión y actuación, aunados a la selección y el empleo adecuado de los componentes técnicos disponibles para soportar la función, esto es, todo lo que comprende la mecanización y automatización que, en tiempos mas recientes incorpora las denominadas Tecnologías de la Información y Comunicación (TIC) para conjugar en una categoría compleja los conocimientos científicos y las experiencias prácticas en cuanto a todo el instrumental tecnológico y capacidades operacionales en su manejo que aportan los avances constantes y sostenidos, para el empleo de componentes propios de las tecnologías informáticas.

En términos objetivos la novedad en este aspecto de la cuestión se ubica en los avances tecnológicos mas que en el empleo genérico de los apoyos técnicos para servir como instrumentación auxiliar de la función administrativa pública, lo que viene siendo observado desde hace ya bastante tiempo, tal como se desprende de precisiones del siguiente tenor: "...Usamos la expresión técnica de la Administración pública para designar una disciplina de la actividad administrativa de las entidades públicas con arreglo a métodos de base científica. Esta disciplina esta integrada por los siguientes elementos: estudio de procesos, estructuras y funciones, estudio de los métodos personales y materiales de la Administración, estudio de métodos científicos. Nos parece necesaria la aclaración porque algunos restringen el concepto de <técnica administrativa> a la utilización de máquinas, a la mecanización y, especialmente, a la reciente automatización. En realidad, eso constituye una verdadera *sinécdoque*: se toma la parte por el todo. La mecanización y automatización forman parte muy importante de la técnica administrativa actual, pero no la agotan: integran, sencillamente, los medios materiales de la Administración pública.."[4]. Efectivamente, no cabe duda en considerar que el soporte de los medios instrumentales o técnicos debe estar presente, por igual, aunque con diversa intensidad y extensión, en cualquiera de las actividades que despliega una organización con un mínimo grado de complejidad, lo que lleva a incluir, sin reservas, a las distintas tareas que el Estado cumple en la prosecución de sus fines; si embargo, es también indudable que el componente técnico, debidamente revestido de su expresión científica es mas evidente y amplio en las manifestaciones de la administración pública, por contraste con el resto de las funciones estatales, precisamente por el sentido de *realización* que la impregna, provocando de esa manera una dificultad básica para su definición, como punto de partida.

De esta forma, la administración pública en sentido funcional, se nos presenta como una actividad específica del Estado que viene determinada no solamente por su fin, sino también, por los modos y las técnicas dispuestos para su realización, lo que afinca sus notas de peculiaridad. Ahora bien, dentro del complejo integrado por los fines, modos y técnicas de la administración aparece, con una valoración destacada, el elemento jurídico, caracterizado por ser simultáneamente soporte, entorno y contenido esencial de la función misma, nota ésta que se pone de manifiesto en la estructura y conceptualización del Derecho administrativo, en tanto disciplina que tiene a la administración pública como objeto central de atención.

Por lo antes dicho se comprende con facilidad que las notas de dinamismo y complejidad que impregnan a la administración pública llevan a desembocar en la *inquieta esencia*[5] –atinada expresión acuñada por Meilán Gil– característica del Derecho administrativo, atendiendo a su diverso, dinámico y cambiante contenido que lleva a configurar la estructura de la disciplina y del ordenamiento positivo al que atiende, como una serie de microcosmos con sus principios rectores. Pero además en esa realidad esencial tiene peso específico el apego y la servidumbre de la función administrativa pública –y por consecuencia, del derecho administrativo que la regula– a la noción de oportunidad, en términos de acción, de realización, de singularidad para dar respuesta –inclusive en forma anticipada– a las realidades sociales, económicas y políticas.

De allí emergen, una vez mas, y como una constante, las referencias a la eficacia y la eficiencia como datos inexcusablemente asociados con la administración pública, con la función administrativa del Estado. También de allí se desprende el sentido de *realización* que identifica por igual a la administración pública (estructura y función) y al Derecho administrativo, como un Derecho de *realización*, en el sentido de que su aplicación efectiva, constante y cotidiana es un presupuesto necesario para la convivencia y el desarrollo social, a diferencia de lo que, por contraste, sucede con otras disciplinas jurídicas, como es el caso del Derecho Penal, cuyo contenido preferimos que no sea necesario poner en práctica, pues presupone la existencia de una infracción conductual, de un delito, en fin, de un hecho indeseable para los individuos y para la vida social.

Con ello queda afianzado el sentido activo y no simplemente reactivo de la administración, en tanto buena parte de sus manifestaciones solo tienen sentido como gestión, en función del movimiento que adelanta posiciones para obtener resultados en la búsqueda de obje-

---

4   Fernández De La Vega, Celestino, *La tecnificación de la Administración Pública*. Centro de Formación y Perfeccionamiento de Funcionarios. Colección Estudios Administrativos. Madrid, 1962, p. 37.

5   Véase Meilán Gil, José Luis, *El proceso de la definición del Derecho administrativo*. Escuela Nacional de Administración Pública. Madrid, 1967, p. 43.

tivos, mas que como la práctica pasiva de una rutina circunscrita a los estrechos y estancados límites de dar respuesta mecánica a los asuntos que debe tramitar, con el único contenido de verificar el nivel de sujeción de lo planteado y de su propio hacer, con las normas positivas, con la legalidad.

En este punto de la cuestión resulta oportuno incorporar la consideración debida a la noción de la *buena administración*, que viene cobrando terreno sostenidamente en lo atinente al tratamiento actual de los asuntos atinentes al Derecho administrativo. Ello ocurre, entre otras razones, en atención a su utilidad para la comprensión de las transformaciones operadas en la Disciplina, tanto desde la óptica estrictamente doctrinaria o científica, como en el campo de la aplicación práctica de los ordenamientos positivos en la escena actual, signada por la preponderancia de la centralidad del ser humano como destinatario y fin esencial de la acción del Estado (siguiendo una tendencia acentuada en los últimos tiempos, así lo recoge la Constitución venezolana en su artículo 3: *El Estado tiene como fines esenciales la defensa y el desarrollo de la persona y el respeto a su dignidad*), de los derechos fundamentales de los ciudadanos en sus situaciones y expectativas, así como en cuanto al espectro general de sus relaciones con el poder, y finalmente, de la potencialidad que ostenta la administración pública para operar como una herramienta eficaz en la elevación de los niveles de calidad de vida de la población, entendidos en su expresión cualitativa y cuantitativa.

En el extenso y sugestivo mapa que dibuja el Derecho administrativo en Iberoamérica, el tema de la *buena administración* ha encontrado un lugar preponderante como referente sólido para la adecuada comprensión y aplicación de la disciplina. En la tarea dirigida a determinar esa posición del concepto, destaca, como un decidido y entusiasta propulsor, el Profesor Jaime Rodríguez-Arana, quien, entre las múltiples reflexiones que ofrece para abordar la cuestión del buen gobierno y la buena administración, explica que "La efectividad de los derechos sociales fundamentales depende, al ser esencialmente derechos de prestación, derechos que consisten ordinariamente, constatada la incapacidad de la Sociedad, en acciones positivas del Estado, de que el complejo Gobierno-Administración funciones adecuadamente. En efecto, si la Administración sanitaria actúa correctamente, por ejemplo, se poda facilitar el derecho a la salud adecuadamente. Si la Administración educativa cumple cabalmente sus funciones, entonces se garantizará un buen derecho fundamental a la educación. Es decir, si el aparato público cumple sus tareas de acuerdo a unos estándares adecuados, se garantizarán los niveles esenciales de derechos sociales fundamentales de manera que al menos el derecho mínimo vital en las dimensiones mas relevantes de la vida de los seres humanos este cubierto por los Poderes Públicos", y de seguidas añade: " una buena Administración, una Administración que actúa equitativamente, objetivamente, en plazo razonable y que mejora las condiciones de vida de los ciudadanos, es una Administración comprometida en la satisfacción de todos y cada unos de los derechos fundamentales..."[6].

De este modo, la noción de la *buena administración*, erigida como *institución* en el plexo científico-jurídico de la Administración pública[7] se articula con la concepción de *gobernanza*, para reforzar su realización instrumental al permitir la vinculación de ambas categorías con la caracterización teórico-práctica de los derechos fundamentales, de modo tal que,

---

[6]   Rodríguez-Arana Muñoz, Jaime, *Derecho Administrativo y Derechos Sociales Fundamentales.* Global Law Press (Editorial Derecho Global) e Instituto Nacional de Administración Pública (INAP). Madrid, 2015, p. 585.

[7]   Respecto del carácter de *institución* que se atribuye a la noción de *buena administración* debe verse: Meilán Gil, José Luis, *Derecho Administrativo Revisado.* Andavira editorial. Santiago de Compostela. p. 183 y ss.

desde la posición del administrado o ciudadano, esto es, desde la perspectiva de la persona humana a la cual sirven las estructuras del Estado –y en particular el complejo orgánico–funcional que es la Administración–, se perfila como un verdadero *derecho*, como el *derecho a una buena administración* que, en consecuencia, pasa a ser un correlato de las obligaciones que corresponden a los múltiples agentes administrativos en sus distintas áreas funcionales y expresiones organizativas.

En lo atinente a su estructura y contenido, el *derecho a una buena administración* es una expresión compactada de un conjunto de postulados lógicos que comprenden los elementos básicos de los estándares de calidad gerencial que demanda el funcionamiento satisfactorio de la gerencia pública.

Pero la configuración del derecho a una buena administración y su ubicación dentro del catálogo general de los derechos fundamentales no es una mera especulación teórica. Es clara su presencia en el contexto de los ordenamientos positivos, lo que permite dar confirmación a su existencia desde la óptica de quienes, desde la certeza y seguridad que ofrece el positivismo, necesitan el apoyo de la expresión normativa.

Así tenemos que, por lo que respecta a la realidad del ordenamiento jurídico positivo dentro del entorno comunitario europeo, aparece con interés destacable el contenido del artículo 41 de la Carta de los Derechos Fundamentales de la Unión Europea, signada en Niza, en fecha 7 de diciembre de 2.000 (que luego se incluye, con idéntico texto –Artículo II-101– en el cuerpo del Tratado que establece una Constitución para Europa, también llamado Constitución Europea o Tratado Constitucional, aprobado en 2003 y finalmente firmado por los Jefes de Gobierno de los países de la Unión Europea en octubre de 2004[8].

En fecha mas cercana se reafirma –en términos de ordenamiento positivo– la presencia del derecho a una buena administración, esta vez con un alcance de mayor amplitud geográfica, a través de la "Carta Iberoamericana de Derechos y Deberes del Ciudadano en relación con la Administración Pública", aprobada por el Consejo Directivo del CLAD en reunión presencial-virtual en Caracas, y adoptada oficialmente por la XXIII Cumbre Iberoamericana de Jefes de Estado y de Gobierno, en Ciudad de Panamá (18/10/13).

Al respecto cabe destacar que en el punto 1 del cuerpo normativo de la Carta se señala que la misma *tiene como finalidad el reconocimiento del derecho fundamental de la persona a la buena Administración Pública y de sus derechos y deberes* componentes, con lo que se

---

8   "Artículo 41: Derecho a una buena administración:

1. Toda persona tiene derecho a que las instituciones y órganos de la Unión traten sus asuntos imparcial y equitativamente dentro de un plazo razonable.

2. Este derecho incluye en particular:

- el derecho de toda persona a ser oída antes de que se tome en contra suya una medida individual que le afecte desfavorablemente.

- el derecho de toda persona a acceder al expediente que le afecte, dentro del respeto de los intereses legítimos, de la confidencialidad y de secreto profesional.

- la obligación que incumbe a la administración de motivar sus decisiones.

3. Toda persona tiene derecho a la reparación por la Comunidad de los daños causados por sus instituciones o agentes en el ejercicio de sus funciones, de conformidad con los principios generales comunes a los Derechos de los Estados miembros. 4. Toda persona podrá dirigirse a las instituciones de la Unión en una de las lenguas de los Tratados y deberá recibir una contestación en esa misma lengua."

reconoce a ese derecho, no solo el rango de derecho fundamental de los ciudadanos, sino que también adquiere carácter preeminente en la estructura y en la justificación del documento, pues ubica el reconocimiento de ese derecho como su objetivo primordial o finalidad específica.

El texto de la Carta pone de relieve la amplitud de contenido del *derecho fundamental a una buena administración*, cuya especificidad se manifiesta a través de diferentes derechos subjetivos administrativos tipificados den los ordenamientos jurídicos de los distintos países; pero además se correlaciona con los principios básicos de la función administrativa del Estado, reconocidos con esa jerarquía y de manera generalizada como un contenido natural del Derecho administrativo.

En síntesis, lo mas destacable de esta institución, está en la perspectiva que ofrece la confluencia de lo que significa la noción de *buena administración* desde su triple funcionalidad, esto es, como *principio de organización y de actuación*, como *obligación* de la Administración pública y, finalmente, como *derecho fundamental del ciudadano*.

Todo ello, en su conjunto, se traduce en exigencias para la adecuada estructura y funcionamiento de las Administraciones públicas, en todas sus escalas y ámbitos de responsabilidad operativa, a los efectos de poder corresponder mas eficientemente al destinatario natural de su actuación, esto es, a las personas, a los ciudadanos que, de esta forma, adquieren su verdadera dimensión de centralidad, su cualidad de origen, razón de ser y fin último del poder público, en especial, de la Administración pública.

En resumen, como conclusión de este apartado podemos apuntar el carácter complejo de la administración pública, tanto en su ámbito sustantivo de actuación como en su estructura organizativa, a lo que se suma el dinamismo presente en su desempeño, derivado de su indisoluble vinculación con la realidad social cotidiana y sus transformaciones. De otra parte se añade la consideración del perfil técnico que comporta la tarea de administrar como sustrato de particular importancia que en el espectro de la administración publica aparece acompañado por el componente jurídico, igualmente cargado de complejidad y requerido del dinamismo que impone el ritmo de las demandas de transformación y adaptación, por lo cual, se destaca el valor de los componentes básicos, de los principios, en tanto soporte o plataforma de la estructura general que, a su vez incluye una diversidad de sectores específicos de actuación cargados particularidades en atención a las que son propias de las áreas que las determinan.

En todas esas áreas aparece el principio de la buena administración actuando por igual, como guía operativa para el quehacer regular de los agentes encargados de la función administrativa y como pauta para el diseño de sus estructuras a objeto de poder garantizar el cumplimiento de los estándares de eficiencia requeridos en el ejercicio del poder, con absoluto respeto a los valores que sirven de soporte y orientación para la función.

II. GESTIÓN UNIVERSITARIA Y BUENA ADMINISTRACION

Siendo la Administración pública, en su globalidad, una realidad proteica que comprende una extensa batería de elementos organizativos dispuestos bajo la égida de unos principios básicos que se estructuran conforme a campos funcionales o sectores específicos de actuación para la gestión del interés general, es factible encontrar, sin contrariar su unidad conceptual, una variedad de expresiones que permiten detectar y destacar determinados factores o cualidades, en función del análisis que en esta oportunidad está en juego.

Así, encontramos que en la organización de la Administración directa central priva la técnica de la construcción jerárquica, con preponderancia clara y precisa de relaciones de superioridad y subordinación entre sus órganos, a fin de garantizar la unidad de dirección; y si dentro de esa estructura general apuntamos con mayor precisión hacia las estructuras dispuestas para la seguridad y la defensa, como serían los cuerpos policiales y militares, detectamos una intensidad mayor en el principio de jerarquía que invade la totalidad del complejo orgánico, como soporte determinante de su arquitectura y de su operatividad, al punto que la obediencia inmediata e incondicional aparece como un lema de la conducta debida, conducente a la preservación del funcionamiento adecuado y, por lo tanto, opera como una garantía de eficiencia.

Sin embargo, no es difícil reconocer que, en otros ambientes de la Administración pública, la jerarquía –por solo hacer mención a éste dato, aunque suele suceder de igual manera en muchos otros aspectos– aparece matizada, o cuando menos, entendida bajo parámetros de índole e intensidad diferentes. Desde luego, también aquí se atiende a la finalidad que cumplen esos agentes, lo que, de partida, confirma que la organización se construye y se modela para la consecución de un objetivo o finalidad, con lo cual, esa finalidad u objetivo es el factor determinante para la arquitectura de cada complejo orgánico y para su actualización, lo que alcanza a la adecuación de los modos de actuación que le corresponde aplicar.

En síntesis, se puede concluir que el perfil morfológico y el funcionamiento de los cuerpos que cumplen la actividad administrativa en la estructura del Estado, son factores instrumentales dispuestos para el logro eficiente de los objetivos que tienen asignados, y que, en función de esa constante, se aprecian características de singularidad en los distintos sectores de la administración publica, los cuales han de determinarse atendiendo, en primer término, a los fines concretos que ocupan su atención, lo que, a su vez, impacta decisivamente al perfil de su gestión y puede jugar como factor determinante de sus potencialidades en cuanto al paradigma de la buena administración.

Pues bien, dentro de ese proteico, vasto y complejo universo que conforman las Administraciones públicas, hemos seleccionado a la Universidad y la gestión universitaria, como ámbito de análisis sobre la concepción teórica y la práctica de la buena administración, atendiendo a las peculiaridades que se perciben como datos de singular valor en la caracterización jurídico-administrativa de este específico tipo de estructura y gestión administrativa pública.

En términos de mayor precisión para el enfoque del tema, nuestra selección se concretiza en las *Universidades Nacionales*, conforme al derecho positivo venezolano (Ley de Universidades), en tanto se trata de entidades integradas en el andamiaje general de la Administración Pública, dispuestas para el cumplimiento de fines de interés general: la búsqueda y exposición sistemática del conocimiento, con la misión concreta de *buscar la verdad y afianzar los valores fundamentales del hombre,* a cuyo efecto les *corresponde colaborar en la orientación de la vida del país mediante su contribución doctrinaria en el esclarecimiento de los problemas nacionales,* por lo cual, *deben realizar una función rectora en la educación, la cultura y la ciencia,* tal como se dispone de manera expresa en los artículos 1, 2 y 3 de la mencionada Ley.

De modo que la gestión universitaria pública integra un conjunto de cualidades que nos interesa destacar con mayor atención, en función del objetivo que tenemos planteado en esta oportunidad. Las particulares cualidades que ahora destacamos son: 1) el objetivo o fin de interés general que persigue la institución, que implica su particular responsabilidad institucional de cara a la sociedad; 2) la autonomía, como status jurídico que determina y fundamenta sus posibilidades de actuación; 3) las peculiares características de su recurso humano y el régimen funcionarial; y 4) el perfil de los destinatarios inmediatos o usuarios de la gestión.

1. *La finalidad de la gestión universitaria*

En términos simplificados, el fin de interés general que atiende la Universidad es *la educación*, en el entendido de que su tarea fundamental está centrada, primordialmente, en la provisión de conocimientos sistematizados en el nivel superior del proceso integral de la educación formal, conducentes a la capacitación profesional y especializada, por lo que la manifestación mas visible de su actividad se representa como un segmento (el tramo final o superior) dentro del sistema educativo general dispuesto a favor de los individuos. No obstante, debe tenerse presente que la gestión universitaria comporta, en su esencia, una proyección de mas amplio espectro, en tanto le corresponde también, entre otras responsabilidades, la de cumplir *una función rectora en la educación, la cultura y la ciencia,* tal como se indicó antes.

De este modo, el fin de interés colectivo o general de la gestión universitaria no se agota en una tarea mecánica de repetición de conocimientos y verificación de su captación por parte del destinatario; también implica la investigación científica y aplicada, es decir, la *creación* de esos conocimientos y, dentro de ello, el mejoramiento y aplicación de las técnicas y métodos para la obtención del mejor desempeño en todas esas tareas, por lo cual, se añade a los cometidos generales de la Universidad, la responsabilidad de *colaborar en la orientación de la vida del país mediante su contribución doctrinaria en el esclarecimiento de los problemas nacionales* (vid supra).

Destaca, entonces, el sentido y valoración fundamental que tiene ese objetivo por sí mismo, en función de su trascendencia en el contexto social, al punto que la educación se cataloga y se reconoce como un *derecho humano de primer orden*, a escala universal [9], lo que ocurre, en atención a la trascendencia del proceso educativo y sus resultados, no solo para el individuo, sino para la sociedad en su conjunto. De allí la estrecha vinculación que tiene la educación –como objetivo de interés general asignado a una específica expresión de la administración o gestión pública: la Universidad– con la idea de desarrollo, dentro del marco referencial que aporta el Derecho administrativo.

Una imagen mas nítida para precisar este punto, se obtiene a partir la revisión de algunas de las regulaciones que erigen a la educación como un derecho fundamental garantizado con rango constitucional y su correlativa cualidad de objeto calificado de la gestión administrativa del Estado.

Así, la Constitución (art. 102) califica a la educación como un *derecho humano y un deber social fundamental,* y precisa de inmediato que, *el Estado la asumirá como función indeclinable y de máximo interés en todos sus niveles y modalidades, y como instrumento del conocimiento científico, humanístico y tecnológico al servicio de la sociedad*, para indicar luego que *la educación es un servicio público.* A partir de estos postulados, ya en anterior oportunidad precisamos que "... *la Educación* en todas sus modalidades, escalas y niveles se

---

[9]   El artículo 26 de la Declaración Universal de Derechos Humanos adoptada por la Organización de las Naciones Unidas (10/12/1948) lo contempla en estos términos: "Toda persona tiene derecho a la educación. La educación debe ser gratuita, al menos en lo concerniente a la instrucción elemental y fundamental. La instrucción elemental será obligatoria. La instrucción técnica y profesional habrá de ser generalizada; el acceso a los estudios superiores será igual para todos, en función de los méritos respectivos.

La educación tendrá por objeto el pleno desarrollo de la personalidad humana y el fortalecimiento del respeto a los derechos humanos y las libertades fundamentales; favorecerá la comprensión, la tolerancia y la amistad entre todas las naciones y todos los grupos étnicos y religiosos; promoverá el desarrollo de las actividades de las Naciones Unidas para el mantenimiento de la paz".

manifiesta como un evidente *asunto de interés jurídico* en el cual se hacen presentes múltiples categorías e instituciones propias del Derecho administrativo, lo que conduce a la configuración de un *régimen jurídico específico*, dentro del cual es posible aislar, metodológicamente, el espacio que corresponde a la Educación Superior...”[10]

En síntesis, el objetivo que corresponde a la gestión universitaria ostenta la cualidad de factor clave para la dinamización y el desarrollo social, cultural, económico, institucional y también político de la sociedad en su conjunto, pues, no solamente abarca el espectro total de esas manifestaciones, sino que los contacta e influye en los niveles mas elevados del conocimiento de sus expresiones, como fenómenos susceptibles de tratamiento científico en su mas amplia percepción.

De este modo, por los componentes que reúne el núcleo duro de la gestión universitaria (*investigación, enseñanza y servicio a la comunidad*), surge una indudable sinergia y una clara confluencia de intereses entre Sociedad y Universidad. Esto conduce a calificar a este ámbito de la administración pública como *extraordinario*, por lo que destaca el singular interés que debe tener la Universidad –como parte de su estrategia gerencial– en la atender al significado de la *buena administración*, en cumplimiento del compromiso responsable que comporta el adecuado conocimiento de su propia realidad organizativa y funcional, para proyectar sus potencialidades hacia metas de eficiencia.

2.   *La autonomía como un modo de gestión*

La idea de autonomía es una de las notas con mas alto nivel de resonancia en el ambiente de la Universidad, tanto por lo atinente a su concepción, como por lo que corresponde a su gestión. La autonomía resulta ser un tópico difícil de eludir cuando se abordan cuestiones relativas a la Universidad; y en realidad, es un asunto que, por múltiples causas, comporta un alto grado de sensibilidad, en todo lo referente a la trayectoria de las instituciones universitarias en Venezuela, pero también lo es en su espectro global, tal como lo pone de manifiesto el rector Meilán Gil, cuando advierte que “...Una reflexión sobre la Universidad no puede soslayar la autonomía. Cualquiera que sea su formulación positiva e incluso el nombre que se la dé, la autonomía constituye una nota esencial a la institución universitaria.

De una u otra manera, dependiendo de las circunstancias históricas, del marco ideológico dominante, la institución que llamamos Universidad desde el siglo XIII ha debido defenderse de lo que genéricamente pudiera denominarse intromisiones e injerencias injustificadas de los titulares del poder, para desarrollar sus funciones que se centran en la búsqueda y transmisión del saber, de la ciencia, con los presupuestos y consecuencias que ello conlleva (...) eso que llamamos autonomía universitaria no se ha configurado de la misma manera a lo largo de la historia y en los diferentes países. Independientemente de la actitud del titular del poder respecto de la Universidad, influye en ello la misma concepción de la Universidad, **desde su propio interior**...”[11] (destacado nuestro).

Para decirlo brevemente, atendiendo a su finalidad –y sin que sea redundante–, la Universidad es un tema universal; pero además, la autonomía de la Universidad es consustancial a su esencia, y consiste, esencialmente, en un espacio de libertad intelectual inevitable, en

---

10   Rodríguez García, Armando: *Los estudios de postgrado como asunto jurídico-administrativo. Cit.* p. 98.

11   Meilán Gil, José Luis, “La autonomía universitaria desde una perspectiva constitucional”. En *Anuario Da Facultade de Dereito da Universidade da Coruña.* N° 3/1.999. La Coruña, 1999, p. 369.

razón de lo cual, "esa libertad y, por tanto, la figura esencial de la Universidad no existe allí donde se trate solo de centros de adoctrinamiento o de formación de una doctrina definida y cerrada de una vez por todas"[12]

Al respecto, nos interesa centrar la atención en la cualidad que ostenta la autonomía como figura jurídico-organizativa aplicada a la gestión universitaria, sin obviar que la intensa significación que irradia el término ha permitido entender que "... El concepto de *autonomía* se presta a confusión. Ha estado vinculado a la universidad desde sus orígenes y ha podido significar, desde una "expresión" de la libertad, o mas bien de la persistencia "de las libertades medievales", hasta la compleja figura jurídico-organizativa" por la que se entiende en la actualidad. El término, polisémico, se ha utilizado para designar cosas de índole diversa en circunstancias confusas y polémicas, hasta llevarlo a perder su contenido especifico, de tanta mayor importancia, –hoy por hoy– cuando su precisión y aprehensión correcta son imprescindibles para comprender y asistir la circunstancia universitaria presente"[13]. En este sentido, siguiendo a Moles conviene recordar que el vocablo *autonomía*, "que procede del léxico jurídico, ha desbordado su recipiente originario, sin que el recuerdo de su procedencia, es decir, su etimología, contribuya a propiciar ahora su exacto significado...", y mas adelante pasa a precisar: "...La autonomía propiamente dicha no es ni mas ni menos que una figura jurídico-organizativa, es decir, con dos componentes. Hay unas exigencias de la organización para que cada una de las partes integrantes se encuentre funcionalmente correlacionada con la estructura total: mas también el Ordenamiento Jurídico cuenta con un poder organizativo, mediante el cual se distribuyen atribuciones y competencias entre las distintas figuras jurídicas de la organización. Pues bien, la autonomía es una manera típica de organizar con una tendencia descentralizadora o desconcentrada, según los casos, que puede adoptar tanto el Estado como cualquier otra entidad jurídica..."[14]

Pues bien, ceñidos a los términos que acotan la reflexión que ahora se ofrece –sin que ello signifique restarle importancia a la magnitud que tiene la temática en sí misma–, nos limitamos emplear el concepto de autonomía universitaria, apelando de nuevo a la expresión del profesor Moles cuando afirma que "...La autonomía propiamente dicha se ofrece siempre como un "status" jurídico de un sujeto de Derecho Público, determinativo de una manera de ser que afecta a sus posibilidades de obrar. En este sentido constituye una capacidad legal no originaria –como la soberanía que es un atributo necesario–, sino derivada, o sea, conferida por la Constitución o Ley" (...) "Por lo demás, toda autonomía es reductible, en último término, al ejercicio de poderes calificados –de distintos ordenes– que versan sobre determinadas materias. El numero mayor o menor de poderes y materias marca la extensión de la autonomía... Ahora bien, la peculiaridad distintiva de los poderes autónomos estriba en que excluyen cualquier otro que de alguna manera condicione –al menos ordinariamente– sus decisiones, salvo por la vía jurisdiccional"[15].

---

[12]   García De Enterría, Eduardo, "La autonomía universitaria". *Revista de Administración Pública*, N° 117, Madrid, 1988, p. 12.

[13]   *Cfr.* Soriano de García-Pelayo, Graciela, *Sobre la autonomía universitaria*. Universidad Central de Venezuela. Caracas, 2005, p. 1. Es importante advertir que la autora conduce el párrafo citado hacia la conclusión de la validez trastemporal del concepto.

[14]   Moles Caubet, Antonio. "El concepto de autonomía universitaria". En *Estudios de Derecho Público*. Instituto de Derecho Público. Universidad Central de Venezuela. Caracas, 1997, p. 256.

[15]   Moles Caubet, Antonio. "Los limites a la Autonomía Municipal". En *Estudios de Derecho Público*. *Op. Cit.* p. 235.

Conforme al ordenamiento jurídico venezolano, además del reconocimiento expreso de la autonomía universitaria con rango constitucional (artículo 109: *El estado reconocerá la autonomía universitaria como principio y jerarquía*), corresponde apreciar que ese status jurídico de las Universidades adopta diversos modos de ejercicio que se relacionan, a partir de la misma norma constitucional, con el objetivo de permitir a docentes, dicentes y egresados, *dedicarse a la investigación científica, humanística y tecnológica, para beneficio espiritual y material de la Nación* (art. 109 constitucional).

En la misma disposición constitucional se explicitan los alcances de la autonomía universitaria en cuanto a actividades (*...darse su norma de gobierno, funcionamiento y administración eficiente de su patrimonio, y planificar, organizar, elaborar y actualizar los programas de investigación, docencia y extensión...*), a lo que se añade, como garantía, *la inviolabilidad del recinto universitario*. El elenco de los modos de expresión de la autonomía se esquematiza a nivel legal de esta manera: *autonomía organizativa*, con lo cual tienen potestad para dictar normas internas sobre su estructura; *autonomía académica*, que comporta el poder jurídico para planificar, organizar y realizar los programas de investigación, docentes y de extensión que estimen necesarios para el cumplimiento de sus fines; *autonomía administrativa*, que implica la facultad de elegir y nombrar sus autoridades y designar su personal docente, de investigación y administrativo; y finalmente, *autonomía económica y financiera* que implica el poder de organizar y administrar su patrimonio (artículo 9 Ley de Universidades).

Queda claro que, tanto la disposición constitucional como la correlativa norma legal, apuntan al espectro general de las Universidades; sin embargo, su alcance debe matizarse, en atención al tipo o categoría específica de Universidad de que se trate, comenzando por la diferencia entre las Universidades privadas y publicas ("nacionales" es el término que emplea la Ley), cuyo régimen jurídico comporta variantes significativas, aunque atiende a principios fundamentales que les son comunes.

El enfoque que nos ocupa de manera inmediata, centra la atención en el supuesto de las Universidades Nacionales, por tratarse de verdaderas Administraciones públicas que forman parte de la estructura general del Estado y operan bajo el principio de autonomía administrativa.

En este momento interesa la figura de la autonomía de la Universidad, en tanto comporta el soporte de un protocolo técnico y jurídico de actuación que viene asociado de forma inexcusable, con la finalidad de esta especifica figura de Administración pública. En consecuencia, el eje articulador de la autonomía universitaria, en la total amplitud de su espectro organizativo y funcional, se ubica en la *autonomía académica*, por ser la que toca directamente con el sentido sustantivo y esencial del objetivo de interés general que se asigna a esa Institución.

Entonces, sin restarle potencia y sentido a las otras facultades que ejercita la Universidad de manera autonómica, es lo cierto que, cada una de ellas solo encuentra sentido vinculándola al despliegue de la actividad (léase, *autonomía*) académica, esto es, al cumplimiento efectivo y eficiente de las funciones de investigación, docencia y extensión en torno al conocimiento, al saber científico, a la tarea creación y trasmisión de saberes, que solo es realmente tal, en la medida en que se desenvuelva en un espacio de libertad.

En síntesis, en el caso de la Universidad, la autonomía es un dato diferenciador en el ámbito general de la gestión pública, que opera como una fórmula operativa, pero también, como un titulo legitimador de un derecho fundamental, por lo que su alcance no se agota en la cualidad de garantía institucional, como sucede con la autonomía de los municipios.

En efecto, partiendo del mapa de sistematización que define el texto constitucional se advierte que la autonomía de la Universidad aparece prevista y regulada como un *derecho* contenido en el Capítulo VI (*De los Derechos Culturales y Educativos*), que forma parte del Titulo III (*De los Derechos Humanos y Garantías, y de los Deberes*). De su parte, la autonomía municipal se contempla en el Capítulo IV (*Del Poder Público* Municipal), integrado al Titulo IV (*Del Poder Público*), como una garantía institucional, mas no como un derecho fundamental, lo que hace a una singular peculiaridad del atributo autonómico de la Universidad, sin restarle valoración a esa categoría jurídica en el campo de los entes territoriales.

Una de las múltiples consecuencias derivables de la categorización cualitativa de la autonomía atinente a la gestión universitaria como un derecho fundamental, estriba en su doble alcance: primero, como espacio de actuación protegido frente a los centros de poder, en atención a los ámbitos de libertad consustanciales a su tarea para alcanzar los objetivos de interés general; segundo, como particular espacio de responsabilidad por acción y por omisión, por iniciativa eficiente o negligencia culposa, lo que toca directamente con el principio de buena administración.

De esta manera, el soporte de la autonomía como modo de gestión, que además se erige como derecho fundamental para la Universidad, comporta una elevación en el grado de responsabilidad que compromete la iniciativa por alcanzar condiciones de buena administración, en aplicación eficiente de sus facultades autonómicas, respaldadas por su excepcionalidad como cuerpo funcionarial y cercanía al manejo de los niveles mas avanzados del conocimiento. A la postre, no puede ocultarse la estrecha relación existente entre los procesos de elaboración del conocimiento científico y la toma de decisiones como práctica gerencial.

Todo ello tiene como telón de fondo la actividad destinada a la creación científica, la producción, difusión y constante promoción del saber, y la educación para la formación profesional y especializada. Por ello afirmamos que, para la Universidad como administración pública, ejercitar la autonomía no se reduce a una simple operación práctica de gestión, es procurar el desarrollo de la sociedad a través del predominio de la civilización. Al respecto procede recordar que "Sin un centro instituido de inteligencia crítica, donde se analizan todas las situaciones existentes y se postula su perfeccionamiento, donde se ponen constantemente en cuestión los propios resultados de ese análisis, donde se acepta e incluso se incita el pluralismo en la investigación; sin la realización de toda esa vasta operación realizada a la vez que se cuida la formación de los escolares superiores, a quienes no se prestan recetas definitivas, y menos aún consignas o sistemas cerrados, sino cuestiones perpetuamente abiertas como base de esa formación; sin esa extraña institución a la que llamamos Universidad, la historia occidental no hubiera sido ni lejanamente parecida a la que se ha vivido y la sociedad futura no se imaginaría siquiera posible"[16]

3.   *El recurso humano y el régimen funcionarial*

Otra particularidad destacable de la Universidad, en tanto expresión de gerencia pública, se encuentra en las cualidades que distinguen a su estructura funcionarial. Se trata de la nota distintiva que, en contraste con otras estructuras administrativas, aporta el personal docente y de investigación, como plantilla indispensable para la configuración de la Universidad, y que es un dato definitorio de su identidad como institución.

---

[16]   García De Enterría, Eduardo, "La autonomía universitaria". *Revista de Administración Pública*, N° 117, *Cit.* p. 8-9

En cualquiera de los modelos con los que se han perfilado las Universidades en su ya prolongada trayectoria histórica, es una constante la existencia del cuerpo profesoral, del contingente académico dedicado a la docencia, la investigación y la extensión –a lo que usualmente se suman las tareas propias de la gestión administrativa–, como esqueleto, musculo, nervio y cerebro, articulador de todo su andamiaje organizativo y su operatividad funcional.

El contexto del recurso humano docente resulta, desde luego, impregnado por el principio de autonomía, lo que se hace presente de distintas maneras, pero, en todo caso, hace resaltar, de entrada, el carácter diferencial del docente universitario dentro del universo del funcionariado de la administración pública, lo que se aprecia de bulto en las modalidades de las relaciones de jerarquía y subordinación, que se ven matizadas por la libertad de cátedra, derivada, precisamente, de la libertad crítica requerida para el cumplimiento cabal de la función investigativa y enseñante que corresponde cumplir al docente.

Como una tendencia generalizada, la figura de la Universidad, por su naturaleza, no aparece ordenada como un departamento dentro de la estructura general de la Administración del Estado, ni sujeta a relaciones de superioridad y subordinación orgánica; de igual manera, desde el punto de vista interno, la estructura de sus órganos, la del cuerpo académico y las posiciones que ocupan individualmente los miembros del personal docente, se rigen por pautas diferentes a las que aplican de manera general a la organización administrativa jerarquizada y al régimen ordinario de la función pública.

De una parte, la estructura fundamental de la Universidad descansa en las Facultades como unidades docentes y de investigación que responden al criterio de organización y funcionamiento por áreas del conocimiento. A su vez, las Facultades están conformadas por Escuelas –que atienden a la formación profesional (licenciatura) por áreas específicas del conocimiento a través de las Cátedras y Departamentos–, los Institutos de investigación, y las demás unidades de carácter académico, como las Unidades, Escuelas o Centros de Estudios de postgrado, a lo que se suman las dependencias de Extensión y las de carácter administrativo, como apoyo integral a las funciones esenciales[17].

La gestión de las Facultades descansa en diversos órganos colegiados o unipersonales que atienden a su visión global o a sus particularidades funcionales. Estos son, la Asamblea (autoridad máxima de cada Facultad, integrada por sus Profesores Honorarios, Titulares, Asociados, Agregados y Asistentes; representantes estudiantiles y de egresados); Consejo de Facultad, Decano, Consejos de Escuela, Directores de Escuela, Directores de Institutos de Investigación y de Postgrado, Coordinadores de área (académico, administrativo, investigación, etc.), Consejos Técnicos de Institutos, Comisión de Postgrado, Comités Académicos de Cursos de postgrado, Jefes de Cátedra y Departamento.

A su vez, la integración funcional y operativa de las Facultades que conduce a la configuración estructural de la Universidad, se manifiesta organizativamente en la figura del Consejo Universitario, órgano colegiado, calificado por la Ley como "autoridad suprema de cada Universidad", que esta integrado por el Rector, los Vice-Rectores (Académico y Administrativo), el Secretario, los Decanos de las Facultades, representantes de profesores, de los estu-

---

17   Se emplea como referente la Ley de Universidades venezolana (Gaceta Oficial N° 1429 Extraordinario de fecha 8/9/1970) que dibuja el cuadro básico de organización de las Universidades Nacionales, plenamente aplicable a la Universidad Central de Venezuela, seleccionada como potencial caso de estudio para un análisis mas detenido y una evaluación mas profunda, mediante el enfoque empleado en este ensayo.

diantes, de los egresados, y un delegado del Ministerio de Educación –ahora Educación Universitaria– (art. 25), y ejerce sus funciones de gobierno (ejecutivas) por órgano del Rector, los Vice-Rectores y el Secretario (art. 24).

En suma, sin entrar detalles sobre la consideración de otros órganos previstos legalmente, o desarrollados por decisión de la misma Universidad, en ejercicio de su autonomía organizativa y normativa, queda claro que se trata de un extenso y complejo entramado orgánico, montado sobre el principio de desconcentración, que tiene a las Facultades como eje operativo, en el cual no priva una relación lineal de subordinación y superioridad jerárquica, lo que se reafirma al revisar las líneas maestras de la estructura funcionarial del profesorado, tanto en lo atinente a las funciones que desempeña, como en la carrera del docente universitario, en si misma.

Al respecto, siguiendo un orden lógico mínimo para el tratamiento de tal asunto, ha de comenzarse por indicar que el profesor de una Universidad Nacional es un funcionario público del orden administrativo, cuya condición de tal se encuentra regida por un Estatuto específico y propio, integrado primordialmente por la Ley de Universidades y las disposiciones reglamentarias internas, dictadas por la Universidad en ejercicio de su facultad autonómica, al punto que la Ley general que regula el funcionariado administrativo excluye expresamente de su aplicación a *los miembros del personal directivo, académico, docente, administrativo y de investigación de las Universidades Nacionales* (Ley Orgánica del Estatuto de la Función Pública, artículo 1, Parágrafo Único, numeral 9).

Pues bien, ese régimen estatutario define la condición de funcionario que ostenta el profesor, mediante la consagración formal de tal situación, lo que se acompaña de diversas categorías jurídicas, dentro de las cuales es una pieza clave la de Profesor "ordinario", pues la misma determina la pertenencia de tales funcionarios a una *carrera* que comporta mecanismos de ingreso y ascenso[18].

Tal condición de Profesor ordinario comporta, en sí misma, la cualidad de un cargo, a partir de la relación orgánica de empleo propia de la carrera académica, como funcionario profesional, con los diferentes rangos de escalafón contemplados legalmente (art. 87 Ley de Universidades) lo que lo hace diferente de la condición de Profesor honorario, que no tiene escalafón ni sueldo. De este modo, entre la Universidad y el profesor ordinario se establece una relación orgánica que parte del *status*, derivado de la carrera, que es atinente al funcionario; esto comporta efectos tales como inamovilidad, estabilidad, sueldo, ascensos, escalafón, sufragio, deberes, etc.

Por otra parte, y en paralelo, surgen las relaciones de servici*o,* que derivan de las tareas a desempeñar por el profesor, en razón de las exigencias de la función, con independencia del origen –electoral o por designación– que puede tener tal desempeño (por ejemplo, los cargos de Jefe de Cátedra o Departamento, Director, Coordinador, etc.), o de la estructura colegiada o unipersonal del órgano que lo cumple (Consejo Universitario, Consejo de Facultad o Escuela, Decanato, Rectorado, Vicerrectorado, Secretaría, Comisión Electoral, Comisiones, Consejo de Apelaciones, etc.), o incluso, de la condición permanente, temporal, eventual o accidental de la función (Jurado de prueba de ascenso, tesis doctoral o trabajo de grado;

---

[18]   En todo lo relativo a este punto seguimos el análisis realizado por el profesor Antonio Moles Caubet, a solicitud del Consejo Universitario de la UCV, titulado: "Estudio analítico de la Sentencia de la Corte Primera de lo Contencioso Administrativo de 1° de julio de 1981 sobre provisión de Jefes de Departamento". *Revista de Derecho Público*, Editorial Jurídica Venezolana, Caracas 1983, p. 197 y ss.

miembro de comisiones asesoras; instructor de procedimiento disciplinario; comité de compras o licitaciones; comisiones de informes, investigaciones u opiniones individuales *ad hoc,* etc.). De tal manera, que se pueden cumplir de forma simultánea y acumulativa, diferentes desempeños que a su vez pueden, conectarse o hasta superponerse entre sí, en cuanto a su titularidad o su realización, sin que ello implique alterar o quebrantar el principio de jerarquía tal como se hace presente en los terrenos de la Administración pública centralizada.

En términos concretos, el régimen de la carrera docente universitaria comporta el derecho subjetivo del profesor ordinario –esto es, aquel que ingresa por concurso de oposición– al ascenso en las categorías del escalafón, de acuerdo a sus credenciales, méritos científicos y tiempo de servicio, conforme a las condiciones establecidas por las normas aplicables, y con independencia de la función o funciones de servicio que cumpla o haya cumplido en su desempeño, o de la clasificación que le corresponda dependiendo del tiempo que dedique a las actividades administrativas, docentes o de investigación que deba cumplir (dedicación exclusiva, tiempo completo, medio tiempo o tiempo convencional).

La lógica elemental del sistema de la carrera docente universitaria presupone la condición de servicio activo, a los efectos de cumplir los ascensos, al igual que sucede para el desempeño del cargo, en órganos encargados de determinadas funciones, bien sea por elección o por designación (*v.gr.* Rector, Vice Rector, Secretario, Decano, Representante profesoral, Director de Escuela o Centro de Postgrado, Coordinador, etc.), lo que puede ocurrir en función de los requerimientos para el sufragio pasivo, o por la regulación estatutaria aplicable al órgano de que se trate. En resumen, la posibilidad de ocupar y ejercer determinados cargos exige, por su propia naturaleza, la situación de actividad y, con ello, se hacen presentes todas las condiciones derivadas de la carrera, que han sido ya mencionadas.

Esto conduce a la percepción del alcance y sentido que tienen, tanto la carrera docente en su total extensión, como las distintas situaciones administrativas específicas que pueden ocurrir en algunos casos, como podría ser el supuesto de la realización de las pruebas de ascenso, o la elaboración del trabajo requerido a ese efecto, por parte de un profesor que se encuentre en situación de permiso (remunerado o no) o excedencia (activa o pasiva). Por ello, es importante entender que el régimen general de la carrera docente contempla situaciones distintas y soluciones diversas en cuanto a la condición de actividad y otras condiciones específicas se refiere. Así, por ejemplo, en lo que hace referencia al régimen electoral, se contempla el derecho al sufragio activo y pasivo relativo o limitado, de los profesores jubilados con escalafón de Asistente y superior, pues éstos quedan incorporados al Claustro (colegio electoral que elige Rector, Vicerrectores y Secretario), pero no eligen ni son electos en le Asamblea de Facultad; también se contempla para los profesores en situación de jubilación el cumplimiento de servicios o funciones típicamente activas, como sería ejercer la tutoría para la formación y capacitación de profesores Instructores o para trabajos de postgrado, o bien como jurado en pruebas de ascenso y en evaluaciones de pregrado y postgrado, sin dejar de mencionar las actividades de enseñanza, la extensión o la investigación.

De otra parte, partiendo de la consideración a los principios generales de la función o empleo público, se entiende que la jubilación es un derecho del funcionario (es este caso, el profesor), cuyo disfrute es susceptible de ser suspendido; pero de hecho queda suspendida automáticamente, en razón del desempeño de cargos cuyo ejercicio requiera la situación de actividad. En tales casos, la sola incorporación al cargo, bien sea por vía de elección (como ocurre en los casos de Rector, Secretario o Vicerrector) o por vía de designación (tal como sucede en los casos de Director de Escuela, Director de Postgrado o Director de Instituto), con la correspondiente aceptación y ejercicio del mismo por parte de un profesor jubilado, trae aparejada, de pleno derecho, la suspensión del beneficio de la jubilación y la consecuente recuperación de la condición de activo, con todas sus consecuencias.

En síntesis, por lo que respecta al diseño organizativo de las universidades nacionales, es interesante resaltar su carácter singular en el entorno del régimen general de la Administración pública, lo que invita a indagar con mayor profundidad sobre esas particularidades, como una oportunidad que permite enriquecer el conocimiento y el manejo práctico de las categorías jurídico administrativas, destacándose de ese modo, la amplitud y variedad de las manifestaciones de la administración pública, y la cualidad de sistema autónomo que identifica al Derecho administrativo, que la rige[19].

4. El perfil de los destinatarios inmediatos o usuarios de la gestión

Finalmente aparece en el conjunto de componentes del análisis, el particular perfil de los usuarios o destinatarios inmediatos del servicio que cumple la Universidad como administración pública, y que viene a ser un dato de singular interés para el enfoque que nos permite el principio de la buena administración en la gestión universitaria.

Un primer contacto hace destacar al alumno, al dicente o estudiante incorporado al registro correspondiente, como el destinatario de la gestión universitaria, lo que es absolutamente acertado, atendiendo a su finalidad institucional primordial, que viene centrada en la enseñanza de tercer y cuarto nivel. Sin embargo, el estudiantado, aún siendo el receptor o administrado típico de la función universitaria, no agota el espectro sus destinatarios. En efecto, también el personal docente o académico es destinatario directo de su gestión, en la medida en que la formación de ese personal que integra sus propios cuadros funcionariales es, igualmente, parte de su misión y, por ende, viene a ser un receptor estable de la gestión administrativa de la Universidad; pero en igual sentido, y aunque pueda tratarse de destinatarios mas eventuales y difusos en cuanto a sus perfiles concretos, tenemos que también lo son la sociedad en su conjunto y las instancias del Poder Público, en tanto corresponde a la Universidad *colaborar en la vida del país mediante su contribución doctrinaria en el esclarecimiento de los problemas nacionales* (Ley de Universidades, art. 2).

Ello es así, por cuanto la actividad específica de la enseñanza no agota el contenido de la función administrativa que corresponde a la Universidad, tal como se ha indicado antes.

En todo caso, resulta de interés observar que la población estudiantil constituye el espectro de usuarios inmediatos de la gestión universitaria, de donde se destaca un grado de homogeneidad que no resulta usual en otros campos de la administración pública, en los cuales el grupo de atención es heterogéneo y hasta cierto punto indiscriminado en cuanto a su condición de administrado.

Esta nota se hace mas interesante si se perfila aún mas, al tomar en cuenta, que el estudiantado adscrito a una Universidad es un segmento de población que ostenta un grado de instrucción formal determinado por el grado de educación media, con lo cual se constituye en un contingente de administrados con capacidades selectas, en contraste con la población general. Pero adicionalmente, la Ley califica a los estudiantes de la Universidad, junto a los profesores, como miembros de la comunidad de intereses espirituales en que consiste esa institución, por lo que, de alguna manera, en este caso, los usuarios o destinatarios primordiales de la gestión, están integrados a la administración misma, todo lo cual le asigna un importante grado de singularidad dentro del universo de la Administración pública.

---

[19]   Vergara Blanco, Alejandro, *El Derecho Administrativo como sistema autónomo. El mito del Código Civil como "Derecho Común".* Ed. Abeledo Perrot. Legal Publishing. Santiago de Chile 2010.

De este modo, tanto la homogeneidad y grado de formación intelectual de los receptores de la gestión, como el hecho de ser integrantes de una comunidad de intereses espirituales que se identifica con la institución, arroja posibilidades de interrelación e intercambio en las relaciones culturales y jurídico administrativas que, aunado a la real percepción de pertenencia, concita el despliegue de un escenario diferente al que opera en el campo general de las relaciones del ciudadano común con las diferentes dependencias de la Administración Pública y debe permitir y exigir, a un tiempo, la presencia de las condiciones mas avanzadas y eficientes de gestión.

A la postre, se trata del ámbito gerencial que concentra lo mas destacado del conocimiento y la inteligencia, dentro del espectro total de la sociedad, de donde debe ser factible la disposición efectiva y las cualidades reales, en cuanto tiene que ver con el desarrollo y la aplicación de habilidades para poner en práctica el talento.

III. LA U.C.V. COMO POTENCIAL CASO DE ESTUDIO

La exploración que aquí se ha adelantado, desde una perspectiva eminentemente teórica, apunta a ser continuada mediante el contacto mas cercano con manifestaciones prácticas, bajo la absoluta convicción de que no hay mejor guía práctica que una buena y actualizada teoría[20], con lo cual, apelando a la razón científica, es forzoso despreciar, por contradictoria, la expresión según la cual algo puede estar muy bien en teoría, pero no funcionar en la práctica.

A ese efecto nos planteamos el análisis mas detenido de la Universidad Central de Venezuela como caso de estudio. La selección del *caso* va en razón de ser ésta la Universidad Nacional (pública), mas antigua del país, que arranca su andadura antes de la aparición de su identidad política independiente como República, con lo cual, por una parte, no permite dudas en cuanto a su categorización como una Administración pública que cumple su gestión administrativa sujeta a las valoraciones y postulados del Derecho administrativo; es la institución universitaria de mayor escala, complejidad y prestigio en el entorno de la educación superior venezolana, y su perfil organizativo y jurídico encaja perfectamente en los postulados de la legislación; por ultimo, es la realidad mas conocida pro vivencias directas, y presumiblemente la de mayor facilidad de acceso en cuanto a datos que permitan el necesario contacto con el fondo de la experiencia real.

En tal sentido partimos de considerar que la gestión universitaria tiene carácter fiduciario, en tonos mucho mas intensos que los que pueden identificar ese carácter en la mayor parte de las agencias propias de la Administración pública, junto a lo que se hace presente con la misma intensidad el carácter transeúnte en las posiciones de decisión, por quienes, sin embargo, permanecen integrados a la comunidad que constituye su componente esencial.

Objetivamente, y sin mayores reservas, puede afirmarse que el contingente humano integrado en la Universidad reúne reconocida *aptitud* para operar una gerencia de primera línea. De su parte, el cuadro jurídico que determina sus potestades, modos de organización y formas de actuación, en atención a su status de autonomía –reconocido y garantizado como un derecho fundamental–, permite un margen de decisión mas amplio y variado que el dispuesto para otras estructuras de la Administración pública. Por otro lado, hay que añadir la finalidad de interés general asignada a la Universidad, que se extiende mas allá de la enseñanza superior, lo que atrae un nivel de particular responsabilidad por la índole y trascendencia de su función.

---

[20] Barnes, Javier, *Transformaciones (científicas) del derecho Administrativo. Historia y retos del Derecho Administrativo contemporáneo*. Global Law Press. Editorial Derecho Global. Sevilla, 2011.

Pues bien, la conjunción de los elementos reseñados conduce a considerar que lo deseable, y lo mas importante, es que aparezca, se promueva y se desarrolle en los centros de decisión, la *actitud* requerida para la aplicación efectiva y eficiente de todas las potencialidades internas de gestión.

En esa orientación corresponde un espacio tan importante como ineludible, por la propia naturaleza del asunto, al ingrediente jurídico, y en ese sentido, es un factor de primer orden en la perspectiva actual, el principio de la buena administración, que alcanza la categoría de derecho fundamental.

En el medio universitario en general, y en lo atinente a la gestión de sus cometidos, en particular, no procede dejar el espacio inicial de la crítica a quienes observan desde fuera –con o sin intenciones de segundo grado–; es imperativo impulsarla desde dentro, para corregir y reformar desde la revisión propia, ejercitando en la práctica las capacidades propias.

En el espacio concreto de la UCV, dadas sus características, pueden observarse diversos factores que influyen sobre las condiciones de gestión, de manera diferente, con distintas intensidades y efectos, pero sobre todo en una trayectoria temporal dilatada, por lo que los elementos que se hacen presentes como condicionamientos para la gerencia pueden ser, en muchas de sus manifestaciones, el resultado de procesos aluviales, lo que dificulta detectar el origen preciso del factor perturbador.

De otra parte, la inserción de la Universidad en el entorno social, y dentro de éste, en el ambiente de las contiendas políticas, invita a la pugnacidad de parte de los centros de poder, para reducir la respuesta critica, lo que se hace mas intenso y desmedido de manera directamente proporcional al bajo nivel del talante democrático y racional que exhiba el grupo gobernante de turno.

En la actualidad, el Informe que fue dado a conocer en enero del 2018 bajo el titulo "Colapso Académico Inducido: Descripciones y Soluciones" elaborado por el Vicerrectorado Académico de la UCV, a cargo del Dr. Nicolás Bianco C., es un elemento referencial de primera línea, que da cuenta de la situación presente, mediante la identificación de un conjunto de factores inductores de lo que se diagnostica como situación de "postración extrema" (colapso) que afronta la institución. El documento hace explicita la intención de informar y promover la discusión sobre los asuntos académicos gravemente comprometidos por la situación que, evidentemente, incide de forma negativa en la gestión de la Universidad.

De igual manera, en el documento se incluyen lineamientos para establecer propuestas de soluciones que apuntan a la sostenibilidad institucional, dentro de los cuales aparece el estudio y la revisión de mecanismos y procesos de trámite y decisión actualmente aplicables, en la búsqueda de un marco de mayor flexibilidad normativa y agilidad de los procesos administrativos.

Es suficientemente conocido que los momentos en que se enfrentan situaciones criticas invitan a la búsqueda de respuestas inmediatas, como reacción racional y lógica, por lo que es plausible el nivel de respuesta que encuentra la gerencia en tales circunstancias. Sin embargo, en paralelo, la administración debe ocupar las oportunidades derivadas de tales circunstancias para el establecimiento de tareas permanentes de revisión que permitan abordar los asuntos sin la presión de la respuesta en caliente.

Una mas detenida evaluación del entorno propio de la gestión universitaria que permita ponderar el conjunto de potencialidades propias disponibles, a las cuales hemos aludido en líneas anteriores, permitiría detectar posibles deficiencias internas, cuya atención, adecuada y oportuna, desplegada con independencia del medio ambiente externo, puede contribuir a mejorar las condiciones de desempeño, bajo el enfoque de la buena administración y sus parámetros referentes.

Por vía de ejemplo se pueden mencionar los campos de la organización y los procedimientos internos, todo lo cual procede transitar partiendo del carácter esencialmente desconcentrado que requiere la gestión universitaria, en atención a la naturaleza misma de su función y sus objetivos pues, es claro que, no es posible operar de igual manera la enseñanza y la investigación en el campo de la medicina, la ingeniería, la agronomía, el derecho, la economía o la arquitectura. En consecuencia, pretender homogeneizar pautas de actuación, procedimientos, mecanismos operativos, e incluso estructuras organizativas, es contrario a la naturaleza de las cosas, y la solución uniforme puede resultar aceptable para una parte, pero definitivamente perturbadora para el todo.

Un cuerpo administrativo que, en razón de sus objetivos, debe operar bajo parámetros de desconcentración, no admite la uniformidad, aunque no por ello es contrario al valor de la unidad; en función de la eficiencia, no conviene disminuir el valor de la parte, por el todo, sino fortalecer el despliegue natural de las particularidades en beneficio de la visión común.

Así, en cuanto al aspecto relativo a las estructuras organizativas, se observa de bulto, el crecimiento del conjunto de la organización, mediante la proliferación de órganos colegiados, lo que puede incidir negativamente en los niveles de eficiencia para el tratamiento de los asuntos, perturbando la gestión. En efecto, por su propia naturaleza, la operatividad de los órganos colegiados es mas compleja y menos ágil en su funcionamiento, pues depende de la ocurrencia de sesiones, quórum de instalación y votación, discusión, acuerdos, negociaciones, soporte logístico, etc., con lo cual, no es inusual que asuntos de mero tramite se vean entorpecidos por la pesada dinámica que corresponde al funcionamiento natural de este tipo de estructuras, sin entrar a considerar la posibilidad de contaminar el tratamiento de las cuestiones con enfoques y métodos no apropiados.

En suma, estimamos que el tema de la organización esta llamado a recibir un tratamiento racional, mediante la revisión de las estructuras actuales, con el objeto de evaluar las posibilidades de provocar ajustes y, eventualmente, diseñar soluciones que privilegien los objetivos de la eficiencia por encima de cualquier otro criterio.

De igual manera opera el asunto respecto de los procedimientos regulados por normativas internas, para lo cual, el objetivo de la simplificación de trámites debe fungir como una guía indispensable, no solo en cuanto a la producción de nuevas normas, sino mediante la determinación de criterios avanzados de interpretación. Al respecto se detectan diversos instrumentos normativos internos y prácticas administrativas que, lejos de favorecer la eficiencia y eficacia de la gestión, operan como obstáculos útiles a la ineficiencia y la confusión, lo que se suma a una clara hipertrofia normativa que debe recibir la debida revisión y ajuste.

Hacia esta línea se desplaza el eje de atención para dar continuidad al ejercicio de reflexión iniciado con todo lo que se consigna en las presentes paginas, cuyo alcance se ve sujeto a las limitaciones que ha permitido la oportunidad.

Buena administración, capacidad estatal y desarrollo. Un estudio práctico a través del caso venezolano*

José Ignacio Hernández G.

Profesor de Derecho Administrativo en la Universidad Central de Venezuela y la Universidad Católica Andrés Bello
Visiting Fellow, Center for International Development, Harvard

Resumen: *La relación entre buena administración y desarrollo depende de la capacidad estatal. Cuando un Estado carece de capacidad adecuada para atender sus cometidos, no pueden diseñarse políticas de desarrollo centradas en implantar los estándares formales de buena administración, pues esos estándares no podrán ser implementados en el corto plazo. Por el contrario, la estrategia recomendada es atender las causas que más afectan al crecimiento económico y, progresivamente, implementar las medidas que permitan reconstruir la capacidad estatal a través de los estándares de buena administración.*

Palabras Clave: *Buena administración, capacidad estatal, desarrollo, Estado fallido, instituciones, crecimiento económico.*

Abstract: *The relationship between good administration and development depends on the state capability. If the State does not have the capability to fulfill its goals, it not possible to implement public policies based on the formal good administration standards. On the contrary, the recommended strategy on the short run is to address the binding constraints on economic growth, together with the measures oriented to build the state capability according to with the good administration standards.*

Key words: *Good administration, state capability, development, failed state, institutions, economic growth.*

SUMARIO

---

*   Este trabajo resume parte de las investigaciones realizadas en el Centro para el Desarrollo Internacional de la Universidad de Harvard, relacionadas con el proceso de recuperación económica en Venezuela.

desarrollo. A. Instituciones formales e instituciones informales. Los tratos o acuerdos ("deals"). B. Fallas en la capacidad estatal y desarrollo. C. Los estándares de buena administración. 3. *Las fallas en la capacidad estatal y la degeneración del Estado.* 4. *La reconstrucción de la capacidad estatal a través de la Administración Pública y el desarrollo.* 5. *El caso venezolano.*

INTRODUCCIÓN

El presente artículo aborda la relación entre los estándares de buena administración, la capacidad estatal y el desarrollo económico. A tales efectos, se parte de la premisa de acuerdo con la cual la capacidad del Estado para implementar políticas públicas de está directamente asociada a la capacidad de la Administración Pública de atender los cometidos estatales, pues la Administración Pública es la principal organización de la cual se vale el Estado para la implementación de sus políticas. Por ello, las fallas en la Administración Pública, derivadas de la violación de los estándares de la buena administración, pueden afectar la capacidad estatal y por ende, limitar el crecimiento económico y el desarrollo.

Esto plantea, sin embargo, una suerte de parábola en cuanto a la relación entre los estándares de buena administración y el desarrollo. En efecto, asumir que los estándares de buena administración son una condición necesaria para el crecimiento económico y el desarrollo no responde a la pregunta de cómo puede construirse una Administración Pública de acuerdo con esos estándares sin crecimiento económico. Pero si se considera que el crecimiento económico es una condición necesaria para la existencia de una Administración Pública que actúe bajo los estándares de buena administración, entonces, no se estará respondiendo a la interrogante de cómo promover el crecimiento económico con una mala administración. En pocas palabras: no es clara cuál es la relación de causalidad entre los estándares de buena administración y el desarrollo en Estados que tienen una capacidad débil.

Una aproximación común a esta parábola ha sido asumir que la existencia de Administraciones Públicas que actúen conforme a los estándares de buena administración es siempre y necesariamente una condición para el desarrollo, con lo cual, toda política orientada a promover el desarrollo debe pasar siempre por una reforma institucional, o sea, la reforma de la Administración Pública para promover los estándares de buena administración. Pero esa aproximación no resuelve el problema de causalidad al cual hemos hecho alusión, y en especial, no toma en cuenta cuál es la capacidad estatal a través de la cual podrán implementarse los estándares de buena administración. Tampoco esa aproximación, al basarse en estándares generales, toma en cuenta las concretas condiciones que afectan el crecimiento económico.

Por ello, el presente trabajo propone una aproximación pragmática, bajo la cual el primer elemento que debe analizarse en toda política de promoción del desarrollo son las causas que efectivamente afectan el crecimiento económico, tomando en cuenta la capacidad estatal. A tal fin, se considera que la degradación de la capacidad estatal no solo debilita a la Administración Pública, sino que, además, puede resultar perjudicial para el desarrollo. Cuando un Estado presenta fallas en su capacidad, por ello, las políticas de desarrollo deben dar prioridad –en el corto plazo– a las medidas que permitan incrementar el crecimiento económico con la debilitada capacidad estatal existente. Mientras ello se logra, y a mediano plazo, deberá diseñarse un programa para reconstruir la capacidad estatal y fortalecer los principios de buena administración.

El orden señalado no debería invertirse. Pretender solucionar, a corto plazo, problemas de crecimiento económico –y en general, de satisfacción de necesidades colectivas– a través de la *implantación* de los principios de buena administración puede resultar una tarea contraproducente, en suma esos principios no podrán ser aplicados en el corto plazo, precisamente, pues el Estado cuenta con una debilitada capacidad estatal.

Para demonstrar la aplicación práctica de esta premisa, se analizará brevemente el caso venezolano, como un ejemplo de cómo la degradación en la capacidad estatal puede derivar en una crisis económica y social que exige, a corto plazo, medidas pragmáticas que no pueden limitarse a implantar una reforma institucional.

I. LA CAPACIDAD ESTATAL Y LA ADMINISTRACIÓN PÚBLICA

1. El concepto de capacidad estatal y los cometidos del Estado

En sentido general, la capacidad estatal puede ser definida como la **aptitud del Estado de cumplir efectivamente con sus cometidos a través del ejercicio de su soberanía.** Esto es, la capacidad estatal mide la aptitud del Estado de cumplir con todos sus cometidos, con lo cual, esa aptitud dependerá del conjunto de cometidos que el Estado debe atender.

Ahora bien, no existe, como es fácil de entender, uniformidad de criterio acerca de cuáles deben ser los cometidos que el Estado debe atender. En todo caso, un elemento común que está presente en las aproximaciones realizadas al respecto, es partir de la definición de Estado de Max Weber, esto es, la organización social que ejerce un poder político único y unitario a través de la soberanía y del monopolio legítimo de la fuerza. Tal es el concepto generalmente adoptado desde el Derecho Internacional, bajo cual, el Estado se compone de los siguientes elementos: *(i)* territorio definido; *(ii)* población permanente; *(iii)* gobierno efectivo y *(iv)* la capacidad de establecer relaciones internacionales con otros Estados[1].

Sin embargo, esos elementos solo permiten definir **qué es el Estado**, no **lo que el Estado debe hacer.** De hecho, Weber no se encargó de definir cuáles tareas debían ser asumidas por el Estado, sino que por el contrario, se limitó a definir qué es el Estado[2]. En realidad, las tareas a cargo del Estado –o los cometidos estatales– no pueden definirse de manera estática, pues ellos varían de acuerdo con el tiempo y el lugar. Al respecto, lo que podemos encontrar, dentro de la literatura dedicada al estudio de las fallas del Estado, son descripciones más o menos amplias sobre los cometidos, objetivos o funciones que el Estado debe atender. De esa manera, se identifican como cometidos del Estado garantizar la seguridad ciudadana; promover el Estado de Derecho; desarrollar una Administración Pública eficiente, especialmente para la atención de los llamados bienes públicos y garantizar el sistema de justicia para la solución de controversias. Otros agregan la creación de instituciones que faciliten la economía de mercado, mientras que otra visión asigna al Estado el cometido de atender derechos sociales, como la salud y la alimentación[3].

El Informe del Banco Mundial de 1997 analizó estos aspectos, al proponer un nuevo rol del Estado, de acuerdo con el cual su intervención quedaba justificada por dos causas: la atención de los fallos de mercado y la promoción de la igualdad. Atendiendo a ello, el Informe identificó tres tipos de funciones del Estado: básicas, intermedias y activistas.

---

[1]   Ezrow, Natasha y Frantz, Erica, *Failed States and Institutional Decay,* Bloomsbury, Nueva York-Londres, 2013, p. 17.

[2]   Weber, Max, *Economía y sociedad. Esbozo de sociología comprensiva, Tomo I,* Fondo de Cultura Económica, México, 1974, pp. 170 y ss.

[3]   Para una revision, *vid.* Ghani, Ashraf y Lockhart, Claire, *Fixing failed states,* Oxford University Press, Oxford, 2008, pp. 3 y ss.

En la medida en que la capacidad del Estado se fortalece, puede pasarse de las funciones básicas a las activistas[4].

F. Fukuyama parte de una aproximación más empírica. Así, el autor propone medir esa capacidad en dos ejes: el eje horizontal mide el ámbito de las funciones del Estado (o los cometidos estatales) y el eje vertical mide la capacidad del Estado de cumplir con esas funciones por medio de las llamadas "instituciones". Así, las funciones del Estado son medidas atendiendo a un indicio económico, a saber, la relación entre los ingresos tributarios y el producto interno bruto (PIB). Ese indicio es útil pues, para Fukuyama, el nivel de ingresos tributos es índice revelador de la capacidad estatal, en este caso, de recaudar tributos[5].

Lo anterior pone en evidencia, por un lado, la dificultad de precisar cuáles son las funciones que el Estado debe atender y, por el otro, la complejidad de la medición de la capacidad del Estado para atender esas funciones.

2.   *Los dos parámetros para medir la capacidad estatal: el Derecho Doméstico y el Derecho Internacional. La capacidad estatal en la era de los derechos humanos*

Los problemas asociados a la determinación del catálogo de funciones que el Estado debe atender, condición indispensable para medir su capacidad, parten de la ausencia de criterios normativos fijos para identificar ese catálogo. Así, ese catálogo puede ser determinado a través de dos fuentes normativas: el Derecho doméstico y el Derecho Internacional.

En efecto, es el Derecho Doméstico de cada Estado, traducido principalmente en la Constitución y las Leyes, el que define el alcance de los cometidos estatales. El concepto de soberanía estatal y el principio de auto-determinación de los pueblos, desde el Derecho Internacional, han reforzado esta tesis al considerar que cada Estado es soberano para definir, internamente, el catálogo de bienes públicos que debe proveer. Esto impide definir un catálogo uniforme de los cometidos estatales y, por ende, imprime un grado de relatividad en la definición de la capacidad estatal y por ende, en la medición de las fallas del Estado en la atención de sus cometidos. En suma, la capacidad del Estado dependerá del catálogo de cometidos domésticos definidos en su Derecho doméstico. Incluso, de ello puede derivar una aparente contradicción, en la medida en que se concluya que hay Estados con una alta capacidad para cumplir objetivos que, pese a que violan derechos humanos, son contestes con los cometidos definidos en su propio ordenamiento.

La otra fuente normativa es el Derecho Internacional, a través del cual puede configurarse un catálogo mínimo de cometidos estatales. Esto evita el riesgo antes aludido, que imprime cierta relatividad en la definición de los cometidos públicos[6].

---

[4]   *The State in a changing world,* World Bank, Washington D.C., 1997, p. 27. Las funciones básicas incluyen la atención de la falla de mercado, por ejemplo, a través de la provisión de bienes públicos (como seguridad y defensa, estabilidad macroeconómica y el sistema judicial), y políticas contra la pobreza y para atender desastres, a los fines de promover la igualdad. Las funciones intermedias comprenden la atención de externalidades, la regulación de monopolios y la corrección de fallas de información (fallas de mercado) así como políticas redistributivas, como seguros contra el desempleo (igualdad). Las funciones del Estado activista comprenden labores de coordinación con el sector privado (como políticas industriales), así como redistribución de activos.

[5]   Fukuyama, Francis, *State Building,* Cornell University Press, 2014, pp. 1 y ss.

[6]   Sin embargo, tampoco hay consenso en el Derecho Internacional de cuáles son los cometidos concretos que deben ser atendidos por el Estado, aun cuando la defensa y promoción de derechos humanos es un cometido cada vez más difundido.

Sin embargo, la posibilidad de que el Derecho Internacional defina cuáles son los cometidos del Estado atenta contra la visión tradicional del principio de "auto-determinación" de los pueblos, pues solo la soberanía doméstica podría definir el catálogo de cometidos públicos.

Cabe aclarar que el principio de auto-determinación de los pueblos comenzó a ceder con ocasión al proceso de mundialización de los derechos humanos, principalmente, luego de la Segunda Guerra Mundial. En la medida en que se admite que la defensa de los derechos humanos no es un asunto exclusivo de la soberanía doméstica, entonces, puede reconocerse que la defensa internacional de los derechos humanos no implica, en modo alguno, violación al señalado principio de "auto-determinación". Bajo la óptica de los derechos humanos, por ello, es posible desarrollar parámetros desde el Derecho Internacional que determinen los cometidos estatales mínimos y, por ello, que permitan definir la capacidad del Estado para cumplir con esos cometidos. Esto ha permitido considerar que la soberanía estatal abarca también lo que se conoce como una *responsabilidad para proteger*, esto es, que el Estado soberano debe proteger a los derechos humanos, incluso, en asuntos propios de la soberanía interna de otros Estados[7].

II.   LOS FALLOS EN LA CAPACIDAD ESTATAL Y LOS ESTÁNDARES DE LA BUENA ADMINISTRACIÓN

1.   *Los fallos en la capacidad estatal: del Estado fuerte al Estado fallido. Una revisión crítica*

De acuerdo con lo anterior, la capacidad estatal mide en qué grado el Estado cumple con sus cometidos, lo que presupone resolver un problema previo, a saber, definir cuáles son los cometidos mínimos que un Estado debe cumplir. Dejando a un lado ello, puede afirmarse que *la capacidad estatal falla cuando el índice de la capacidad estatal no se cumple al cien por ciento (100%).* Como puede observarse, lo anterior permite identificar dos extremos: el Estado sin capacidad (0%) y el Estado con completa capacidad (100%). Esto coincide, con las advertencias que luego se harán, con los conceptos de *Estado fallido* y *Estado fuerte*: el Estado fallido es un Estado sin capacidad estatal y el Estado fuere es un Estado con completa capacidad estatal.

Sin embargo, el concepto de Estado fallido no es del todo claro. En realidad, podría decirse que el Estado fallido puede ser descrito, pero difícilmente definido. Esto responde a varias causas. Por un lado, como se verá, el concepto surge empíricamente –luego del fin de la Guerra Fría– y fue adquiriendo matices diversos de acuerdo con la perspectiva con la cual fue definido. Luego, han surgido otros conceptos similares: el Estado que está fallando, el Estado débil, o el Estado frágil, entre otros. Finalmente, el concepto de Estado fallido es impreciso pues no es posible definir con claridad cuáles son los cometidos estatales, definición sin la cual mal podría afirmarse cuándo un Estado está fallando.

Esto nos lleva a prestar atención al estudio de la *capacidad estatal* y no al *concepto de Estado fallido* que, en definitiva, no es más que una etiqueta con la cual se pretende describir una determinada realidad, por lo demás, siempre cambiante, tal y como tratamos en esta sección. Conviene por ello repasar cuáles son los principales criterios manejados para definir cuándo un Estado falla, a los fines de poner en evidencia su conexión son los estándares de buena administración.

---

[7]   Sobre la evolución del concepto de soberanía, *vid. The responsability to protect,* Report of the International Commission on Intervention and State Sovereignty, 2001.

A. *La pérdida de la autoridad central debido a guerras y otras crisis severas*

Los primeros intentos por definir al Estado fallido consideraron la existencia de Estados que, debido a crisis internas como guerras civiles, graves violaciones a derechos humanos y otros episodios parecidos, perdían su autoridad central y, por ende, se veían incapacitados de cumplir con sus funciones. Dentro del concepto de autoridad central se incluye a la Administración Pública, de lo cual surge que el concepto de Estado fallido ha estado asociado a la incapacidad de la Administración Pública para atender los cometidos del Estado.

Así, de acuerdo con Helman y Ratner, el Estado-nación fallido es aquel incapaz de mantenerse por sí mismo como miembro de la comunidad internacional. Las causas que llevan a esa situación abarcan guerras civiles, rupturas de gobierno y otros conflictos internos que degeneran en caos, violencia y anarquía, generalmente asociados a violaciones graves de derechos humanos. En tal sentido, los autores estudiaron tres categorías: *(i)* el Estado fallido, que es aquel que ya no puede ejercer ninguna de las funciones propias del Estado; *(ii)* el Estado que está fallando, como aquel que, si bien mantiene un poder central, presenta signos graves de deterioro y *(iii)* los nacientes Estados derivados del desmembramiento de otros Estados y que todavía no han logrado consolidad su poder central[8].

Esta concepto fue especialmente desarrollado por el Grupo de Trabajo de Estados Fallidos (*State Failure Task Force*) que analizó, como causas determinantes del Estado fallido, revoluciones y guerras internas, incluso étnicas; transiciones adversas o disruptivas, así como genocidios y en general, conflictos políticos[9]. A partir de este concepto, el Grupo de Trabajo se enfocó en identificar 113 casos de Estados fallidos entre 1955 y 1994, con el propósito de producir una matriz de las causas que habían llevado a tal colapso, que fueron finalmente divididas en cuatro grupos: *(i)* problemas demográficos y sociales, como mortalidad infantil; *(ii)* problemas económicos, relacionados con el PIB o la inflación, por ejemplo; *(iii)* problemas medioambientales, específicamente en cuando al acceso a recursos naturales como el agua y *(iv)* problemas políticos y de liderazgo. No obstante, el concepto de Estado fallido entonces asumido se circunscribió a casos de revoluciones, guerras y otros eventos similares[10].

---

8   Dentro del grupo de Estados fallidos se mencionaron los casos de Bosnia, Cambodia, Liberia y Somalia. Dentro de los Estados en vías de ser Estados fallidos se incluyeron a Etiopia, Georgia y Zaire. La última categoría comprende a los nacientes Estados del desmembramiento de la Unión de República Socialistas Soviéticas y Yugoeslavia. *Cfr.*: Helman, Gerald B. y Ratner, Steven R., "Saving Failed States", en *Foreign Policy, N° 89,* Invierno de 1992-1993, pp. 3 y ss.

9   A petición del entonces Vice Presidente de Estados Unidos, Al Gore, la Agencia Central de Inteligencia creó un grupo de trabajo sobre Estados fallidos orientado a analiza los factores y fuerzas que afectaron la estabilidad de los Estados luego de la Guerra Fría. El grupo preparó tres informes (1995, 1998 y 2000). El concepto de Estado fallido, asumido en el Informe de 1995, se circunscribió a aquellos casos en los cuales los Estados son incapaces de sostenerse a sí mismos, todo lo cual lleva a la desaparición de la autoridad central por varios años. A tales efectos se consideraron cuatro eventos que pueden conducir al Estado fallido: guerras revolucionarias, guerras étnicas, procesos de transiciones fallidos y genocidios o magnicidios. (Esty, Daniel, *et al, Working papers. State Failure Task Force Report,* 1995, p. vii y ss.).

10 Esto a su vez permitió identificar una suerte de modelo que reunió las variables más influentes en los casos de Estado fallido. Tal modelo está compuesto por tres elementos que podrían ser indicativos de una falla en el Estado: *(i)* apertura al mercado internacional; *(ii)* mortalidad infantil y *(iii)* nivel de democracia. El propósito del Grupo no fue elaborar un modelo que pudiese anticipar la falla del Estado, sino analizar las variables directamente asociadas a tales fallos a los fines de implementar adecuadas políticas públicas para su atención (Esty, Daniel, *et al, Working papers. State Failure Task Force Report, cit.*, pp. 1 y ss.).

B. *La pérdida de la autoridad central debido a un amplio conjunto de crisis. La escala de Rotberg*

El concepto de Estado fallido fue luego ampliado, en parte, gracias a los trabajos de Robert Rotberg[11], quien apuntó que los Estados (o Estados-Naciones) fallan cuando ellos se consumen en violencia interna, y en general, cuando dejan de atender las necesidades colectivas, o como lo denomina el autor, bienes políticos, particularmente, la garantía de la seguridad ciudadana, el derecho a la libre participación en asuntos públicos y, en ciertos casos, servicios médicos y educativos, entre otros. Sin embargo, se reconoce que el concepto de Estado fallido no se limita únicamente a casos de violencia interna, como guerras civiles, como se había fijado inicialmente, a pesar de que la violencia sistemática es un indicador de fallas de Estado.

De esa manera, Rotberg analizó la capacidad del Estado para atender esos bienes públicos, lo que le permitió clasificar al Estado en varias categorías[12]:

Categoría del Estado	Características
Estado fuerte	Controlan su territorio y proveen un amplio rango de bienes públicos de alta calidad. Tienen un buen desempeño medido en función al PIB, índice de desarrollo humano, índice de transparencia y otros.
Estados débiles	Presentan rasgos debilitados del Estado fuerte, típicamente por conflictos internos. Su debilidad se traduce en problemas de seguridad ciudadana, ineficiente prestación de servicios públicos e inestabilidad macroeconómica, entre otros. Un caso especial lo representan los Estados débiles con regímenes autocráticos.
Estado fallido	Son Estados con tensiones y conflictos internos crecientes, usualmente con choques entre efectivos de la fuerza pública y sectores de la población. La violencia se convierte en un problema sistemático, que en ocasiones desemboca en guerras civiles. El Estado pierde el control de porciones importantes de su territorio. Suelen tener regímenes dictatoriales con políticas clientelares. Hay severos problemas de dotación de servicios públicos e infraestructura, con crisis sociales (escasez de alimentos y medicinas). La corrupción es destructiva. La economía presenta una fuerte caída del PIB y una acelerada inflación.
Estado colapsado	Es una versión inusual del Estado fallido, en la cual no hay una organización política que pueda ser identificada como Estado. Los servicios y bienes públicos se obtienen por medios privados. Hay una ausencia de autoridad, cuyo rol es sustituido por élites o grupos sociales.

Tabla N° 1. Categorías del Estado según Rotberg

---

[11] Rotberg, Robert, "Failed States, Collapsed States, Weak States", en *State failure and State Weakness in a Time of Terror*, World Peace Foundation and Brookings Institution Press, Cambridge-Washington DC., 2003, pp. 1 y ss. Luego ampliado en "When States Fail", en *When State Fail: Causes and Consequences*, Princeton University Press, 2004, pp. 1 y ss.

[12] Rotberg, Robert, "Failed States, Collapsed States, Weak States", *cit.*, pp. 2 y ss.

La escala de Rotberg permite entonces comprender que el concepto de Estado fallido es relativo, pues se define en relación con el Estado fuerte, y también, en relación con el llamado Estado colapsado. De esa manera, las fallas en el Estado –o lo que es igual, la incapacidad del Estado de cumplir sus cometidos– lleva al Estado fuerte a ser un Estado débil, categoría que es, por ende, muy amplia. En ciertos casos, el Estado débil degenera a Estado fallido y eventualmente, al Estado colapsado (que en realidad es la ausencia de Estado). Para inicios del siglo XXI, Rotberg identificó como Estados fallidos, entre otros, a Afganistán, Angola, Burundi, la República Democrática del Congo, Liberia, Sierra Leona y Sudán. Como único Estado colapsado identificó a Somalia[13].

Esto comprueba, nuevamente, cómo los conceptos de Estado fallido están asociados a la incapacidad de la Administración Pública de proveer bienes públicos. Hay aquí, como se ha observado, una clara influencia del concepto de Estado de Weber, quien otorgó especial importancia a la burocracia como instrumento institucional de dominación[14]. Con lo cual, las fallas del Estado se definen como la incapacidad del Estado de atender las necesidades de los ciudadanos, o en términos más precisos, la incapacidad para cumplir con sus cometidos, muy especialmente, por medio de la Administración Pública.

C.   *Las fallas en el Estado que derivan en amenazas al "orden mundial"*

Como recuerda Woodward, el concepto de Estado fallido fue definido como lo opuesto al Estado ideal del llamado "nuevo orden mundial", surgido luego del fin de la Guerra Fría, o sea, con el colapso de la Unión de Repúblicas Socialistas Soviéticas. El Estado ideal bajo esa visión es el Estado de Derecho encargado de garantizar derechos humanos, en una visión claramente occidental. Por lo tanto, el Estado fallido fue empleado para describir aquellos Estados que no funcionaban bajo ese ideal del Estado de Derecho, y especialmente, como Estados que propiciaban violaciones a derechos humanos afectando al orden mundial. Este último dato es relevante pues el Estado fallido se asoció no solo con desórdenes legales domésticos, anarquía, instituciones predatorias y fallos en la prestación de servicios públicos[15]. Además, y especialmente luego del 11 de septiembre, el concepto se vinculó con actividades de apoyo al terrorismo, actividades ilícitas relacionadas con armas de destrucción masiva y, en casos extremos, con genocidios[16].

---

[13] Rotberg, Robert, "Failed States, Collapsed States, Weak States", *cit.*, p. 10. En todos esos casos, se identificó a la guerra civil como un elemento determinante. Posteriormente (2004) el autor identificó casos de Estados débiles cuya capacidad se venía agravando, sin pasar a ser, en todo caso, Estados Fallidos. Se citan, así, los ejemplos de Indonesia, Colombia, Zimbabue, Costa de Marfil y Tayikistán, entre otros ("When States Fail", *cit.*, pp. 15 y ss.).

[14] Ezrow, Natasha y Frantz, Erica, *Failed States and Institutional Decay, cit.*, pp. 16 y ss.

[15] Para la revisión de estos conceptos, vid. Woodward, Susan, *The Ideology of failed States,* Cambridge University Press, Nueva York, 2017, pp. 12 y ss., y 34 y ss. Entre otros, la autora cita al reporte de 2005 de *Advisory Council on International Affairs (AIV)* de Holanda, de acuerdo con el cual, se considera que un Estado está fallando cuando *(i)* es incapaz de controlar su territorio o una larga parte de este, garantizando la seguridad de los ciudadanos, debido a que ha perdido el monopolio legítimo de la violencia; *(ii)* no puede mantener el orden legal interno y *(iii)* no puede atender servicios públicos.

[16] Este elemento quedó en evidencia luego del fin de la Guerra Fría, al proponerse la existencia de un nuevo orden mundial basado en la democracia liberal. Luego de los ataques del 11 de septiembre, la asociación entre el Estado fallido y actividades terroristas, entre otras actividades ilícitas, se incentivó. *Cfr.*: Woodward, Susan, *The Ideology of failed States, cit.*, pp. 26 y ss.

El origen de esa asociación, que ha marcado al concepto de Estado fallido, se ubica en la observación según la cual la falla del Estado es producida por graves conflictos internos, y por ende, por la violencia, aun cuando luego el concepto se amplió[17]. Eso ha dado al concepto de Estado fallido cierto dejo peyorativo, lo que ha hecho que el concepto sea sustituido por otras expresiones más neutrales, como *Estados que están fallando* o *Estados frágiles*[18].

D. *La brecha de soberanía*

Ghani y Lockhart[19] aluden al ***Estado disfuncional*** a partir del concepto de "brecha en la soberanía" ("*sovereignity gap*"). Ésta es definida como la diferencia entre la premisa *de iure* conforme a la cual todos los Estados son soberanos más allá de su actuación, y la realidad *de facto* de que en muchos casos los Estados soberanos no cumplen a cabo sus cometidos. Esto es, que el concepto de soberanía no debe limitarse a uno puramente formal, pues en suma todos los Estados –desde el Derecho Internacional– son soberanos. Lo relevante es medir la diferencia entre la soberanía teórica –los cometidos que el Estado soberano debe atender– y la realidad de la actuación del Estado.

Esa diferencia es la que mide el índice de soberanía, esto es, la medida de la capacidad del Estado de ejercer su soberanía en función a los cometidos que éste debe atender, tomando en cuenta que esos cometidos son multifuncionales y dinámicos. Este concepto se apoya, por ello, en estándares internacionales que determinan los cometidos básicos del Estado en el área social, política y económica. Bajo esta visión, el Estado fallido es aquel que ha incumplido sus cometidos debido a una pobre gobernanza y una corrupción rampante. A medida que la brecha de soberanía se expande, el colapso del Estado es mayor[20].

E. *La gobernanza*

El concepto de gobernanza ha sido empleado para definir las fallas en el Estado. Guy Peters observa, en este sentido, que la gobernanza es el proceso a través del cual el Estado cumple con sus funciones, con lo cual, es un índice para medir la capacidad estatal[21]. Desde esta perspectiva, el concepto ha sido particularmente empleado desde el Banco Mundial.

---

[17] Howard, Tiffiany, *Failed States and the Origins of Violence,* Ashgate, Surrey-Burlington, 2014, pp. 1 y ss. Para la autora, la definición de Estado fallido parte de la capacidad del Estado de proveer seguridad como un bien público (pp. 14 y ss.). Se reconoce que hay otras condiciones que pueden incidir en la capacidad estatal, como el sistema político y el sistema judicial, pero se observa que las fallas del Estado en proveer seguridad –tanto en términos de legitimidad como de eficiencia– suelen derivar en violencia política, al ser ése el medio a través del cual los ciudadanos suplen las carencias del sistema público de seguridad. Esto explicaría la relación empírica entre las fallas del Estado y la violencia. Así, para Tiffiany, los Estados-nación fallidos son incapaces de controlar sus fronteras, su economía se ha deteriorado, están además envueltos en revueltas violentas, sin evidencia de infraestructura física sostenible, y con instituciones políticas ilegítimas (p. 10).

[18] The Fund for Peace, que mide la capacidad estatal, sustituyó el concepto de Estado fallido por Estado frágil, para evitar el contenido peyorativo de aquél. El Estado frágil es un Estado con baja capacidad estatal que no puede atender formalmente sus cometidos públicos, todo lo cual se traduce en precarias condiciones de desarrollo económico y social. *Vid.*: http://fundforpeace.org/fsi/

[19] Ghani, Ashraf y Lockhart, Claire, *Fixing failed states, cit.*

[20] Ghani, Ashraf y Lockhart, Claire, *Fixing failed states, cit.*, p. 21 y ss.

[21] Peters, Guy, "Governance As Political Theory", en *The Oxford Handbook of Governance,* Oxford University Press, 2015, pp. 34 y ss.

De acuerdo con Kaufmann *et al*, es posible la medición de la calidad del proceso por medio del cual el Estado atiende a sus cometidos, lo que se corresponde con el concepto amplio de gobernanza[22].

Thomas Risse parte de otra visión[23]. La gobernanza es definida como la acción colectiva e intencional orientada a proveer servicios y bienes públicos a la comunidad. Si bien la gobernanza es una función propia del Estado, hay también mecanismos de gobernanza no-estatales. Ello es relevante pues, para Risse, el concepto de Estado ha sido influenciado por la visión occidental del Estado de Weber, que en la práctica rara vez existe, lo que lleva a contraponer a ese modelo teórico, otro modelo –igualmente teórico– de un Estado que incumple todas las condiciones de esa visión occidental, denominado Estado fallido. Sin embargo, Risse observa que ambos modelos teóricos rara vez existen, pues lo que puede apreciarse en la práctica son áreas en las cuales falla la capacidad estatal[24].

Hay una estrecha relación entre el concepto de gobernanza, el concepto de Administración Pública y los estándares de la buena administración. Así, desde la perspectiva del Banco Mundial, los estándares de buena administración miden la calidad de la actividad administrativa orientada a la provisión de bienes públicos; desde la perspectiva de Risse, la gobernanza permite comprender cómo la provisión de bienes públicos es una responsabilidad de la Administración Pública, aun cuando esa tarea puede ser asumida también por el sector privado, e incluso, por mecanismos informales[25].

2.   *Del Estado fallido a la capacidad estatal. Instituciones, estándares de buena administración y desarrollo*

De acuerdo con lo expuesto en la sección anterior, no existe un concepto claro de Estado fallido, o en su caso, de los conceptos que han venido empleándose como sustitutos. Por ello, estimamos que lo importante no es tanto definir categorías abstractas del Estado de acuerdo con su fortaleza, sino más bien definir instrumentos que permitan medir la *capacidad estatal*, esto es, la habilidad del Estado para cumplir con sus cometidos. La capacidad estatal coloca el énfasis en el proceso de *implementación de políticas públicas*, lo que en el llamado Estado administrativo es, básicamente, una tarea de la Administración Púbica. Con lo cual, la medición de la capacidad estatal depende, en buena medida, de la capacidad de la Administración Pública para implementar políticas públicas[26].

---

[22]   "Governance Matters", Policy Research Working Paper 2196, World Bank, 1999.

[23]   Risse, Thomas, "Governance in Areas of Limited Statehood", *The Oxford Handbook of Governance, cit.*, pp. 700 y ss.

[24]   De acuerdo con Risse, el concepto de Estado fallido está contaminado por el modelo teórico del Estado de Weber, lo que genera dos consecuencias: *(i)* cualquier desviación práctica en ese modelo teórico suele ser calificado como Estado fallido y *(ii)* frente a esas desviaciones, suelen implementarse medidas que reproducen las instituciones de ese modelo teórico de Estado, en lo que se llama un "paquete de gobernanza" (pp. 8 y ss).

[25]   Esto se enfrenta al sistema westfaliano que concibe al Estado como un centro soberano de poder, según ya vimos. Risse, Thomas, "Governance in areas of limited statehood", *cit.*, pp. 24 y ss.

[26]   El Estado administrativo es aquel cuyo centro de poder, preponderantemente, descansa en la Administración Pública, esto es, en la organización jerárquica a través de la cual el Poder Ejecutivo gestiona en concreto los cometidos públicos. El Estado administrativo, resultado de la expansión de los cometidos públicos, es una figura propia de mediados del siglo XX. *Cfr.*: Dwight, Waldo, *The administrative state. A study of the political theory of american public Administration*, Transaction Publishers, New Brunswick, 2007, pp. 65 y ss.

A. *Instituciones formales e instituciones informales. Los tratos o acuerdos ("deals")*

En economía, la expresión usualmente relacionada con la capacidad estatal necesaria para la implementación de políticas públicas es **instituciones**. De acuerdo con Douglas North, las instituciones son las "reglas del juego" que al atender costos de transacción, pueden incidir en el intercambio de bienes y servicios, según se trate de instituciones formales (Constituciones, Leyes, Reglamentos y contratos) e informales (prácticas o costumbres sociales)[27].

El concepto de instituciones resulta, sin embargo, impreciso. En efecto, lo relevante no es solo analizar cuáles son las reglas dictadas por el Estado para cumplir con sus cometidos, y en especial, las reglas que inciden en el intercambio de bienes y servicios. Además, lo importante es analizar cuáles son los sujetos encargados de implementar esas reglas, y cuáles es la organización que permite la interacción de esos sujetos. Por ello, el concepto jurídico de instituciones, formado por Santi Romano, resulta en este sentido mucho más preciso, pues él comprende no solo a las normas, sino también, a los sujetos y a la correspondiente organización[28]. Desde esta perspectiva, las instituciones se identifican con el ordenamiento jurídico, incluyendo las organizaciones del Poder Público encargadas de su aplicación, y especialmente, a la Administración Pública.

Ahora bien, la capacidad estatal permite determinar en qué medida esas organizaciones implementan las reglas formales que se han dictado, con lo cual, la capacidad estatal es resultado de la sumatoria de la capacidad de los órganos del Poder Público, típicamente, el Poder Ejecutivo, Judicial y Legislativo. Si esa capacidad es alta, las reglas formales serán debidamente implementadas; pero si la capacidad es baja, las reglas formales serán deficientemente implementadas.

Cuando hay fallas en la capacidad estatal, ciertos cometidos públicos no podrán ser efectivamente implementados, con lo cual, las reglas formales dictadas para la atención de ese cometido no serán de efectiva aplicación. Sin embargo, que existan fallos en la capacidad estatal no implica que el cometido que no logra ser satisfecho por el Estado quede desatendido. En ocasiones, ante una falla en la capacidad del Estado, la sociedad civil se organiza para proveer los bienes y servicios que el Estado es incapaz de ofrecer, lo que implica que junto a las reglas formales que el Estado no puede implementar, surgen reglas informales, derivadas de acuerdos o tratos ("deals"), a través de los cuales la sociedad, junto con los funcionarios, crean reglas *de facto* para la provisión de bienes y servicios[29].

Con lo cual, la expresión "instituciones" alude a las reglas que rigen la conducta de ciertos sujetos bajo determinada organización. Esto incluye las reglas formales que la Administración Pública debe implementar para atender los cometidos estatales. Cuando la capacidad estatal falla, la Administración no puede implementar tales reglas, lo que abre espacio para el surgimiento de reglas informales basadas en tratos o acuerdos. Cuando hay fallos en la capacidad estatal, por ello, la atención de los cometidos públicos estará incidida por esas reglas informales.

---

[27]   North, Douglas, *Institutions, institutional change and economic performance*, Cambridge University Press, 1999, pp. 3 y ss.

[28]   Romano, Santi, *El ordenamiento jurídico,* Instituto de Estudios Políticos, Madrid, 1963, pp. 122 y ss.

[29]   Pritchett, Lant, *et al, Deals and Development,* Oxford University Press, Oxford, 2018, pp. 24 y ss.

B.   *Fallas en la capacidad estatal y desarrollo*

La capacidad estatal incide sobre el desarrollo. Precisar esta premisa requiere aclarar que el desarrollo, a diferencia del crecimiento económico, es un concepto más de precisar. Así, el crecimiento económico puede definirse, al menos desde una perspectiva introductoria, como el incremento en el tiempo del producto interno bruto (PIB). El desarrollo, por su parte, alude a la progresiva satisfacción de necesidades humanas que incrementan la calidad de vida. Ello permite comprender que aun cuando el crecimiento económico es necesario para el desarrollo –en la medida en que el crecimiento económico genera la riqueza necesaria para la satisfacción de necesidades humanas– no todo crecimiento económico es índice revelador de desarrollo –pues no siempre la riqueza permite alcanzar niveles adecuados y equitativos de calidad de vida–. Siguiendo a Amartya Sen, además, debe precisarse que el propósito final del desarrollo debe ser expandir las capacidades del individuo para el ejercicio efectivo de su libertad, lo que presupone la existencia del Estado Democrático de Derecho[30].

Definido en estos términos el concepto de desarrollo, cabe señalar que la relación entre tal concepto y el Estado puede estudiarse, al menos, desde dos perspectivas. Así, por un lado, al Estado corresponde dictar e implementar las reglas que aseguran el funcionamiento eficiente de la economía de mercado, típicamente, reconociendo derechos de propiedad, promoviendo y garantizando la celebración y cumplimientos de contratos, y atendiendo los fallos de mercado. Por el otro lado, el Estado asume la función de redistribución de la riqueza, para incidir favorablemente en las condiciones materiales que aseguran niveles adecuados de calidad de vida[31]. El ordenamiento constitucional y legal, junto a las condiciones económicas y sociales de cada país, marcarán diferencias importantes en el alcance de estas funciones. Pero puede afirmarse que la promoción del desarrollo es, actualmente, un cometido del Estado.

Por ello, las fallas en la capacidad estatal pueden ser contraproducentes para el desarrollo, en la medida en que el Estado no sea capaz de asegurar el funcionamiento eficaz de la economía de mercado o no pueda promover la redistribución de riqueza. Tomemos el ejemplo de la falla en la capacidad estatal que impide la correcta satisfacción del derecho de acceso a agua potable. Cuando esa falla está presente, se generan incentivos para que la sociedad civil –eventualmente, con los funcionarios públicos– implementen reglas informales a través de las cuales el servicio de agua potable es proveído. Otro ejemplo son los llamados mercados negros: cuando las fallas en la capacidad estatal impiden la provisión formal de ciertos bienes, éstos pueden ser proveídos de manera informal. En tales casos, el crecimiento estará incidido por las reglas informales –no por las reglas formales–[32].

---

[30]   A los fines de este ensayo, el desarrollo económico es definido como el conjunto de condiciones que permiten la satisfacción de necesidades colectivas, tales y como salud y educación (Perkins, Dwight *et al*, *Economics of Development*, New York, W.W. Norton, 2006, pp. 12). En especial, partimos del concepto de desarrollo promovido por Amartya Sen, esto es, el proceso orientado a ampliar las capacidades del individuo para ejercer su libertad (Sen, Amartya, *Development and freedom,* Anchor Books, Nueva York, 1999, pp. 13 y ss.). Desde esta perspectiva, el desarrollo es un concepto complejo, que va más allá del crecimiento económico, típicamente medido en función al incremento del producto interno bruto. *Cfr.*: Taylor, Edward y Lybbert, Travis, *Essential of Development Economics,* University of California press, 2015, pp. 203 y ss.

[31]   Gruber, Jonathan, *Public* Finance *and* Public *Policy,* Worth Publishers, Nueva York, 2005, pp. 3 y ss.

[32]   Risse, Thomas, "Governance in Areas of Limited Statehood", *cit.*

C. *Los estándares de buena administración*

Expuestas las anteriores consideraciones en torno a la relación entre la capacidad estatal, las fallas en dicha capacidad y el desarrollo, puede comprenderse mejor cuál es el rol de los estándares de la buena administración. Así, desde la Organización de Naciones Unidas se ha venido insistiendo que la promoción del desarrollo económico y social requiere de una Administración Pública "fuerte", o sea, una Administración Pública con capacidad suficiente para la implementación de políticas públicas relacionadas con el desarrollo. A tales fines se ha señalado que la Administración Pública debe cumplir con determinados estándares que giran en torno al concepto de ***buena gobernanza***, y que equivalen a los estándares de buena administración[33]. Como se indicó en el párrafo 13 de la Resolución 55/2, de la Declaración del Milenio (2000), el logro de los objetivos del milenio *"depende, entre otras cosas, de la buena gestión de los asuntos públicos en cada país"* (párrafo 13). Este principio ha sido reiterado en la Resolución intitulada *"Transformar nuestro mundo: la Agenda 2030 para el Desarrollo Sostenible"* (2015). Así, el objetivo número 16 de la Agenda 2030 enfatiza la importancia de las instituciones para promover el desarrollo sustentable y, entre ellas, la Administración Pública. El desarrollo sustentable –se afirma en el párrafo 35– requiere entre otras condiciones de *"un estado de derecho efectivo y una buena gobernanza a todos los niveles, y en instituciones transparentes y eficaces que rindan cuentas"*.

Nótese que la exigencia no se limita a la sanción de reglas formales que regulan a la Administración Pública de acuerdo con los estándares de la buena administración, o si se quiere, de la buena gobernanza. Lo importante, en realidad, es la efectiva implementación de esos estándares. Precisamente, durante el 16° período de sesiones del *Comité de Expertos en Administración Pública*, en 2017[34], se propuso la metodología para sistematizar principios de gobernanza eficaz y responsable reconocidos internacionalmente, centrados en tres elementos:

a) Elementos de la eficacia, incluidos los principios de competencia, políticas públicas adecuadas y cooperación;

b) Elementos de la rendición de cuenta, incluidos los principios de integridad, transparencia y supervisión independiente;

c) Elementos de la inclusividad, tales y como los principios de no discriminación, participación, subsidiariedad y equidad entre generaciones.

Las fallas en la capacidad estatal afectan la efectividad de estos estándares. Con lo cual, la promoción de los estándares de buena administración requiere de un previo diagnóstico de la capacidad estatal y, de ser el caso, del diseño de la estrategia para fortalecer esa capacidad, tal y como ha sido recientemente destacada por el Banco Mundial en el Informe sobre desarrollo mundial 2017 intitulado *La gobernanza y las leyes*.

---

[33] El concepto de gobernanza puede ser definido, según vimos, como el proceso de gestión de los cometidos públicos, pero también alude –más específicamente– a la gestión de cometidos públicos de acuerdo con principios de la democracia constitucional, tales y como eficiencia, eficacia, transparencia, participación ciudadana y rendición de cuenta, que son, en suma, los estándares de buena administración. Por ello, a estos fines, la buena gobernanza puede tenerse como sinónimo de buena administración. *Vid.* Sosa Wagner, Francisco, "Gobernanza, ¿trampa o adivinanza?", en *Derechos fundamentales y otros estudios en homenaje al prof. Lorenzo Martín-Retortillo, Volumen I,* Universidad de Zaragoza, 2008, pp. 643 y ss. Sobre los riesgos de asumir un concepto indebidamente amplio de gobernanza, *vid. Conceptos y terminologías de gobernanza y administración pública,* Comité de Expertos en Administración Pública, Quinto período de sesiones, Nueva York, 27 a 31 de marzo de 2006.

[34] *Vid.* https://publicadministration.un.org/en/cepa/session16

De esa manera, cuando hay fallos en la capacidad estatal, junto a los estándares formales de buena administración surgirán reglas informales o, de hecho, a través de las cuales la Administración Pública, con su debilitada capacidad estatal, podrá los cometidos públicos. La corrupción, por ejemplo, puede ser estudiada como una consecuencia de la falla en la capacidad estatal, que lleva a la sociedad privada a establecer acuerdos para la provisión de los bienes y servicios que la Administración Pública no puede satisfacer. En tales casos la corrupción es un mecanismo de gobernanza informal, pues a través de ella se proveen bienes y servicios públicos. Por ejemplo, cuando fallas en la capacidad estatal permiten el surgimiento del mercado negro de agua potable[35].

Esto permite comprender que el cumplimiento de los estándares de buena administración no requiere, únicamente, de reglas formales, típicamente, las Leyes administrativas en materia de organización, funcionarios y procedimientos. Además, es necesario que esos esos estándares sean aplicados en la práctica, lo que requiere la existencia de una *(i)* adecuada organización administrativa, *(ii)* dotada de los recursos y *(iii)* del personal necesarios para la efectiva implementación de los estándares de buena administrativa previstos en las Leyes administrativas. En otras palabras: *los estándares de buena administración requieren de Administraciones Públicas con capacidad suficiente para su efectiva implementación.* Si esa capacidad falla, como vimos, junto a las reglas formales de la buena administración surgirán reglas informales.

3.   *Las fallas en la capacidad estatal y la degeneración del Estado*

Lo común es que el Estado tenga fallas en su capacidad estatal, lo que puede derivar en problemas para atender cometidos públicos. Sin embargo, hay casos en los cuales la capacidad estatal comienza a degenerar, lo que se traduce en cometidos públicos que no pueden ser atendidos por el Estado, llamadas "áreas de debilitada estatalidad". Douglas North (*et al*) dedicaron especial atención a este proceso degenerativo al estudiar la relación entre el Estado y el control legítimo de la violencia. Para estos autores, el concepto funcional Estado depende de su capacidad para controlar la violencia, de lo cual distinguen tres tipos de Estado según su orden social: *(i)* el orden forajido, consistente en organizaciones sociales primitivas; *(ii)* el orden natural, en el cual la élite logra dominar la violencia mediante mecanismos subjetivos de dominación y *(iii)* el orden abierto, en el cual el control de la violencia se lleva a cabo a través de instituciones abstractas e impersonales[36].

Por ello, la transición de órdenes naturales a órdenes abiertos, marca la evolución del Estado natural al Estado de acceso abierto, mientras que la degeneración o regresión de órdenes abiertos a órdenes naturales marca la involución del Estado de acceso abierto al Estado natural. En tal sentido, el Estado natural presenta, a su vez, tres variables: *(i)* Estados naturales frágiles, en los cuales la coalición de las élites es muy débil, con instituciones simples; *(ii)* el Estado natural básico, caracterizado por organizaciones estables que permi-

---

[35]   Este ejemplo es una realidad en algunos países. ABC, México, 15 de mayo de 2018: *Cfr.*: https://www.abcnoticias.mx/solapa-gobierno-del-df-el-mercado-negro-de-agua-potable/8463

[36]   North, Douglass, Wallis, John J., Weingast, Barry R., *Violence and social order. A conceptual framework for interpreting recorded human history,* Cambridge University Press, Nueva York, 2012, pp. 1 y ss. El orden abierto o de acceso abierto se caracteriza por la existencia de una organización burocrática a través de la cual el Estado cumple sus funciones. Esa organización es abierta pues todo ciudadano puede acceder a la función pública. Es además abstracta e impersonal pues se basa en la jerarquía de la organización y no en el mando personal del gobernante. Como ya hemos visto, el concepto de Estado fallido –y por ende, de capacidad estatal– se relaciona con el concepto de violencia y con la capacidad del Estado de proveer el bien público de seguridad.

ten a la élite mantener un control más homogéneo, y *(iii)* el Estado natural maduro, con instituciones más permanentes que permiten controlar la violencia más allá del control ejercido por la élite[37].

Este concepto es relevante pues las fallas del Estado pueden medirse en función a su capacidad de controlar legítimamente el poder a través de instituciones abstractas e impersonales, en especial, la Administración Pública. Fukuyama, partiendo de esta idea, afirma que el Estado falla cuando sus instituciones políticas le impiden cumplir sus cometidos a partir de institucionales formales –enmarcadas en el Estado de Derecho y la Democracia–, lo que puede dar lugar a **Estados patrimoniales**, esto es, Estados en los cuales la dominación se basa en el control subjetivo de la élite, y no ya en las institucionales formales[38]. Con lo cual, para Fukuyama, la capacidad estatal es la cualidad del Estado de cumplir con sus cometidos a través de una organización burocrática llamada a ejercer el control legítimo de la violencia[39].

La evolución de órdenes naturales a órdenes abiertos alude al proceso de *modernización* del Estado. Fukuyama, a tal fin, analiza tres factores que pueden contribuir a esa evolución: las instituciones políticas (que permitan el monopolio legítimo de la violencia); la modernización social (derivado del crecimiento económico y la división del trabajo, principalmente) y la democracia (que facilita el acceso abierto al poder)[40]. Como de observa, la implementación efectiva de los estándares de la buena administración constituyen un elemento fundamental del primer factor.

Ahora bien, este enfoque centrado en la violencia, permite también comprender, como ya vimos, que las fallas estatales pueden llevar al surgimiento de instituciones informales encargadas de proveer seguridad ciudadana y otros bienes o servicios que el Estado debería asegurar. Esto quiere decir que la existencia de áreas de limitada estatalidad no necesariamente implica áreas de desorden o anarquía, pues la sociedad civil puede organizarse para atender, por mecanismos informales, los cometidos que el Estado dejó de garantizar[41]. Se trata, así, se prácticas o acuerdos informales que en ocasiones, pueden abarcar prácticas de corrupción e incluso, la gestión de cometidos públicos por mecanismos ilegales, como los mercados negros. En suma, esas prácticas o acuerdos informales evidencian la diferencia entre lo que el Estado debería hacer (*de iure*) y lo que el Estado es capaz de hacer, principalmente, mediante su Administración Pública (*de facto*)[42].

---

[37]   *Cit.*, pp. 41 y ss. Con lo cual, los autores estudian cuáles son las condiciones básicas para que pueda plantearse la evolución del Estado natural al Estado de acceso abierto (pp. 148 y ss.).

[38]   Fukuyama, Francis, *Political order and political decay, cit.*, pp. 26 y ss.

[39]   *Cit.*, pp. 58 y ss. Este punto Fukuyama demuestra una clara influencia del concepto de Estado y burocracia de Max Weber.

[40]   La evolución del Estado natural al Estado moderno puede estar afectada por la evolución de la democracia, que puede degenerar en prácticas clientelares que pueden marcar la involución del Estado moderno al Estado patrimonial (pp. 205 y ss.).

[41]   Las fallas del Estado pueden generan incentivos que lleven a actores privados a cooperar para preservar la seguridad mediante organizaciones criminales (North et al, antes citados). Lo propio cabe observar que los mecanismos clientelares y corruptos que, a pesar de debilitar la capacidad estatal, permiten al Gobierno preservar el poder (Risse, antes citado).

[42]   Con lo cual, en casos de fallas en la capacidad del Estado, las reglas formales pierden relevancia práctica, ante el surgimiento de reglas informales a través de las cuales se implementan políticas públicas.

4. *La reconstrucción de la capacidad estatal a través de la Administración Pública y el desarrollo*

No existe, en economía, una posición uniforme sobre el rol que las "instituciones" cumplen en el desarrollo, esto es, sobre el rol que cumplen las reglas dictadas en el marco del Estado de Democrático Derecho e implementadas por los órganos del Poder Público de manera efectiva. Esto es relevante para comprender, en la práctica, cuál es la relación entre los estándares de buena administración y el desarrollo.

La posición que parece prevalecer, reflejada en diversas decisiones de la ONU antes citadas, e inspiradas en la teoría de Amartya Sen, es que la existencia de "buenas instituciones" que operen en el marco del Estado democrático de Derecho es una condición esencial al desarrollo. Consecuente con esa posición, se ha observado que las "instituciones" –que es una visión bajo la cual se puede abordar al Estado Democrático de Derecho– son consustanciales para medir la capacidad estatal (Acemolgu y Robins)[43]. Esta posición es defendida también por quienes apuntan, como elemento central de la fortaleza del Estado, el monopolio legítimo de la violencia ejercido por medio de instituciones abiertas (North *et al*)[44]. Con lo cual, el deterioro en el Estado Democrático de Derecho, típicamente a través de la corrupción, puede llevar a la decadencia de los órdenes políticos (Fukuyama) afectando al desarrollo[45].

Frente a esta posición se ha observado que el marco institucional aplicable –y el Estado Democrático de Derecho– es simplemente una de las varias causas que pueden incidir en la capacidad estatal (Sach)[46].

---

[43]   Acemoglu, Daron y Robinson, James, *Why Nations Fail*, Crown Business, New York, 2012, pp. 70 y ss. Los autores señalan que el crecimiento económico está determinado por las reglas adoptadas por los Estados, tanto para regular el intercambio de bienes y servicios como para ordenar el acceso y ejercicio del poder, o sea, las instituciones económicas y políticas. Bajo el Estado de Derecho se desarrollan instituciones inclusivas, que promueven la economía de mercado y la democracia constitucional, mientras que regímenes autocráticos promueven instituciones extractivas, que imponen la economía planificada y formas no-democráticas de acceso y ejercicio al poder. Con lo cual, concluyen que los países fallan cuando tienen instituciones económicas extractivas ancladas en instituciones políticas igualmente extractivas que impiden, e incluso bloquean, el crecimiento económico (p. 83). Bajo esta posición, el Estado Democrático de Derecho es un elemento determinante no solo para el crecimiento económico sino también, para la adecuada capacidad estatal, aun cuando los autores reconocen que tal principio encuentra excepciones en regímenes autocráticos que, pese a ello, han logrado promover el crecimiento o, en cualquier caso, no han colapsado (pp. 91 y ss.).

[44]   Esto es, los sistemas abiertos, en contraposición a los sistemas limitadas, de acuerdo con North, Douglass, Wallis, John J., Weingast, Barry R., *Violence and social order. A conceptual framework for interpreting recorded human history, cit.*, pp. 11 y ss. Los órdenes de acceso limitado están conformados por régimen autocráticos en los cuales no hay vigencia efectiva del Estado Democrático de Derecho. Con lo cual, se afirma que el Estado de Derecho es una condición necesaria para la transición de los órdenes de acceso limitado a los órdenes abiertos (pp. 154 y ss.).

[45]   Fukuyama, Francis, *Political order and political decay, cit.*, pp. 27 y ss. Fukuyama centra su atención en la corrupción, señalando que ésta puede afectar la capacidad del Estado para atender sus cometidos (pp. 81 y ss.). En su análisis, igualmente, el autor advierte que la introducción de mecanismos democráticos para la elección de funcionarios, en ausencia de instituciones autónomas, puede acelerar la aparición de políticas clientelares llevando a modelos patrimonialistas de Estado (pp. 205 y ss.).

[46]   Sachs, Jeffrey, *The end of poverty*, Penguin Books, New York, 2012, pp. 51 y ss.

De otro lado, se señala que el Estado de Derecho no es determinante para medir la capacidad estatal, en tanto para ello solo es relevante lo que el Estado hace, al margen de si esa actuación se lleva a cabo en violación al Estado de Derecho (Andrews, et al)[47].

Tras estas discusiones subyace una paradoja: ¿la existencia de "buenas instituciones" es condición necesaria para el desarrollo económico, o el desarrollo económico es la causa por la cual existen "buenas instituciones"? A efectos de este trabajo, la expresión "buenas instituciones" puede sustituirse por "buena Administración Pública". Así, desde la perspectiva de los estándares de la buena administración, esta paradoja apunta a un problema en la causalidad. En efecto, no pretendemos discutir que el desarrollo económico y social requiere de los estándares de buena administración, lo que no es tanto una premisa teórica sino el resultado de principios y normas de Derecho Internacional, que han enlazado el concepto de desarrollo a la existencia del Estado Democrático y de Derecho, como de manera relevante sucede en la Carta Democrática Interamericana, y en otros instrumentos flexibles, como la *Carta Iberoamericana de los Derechos y Deberes del ciudadano en relación con la Administración*[48]. Lo que debe indagarse es si la existencia de estándares de buena administración es una causa que puede impulsar a corto plazo el crecimiento económico, como condición necesaria para promover el desarrollo.

Esta pregunta no admite respuestas uniformes. Antes, por el contrario, hay al menos dos variables que deben tomarse en cuenta para precisar si la existencia de estándares de buena administración es condición necesaria para impulsar el crecimiento económico.

La primera variable responde al análisis casuístico de cuáles son las restricciones más determinantes al crecimiento económico, lo que requiere conducir un diagnóstico de crecimiento. Esto quiere decir que antes de implementar políticas públicas prediseñadas, lo importante es comprender, en cada caso concreto, cuáles son las restricciones que con mayor intensidad impiden o disminuyen la producción y, con ello, el crecimiento. Eventualmente ese análisis podría llevar a concluir que el incumplimiento de los estándares de buena administración es una causa que, eficientemente, incide negativamente sobre el crecimiento. Esto se relaciona con las llamadas "instituciones extractivas", esto es, las medidas y acciones arbitrarias emprendidas o toleradas por el Estado que afectan el desarrollo, como por ejemplo, expropiaciones, controles ineficientes y corrupción[49].

La segunda variable es la capacidad estatal. Si existen fallas en esa capacidad –lo que será común– entonces, será necesario considerar no solo las reglas formales, sino además las reglas informales, que pudieron haber surgido como resultado de acuerdos o tratos, en tanto serán éstas las que, con mayor incidencia, pueden afectar adversamente el desarrollo. Por ejemplo, si bien es cierto que los controles administrativos establecidos en la Ley pueden

---

[47]   Andrews, Matt, *et al, Building State Capability,* Oxford University Press, Oxford, 2017, pp. 13 y ss.

[48]   Rodríguez-Arana, Jaime, *El ciudadano y el poder público. El principio y el derecho al buen gobierno y a la buena administración*, Reus, Madrid, 2012. Recientemente, *vid.* Rodríguez-Arana, Jaime y Hernández G., José Ignacio (editores), *Estudios sobre la buena administración en Iberoamérica* Editorial Jurídica Venezolana, Caracas, 2017.

[49]   El concepto de "restricciones determinantes" al crecimiento, da cuenta de que el crecimiento puede ser afectado negativamente por varias causas, que no siempre pueden ser atendidas al mismo tiempo. De allí la pertinencia de efectuar un diagnóstico de crecimiento para determinar, en cada caso, cuáles son las restricciones que con mayor intensidad afectan adversamente al desarrollo. *Cfr.*: Hausmann, Ricardo, et al, "Growth diagnostic", en Rodrick, Danni, *One economics, many recipes,* Princenton University Press, Princenton, 2007, pp. 56 y ss. En cuanto al concepto de "instituciones extractivas", *vid.* Acemoglu, Daron y Robinson, James, *Why Nations Fail, cit.*

entrabar el crecimiento económico, también es cierto que, si hay fallas en la capacidad estatal, esos controles podrán ser modificados en la práctica a través de arreglos o tratos. En tales casos, serán esos arreglos o tratos –como reglas informales– los que incidirán más directamente sobre el crecimiento[50].

De esa manera, el cumplimiento de los estándares de buena administración puede ser relevante para impulsar el crecimiento económico si hay una adecuada capacidad estatal, pues en caso de fallas en esa capacidad, lo determinante serán las reglas o tratos que han surgido para paliar esas fallas. Si esas fallas están presentes, las reformas administrativas orientadas a regular los estándares de buena administración podrán tener poca relevancia, sencillamente pues no hay la capacidad estatal necesaria para que esos estándares puedan ser implementados. Además, implementar programas de reformas administrativas para "construir buenas instituciones", o sea, para crear organizaciones administrativas con recursos y personal suficientes como para implementar los estándares de buena administración, es una tarea a mediano o largo plazo, lo que deja abierta la interrogante de qué tipo de política implementar en el corto plazo[51].

Por lo tanto, cuando hay fallas en la capacidad estatal que impiden la efectiva implementación de los estándares de buena administración, a corto plazo la estrategia adecuada debería ser analizar cuáles son las reglas informales que afectan adversamente el crecimiento económico, y tratar de incidir en esas reglas, a los de asegurar que los bienes y servicios sean proveídos de manera objetiva y no-discriminatoria. A medida que esas reglas informales se corrigen, y se crean condiciones propicias para impulsar el crecimiento económico, entonces, podrán construirse "buenas Administraciones Públicas".

Con lo cual, *la relación entre los estándares de buena administración y el desarrollo es interdependiente*[52]. Esto quiere decir que se trata de una relación compleja, pues los estándares de buena administración inciden en el desarrollo de la misma manera que el desarrollo incide en los estándares de buena administración. Así y, en resumen, cuando existen fallas en la capacidad estatal, a corto plazo el objetivo más relevante debe ser analizar cómo las reglas informales inciden negativamente en el crecimiento económico. Una vez removidas o corregidas esas reglas, el crecimiento económico permitirá construir Administraciones Púbicas que funcionen de acuerdo con los estándares de buena administración, todo lo cual promoverá el desarrollo, fortalecerá la capacidad estatal y, en suma, mejorará la calidad de las Administraciones Públicas[53].

5.   *El caso venezolano*

El caso de Venezuela permite explicar la señalada paradoja. Debido a políticas públicas clientelares y extractivas, Venezuela atraviesa actualmente una severa crisis económica y una emergencia humanitaria compleja, debido a las restricciones que impiden a sectores de la población acceder a alimentos y medicinas. La capacidad estatal ha ido declinando progresi-

---

[50]   Pritchett, Lant, et al, Deals and Development, *cit.*

[51]   Andrews, Matt, *The limits of institutional reforms in development,* Cambridge, New York, 2013, pp. 5-13 y 215.

[52]   Yuen, Ang, *How China escaped the poverty trap,* Cornell University Press, 2016, pp. 26 y ss.

[53]   Ello permite comprender por qué, según ciertos estudios, las políticas de crecimiento económico a corto plazo no están relacionadas con reformas administrativas: esas reformas, en casos de fallos en la capacidad estatal, no pueden alcanzarse a corto plazo. *Vid.* Hausmann, Ricardo, *el at,* "Growth accelerations", John F. Kennedy School of Government Harvard University, 2005.

vamente, lo que en la práctica implica que las Administraciones Públicas no tienen capacidad para implementar efectivamente políticas públicas. Ante esa deficiencia, han surgido reglas informales para la provisión de bienes y servicios, típicamente, a través de mercados negros y otros mecanismos informales de gobernanza[54].

¿Cómo diseñar una política para promover los estándares de buena administración como condición necesaria para impulsar el desarrollo en Venezuela? La opción de construir "buenas instituciones" a través de un ambicioso programa de reformas administrativas no luce como la estrategia adecuada a corto plazo, pues ese programa, en sí mismo, no fortalecerá la capacidad estatal. En realidad, el problema en Venezuela no es tanto de diseño formal de reglas y organizaciones, sino de la incapacidad del Estado para implementar, por medio de la Administración Pública, esas reglas. Pero lo cierto es que esa capacidad no puede fortalecerse a corto plazo: mejorar la organización administrativa, promover la profesionalización de los funcionarios públicos, y proveer a la Administración de los recursos necesarios para atender sus cometidos, no son tareas de realización inmediata.

Por ello, a corto plazo, impulsar el crecimiento económico y atender la emergencia humanitaria compleja solo puede hacerse con la limitada capacidad de la Administración Pública. A medida que logre recuperarse el crecimiento económico, podrán construirse Administraciones Públicas que actúen, efectivamente, conforme los estándares de buena administración. Esto fuerza a abandonar políticas públicas basadas en soluciones estándares –como construir "buenas instituciones"– y centrarse en los problemas reales que afectan el desarrollo, específicamente en lo que respecta a la emergencia humanitaria compleja[55].

El enfoque, por ello, no debe ser partir de las reglas y organizaciones formales –enfoque descendente– sino partir de las reglas y organizaciones informales –enfoque ascendente–. Este enfoque permitiría comprender, primero, cuáles son las reglas informales que inciden adversamente sobre el crecimiento, y en especial, sobre la oferta de alimentos y medicinas, para luego procurar la progresiva formalización de esas reglas informales, con la limitada capacidad estatal existente. Estas reformas son claramente insuficientes para promover, a largo plazo, el desarrollo económico y social inclusivo y sostenible, pero pueden ser suficientes para impulsar, a corto plazo, el crecimiento económico, generando así condiciones favorables para la progresiva construcción de Administraciones Públicas que actúen conforme a los estándares de buena administración.

Para estos fines, a corto plazo, la formalización progresiva los de los mecanismos informales de gobernanza puede procurarse a través de **acuerdos público-privados**, que permitan al sector privado –y a organizaciones internacionales– coadyuvar a la provisión de bienes y servicios esenciales, supliendo así temporalmente las deficiencias en la capacidad estatal. Nuevamente debemos señalar que esas políticas no fortalecerían a corto plazo los estándares de buena administración, pero sí permitirían impulsar el crecimiento económico, a los fines de crear condiciones propicias para promover, a mediano y largo plazo, la vigencia efectiva de esos estándares. Pretender alterar ese orden, a los fines de comenzar el proceso de rescate

---

[54]   Barrios, Douglas y Santos, Miguel Ángel, "¿Cuánto puede tomarle a Venezuela recuperarse del colapso económico y qué debemos hacer?", en Fragmentos *de Venezuela. 20 escritos sobre economía*, Fundación Konrad-Adenauer-Stiftung, Caracas, 2017, pp. 91 y ss.

[55]   No quiere reducirse la importancia de la existencia de "buenas instituciones". Lo que queremos es señalar que la construcción de esas instituciones no es un objetivo a corto plazo. Por ello, a corto plazo, el interés debe centrarse en los problemas que afectan de manera más vinculante al crecimiento, como proponen Andrews, Matt, *et al, Building State Capability, cit.*

en Venezuela a través de políticas orientadas a reformar el marco institucional para asegurar la buena administración, puede ser inefectivo, en la medida en que el Estado no cuenta con la capacidad suficiente para implementar esos estándares[56].

En otras palabras: promover los estándares de buena administración no es necesariamente un objetivo a corto plazo en Venezuela, pues no existen Administraciones Públicas capaces de implementar esos estándares. De allí la necesidad de suplir esa deficiencia a través de acuerdos público-privados, todo lo cual permitirá progresivamente fortalecer la capacidad de la Administración Pública y permitir así la implementación de los estándares de buena administración[57].

Con lo cual, en el caso de Venezuela, un nuevo Gobierno debería dedicarse, a corto plazo, a incidir en las reglas informales que constriñen más intensamente el crecimiento a través de la debilitada capacidad institucional disponible, todo lo cual requerirá suplir esa debilitada capacidad estatal con acuerdos público-privados, especialmente, de cooperación internacional. Esto permitirá, a corto plazo, promover el crecimiento económico, mejorar la oferta de bienes y servicios y atender la emergencia humanitaria compleja. En simultáneo, pero como un objetivo a mediano plazo, deberán implementarse las reformas orientadas a fortalecer la capacidad estatal a través de Administraciones Públicas capaces que logren implementar efectivamente los estándares de buena administración.

---

[56] Lo que demuestra por qué las reformas administrativas no son suficientes para promover a corto plazo el crecimiento. Por reformas administrativas entendemos las reformas a la organización, recursos y personal de los cuales se vale el Estado para cumplir con sus cometidos, típicamente a través de su Administración Pública. Esa reforma institucional, en caso de fallas en la capacidad estatal, no es realizable a corto plazo, con lo cual, mal podría pretenderse impulsar el crecimiento económico a corto plazo a través de reformas institucionales. Tal es la paradoja a la cual hacíamos referencia y que puede crear una trampa sumamente nociva: implementar reformas institucionales para promover el crecimiento, sin que exista una adecuada capacidad estatal, hará que tales reformas sean inefectivas e implicaría una dispersión indebida de la limitada capacidad estatal disponible.

[57] Ello en todo caso dependerá de análisis casuísticos que midan la capacidad estatal. Allí donde esa capacidad sea óptima, la reforma administrativa podrá ser adecuada para implementar los estándares de buena administración. En caso contrario, deberán diseñarse políticas públicas con la limitada capacidad estatal disponible.

La organización administrativa ministerial en Venezuela y el deterioro de la gobernanza. Una propuesta de reforma para la emergencia compleja en Venezuela

José Ignacio Hernández G.
*Profesor de Derecho Administrativo en la Universidad Central de Venezuela
y la Universidad Católica Andrés Bello
Visiting Fellow, Center for International Development, Universidad de Harvard*

Resumen: *La organización ministerial en Venezuela se ha convertido en una organización irracional debido al aumento de más del 200% en el número de ministerios desde 1999. Este aumento arbitrario contribuyó a diezmar la capacidad del Estado, precisamente cuando Venezuela enfrenta una emergencia compleja que requiere la implementación de políticas públicas urgentes por parte del Gobierno. Por lo tanto, es necesario promover una reforma de la Administración Pública de Venezuela orientada a tres objetivos: (i) crear un centro de gobierno para facilitar la coordinación de políticas públicas basadas en evidencias y en análisis de costo-beneficio; (ii) simplificar el número de ministerios, junto con la creación de un gabinete sectorial para la emergencia compleja, y (iii) adoptar estándares de buena administración que promuevan acuerdos público-privados.*

Palabras Clave: *Organización administrativa, organización ministerial, gobernanza, buena administración, centro de gobierno, emergencia compleja, acuerdo público-privado.*

Abstract: *The Venezuelan ministerial organization has evolved into an irrational organization with an increase of more than 200% in the numbers of ministries since 1999. This arbitrary increase contributed to decimate the state capability, precisely, when Venezuela face a complex emergency that requires the implementation of urgent public policies by the Government. Therefore, is it necessary to promote a reform of the Venezuela Public Administration oriented to three objectives: (i) create a center of government to facilitate the coordination of public policies based on evidence and in a cost-benefit analysis; (ii) simplify the number of ministries, together with the creation of a sectorial cabinet for the complex emergency, and (iii) adopt the good administration standards to promote public-private partnership.*

Key words: *Administrative organization, ministerial organization, governance, good administration, center of government, complex emergency, public-private partnership.*

SUMARIO

cimiento de la organización ministerial en Venezuela y la pérdida de la gobernanza. 5. En especial, la duplicidad de órganos y entes de la Administración Pública Nacional a la sombra del Estado Comunal. 6. Recapitulación. La ineficiencia de la Administración Pública y el Estado fallido en Venezuela.

II.   EL RESCATE DE LA GOBERNANZA ADMINISTRATIVA EN VENEZUELA: LA CREACIÓN DEL CENTRO DE GOBIERNO Y LA REFORMA DE LA ORGANIZACIÓN MINISTERIAL

   1. Objetivo de la reforma administrativa en Venezuela: construir la capacidad de la Administración Pública para promover los estándares de buena administración. 2. La creación del "centro de gobierno" y el principio de eficiencia en la organización administrativa. 3. La reforma ministerial para rescatar la gobernanza administrativa en Venezuela: la transición de la organización administrativa en Venezuela. 4. La implementación de los estándares de la buena administración y la promoción de acuerdos público-privados.

INTRODUCCIÓN

En el llamado **Estado administrativo**, de acuerdo con la expresión acuñada por Waldo, la Administración Pública cumple un rol determinante en el proceso de definición e implementación de políticas públicas[1]. Así, la medición de la **capacidad estatal** –definida como aptitud del Estado para cumplir con sus cometidos públicos a través de políticas públicas– depende en buena medida de la capacidad de la Administración Pública[2].

A estos fines, la Administración Pública puede ser definida como la organización burocrática a través de la cual el Estado diseña e implementa concretamente políticas públicas para la gestión de los cometidos públicos[3]. De allí la estrecha relación entre el concepto de Estado de Weber y la Administración Pública: ésta es el componente esencial de la autoridad central que, en el Estado, ejerce el monopolio de la violencia legítima[4].

Ahora bien, el Estado no siempre cuenta con la capacidad requerida para atender sus cometidos, lo que da lugar a las **fallas del Estado**. Esas fallas del Estado pueden abarcar una diversidad de supuestos que en casos extremos pueden degenerar en el llamado **Estado fallido,** el cual se caracteriza por la pérdida de la autoridad central para la gestión de los cometi-

---

[1]   Véase el trabajo clásico de Dwight, Waldo, *The administrative state. A study of the political theory of american public administration*, Transaction Publishers, New Brunswick, 2007, pp. 65 y ss.

[2]   En términos sencillos, la capacidad estatal mide la aptitud del Estado para cumplir con sus cometidos, lo que dependerá principalmente de la capacidad de la Administración Pública, vista la relevancia de ésta en el proceso de implementación de los cometidos públicos. Desde la perspectiva de los cometidos públicos, véase la aproximación tradicional de Sayagués Laso, Enrique, *Tratado de Derecho administrativo, I,* Montevideo, Uruguay, 1974, pp. 48 y ss. En cuanto al concepto de capacidad estatal y su relación con la Administración Pública, vid. Andrews, Matt et al, *Building State Capability*, Oxford University Press, Oxford, 2017, pp. 13 y ss.

[3]   Se trata de una definición basada en el estudio de las políticas públicas. *Cfr.*: Frederickson, H. George y Smith, Kevin B., *The Public Administration Theory Primer*, Westview Press, Boulder, 2003, p. 1. En cuando al Derecho Administrativo, la Administración Pública igualmente puede definirse –ampliamente– como la organización cuyo objeto es la gestión concreta del interés público. Seguimos aquí lo planteado en Hernández G., José Ignacio, *Introducción al concepto constitucional de Administración Pública*, Editorial Jurídica Venezolana, Caracas, 2011, p. 11 y ss.

[4]   Weber, Max, *Economía y sociedad. Esbozo de sociología comprensiva,* Tomo I, Fondo de Cultura Económica, México, 1974, pp. 170 y ss.

dos públicos[5]. Precisamente, las causas que llevan al Estado fallido suelen estar asociadas con el colapso de la Administración Pública como organización burocrática diseñada para la gestión concreta del interés público. Resumiendo, muy mucho estos conceptos, podría enton- ces concluirse que la pérdida de la autoridad central asociada al Estado fallido viene determi- nada –al menos, de manera determinante– por la pérdida de la capacidad de la Administra- ción Pública –como autoridad central– para la gestión de los cometidos públicos.

La capacidad de la Administración Pública para cumplir con los cometidos estatales de- pende básicamente de tres factores: *(i)* los recursos financieros y no financieros con los que cuenta; *(ii)* el personal –y su capacitación– al servicio de la Administración Pública, así como la *(iii) organización administrativa.* En tal sentido, el interés de la organización administrati- va en el Derecho Administrativo, por mucho tiempo, estuvo marcada por la idea según la cual la organización administrativa forma parte de la actividad interna de la Administración, con lo cual, se trata de un ámbito de poca relevancia para el ciudadano. El concepto de capa- cidad estatal contribuya a cambiar esa visión.

En efecto, la organización administrativa es condición necesaria –no suficiente– para asegurar la capacidad que la Administración Pública necesita para atender los cometidos públicos. En función a ello, en las últimas décadas se ha comenzado a dar importancia no solo al principio de legalidad, sino además, a la *calidad* de la actividad administrativa, medi- da especialmente a través de la calidad de su organización. Un concepto que en tal sentido ha venido proyectándose es el de *gobernanza,* el cual describe, precisamente, la capacidad de la Administración Pública para gestionar diversos intereses heterogéneos a los fines de imple- mentar políticas públicas como medio para el cumplimiento de los cometidos estatales[6].

Tal concepto de gobernanza también se relaciona con los *estándares de la buena admi- nistración,* los cuales permiten medir la capacidad de la Administración Pública para servir efectivamente a los ciudadanos. Tales estándares colocan al ciudadano en el centro de la actividad administrativa, y por ello, en el centro de la organización administrativa.

---

[5]   Las fallas del Estado describen su incapacidad para atender los cometidos públicos. Estas fallas pueden presentarse en diversos grados, todo lo cual da lugar a lo que se conoce como "áreas de li- mitada acción estatal", o sea, áreas en las cuales el Estado no puede desplegar su actividad, típi- camente por medio de la Administración Pública. En tal sentido, el Estado fallido es aquél que, por deficiencias en su capacidad estatal, no puede atender debidamente los cometidos públicos. Como tal, admite diversos grados, ubicándose en un caso extremo el Estado colapsado, o sea, la organi- zación política que no reúne ninguno de los atributos mínimos como para ser considerada Estado. Debido a su imprecisión, se ha venido empleando la expresión "Estado frágil", para describir el grado en el cual el Estado puede cumplir con sus cometidos. De esa manera, antes que limitar el análisis al binomio Estado fuerte-Estado débil, es preciso analizar cuál es la capacidad real del Es- tado para atender sus cometidos, todo lo cual permitirá determinar el grado de fragilidad del Esta- do. En general, *vid.* Risse, Thomas, "Governance in Areas of Limited Statehood", *The Oxford Handbook of Governance*, Oxford University Press, 2015, pp. 700 y Woodward, Susan, *The Ide- ology of failed States*, Cambridge University Press, Nueva York, 2017, pp. 12 y ss.

[6]   Desde la perspectiva del Derecho Administrativo, *vid.*: Sosa Wagner, Francisco, "Gobernanza, ¿trampa o adivinanza?", en *Derechos fundamentales y otros estudios en homenaje al Prof. Loren- zo Martín-Retortillo, Volumen I,* Universidad de Zaragoza, 2008, pp. 643 y ss. En general, *vid.* Pe- ters, Guy, "Governance as Political Theory", in *The Oxford Handbook of Governance, cit.,* pp. 20 y ss.

Su fin último es promover que la Administración Pública no solo cumpla con la Ley, sino que además, satisfaga efectivamente las necesidades de los ciudadanos, lo que realza el rol del control de gestión –o control de calidad– en la Administración Pública[7].

Tal y como ha señalado el profesor Carlos Delpiazzo, a quien este artículo va dedicado[8]:

"El principio general de buena administración opera como indiscutible foco de mejora ética de las conductas y, consiguientemente, de la calidad del Estado de Derecho como obra en permanente construcción enderezada al logro del bien común".

El caso de Venezuela ilustra muy bien las implicaciones que para la capacidad estatal y la gobernanza tiene la arbitraria organización de la Administración Pública. En efecto, a la sombra de las instituciones del Petro-Estado, desde 2003 comenzaron a implementarse políticas públicas que a la par de extender los cometidos estatales, ampliaron la organización administrativa, incluso, con estructuras paralelas[9]. Estas políticas –calificadas como "transición al socialismo– afectaron no solo el desempeño de la economía sino que, además, afectaron la propia capacidad del Estado para cumplir con sus cometidos[10]. Ello comenzó a ser evidente en 2014, cuando estas políticas destruyeron la industria petrolera controlada por la Administración Pública, todo lo cual afectó los ingresos fiscales –dependientes del ingreso petrolero–. El resultado de ello ha sido el *colapso de la economía venezolana* junto con el *colapso de la capacidad del Estado* de cumplir con los cometidos públicos[11], en el medio de la *emergencia humanitaria compleja* especialmente en los sectores de alimentación y salud[12].

---

[7]   En general, sobre la buena administración, véanse los estudios contenidos en Rodríguez-Arana, Jaime y Hernández G., José Ignacio (editores), *Estudios sobre la buena administración en Iberoamérica* Editorial Jurídica Venezolana, Caracas, 2017.

[8]   Delpiazzo, Carlos, "La buena administración como imperativo ético para administradores y administrados", en *Revista de Derecho (UCU), Número IX-10,* Facultad de Derecho de la Universidad Católica del Uruguay, Montevideo, 2014, p. 57

[9]   Venezuela es un Petro-Estado pues los ingresos fiscales que capta el Gobierno Nacional dependen del ingreso de la industria petrolera que gestiona el Gobierno en monopolio. Como se ha concluido, la Administración Pública del Petro-Estado suele caracterizarse por su abultada dimensión y centralismo, todo lo cual afecta negativamente la capacidad estatal para cumplir con los cometidos públicos. *Cfr.*: Karl, Terry-Lyn, *The Paradox of Plenty: Oil Booms and Petro-States*, University of California Press, 1997, pp. 71 y ss.

[10]   Hernández G., José Ignacio, *Administración Pública, desarrollo y libertad en Venezuela*, FUNEDA, Caracas, 2012, pp. 138 y ss.

[11]   Debido a la dependencia de los ingresos fiscales al ingreso petrolero, el colapso de la industria petrolera arrastró el colapso de los ingresos fiscales. Los efectos de ello fueron particularmente graves, visto el efecto adverso que las políticas socialistas de controles centralizados tuvieron sobre la producción de bienes y servicios en Venezuela. Tal producción fue igualmente afectada por las importaciones promovidas por el boom petrolero que se registró a partir de 2004. Con lo cual, a la caída de la producción petrolera a cargo del Estado debe sumársele el efecto adverso de la caída de los precios del petróleo ante el fin del boom. Para 2014, la economía venezolana comenzaba a evidenciar los efectos adversos de este colapso. Véase a Barrios, Douglas y Santos, Miguel Ángel, "¿Cuánto puede tomarle a Venezuela recuperarse del colapso económico y qué debemos hacer?", en *Fragmentos de Venezuela. 20 escritos sobre economía*, Fundación Konrad-Adenauer-Stiftung, Caracas, 2017, pp. 91 y ss.

[12]   Para 2017 era evidente que el colapso económico en Venezuela estaba afectando la capacidad de la sociedad civil de satisfacer sus necesidades básicas, lo que igualmente era índice relevador de las fallas del Estado en el cumplimiento de sus cometidos. El resultado ha sido la emergencia humanitaria compleja por la que atraviesa Venezuela, especialmente, en el ámbito de la alimentación

Lo anterior significa que la Administración Pública en Venezuela no cuenta actualmente con la capacidad necesaria para satisfacer las necesidades esenciales de los ciudadanos, cuyos derechos humanos están siendo vulnerados. En la práctica, ello se traduce en el deterioro de los servicios a cargo de la Administración Pública, como sucede por ejemplo con los servicios de salud.[13]

El deterioro de la capacidad de la Administración Pública en Venezuela es particularmente grave, pues ello impide articular adecuadas políticas públicas para atender la emergencia humanitaria compleja, la cual, consecuentemente, tiende a agravarse, a la par que el colapso de la capacidad estatal sigue acelerándose. El siguiente gráfico, tomado de *Fund for Peace,* describe este proceso de deterioro de la capacidad estatal en Venezuela[14]:

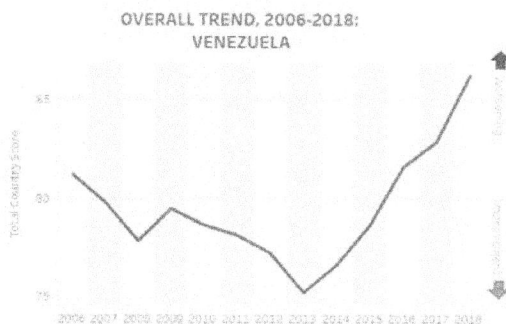

OVERALL TREND, 2006-2018:
VENEZUELA

Cuadro N° 1
Índice de capacidad estatal de Venezuela
Fuente: Fund for Peace

Otro indicador puede verse en la evolución de los índices de gobernanza medidos por el Banco Mundial, en concreto, el indicador de la efectividad del Gobierno[15]:

---

y la salud. *Vid*.: Barrios, Douglas y Santos, Miguel Ángel, "Anatomía de un colapso", Presentación Plan País, Boston, 2018. Según la Organización Mundial de la Salud, la **emergencia compleja** es toda situación que afecta la calidad de vida y genera riesgos a la vida, como resultado de guerras, disturbios civiles y migraciones, en la cual toda respuesta de emergencia debe ser conducida en entornos políticos y de seguridad hostiles. *Cfr*.: Keen, David, *Complex emergencies,* Polity Press, Malden, 2008, pp. 1 y ss. Precisamente, el colapso de la economía venezolana, junto al colapso de la capacidad estatal, han convergido para crear una emergencia compleja.

[13]   Véase por ejemplo la declaración conjunta de la Organización de Naciones Unidas y la Comisión Interamericana de Derechos Humanos (CIDH) de 1° de octubre de 2018: "*Expertos internacionales ven con preocupación detrimento del derecho a la salud de personas mayores en Venezuela*".

[14]   Fund for Peace mide la capacidad estatal y, por ende, el grado de fragilidad de los Estados. Más que aludir al concepto de Estado fallido, se prefiere aludir al grado de fragilidad del Estado. En total, el índice mide la capacidad para brindar seguridad, el grado de politización, la vulnerabilidad de ciertos grupos, la crisis económica, el pobre desarrollo económico, el éxodo de profesionales, los servicios públicos, el respeto a derechos humanos en el marco del Estado de Derechos, la situación de los refugiados y de los desplazados internos, la legitimidad del Estado, presiones demográficas y conflictos externos. *Vid*.: http://fundforpeace.org/fsi/country-data/

[15]   El Banco Mundial mide, mediante diversos indicadores, la gobernanza, esto es, la capacidad del Estado de gestionar adecuadamente las necesidades colectivas en el marco del Estado de Derecho.

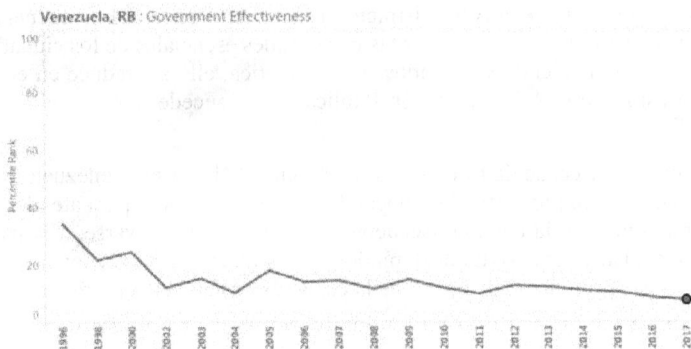

Cuadro N° 2
Efectividad del Gobierno en Venezuela
Fuente: Banco Mundial

El deterioro en la capacidad estatal en Venezuela presenta varios signos, de los cuales interesa destacar el crecimiento de la Administración Pública ministerial, esto es, el crecimiento de la Administración Pública Nacional Central al margen de cualquier criterio racional. Tal y como se explica en este trabajo, tal crecimiento ha sido una de las causas que ha limitado el proceso de toma de decisiones de la Administración Pública y con ello, su propia capacidad, lo que ha generado una crisis de gobernanza. Frente a tal panorama, el presente artículo traza las líneas generales para promover la reforma de la Administración Pública ministerial en Venezuela a través de la creación del centro de gobierno y del diseño del proceso de simplificación de la organización ministerial en el marco de los estándares de buena administración.

I.   LA EVOLUCIÓN DE LA ADMINISTRACIÓN PÚBLICA NACIONAL CENTRALIZADA EN VENEZUELA (1999-2018)

1.   *Algunas premisas básicas conceptuales*

En el Derecho Administrativo Venezolano, la Administración Pública se distribuye en dos niveles: horizontal y vertical. El nivel vertical corresponde a la *organización político-territorial del Estado*, en la cual hay tres niveles, cada uno de los cuales cuenta con su propia Administración Pública (nacional, estadal y municipal). A su vez, en cada uno de esos niveles, puede distinguirse –en un plano horizontal– entre los órganos que no tienen personalidad jurídica propia (*Administración Central*) y los entes que sí tienen personalidad jurídica propia (*Administración Descentralizada*). De esa manera, la Administración Pública del Poder Nacional, o Administración Pública Nacional, comprende a la Administración Central y la Administración Descentralizada, todas ellas integradas al Poder Ejecutivo Nacional. En términos generales, la Administración Pública Nacional Central también es denominada Gobierno[16].

El cuadro presenta uno de esos indicadores, que mide la efectividad del Gobierno para cumplir con sus cometidos. *Vid*.: http://info.worldbank.org/governance/wgi/#home

[16]   Para estos conceptos, por todos, Brewer-Carías, Allan, *Tratado de Derecho Administrativo. Derecho Público Iberoamericano Tomo II, La Administración Pública*, Fundación de Derecho Público, Editorial Jurídica Venezolana, Caracas 2013, pp. 13 y ss.

Tal y como se explica en esta sección, la organización administrativa venezolana, luego de la evolución del Estado a comienzos del siglo XX, se ha decantado en un conjunto de reglas formales que garantizan la transparencia, simplificación y eficiencia de tal organización.

2. *La organización de la Administración Pública en Venezuela. El concepto vicarial de Administración Pública y la buena administración*

Este estudio versa únicamente sobre la **Administración Pública Nacional Central**, esto es, la que corresponde al Poder Nacional. En tal sentido, impera en Venezuela un sistema **presidencialista,** de acuerdo con el cual el titular de la máxima autoridad del Poder Ejecutivo Nacional –la Presidencia de la República– es electo en sufragio directo, secreto y universal. Dentro de los órganos y entes que conforman al Poder Ejecutivo Nacional, la Ley Orgánica de la Administración Pública alude a los **órganos superiores de dirección,** esto es, Presidencia, la Vicepresidencia Ejecutiva de la República, los Ministros, los Vice-Ministros y el Consejo de Ministros[17].

La incorporación de la Vicepresidencia Ejecutiva de la República es fue una novedad de la Constitución de 1999. Su titular, advertimos, es de libre nombramiento y remoción del Presidencia, con lo cual, no se trata de un cargo de elección popular. Su función principal es la de servir de órgano auxiliar de la Presidencia para la gestión del Poder Ejecutivo Nacional[18]. Con lo cual, la coordinación del Poder Ejecutivo Nacional es responsabilidad inmediata de la Vicepresidencia.

Junto a la Presidencia y a la Vicepresidencia, ocupan lugar destacado los Ministerios, considerados órganos directos de la Presidencia de la República para el ejercicio de las competencias del Poder Ejecutivo. A su vez, los Ministerios actúan como órganos de control de los entes descentralizados, esto es, de la Administración Pública Nacional Descentralizada. Tal control se alcanza a través de la **adscripción**, de conformidad con la cual los entes administrativos deben estar inscritos en la organización del correspondiente Ministerio, quien ejercerá el llamado **control de tutela**, cuyo propósito es asegurar la unidad de acción de las Administraciones Públicas, más allá de la autonomía de los entes de la Administración Pública Nacional Descentralizada[19].

Ahora bien, el artículo 141 de la Constitución de 1999 asumió el concepto institucional de la Administración Pública, en el cual su rol se concentra en el *servicio a los ciudadanos.* Tal concepto vicarial de Administración Pública –influenciado, sin duda, por el artículo 103.1 de la Constitución de España– otorga fundamento a los **estándares de buena administración**, de conformidad con los cuales la actividad de la Administración Pública debe orientarse al servicio efectivo de los ciudadanos, afianzándose de esa manera la importancia de la calidad de tal actividad[20]. La buena administración parte así de la centralidad del ciudadano,

---

[17] Brewer-Carías, Allan R., *Tratado de Derecho Administrativo. Derecho Público Iberoamericano Tomo II, cit.,* pp. 404 y ss. Véase igualmente a Peña Solís, José, *Manual de Derecho Administrativo,* Tomo II, Tribunal Supremo de Justicia, Caracas, 2005, pp. 594 y ss.

[18] Artículos 238 y 239, Constitución de 1999.

[19] Sobre la organización ministerial en Venezuela, *vid.*: Peña Solís, José, *Manual de Derecho Administrativo,* Tomo II, *cit.*, pp. 571 y ss.

[20] Sobre los estándares de buena administración en Venezuela, entre otros, *vid.* Belandria, José Rafael, "Acerca del derecho a una Buena Administración: ¿existe en el orden constitucional venezolano?", en *Revista Venezolana de Legislación y Jurisprudencia Nº 1*, Caracas, 2012. Del autor, asimismo, vid. "Contenido del derecho a una buena Administración", en *20º años de FUNEDA y el Derecho Público en Venezuela, Tomo I,* Caracas, 2015, pp. 157 y ss. Véase nuestra posición en:

elevando las exigencias para que la actividad de la Administración Pública, además de ape-garse al principio de legalidad, responda también a principios que gravitan en torno a la de-fensa efectiva de los derechos humanos, tales y como eficiencia, eficacia, transparencia, rendición de cuenta, y simplificación[21].

3.   *La organización de la Administración Pública Nacional Central en Venezuela*

En las primeras décadas del siglo XX comenzó un proceso de centralización del Estado Nacional que conllevó a dictar la primera regulación general de la Administración Pública Nacional a través de la organización ministerial[22]. De esa manera, la organización de la Ad-ministración Pública Nacional Central quedó dividida entre la Presidencia de la República y los Ministerios, como órganos a través de los cuales aquélla ejerce sus competencias. La Consti-tución de 1999, como vimos, agregó a esta organización a la Vicepresidencia Ejecutiva.

Tal y como quedó establecido en la Ley Orgánica de la Administración Central de 1976, la organización administrativa de esa Administración Pública Nacional Central se consideró materia de la *reserva legal*. Esto implicaba que solo la Ley dictada por el Poder Legislativo podía acordar la creación, modificación o supresión de Ministerios. Por su parte, la Presiden-cia de la República podía crear entes administrativos con forma de Derecho Privado sin nece-sidad de acudir al Poder Legislativo, como sucedía típicamente con las empresas públicas[23].

La Ley Orgánica de la Administración Central coincidió con la nacionalización petrole-ra (1975) y con el *boom* petrolero que fomentó el crecimiento de la intervención del Estado en la economía y con ello, el crecimiento de la Administración Pública Nacional, tanto a nivel de ministerios (Administración Central) como a través de entes descentralizados (Ad-ministración Descentralizada, típicamente, empresas públicas). Como la creación, modifica-ción o supresión de ministerios requería la participación del Poder Legislativo, el aumento del sector público fue más evidente en los entes descentralizados –empresas públicas– que la Presidencia de la República podía crear discrecionalmente[24].

Este principio de reserva legal fue suprimido en la Constitución de 1999, que siguiendo el modelo español, reconoció como competencia de la Presidencia de la República la crea-ción, modificación y supresión de los Ministerios.

Hernández G., José Ignacio, "La buena administración en Venezuela. A propósito de los 35 años de la Ley Orgánica de Procedimientos Administrativos", en *Revista Electrónica de Derecho Ad-ministrativo Venezolano N° 11,* Caracas, 2017, pp. 120 y ss. Véase en especial la *Carta Iberoame-ricana de los derechos y deberes de los ciudadanos frente a la Administración* en la *Revista Elec-trónica de Derecho Administrativo Venezolano N° 3,* Caracas, 2014, pp. 175 y ss.

[21]   Rodríguez-Arana, Jaime, *El ciudadano y el poder público. El principio y el derecho al buen go-bierno y a la buena administración*, Reus, Madrid, 2012.

[22]   *Cfr.*: Brewer-Carías, Allan R., *Tratado de Derecho Administrativo. Derecho Público Iberoameri-cano* Tomo II, *cit.*, pp. 41 y ss.

[23]   *Cfr.*: Brewer-Carías, Allan R., *Tratado de Derecho Administrativo. Derecho Público Iberoameri-cano* Tomo II, *cit.*, pp. 275 y ss.

[24]   En cuando a la expansión de la Administración Pública como resultado del boom petrolero de la década de los setenta del siglo pasado, *vid.* Hernández G., José Ignacio, *Administración Pública, desarrollo y libertad en Venezuela, cit.* Este boom, al impulsar la intervención administrativa, promovió el uso extensivo del Decreto-Ley, incluso, en materia de organización administrativa.

Al eliminar el control previo del Poder Legislativo, la Constitución de 1999 facilitó la creación de nuevos ministerios como decisión adoptada únicamente por la Presidencia de la República[25].

Estos nuevos principios constitucionales fueron desarrollados en la Ley Orgánica de la Administración Pública, dictada originalmente en 2001 y que ha sido reformada en sucesivas ocasiones. Esa Ley establece los criterios racionales para la creación de ministerios, partiendo de dos grandes principios: la división *sectorial de competencias* y el *principio de simplificación*[26].

Así, de acuerdo con la *división sectorial* de competencias, la organización de los Ministerios debe depender de la división sectorial del conjunto de cometidos que el Poder Ejecutivo Nacional debe atender. El principio de simplificación, por su parte, exige que esa división sea la *mínima posible.* Esto quiere decir que el número de ministerios debe responder al número mínimo de competencias sectoriales que el Poder Ejecutivo Nacional debe atender de conformidad con los cometidos asumidos por el Estado. Es un error considerar, así, que la importancia de determinada materia amerita la creación un ministerio especial para su atención, pues la creación de ministerios debe guiarse, únicamente, por el criterio racional de división sectorial de competencias, procurando además el principio de *simplificación*[27].

A tales fines, la Ley desarrolló los principios de *organización interna ministerial,* que de conformidad con el principio de jerarquía, permiten la división de cada ministerio en Vice-Ministerios. Con lo cual, el número de Ministerios debe depender del número mínimo de competencias sectoriales que el Poder Ejecutivo debe atender, en el entendido que cada competencia sectorial debe dividirse a su vez entre el número mínimo de sub-competencias que corresponde a cada Vice-Ministerio. Asimismo, cada sub-competencia se dividirá entre el número mínimo de organizaciones dependientes de cada Vice-Ministerio, y así sucesivamente[28].

Finalmente, la Ley Orgánica de la Administración Pública dispuso que la organización de la Administración Central deber quedar regida por el *Decreto sobre organización general de la Administración Pública Nacional.*

---

[25] *Vid.*: Peña Solís, José, *Manual de Derecho Administrativo,* Tomo II, *cit.*, pp. 625 y ss.

[26] Artículos 10, 19, 20, 21, 22 y 61, Ley Orgánica de la Administración Pública.

[27] *Cfr.*: artículo 16, Ley Orgánica de la Administración Pública. Las competencias sectoriales no son, en sentido estricto, competencias administrativas, en tanto ellas no habilitan a la Administración Pública al ejercicio de potestades. En realidad, las competencias sectoriales son, simplemente, criterios que permiten organizar a los Ministerios según las materias que debe atender el Poder Ejecutivo Nacional, en el sentido que las competencias administrativas que cada Ministerio podrá ejercer son solo aquellas derivadas expresamente de la Ley. *Vid.* sentencia de la Sala Político-Administrativa de 7 de julio de 1981 (*Revista de Derecho Público N° 8,* Caracas, 1981, pp. 96 y ss.). Cabe advertir que se admite en Venezuela la designación de Ministros de Estado, o sea, Ministros que no cuentan con una organización ministerial.

[28] La organización de los Ministerios está contenida en el *reglamento orgánico*. La Ley Orgánica de la Administración Pública solo alude Viceministerio como órgano sectorial (artículos 64, 65 y 66). Así, los Ministros son concebidos las máximas autoridades de la Administración Pública Nacional Central dentro de cada sector de las políticas públicas (artículo 76.2), correspondiéndole por ello la planificación y coordinación dentro de esas áreas, función concurrente con la del Viceministro. Por ello, el Ministro y el Viceministro, de manera conjunta, integran el gabinete ministerial, que contará con una unidad estratégica de seguimiento y evaluación (artículo 63, LOAP).

Tal Decreto es el acto administrativo dictado por el Presidente de la República por el cual se define el número de Ministerios de acuerdo con la distribución de competencias sectoriales[29].

4. *El desordenado crecimiento de la organización ministerial en Venezuela y la pérdida de la gobernanza*

En 1999, cuando Hugo Chávez asumió la Presidencia, existían dieciséis (16) ministerios –un número que el entonces Presidente Chávez consideró excesivo–.[30] Esa organización ministerial fue resultado, como vimos, del paulatino proceso de crecimiento del sector público derivado del *boom* petrolero que no llegó a revertirse en las diversas medidas adoptadas, en especial, desde la década de los ochenta el pasado siglo para promover la reforma del Estado[31]. Sin embargo, en 2012 –cuando finalizó el tercer período de Chávez–, poco antes de su muerte- existían veintinueve (29) ministerios, lo que implica que el número de ministerios se incrementó casi el doble[32].

Durante la Presidencia de Nicolás Maduro (2013) el desorden de la Administración Pública Nacional Central se mantuvo. Para agosto de 2018 existían treinta y dos (32) ministerios[33]. Poco después se creó el Ministerio número treinta y tres (33)[34].

---

[29]   *Cfr.*: artículo 58, Ley Orgánica de la Administración Pública.

[30]   Decreto N° 1 (*Gaceta Oficial* N° 36.637 de 5 de febrero de 1999). Estos ministerios eran: *(i)* Relaciones Interiores; *(ii)* Relaciones Exteriores; *(iii)* Hacienda; *(iv)* Defensa; *(v)* Industria y Comercio; *(vi)* Educación; *(vii)* Sanidad y Asistencia Social; *(viii)* Agricultura y Cría; *(ix)* Trabajo; *(x)* Transporte y Comunicaciones; *(xi)* Energía y Minas; *(xii)* Ambiente y los Recursos Naturales Renovables; *(xiii)* Secretaría de la Presidencia; *(xiv)* Justicia; *(xv)* Desarrollo Urbano y *(xvi)* Familia.

[31]   En 1984 se creó la Comisión para la Reforma del Estado (COPRE), llamada a proponer las reformas necesarias al Estado, incluyendo las reformas para la simplificación de la Administración Pública. La mayoría de esas propuestas, sin embargo, no fueron implementadas. *Cfr.*: Hernández G., José Ignacio, *Administración Pública, desarrollo y libertad en Venezuela,*

[32]   Como veremos, la errática evolución de la organización ministerial entre 1999 y 2018 se ha caracterizado por la falta de relación entre el listado de ministerios en el Decreto de Organización y el listado real de ministerios. Con lo cual, el mejor método para saber el número de ministerios en un momento dado es ubicar cualquier Decreto Presidencial en el cual esté la lista de los ministros que lo suscriben. Para este dato, hemos tomado el Decreto N° 9.332 (*Gaceta Oficial* N° 40.080 de 28 de diciembre de 2012). Allí se listan los siguientes ministerios con despacho: (i) planificación y finanzas; (ii) defensa; (iii) comercio; (iv) industrias; (v) turismo; (vi) Agricultura y Tierras; (vii) Educación Universitaria; (viii) Educación; (ix) Salud; (x) Trabajo y Seguridad Social; (xi) Transporte Terrestre; (xii) Transporte Acuático y Aéreo; (xiii) Vivienda y Hábitat; (xiv) Petróleo y Minería; (xv) Ambiente; (xvi) Ciencia, Tecnología e Innovación; (xvii) Comunicación y la Información; (xviii) Comunas y Protección Social; (xix) Alimentación; (xx) Cultura; (xxi) Deporte (xxii) Pueblos Indígenas; (xxiii) Mujer y la Igualdad de Género; (xxiv) Energía Eléctrica; (xxv) Juventud; (xxvi) Servicio Penitenciario y (xxvii) Despacho de la Presidencia y Seguimiento de la Gestión de Gobierno; (xxviii) relaciones interiores y justicia y (xxix) relaciones exteriores

[33]   Según Decreto N° 41.465 de 22 de agosto de 2018. Tales ministerios son: (i) Comunicación e Información; (ii) Economía y Finanzas; (iii) Industrias y Producción Nacional; (iv) Comercio Exterior e Inversión Internacional; (v) Agricultura Productiva y Tierras; (vi) Agricultura Urbana; (vii) Pesca y Acuicultura; (viii) Alimentación; (ix) Turismo; (x) Petróleo; (xi) Desarrollo Minero Ecológico; (xii) Planificación; (xiii)Salud; (xiv) Pueblos Indígenas; (xv) Despacho de la Presidencia y Seguimiento de la Gestión de Gobierno; (xvi) Relaciones Exteriores; (xvii)Relaciones Interiores, Justicia y Paz; (xviii) Defensa; (xix) Mujer y la Igualdad de Género; (xx) Atención de las Aguas; (xxi) Juventud y el Deporte; (xxii) Servicio Penitenciario; (xxiii)Proceso Social de Trabajo; (xxiv) Cultura; (xxv) Educación; (xxvi) Educación Universitaria, Ciencia y Tecnología; (xxvii) Ecoso-

Ahora bien, de esta evolución del Poder Ejecutivo Nacional Central (1999-2018) pueden extraerse las siguientes conclusiones que apuntan no solo a la ilegalidad de esa evolución, sino además, a su ineficiencia[35]:

.- En *primer* lugar, la evolución de la organización ministerial se apartó del principio de **división sectorial de competencias**. Así, en un mismo sector –infraestructuras, por ejemplo– se han creado diversos ministerios sucesivamente, tendencia incluso presente en sub-sectores específicos, como el transporte. Con lo cual, la evolución de la organización ministerial en Venezuela no se ha basado en la división racional de ministerios de acuerdo con las competencias sectoriales que el Poder Ejecutivo debe atender[36].

.- En *segundo* lugar, como resultado de lo anterior, el principio de simplificación se ha violado, pues la organización administrativa no responde a la creación mínima de Ministerios, pues como vimos, en un mismo sector, e incluso en sub-sectores, se han creado diversos ministerios.

.- En *tercer* lugar, la evolución de la organización administrativa ha sido errática. En varias oportunidades ministerios fueron fusionados para ser separados al poco tiempo, como por ejemplo ha sucedido en el sector transporte y energía[37].

.- En *cuarto* lugar, la desordenada creación de ministerios se ha trasladado a la desordenada organización interna de los ministerios, a lo que ha favorecido la desordenada actualización del Decreto llamado a determinar la organización interna del Poder Ejecutivo Nacional[38].

---

cialismo; (xxviii): Hábitat y Vivienda; (xxix) Comunas y los Movimientos Sociales; (xxx) Transporte; (xxxi) Obras Públicas; (xxxii) Energía Eléctrica.

[34]   *Cfr.*: Decreto N° 3.612, mediante el cual se crea el Ministerio del Poder Popular de Comercio Nacional (Gaceta Oficial N° 41.486 de 20 de septiembre de 2018).

[35]   Véase en especial a Alvarado Andrade, Jesús María, "Análisis sobre el acrecentamiento de la Administración Central del Estado venezolano (Consideraciones especiales sobre la transformación y el aumento en la Administrativización de la sociedad 1999-2009)", en *Revista de la Facultad de Derecho de la Universidad Católica Andrés Bello N° 60-61,* Universidad Católica Andrés Bello, Facultad de Derecho, Caracas, 2009, pp. 209 y ss. Asimismo, *vid.* Iturbe, Eglé, "La institucionalidad administrativa de la revolución bolivariana y las políticas públicas", en *Desarmando el modelo. Las transformaciones del sistema político venezolano desde 1999,* Universidad Católica Andrés Bello, Caracas, 2017, pp. 195 y ss.

[36]   La regla racional, según vimos, es que cada competencia sectorial debe ser encomendada a un Ministerio. Pero esa regla se ha violado, por ejemplo, al distribuir la competencia en materia de transporte y educación en varios Ministerios.

[37]   Véase el análisis en Alvarado Andrade, Jesús María, "Análisis sobre el acrecentamiento de la Administración Central del Estado venezolano (Consideraciones especiales sobre la transformación y el aumento en la Administrativización de la sociedad 1999-2009)", *cit.*

[38]   En efecto, la errática creación de Ministerios para atender sub-especies del mismo género de las competencias sectoriales –usualmente luego de procesos de escisión de Ministerios para su posterior fusión y vuelta a escisión– se ha trasladado a la organización interna de cada Ministerio. Este desorden es más grave si consideramos que el Decreto de organización no ha sido reformado de acuerdo con la evolución de la organización ministerial. De ello resulta que, por lo general, el Decreto de organización describe una organización ministerial distinta a la que existe en la práctica, lo cual se aparta de la intención de la Ley Orgánica de la Administración Pública. El Decreto de organización actual está publicado en la Gaceta Oficial N° 40.865 de 9 de marzo de 2016.

.- En *quinto* lugar, y como será analizado en la sección siguiente, la organización administrativa del Poder Ejecutivo Nacional ha presentado duplicaciones de estructuras, debido al intento de construir un Estado paralelo, conocido como Estado Comunal.

El resultado de todo lo anterior es la violación del principio de *eficiencia administrativa*, derivado de los estándares de buena administración, y cuyo propósito es que la organización del Poder Ejecutivo Nacional facilite el proceso de diseño e implementación de políticas públicas. Algo que difícilmente puede alcanzarse en el contexto actual de la organización administrativa en Venezuela[39].

5.   *En especial, la duplicidad de órganos y entes de la Administración Pública Nacional a la sombra del Estado Comunal*

A partir de 2009, el Gobierno de Hugo Chávez –en el contexto del modelo socialista iniciado en 2003– decidió crear un conjunto de organizaciones políticas distintas a las definidas en la Constitución y las Leyes, basadas en el llamado *"poder popular"*, esto es, la participación ciudadana directa basada en la construcción del modelo socialista. A tal fin se crearon estructuras paralelas en el Poder Ejecutivo Nacional[40].

Para ello, los ministerios pasaron a denominarse "Ministerios del poder popular", a los fines de destacar la conexión entre el Poder Ejecutivo y el poder popular orientado a la construcción del socialismo[41]. Asimismo, junto a la figura constitucional del Consejo de Ministros se creó una estructura paralela, conocida como el "Consejo Revolucionario de Gobierno"[42].

---

[39]   La buena administración, al realizar el servicio eficiente a los ciudadanos, promueve la eficiencia y simplificación en la organización administrativa. En el ámbito específico de la organización administrativa, nos remitimos a lo que antes hemos expuesto en Hernández G., José Ignacio, "Organización administrativa y buena Administración", en *II Congreso Venezolano de Derecho Administrativo. Organización Administrativa. Volumen II*, FUNEDA-Asociación Venezolana de Derecho Administrativo (AVEDA), Caracas, 2014, pp. 69 y ss.

[40]   De esa manera, el "poder popular" es el poder ejercido directamente por el pueblo sin organizaciones intermedias, ello, supuestamente basado en la soberanía popular. Sin embargo, ese poder popular únicamente fue reconocido para promover el modelo socialista, con lo cual, la sociedad civil solo fue reconocida en la medida en que ésta se organiza conforme a las formalidades impuestas por el Estado para atender el modelo socialista. La organización del "poder popular" permitió configurar un nuevo modelo de Estado, llamado "Estado Comunal", y cuya base es, precisamente, el poder popular orientado a la construcción del socialismo, todo ello, según la Ley Orgánica del Poder Popular. Véase la obra colectiva coordinada por Allan R. Brewer-Carías, *Leyes Orgánicas sobre el Poder Popular y el Estado Comunal*, Editorial Jurídica Venezolana, Caracas, 2011. Véase igualmente, entre otros, a Urosa Maggi, Daniela, "Alcance e implicaciones del poder popular en Venezuela" en *Anuario de Derecho Público N° 4-5*, Centro de Estudios de Derecho Público de la Universidad Monteávila, Caracas, 2011, pp. 71 y ss., así como Nikken, Claudia, "Desafíos presentes frente al Estado comunal", en *Revista Electrónica de Derecho Administrativo N° 2*, Caracas, 2014, pp. 177 y ss.

[41]   Justificando ese cambio, *vid.* Rondón de Sansó, Hildegard, "Inclusión del poder popular en la esfera de los poderes públicos", en *Anuario de Derecho Público N° 1*, Centro de Estudios de Derecho Público de la Universidad Monteávila, Caracas, 2007, pp. 137 y ss.

[42]   El Consejo de Ministros está contemplado en el artículo 242 constitucional. Junto a esta figura, fue creado el "Consejo de Ministros Revolucionarios del Gobierno Bolivariano" (*Gaceta Oficial N°* 39.267 de 18 de septiembre de 2009). La figura, en todo caso, fue suprimida después.

De igual manera, se crearon "Vice Presidencias Sectoriales" con el propósito de coordinar políticas sectoriales, siguiéndose la práctica conforme a la cual ciertos ministros eran designados también Vice Presidentes Sectoriales[43]. Ninguna de esas figuras, se advierte, está recogida en la regulación constitucional de la organización ministerial[44].

La creación de estructuras paralelas estuvo también caracterizada por la creación de las llamadas *misiones*. Así, en 2004 se crearon organizaciones especiales, dependientes de la Presidencia de la República y separadas como tal de la organización ministerial, para la gestión específica de ciertos cometidos públicos, pero por procedimientos paralelos a los aplicados a la Administración Pública Nacional. Así, por ejemplo, para atender la salud pública, y junto a los órganos y entes de la Administración Pública, se crearon misiones especiales. En la práctica, esas misiones se crearon para gestionar programas sociales financiados con los ingresos petroleros luego del boom iniciado en 2004, pero por mecanismos paralelos a los previstos en la organización administrativa nacional[45].

6.   *Recapitulación. La ineficiencia de la Administración Pública y el Estado fallido en Venezuela*

En el ***Estado administrativo***, la eficiencia de la organización administrativa es condición necesaria –no suficiente– para la correcta gestión de los cometidos públicos. Por supuesto, mientras más amplios son estos cometidos, mayores exigencias de eficiencia se requerirán para la organización administrativa. Esto permite explicar por qué la ampliación de los cometidos públicos –como resultado del aumento de la intervención pública en el orden socioeconómico– eleva las exigencias sobre la Administración Pública y, por ende, incrementa la posibilidad de fallas en la capacidad estatal, todo lo cual se traduce en vicios administrativos, especialmente, relacionados con la corrupción[46].

El caso de Venezuela ilustra muy bien ese riesgo. Las políticas socialistas que comenzaron a implementarse en 2003, impulsadas por el boom petrolero, ampliaron los cometidos públicos y, por ende, ampliaron la organización administrativa, muy especialmente a nivel ministerial. Esto incrementó los niveles de exigencia sobre la Administración Pública, niveles que ésta no pudo atender, lo cual derivó progresivamente en áreas desatendidas por la Administración Pública, lo que afectó la gobernanza y los derechos de los ciudadanos que no pudieron acceder a los bienes y servicios que ha debido proveer la Administración.

---

[43]   Tales figuras se reconocen en la Ley Orgánica de la Administración Pública. De acuerdo con su artículo 49, "las Vicepresidencias Sectoriales son órganos superiores del nivel central de la Administración Pública Nacional, encargados de la supervisión y control funcional, administrativo y presupuestario de los ministerios del poder popular que determine el Presidente o Presidenta de la República, quien fijará además el número, denominación, organización, funcionamiento y competencias de éstas".

[44]   La creación de estas Vicepresidencias Sectoriales puede entenderse como una acción orientada a restaurar el principio de división sectorial de la organización ministerial, pero creando estructuras paralelas.

[45]   Brewer-Carías, Allan R., *Tratado de Derecho Administrativo. Derecho Público Iberoamericano*, Tomo II, *La Administración Pública, cit.*, pp. 789 y ss. Véase igualmente a Rachadell, Manuel, *Evolución del Estado venezolano 1958-2015. De la conciliación al populismo autoritario*, Editorial Jurídica Venezolana-FUNEDA, Caracas, 2015, pp. 438 y ss.

[46]   El deterioro de la capacidad estatal derivada de la ineficiencia de la Administración Pública, es factor determinante para el colapso del Estado. Véase a North, Douglass, *et al, Violence and social order. A conceptual framework for interpreting recorded human history*, Cambridge University Press, Nueva York, 2012, pp. 1 y ss.

El desordenado crecimiento de la organización ministerial fue incentivado por el marco constitucional vigente desde 1999, que como vimos, permitió al Presidente crear o suprimir Ministerios sin control parlamentario. Al suprimirse tal control, la creación y supresión de Ministerios dependió de la sola voluntad de la Administración Pública, todo lo cual facilitó el crecimiento desordenado de ministerios.

II. EL RESCATE DE LA GOBERNANZA ADMINISTRATIVA EN VENEZUELA: LA CREACIÓN DEL CENTRO DE GOBIERNO Y LA REFORMA DE LA ORGANI-ZACIÓN MINISTERIAL

1. *Objetivo de la reforma administrativa en Venezuela: construir la capacidad de la Administración Pública para promover los estándares de buena administración*

La reforma de la Administración Pública es un tema de permanente actualidad, al punto que pudiéramos señalar que la Administración Pública se encuentra en un proceso de permanente reforma. En el caso de Venezuela –siguiendo tendencias comparadas– esta reforma ha estado orientada por dos grandes etapas históricas. Así, a partir de la década de los sesenta, la reforma de la Administración Pública se enfocó a permitir que la Administración Pública sirviese al modelo de estatista de desarrollo centrado en el Petro-Estado. Luego, en la década de los noventa, se implementaron políticas de reformas de signo distinto, orientadas a la reducción de la Administración Pública en el marco de la liberalización de la economía, promoviendo un modelo de desarrollo centrado en la economía de mercado[47].

Actualmente, la reforma de la Administración Pública no se plantea solo en términos *cuantitativos* sino *cualitativos.* Es decir, el interés de la reforma no se centra solo en el tamaño de la Administración Pública, sino también en la calidad de la actividad administrativa. Ello es importante pues las políticas de reducción del tamaño del Estado –mediante políticas de simplificación y liberalización– no conducen necesariamente al fortalecimiento de la capacidad estatal. Por el contrario, tal fortalecimiento solo puede lograrse por medio de políticas públicas progresivas, enfocadas en atender problemas concretos que impiden el correcto funcionamiento de la Administración Pública[48].

Por ello, la reforma administrativa en Venezuela no puede limitarse solo a aspectos cuantitativos, pues deben incorporarse también aspectos cualitativos. En otros términos, *la reforma administrativa debe orientarse a fortalecer la capacidad de la Administración Pública en el marco de los estándares de buena administración*[49].

Sin embargo, el caso de Venezuela permite comprender muy bien un problema clásico en la teoría general del desarrollo económico: ¿cómo construir Administraciones Públicas capaces sin un desarrollo adecuado, que en parte no puede ser promovido por la ineficiencia de las Administraciones Públicas? Una posible solución a ese problema es considerar la

---

[47] Sobre esta evolución, vid. *The contribution of the United Nations to the improvement of the Public Administration,* Naciones Unidas, Nueva York, 2009, pp. 3 y ss. Véase toda la información relevante en la página del Programa de Administración Pública de las Naciones Unidas (UNPAN): http://www.unpan.org/.

[48] Esta es la propuesta de Andrews, Matt, *et al*, *Building State Capability*, *cit.* Véase igualmente a Fukuyama, Francis, *State Building,* Cornell University Press, 2014, pp. 1 y ss.

[49] Véase en general lo expuesto en Rivero Ortega, Ricardo, "Reforma del Estado en América latina: las instituciones administrativas como clave del desarrollo", en *Derecho administrativo iberoamericano.* Tomo 1, Caracas, 2007, p. 619 y Rodríguez-Arana, Jaime, *Reforma administrativa y nuevas políticas públicas,* Sherwood, Caracas, 2005, pp. 157 y ss.

interacción existente entre el desarrollo económico y la capacidad de la Administración Pública: mientras más se promueva el desarrollo, más condiciones existirán para construir Administraciones Públicas capaces; y mientras más se fortalezca la Administración Pública, mejores condiciones existirán para promover el desarrollo.

Con lo cual, las políticas públicas orientadas a promover el desarrollo económico deben implementarse, en un inicio, con la limitada capacidad existente, simplemente, pues no es posible esperar primero por construir Administraciones Públicas capaces[50]. Con esta advertencia, queremos resaltar que los estándares de buena administración dependen de la capacidad estatal, y ésta solo puede construir progresivamente. No basta así con regular tales estándares mediante Leyes de procedimiento administrativo: es necesario además asegurar su efectiva implementación, lo que dependerá de la capacidad estatal disponible[51].

La principal conclusión de lo anterior es que *la reforma administrativa no puede limitarse a incidir en el tamaño de la Administración, pues es necesario incidir también en la calidad de la Administración Pública. Con lo cual, esa reforma debe estar encaminada a fortalecer la capacidad estatal en el marco de los estándares de buena administración*. Tal objetivo, en todo caso, no puede ser alcanzado en el corto plazo, pues la capacidad estatal no puede fortalecerse a corto plazo. Por el contrario, ello requiere (i) fortalecer el recurso humano, lo que pasa por promover la profesionalización de los funcionarios en el marco de normas que garanticen el acceso, asenso y egreso de la función pública basado en criterios objetivos. Además, (ii) es necesario dotar a la Administración Pública de los recursos financieros y no financieros necesarios para cumplir con los cometidos públicos. Finalmente, (iii) todos estos recursos deben ordenarse a través de una adecuada organización administrativa que asegure que los funcionarios puedan gestionar esos recursos de manera eficiente y transparente, conforme a los estándares de buena administración.

Con lo cual, construir Administraciones Públicas capaces en el marco de los estándares de buena administración no es una tarea que pueda alcanzarse a corto plazo. Empero, a corto plazo es necesario implementar las políticas públicas que permitan atender en Venezuela la emergencia humanitaria compleja. De lo anterior resulta que es necesario instrumentar un proceso de reforma administrativa orientado a dos objetivos: *(i)* en el corto plazo, *implementar reformas mínimas con la limitada capacidad estatal disponible*, que permitan instrumentar políticas públicas para atender la emergencia compleja. Luego, *(ii)* a mediano plazo, *es necesario fortalecer la capacidad de la Administración Pública conforme a los estándares de la buena administración*.

---

[50] Para esta visión, por ejemplo, *vid.* Yuen, Ang, *How China escaped the poverty trap,* Cornell University Press, 2016, pp. 26 y ss. Ello permite comprender por qué, según ciertos estudios, las políticas de crecimiento económico a corto plazo no están relacionadas con reformas administrativas: esas reformas, en casos de fallos en la capacidad estatal, no pueden alcanzarse a corto plazo. *Vid.* Hausmann, Ricardo, *el at,* "Growth accelerations", John F. Kennedy School of Government Harvard University, 2005.

[51] Existe una posición conforme a la cual la buena gobernanza o las buenas instituciones –conceptos afines a los estándares de buena administración– son condiciones indispensables para el desarrollo económico. Pero esa posición no resuelve la paradoja mencionada: ¿cómo promover el desarrollo si no hay buenas instituciones, y cómo promover buenas instituciones si no hay desarrollo? Véase esta posición en Acemoglu, Daron y Robinson, James, *Why Nations Fail,* Crown Business, New York, 2012, pp. 70 y ss. Es por ello que no basta con decretar los estándares de buena administración mediante Leyes y Decretos: es preciso asegurar su efectiva implementación, lo que dependerá de la capacidad estatal.

Tomando en cuenta estas conclusiones, en las siguientes secciones desarrollaremos las reformas indispensables en Venezuela para asegurar que la Administración Pública Nacional Central pueda atender la emergencia compleja. Tales reformas son la creación del "centro de gobierno", la simplificación de la organización ministerial y la adopción de estándares de buena administración especialmente a través de acuerdo público-privados[52].

2. *La creación del "centro de gobierno" y el principio de eficiencia en la organización administrativa*

La relevancia de la Administración Pública en el proceso de diseño e implementación de políticas públicas ha llevado a proponer la creación de lo que se conoce como **centro de gobierno.** De acuerdo con el Banco Interamericano de Desarrollo, el centro de gobierno es la *"institución o grupo de instituciones que prestan apoyo directo al presidente en la gestión del gobierno"*, cuyos propósitos son: *(i)* asegurar la consistencia de las políticas públicas adoptadas por el Gobierno; *(ii)* mejorar su desempeño; *(iii)* proporcionar una narrativa coherente y *(iv)* conducir la dirección política[53]. En pocas palabras, el centro de gobierno asume como función la **gestión estratégica** del Gobierno, procurando la coordinación de las políticas públicas adoptadas por los Ministerios e incluso, la solución de controversias que puedan presentarse en la implementación de esas políticas[54].

El centro de gobierno no asume la implementación de políticas públicas, con lo cual, no gestiona actividades directamente con los ciudadanos. Su función, por el contrario, es promover la coherencia de las políticas públicas diseñadas e implementadas por los órganos y entes de la Administración Pública desde una visión transversal, todo ello, con el propósito de velar por el principio de eficacia. De allí que el funcionamiento del centro de gobierno requiere del plan de gobierno que trace objetivos específicos que deben ser alcanzados[55].

La Organización para la Cooperación Económica y el Desarrollo (OECD)[56], igualmente, ha destacado el rol del centro de gobierno en la coordinación de políticas públicas, tomando en cuenta la diversidad y complejidad de tareas asignadas a los órganos y entes del Poder Ejecutivo[57]. En tal sentido, el centro de gobierno cumple un rol importante en

---

[52]   Como se observa, estas propuestas de reformas se orientan a objetivos de corto plazo, y dejan a salvo las reformas estructurales de mediano plazo para asegurar la efectiva implementación de los estándares de buena administración.

[53]   Alessandro, Martín, *et al, El fortalecimiento del Centro de Gobierno en América Latina y el Caribe,* Banco Interamericano de Desarrollo, Washington D.C., 2013, pp. 3 y ss.

[54]   Para el caso de Colombia, vid.: OECD, *Colombia: Implementing Good Governance*, OECD Public Governance Reviews, OECD, París, 2013, pp. 91 y ss.

[55]   El plan de gobierno alude a la enumeración de los objetivos estratégicos específicos que debe ser atendidos. Tal plan resulta de la adecuación del programa de gobierno –generalmente resultado de las propuestas presentadas durante elecciones– y por ende, requiere la implementación técnica de propuestas políticas. De allí que el rol principal del plan de gobierno sea adelantar esa implementación técnica conforme al principio de objetividad. En tal sentido, se ha señalado la importancia de contar con *"un plan de gobierno con un pequeño número de prioridades, y protocolos para guiar a los ministerios en la definición concreta de estos objetivos"*. Cfr.: El fortalecimiento del Centro de Gobierno en América Latina y el Caribe, cit.

[56]   "Co-ordination at the Centre of Government: The Functions and Organization of the Government Office Comparative; Analysis of OECD Countries, CEECs and Western Balkan Countries", *SIGMA Papers, N° 35*, OECD, Paris, 2004.

asegurar la *gobernanza administrativa*, en tanto su propósito es fortalecer la capacidad del Poder Ejecutivo para la eficiente implementación de políticas públicas[58].

No existe una organización fija del centro de gobierno. Por el contrario, su organización debe depender de cada circunstancia en concreto, siempre en resguardo del principio de simplificación. Así, las funciones del centro de gobierno pueden encomendarse a algún órgano del Poder Ejecutivo, por ejemplo, a través del Consejo de Ministros[59]. De manera especial pueden crearse estructuras para cumplir algunos de esos fines, como fue el caso –por ejemplo– de la Oficina de Cumplimiento (*Prime Minister's Delivery Unit*) creada en el Reino Unido como oficina de asesoría del Gobierno en materia de efectividad de las políticas públicas[60], una experiencia replicada en Chile[61].

En el caso de Venezuela, la creación del centro de gobierno está justificada en los principios de eficiencia, coordinación y control de gestión ampliamente desarrollados en la Ley Orgánica de la Administración Pública[62], los cuales desarrollan el concepto constitucional de la Administración Pública vicarial al cual ya hicimos mención. De hecho, en la desordenada organización ministerial existente, se han ensayado algunas organizaciones para cumplir con la función básica de tal centro[63]. Sin embargo, más allá de este aspecto organizacional, lo que resulta fundamental es precisar cuál es la importancia del centro de gobierno en la Administración Pública venezolana actual.

Tal y como hemos visto, el crecimiento de la Administración Pública en Venezuela no se ha reflejado en la mejora de los indicadores de gestión. Todo lo contrario, no solo la capacidad estatal de Venezuela ha declinado, sino que además, la evaluación de la gobernanza se ha visto igualmente afectada. Este deterioro de la calidad de la Administración Pública en Venezuela coincide, además, con una grave crisis económica y social, que ha desencadenado en la emergencia compleja especialmente en el ámbito de la alimentación y la salud. La incapacidad del Estado para cumplir sus cometidos a través de la Administración Pública es, por ello, un factor que agrava las consecuencias de esa emergencia compleja.

---

[57] La coordinación, de acuerdo con el documento citado en la nota anterior, abarca la preparación de las sesiones del Gobierno; el cumplimiento de extremos legales; planes de gobierno y su relación con el presupuesto; comunicaciones; control de gestión del Gobierno; relaciones con los órganos del Poder Público y definición de prioridades.

[58] OECD, "Centre Stage: Driving Better Policies from the Centre of Government", Trigésima Tercera reunión de Altos Funcionarios de Centros de Gobierno, 8-10 de octubre de 2014, Viena, Austria.

[59] En Perú, por ejemplo, las funciones del Centro de Gobierno las ejerce la Presidencia del Consejo de Ministros. *Cfr.: OECD Public Governance Reviews: Peru: Integrated Governance for Inclusive Growth*, OECD, Paris, 2016. Vid.: https://www.gob.pe/pcm

[60] Richards, David y Smith, Martin, "Central control and policy implementation in the UK: A case study of the Prime Minister's Delivery Unit", en *Journal of Comparative Policy Analysis, 8:4*, 2016, pp. 325-345.

[61] Dumas, Víctor, Lafuente, Mariano y Parrado, Salvador, *La experiencia del Ministerio de la Presidencia y su Unidad Presidencial de Gestión del Cumplimiento (2010-13)*, Banco Interamericano de Desarrollo, Washington D.C., 2013.

[62] Artículos 10, 18, 20 y 23, Ley Orgánica de la Administración Pública.

[63] El "Ministerio del Poder Popular del Despacho de la Presidencia y Seguimiento de la Gestión de Gobierno" tiene entre sus competencias el control de gestión de las políticas del Gobierno, como sucede también con el Ministerio de planificación. Además, cada Ministerio debe contar con una oficina de seguimiento y evaluación, como vimos.

Con lo cual, la creación del centro de gobierno no solo encuentra justificación en los principios señalados de la Ley Orgánica de la Administración Pública basados en el concepto vicarial de Administración Pública. Además, tal centro debe cumplir un rol fundamental en la coordinación de políticas públicas asociadas a la atención de la emergencia compleja, así como en la medición de la calidad de tales políticas públicas.

Para cumplir con los fines del centro de gobierno, en nuestra opinión, no es preciso crear una organización especializada, en tanto esas funciones coinciden con el rol constitucional de la Vicepresidencia Ejecutiva de la República. De esa manera, *la Vicepresidencia Ejecutiva de la República puede servir para asumir las funciones del centro de gobierno en Venezuela*, especialmente en el marco de las políticas públicas orientadas a atender la emergencia humanitaria compleja. De esa manera, y sin perjuicio de las estructuras existentes en la actual organización ministerial, es recomendable concentrar las funciones del centro de gobierno en la Vicepresidencia pues (i) su organización es externa a la organización ministerial, lo que facilita la coordinación de todos los ministerios y *(ii)* las funciones del centro de gobierno coinciden con las funciones constitucionales y legales de la Vicepresidencia[64]. Así, dentro de las funciones que la Vicepresidencia de la República debe cumplir en su rol de centro de gobierno, destacamos las siguientes:

.- En *primer* lugar, la Vicepresidencia debe cumplir un rol fundamental en el diseño e implementación del plan de gobierno, muy en especial, en cuanto a la emergencia humanitaria compleja. Deberá tratarse de un plan específico y concreto, con metas claramente señaladas y autoridades responsables.

.- En *segundo* lugar, la Vicepresidencia deberá brindar apoyo técnico para la coordinación de políticas públicas enmarcadas en el mencionado plan. Especialmente, y para realzar el principio de objetividad, la Vicepresidencia de la República deberá promover que tales políticas públicas se basen en evidencias valoradas a través del análisis costo-beneficio[65].

---

[64] Como vimos, la Vicepresidencia auxilia a la Presidencia en el control del Poder Ejecutivo Nacional. La revisión de sus competencias, en el artículo 48 de la Ley Orgánica de la Administración Pública, permite comprender cómo algunas de esas competencias coinciden con las funciones del centro de gobierno. Así, entre otras, la Vicepresidencia es competente para coordinar la Administración Pública; coordinar las relaciones del Ejecutivo Nacional con la Asamblea Nacional y efectuar el seguimiento a la discusión parlamentaria de los proyectos de ley; dirigir y coordinar el proceso de evaluación de los resultados de las políticas públicas adoptadas por el Ejecutivo Nacional, así como efectuar el seguimiento a las decisiones del Consejo de Ministros e informar periódicamente a la Presidencia sobre el estado general de su ejecución y resultados. En la práctica, estas funciones se han perdido pues la Vicepresidencia ha adoptado una función preponderante política y no técnica.

[65] El proceso de toma de decisiones por parte de la Administración Pública, para cumplir con los estándares de buena administración, debe basarse en la valoración de evidencias de acuerdo con el análisis costo-beneficio. Esto quiere decir que, sin perjuicio del ejercicio de potestades discrecionales expresamente atribuidas por Ley, la actividad administrativa debe tomar en cuenta el análisis de la evidencia de manera objetiva, ponderando los beneficios de la decisión planteada con sus costos. Ello permitirá implementar mecanismos de control posterior que evalúen la calidad de la actividad administrativa, entre otros parámetros, con base en este análisis costo-beneficio. Véase al respecto a Sunstein, Cass, *The costo-benefit Revolution*, The MIT Press, Cambridge, 2018, pp. 207 y ss.

.- En *tercer* lugar, la Vicepresidencia deberá implementar mecanismos de **control de gestión**, que evalúen el cumplimiento del plan de gobierno. De manera especial, deberán implementarse mecanismos que permitan monitorear la evolución de la capacidad estatal y de gobernanza, como factores determinantes para el cumplimiento efectivo de las funciones asignadas a la Administración Pública[66].

Para cumplir con esas funciones, la Vicepresidencia deberá contar con una organización adecuada y personal debidamente calificado. Especialmente, deberá promover el uso de las tecnologías de la información y del conocimiento (TICs), vista la estrecha conexión existente entre el Gobierno electrónico y la promoción de la eficiencia[67].

.- Finalmente, y en *cuarto* lugar, las funciones de la Vicepresidencia como centro de gobierno deberán promover la participación ciudadana abierta y transparente, en el marco del principio de rendición de cuentas.

3. *La reforma ministerial para rescatar la gobernanza administrativa en Venezuela: la transición de la organización administrativa en Venezuela*

La creación del centro de gobierno en la Vicepresidencia Ejecutiva de la República de poco servirá si no se promueve la reforma de la organización ministerial a los fines de promover su simplificación, mediante la fusión de ministerios que atiendan competencias sectoriales similares. Sin embargo, es importante efectuar algunas advertencias sobre este proceso de simplificación.

.- La *primera* advertencia es que la simplificación del número de ministerios no fortalece la capacidad estatal. En efecto, la capacidad estatal depende del personal, medios y recursos con los que cuenta la Administración Pública para el cumplimiento de sus funciones, bajo los parámetros derivados del artículo 141 constitucional. Aun cuando una desordenada organización ministerial entorpece el cumplimiento de esas funciones, la sola fusión de ministerios no conduce al resultado contrario. Así, la construcción de la capacidad estatal –a través del fortalecimiento de la Administración Pública– es un proceso largo y complejo[68]. De ello resulta que la simplificación de la organización ministerial es condición necesaria –pero no suficiente– para fortalecer tal capacidad.

.- La *segunda* advertencia, es que este proceso de simplificación no será, en Venezuela, tarea sencilla. Reducir el número actual de Ministerios –treinta y tres (33)– a un número considerado razonable, no es una tarea que pueda lograrse en el corto plazo. De hecho, un indebido proceso de reducción ministerial puede debilitar –más todavía– la capacidad estatal.

---

[66] El control de gestión está debidamente desarrollado en diversas Leyes, como por ejemplo, la Ley Orgánica de la Contraloría General de la República y el Sistema Nacional de Control Fiscal. La ausencia de capacidad estatal ha impedido la efectiva aplicación de estas Leyes.

[67] La Administración electrónica, al reducir los costos de la actividad administrativa y en especial, de la interacción con los ciudadanos, es un apropiado instrumento para apuntalar la eficiencia administrativa. *Vid.*: Martínez Gutiérrez, Rubén, *Administración pública electrónica*, Civitas-Thomson Reuters, Navarra, 2009, pp. 31 y ss. En Venezuela, *vid.* Belandria García, José, "Organización administrativa para la ordenación de la Administración Pública telemática", en *Revista Venezolana de Legislación y Jurisprudencia N° 7. Volumen II*, Caracas, 2016, pp. 457 y ss. El Banco Interamericano de Desarrollo ha prestado especial importancia a los medios electrónicos como mecanismos para afianzar la eficiencia en el servicio a los ciudadanos. *Cfr.*: Farías, Pedro, *et al, Gobiernos que sirven: innovaciones que están mejorando la entrega de servicios a los ciudadanos*, Banco Interamericano de Desarrollo, Washington D.C., 2016.

[68] *Cfr.*: Andrews, Matt, Matt et al, *Building State Capability*, cit.

Es por ello que hablamos de un ***proceso de transición***, para describir cómo la reforma de la organización ministerial será resultado de un proceso gradual.

-. La *tercera* advertencia está relacionada con la complejidad del proceso de reducción ministerial, en tanto éste debe estar acompañado de la simplificación de la Administración Pública Descentralizada, especialmente, mediante la reducción de las empresas públicas creadas con ocasión al modelo socialista.

Estas advertencias permiten comprender que el fortalecimiento de la gobernanza de la Administración Pública a través de la simplificación de la organización ministerial no es un objetivo de inmediato cumplimiento. Pese a ello, la emergencia compleja en Venezuela exige respuestas inmediatas de la Administración Pública. De allí, nuevamente, la pertinencia de enfocar este proceso de simplificación a través de una transición, en la cual puedan implementarse reformas paulatinas que permitan incrementar progresivamente la capacidad de la Administración Pública para atender la emergencia compleja. Tales reformas paulatinas, por ello, deben permitir articular respuestas inmediatas con la limitada capacidad de la Administración Pública.

Tomando ello en cuenta, proponemos un proceso de reforma de la organización ministerial que en el corto plazo, se divide en tres líneas de acciones concurrentes.

-. La *primera* línea de acción consiste en la ***simplificación de ministerios a nivel horizontal***, o sea, afectando solo el número de Ministerio. Esto permitirá a cada Despacho Ministerial diseñar e implementar políticas de ***simplificación vertical***, esto es, simplificar la organización interna del ministerio. Logrado estos objetivos, podrá avanzarse en nuevos procesos de simplificación de la organización ministerial, una vez que la gobernanza haya sido debidamente rescatada. Como se observa, el proceso de reducción se define como gradual, pues junto a la reducción de la organización, es preciso además implementar conjuntamente las medidas orientadas a fortalecer la capacidad de la Administración Pública.

.- La *segunda* línea de acción es organizar a la Vicepresidencia Ejecutiva de la República para que con cumpla su rol de centro de gobierno, muy especialmente, en esta primera etapa de fortalecimiento de gobernanza administrativa.

.- Finalmente, la *tercera* línea de acción consiste en crear un órgano concentrado de toma de decisiones relacionadas con la emergencia humanitaria. En efecto, como el proceso de reducción ministerial será gradual, no será posible contar a corto plazo con una organización ministerial adecuada. Luego, como solución paliativa, se propone crear un órgano que concentre las competencias ministeriales relacionadas con la atención de la emergencia humanitaria[69]. Una opción para lograr ello es crear un ***gabinete sectorial*** que integre a un número reducido de ministerios responsables de adoptar todas las decisiones relacionadas con la emergencia humanitaria[70], bajo la rectoría de la Vicepresidencia Ejecutiva en funciones de centro de gobierno[71].

---

[69] Esto abarca competencias en temas tales y como importaciones, registros sanitarios, controles sobre la producción de alimentos y medicamentos, servicios de salud y seguridad, entre otros.

[70] El gabinete sectorial, según la Ley Orgánica de la Administración Pública, es el órgano que reúne a ministerios en áreas sectoriales afines.

[71] Para ello, los Ministros que no participen en ese gabinete pero que sean titulares de competencias relacionadas con las políticas de atención de la emergencia compleja, delegarán esas competencias a los Ministros que sí participen en el gabinete.

Áreas sectoriales	Ministerios
I. Apoyo a la Presidencia	1. Comunicación e Información 2. Planificación 3. Despacho de la Presidencia y Seguimiento de la Gestión de Gobierno
II. Economía y finanzas	4. Economía y Finanzas 5. Industrias y Producción Nacional 6. Comercio Exterior e Inversión Internacional 7. Agricultura Productiva y Tierras 8. Agricultura Urbana 9. Pesca y Acuicultura 10. Alimentación 11. Turismo 12. Comercio Nacional
III. Energía y petróleo	13. Petróleo 14. Desarrollo Minero Ecológico 15. Energía Eléctrica
IV. Infraestructura	16. Hábitat y Vivienda 17. Obras Públicas 18. Transporte
V. Social	19. Salud 20. Pueblos Indígenas 21. Mujer y la Igualdad de Género 22. Comunas y los Movimientos Sociales 23. Proceso Social de Trabajo 24. Educación 25. Educación Universitaria, Ciencia y Tecnología 26. Juventud y el Deporte; 27. Cultura 28. Atención de las Aguas 29. Ecosocialismo
VI. Relaciones exteriores	30. Relaciones exteriores
VII. Relaciones interiores	31. Relaciones Interiores, Justicia y Paz 32. Servicio Penitenciario
VIII. Defensa	33. Defensa

Cuadro N° 3
Listado de ministerios actuales por áreas sectoriales

Este cuadro refleja bien la irracionalidad de la organización ministerial actual: mientras hay casos en los cuales hay un solo ministerio por sector –defensa– en otros casos hay múltiples ministerios por sector. En tal sentido, un primer paso para reducir esa organización – condición necesaria, pero insuficiente, para cumplir con el propósito último de fortalecer la capacidad estatal en el marco de los estándares de buena administración– es fusionar ministerios cuyas competencias corresponden claramente a sub-sectores que deberían ser integrados. A continuación, presentamos diversos modelos de reducción gradual de ministerios conforme a estas premisas:

Reducción a dieciséis (16) ministerios	Reducción a veintidós (22) ministerios
1. Despacho de la Presidencia (abarca la competencia sectorial relacionada con comunicación e información, en coordinación con la Vicepresidencia Ejecutiva). 2. Planificación	1. Despacho de la Presidencia 2. Comunicación e información 3. Planificación
3. Finanzas Públicas 4. Industria y Comercio (abarca las competencias correspondientes a las áreas de industria y comercio, incluyendo turismo) 5. Alimentación (comprende las competencias sectoriales correspondientes a agricultura, pesca, acuicultura y alimentación).	4. Finanzas Públicas 5. Industria 6. Comercio 7. Alimentación 8. Agricultura, pesca y acuicultura
6. Energía, Minas y Petróleo (abarca esas tres competencias)	9. Energía 10. Minas y Petróleo
7. Infraestructuras (abarca competencias en hábitat y vivienda, obras públicas y transporte)	11. Obras Públicas, vivienda y hábitat 12. Transporte y Comunicaciones
8. Asuntos sociales (comprende las áreas de pueblos indígenas, mujer; la igualdad de géneros y movimientos sociales; juventud y el deporte, así como cultura). 9. Salud 10. Educación, ciencia y tecnología (comprende competencias en materia de educación, así como educación universitaria, ciencia y tecnología) 11. Trabajo 12. Ambiente y recursos naturales (comprende áreas correspondientes al ambiente y atención de las aguas)	13. Asuntos sociales 14. Salud 15. Educación 16. Ciencia y tecnología 17. Trabajo 18. Ambiente
13. Relaciones exteriores	19. Relaciones exteriores
14. Relaciones Interiores (que integra al área de servicio penitenciario). 15. Justicia	20. Relaciones Interiores 21. Justicia
16. Defensa	22. Defensa

Cuadro N° 4

Propuesta de reducción gradual de ministerios

El proceso de fusión –que podrá ser mayor o menor de acuerdo con las condiciones políticas imperantes– afectaría en un primer momento solo el número de ministerios, no así su organización vertical, la cual será progresivamente reducida. Esto permitiría iniciar la reforma en un plano horizontal –número de ministerios– para luego pasar al plano vertical organización interna de cada ministerio[72].

Junto a esta reducción, como vimos, el gabinete sectorial permitiría concentrar competencias en un número reducido de ministerios, bajo la rectoría de la Vice-Presidencia Ejecutiva, de forma tal que las decisiones que escapan de esa emergencia serían atendidas por el Consejo de Ministros:

---

[72] Por ejemplo, para la fusión de los ministerios del área de industria y comercio, en la propuesta de reducción a dieciséis (16) ministerios, los ministros de Comercio Exterior e Inversión Internacional, así como de Comercio Nacional, serían designados Vice-Ministros del nuevo Ministerio de Industria y Comercio, preservando cada uno de ellos su estructura ministerial, que pasaría a ser, en cada caso, estructuras del vice-ministerio correspondiente. Ese cambio nominal permitiría la fusión interna de la organización ministerial de manera gradual.

```
                    ┌─────────────────┐
                    │   Presidencia   │
                    └────────┬────────┘
      ┌──────────────┐       │
      │Vice-Presidencia│     │
      │  (centro de    ├─────┤
      │   Gobierno)    │     │
      └──────────────┘       │
    ┌──────────────┐  ┌──────────────┐
    │ Gabinete de  │  │              │
    │  emergencia  │  │  Ministerios │
    └──────────────┘  └──────────────┘
```

Cuadro N° 5
Organización administrativa para la emergencia compleja

Nótese que el gabinete sectorial no se presenta como un órgano paralelo, sino como un órgano que concentra competencias ministeriales para simplificar la toma de decisiones, y que por ende, no incide en el número de ministerios. Ello permitirá que el proceso de simplificación de la organización ministerial no impida, a corto plazo, adoptar medidas relacionadas con la emergencia compleja con un grado mayor de gobernanza, al no tener que depender de la compleja organización ministerial en proceso de reducción.

4. *La implementación de los estándares de la buena administración y la promoción de acuerdos público-privados*

La organización del centro de gobierno junto con la simplificación de la organización ministerial y la creación del gabinete sectorial para la emergencia compleja, facilitará el diseño e implementación de políticas públicas en el marco de los estándares de la buena administración. De manera especial, los principios de simplificación y de transparencia permitirán adoptar tales políticas públicas por medio de trámites simplificados y transparentes que faciliten la rendición de cuentas y la participación ciudadana.

En casos como el venezolano, en el cual la Administración Pública tiene una limitada capacidad estatal, surgen *áreas informales de gobernanza,* esto es, áreas en las cuales la Administración Pública no interviene de manera formal, pero en las cuales la sociedad se ha organizado para satisfacer necesidades colectivas[73]. En ciertos casos la sociedad civil actúa de manera independiente –como sucede con los mercados negros– pero en otros casos, actúa conjuntamente con los funcionarios, lo que suele estar asociado con prácticas de corrupción. En términos generales, los mecanismos sociales por medio de los cuales estos mecanismos informales de gobernanza se implementan se denominan *acuerdos sociales*. Frente a las reglas formales, que son generales y abstractas, los acuerdos suelen ser específicos y además, suelen basarse en relaciones subjetivas[74].

Ahora bien, la supresión de estos mecanismos de gobernanza informal no es una solución de cara al problema de fondo, a saber, fortalecer la gobernanza formal de la Administración Pública. Por el contrario, la supresión de esos mecanismos podrá afectar la satisfacción de necesidades colectivas, lo que podría perturbar la debilitada gobernabilidad.

---

[73]   Risse, Thomas, "Governance in Areas of Limited Statehood", *cit.*

[74]   Pritchett, Lant, *et al, Deals and Development,* Oxford University Press, Oxford, 2018, pp. 24 y ss.

Por ello, el reto consiste en procurar la reducción progresiva de estos acuerdos a la par que se incrementa la capacidad de la Administración Pública para atender las áreas que habían quedado desatendidas[75].

Pero como sea que, según vimos, el fortalecimiento de la capacidad estatal no es tarea sencilla, pudiesen implementarse *acuerdos público-privados* orientados a permitir a la iniciativa privada atender las áreas que la Administración Pública no puede atender, lo que facilitaría que los acuerdos informales pasasen a ser acuerdos formales. Estos acuerdos con el sector privado responderían a mecanismos no-estatales de gobernanza, pero implementados de manera formal, y por ende, en condiciones adecuadas de transparencia[76].

El enfoque tradicional de los acuerdos de transferencia de servicios del sector público al sector privado como mecanismos de privatización debe ceder a favor de un enfoque más amplio, que considere el rol que los acuerdos público-privados deben cumplir en la promoción de la gobernanza administrativa[77]. En efecto, estos acuerdos no pueden valorarse como un instrumento de privatización, pues ellos pretenden suplir áreas que la Administración Pública ha dejado de atender y que por ende, fueron privatizados de hecho. Por el contrario, estos acuerdos fortalecen los mecanismos formales de gobernanza como paso previo al fortalecimiento de la capacidad estatal, especialmente, en área de la emergencia compleja.

---

[75]   Piénsese en el programa social que, debido a fallas en la capacidad estatal, es gestionado –al menos parcialmente– por medio de acuerdos informales. La supresión de esos acuerdos sin que exista la capacidad administrativa suficiente como para proveer tales programas, podría poner el riesgo el acceso de los ciudadanos a los bienes y servicios ofrecidos. En el caso de Venezuela, ello podría agravar las consecuencias de la emergencia compleja.

[76]   La gobernanza no-estatal es aquella gestionada por el sector privado. Mientras los acuerdos sociales son mecanismos informales de gobernanza no-estatal (y por ello, opacos e inestables), los acuerdos público-privado son mecanismos formales de gobernanza no-estatal (y por ende, transparentes y estables).

[77]   Como vimos, el enfoque de la reforma administrativa basado en la liberalización y la privatización, se basa más en un criterio cuantitativo –reducir el tamaño de la Administración Pública– y no cuantitativo. El propósito, por el contrario, es promover mecanismos de colaboración público-privados cuya función sea incrementar la gobernanza administrativa, ante la debilitada capacidad estatal. *Cfr.*: Vincent-Jones, Peter, *The new public contracting: regulation, responsiveness, relationally,* Oxford University Press, Oxford, 2006, pp. 14 y ss.

Transparencia y acceso a la información pública en la industria minera de Venezuela: La opacidad extractiva

Mauricio Rafael Pernía-Reyes

*Abogado**

Resumen: *El criterio fiscal de los recursos mineros del Estado, sus contratos y el destino de lo recaudado en impuestos y regalías, así como el otorgamiento de concesiones y acreditaciones de estudios de impacto ambiental y socio cultural requieren de transparencia y acceso a la información pública. El presente estudio se propone contrastar la Administración Minera venezolana en relación con los estándares internacionales de transparencia de las actividades extractivas.*

Palabras Clave: *Transparencia, Derecho Minero, Acceso a la información pública, Industria Extractiva.*

Abstract: *The fiscal criteria of the State's mining resources, their contracts and the destination of the taxes and royalties collected, as well as the granting of concessions and accreditations of environmental and socio-cultural impact studies require transparency and access to the public information. The present study contrasts the evaluation of the Venezuelan Mining Administration in relation to the international standards of transparency of extractive activities.*

Key words: *Transparency, Mining Law, Access to public information, Extractive Industry.*

SUMARIO

INTRODUCCIÓN

La Administración Pública en Iberoamérica ha implementado en los últimos años diferentes mecanismos normativos, informáticos y buenas prácticas, para facilitar el acceso a la

---

* Abogado y Especialista en Derecho Administrativo por la Universidad Católica del Táchira (Venezuela). Doctorando. Título de Abogado convalidado en Colombia por el Ministerio de Educación Nacional (2016). Profesor de la Universidad Católica del Táchira. Ganador del premio RADEHM mención Minería, Argentina (2018). Director Ejecutivo de Iuris Analytica y Coordinador Regional de Transparencia Venezuela, capítulo de Transparency International.

información pública como *"una herramienta fundamental para la construcción de ciudadanía"*[1]. Esta nueva realidad –que resulta consustancial con los sistemas democráticos– coincide con el fenómeno social deliberativo, incisivo e inclusivo de la participación ciudadana que surge *"ante la grave crisis del sistema democrático representativo"*[2] en el cual las personas exigen, además de ser informadas, que se cuente con su presencia, que sean consultadas y que puedan tener impacto positivo en la gestión pública[3].

El objeto de la transparencia es la actividad administrativa desde la perspectiva funcional aplicable a los órganos y entes de cualquier nivel u orden territorial que desplieguen acciones formal o materialmente estatales puesto que con ella se persigue el *"conocimiento directo por los ciudadanos del funcionamiento y actividad de los sujetos que realizan actividades públicas o que son financiadas con fondos públicos"*[4] reivindicación expuesta por parte de los ciudadanos marcados principalmente por las consecuencias de la corrupción en materia de derechos humanos y gestión pública.

En Venezuela existe una total inversión de la lógica arriba señalada vulnerando la posibilidad del control social a los cuales deben someterse los poderes constituidos y, en particular, las funciones administrativas dado que comportan la materialización de cometidos de interés público más cercanos e inmediatos para el ciudadano. Como tendremos oportunidad de comentar más adelante, el Estado venezolano en sus diferentes órganos constitucionales y administrativos produce actos jurídicos y materiales destinados a asegurarse la falta de publicidad y control de sus actuaciones, soportados en un elevado número de instrumentos normativos de distinto rango y en sentencias del Tribunal Supremo de Justicia que procuran construir una *"barraca de acero"*[5] entorno a la actividad administrativa, contraviniendo el derecho de acceso a la información pública, lesionando los derechos fundamentales a la información y a la participación.

Muchos de estos actos jurídicos y materiales tienen como elemento sustantivo el aprovechamiento de los recursos naturales no renovables (RNNR), actividad extractiva que en Venezuela tiene un intenso nivel de intervención pública que se manifiesta en regulaciones de distinto nivel normativo y visibles costos ambientales que crean las condiciones para la opacidad, la promoción del secreto de Estado y la corrupción. Es nuestro propósito presentar un esbozo del estado de cosas respecto de la transparencia y acceso a la información pública en la actividad minera venezolana en contraste con los estándares internaciones que acompañan al sector extractivo[6].

---

[1]   Corte Interamericana de Derechos Humanos, *El derecho de acceso a la información pública en las Américas: Estándares interamericanos y comparación de marcos legales*, Relatoría especial para la libertad de expresión, Organización de Estados Americanos, 2012, p. 1

[2]   Santofimio, Jaime. *Compendio de Derecho Administrativo*. Universidad Externado de Colombia, Bogotá, 2017, p. 194.

[3]   Córdoba, Anabella. *La planificación de las intervenciones públicas*. Lumen-Hvmanitas, Buenos Aires, 2010, p. 43.

[4]   Esteve, José. *Lecciones de Derecho administrativo*. Marcial Pons, Madrid 2015, p. 222.

[5]   Brewer-Carías, Allan R. "De la Casa de Cristal a la Barraca de Hierro: el Juez Constitucional vs. El derecho de acceso a la información administrativa," en *Revista de Derecho Público*, N° 123, julio-septiembre 2010, Editorial Jurídica Venezolana, Caracas 2010, pp. 197-206

[6]   Güiza, Leonardo *et al. Actualidad y desafíos del derecho minero colombiano*. Editorial Universidad del Rosario, Bogotá 2016, p. 620.

Para una mejor comprensión de lo aquí abordado, el presente trabajo se dividirá en cuatro partes, a saber: Aproximación a la transparencia y el derecho a la información pública en Venezuela (I); Características generales de la actividad minera venezolana (II); La opacidad extractiva (III), y; Conclusiones (IV).

I. APROXIMACIÓN A LA TRANSPARENCIA Y EL DERECHO A LA INFORMACIÓN PÚBLICA EN VENEZUELA

La constitución venezolana de 1999[7] (CRBV) señala los principios que rigen a la Administración Pública y consagra su carácter vicarial, al disponer que está al servicio de los ciudadanos[8]. En este sentido, los principios de honestidad, participación, celeridad, eficacia, eficiencia, transparencia, redición de cuentas y responsabilidad en el ejercicio de la función pública expresan el modo en el que se despliega la actividad administrativa *"con sometimiento pleno a la ley y al derecho"*[9]. Aun con el numeroso elenco de principios, el constituyente venezolano se exime de expresar el propósito de los mismos en la exposición de motivos de la Constitución, al indicar que *"no requieren de mayor explicación"*[10].

Por su parte, la transparencia y el acceso a la información pública suele ser representado –en términos generales– junto con las disposiciones constitucionales relativas al derecho a la libertad de expresión[11] –del cual la doctrina señala como génesis del derecho de acceso a la información pública[12]– el derecho a información y comunicación[13] sobre el cual la doctrina

---

[7] Gaceta Oficial de la República de Venezuela N° 36.860, de 30 de diciembre de 1999; reimpresa por error material en la Gaceta Oficial de la República Bolivariana de Venezuela N° 5.453 Extraordinario, del 24 de marzo de 2000 y enmendada según Gaceta Oficial de la República Bolivariana de Venezuela N° 5.908, del 19 de febrero de 2009.

[8] Al respecto, Brewer-Carías, Allan R., señala; *Este concepto de la Administración Pública al servicio del ciudadano, que caracteriza a la Administración del Estado social y democrático de derecho, es contrario al de la Administración del Estado Burocrático, dedicada al Monarca o a la burocracia. Como lo expresó Max Weber, el Estado Burocrático era una organización que trataba "de incrementar la superioridad del conocimiento profesional de las autoridades públicas, precisamente a través del secretismo y de la confidencialidad de sus intenciones;" y por eso, los gobiernos burocráticos, siempre fueron "gobiernos que excluyen la publicidad."* Véase *Max Weber, Economía y Sociedad,* Vol. II, Fondo de Cultura Económica, México 1969, p. 744. *Vid.* Brewer-Carías, Allan R. "La falta de transparencia de la administración pública propicia un régimen autoritario". En *Revista de la Facultad de Derecho de México* Tomo LXVIII, Número 271, Mayo-Agosto 2018, Universidad Nacional Autónoma de México, México 2018, pp. 44-45.

[9] Artículo 141 de la CRBV.

[10] *Ídem.*

[11] Artículo 57 de la CRBV, el cual señala: *Toda persona tiene derecho a expresar libremente sus pensamientos, sus ideas u opiniones de viva voz, por escrito o mediante cualquier otra forma de expresión, y de hacer uso para ello de cualquier medio de comunicación y difusión, sin que pueda establecerse censura. Quien haga uso de este derecho asume plena responsabilidad por todo lo expresado. No se permite el anonimato, ni la propaganda de guerra, ni los mensajes discriminatorios, ni los que promuevan la intolerancia religiosa.*

Se prohíbe la censura a los funcionarios públicos o funcionarias públicas para dar cuenta de los asuntos bajo sus responsabilidades.

[12] Al respecto véase Valim, Rafael. "El derecho fundamental de acceso a la información pública en el derecho brasileño", en Jaime Rodríguez-Arana Muñoz y Luis José Béjar Rivera (Coords.) *El derecho Administrativo en Iberoamérica en homenaje al profesor Mariano Brito.* Universidad Panamericana, T. II. México 2015, p. 226.

tiene opiniones diversas en su relación con el derecho de acceso a la información pública derecho[14-15], el derecho de petición como facultad de cualquier persona, natural o jurídica, para dirigir solicitudes ante los órganos y entes del poder público y que los titulares de estas estructuras organizativas deban dar oportuna y adecuada respuesta[16], el derecho de acceso a la información personal que repose en los archivos públicos o privados (*Habeas data*)[17], el derecho de toda persona de ser informada oportuna y verazmente por la Administración

---

[13]   Artículo 58 de la CRBV el cual señala: *La comunicación es libre y plural, y comporta los deberes y responsabilidades que indique la ley. Toda persona tiene derecho a la información oportuna, veraz e imparcial, sin censura, de acuerdo con los principios de esta Constitución, así como el derecho de réplica y rectificación cuando se vean afectados directamente por informaciones inexactas o agraviantes. Los niños, niñas y adolescentes tienen derecho a recibir información adecuada para su desarrollo integral.*

[14]   Así, Peña, José, refiriéndose a la transparencia, rendición de cuentas y al derecho de información y comunicación, señala: *"En síntesis, pese a los postulados constitucionales citados y a la consagración de la libertad de información, el atributo de esta concierne a la búsqueda de la información veraz, no se corresponde con la obligación de proporcionarla por parte de los titulares del gobierno y de la Administración Pública"*. Peña, José. *Lecciones de Derecho Constitucional Venezolano.* Tomo I. Ediciones Paredes, Caracas 2012, p. 374.

[15]   En sentido distinto se expresa, Tenorio, Guillermo, expone: *"Hablar de derecho de acceso a la información es hablar del conjunto de libertades informativas que nutren y colman el espacio donde se debate lo público. En ese sentido, hablar del derecho de la información o el derecho de acceso a la información es hablar de dos componentes esenciales para la democracia contemporánea. Mientras el derecho a la información permitirá recibir o difundir ideas de cualquier índole nutriendo con ello el espacio público de racionalidad estatal para su debate, crítica, interpretación o valoración, el derecho de acceso a la información propiciará que el ciudadano acuda directamente al Estado a buscar, investigar o indagar la información cuya única fuente es el poder público. Así, uno y otro nutren la vida democrática de los sistemas políticos que buscan tener esa vocación.*

  La libertad de expresión se nutrirá de ambos derechos dinamizando la llamada opinión pública. Como sabemos, esta llamada "opinión pública" tiene un componente esencial que es la información pues sin ella sería incapaz de suscitar un dialogo fecundo de crítica al poder público. La opinión pública tiene dos maneras de hacerse a la información: a) mediante el flujo continuo que hace el Estado a través de los intermediarios (medios masivos de comunicación) o bien a través de la publicidad del poder estatal mediante la publicación de determinados actos como las leyes o sentencias, En esa dinámica el derecho a la información cobra vida, pues genera la exigencia de recepción de infamación; y, b) mediante el ciudadano que acude directamente con el Estado a exigir la entrega de determinada información para con ello poder inundar lo público. En este caso, el derecho de acceso a la información será el actor principal. Tenorio, Guillermo (2016) "La transparencia administrativa y el derecho de acceso a la información pública como factores primordiales de la función social de la Administración. Revisión comparativa de los puntos de encuentro en Iberoamérica a partir de sus principios rectores", en Jaime Rodríguez-Arana y otros (Edits.) *Función social de la Administración.* Editorial Ibañez, Editorial Universidad del Rosario, Bogotá, p. 439.

[16]   Al respecto, véase: Belandria, José. *El derecho de petición en España y Venezuela.* Fundación de Estudios de Derecho Administrativo (Funeda), Caracas 2013.

[17]   Artículo 28 de la CRBV: *Toda persona tiene derecho de acceder a la información y a los datos que sobre sí misma o sobre sus bienes consten en registros oficiales o privados, con las excepciones que establezca la ley, así como de conocer el uso que se haga de los mismos y su finalidad, y a solicitar ante el tribunal competente la actualización, la rectificación o la destrucción de aquellos, si fuesen erróneos o afectasen ilegítimamente sus derechos. Igualmente, podrá acceder a documentos de cualquier naturaleza que contengan información cuyo conocimiento sea de interés para comunidades o grupos de personas. Queda a salvo el secreto de las fuentes de información periodística y de otras profesiones que determine la ley.*

Pública, respecto del estado en las actuaciones en las que estén directamente interesados y sus derivaciones[18] y, finalmente el derecho de participación en los asuntos públicos[19].

Por su parte, el Decreto con rango, valor y fuerza de Ley Orgánica de la Administración Pública (LOAP)[20] dispone en el artículo 10, en sintonía con la CRBV, de un conjunto de principios que rigen a la Administración Pública venezolana en el que se incluye la transparencia que también prevé la Ley Orgánica del Poder Ciudadano[21] al establecer sanciones los funcionarios que atenten contra la ética pública y la moral administrativa[22] al dejar de observar las obligaciones contenidas en el artículo 143 de la CRBV, referido a la transparencia y derecho de acceso a la información personal en procedimientos administrativos[23]. Sin embargo, aun con la estrecha vinculación de los principios señalados, conviene decir que, en definitiva, el derecho de acceso a la información pública goza de plena autonomía *"respecto de otros derechos constitucionales (...) como la libertad de información, expresión y prensa, el derecho de petición y oportuna respuesta o el derecho de participación en los asuntos públicos"*[24].

---

[18] Artículo 143 de la CRBV: *Los ciudadanos y ciudadanas tienen derecho a ser informados oportuna y verazmente por la Administración Pública, sobre el estado de las actuaciones en que estén directamente interesados, y a conocer las resoluciones definitivas que se adopten sobre el particular. Asimismo, tienen acceso a los archivos y registros administrativos, sin perjuicio de los límites aceptables dentro de una sociedad democrática en materias relativas a seguridad interior y exterior, a investigación criminal y a la intimidad de la vida privada, de conformidad con la ley que regule la materia de clasificación de documentos de contenido confidencial o secreto. No se permitirá censura alguna a los funcionarios públicos o funcionarias públicas que informen sobre asuntos bajo su responsabilidad.*

[19] Artículo 62 de la CRBV: *Todos los ciudadanos y ciudadanas tienen el derecho de participar libremente en los asuntos públicos, directamente o por medio de sus representantes elegidos o elegidas.*

   La participación del pueblo en la formación, ejecución y control de la gestión pública es el medio necesario para lograr el protagonismo que garantice su completo desarrollo, tanto individual como colectivo. Es obligación del Estado y deber de la sociedad facilitar la generación de las condiciones más favorables para su práctica.

[20] Gaceta Oficial N° 6.147 Extraordinario del 17 de noviembre de 2014.

[21] Gaceta Oficial N° 37.310 del 25 de octubre de 2001.

[22] Así, en su artículo 45, literal "j", señala: Se entenderá que atentan contra la ética pública y la moral administrativa, los funcionarios públicos o funcionarias públicas, que cometan hechos contrarios a los principios de honestidad, equidad, decoro, lealtad, vocación de servicio, disciplina, eficacia, responsabilidad, puntualidad y transparencia. Tales principios rectores de los deberes y conductas de los funcionarios públicos o funcionarias públicas se definirán en los términos siguientes: (…) j) La transparencia exige de todo funcionario público o funcionaria pública la ejecución diáfana de los actos de servicio y el respeto del derecho de toda persona a conocer la verdad, sin omitirla ni falsearla, en observancia de las garantías establecidas en el artículo 143 de la Constitución de la República Bolivariana de Venezuela.

[23] Véase nota al pie 16.

[24] Hernández-Mendible, Víctor. "El derecho constitucional de acceso a la información pública y los medios de protección judicial" *en La Justicia constitucional y la justicia Administrativa como garantes de los derechos humanos. Homenaje a Gonzalo Pérez Luciani y en el marco de los 20 años de Funeda.* Funeda, Caracas 2013, p. 128.

Además de estas disposiciones constitucionales y legales, desde 2008 se han sancionado y promulgado cierto número de ordenanzas[25] en diferentes municipios[26] así como en algunos estados de Venezuela[27], sobre la transparencia y acceso a la información pública.

No obstante, todo lo anterior puede hacer que quede fuera del campo observable la injustificada omisión de proveer de una ley de transparencia y acceso a la información pública para el orden nacional, sobre todo si se considera el numeroso conjunto de competencias que están en cabeza de la República. La consecuencia se halla expresada en índices globales como el representado por el *Corruption Perceptions Index 2018*[28], elaborado por *Transparency International*, en el que Venezuela obtiene 18 puntos sobre 100, en una escala en la que 0 puntos es altamente corrupto y 100 es muy transparente, lo que le da el puesto de 168 de 180, que le hace ser percibido como el más corrupto de América.

Dos razones pueden explicar esta realidad. *La primera* es el numeroso conjunto de normas legales y administrativas, así como en sentencias del Tribunal Supremo de Justicia, que limitan el acceso a la información pública. Así, desde 1999 hasta 2014 en Venezuela se pueden enumerar, entre leyes sancionadas y leyes aprobatorias de tratados internacionales así como por decretos-ley adoptados por el Poder Ejecutivo haciendo uso de leyes habilitantes, y sentencias máximo tribunal, un total 475 instrumentos jurídicos de los cuales 60 autorizan sin mayor justificación, la opacidad como regla de la actuación estatal[29]. La segunda razón ha sido la instrumentalización de la justicia constitucional para socavar la democracia y suprimir de facto el funcionamiento de la Asamblea Nacional de Venezuela.

En efecto, la práctica judicial autoritaria de la Sala Constitucional del Tribunal Supremo de Justicia al declarar inconstitucionalmente en "desacato" a la Asamblea Nacional –como corolario a un conjunto de actuaciones que inicia con la suspensión de tres de sus diputados electos y proclamados por el Estado Amazonas y de la Región Indígena Sur[30]–, llevó a declarar la nulidad de todos los actos realizados por la Asamblea Nacional hasta tanto se desincorporaran los señalados diputados.

---

[25]   Mercedes De Freitas, Directora Ejecutiva de Transparencia Venezuela, señalaba al respecto 2010: *"(...) esos municipios dieron el primer paso y crearon los instrumentos que los ciudadanos usaremos para exigir información o sanciones a su incumplimiento".* Véase: De Freitas, Mercedes. *El acceso a la información pública en Venezuela.* Editorial CEC Libros de El Nacional, Caracas 2010, p. 12.

[26]   Según Transparencia Venezuela, capítulo venezolano de Transparency International, se han promulgado ordenanzas municipales en catorce municipios de distintos estados federados: Guásimos, Barinas, Libertador, San Cristóbal, Piar, Maracaibo, Alcaldía Metropolitana, El Hatillo, Chacao, San Diego, Maneiro, Campo Elías, Baruta, Los Salias, Consulta en línea: https://transparencia. org.ve/project/leyes-y-ordenanzas-locales/

[27]   Los estados son seis: Táchira, Lara, Miranda, Anzoátegui, Nueva Esparta y Miranda. Consulta en línea: https://transparencia.org.ve/project/leyes-y-ordenanzas-regionales/

[28]   Véase: https://www.transparency.org/cpi2018?gclid=CjwKCAiAv9riBRANEiwA9Dqv1T6hhZ4lBf bvNZxVZFUvzLqv6QJtHNQGnzjWq9SlUJWR5gPecsABvBoCDOEQAvD_BwE

[29]   Al respecto véase el estudio de Casal, Jesús. *Es legal, pero es injusto.* Transparencia Venezuela, Caracas 2015. Consulta en Línea: https://transparencia.org.ve/wp-content/uploads/2018/10/Es-Legal-Pero-Injusto.pdf

[30]   Sentencia 260/2015 de la Sala Electoral del máximo tribunal.

Excede en mucho los límites de este trabajo abordar lo referente al socavamiento anti-democrático de las competencias de la Asamblea Nacional de Venezuela[31], sin embargo, corresponde decir que el proyecto de Ley Orgánica de Transparencia, Divulgación y Acceso a la Información Pública solo alcanzó a ser aprobada en la primera de las dos discusiones necesarias para su sanción parlamentaria. Con ello, las posibilidades de contar en el país con una legislación en esta materia, quedará para el momento en el que se superen el estado de cosas inconstitucional que al alterado la vida democrática de Venezuela.

No obstante, lo anterior, existe un consenso sobre el hecho de que la transparencia, el acceso a la información pública, la publicidad y la rendición de cuentas constituyen elementos que hacen de la gestión pública un elemento observable, medible, verificable y controlada por los ciudadanos. Una vigorosa sociedad civil debidamente informada de la actuación de sus funcionarios está en capacidad de corregir, desarrollar mayor densidad reflexiva en sus decisiones electorales y poder impugnar los actos que contravengan la ley. En Venezuela, no se evidencia, una promoción de elementos transparencia y acceso a la información pública en el que se persiga la:

(…) verdadera convivencia, para el respeto por la igualdad de los asociados y en especial para garantizar el ejercicio del poder sobre bases de imparcialidad, tendientes a evitar actuaciones oscuras, ocultas y, por lo tanto, arbitrarias de los servidores públicos en desarrollo de sus competencias o atribuciones.[32]

Por el contrario, se actúa desde los órganos del poder público para promocionar la opacidad, legalizar el secreto de Estado, se evita dar oportuna y adecuada respuesta a las solicitudes de los ciudadanos, así como se construye un orden normativo para que el Estado vigile a sus ciudadanos, pero donde los ciudadanos no pueden vigilar a sus gobernantes.

En la siguiente parte abordaremos brevemente la industria minera venezolana desde la perspectiva de la transparencia y rendición de cuentas.

II. CARACTERÍSTICAS GENERALES DE LA ACTIVIDAD MINERA VENEZOLANA

Las actividades mineras en Venezuela en los últimos 20 años han sido objeto de reformas sectoriales[33] creando regímenes diversos según el tipo de mineral del que trate. Así por

[31] Al respecto se sugieren: Brewer-Carías, Allan R. *La consolidación de la tiranía judicial. El Juez Constitucional controlado por el Poder Ejecutivo asumiendo el Poder Absoluto*. Editorial Jurídica Venezolana Internacional, Caracas/New York. Y También; Casal, J. (2017) *Asamblea Nacional Conquista Democrática vs. Demolición Autoritaria*, Ediciones UCAB, Caracas 2017.

[32] Santofimio, Jaime (2017) *Ob. Cit.* p. 363.

[33] La doctrina venezolana a identificado cuatro grandes períodos en la evolución del Derecho Minero, a saber: el primero comprende desde los orígenes de la colonia hasta el año 1784; el segundo desde finales del siglo XVIII hasta los años de la post-independencia; el tercer se inicia con la Constitución de 1864 hasta la Ley de Minas de 1920 y, el cuarto período comienza con la Ley de Minas de 1920 hasta el período antes del Decreto con rango y fuerza de Ley de Minas de 1999. Resulta pertinente agregar a lo anterior, dadas sus características, un quinto período que se iniciaría con el Decreto con Rango Valor y Fuerza de Ley Orgánica que Reserva al Estado las actividades de exploración y explotación del oro, así como las actividades conexas y auxiliares de éstas en el 2011. Véase: Pernía-Reyes, Mauricio., La minería en Venezuela y el nuevo régimen jurídico del aprovechamiento del oro. En *Revista Tachirense de Derecho N° 23*, Universidad Católica del Táchira, San Cristóbal, 2012, pp. 103-129; Hernández-Mendible, Víctor, "La nulidad del Decreto del Arco Minero del Orinoco y de los actos jurídicos que los ejecuten". En *Revista Tachirense de Derecho N° 28*, Universidad Católica del Táchira, San Cristóbal, 2017, pp. 9-35.

ejemplo, a partir de 1999[34] se regulan las modalidades de explotación minera para todos los recursos cuyo aprovechamiento corresponde a la República –por cuanto los estados federados tienen competencia para los minerales no metálicos[35] especialmente los referidos materiales de construcción–, para luego expedirse mediante decreto-ley una regulación originalmente para el oro[36] a cual se le suman progresivamente el coltán[37], el diamante[38], el cobre[39], la plata[40] y el carbón[41], considerados minerales estratégicos, que modifica notablemente las figuras jurídicas que permiten el aprovechamiento de estos minerales

Conviene señalar que la regulación del sector minero no solo se reduce a la explotación del mineral sino que corresponde a una sucesión de eventos que parten desde la riesgo e incertidumbre decreciente de reservas[42], la prospección[43], exploración, evaluación del proyecto, construcción y montaje de infraestructura minera[44], explotación, transformación, comer-

---

[34]   Decreto con rango y fuerza de Ley de Minas. Gaceta Oficial de la República de Venezuela N° 5.382 Extraordinario, del 28 de septiembre de 1999.

[35]   Artículo 164.5 de la CRBV: Es de la competencia exclusiva de los estados: (…) 5. El régimen y aprovechamiento de minerales no metálicos, no reservados al Poder Nacional, las salinas y ostrales y la administración de las tierras baldías en su jurisdicción, de conformidad con la ley.

[36]   Decreto con Rango Valor y Fuerza de Ley Orgánica que Reserva al Estado las actividades de exploración y explotación del oro y demás minerales estratégicos, publicado en Gaceta Oficial N° 6.210 Extraordinario, del 30 de diciembre de 2015.

[37]   Gaceta Oficial N° 40.960 del 5 de agosto de 2016, mediante Decreto N° 2.413.

[38]   Gaceta Oficial N° 41.122 del 27 de marzo de 2017, mediante Decreto N° 2.781.

[39]   Gaceta Oficial N° 41.122 del 27 de marzo de 2017, mediante Decreto N° 2.782.

[40]   Gaceta Oficial N° 41.122 del 27 de marzo de 2017, mediante Decreto N° 2.783.

[41]   Gaceta Oficial N° 41.472 de fecha 31 de agosto de 2018, mediante Decreto N° 3.597.

[42]   Las reservas pueden discriminarse del siguiente modo: Reservas probadas, reservas probables o reservas inferidas. Las probadas son aquellas sobre las cuales los datos de la exploración dan cuenta de las cantidades y calidades de mineral explotable del yacimiento. Son las probables aquellas, sobre las cuales, los estudios bien por su insuficiencia o por la naturaleza del yacimiento, no permiten arribar a conclusiones sobre la caracterización cualitativa o cuantitativa de los minerales depositados. Por otra parte, las inferidas son aquellas que se obtienen de la interpolación de diversos puntos de las mallas de perforación, y sobre cálculos aritméticos, para interpretar las cantidades del mineral que probablemente estén en el yacimiento. Igualmente existe un área denominada "Reservas Económicamente Explotables" que representa a los depósitos que cuentan con una adecuada concentración de un determinado mineral y, tienen una infraestructura y tecnología requeridas para emprender una explotación económicamente viable. En contraste, se denominan "Reservas Marginales" los cuales representan a los yacimientos que tienen la concentración del mineral requerida, pero no cuentan con la infraestructura o tecnología adecuada para su aprovechamiento. Puede verse a Poveda, Paola. (1998) *Propuesta jurídica para la industrialización de la minería* Tesis para optar al título de Doctora en Derecho por la Pontificia Universidad Javeriana. Bogotá, Colombia.

[43]   De acuerdo con Catalano, Edmundo la prospección es *"(…) la operación previa habitualmente necesaria, tendiente a descubrir y localizar los depósitos de minerales o rocas, o de estructuras geológicas favorables a su presencia.* En Catalano, E. *Curso de Derecho Minero.* Zavalia Editor, Buenos Aires 1999,p. 13.

[44]   Puede verse Pernía-Reyes, Mauricio. "El desarrollo de infraestructuras para el aprovechamiento de bienes del dominio público: una visión desde el derecho minero venezolano". En *Direito das infraestructuras um estudo dos distintos mercados regulados.* Lumen Juris Editora, Río de Janeiro 2011, pp. 331-354.

cialización y cierre de la mina[45] en razón de lo cual, las actividades que componen a la industria minera tienen diversas regulaciones, desde el nivel constitucional referido a la naturaleza jurídica de los bienes y la protección ambiental, hasta la legal, reglamentaria y normas administrativas, cuya complejidad gestionada deficientemente, puede dar lugar a la opacidad, degradación ambiental y corrupción.

En las siguientes líneas comentaremos brevemente la naturaleza jurídica del mineral, cuyas características pueden dar lugar a una mayor o menor intensidad en la intervención estatal para luego resaltar las modalidades de explotación minera en Venezuela.

2. *La naturaleza de los yacimientos mineros y las técnicas intervención estatal en su explotación*

En el artículo 12[46] de la CRBV se determinó a los yacimientos de hidrocarburos, mineros y las costas marinas como del dominio público, positivando las características que tal denominación comporta, al señalar que son inalienables e imprescriptibles[47].

Los bienes del dominio público constituyen un título de intervención[48] que el constituyente venezolano crea con el propósito de gestionar su aprovechamiento, sea de modo direc-

---

[45] Sobre la industria minera Alejandro Vergara señala que: *"Con el término industria minera, se alude al conjunto de operadores y actividades que desarrollan la actividad minera directa, explorando, explotando o tratando minerales, o indirecta, proveyendo de bienes para que otros tales labores. Sus características:*

a) *Es una industria extractiva. Lo componen actividades que tienden a materializarla (exploración, prospección, construcción y cierre) y a valorizar económicamente el resultado de la misma (el beneficio).*

b) *Empresas senior y junior: la industria minera está integrada esencialmente por empresas senior o major _las cuales el Metal Economics Group (MEG) define como aquellas con un ingreso anual por actividades mineras no-ferrosas de más de 500 millones de dólares_, junior –las que define el MEG como aquellas dedicadas esencialmente a la exploración, y cuya base para financiar dicha exploración proviene del levantamiento de capital accionario equito financing)–, las empresas prestadoras de bienes y servicios de diversa naturaleza y empresas estatales."*

Véase Vergara, Alejandro. *Derecho Minero; identidad y transformaciones*. Ediciones Universidad Católica de Chile, Santiago de Chile 2018, pp. 308-309.

[46] Artículo 12 de la CRBV. *"Los yacimientos mineros y de hidrocarburos, cualquiera que sea su naturaleza, existentes en el territorio nacional, bajo el lecho del mar territorial, en la zona económica exclusiva y en la plataforma continental, pertenecen a la República, son bienes del dominio público y, por tanto, inalienables e imprescriptibles. Las costas marinas son bienes del dominio público."*

[47] Al respecto Turuhpial, Héctor señala: *"Por primera vez en el ordenamiento jurídico venezolano se incluyen expresamente las minas dentro de los bienes del dominio público, conjuntamente con los hidrocarburos, salinas y tierras baldías, bienes todos estos que tradicionalmente formaban parte del dominio privado del Estado, siguiendo la doctrina y legislación proveniente de las Ordenanzas de la Nueva España que le atribuían el dominio a la Corona, asumiendo la tesis regalista cuyo fundamento histórico (...) nos devuelve a Roma, donde con el advenimiento del Imperio, los emperadores comenzaron a apropiarse de las minas y a incorporarlas a su patrimonio personal, hasta la época de JUSTINIANO, en las que las califica como cosas públicas, propiedad del pueblo en colectivo, susceptibles de ser dadas en arrendamiento con el objeto de percibir una renta que se denominaba vectigal."* En Turuhpial, Héctor. *Teoría General y régimen jurídico del dominio público en Venezuela*. FUNEDA, Caracas 2008, p. 134.

[48] Meilán, José. "Sobre la categoría Jurídica del dominio público". En *Categorías jurídicas en el Derecho Administrativo*. Iustel-Escola Galega de Administración Pública, Madrid 2011, pp. 253 y ss.

to, por vía de concesión o empresa mixta, y que, de acuerdo con la exposición de motivos del Decreto con rango y fuerza de Ley de Minas de 1999 (LM), el Estado se comporta frente a los recursos minerales como "verdadero propietario", otorgando las concesiones de acuerdo con el principio "universal" en el derecho minero[49] según el cual es beneficiario el primer solicitante, conocido como *"primero en el tiempo, primero en el derecho"*, cuyo título minero constituye un derecho real inmueble para el concesionario, con la posibilidad de enajenarlo, gravarlo, arrendarlo, subarrendarlo o hacer cualquier tipo de negociación, previa autorización de la Administración Minera del Ejecutivo Nacional, por tener la categoría de derecho real inmueble.[50]

Respecto de las técnicas de intervención estatal en la actividad minera[51], señalaremos los medios para el aprovechamiento de las minas, como bienes del dominio público. En *primer lugar,* la LM en su artículo 7 indica lo siguiente:

La exploración, explotación y aprovechamiento de los recursos mineros sólo podrá hacerse mediante las siguientes modalidades:

a. Directamente por el Ejecutivo Nacional;

b. Concesiones de exploración y subsiguiente explotación;

c. Autorizaciones de Explotación para el ejercicio de la Pequeña Minería;

d. Mancomunidades Mineras; y,

e. Minería Artesanal.

De acuerdo con el Dr. Brewer-Carías, esta formulación de medios legales para acceder al mineral: "(…) *siguió en términos generales la orientación de las leyes precedentes, estableciendo grados de intervención del Estado en relación con la libertad económica de los particulares en materia minera (…)*"[52], jerarquización que en un movimiento pendular les hace ir de la explotación directa por parte del Estado venezolano, o el aprovechamiento mediante el otorgamiento de concesiones –de las que pueden ser titulares tanto las personas naturales, las empresas públicas o las empresas privadas, lo que estaría considerado

[49] Ricaurte, Margarita. *Código de minas comentado*. Universidad Externado de Colombia, Bogotá 2014, p. 52. *Cfr.* Foro Nacional por Colombia (2013) propone en el estudio de la "Normativa Minera en países de América Latina" la *"(...) eliminación, donde exista, el principio de 'primero en el tiempo, primero en el derecho' y la introducción de sistemas de competencia para el acceso a títulos y concesiones."* Citado en Sanz, Javier. "Ordenación del territorio, medio ambiente y actividades mineras". En Jaime Rodríguez-Arana y William Zambrano Cetina (Edits.) *Instituciones administrativas, inclusión, paz y convivencia.* Editorial Ibañez, Universidad del Rosario, Editorial Jurídica Venezolana, Bogotá 2018, p. 358.

[50] Artículo 29 de la LM.

[51] Pernía-Reyes, Mauricio. "Las técnicas de intervención y la contratación pública en la actividad minera venezolana". En *Contratación, ordenación del territorio y buena administración*, Diputación de La Coruña, La Coruña 2018, pp. 345-352

[52] Brewer-Carías, Allan R. "Las técnicas de regulación y la participación del capital privado en la industria minera". En *Estudios de Derecho Administrativo 2005-2007.* Colección de Estudios Jurídicos N° 86, Caracas, Editorial Jurídica Venezolana, 2007, p. 515

como gran minería– para luego transitar en un rango de pequeña minería, autorizando la explotación de minerales a las comunidades o mediante minería tradicional local.[53]

En *segundo lugar*, la minería para el aprovechamiento del oro y otros minerales estratégicos[54] las modalidades de explotación[55] consisten en: a) la explotación directa por la República bien sea a través del ministerio competente por la materia, o las figuras descentralizadas como institutos autónomos y empresas del Estado; b) mediante empresa mixta, en la cual participan el Estado venezolano, junto con el sector privado, nacional o extranjero en las que el Estado venezolano no podrá ser titular de menos del 55% del capital accionario[56], y; c) mediante alianzas estratégicas, figura no tradicional en el derecho minero venezolano y destinadas a ser solo aplicadas para la pequeña minería[57]. Como queda expuesto, ninguna de estas modalidades resulta similares a la concesión en tanto que no media una habilitación que pueda ser considerada un derecho real inmueble, sino un acto administrativo o un contrato de explotación que fija las bases para la explotación del mineral que corresponda.

En definitiva, de la legislación aquí descrita en materia minera se resalta el intenso grado de intervención estatal que se origina en la categorización de las minas como bienes del dominio público por parte del constituyente, así como por las modalidades de explotación en las cuales la Administración Minera funge como rectora, ello sin mencionar la normativa de carácter ambiental, tributario, de ordenación del territorio y de carácter comunitario que no se mencionan aquí por exceder de los límites del presente trabajo.

En el siguiente apartado se intentará contrastar el contenido mínimo de la transparencia y la industria minera venezolana.

---

[53] Pernía-Reyes, Mauricio: La prórroga de las concesiones mineras en Venezuela: situación actual. *Revista Argentina de Derecho de la Energía, Hidrocarburos y Minería* (RADEHM) N° 11, Noviembre-diciembre 2016-Enero de 2017, Editorial Ábaco, Buenos Aires 2017, pp. 69-85.

[54] Al respecto, puede verse: Hernández-Mendible, Víctor, "La reforma de la regulación de la reserva del Estado de las actividades de exploración y explotación del oro", así como las conexas, *Revista de Derecho Público N° 140*, Editorial Jurídica Venezolana, Caracas 2014, pp. 303-311; Hernández-Mendible, Víctor, La vigente regulación en la exploración y explotación del oro en Venezuela, *Revista Argentina de Derecho de la Energía, Hidrocarburos y Minería* (RADEHM) N° 9, mayo-junio, Editorial Ábaco, Buenos Aires 2016, pp. 165-195; Figueiras, Alejandra: "El decreto que reservó al Estado la actividad minera del oro", *Revista de Derecho Público* N° 130, Editorial Jurídica Venezolana, Caracas 2012, pp. 307-309. Pernía-Reyes, Mauricio. "Naturaleza Jurídica de las ventajas especiales mineras en Venezuela", *Revista Tributum*. N° 16 Universidad Católica del Táchira, Venezuela 2016.

[55] Artículo 10 del Decreto con Rango Valor y Fuerza de Ley Orgánica que Reserva al Estado las actividades de exploración y explotación del oro y demás minerales estratégicos, publicado en Gaceta Oficial N° 6.210 Extraordinario, del 30 de diciembre de 2015.

[56] Como es el caso de la empresa mixta se entre la estatal Carbones del Zulia, S.A., y la Empresa "Glenmore Proje Insaat S.A.", denominada Sociedad Anónima Carbones de Turquía - Venezuela (Carboturven S.A.), la cual estará adscrita al Ministerio del Poder Popular de Industria y Producción Nacional. Esta empresa mixta, según el Decreto N° 3.599 Carboturven tendrá como objeto desarrollar las actividades primarias de exploración en búsqueda de yacimientos de carbón, para su explotación y comercialización. Su capital accionario tendrá una participación inicial de cincuenta y cinco por ciento (55%) para Carbones del Zulia S.A. y cuarenta y cinco por ciento (45%) para la empresa Glenmore Proje Insaat S.A. *Vid.* Gaceta Oficial N° 41.472 de fecha 31 de agosto de 2018.

[57] Véase Hernández-Mendible, Víctor (2014), *La reforma de la regulación...* pp. 307-308

III. LA OPACIDAD EXTRACTIVA

En esta tercera parte, haremos una aproximación a la transparencia y acceso a la información pública en la industria minera venezolana una vez que brevemente se caracterizó su regulación y modos legales de acceder al mineral. En estos comentarios tendremos a la vista el estándar de la *Extractive Industries Transparency Initiative* (EITI)[58] así como en el contenido mínimo de la transparencia que aporta la doctrina[59].

Así, al considerarse la explotación de RNNR como *"una vía posible de desarrollo para los países del tercer mundo"*[60], los Estados procuran regular esta materia abierta a la inversión extranjera. Por ejemplo se dictan leyes de estabilidad jurídica de los contratos de inversión, disminución de la tasa impositiva, ampliación de las zonas minables para el aprovechamiento a gran escala, regulaciones flexibles respecto de la mano de obra local y permisos flexibles para el personal extranjero especializado, y, en algunos casos, infraestructura capaz de colocar el mineral extraído en los mercados internacionales, políticas de estabilidad macroeconómica y otras decisiones administrativas con miras a la productividad y obtención de renta proveniente de esta actividad.

Sin embargo, diversos estudios recogidos por la doctrina, dan cuenta de la desarticulación de actores que, vinculados por los hechos, no tienen participación o no cuentan con mecanismos legales para exponer los intereses de la población local del entorno minero a explotar.

En el caso venezolano ya hemos descrito la legislación que directamente regula al sector minero –la LM y el Decreto con Rango Valor y Fuerza de Ley Orgánica que Reserva al Estado las actividades de exploración y explotación del oro y demás minerales estratégicos (DLO)–, las cuales omiten regular la participación ciudadana, así como los mecanismos de transparencia o el destino de las regalías. En este sentido, y partiendo al estándar que propone EITI globalmente, en Venezuela no existen mecanismos de gobierno abierto que permitan a los ciudadanos conocer: a) contratos y licencias; b) producción; c) recaudación de los ingresos; d) distribución de los ingresos; e) gasto social y económico. A continuación, nos detendremos en cada uno de estos aspectos.

En efecto, en *primer lugar,* con la entrada en vigencia del DLO, los ciudadanos ni la Asamblea Nacional controlan los contratos que la República suscribe con las empresas mixtas que realizan la actividad minera respecto de los minerales declarados como estratégicos. Esta situación es distinta a la regulación que hace la LM. En efecto, la LM establece que la relación entre las partes surge de un título minero que otorga dos tipos de certificados: uno para el periodo de exploración y otro para la etapa de explotación. Ambos, dada la naturaleza de derecho real inmueble que representa la concesión, son publicados en la Gaceta Oficial para que surta efectos y, además, deben inscritas en los registros públicos respectivos a la materia inmobiliaria.[61]

---

[58]   Véase: https://eiti.org/es.

[59]   Sheffer, Javier. "Una aproximación a la Ética y a la Transparencia: su relación esencial con la Buena Administración". En Jaime Rodríguez-Arana Muñoz y Luis José Béjar Rivera (Coords.) *El derecho Administrativo en Iberoamérica en homenaje al profesor Mariano Brito*. T. II. Universidad Panamericana, México 2015, p. 168.

[60]   González, Ana. *¿La sociedad civil como "conjuro a la maldición de los recursos naturales? Vigilancia ciudadana a la renta extractiva en Colombia y Perú*. Universidad Externado de Colombia, Bogotá 2013, p. 105.

[61]   Artículo 45 de la LM.

De esta manera se desconocen las obligaciones pactadas por las partes, los beneficios para la República, el modo en el que esa empresa mixta contribuirá al desarrollo local, los medios de ejecución de la responsabilidad social empresarial, o si se establecen garantías apropiadas para la reparación del impacto ambiental, y otros datos peculiares de cada mineral y modo de explotación que están revestidos de opacidad.

Otra razón de opacidad que nace de la falta de transparencia en materia contractual minera o de las alianzas estratégicas estriba en la imposibilidad de conocer el área de ubicación de las explotaciones o en las cuales se realizan las actividades exploratorias para determinar la zona de extracción definitiva. Con ello, el ciudadano y la sociedad civil organizada, las autoridades locales o la Asamblea Nacional encuentran limitantes para la impugnación de proyectos mineros en áreas sensibles o que no cuenten con las consultas previas, como las previstas por el Convenio 169 de la Organización Internacional del Trabajo referido a los pueblos indígenas, tribales en países independientes[62].

En *segundo lugar*, el modo habitual de publicar los datos sobre la producción de los minerales en Venezuela se reducía a la Memoria y Cuenta que cada ministerio está en la obligación de presentar[63] en el cual se exponen las metas alcanzadas en relación a las propuestas, los indicadores así como los recursos financieros utilizados. Sin embargo, estos datos se publican parcialmente en el portal digital del ministerio correspondiente –el cual ha sido numerosas veces reorganizado, fusionado y separado en los últimos 15 años–, por cuanto la información que alcanza a publicarse tiene un contenido de naturaliza propagandística, sin datos abiertos o editables, incompletos o de imposible verificación, a lo que se le suma el hecho comentado más arriba, sobre el "desacato" de la Asamblea Nacional que constituye el órgano del Poder Público al que se deben presentar estos informes anuales, y que por las vías de hecho, les desconocido por el Ejecutivo Nacional.

En *tercer lugar* no se cuenta con los datos del recurso económico recaudado por concepto de tributos mineros (impuesto superficial[64] e impuesto de explotación[65]) o por las regalías y "ventajas especiales" al tesoro nacional lo que impide conocer: a) productividad del sector; b) la comparación del rendimiento de cada mineral incluyendo los minerales críticos en términos de mercados globales[66]; c) la oportunidad o conveniencia de continuar una explotación si su rendimiento es menor a los beneficios aportados, sumando los elementos de costos ambientales y recuperación ambiental; d) la comparación de la productividad según equipos, tecnología utilizada y métodos extractivos de minerales similares pero en explotaciones distintas, y; e) proporcionalidad de la responsabilidad social empresarial y los rendimientos económicos del yacimiento.

---

[62] Adoptado en la 76ª reunión CIT, Ginebra, 1989. Entró en vigor el 5 de septiembre de 1991.

[63] Artículo 244 de la CRBV.

[64] Artículo 90.1 de la LM.

[65] Artículo 90.2 de la LM.

[66] Sobre esto, Lara-Rodríguez y otros, señalan: *"En la actualidad, los minerales catalogados como avanzados o críticos, también son conocidos como metales tecnológicos, metales verdes o raros, o también materias primas críticas, los cuales son principalmente divulgados desde instituciones gubernamentales, que tienen por objeto la prospectiva económica de los Estados con una importante participación de sus sistemas nacionales de ciencia, tecnología e innovación."* Véase Lara-Rodríguez y otros (2018) "Materias primas críticas y complejidad económica en América Latina". En *Apuntes CENES*, Vol. 37, N° 65, Universidad Pedagógica y Tecnológica de Colombia, Bogotá, pp. 15-51.

En *cuarto lugar*, la distribución de los ingresos supone conocer los impactos del desarrollo minero en términos sociales. En efecto, la captación y distribución de la renta minera en Venezuela ocurre por vía de impuestos, ventajas especiales y regalías, según la actividad y el mineral del que se trate. En ese sentido, los ingresos por la explotación de los minerales suponen recursos para el Estado destinados al gasto ordinario o sectorial. Los ingresos estatales surgen cuando de la renta se deducen los costos de la producción minera, y se dividen entre el Estado y la empresa concesionaria o contratada, según lo indiquen la ley y el contrato respectivo –*Goverment take*–. A su vez, en Venezuela, cuando el Estado participa en empresas mixtas o alianzas estratégicas, también participa de las ganancias y pérdidas de estas –*State take*–, por lo que se comprenden, a estos efectos, los ingresos tributarios y los no tributarios[67].

La información respecto de la renta minera en Venezuela está revestida de opacidad pues confluyen distintas variables de gestión pública y todas coinciden en la falta de transparencia. Por ejemplo, hay que tener en cuenta que, si bien la legislación minera contempla las tasas de cobro impositivo, son los datos de producción los que permitirán hacer el cálculo de impuestos y regalías. Así que aun teniendo la alícuota y el hecho imponible verificado, si no se publica la producción, de igual manera no se conoce el ingreso que el Estado capta de esta renta. Debe agregarse, por estar vinculado a las inversiones mineras, que el Ejecutivo Nacional no ha cumplido con su obligación de presentar y publicar el presupuesto público nacional de los ejercicios anuales 2017, 2018 y 2019[68] impidiendo conocer los indicadores que den lugar a fijación de metas en este y en cualquier sector.

En este orden de cosas, en Venezuela, mediante vías de hecho, no se pone en disposición del público los datos que sirven para la toma de decisiones y con ello elude el control social que corresponde.

En *quinto lugar*, y directamente dependiente del punto arriba señalado, se refiere al gasto social y económico que realiza el Estado con los recursos captados de la extracción minera. En este sentido, de acuerdo con el Decreto y otros documentos concernientes a la creación del "Arco Minero del Orinoco"[69], como el la prioridad social sobre las utilidades de la Zona

---

[67]   Corbacho, señala al respecto: *"Los instrumentos tributarios comprenden los impuestos de sociedades, las retenciones, los impuestos progresivos sobre las ganancias, los impuestos sobre los beneficios inesperados o extraordinarios y los impuestos a las exportaciones. Los instrumentos no tributarios comprenden las regalías, las tarifas y los pagos por derechos de prospección, los contratos de producción compartida y servicios y los ingresos por la participación del Estado en la propiedad del sector de los recursos incluidos dividendos y transferencias de petróleo [o de minerales] nacionales.* En Corbacho, Ana y otros (2013) Recaudar no basta: los impuestos como instrumento del desarrollo. Banco Interamericano de Desarrollo. Consulta en línea: https:// publications.iadb.org/es/recaudar-no-basta-los-impuestos-como-instrumento-de-desarrollo].

[68]   De acuerdo con *International Budget Partnership* (IBP), Venezuela obtuvo 0/100 de la Encuesta de Presupuesto Abierto. Cuando un país obtiene una puntuación superior a 60 puntos, el IBP considera que: *"(...) brindan información presupuestaria suficiente para permitir que el público participe en las discusiones presupuestarias de manera informada. El IBP considera que los países con puntajes por encima de 60 en participación y supervisión brindan oportunidades adecuadas para que el público participe en el proceso presupuestario y proporcionen prácticas de supervisión adecuadas, respectivamente.* Consulta en línea: https://www.internationalbudget.org/open-budget-survey/results-by-country/country-info/?country=v

[69]   Decreto 2.248 mediante el cual se crea la Zona de Desarrollo Estratégico Nacional "Arco Minero del Orinoco". Gaceta Oficial N° 40.855 del 25 de febrero de 2016.

de Desarrollo Estratégico Nacional "Arco Minero del Orinoco"[70], el 60 % de los ingresos obtenidos por el Estado en su participación en las empresas mixtas, serán orientados para el Fondo Nacional de las Misiones y Grandes Misiones, esto es, a acciones estatales que no tienen las características de una política pública, que ejecutan presupuestos no controlados por la Contraloría General de la República y que han duplicado funciones de la Administración Pública, con resultados deficientes[71]. Por su parte, el DLO crea en su artículo 42 el Fondo Social Minero *para "(...) garantizar los recursos para el desarrollo social de las comunidades aledañas a las áreas destinadas al ejercicio de actividades mineras y cuyos ingresos garantizarán y protegerán la seguridad social de los trabajadores (...)* del cual no existen mecanismos de control y se desconocen los montos ingresados, periodicidad, destino final, personas responsables y provecho social de las personas destinatarias de tales actividades.

Ahora bien, si contrastamos lo anteriormente narrado con el contenido mínimo de la transparencia, esto es: 1) que el manejo de los recursos y la información que la sustente, sea cristalina; 2) que el criterio que fundamenta las decisiones y la conducta de los agentes estatales se fundamenten a las normas legales y a los principios y valores éticos, y; 3) La rendición de cuentas consista en la verdadera divulgación, comunicación y disposición de la información y resultados de su gestión[72]; las acciones respecto de la transparencia y acceso a la información pública en Venezuela debe entenderse en la lógica inversa de la gestión de la opacidad en razón de los múltiples mecanismos que, por vías de hecho o por normativa dirigida al secreto de lo público ha producido el Estado, asegurándose mediante la instrumentalización de diferentes órganos y entes del Poder Público, las acciones para negar, dificultar, retrasar o falsear la información que no le pertenece y que le ha sido confiada para el bien común.

La red articulada de multiplicidad de órganos con funciones similares, la desprofesionalización del funcionario público, el desordenado y caótico ejercicio de la potestad organizativa al crear, suprimir, fusionar, desarticular, separar o duplicar órganos[73], contraviniendo la lógica de la estabilidad, racionalidad en el gasto púbico, previsión presupuestaria y el criterio de subsidiariedad del Estado, arrojan un balance en el que es el ciudadano el que ve lesionado su derecho a ser informado, a buscar información, a procesarla, a impugnar, en definitiva, al control de la gestión pública.

IV. CONCLUSIONES

De las aproximaciones realizadas en este trabajo, puede trazarse preliminarmente el panorama de la transparencia y acceso de la información pública en Venezuela, desde la perspectiva general de la industria minera, revelando las acciones que por vías de hecho y normativamente ha adelantado el Estado para no cumplir con los postulados constitucionales de una Administración Pública vicarial, con transparencia y rendición de cuentas.

---

[70]   Puede verse Hernández-Mendible, Víctor. El Arco Minero del Orinoco y su incompatibilidad con la opinión consultiva 23/17, sobre medio ambiente y derechos humanos, de la Corte Interamericana de Derechos Humanos. En *Revista Argentina de Derecho de la Energía, Hidrocarburos y Minería* (RADEHM) N° 18, agosto-octubre, Editorial Ábaco, Buenos Aires 2018, pp. 183-206.

[71]   Al respecto puede verse los datos del Observatorio de Misiones de Transparencia Venezuela, Consulta en línea: https://transparencia.org.ve/project/observatorio-de-misiones/

[72]   Sheffer, Javier, *Ob. Cit.* p. 168.

[73]   Pernía-Reyes, Mauricio. "Consideraciones sobre la actual legislación del derecho de la organización administrativa en Venezuela", En *Revista Venezolana de Legislación y Jurisprudencia*, N° 7 Vol. III, Caracas 2016, pp. 701-715.

En este sentido, queremos precisar lo siguiente: a) en Venezuela se ha configurado un tejido normativo que legaliza el secreto[74] y establece requisitos complejos para dar oportuna y adecuada respuesta; b) en sentido contrario, a pesar de los esfuerzos locales y de algunos estados federados, Venezuela no honra su obligación de legislar una ley nacional de transparencia y acceso a la información pública que establezca la estructura organizativa, las funciones y alcances de la Administración para la transparencia, los procedimientos y sanciones en materia de acceso a la información para los funcionarios que retarden o incumplan con su deber; c) para la industria minera se ha configurado un compleja red de órganos y entes, empresas mixtas, alianzas estratégicas y normas sublegales que hacen disperso el ordenamiento minero, favoreciendo la opacidad y sin evidenciar instrumentos o prácticas para cumplir con los estándares internacionales en este materia.

No obstante, compartimos lo señalado por el profesor Carlos Delpiazzo, *"El Estado de Derecho, como todo emprendimiento humano, no es una obra acabada sino que se encuentra en permanente construcción"*[75]. En este sentido, Venezuela tiene desafíos complejos en esta materia dado que la corrupción ha permeado, se ha tolerado desde la clase política y la impunidad es el resultado producido.

La industria minera es un factor de desarrollo que está altamente intervenida por el Estado mediante las figuras ya comentadas que resultan confusas, inestables y que promueven la opacidad en una industria cuyos pasivos ambientales y sociales pueden son observables por una comunidad a la que no le permiten espacios y mecanismos de articulación, que resultan claves en la vida local[76].

La exigencia del cumplimiento de los estándares internacionales es uno de los desafíos más trascendentales para la industria en el proceso de reconstrucción de la democracia en Venezuela.

---

[74]   En contraste, Schiavi, Pablo señala que: *"Con el triunfo del neoconstitucionalismo que nos hace ver el ordenamiento jurídico desde la óptica de los derechos humanos, ese "secreto de Estado" tiende a desaparecer."* En Schiavi, Pablo: "Régimen jurídico de la acción de acceso a la información pública en el Uruguay". *Revista Electrónica de Investigación y Asesoría Jurídica* - REDIAJ N° 12. Instituto de Estudios Constitucionales. Caracas, junio 2017, pp. 1471-1521. Consulta en línea http://www.estudiosconstitucionales.com/REDIAJ/1471-1521.pdf

[75]   Delpiazzo, Carlos. "Multifuncionalidad del principio de Transparencia". En Jaime Rodríguez-Arana y William Zambrano Cetina (Edits) *Instituciones administrativas, inclusión, paz y convivencia*. Editorial Ibañez, Universidad del Rosario, Editorial Jurídica Venezolana, Bogotá 2018, p. 189.

[76]   Véase: Rodríguez-Arana, Jaime. "El espacio local: espacio para la participación social". En Jaime Rodríguez-Arana y William Zambrano Cetina (Edits) *Instituciones administrativas, inclusión, paz y convivencia*. T. I Editorial Ibañez, Universidad del Rosario, Editorial Jurídica Venezolana, Bogotá 2018, pp. 288 y ss.

Sobre la configurada regulación actual de la Revocatoria de Mandatos en Venezuela

Ángel Alberto Díaz*

Abogado

Resumen: *La realización de la denominada Democracia Directa supone la participación política de la sociedad mediante mecanismos como la Revocatoria de Mandatos, y en este artículo se expone de forma sucinta el reconocimiento de tal figura en el sistema jurídico venezolano, así como su actualizada y discutible regulación sublegal con ocasión al desarrollo de la actividad administrativa y judicial, siendo de concluir la poca eficiencia que denota su turbada práctica, la disminuida observancia de la Legalidad para tal tema, la particularmente equivocada conformación jerárquica del ordenamiento, y, en definitiva, la desavenencia entre la configuración del aludido medio de participación poblacional, el régimen democrático y el Estado de Derecho.*

Palabras Clave: *Revocatoria de Mandatos, Democracia Directa, Normas, Legalidad, Estado.*

Abstract: *Direct Democracy demands politic participation of society through mechanisms like Recalls, in this article it is exposed in a succinct way the legal recognition of that legal form in the Venezuelan legal system and also its renewed and doubtful sublegal regulation on the occasion of the administrative and judicial activity development, so to sum up I highlight its little efficiency what its showed by its troubled law practice, reduced observance of Lawfulness, the especially mistaken hierarchical shape of legal order and definitely the disagreement between the theoretical setting of this mechanism of population participation, the democratic regime and the Rule of Law.*

Key words: *Recalls, Direct Democracy, Rules, Lawfulness, State.*

SUMARIO

---

* Artículo de reflexión original e inédito, sin fuente de financiación de institucional, que es producto de la actividad indagatoria personal de su autor sobre temas de Derecho Público venezolano.

I. INTRODUCCIÓN

Con ocasión a la crisis política planteada en Latinoamérica durante el siglo XX en virtud de un desgastado ejercicio de la democracia representativa, a modo de válvula de escape que al menos atemperara la discordia social, se dio la prolífica tendencia en nuestros ordenamientos a estatuir instituciones propias de la denominada democracia directa, las cuales, siguiendo el criterio de los doctrinarios Aragón y López (como se citó en Zovatto, 2007, p. 134), son mecanismos de participación política y de promoción normativa por parte de los ciudadanos que les permiten involucrarse en la toma de decisiones estatales más allá de la mera elección de sus representantes y gobernantes.

Han sido disímiles las opiniones acerca de lo contraproducente o favorable que resulta la consagración de los aludidos mecanismos de participación ciudadana para el mantenimiento de la Democracia en la región, observándose posturas de recelo sobre la aplicación de los mismos de forma acomodada y demagógica desde el liderazgo partidista o por los sempiternos caudillos[1], y a la par, posiciones que aprueban su carácter saludable para la efectividad de dicha forma de gobierno, llegando a considerarles como un debido complemento de la representatividad[2].

Ya es notorio el reconocimiento jurídico actual de instituciones de democracia directa en buena parte del continente americano, y con relación al área a abarcar en las presentes líneas, vale decir que en la República Bolivariana de Venezuela con la sanción de la Ley Orgánica del Sufragio y Participación Política en el año 1997 se estableció, como hito federal, el referéndum consultivo a nivel nacional (Komblith, 2014), y hoy día, bajo la calificación de *medios de participación y protagonismo del pueblo en ejercicio de su soberanía*, goza de reconocimiento constitucional la *iniciativa legislativa*, por la que un determinado número de electores puede presentar un proyecto de Ley a los fines de su sanción y posterior promulgación, y así también, la *consulta popular* como mecanismo de participación poblacional respecto a decisiones propias de la alta conducción política, siendo pertinente destacar que de esta figura se ha hecho uso desde el mismo año en que fue formulada y aprobada la vigente Constitución Nacional[3]. En igual sentido, en la norma fundamental se consagran los *cabildos abiertos* y la *asamblea de ciudadanos* con decisiones de carácter vinculante, y a la par, con el objeto de someter al criterio de los electores la aprobación de proyectos legislativos o la abrogación, sea total o parcial, de Leyes se prevé el *referéndum*.

En el elenco de formas de participación política de la ciudadanía venezolana de acuerdo a su Carta Magna se encuentra también la *Revocatoria del Mandato*, y precisamente a través del presente escrito será expuesto cómo ha quedado delineado su ejercicio en el ordenamiento venezolano por actuaciones del Poder Judicial ante una omisión legislativa de casi dos décadas sobre la materia y la producción de normas jurídicas sub-legales por el Consejo Nacional

---

[1]   Como, por ejemplo, "Su principal riesgo es, sin embargo, el de poner en jaque al sistema representativo, especialmente si se abusa de él o se amenaza repetidamente con su utilización" (Lissidini como se citó en Eberhardt, 2017, p. 108).

[2]   Se ha escrito, "las sociedades modernas buscan actualmente los mejores medios para transitar hacia un modelo de organización política en el que la democracia formal se vuelva más real, la democracia política se extienda a la sociedad y la democracia representativa se complemente con mecanismos de democracia directa": (Bobbio como se citó en Martínez, 2013, p. 85).

[3]   Publicada en Gaceta Oficial de la República Bolivariana de Venezuela N° 5.453 Extraordinaria de fecha 24 de marzo de 2000, con primera enmienda publicada en Gaceta Oficial N° 5.908 Extraordinaria de fecha 19 de febrero de 2009.

Electoral, teniendo en consideración que por definición constitucional[4] Venezuela se constituye en un Estado Democrático y Social de Derecho y de Justicia bajo la forma Federal y Descentralizada.

II. LA REVOCATORIA DE MANDATOS: NATURALEZA Y CONCEPCIÓN CONSTITUCIONAL

La revocación del mandato conferido a representantes políticos, en inglés *recall*, es un término que provine de la voz latina *revocatio*, y consiste en la facultad de los ciudadanos de "dejar sin efecto el mandato del titular de un cargo de elección popular como resultado de un proceso de consulta también popular" (Zovatto como se citó en Eberhardt, 2017, p. 108), y constituye:

> (...) un mecanismo 'reactivo' debido a que se emplea como reacción de una parte (un sector de la ciudadanía) frente a una acción previa realizada por otra (el mandatario), acción juzgada por la población de modo tan negativo que motiva la búsqueda de una finalización anticipada del período del representante en cuestión. (Lissidini como se citó en Eberhardt, 2017, p. 108)

Esta institución de democracia directa, que dependiendo de cada ordenamiento jurídico puede tener lugar *desde abajo* (sentido vertical) o proceder de la iniciativa de órganos estatales (sentido horizontal), "se remonta a las leyes del Tribunal General de la Colonia de la Bahía de Massachusetts en 1631 y a la Carta de Massachusetts de 1691" (Welp y Serdült como se citó en Moreno y Lizárraga, 2017, p. 2), y su moderna concepción tiene también precedente estatuario en los Estados Unidos de América, donde luego de discusiones en el seno de la Convención de Filadelfia del año 1787, es finalmente preceptuada en la Constitución de los Ángeles en 1903 (Welp y Serdült, 2012). Dicho mecanismo deriva en el derecho a reducir la temporalidad natural del ejercicio del poder público por parte de autoridades electas con ocasión a la desaprobación que sobre su gestión manifieste la ciudadanía a través del voto, resultando en una vía resolutiva de eventuales crisis políticas del Estado, y, sin duda, en un factor que aumenta el interés de la población en reflexionar y participar en asuntos del ámbito público, denotándose enfáticamente la rendición de cuentas y la transparencia en el actuar de quienes ejercen representación popular como fundamento indiscutible de la Democracia. Asimismo, con la revocatoria de mandatos, mediante el control que supone, se procura el perfeccionamiento del régimen presidencialista mayoritario en el continente, tratando de disminuir la concentración unipersonal y eterna de potestades e índices de corrupción en las altas esferas de poder.

La actividad legislativa para el ámbito local venezolano describe el punto de partida de la contemporánea regulación nativa del mecanismo de participación política que ocupa, como muestra de ello, en la Ley Orgánica de Régimen Municipal de 1989[5], se aprecia que en el artículo 69 quedó establecida la procedencia de la denominada revocatoria horizontal de mandato a Alcaldes en los términos que siguen:

---

[4] Artículo 2: Venezuela se constituye en un Estado democrático y social de Derecho y de Justicia, que propugna como valores superiores de su ordenamiento jurídico y de su actuación, la vida, la libertad, la justicia, la igualdad, la solidaridad, la democracia, la responsabilidad social y en general, la preeminencia de los derechos humanos, la ética y el pluralismo político.

Artículo 4: La República Bolivariana de Venezuela es un Estado Federal descentralizado en los términos consagrados en esta Constitución, y se rige por los principios de integridad territorial, cooperación, solidaridad, concurrencia y corresponsabilidad.

[5] Publicada en Gaceta Oficial de la República N° 4.109 Extraordinario de fecha 15 de junio de 1989.

Artículo 69: El Alcalde quedará suspendido en el ejercicio del cargo cuando el Concejo o Cabildo, por decisión expresa y motivada y con el voto de las tres cuartas (3/4) partes de sus integrantes, impruebe la Memoria y Cuenta de su gestión anual. En este mismo acto, el Concejo o Cabildo convocará a un referéndum que se realizará en un plazo máximo de treinta (30) días, para que el cuerpo electoral local se pronuncie sobre la revocatoria o no del mandato del Alcalde. Durante la suspensión, las funciones atribuidas al Alcalde serán ejercidas por el Concejal que designe la Cámara. Si el electorado se pronuncia por la revocatoria del mandato, se aplicará lo previsto en el artículo 54 de esta Ley sobre la falta absoluta; caso contrario, el Alcalde reasumirá sus funciones.

En un mismo orden, para el año 1993 con la promulgación de la Ley Orgánica de Tribunales y Procedimientos de Paz[6] se planteó que "el Juez de Paz podrá ser controlado a través de los vecinos de la respectiva Parroquia o Circunscripción Intraparroquial, utilizando el referendo revocatorio con iniciativa popular del veinte por ciento (20%) de su población" (artículo 32), perfilando posteriormente el asunto mediante la Ley Orgánica de la Justicia de Paz[7] al señalarse un porcentaje de electores mayor al citado (artículo 26) y causales que de manera no concurrente configurarían la procedencia de esa revocación (artículo 27), contando como tales a la observancia de una conducta censurable que comprometa la dignidad del cargo, el irrespeto a los derechos de los miembros de la comunidad o los derechos humanos, y la adopción de conductas contrarias a la Ley por el Juez.

Pero especial relevancia presenta que, conforme lo indica el jurista Jorge Pabón (2013), en la génesis constitucional de la República de Venezuela fue contemplada la revocatoria de mandatos, toda vez que en la Constitución Federal de los Estados de Venezuela del año 1811 fue establecido lo siguiente:

Artículo 209: El Pueblo de cada Provincia tendrá facultad para revocar la nominación de sus Delegados en el Congreso o algunos de ellos en cualquier tiempo del año y para enviar otros en lugar de los primeros, por el que a éstos el tiempo de la revocación.

Artículo 210: El medio de inquirir y saber la voluntad general de los Pueblos, sobre estas revocaciones, será del resorte exclusivo y peculiar de las Legislaturas provinciales, según lo que para ello establecieren sus respectivas Constituciones.

Este histórico tratamiento constitucional respecto a la revocación de mandatos no puede considerarse una mera reminiscencia, sino una cierta aspiración de la Democracia Venezolana cuyo renovado reconocimiento jurídico llegó a pretenderse hace pocas décadas con el frustrado proyecto de reforma a la Constitución Nacional presentado por la comisión bicameral para la revisión de dicho texto en marzo el año 1992 al otrora Congreso Nacional (Komblith, 2014). Ahora bien, en la actualidad el aludido mecanismo de participación ciudadana tiene asidero constitucional expreso en el artículo 70 de la Constitución Política vigente, siendo consagrado en los términos que a continuación se reproducen:

Artículo 70: Son medios de participación y protagonismo del pueblo en ejercicio de su soberanía, en lo político: la elección de cargos públicos, el referendo, la consulta popular, la revocatoria del mandato, las iniciativas legislativa, constitucional y constituyente, el cabildo abierto y la asamblea de ciudadanos y ciudadanas cuyas decisiones serán de carácter vinculante, entre otros; y en lo social y económico, las instancias de atención ciudadana, la autogestión, la cogestión, las cooperativas en todas sus formas incluyendo las de carácter financiero, las cajas de ahorro, la empresa comunitaria y demás formas asociativas guiadas por los valores de la mutua cooperación y la solidaridad.

---

6   Publicada en Gaceta Oficial de la República N° 4.634 Extraordinario de fecha 22 de septiembre de 1993.

7   Publicada en Gaceta Oficial de la República N° 4.817 Extraordinario de fecha 21 de diciembre de 1994.

La ley establecerá las condiciones para el efectivo funcionamiento de los medios de participación previstos en este artículo.

La norma transcrita es un claro reflejo de la concepción gubernativa nacional que en el propio *Título I* de la Carta Magna es definida, ya que, al determinar los Principios Fundamentales del orden jurídico, preceptúa en el artículo 6 que el gobierno de la República Bolivariana de Venezuela y de las entidades políticas que la componen es y será siempre de mandatos revocables; es pues, una ineludible conclusión que la V República, erigida a partir el proceso constituyente que formuló la comentada Norma Suprema, comprende la necesidad de desarrollar la participación y protagonismo de la ciudadanía a través del ejercicio de instituciones típicas de la denominada democracia directa establecidas como derechos subjetivos de los individuos por el Derecho objetivo. De hecho, así lo afirma autorizada doctrina autóctona al manifestar que "no es sino a partir de la entrada en vigencia de la Constitución de la República Bolivariana de Venezuela, que podemos afirmar que se consagra en nuestro sistema constitucional una democracia fundamentalmente participativa" (Pellegrino como se citó en Matheus, 2008, p. 202).

El entramado constitucional venezolano además hace alusión a los elementos que deben verificarse en la ejecución de la revocación, mencionando con precisión que no existe autoridad elegida mediante votaciones que escape a dicha figura, el transcurso del debido lapso para su aplicación, el número porcentual mínimo de electores participantes y la consecuencia a observarse con ocasión a los resultados que arrojen los correspondientes comicios, ello según lo dispuesto en su artículo 72, que reza:

Artículo 72: Todos los cargos y magistraturas de elección popular son revocables.

Transcurrida la mitad del período para el cual fue elegido el funcionario o funcionaria, un número no menor del veinte por ciento de los electores o electoras inscritos en la correspondiente circunscripción podrá solicitar la convocatoria de un referendo para revocar su mandato.

Cuando igual o mayor número de electores y electoras que eligieron al funcionario o funcionaria hubieren votado a favor de la revocatoria, siempre que haya concurrido al referendo un número de electores y electoras igual o superior al veinticinco por ciento de los electores y electoras inscritos, se considerará revocado su mandato y se procederá de inmediato a cubrir la falta absoluta conforme a lo dispuesto en esta Constitución y en la ley.

La revocación del mandato para los cuerpos colegiados se realizará de acuerdo con lo que establezca la ley.

Durante el período para el cual fue elegido el funcionario o funcionaria no podrá hacerse más de una solicitud de revocación de su mandato.

Al comparar la regulación constitucional que ocupa con la de otros países latinoamericanos, se aprecia que con semejante rigurosidad en el marco de naturales distancias en cuanto a lapsos y porcentajes de electores, tanto la Constitución del Estado Boliviano (del año 2009) como la de Ecuador (del año 2008) regulan la revocatoria del mandato para todos los cargos obtenidos por votación de la población en los artículos 240 y 105 respectivamente; y resulta interesante resaltar que en el ordenamiento colombiano, a pesar de las similitudes que comparte con Venezuela y las nombradas Naciones, no es regulado en el cuerpo de su Constitución Política (del año 1991) siquiera algún elemento que delinee la realización del mecanismo de democracia directa *in comento*, sino que el constituyente neogranadino se limitó al correspondiente reconocimiento y mandato del respectivo desarrollo legislativo en el artículo 103, siendo destacable que efectivamente ha tenido lugar el conminado tratamiento, no para cualquier autoridad electa sino sólo para Gobernadores y Alcaldes, mediante las Leyes Nros.

131 y 134 de mayo de 1994, ambas reformadas en el año 2002 mediante la Ley N° 741[8], llegándose a establecer causales únicas para la procedencia de la revocación que consisten en el incumplimiento al programa de gobierno, y también la insatisfacción ciudadana.

En los últimos 14 años en la República Bolivariana de Venezuela hemos tenido varias experiencias sobre el ejercicio de la revocatoria de mandatos, uno ejecutado en agosto 2004 contra el entonces Presidente de la República, diez con relación a nueve Alcaldes y una Legisladora Estadal en octubre de 2007, y finalmente una estéril promoción durante el año 2016, obteniéndose en consecuencia la sola revocatoria de una Legisladora Regional y cuatro Alcaldes, siendo de destacar que la práctica nacional, más allá de resultar en la permanencia en el cargo del mandatario cuestionado, ha sido objeto de críticas acerca de su materialización, pudiendo aludirse, a la delatada conversión del mecanismo constitucional –desde el desempeño de la función jurisdiccional– a la figura de un referendo ratificatorio (Brewer-Carías, 2004). Cabe destacar que a pesar de haberse puesto en práctica la institución, ha quedado cuando menos entredicha la robustez y el perfeccionamiento de la Democracia que se esperaba con tal ejercicio, toda vez que como se señalará, la voluntad general recogida y descrita en la Carta Magna ha sido notoriamente desconocida con la omisión legislativa sobre el asunto y, peor aún, con la emisión de actos de naturaleza sub-legal (resoluciones y sentencias) que con certeza desvirtúan los términos en que fue reconocido el derecho a revocar autoridades.

III. INSTRUMENTOS QUE RIGEN LA REVOCATORIA DEL MANDATO EN VENEZUELA

La consagración constitucional de la revocatoria para cargos representativos de la ciudadanía si bien resulta determinante no puede ser considerada suficiente, y menos cuando el único aparte del artículo 70 de la Norma Suprema prevé el innegable desarrollo de la institución participativa mediante Ley con la finalidad de fijar las condiciones para su efectivo funcionamiento, queda claro entonces, que el legislador patrio se encuentra en mora (a todas luces excesiva) por no haber dictado la Ley Orgánica de Referendos en la que de manera exhaustiva regule la revocación y refleje por parte del órgano legislativo, entre otras cosas, el cumplimiento lógico de sus funciones inmanentes e impostergables que llegue a evitar innecesarias interpretaciones a través de desarrollos jurisprudenciales y reglamentarios que atenten contra la esencia del mecanismo; sobre este punto resulta pertinente decir que actualmente existe un proyecto legislativo, el cual –aunque aprobado en segunda discusión por la Asamblea Nacional– no ha sido sancionado, ya que, en medio de señalamientos proferidos por el Consejo Nacional Electoral acerca de su posible inconstitucionalidad, fue remitido a la Comisión de Política Interior del Parlamento en abril de 2016 sin que a la fecha de elaboración de este artículo se hubiese dado otra actuación (El Impulso, 2016).

Lo cierto es que ante el vacío legal sobre la materia de revocación de mandatos públicos las decisiones judiciales tienden a perfilar el asunto, y además el órgano que detenta la máxima jerarquía del denominado Poder Electoral, fundado en lo estatuido en el numeral 5 del artículo 293 y la Disposición Transitoria Octava de la Constitución de la República[9], así

---

[8]   Véase Diario Oficial de Colombia N° 44.823 de fecha 4 de junio de 2002.

[9]   Artículo 293: El Poder Electoral tiene por funciones: (…)

5. La organización, administración, dirección y vigilancia de todos los actos relativos a la elección de los cargos de representación popular de los poderes públicos, así como de los referendos.

como en la sentencia N° 2757 pronunciada en fecha 23 de octubre de 2003 por la Sala Constitucional del Tribunal Supremo de Justicia[10], desde el año 2003 ha dictado actos de contenido normativo que regulan la convocatoria, organización, desarrollo y supervisión de eventos generados por la activación y ejecución del mecanismo democrático de la revocatoria de mandatos, llegando a vulnerar el principio de reserva legal al crear, por ejemplo, la limitación sub-legal a la facultad ciudadana de convocatoria de la figura participativa requiriendo una *agrupación de ciudadanos*, y además, la recolección del uno por ciento (1%) de manifestación de voluntades en la circunscripción donde se pretenda revocar a un mandatario. Entre las mencionadas normas se encuentran vigentes las que a continuación se enumeran:

- Normas para Regular los Referendos Revocatorios, contenidas en la Resolución N° 070327-341 del 27 de marzo de 2007, publicada en Gaceta Electoral N° 369 de fecha 13 de abril de 2007.

- Normas para Regular el Funcionamiento del Punto de Recepción de las Manifestaciones de Voluntad para Solicitar Referendos Revocatorios, contenidas en la Resolución N° 070516-658 del 16 de mayo de 2007, publicada en Gaceta Electoral N° 376 de fecha 28 de mayo de 2007.

- Normas para Regular el Acto de Recepción de Manifestaciones de Voluntad para la Solicitud de Referendos Revocatorios, contenidas en la Resolución N° 070516-659 del 16 de mayo de 2007, publicada en Gaceta Electoral N° 376 de fecha 28 de mayo de 2007.

- Normas para Regular el Procedimiento de Promoción y Solicitud de Referendos Revocatorios de Mandatos de Cargos de Elección Popular, contenidas en la Resolución N° 070906-2770 del 06 de septiembre de 2007, publicada en Gaceta Electoral N° 405 de fecha 18 de diciembre de 2007.

Ahora bien, como se mencionó, no sólo el Consejo Nacional Electoral ha venido pautando el desarrollo de la revocatoria de mandatos de elección popular, sino que el Máximo Tribunal de la República, a través de sus Salas Constitucional y Electoral, se ha pronunciado acerca de la forma en que debe materializarse el mecanismo participativo, ya sea al confirmar el criterio del referido órgano administrativo respecto a un particular tema, o emitiendo interpretaciones de normas constitucionales que llegan a alejarse de lo literalmente establecido por el constituyente, fijando por ejemplo, un número de votos mínimos (distinto al constitucional) para que tenga lugar una revocación.

Indiscutible es la conclusión sobre el tratamiento jurídico que perfila la revocatoria en los tiempos que corren: la omisión legislativa respecto a la materia ha desembocado naturalmente en la regulación por parte de órganos con sustancia política indirecta, lo que deriva en

---

Disposición Transitoria Octava: Mientras se promulgan las nuevas leyes electorales previstas en esta Constitución los procesos electorales serán convocados, organizados, dirigidos y supervisados por el Consejo Nacional Electoral. (…)

[10] "En defecto de dicha previsión legal expresa, corresponde al Consejo Nacional Electoral, en tanto órgano encargado de ejecutar las normas constitucionales, legales y reglamentarias relativas a los referendos, dictar, sin menoscabo de la reserva legal, las reglas necesarias para el ejercicio efectivo del mencionado derecho constitucional, lo cual es posible al estar habilitado para interpretar la normativa electoral, es decir, en tanto tiene la potestad de optar por alguno de los sentidos que pueda justamente atribuírsele a los textos que lo vinculan, incluso, para integrar el ordenamiento jurídico ante las imprevisiones que, respecto de esta materia, adolezcan las normas previstas en las leyes vigentes" Sentencia disponible en http://historico.tsj.gob.ve/decisiones/scon/octubre/2757-231003-03-2659%20.HTM

la incoherente conformación del ordenamiento venezolano sobre el asunto. Vale mencionar que actualmente el país se encuentra inmerso en un proceso constituyente, el cual, entre otras cosas, tiene como finalidad ineluctable presentar un nuevo texto constitucional, y quedaría esperar si en dicho instrumento llega a consagrarse la estudiada institución de democracia directa en términos que expresamente correspondan a lo establecido en las enunciadas normas dictadas por el Poder Electoral, y así también, en decisiones judiciales emitidas por el más alto Tribunal nacional.

IV. PRINCIPALES ASPECTOS QUE DENOTAN LA "MÁS QUE CONSTITUCIONAL CONFIGURACIÓN" DE LA REVOCATORIA DE MANDATOS

Conviene dejar claro que el objeto de estas líneas no es la deliberada asunción de posiciones contradictorias a cualquier pronunciamiento estatal respecto a la revocación, sino brindar una exposición puntual y actualizada sobre la configuración sub-legal venezolana para dicho mecanismo de participación poblacional, siendo ineludible el llamado a reflexión sobre tal composición. Se plantea pues, una mirada sucinta y analítica a la espontánea regulación producida por la actividad normativa y de interpretación que ha tenido lugar con ocasión a la ausencia de Ley para la materia, esto a la luz de la concepción del Estado de Derecho y Democrático.

1. *Sobre el número de electores que deben participar en la promoción del referéndum revocatorio*

En el entendido de que tienen derecho a participación en el acto de votación del referendo revocatorio los electores inscritos en el Registro Electoral de la circunscripción correspondiente para el momento de la celebración de tales comicios referendarios y no para el momento cuando el funcionario, cuyo mandato pretenda revocarse, hubiere sido electo[11], y a la vez, que en un mismo período del mandato cuestionado, tan sólo es procedente la activación del mecanismo revocatorio en una única oportunidad[12], es relevante examinar ahora la actividad reglamentaria ejercida desde el Poder Electoral, puesto que su desarrollo ha significado la regulación de la institución analizada al margen de lo pautado en la Carta Fundamental, debiendo recordarse que como establece su propio artículo 7 "es la norma suprema y el fundamento del orden jurídico", derivando en un absurdo la emisión de disposiciones que le sean contrarias. Respecto a la comentada práctica sub-legal, merece especial atención la Resolución N° 070906-2770 contentiva de Normas para Regular el Procedimiento de Promoción y Solicitud de Referendos Revocatorios de Mandatos de Cargos de Elección Popular en las que se impone la necesaria fundación de *agrupaciones de ciudadanas o ciudadanos* por aquellos electores "con interés en gestionar el inicio del procedimiento de promoción y la solicitud de referendos revocatorios" (artículo 4), "en un número mayor o igual al uno porciento (1%) de la población inscrita en el Registro Electoral del municipio, del estado o nacional según el caso correspondiente a la funcionaria o funcionario cuyo mandato se solicita revocar" (artículo 8), resultando tal innovación en el cumplimiento de un requisito que, sin habilitación legal previa, antecede forzosamente al único que la Constitución de la República

---

11   Según sentencia dictada por la Sala Constitucional del Tribunal Supremo de Justicia N° 2432 de fecha 29 de agosto de 2003, disponible en http://historico.tsj.gob.ve/decisiones/scon/agosto/2432-290803-03-0610.HTM

12   "(…) En definitiva, el límite que la norma establece se halla en que se celebre o active sólo un referéndum revocatorio para el mismo funcionario y en el mismo mandato (…)" Sentencia N° 1139 de fecha 05 de junio de 2002 de la Sala Constitucional del Máximo Tribunal venezolano, disponible en http://historico.tsj.gob.ve/decisiones/scon/junio/1139-050602-02-0429.HTM

fijó en el artículo 72 para que tenga lugar la solicitud de convocatoria de revocación democrática del mandato de una autoridad luego de haber transcurrido la mitad del período para el que fue electa, el cual, es exclusivamente su petición por el veinte por ciento (20%) de los electores inscritos en la respectiva circunscripción; es decir, mediante un acto con rango inferior a una Ley, según la graduación del Derecho, se impide la simpleza que originalmente fue pautada para el ejercicio del mecanismo participativo, estableciéndose de forma disoluta una obligación no descrita en el literal designio del constituyente.

2. *Sobre la circunscripción electoral nacional y el número de electores que deben solicitar la convocatoria del mecanismo en ese ámbito*

Aunado a la arbitraria carga que se comentó, y específicamente para el caso presidencial, la necesaria recolección de manifestaciones de voluntad ciudadana para que tenga lugar la solicitud de un proceso revocatorio también denota un requerimiento alejado de lo establecido en el texto constitucional, puesto que, contrario a la lógica propia de su característica nacional, recientemente ha sido exigido seccionar geográficamente la unidad inmanente de tal evento; sobre este asunto, a través de la sentencia N° 147 dictada por la Sala Electoral del Tribunal Supremo de Justicia en fecha 17 de octubre de 2016[13] se determinó lo siguiente:

> (…) la convocatoria del referendo revocatorio requiere reunir el veinte por ciento (20%) de manifestaciones de voluntad del cuerpo electoral en todos y cada uno de los estados y del Distrito Capital de la República. La falta de recolección de ese porcentaje en cualquiera de los estados o del Distrito Capital, haría nugatoria la válida convocatoria del referendo revocatorio presidencial (…)

Como si la recolección del uno por ciento (1%) del padrón electoral en la circunscripción nacional no revistiese la suficiente complejidad, y sin importar que la Constitución de la República en el tantas veces nombrado artículo 72 establezca que es en función de la correspondiente circunscripción que debe calcularse y verificarse el porcentaje de ciudadanía inscrita en el registro electoral con relación a la solicitud de convocatoria para revocar un mandato popular, la Sala plantea la necesidad de entender la *circunscripción nacional* no como una unidad, sino como un disperso territorio a efectos de votaciones con características presidenciales, criterio este, que al olvidar el rasgo nacional de la aludida solicitud, invita a reflexionar sobre qué debe entenderse entonces por *circunscripción* a efectos de la consulta popular a todos los electores del país sin disgregación alguna. Frente a lo descrito, es oportuno e ilustrativo referirse a la conclusión que de dicha decisión judicial ha esgrimido el tratadista Brewer-Carías (2016), quien al respecto expuso:

> Es decir, con esta sentencia, la Sala Electoral, sin argumento ni razonamiento alguno, mutando la Constitución, simplemente dijo que el artículo 72 de la misma no dice lo que dice; pues lo que dice está muy alejado de lo resuelto en la sentencia. La norma en efecto, dispone claramente en cambio, que la iniciativa popular para el referendo revocatorio de mandato [d]el Presidente de la República, quien es electo en la circunscripción nacional, debe estar respaldada por 'un número no menor del veinte por ciento de los electores o electoras inscritos en la correspondiente circunscripción', es decir, en la circunscripción nacional, lo que implica que es ese porcentaje de todo el Registro o padrón electoral globalmente considerado y no de los electores o electoras inscritos 'en todos y cada uno de los estados y del Distrito Capital de la República'. (p. 385)

---

13 Decisión judicial completa disponible en http://historico.tsj.gob.ve/decisiones/selec/octubre/1908 52-147-171016-2016-2016-000074.HTML

3.   *Sobre el número de votos para revocar mandatos*

Más allá de la deducción que se alcanzaría con la simple lectura del artículo 72 de la Constitución de la República respecto al número mínimo de electores que mediante votos deben expresar su conformidad con la revocatoria de un determinado mandato y en consecuencia sea materializada tal revocación, siendo este cuantificado por el constituyente en "igual o mayor número de electores y electoras que eligieron al funcionario o funcionaria (...) siempre que haya concurrido al referendo un número de electores y electoras igual o superior al veinticinco por ciento de los electores y electoras inscritos", la Sala Constitucional del Tribunal Supremo de Justicia a través de sentencia N° 2750 de fecha 21 de octubre de 2003[14], ratificada en fecha 5 de diciembre de 2003 con el fallo signado bajo el N° 3430[15], determinó que la cantidad mínima de votos que signifiquen la efectiva revocatoria de un mandatario debe responder a la decisión de la mayoría poblacional que participa en tal proceso de revocación, y no al primigenio número de electores que eligieron al funcionario cuya gestión se cuestiona, ya que debe entenderse que la cantidad originaria no necesariamente representaría la superioridad porcentual del padrón electoral para la oportunidad en que se pretende revocar, ello en virtud de la variación que pueda normalmente experimentar el referido registro electoral, como por ejemplo, la inclusión de nuevos electores. A pesar de la coherencia que alguno pueda esgrimir para con tal criterio judicial al relacionarlo con la elemental regla de la decisión por mayorías, y que, su puesta en práctica suponga la más feliz entre las posibles valoraciones de la voluntad ciudadana, su asunción no deja de significar el innegable desconocimiento de lo dispuesto en la Norma Fundamental respecto al particular tema, visto que ella prevé con ineludible exactitud que el número de votos a favor de la revocatoria debe ser considerado de acuerdo con la cantidad de electores que, a través del voto y en la determinada oportunidad, confirió el mandato cuestionado y no en función de otro parámetro.

4.   *Sobre la suplencia de falta absoluta como consecuencia de la revocatoria y la inmediata candidatura de aquel cuyo mandato fuere revocado*

Del contenido del artículo 72 constitucional se desprende con meridiana claridad que la separación del cargo popular por la revocatoria del mandato se considera una *falta absoluta* y deberá suplirse inmediatamente. Sobre el particular asunto, es de resaltar que al configurarse

---

[14]   "(...) La integración del pueblo puede haber variado, aumentando o disminuyendo en número, y el registro electoral de la fecha de que se trate debe ser la única referencia (...) y en ese proceso democrático de mayorías, incluso, si en el referendo obtuviese más votos la opción de su permanencia, debería seguir en él, aunque voten en su contra el número suficiente de personas para revocarle el mandato." Sentencia disponible en http://historico.tsj.gob.ve/decisiones/scon/octubre/2750-211003-03-1989.HTM

[15]   "Igualmente, en cuanto a la consecuencia jurídica que debe seguirse al hecho de que los votos en contra de la revocatoria del mandato sean superiores a los votos a favor de dicha revocatoria, aun en el supuesto de que éstos resultasen ser más que los obtenidos por el funcionario al momento de ser elegido mediante el sufragio, de la sentencia antes citada se desprende que tal consecuencia no puede ser otra que la confirmación (relegitimación) del funcionario por los electores en el cargo cuyo mandato pretendió ser revocado por otro sector de la población con derecho al sufragio, por ser la misma cónsona con la regla de la mayoría, inherente al principio democrático consagrado en el ya mencionado artículo 2 de la Norma Fundamental, y congruente con la propia norma del artículo 72 constitucional, que si bien se limita a establecer el número de votos necesarios para que opere la revocatoria del mandato, en modo alguno puede interpretarse en el sentido de desconocer o negar la posibilidad de que tal número de votos sea superado por los depositados en contra de tal revocatoria." Decisión judicial disponible en http://historico.tsj.gob.ve/decisiones/scon/diciembre/3430-051203-03-2544%20.HTM

la eventual falta absoluta del Presidente de la República por el mecanismo democrático bajo estudio, debe procederse en la forma que la propia Constitución lo establece[16], y para el caso de otros órganos electos como Alcaldes, Diputados a la Asamblea Nacional, Consejales Legislativos Estadales, Concejales Municipales y miembros de las Juntas Parroquiales, la actividad jurisprudencial se ha encargado de establecer la forma en que tendría lugar la correspondiente suplencia.

Considerando la omisión legislativa acerca de la revocatoria del mandato a Alcaldes, y que su configuración se cuenta como una falta absoluta de dicho mandatario en el texto de la Ley Orgánica del Poder Público Municipal (LOPPM)[17], la Sala Constitucional del Tribunal Supremo de Justicia fundándose en lo específicamente determinado en el artículo 87 del mencionado instrumento normativo[18], mediante sentencia N° 1399 de fecha 04 de julio de

---

[16] Artículo 233: Serán faltas absolutas del Presidente o Presidenta de la República: su muerte, su renuncia, o su destitución decretada por sentencia del Tribunal Supremo de Justicia, su incapacidad física o mental permanente certificada por una junta médica designada por el Tribunal Supremo de Justicia y con aprobación de la Asamblea Nacional, el abandono del cargo, declarado como tal por la Asamblea Nacional, así como la revocación popular de su mandato.

Cuando se produzca la falta absoluta del Presidente electo o Presidenta electa antes de tomar posesión, se procederá a una nueva elección universal, directa y secreta dentro de los treinta días consecutivos siguientes. Mientras se elige y toma posesión el nuevo Presidente o la nueva Presidenta, se encargará de la Presidencia de la República el Presidente o Presidenta de la Asamblea Nacional.

Si la falta absoluta del Presidente o Presidenta de la República se produce durante los primeros cuatro años del período constitucional, se procederá a una nueva elección universal, directa y secreta dentro de los treinta días consecutivos siguientes. Mientras se elige y toma posesión el nuevo Presidente o la nueva Presidenta, se encargará de la Presidencia de la República el Vicepresidente Ejecutivo o la Vicepresidenta Ejecutiva.

En los casos anteriores, el nuevo Presidente o Presidenta completará el período constitucional correspondiente.

Si la falta absoluta se produce durante los últimos dos años del período constitucional, el Vicepresidente Ejecutivo o Vicepresidenta Ejecutiva asumirá la Presidencia de la República hasta completar dicho período.

[17] Publicada en Gaceta Oficial de la República Bolivariana de Venezuela N° 6.015 Extraordinaria de fecha 28 de diciembre de 2010.

[18] Artículo 87: Las ausencias temporales del alcalde o alcaldesa serán suplidas por el funcionario de alto nivel de dirección, que él mismo o ella misma designe. Si la ausencia fuese por un período mayor de quince días continuos, deberá solicitar autorización al Concejo Municipal. Si la falta temporal se prolonga por más de noventa días consecutivos, el Concejo Municipal, con el análisis de las circunstancias que constituyen las razones de la ausencia, declarará si debe considerarse como ausencia absoluta.

Cuando la falta del alcalde o alcaldesa se deba a detención judicial, la suplencia la ejercerá el funcionario designado por el Concejo Municipal, dentro del alto nivel de dirección ejecutiva.

Cuando se produjere la ausencia absoluta del alcalde o alcaldesa antes de tomar posesión del cargo o antes de cumplir la mitad de su período legal, se procederá a una nueva elección, en la fecha que fije el organismo electoral competente.

Cuando la falta absoluta se produjere transcurrida más de la mitad del período legal, el Concejo Municipal designará a uno de sus integrantes para que ejerza el cargo vacante de alcalde o alcaldesa por lo que reste del período municipal. El alcalde o alcaldesa designado o designada deberá cumplir sus funciones de acuerdo al Plan Municipal de Desarrollo aprobado para la gestión.

2007[19] estableció que debe suplir la falta del máximo órgano del ejecutivo local aquel Concejal que sea designado por el respectivo poder legislativo municipal, y hasta que no haya tenido lugar tal designación, se encargará de la Alcaldía quien ejerza la Presidencia del Concejo Municipal.

En el caso de haber sido revocado el mandato de algún integrante de órganos deliberantes en ámbitos regionales y municipales (Consejales Legislativos Estadales y Concejales Municipales), la Sala, a través de la misma sentencia, afirmó que de acuerdo con el sistema electoral venezolano quien debe cubrir la falta absoluta en tal supuesto será el correspondiente *suplente* según el orden de elección; y a pesar de no haber expresa mención en la comentada decisión sobre la suplencia de Diputados a la Asamblea Nacional que hubieren sido revocados, la postura jurisprudencial expuesta es aplicable también para este supuesto, toda vez que la Carta Magna en el artículo 186 *in fine*[20] estatuye la existencia de *Diputados Suplentes*. Y precisamente en el mismo fallo, sin motivación legal alguna, fue determinada la referida solución judicial para el caso de miembros de Juntas Parroquiales, lo cual es indiscutible hoy día debido a lo previsto en el Capítulo IV de la Ley Orgánica de los Consejos Comunales (LOCC)[21], cuya aplicación obedece a la remisión establecida en el artículo 35 de la LOPPM.

Tratado el punto sobre la doctrina judicial acerca de la suplencia de faltas por la revocación, y atendiendo a la *reelección continua de cargos de elección popular*[22], se plantea la duda sobre la procedencia de la postulación de alguno que, a pesar de haber sido objeto de la revocatoria, pretenda ser candidato en un proceso electoral inmediatamente después a la anormal terminación de su mandato, y ante la cuestión, la comentada sentencia N° 1399 dejó claro que tanto los Diputados a la Asamblea Nacional como los Consejales Estadales cuyo mandato sea revocado, no podrán optar a cargos de elección popular en el siguiente período, ello con fundamento en el artículo 198 de la Constitución de la República[23] y el tratamiento legal que el ordenamiento venezolano concibe para los integrantes de órganos legislativos regionales, a la vez, en correspondencia con el criterio jurisprudencial descrito en la decisión signada con el N° 1173 dictada por la misma Sala en fecha 15 de junio de 2004, se negó

Cuando la ausencia absoluta se deba a la revocatoria del mandato por el ejercicio del derecho político de los electores, se procederá de la manera que establezca la ley nacional que desarrolle esos derechos constitucionales.

En los casos de ausencia absoluta, mientras se cumple la toma de posesión del nuevo alcalde o alcaldesa, estará encargado de la Alcaldía el Presidente o Presidenta del Concejo Municipal.

Se consideran ausencias absolutas: la muerte, la renuncia, la incapacidad física o mental permanente, certificada por una junta médica, por sentencia firme decretada por cualquier tribunal de la República y por revocatoria del mandato.

[19]   Sentencia disponible en http://historico.tsj.gob.ve/decisiones/scon/julio/1399-040707-07-0740.HTM

[20]   Artículo 186: La Asamblea Nacional estará integrada por diputados y diputadas elegidos o elegidas en cada entidad federal por votación universal, directa, personalizada y secreta con representación proporcional, según una base poblacional del uno coma uno por ciento de la población total del país. (…)

Cada diputado o diputada tendrá un suplente o una suplente, escogido o escogida en el mismo proceso.

[21]   Publicada en Gaceta Oficial de la República Bolivariana de Venezuela N° 39.335 de fecha 28 de diciembre de 2009.

[22]   Permitida en Venezuela en virtud de la única enmienda constitucional.

[23]   Artículo 198: El diputado o diputada a la Asamblea Nacional cuyo mandato fuere revocado, no podrá optar a cargos de elección popular en el siguiente período.

palmariamente que pueda limitarse la presentación de candidaturas por parte de Alcaldes, Concejales Municipales e integrantes de Juntas Parroquiales objetos de revocación para el período inmediatamente siguiente a la separación del cargo, puesto que respecto a los nombrados, tal restricción no se encuentra expresamente establecida ni en la Norma Fundamental ni en el bloque de legalidad, concluyéndose que, corriendo igual suerte de quien fuere revocado de la Presidencia de la República, pueden presentarse en la subsiguiente contienda electoral que resulte en su escogencia popular para cargos públicos sin importar la desaprobación de su gestión que la ciudadanía manifestó.

Como se dejó entrever, las ideas expuestas en la sentencia que nutre el presente apartado acerca de las Juntas Parroquiales han sufrido una normal modificación con ocasión a la actividad legislativa de la última década, siendo debido indicar que conforme al remitido artículo 42 de la LOCC los integrantes de dichos cuerpos colegiados no podrán postularse a una nueva elección dentro de los dos (2) períodos siguientes a que haya tenido lugar la revocatoria de su mandato. Es de resaltar además, el silencio constitucional y jurisprudencial que existe respecto a cómo proceder ante la revocación de un Gobernador; silencio éste que posiblemente responda a la forma de Estado en que históricamente se conforma Venezuela, y justamente su naturaleza Federal brinda la lógica solución a la cuestión planteada: la Constitución de cada Entidad Federada prevé quién supla la falta producida por la reprobación popular del máximo órgano ejecutivo, como se establece por ejemplo en los artículos 66 y 67 de la Constitución del Estado Bolivariano de Miranda[24], siendo de igual determinación casuística la posibilidad de su postulación inmediata a cargos de elección democrática.

5.   *Sobre una eventualmente incipiente "Jurisdicción Penal-Electoral con también funciones legislativas"*

El actual tratamiento jurídico de la revocatoria de mandatos conlleva necesariamente a mencionar la asunción, cuando menos discutible, de competencias en materia electoral por órganos judiciales con natural ámbito de actuación en asuntos penales, lo cual tuvo lugar al promoverse un referendo revocatorio durante el año 2016 con la finalidad de convocar a comicios refrendarios que eventualmente conllevaran a la separación anticipada del cargo de Presidente de la República, dicha asunción derivó en la suspensión de la recolección de manifestaciones de voluntades de la población (en un número no menor al veinte por ciento (20%) de los electores inscritos en el registro electoral en cada una de las Entidades que conforman la Federación Venezolana tal y como se esbozó en un apartado que antecede); la referida suspensión, se materializó mediante el acuerdo de medidas cautelares por parte de cinco Juzgados de Primera Instancia en Funciones de Control de varios Circuitos Judiciales Penales en fecha 20 de octubre de 2016 (El País, 2016), siendo obviado que la responsabilidad que podría declararse con ocasión a un proceso de naturaleza penal es personalísima de acuerdo

---

[24]   Artículo 66: Las faltas del Gobernador o Gobernadora del Estado en ejercicio de su cargo son absolutas o temporales, y serán suplidas de la manera que se indica en esta Constitución y conforme a los procedimientos que en ella se regulan.

Artículo 67: Las faltas absolutas del Gobernador o Gobernadora del Estado, si no hubiere tomado posesión del cargo, serán suplidas por el Presidente o Presidenta del Consejo Legislativo, hasta tanto sea electo y tome posesión el nuevo Gobernador o Gobernadora. Si la falta absoluta del Gobernador o Gobernadora se produce después de la toma de posesión, el Presidente o Presidenta del Consejo Legislativo suplirá la falta hasta culminar el período constitucional.

(Ley estadal publicada en Gaceta Oficial del Estado Bolivariano de Miranda N° 0086 Extraordinario de fecha 28 de julio de 2006)

con lo preceptuado en el numeral 3 del artículo 44 de la Constitución Nacional[25], esto es, que su consecuencia no puede transcender a algún sujeto de derecho distinto al imputado y mucho menos en el desarrollo de evento con características electorales que no dependa totalmente de lo reprobado, y además, que en la legislación patria no existe la tipificación de verdaderos delitos electorales desde la derogación de la Ley Orgánica del Sufragio y Participación Política con la entrada en vigencia de la Ley Orgánica de Procesos Electorales en el año 2009[26]. Así entonces, pareciera que el precedente judicial comentado significa la creación de tipos penales desde la impropia función estatal, así como la atribución jurisprudencial de competencias especialísimas que transforman la concepción del Contencioso Electoral Venezolano al menos en el ámbito objetivo de su control y su organización jerárquica.

V.   CONCLUSIONES

El compendio expuesto supone la figuración de la revocatoria de mandatos como medio de realización de la denominada democracia directa en el sistema jurídico venezolano, lo cual es cónsono con la sociedad *participativa y protagónica* que se concibe desde el propio Preámbulo de la Carta Magna como un ineludible cimiento de la República, cualidades poblacionales que, sin duda, representan uno de los más enarbolados estandartes políticos desde la perspectiva histórico-discursiva de la evolución nacional durante los últimos veinte años; pero más diáfana es la mora legislativa respecto a la materia, omisión esta que ha derivado en la regulación sub-legal del aludido mecanismo de participación de la ciudadanía, lo que, a pesar de ser la natural respuesta a requerimientos de la vida republicana, no deja de ser una anómala práctica que tiende a reducir al asunto que ocupa a su mera existencia nominal, quedando su práctica a merced del leal saber y entender de indirectos representantes populares.

La mencionada anormalidad no responde a un caprichoso criterio adoptado en este opúsculo, sino resulta evidente al cotejar la puntual situación descrita en las anteriores líneas con instituciones fundamentales del Estado Democrático y de Derecho, siendo que la hasta ahora elaborada regulación para la revocatoria de mandatos evidencia la indebida subordinación del sentido exacto y propio con que fue consagrado el mecanismo en La Carta Magna a la actividad reglamentaria e interpretativa, la también insólita falta de exigencia de Ley como expresión de la voluntad general respecto a la materia, el desconocimiento inaudito de la reserva legal como requisito para limitar el comentado derecho político, y una debilitada separación de poderes al desarrollarse la actividad legislativa desde órganos con naturaleza funcional disímil. El panorama conlleva inexorablemente a cuestionar lo provechoso que ha resultado tanto el reconocimiento como el desarrollo institucional del mecanismo de participación política para con el régimen democrático, siendo de destacar que dicho mecanismo forma parte del expreso catálogo constitucional de derechos subjetivos de la población venezolana; y tal examen, revela que la configurada regulación actual, cuando menos, tiende a obstruir la eficacia de su ejercicio.

Es de concluir, que el, seguramente surgido, detrimento en la concepción social sobre la eficiencia de la revocación de mandatos no se agota con su denuncia o el casi siempre estéril endilgue de culpas, demanda la sincera y técnica revisión de la actual regulación del mecanismo que no resulte en la emisión por cualquier órgano estatal de instrumentos normativos

---

[25]   Artículo 44: La libertad personal es inviolable; en consecuencia: (…)

    3. La pena no puede trascender de la persona condenada. No habrá condenas a penas perpetuas o infamantes. Las penas privativas de la libertad no excederán de treinta años.

[26]   Publicada en Gaceta Oficial de la República Bolivariana de Venezuela N° 5.928 Extraordinaria de fecha 12 de agosto de 2009.

contrarios a su indiscutible esencia participativa, sino en reglas con rango de Ley que en atención a la seguridad jurídica y a lo dispuesto por la colectividad contribuyan a su efectivo ejercicio bajo el cumplimiento ineluctable de debidas formas.

BIBLIOGRAFÍA

Brewer-Carías, A. (2004). La Sala Electoral versus El Estado democrático de derecho (El secuestro del Poder Electoral y de la Sala Electoral del Tribunal Supremo y la confiscación del derecho a la participación política). Recuperado de http://allanbrewercarias.net/Content/449725d9-f1cb-474b-8ab2-41efb849fea5/Content/II, 1, 103. LA_SALA_CONSTITUCIONAL_vs[1][1]._EL_ESTADO_DE_DERECHO 26-04-04.pdf

Brewer-Carías, A. (2016 julio-diciembre). Nuevo secuestro del derecho del pueblo a la realización del Referendo Revocatorio Presidencial perpetrado por la Sala Electoral, algunos Tribunales Penales y el Poder Electoral. *Revista de Derecho Público*, (147-148), 384-396. Recuperado de http://allanbrewercarias.com/wp-content/uploads/2017/12/913.-art.-RDP-146-147.pdf

Eberhardt, M. (2017). La revocatoria presidencial en América Latina. Ventajas y limitaciones. Los casos de Venezuela, Bolivia y Ecuador. *Colombia Internacional* (92): 105-133. DOI: dx.doi.org/10.7440/colombiaint92.2017.04

Girón, M. (21 de abril de 2016). AN aprobó proyecto de Ley Orgánica de Referendos. *El Impulso*. Recuperado de http://www.elimpulso.com/noticias/nacionales/an-aprobo-proyecto-de-ley-organica-de-referendos

Kornblith, M. (2014). Revocatoria del Mandato Presidencial en Venezuela: definición y puesta en práctica. En A. Lissidini, Y. Welp y D. Zovatto (Eds.), *Democracias en movimiento: Mecanismos de Democracia Directa y Participativa en América Latina* (pp. 131-166). Recuperado de https://archivos.juridicas.unam.mx/www/bjv/libros/8/3717/6.pdf

Martínez, E. (2013, junio). Revocatoria de mandato: ¿ataque a la democracia representativa? *Reflexión Política*, 15 (29), 84-96. Recuperado de http://www.redalyc.org/articulo.oa?id=11028415008

Matheus, D. (2008). La regulación del referendo revocatorio de mandato en Venezuela y en Colombia. *Revista de Derecho Electoral*, segundo semestre (6), 201-217. Recuperado de http://www.tse.go.cr/revista/impresa/revista6.pdf

Meza, A. (21 de octubre de 2016). Venezuela paraliza el referéndum para destituir a Maduro. El País. Recuperado de https://elpais.com/internacional/2016/10/21/america/1477009244_653394.html

Moreno, S., y Lizárraga, K. (2017, septiembre). La Revocación de Mandatos. En Contexto, 85. Recuperado de http://www5.diputados.gob.mx/index.php/camara/Centros-de-Estudio/CESOP/Estudios-e-Investigaciones/En-Contexto/(offset)/10

Pabón, J. (2013, noviembre). Los revocatorios. Antecedentes y desafío. SIC, 76 (759), 395-398. Recuperado de http://gumilla.org/biblioteca/bases/biblio/texto/SIC2013759,_395-398.pdf

Welp, Y., y Serdült, U. (2012, julio-diciembre). ¿Renovación, crisis o más de lo mismo? La revocatoria de mandato en los gobiernos locales latinoamericanos. *Desafíos*, 24 (2), 169-192. Recuperado de http://www.redalyc.org/articulo.oa?id=359633172007

Zovatto, D. Las Instituciones de Democracia Directa. En D. Nohlen, D. Zovatto, J. Orozco y J. Thompson (Eds.), *Tratado de Derecho Electoral Comparado de América Latina* (pp. 134-161). México D.F., México 2007: Fondo de Cultura Económica.

Comentarios Monográficos

NOTAS SOBRE EL ASEDIO JUDICIAL A LA INMUNIDAD PARLAMENTARIA EN VENEZUELA

Jorge Kiriakidis

Abogado

Resumen: *La inmunidad parlamentaria es un régimen jurídico especial aplicable a los parlamentarios en razón de su pertenencia al cuerpo legislativo, establecido en la Constitución como una garantía de la autonomía del Poder Legislativo en el ejercicio de sus funciones y frente a sus interacciones con el Poder Ejecutivo, grata y necesaria al Principio de Separación de Poderes. Ahora bien, en un momento donde es evidente el enfrentamiento entre el Poder Legislativo, por una parte, y el Poder Ejecutivo y Judicial, por la otra, no es extraño observar, lo que está ocurriendo: que por vía jurisprudencial se está desintegrando el contenido alcance de la inmunidad. La estrategia –en esta confrontación de poderes– es simple, acabar con la inmunidad parlamentaria para facilitar el ataque judicial de los parlamentarios y así acabar con la autonomía del Parlamento.*

Palabras Clave: *Separación de Poderes. Colaboración de Funciones. Balances y contrapesos. Inmunidad Parlamentaria. Conflicto entre los Poderes Públicos.*

Abstract: *Parliamentary immunity is a special legal regime applicable to parliamentarians because of their membership in Parliament. It is established in the Constitution as a guarantee of the autonomy of the Legislative Power in the exercise of their functions and in the face of their interactions with the Executive Power, pleasant and necessary to the Principle of Separation of Powers. Now, at a time when the confrontation between the Legislative Power, on the one hand, and the Executive and Judicial Power, on the other, is happening, is not surprising to observe that the scope of immunity content it's been disintegrating by jurisprudential means. The strategy –in this confrontation of powers– is simple, ending the Parliamentary immunity facilitate the judicial attack of parliamentarians and thus end the autonomy of Parliament.*

Key words: *Separation of powers. Functions Collaboration. Checks and balances. Parliamentary immunity. Conflict between the Public Powers.*

INTRODUCCIÓN

El diseño constitucional venezolano consagra a un *poder* limitado tanto sustancial como formalmente por el ordenamiento jurídico. Así la Constitución –no sólo el texto vigente sino la que resulta de la inveterada tradición constitucional venezolana– hace suya y desarrolla la idea del *Estado de Derecho*[1], en donde cada órgano del Estado no sólo ve determinado y limitado el alcance de su *poder* por normas jurídicas que le estatuyen y atribuyen competencias sino además por normas que estatuyen y atribuyen competencias y prerrogativas a otros

---

[1] *"Artículo 2.- **Venezuela se constituye en un Estado** democrático y social **de Derecho** y de Justicia, que **propugna como valores superiores de su ordenamiento jurídico y de su actuación**, la vida, la libertad, la justicia, la igualdad, la solidaridad, la democracia, la responsabilidad social y en general, **la preeminencia de los derechos humanos**, la ética y el pluralismo político."* Resaltado nuestro.

órganos del Estado, y si esto fuera poco, el ejercicio de poder está determinado –y por ello limitado– teleológicamente al servicio a las personas humanas y sus derechos[2] (indudablemente ordenamiento jurídico de más alta jerarquía incluso a nivel de normas constitucionales).

La consagración de los derechos ciudadanos y de los mecanismos y garantías de esos derechos dan contenido a una parte fundamental de los contenidos del texto constitucional (concretamente a los primeros 129 artículos del texto de la Constitución). A esto no dedicaremos mayores desarrollos pues ese tema escapa al objeto de estas notas.

Además, el texto constitucional vigente dedica otra parte fundamental de sus contenidos a diseñar la estructura orgánica del Estado y a la atribución de sus competencias. En este *diseño* el texto constitucional venezolano de 1999 consagra, de modo similar a como lo hace la mayoría de los textos constitucionales occidentales, tanto el Principio de Separación de Poderes (artículo 136[3]) como el Principio de Legalidad (artículo 137[4]). El primero de ellos, el Principio de Separación de Poderes, **dispone** la escisión de *poder* en diversas *ramas* que, aun colaborando en su misión de servir a los ciudadanos, se controlan de manera recíproca y hacen contrapeso, **y se opone** a la concentración de poderes propia del *Antiguo Régimen* (el sistema de la Monarquía Absoluta). El segundo, el Principio de la Legalidad, **impone** la sumisión del Estado y sus órganos al derecho y a los derechos (que determinan y limitan toda actuación del Estado), **y a su turno se opone** a la actuación libérrima e incontrolada del Estado y sus órganos propia del *Antiguo Régimen* (el sistema de la Monarquía Absoluta).

En desarrollo a esos Principios, la Constitución define, entre otros, las funciones del Poder Ejecutivo Nacional (y especialmente las del Presidente de la República[5]), las del Poder

---

[2] *"Artículo 3.- **El Estado tiene como fines esenciales la defensa y el desarrollo de la persona y el respeto a su dignidad,** el ejercicio democrático de la voluntad popular, la construcción de una sociedad justa y amante de la paz, la promoción de la prosperidad y bienestar del pueblo y la garantía del cumplimiento de los principios, derechos y deberes reconocidos y consagrados en esta Constitución. (...)"* Resaltado nuestro.

[3] *"Artículo 136.- **El Poder Público se distribuye** entre el Poder Municipal, el Poder Estadal y el Poder Nacional. El Poder Público Nacional se divide en Legislativo, Ejecutivo, Judicial, Ciudadano y Electoral.*

Cada una de las ramas del Poder Público tiene sus funciones propias, pero los órganos a los que incumbe su ejercicio colaborarán entre sí en la realización de los fines del Estado."

[4] *"Artículo 137.- Esta Constitución y la ley define las atribuciones de los órganos que ejercen el Poder Público, a las cuales deben sujetarse las actividades que realicen."*

[5] *"Artículo 236.- Son atribuciones y obligaciones del Presidente (...) de la República: (1) Cumplir y hacer cumplir esta Constitución y la ley. (2) Dirigir la acción del Gobierno. (3) Nombrar y remover el Vicepresidente Ejecutivo (...); nombrar y remover los Ministros (...). (4) Dirigir las relaciones exteriores de la República y celebrar y ratificar los tratados, convenios o acuerdos internacionales. (5) Dirigir la Fuerza Armada Nacional en su carácter de Comandante en Jefe, ejercer la suprema autoridad jerárquica de ella y fijar su contingente. (6) Ejercer el mando supremo de la Fuerza Armada Nacional, promover sus oficiales a partir del grado de coronel o coronela o capitán o capitana de navío, y nombrarlos o nombrarlas para los cargos que les son privativos. (7) Declarar los estados de excepción y decretar la restricción de garantías en los casos previstos en esta Constitución. (8) Dictar, previa autorización por una ley habilitante, decretos con fuerza de ley. (9) Convocar a la Asamblea Nacional a sesiones extraordinarias. (10) Reglamentar total o parcialmente las leyes, sin alterar su espíritu, propósito y razón. (11). Administrar la Hacienda Pública Nacional. (12) Negociar los empréstitos nacionales. (13) Decretar créditos adicionales al Presupuesto, previa autorización de la Asamblea Nacional o de la Comisión Delegada. (14) Celebrar los contratos de interés nacional conforme a esta Constitución y a la ley. (15) Designar, previa autorización de la Asamblea Nacional o de la Comisión Delegada, al Procurador (...) General*

Legislativo Nacional (concretamente las de la Asamblea Nacional[6]) y las del Poder Judicial (muy especialmente las del Tribunal Supremo de Justicia[7] y en concreto las de las Salas Plena, Electoral y Constitucional[8]).

---

de la República y a los jefes (...) de las misiones diplomáticas permanentes. (16) Nombrar y remover a aquellos funcionarios (...) cuya designación le atribuyen esta Constitución y la ley. (17) Dirigir a la Asamblea Nacional, personalmente o por intermedio del Vicepresidente Ejecutivo (...) Ejecutiva, informes o mensajes especiales. (18) Formular el Plan Nacional de Desarrollo y dirigir su ejecución previa aprobación de la Asamblea Nacional. (19) Conceder indultos. (20) Fijar el número, organización y competencia de los ministerios y otros organismos de la Administración Pública Nacional, así como también la organización y funcionamiento del Consejo de Ministros, dentro de los principios y lineamientos señalados por la correspondiente ley orgánica. (21) Disolver la Asamblea Nacional en el supuesto establecido en esta Constitución. (22) Convocar referendos en los casos previstos en esta Constitución. (23) Convocar y presidir el Consejo de Defensa de la Nación. (24) Las demás que le señale esta Constitución y la ley.

El Presidente (...) de la República ejercerá en Consejo de Ministros las atribuciones señaladas en los numerales 7, 8, 9, 10, 12, 13, 14, 18, 20, 21, 22 y las que le atribuya la ley para ser ejercidas en igual forma.

Los actos del Presidente (...) de la República, con excepción de los señalados en los ordinales 3 y 5, serán refrendados para su validez por el Vicepresidente Ejecutivo (...) y el Ministro (...) o Ministros (...) respectivos."

[6] *"Artículo 187.- Corresponde a la Asamblea Nacional: (1) Legislar en las materias de la competencia nacional y sobre el funcionamiento de las distintas ramas del Poder Nacional. (2) Proponer enmiendas y reformas a esta Constitución, en los términos establecidos en esta. (3) Ejercer funciones de control sobre el Gobierno y la Administración Pública Nacional, en los términos consagrados en esta Constitución y en la ley. Los elementos comprobatorios obtenidos en el ejercicio de esta función, tendrán valor probatorio, en las condiciones que la ley establezca. (4) Organizar y promover la participación ciudadana en los asuntos de su competencia. (5) Decretar amnistías. (6) Discutir y aprobar el presupuesto nacional y todo proyecto de ley concerniente al régimen tributario y al crédito público. (7) Autorizar los créditos adicionales al presupuesto. (8) Aprobar las líneas generales del plan de desarrollo económico y social de la Nación, que serán presentadas por el Ejecutivo Nacional en el transcurso del tercer trimestre del primer año de cada período constitucional. (9) Autorizar al Ejecutivo Nacional para celebrar contratos de interés nacional, en los casos establecidos en la ley. Autorizar los contratos de interés público municipal, estadal o nacional con Estados o entidades oficiales extranjeros o con sociedades no domiciliadas en Venezuela. (10) Dar voto de censura al Vicepresidente Ejecutivo (...) y a los Ministros (...). La moción de censura sólo podrá ser discutida dos días después de presentada a la Asamblea, la cual podrá decidir, por las tres quintas partes de los diputados o diputadas, que el voto de censura implica la destitución del Vicepresidente Ejecutivo (...), o del Ministro (...). (11) Autorizar el empleo de misiones militares venezolanas en el exterior o extranjeras en el país. (12) Autorizar al Ejecutivo Nacional para enajenar bienes inmuebles del dominio privado de la Nación, con las excepciones que establezca la ley. (13) Autorizar a los funcionarios públicos (...) para aceptar cargos, honores o recompensas de gobiernos extranjeros. (14) Autorizar el nombramiento del Procurador (...) General de la República y de los Jefes (...) de Misiones Diplomáticas Permanentes. (15) Acordar los honores del Panteón Nacional a venezolanos (...) ilustres que hayan prestado servicios eminentes a la República, después de transcurridos veinticinco años de su fallecimiento. Esta decisión podrá tomarse por recomendación del Presidente (...) de la República, de las dos terceras partes de los Gobernadores o Gobernadoras de Estado o los rectores o rectoras de las Universidades Nacionales en pleno. (16) Velar por los intereses y autonomía de los Estados. (17) Autorizar la salida del Presidente (...) de la República del territorio nacional cuando su ausencia se prolongue por un lapso superior a cinco días consecutivos. (18) Aprobar por ley los tratados o convenios internacionales que celebre el Ejecutivo Nacional, salvo las excepciones consagradas en esta Constitución. (19) Dictar su reglamento y aplicar las sanciones que en él se establezcan. (20) Calificar a sus integrantes y conocer de su renuncia. La separación temporal de un diputado (...) sólo po-*

drá acordarse por el voto de las dos terceras partes de los diputados (...) presentes. (21) Organizar su servicio de seguridad interna. (22) Acordar y ejecutar su presupuesto de gastos, tomando en cuenta las limitaciones financieras del país. (23) Ejecutar las resoluciones concernientes a su funcionamiento y organización administrativa. (24) Todo lo demás que le señalen esta Constitución y la ley."

7   "Artículo 266.- Son atribuciones del Tribunal Supremo de Justicia: (1) Ejercer la jurisdicción constitucional conforme al Título VIII de esta Constitución. (2) Declarar si hay o no mérito para el enjuiciamiento del Presidente (...) de la República o quien haga sus veces y, en caso afirmativo, continuar conociendo de la causa previa autorización de la Asamblea Nacional, hasta sentencia definitiva.(3) Declarar si hay o no mérito para el enjuiciamiento del Vicepresidente Ejecutivo (...), de los integrantes (...) de la Asamblea Nacional o del propio Tribunal Supremo de Justicia, de los Ministros (...), del Procurador (...) General, del Fiscal (...) General, del Contralor (...) General de la República, del Defensor (...) del Pueblo, los Gobernadores (...), oficiales, generales y almirantes de la Fuerza Armada Nacional y de los jefes (...) de misiones diplomáticas de la República y, en caso afirmativo, remitir los autos al Fiscal (...) General de la República o a quien haga sus veces, si fuere el caso; y si el delito fuere común, continuará conociendo de la causa hasta la sentencia definitiva. (4) Dirimir las controversias administrativas que se susciten entre la República, algún estado, municipio u otro ente público, cuando la otra parte sea alguna de esas mismas entidades, a menos que se trate de controversias entre municipios de un mismo estado, caso en el cual la ley podrá atribuir su conocimiento a otro tribunal. (5) Declarar la nulidad total o parcial de los reglamentos y demás actos administrativos generales o individuales del Ejecutivo Nacional, cuando sea procedente. (6) Conocer de los recursos de interpretación sobre el contenido y alcance de los textos legales, en los términos contemplados en la ley. (7) Decidir los conflictos de competencia entre tribunales, sean ordinarios o especiales, cuando no exista otro tribunal superior o común a ellos en el orden jerárquico. (8) Conocer del recurso de casación. (9) Las demás que establezca la ley.

La atribución señalada en el numeral 1 será ejercida por la Sala Constitucional; las señaladas en los numerales 2 y 3, en Sala Plena; y las contenidas en los numerales 4 y 5 en Sala Político Administrativa. Las demás atribuciones serán ejercidas por las diversas Salas conforme a lo previsto en esta Constitución y la ley."

"Artículo 335.- El Tribunal Supremo de Justicia garantizará la supremacía y efectividad de las normas y principios constitucionales; será el máximo y último intérprete de la Constitución y velará por su uniforme interpretación y aplicación. (...)"

8   "Artículo 336.- Son atribuciones de la Sala Constitucional del Tribunal Supremo de Justicia: (1) Declarar la nulidad total o parcial de las leyes nacionales y demás actos con rango de ley de la Asamblea Nacional, que colidan con esta Constitución. (2) Declarar la nulidad total o parcial de las Constituciones y leyes estadales, de las ordenanzas municipales y demás actos de los cuerpos deliberantes de los Estados y Municipios dictados en ejecución directa e inmediata de esta Constitución y que colidan con ella. (3) Declarar la nulidad total o parcial de los actos con rango de ley dictados por el Ejecutivo Nacional, que colidan con esta Constitución. (4) Declarar la nulidad total o parcial de los actos en ejecución directa e inmediata de esta Constitución, dictados por cualquier otro órgano estadal en ejercicio del Poder Público, cuando colidan con ésta. (5) Verificar, a solicitud del Presidente (...) de la República o de la Asamblea Nacional, la conformidad con esta Constitución de los tratados internacionales suscritos por la República, antes de su ratificación. (6) Revisar, en todo caso, aún de oficio, la constitucionalidad de los decretos que declaren estados de excepción dictados por el Presidente (...) República. (7) Declarar la inconstitucionalidad del poder legislativo municipal, estadal o nacional cuando haya dejado de dictar las normas o medidas indispensables para garantizar el cumplimiento de esta Constitución, o las haya dictado en forma incompleta; y establecer el plazo y, de ser necesario, los lineamientos de su corrección. (8) Resolver las colisiones que existan entre diversas disposiciones legales y declarar cuál debe prevalecer. (9). Dirimir las controversias constitucionales que se susciten entre cualesquiera de los órganos del Poder Público. (10) Revisar las sentencias definitivamente firmes de amparo constitucional y de control de constitucionalidad de leyes o normas jurídicas, dictadas por los

Para asegurar la autonomía e independencia de la Asamblea Nacional –que encarna el Poder Legislativo nacional– en el ejercicio de sus funciones, la Constitución no sólo se ocupa de indicar que su conformación deberá realizarse a través de la elección por sufragio universal de sus miembros[9], sino que además dota al órgano legislativo, y más concretamente a sus miembros en tanto que parte de ese órgano, de una serie de *garantías* o *prerrogativas* (a las que de modo genérico se denominan *fuero parlamentario*[10]): la irresponsabilidad, la inmunidad y la competencia especial de juzgamiento (artículos 199 y 200 a los que más adelante haremos referencia). Aquellas *garantías* indudablemente son – lo afirma AVELEDO citando a DUVERGER – "condiciones *sine quibus non* de la autonomía del órgano representativo y deliberante"[11].

Pero una cosa es lo que dice la Constitución venezolana y otra distinta, como veremos de seguidas, es lo que ha sido la práctica constitucional de los últimos veinte (20) años.

En efecto, desde el inicio de la vigencia del texto constitucional venezolano de 1999 la práctica constitucional desde el Ejecutivo Nacional (y más que desde el Ejecutivo Nacional, desde el *grupo*[12] que entonces tenía el apoyo popular mayoritario y que había tomado el poder por la vía electoral, no sin antes haberlo intentado – sin éxito – por vía de la violencia) ha consistido en acumular y concentrar el poder, valiéndose de una curiosa interpretación del principio de colaboración de funciones a que se refiere el artículo 136 de la Constitución (curiosa, pues supone que más que colaborar, los restantes órganos del poder público deben obedecer y subordinarse a las directrices políticas y funcionales del Ejecutivo, toda vez que es *el Presidente* – suplantando lo que dice expresamente la Constitución[13] – quien define los "fines del Estado").

Tribunales de la República, en los términos establecidos por la ley orgánica respectiva. (11) Las demás que establezcan esta Constitución y la ley."

[9] *"Artículo 186.- La Asamblea Nacional estará integrada por diputados y diputadas elegidos o elegidas en cada entidad federal por votación universal, directa, personalizada y secreta con representación proporcional, según una base poblacional del uno coma uno por ciento de la población total del país.*

Cada entidad federal elegirá, además, tres diputados o diputadas.

Los pueblos indígenas de la República Bolivariana de Venezuela elegirán tres diputados o diputadas de acuerdo con lo establecido en la ley electoral, respetando sus tradiciones y costumbres.

Cada diputado (...) tendrá un suplente o una suplente, escogido o escogida en el mismo proceso."

[10] Aveledo, Ramón G. *Curso de Derecho Parlamentario.* Colección La República de Todos. Instituto de Estudios Parlamentarios Fermín Toro-Universidad Católica Andrés Bello (UCAB). Caracas-Venezuela 2018, pp. 161.

[11] Aveledo, Ramón G. *op.cit.* p. 89.

[12] Calificamos de *grupo* al conjunto de personas que han ostentado el poder en Venezuela a lo largo de casi veinte (20) años, pues nos parece incorrecto o incompleto decir que son un *partido político* –han sido un movimiento insurreccional (MVR200), un partido creado con fines electorales (MVR) y un partido creado para controlar todo el poder del Estado desde Dentro (PSUV)– y debido a que aún hoy no está clara su verdadera naturaleza, ante las denuncias (y especulaciones) de que son parte de una conspiración internacional, de un ejército de ocupación de una potencia extranjera (Cuba), de un cartel delincuencial (Cartel de los Soles), etc. De allí que estimamos que su correcta definición debe hacer parte de un estudio futuro.

[13] Efectivamente la Constitución identifica los fines del Estado respecto de cuya consecución deben colaborar las ramas del poder, así: *"Artículo 3.- **El Estado tiene como fines** esenciales la defensa y el desarrollo de la persona y el respeto a su dignidad, el ejercicio democrático de la voluntad po-*

El recuento de las acciones con las que, a lo largo de veinte (20) años, el *grupo* gobernante ha ejecutado sostenidamente esta estrategia de *concentración del poder* escapa al objeto de este trabajo. Sin embargo, podemos decir, sobre ese tema, que a lo largo de este tiempo la estrategia de concentración se ha ejecutado de dos (2) formas.

Mientras el gobierno contaba con el apoyo popular (y por ello con la mayoría de los diputados de la Asamblea Nacional), la concentración de poder era el resultado de la subordinación del Parlamento al Presidente de la República. En ese período –que va del año 2000 a diciembre del año 2015– el Estado venezolano ostentaba una *apariencia* de Estado de Derecho, debido a que la sumisión de los poderes en general, pero especialmente la del Legislativo, al Ejecutivo era *voluntaria*, y por ello no mediaba conflicto de poderes o autoridades alguno (por lo menos no de manera importante o que trascendiera a la opinión internacional).

Sin embargo, ocurrió que la popularidad del *grupo* gobernante fue decreciendo *paulatinamente* hasta que en el año 2015[14] ese *grupo* pierde la mayoría en la Asamblea Nacional (la simple y las calificadas constitucionalmente). Y así, la sumisión *voluntaria* del Legislativo al Ejecutivo terminó. No obstante, el *grupo* que controla el Ejecutivo –en el poder desde el año 1998– adopta nuevos mecanismos para mantener su estrategia de *concentración de poder*. A partir de entonces esa concentración se funda en la colaboración (subordinación) del Tribunal Supremo de Justicia al Presidente de la República, con el objetivo de **anular funcionalmente a la Asamblea Nacional**, y suplantarla tanto por propio el Tribunal Supremo de Justicia como por un órgano irregular (tanto desde el punto de vista de su instauración como desde el punto de vista de las funciones que ha pretendido ejercer) denominado *Asamblea Nacional Constituyente*. Lo que ha suscitado un conflicto de poderes que ha trascendido las fronteras del país, y que permite afirmar que el Estado venezolano se ha desprovisto de toda apariencia de un Estado de Derecho.

Estas notas se ocupan de uno de los elementos de la estrategia para anular funcionalmente a la Asamblea Nacional (y que obviamente supone, por ello, un atentado tanto al Principio de Legalidad como al Principio de Separación de Poderes a que nos hemos referido inicialmente) que se ha emprendido desde el Ejecutivo con mayor potencia a partir del momento en que perdió popularidad y la mayoría parlamentaria. Concretamente nos ocupamos de las justificaciones y acciones que se han concretado para **vaciar de contenido la *inmunidad parlamentaria***, y así, minar la *autonomía parlamentaria* (pues, como más adelante se explica, la inmunidad de la que gozan los parlamentarios es una institución pensada para garantizar que el parlamento, como cuerpo, sea autónomo).

Ese *vaciado* de la inmunidad se ha valido de la actuación orquestada y las sentencias del Tribunal Supremo de Justicia (en sus Salas Plena, Constitucional y Electoral), basadas en tres (3) líneas argumentales diferentes (siendo que todas tienen por efecto de hacer nugatoria la garantía de la inmunidad):

---

pular, la construcción de una sociedad justa y amante de la paz, la promoción de la prosperidad y bienestar del pueblo y la garantía del cumplimiento de los principios, derechos y deberes reconocidos y consagrados en esta Constitución.

La educación y el trabajo son los procesos fundamentales para garantizar dichos fines."

[14]   El portal electrónico del Consejo Nacional Electoral (C.N.E.) en el enlace http://200.44.45. 5/resultado_asamblea2015/r/0/reg_000000.html reporta como resultado oficial actualizado el 20 de enero de 2016, que en la elección parlamentaria de 06 de diciembre de 2015 la oposición obtuvo 109 escaños, el oficialismo 55 y la representación indígena 3. No señala el reporte en cuestión que los representantes indígenas eran también partidarios de la oposición.

La primera, consistente en interpretar *restrictivamente* –con el pretexto de que la inmunidad es un "privilegio"– contradiciendo incluso lo expresamente manifestado en el artículo 200 de la Constitución, para *recortar* los alcances de la inmunidad;

La segunda, consiste en valerse un supuesto desacato declarado por la Sala Electoral, al que la Sala Constitucional le da –por vía de interpretación– efectos prácticos de anulación de la Asamblea Nacional como órgano constitucional, para sostener la consecuente inexistencia de la función legislativa y con ello la inexistencia –generalizada– de la inmunidad de los legisladores (valga advertir que esta tesis –por lo que a la inmunidad respecta– tuvo expresa vigencia corto tiempo), y por último;

La tercera consiste en extender irracionalmente –y en contra de lo que permite el Derecho Penal– la noción de Flagrancia y afirmar –en contra incluso de lo que se lee del artículo 200 y sin fundamento alguno– que la flagrancia excluye la inmunidad.

Así, nuestra exposición del tema comienza por abordar (1) lo que es la inmunidad parlamentaria y lo que sobre ella dice –textualmente– el artículo 200 de la Constitución, para luego analizar y criticar (2) la tesis que con fundamento en el carácter de excepción pretende reducir al máximo el ámbito protector de la inmunidad; (3) la tesis que pretende anular la inmunidad sobre la base del desacato (aparentemente revertida), y finalmente (4) la tesis sobre la flagrancia como elemento que impide la operatividad de la inmunidad.

1. *Sobre la inmunidad parlamentaria y su consagración expresa en el artículo 200 de la Constitución venezolana de 1999*

La irresponsabilidad, la inviolabilidad, la inmunidad y competencia especial de juzgamiento[15], son institutos jurídicos del derecho parlamentario a los que tradicionalmente se los categoriza bajo la denominación de "Privilegios Parlamentarios". Caracterización, la de "Privilegios", que, desde ya, debemos decir, merece una corrección.

Pero antes de entrar en este asunto de sustancia, que tiene que ver con la discusión sobre la naturaleza de los mismos, veamos cual es el contenido o lo que significan estos "institutos" de derecho parlamentario (denominación que, momentáneamente utilizaremos, para eludir la cuestión de la naturaleza).

Ellos suponen, en la práctica, que a los miembros del cuerpo parlamentario –del Poder Legislativo– les resulta aplicable un *régimen procesal especial en cuestiones vinculadas a la responsabilidad, y muy especialmente la responsabilidad penal*. Al decir un régimen especial, se está afirmando, que el derecho que resulta a ellos aplicable es distinto al que resulta aplicable a quienes no ostentan la condición de parlamentarios (senadores o diputados), no obstante, sus actuaciones están sujetas a derecho.

En efecto, la *irresponsabilidad* supone que los parlamentarios no pueden ser procesados o serles exigida su responsabilidad por sus opiniones o votos *en el ejercicio de su función*. Al respecto el artículo 199 de la Constitución textualmente señala:

"*Artículo 199. Los diputados o diputadas a la Asamblea Nacional no son responsables por votos y opiniones emitidos en el ejercicio de sus funciones. Sólo responderán ante los electores o electoras y el cuerpo legislativo de acuerdo con la Constitución y los reglamentos.*"

---

15   Hay que señalar Aveledo, Ramón G. *op. cit.* pp. 89 y 90 se refiere solo a la irresponsabilidad, la inviolabilidad y la inmunidad.

La inviolabilidad "defiende de detención policial, registro, u otros actos de acoso o persecución injustificada que puedan impedir al miembro del parlamento participar en las actividades propias de su representación"[16]. Sobre este instituto hay que observar que aun cuando se encontraba expresamente previsto en el artículo 143 de la Constitución de 1961[17], no fue expresamente incluido en la Constitución de 1999. De allí que podría pensarse que tal prerrogativa no existe. Sin embargo, es bueno observar que los órganos de seguridad no tienen atribuida la competencia de realizar detenciones, registros, acoso o persecución injustificada de ningún ciudadano, y en lo que a detenciones o registros se refiere, solo pueden realizarlos previa orden judicial o en casos de flagrancia. Y esto así por operatividad de lo que establece el artículo 44, ordinal 1ro de la Constitución[18] (derecho a la libertad personal y la prohibición de arrestos o detenciones sin orden judicial), del artículo 47 de la Constitución[19] (inviolabilidad del hogar doméstico y de todo recinto privado) y finalmente el artículo 48 de la Constitución[20] (secreto e inviolabilidad de la correspondencia y comunicaciones privadas). Así, podemos decir que la inviolabilidad no es una prerrogativa exclusiva de los Parlamentarios sino de un derecho de todos los ciudadanos.

Ahora bien, hay en el artículo 200 de la Constitución una referencia que puede llevar a confusiones, pero que se entiende cuando se la ve referida justamente a la inviolabilidad (como derecho común a todos los ciudadanos incluso a los parlamentarios). En efecto, el artículo 200 referido señala que *"En caso de delito flagrante cometido por un parlamentario o parlamentaria, la autoridad competente lo o la pondrá bajo custodia en su residencia y comunicará inmediatamente el hecho al Tribunal Supremo de Justicia."* La previsión no es más que la adaptación de la regla general –contenida como hemos señalado, en el ordinal 1ro del artículo 44 de la Constitución– adaptada a la situación y prerrogativas del parlamentario. En efecto, la flagrancia es una excepción a la necesidad de orden judicial previa para emprender una revisión o una detención, eso es así tanto para los ciudadanos comunes como para los diputados, sin embargo, y este es el sentido de incluir la previsión en el artículo 200, cuando quien es prendido en flagrancia es un diputado, el arresto deberá

16   Aveledo, Ramón G. *op. cit.* pp. 90.

17   *"Artículo 143. - Los Senadores y Diputados gozarán de inmunidad (...), en consecuencia, **no podrán ser arrestados, detenidos, confinados**, ni sometidos a juicio penal, **a registro personal o domiciliario, ni coartados en el ejercicio de sus funciones** (…)".*

18   *"Artículo 44.- La libertad personal es inviolable; en consecuencia: (1) Ninguna persona puede ser arrestada o detenida sino en virtud de una orden judicial, a menos que sea sorprendida infraganti. En este caso será llevada ante una autoridad judicial en un tiempo no mayor de cuarenta y ocho horas a partir del momento de la detención. Será juzgada en libertad, excepto por las razones determinadas por la ley y apreciadas por el juez o jueza en cada caso.*

La constitución de caución exigida por la ley para conceder la libertad del detenido no causará impuesto alguno. (…)"

19   *"Artículo 47.- El hogar doméstico y todo recinto privado de persona son inviolables. No podrán ser allanados sino mediante orden judicial, para impedir la perpetración de un delito o para cumplir, de acuerdo con la ley, las decisiones que dicten los tribunales, respetando siempre la dignidad del ser humano.*

Las visitas sanitarias que se practiquen, de conformidad con la ley, sólo podrán hacerse previo aviso de los funcionarios o funcionarias que las ordenen o hayan de practicarlas."

20   *"Artículo 48.- Se garantiza el secreto e inviolabilidad de las comunicaciones privadas en todas sus formas. No podrán ser interferidas sino por orden de un tribunal competente, con el cumplimiento de las disposiciones legales y preservándose el secreto de lo privado que no guarde relación con el correspondiente proceso."*

cumplirse en su domicilio (y no en un centro de detención) y el procesamiento judicial que luego debe seguirse, requiere de la autorización parlamentaria y se seguirá ante el Tribunal Supremo.

La *inmunidad* supone que los miembros del cuerpo legislativo no pueden ser judicialmente procesados, sin que antes el propio cuerpo al que pertenece el parlamentario lo autorice previamente. Indudablemente la inmunidad y la inviolabilidad se tocan en cuanto a las gestiones policiales se refiere, toda vez que, en principio, para detener o registrar a cualquier persona (actuaciones típicamente policiales) se requiere de orden judicial y esta resulta solo de la instauración de proceso judicial.

AVELEDO[21] define la inmunidad parlamentaria señalando que "(…) *es la garantía de independencia de la Cámara, a través del parlamentario individual. La inmunidad lo pone a salvo de la persecución policial o judicial, por medio de la cual el gobierno pueda atentar contra el Parlamento. Procesar a un parlamentario requiere de un procedimiento especial que incluye, como indispensable, la autorización por parte de la Cámara.*"

A su turno MATHEUS[22] ensaya también una definición de este instituto de derecho parlamentario señalando que: "*La inmunidad parlamentaria también es parte integrante del estrato constitucional del estatuto de los Diputados. La doctrina en el Derecho Comparado es conteste en afirmar que la inmunidad es una prerrogativa de naturaleza formal, cuyo ámbito de incidencia es el proceso penal. Ello hace que la inmunidad garantice la esfera de libertad personal de los Diputados en contra de eventuales persecuciones políticas movidas por los resortes gubernativos y judiciales encargados de la aplicación de las leyes penales.*"

Finalmente, la competencia especial de juzgamiento supone una modificación de la competencia natural de juzgamiento de los asuntos penales, y así, cuando el juzgamiento penal de un parlamentario es autorizado, la competencia para conocer de él pertenece a un tribual determinado y distinto al que normalmente debería conocer cuando los encausados no son parlamentarios. En el caso venezolano esa *competencia especial de juzgamiento* especial corresponde al Tribunal Supremo de Justicia.

Sobre la inmunidad el artículo 200 de la Constitución textualmente establece:

"*Artículo 200.- Los diputados o diputadas a la Asamblea Nacional gozarán de inmunidad en el ejercicio de sus funciones desde su proclamación hasta la conclusión de su mandato o de la renuncia del mismo. De los presuntos delitos que cometan los y las integrantes de la Asamblea Nacional conocerá en forma privativa el Tribunal Supremo de Justicia, única autoridad que podrá ordenar, previa autorización de la Asamblea Nacional, su detención y continuar su enjuiciamiento. En caso de delito flagrante cometido por un parlamentario o parlamentaria, la autoridad competente lo o la pondrá bajo custodia en su residencia y comunicará inmediatamente el hecho al Tribunal Supremo de Justicia.*

Los funcionarios públicos o funcionarias públicas que violen la inmunidad de los o las integrantes de la Asamblea Nacional, incurrirán en responsabilidad penal y serán castigados o castigadas de conformidad con la ley."

Estas normas constitucionales efectivamente prodigan a los miembros de la Asamblea Nacional un *régimen jurídico especial* y diferente al que se procura a la generalidad de los ciudadanos. Ese es un hecho innegable.

21 Aveledo, Ramón G. *op. cit.* pp. 90.

22 Matheus, Juan Miguel. "Irresponsabilidad e Inmunidad parlamentarias en la Constitución de 1999". *Revista de la Facultad de Derecho* N° 62-63 (2007-2008). UCAB 2010, p. 70.

Ahora bien ¿ese trato diferenciado en derecho que dispensa la Constitución a los diputados es consecuencia de una diferencia sustancial o es simplemente una forma invertida de discriminación, es decir, un privilegio (y en definitiva una vulneración al constitucionalmente reconocido principio de igualdad de los ciudadanos ante la ley)?

Posiblemente esta percepción –la de verles como *privilegios*– se ha visto reforzada por la caracterización que alguna parte de la doctrina les asigna, señalando que los mismos son derechos subjetivos de los parlamentarios. Seguramente esta aproximación es la que llevo en su momento a COMBELLAS a proponer –en los debates constituyentes que terminaron en la elaboración del texto que luego sería aprobado como la constitución venezolana de 1999– que estas *prerrogativas* fueran eliminadas de nuestro ordenamiento constitucional[23].

La realidad es que –como bien aclara la Constitución– este régimen jurídico especial alcanza a los diputados en razón de su función constitucional y su integración al Poder Legislativo, justamente para proteger la función parlamentaria (especialmente la de controlar y servir de contrapeso al Ejecutivo) y la autonomía e independencia del órgano –la Asamblea Nacional– frente a los demás poderes (y especialmente del Ejecutivo). Así es importante entender que no se trata de un privilegio personal sino de un régimen jurídico especial que se aplica a una función pública y que alcanza a los agentes encargados de esa función. Ese régimen los alcanza como parte de un cuerpo (la Asamblea) y no en su singularidad de individuos. Se trata, de un régimen jurídico especial cuya misión es –hay que insistir en ello– proteger al Parlamento como cuerpo y a la función parlamentaria, de eventuales e indebidas coacciones desde el Ejecutivo. En fin, un instrumento –una garantía– de la Separación de Poderes.

En palabras de TOVAR[24]: "(…) *Tales garantías se traducen en prerrogativas específicas o excepcionales al derecho común concedidas a los mencionados funcionarios (considerados colectiva o singularmente), no ya en su interés personal (puesto que tendríamos entonces privilegios como los reconocidos a los componentes de algunas clases en el Ancien Regime), sino en relación con las funciones públicas que deben desarrollar, y tal carácter específico se comprueba también por el hecho de que no son renunciables y atribuyen a sus beneficiarios no derechos públicos subjetivos, sino simple intereses legítimos*".

Y es menester insistir en que tales garantías son el remedio que se ha puesto a conductas históricamente reiteradas desde el Poder Ejecutivo, que, desde siempre, ha resistido, con mayor o menor energía y con diferentes medios (algunas veces no jurídicos o constitucionales), el control y las limitaciones que a su propio poder suponen las funciones del Legislativo. Efectivamente, en una estrategia obvia, es más fácil colocar en la mira y atacar a individuos aisladamente –los parlamentarios– que enfrentar directamente al cuerpo colegiado que ellos integran.

---

[23] En su trabajo sobre "La Inmunidad Parlamentaria en la Constitución de la República Bolivariana de Venezuela" (Editorial Vadell Hermanos Editores, C.A., Caracas-Venezuela 2011, pp. 58-59) Rafael Simón Jiménez señala que en el debate de la Asamblea Nacional Constituyente Ricardo Combellas, sostuvo como la idea de suprimir estas prerrogativas del texto constitucional, del modo lo siguiente: "(…) *dejar el allanamiento, al control interno de la Asamblea para decidir si un parlamentario debe ser o no juzgado, nos parece en la actualidad excesivo y en ese sentido el constitucionalismo moderno, si bien no es uniforme, ha surgido una posición a favor de la eliminación de la inmunidad penal, referida a que el parlamentario, no puede ser juzgado si no es previamente autorizado su enjuiciamiento, por el propio cuerpo (…)*"

[24] Tovar, Orlando. *Derecho Parlamentario*. Publicaciones del Instituto de Derecho Público de la Universidad Central de Venezuela (UCV). Caracas-Venezuela. 1973, p. 37

Por eso, y para proteger al cuerpo legislativo de los ataques a sus eslabones –los legisla-dores– se ha dispuesto este régimen jurídico especial y protector. Que en ningún caso puede ser entendido como un sistema de impunidad.

Vale la pena rescatar lo que, sobre la naturaleza de la inmunidad parlamentaria, ha dicho la Sala Plena del Tribunal Supremo de Justicia[25]:

> "(…) *la inmunidad parlamentaria no puede ni debe verse o analizarse simplemente como una excepción del principio de igualdad de los ciudadanos ante la ley, antes bien, debe considerarse como una garantía constitucional institucional que permite a los diputados tener la protección constitucional correspondiente para poder ejercer sus funciones sin ser apartados del juego político por persecuciones políticas para garantizar el ejercicio de la función pública y, por ende, evitar la existencia de perturbaciones derivadas de posibles querellas, injustificadas o maliciosas, que se interpongan contra las personas que desempeñen una alta investidura."*

En definitiva, aun cuando la inmunidad parlamentaria brinda una protección personal a los diputados individualmente considerados, no obstante, se trata de una *"prerrogativa de alcance corporativo"*[26], que pretende la protección de la Asamblea Nacional como cuerpo y no del parlamentario individualmente considerado. Con ella se pretende garantizar la inde-pendencia e integridad de la Asamblea, para que ésta no se vea afectada o mediatizada en su composición o funcionamiento por la actuación de los tribunales. Y por ello la designación que se le da de "privilegio" no solo resulta odiosa, sino además inexacta.

2. *Del modo en como sobre la base de una interpretación restrictiva –que contradice lo expresamente manifestado en el artículo 200 de la Constitución– se recortan indebidamente los alcances de la inmunidad*

En una serie de decisiones el Tribunal Supremo de Justicia –por lo menos en sus Salas Plena y Constitucional– ha argumentado en torno a la excepcionalidad –especialidad– del régimen jurídico constitucional atinente a las prerrogativas parlamentarias, para justificar una interpretación ultra restrictiva de su alcance y consecuencias.

Así, en sentencia del 26/10/2010 la Sala Plena del TSJ sostiene que: "(…) *la inmunidad está referida a los delitos cometidos en el ejercicio de sus funciones como diputado integran-te y activo de la Asamblea Nacional, no a los que hubiere cometido antes de la elección (...) Así las cosas, mal puede amparar la inmunidad al parlamentario por la comisión de delitos cuya persecución se haya iniciado con anterioridad a su proclamación"*.

Y más adelante en decisión del 09/11/2010 esa misma Sala Plena señaló: "*De la inter-pretación literal del citado dispositivo constitucional, se desprende claramente que los dipu-tados gozan de inmunidad 1) en el ejercicio de sus funciones, y 2) desde su proclamación, de manera que resulta claro que se requieren dos condiciones concurrentes para que opere el privilegio. (...) De todo lo anterior, se desprende con claridad que la inmunidad parlamenta-ria protege directamente la función legislativa e indirectamente a la persona del diputado (...), y opera únicamente desde el momento en que los diputados electos comienzan el ejerci-cio de sus funciones.*

---

[25] Sentencia de la Sala Plena del Tribunal Supremo de Justicia N° 59/2010 de fecha 09/11/2010 (caso: *Biagio Pilieri Gianinnoto*).

[26] Matheus, Juan Miguel. *op.cit.* p. 71.

Esto es desde su juramentación formal ante la Junta Directiva de la Asamblea Nacional debidamente constituida, previa proclamación por el órgano electoral competente hasta el cese de sus funciones. Asimismo, se desprende que la inmunidad parlamentaria no puede tener efectos retroactivos a aquellos actos anteriores a la investidura de la misma."

A su turno, en decisión N° 611 del 15/07/2016 la Sala Constitucional se refirió a la inmunidad, ahora en el caso de los diputados suplentes, para señalar que: *"Los diputados suplentes sólo gozan de inmunidad cuando efectivamente suplan las faltas de los principales y con ocasión a las actuaciones desplegadas en ese tiempo."*

La realidad es que en principio la afirmación en torno a que las *prerrogativas parlamentarias* (incluida la inmunidad) son un régimen especial y excepcional (entendiendo por excepcional que no es el régimen jurídico aplicable a todas las personas, sino que es un régimen jurídico que se aplica a casos específicos y concretos), no es desacertada. Y es igualmente cierto que las excepciones, o los regímenes jurídicos de excepción, deben ser interpretados restrictivamente. No hay nada que discutir. Sin embargo, las interpretaciones restrictivas o ultra restrictivas no pueden ser derogatorias o *aniquilatorias* de lo que expresamente establece el dispositivo normativo que las consagra. Es decir, los supuestos excepcionales, no obstante, excepcionales, son y existen dentro del radio que establece expresamente el enunciado normativo que les consagra o establece, y negar o recortar su alcance no es un modo de interpretación restrictiva, es un modo de violación o infracción de la disposición normativa que consagra el supuesto.

Así, al leer el artículo 200 de la Constitución, la Sala Plena insiste en leer que la norma no solo limita el alcance de la prerrogativa –que consiste en la necesidad de que sea el cuerpo el que autorice el enjuiciamiento del parlamentario– al tiempo del mandato del mismo, sino que además les limita a los hechos (y las conductas) –presuntamente penales– ocurridos durante ese período. Sin embargo, nada en la redacción del artículo 200 permite hacer tal interpretación. Que, dicho sea, contradice incluso la interpretación tradicionalmente dada por el máximo tribunal al alcance de esta prerrogativa[27].

En efecto, basta transcribir el encabezado de la norma para echar de menos cualquier fundamento al razonamiento del Tribunal Supremo: *"Los diputados o diputadas a la Asamblea Nacional gozarán de inmunidad en el ejercicio de sus funciones **desde su proclamación hasta la conclusión de su mandato o de la renuncia del mismo**."* Nada allí permite entender o interpretar que la prerrogativa se limita a las conductas y los hechos acaecidos durante el mandato, la norma es clara –y simple– la cobertura de esta prerrogativa alcanza a cualesquiera hechos o conductas por los que se pretenda enjuiciar o procesar penalmente al diputado.

Lo mismo se debe decir sobre las afirmaciones que hace la Sala Constitucional respecto de los *Diputados Suplentes*, nada en la norma constitucional permite afirmar una distinción entre principales y suplentes, y nada permite afirmar que respecto de unos la prerrogativa surte efectos solo cuando toman posesión. El artículo 200 marca el inicio de la prerrogativa en el acto de "proclamación" –a que se refiere el artículo 153 de la Ley Orgánica de Procesos electorales– no en el de juramentación.

---

27   Efectivamente en 1979, los diputados Salom Meza Espinosa y David Nieves Banchs, cuya inmunidad había sido previamente allanada por la presunta comisión del delito de rebelión, se encontraban detenidos cuando fueron reelegidos para el período 1979-1984. Ante esto el Fiscal General de la República solicitó la puesta en libertad de ambos. Y al conocer de apelación la Corte Marial ordenó la inmediata liberación de ambos por operatividad de lo dispuesto en la entonces vigente constitución.

Así, es bueno recordar el principio general del derecho de interpretación normativa establece que donde el legislador no distingue le está vedado hacerlo al intérprete (*Ubi lex non distinguit, nec nos distinguere debemus*).

Es bueno además recordar que, en cuanto al método de interpretación de las normas jurídicas, el Código Civil claramente ordena, comenzar por leer las palabras y darles el sentido que ellas expresan, Así el artículo 4 del Código textualmente señala:

*"Artículo 4.- A la Ley debe atribuírsele **el sentido que aparece evidente del significado propio de las palabras, según la conexión de ellas entre sí y la intención del legislador**.*

Cuando no hubiere disposición precisa de la Ley, se tendrán en consideración las disposiciones que regulan casos semejantes o materias análogas; y, si hubiere todavía dudas, se aplicarán los principios generales del derecho."

No hay en esa regla de interpretación y hermenéutica una opción para que el juez interprete en contra de lo que la norma expresamente establece.

Así las cosas, negar el sentido de lo que dice expresamente la norma –por más que la norma se refiera a una previsión excepcional que debe ser entendida de manera restrictiva– no es un método valido de interpretación, es por el contrario una forma de violentar un contenido normativo. Y esto es lo que parece hacer el Tribunal Supremo al interpretar, en estos casos, el artículo 200 de la Constitución.

3. *Del modo en como sobre la base de un supuesto desacato –declarado por la Sala Electoral del Tribunal Supremo de Justicia– la Sala Constitucional interpreta que esa situación hace que la Asamblea y los diputados se encuentren en una situación de cese de funciones y que por ello los diputados dejan de estar amparados por la inmunidad*

Luego de que en la elección parlamentaria para el período 2016-2021 realizada el 06 de diciembre de 2015, la oposición logró la mayoría calificada de los curules (112 de 167), la Sala Electoral del Tribunal Supremo de Justicia recibe una avalancha de demandas que pretendían impugnar el proceso electoral en cuestión. Uno de esos procesos, el recurso contencioso electoral ejercido por la ciudadana NICIA MARINA MALDONADO *"en su condición de candidata a Diputada de la Asamblea Nacional por el estado Amazonas, postulada por el PSUV"* en *"contra el acto de votación de las elecciones parlamentarias del (...) 06 de diciembre de 2015 del estado Amazonas"*, no solo fue admitido, además acordó, por vía de amparo cautelar, una medida de suspensión de la proclamación –y de la representación– que ejercen los cuatro (4) diputados del Estado Amazonas (*"por voto uninominal, voto lista y representación indígena"*) de los cuales tres (3) eran de oposición. La decisión en cuestión textualmente: *"ORDENA de forma provisional e inmediata la suspensión de efectos de los actos de totalización, adjudicación y proclamación emanados de los órganos subordinados del Consejo Nacional Electoral respecto de los candidatos electos por voto uninominal, voto lista y representación indígena en el proceso electoral realizado el 6 de diciembre de 2015 en el estado Amazonas para elección de diputados y diputadas a la Asamblea Nacional"*.[28]

Pese a esto, en fecha 06 de enero de 2016 se procedió a la incorporación de los diputados "suspendidos" e inmediatamente la recurrente procedió a denunciar el hecho ante la Sala Electoral, que a su turno declaró el "desacato" de la Junta Directiva de la Asamblea

---

[28] Sentencia Nº 260 de 30/12/2015, que se puede consultar en el portal oficial del TSJ en el enlace http://historico.tsj.gob.ve/decisiones/selec/diciembre/184227-260-301215-2015-2015-000146. HTML

Nacional mediante decisión N° 1 del 11 de enero de 2016. La decisión textualmente establece: *"(...) esta Sala Electoral del Tribunal Supremo de Justicia, (...) declara: (...) 3.- PROCEDENTE EL DESACATO de la sentencia número 260 dictada por la Sala Electoral el 30 de diciembre de 2015, por los miembros de la Junta Directiva de la Asamblea Nacional, Diputados Henry Ramos Allup, Enrique Márquez y José Simón Calzadilla y por los ciudadanos Julio Haron Ygarza, Nirma Guarulla y Romel Guzamana, (...) 4.-ORDENA a la Junta Directiva de la Asamblea Nacional dejar sin efecto la referida juramentación y en consecuencia proceda con LA DESINCORPORACIÓN inmediata de los ciudadanos Nirma Guarulla, Julio Haron Ygarza y Romel Guzamana, lo cual deberá verificarse y dejar constancia de ello en Sesión Ordinaria de dicho órgano legislativo nacional. 5.- NULOS ABSOLUTAMENTE los actos de la Asamblea Nacional que se hayan dictado o se dictaren, mientras se mantenga la incorporación de los ciudadanos sujetos de la decisión N° 260 del 30 de diciembre de 2015 y del presente fallo."* [29]

Ante esto, el 13 de enero de 2016, los tres (3) diputados de tendencia opositora afectados por la medida que habían sido incorporados (y cuya incorporación fundamentaba la declaratoria de desacato) solicitaron su desincorporación del cuerpo, para que no se afectara el funcionamiento de la Asamblea mientras ellos ejercían sus defensas judiciales[30]. Sin embargo, frente a la paralización del proceso judicial y la absoluta falta de provisión en favor de la representación de los electores, los tres (3) diputados de oposición afectados por la medida dictada por la Sala Electoral se incorporan nuevamente el 27 de julio de 2016[31]. Frente a esta incorporación, el 1° de agosto de 2016 la Sala Electoral declara nuevamente el desacato (mediante sentencia 108/2016) y unos días más tarde, el 11 de agosto de 2016 ratifica tanto la medida de suspensión de la proclamación de los diputados y la declaratoria del desacato (sentencia 126/2016).

Con fundamento en el desacato, la Sala Constitucional dicta una larga cantidad de decisiones no sólo anulando leyes dictadas por la Asamblea (entre otras las sentencias N° 808 del 04/09/2016 por la que se anula la reforma de la Ley Orgánica que reserva al Estado las actividades de explotación del Oro; N° 938 del 04/11/2016 por la que se anula la Ley Orgánica de Reforma de la Ley de Telecomunicaciones; N° 939 por la que se anula la Ley de Reforma Parcial de la Ley Orgánica de la Contraloría General de la República y del Sistema Nacional de Control Fiscal).

Además, la Sala Constitucional dicta una serie de decisiones que, también con fundamento en el desacato, anulan el ejerció de las competencias no legislativas de la Asamblea Nacional (entre otras las sentencias N° 810 del 21/09/2016 por la que se declara la constitucionalidad del estado de excepción y emergencia económica y se ignora el control parlamentario; N° 814 del 11/10/2016 por la que se declara que el Presidente de la República no queda sujeto a los controles de la Asamblea para dictar el presupuesto 2017; N° 893 de fecha 25/10/2016 por la que se suspendió los efectos de la investigación de la Comisión Permanente de Contraloría de la Asamblea Nacional con relación a supuestas irregularidades ocurridas en PDVSA).

---

[29]   La referida decisión Nro. 1 de fecha 11/01/2016 se puede consultar en la página oficial del TSJ en el enlace http://historico.tsj.gob.ve/decisiones/selec/enero/184253-1-11116-2016-X-2016-000001. HTML

[30]   http://www.el-nacional.com/noticias/politica/diputados-amazonas-pidieron-ser-desincorporados _19350

[31]   http://efectococuyo.com/politica/amazonas-tiene-nuevamente-diputados-que-habian-sido-suspendidos-por-el-tsj/

Y no conforme con lo anterior, 12 de diciembre de 2016, mediante sentencia N° 1086 la Sala Constitucional suplanta a la Asamblea Nacional –con el argumento del desacato– y designa a dos (2) rectores del Consejo Nacional Electoral (aún a pesar de que el 15 de noviembre de 2016 nuevamente se desincorporan los tres (3) diputados de Amazonas[32]).

Hay que observar –con alarma– que ni la Sala Electoral ni la Sala Constitucional ofrecen justificación normativa alguna para sostener y declarar este demoledor efecto que se asigna al desacato[33], simplemente señalan, en todas sus decisiones, que el desacato produce – en este caso de la Asamblea Nacional y la incorporación de los diputados del Estado Amazonas– ese efecto. Un ejemplo de esto se encuentra en la Sentencia N° 808 de septiembre de 2016, donde la Sala Constitucional da por supuestos esos efectos del desacato sin ofrecer mayor justificación, del modo siguiente:

"(…) *resultan manifiestamente inconstitucionales y, por ende, absolutamente nulos y carentes de toda vigencia y eficacia jurídica, los actos emanados de la Asamblea Nacional, incluyendo las leyes que sean sancionadas, mientras se mantenga el desacato a la Sala Electoral del Tribunal Supremo de Justicia. En consecuencia, el máximo tribunal ha anulado todas las actuaciones de la Asamblea Nacional desde el 28 de julio de 2016, fecha de la juramentación de los diputados usurpadores del estado Amazonas, esto sin contar con las sentencias que han anulado los proyectos de ley y de enmienda constitucional por ser abiertamente violatorias a la Constitución.*"

Ahora bien, el 28 de marzo de 2017, la Sala Constitucional va un poco más allá y dicta dos sentencias que marcaron –ya sin ningún tipo de pudor– la absoluta aniquilación de la Asamblea Nacional, las tristemente célebres sentencias N° 155 y N° 156. De ellas nos interesa, a los efectos de estas notas, la decisión N° 155[34], que afirma de manera implícita que el desacato produce una situación análoga a la cesación de funciones del órgano –de la Asamblea Nacional– y los diputados, por la imposibilidad del ejercicio de todas sus funciones, y de ello resulta la ineficacia de la inmunidad parlamentaria. La sentencia hace esta afirmación – como una declaración incidental– textualmente así:

"*Resulta oportuno referir que la inmunidad parlamentaria sólo ampara, conforme a lo previsto en el artículo 200 del Texto Fundamental, los actos desplegados por los diputados en ejercicio de sus atribuciones constitucionales (lo que no resulta compatible con la situación actual de desacato en la que se encuentra la Asamblea Nacional) y, por ende, en ningún caso, frente a ilícitos constitucionales y penales (flagrantes) (ver sentencia de esta Sala Constitucional N° 612 del 15 de julio de 2016 y de la Sala Plena Nros. 58 del 9 de noviembre de 2010 y 7 del 5 de abril de 2011, entre otras).*"

---

[32] http://efectococuyo.com/politica/diputados-de-amazonas-solicitaron-su-desincorporacion-de-la-an/; https://www.panorama.com.ve/politicayeconomia/Diputados-de-Amazonas-solicitaron-desincorporarse-de-la-Asamblea-Nacional-20161115-0094.html

[33] Y esta ausencia de fundamento jurídico para las gravísimas consecuencias que la Sala Constitucional asigna al desacato ha permanecido así en el tiempo. Efectivamente en la decisión dictada en fecha 3 de agosto de 2018, con ocasión de resolver una aclaratoria y ampliación de la sentencia N° 5 del 19 de enero de 2017, la Sala señala: "El Poder Legislativo Nacional por órgano de la Asamblea Nacional no tiene, en este momento, cualidad jurídica alguna, ello por mantenerse en franco desacato las distintas sentencias dictadas por las diferentes Salas de este Máximo Tribunal, por ello, dicho órgano no puede suscribir acuerdo o convención alguna, pues, como ha señalado la Sala en distintas oportunidades, resultan manifiestamente inconstitucionales y, por ende, absolutamente nulos y carentes de toda vigencia y eficacia jurídica, los actos emanados de la Asamblea Nacional, incluyendo los acuerdos y convenios que sean suscritos por ella así como leyes que sean sancionadas, mientras se mantenga el desacato a las sentencias de este Tribunal Supremo de Justicia".

[34] http://www.civilisac.org/civilis/wp-content/uploads/Sentencia-155-28-3-17-Sala-Constitucional. pdf

Ante el revuelo causado –que debemos recordar llegó incluso a marcar el rompimiento de la entonces Fiscal General de la República con el régimen[35]– la Sala Constitucional, tratando de enmendar el entuerto, procede a dictar una "aclaratoria de oficio" que en lugar de aclarar anula o revoca parte del fallo 155, y concretamente el párrafo referido a la inmunidad parlamentaria[36]. En efecto, el 28 de marzo de 2017 pronuncia el fallo N° 157[37] en donde, entre otras cosas, la Sala declara:

> *"(...) Ahora bien, en dicha sentencia N° 155 del 28 de marzo de 2017, esta Sala hizo referencia en la motiva a la inmunidad parlamentaria, mas no en su dispositiva. Dicho señalamiento aislado en la motiva, fue tema central del debate público, toda vez que medios de comunicación nacionales e internacionales, voceros políticos y autoridades legítimas del Estado Venezolano emitieron opiniones e interpretaciones disímiles del mismo, hecho este que la Sala saluda como expresión de una robusta democracia en el marco del Estado Democrático y Social de Derecho y de Justicia que se desarrolla y funciona plenamente en Venezuela, donde existe una democracia participativa y protagónica, que permite el desarrollo de opiniones diversas y del libérrimo ejercicio de la libertad de expresión, dentro del pluralismo político reconocido por nuestra Constitución.*
>
> *(...) Sobre la base de lo antes expuesto, en ejercicio de la potestad que para este caso corresponde y con base en el artículo 252 del Código de Procedimiento Civil, el cual es aplicable supletoriamente a las causas que conoce este Máximo Tribunal, en concordancia con el artículo 98 de la Ley Orgánica del Tribunal Supremo de Justicia, esta Sala procede de oficio a aclarar que en el fallo n° 155 dictado el 28 de marzo de 2017 el dispositivo 5.1.1 y lo contenido sobre el mismo en la motiva; así como lo referido a la inmunidad parlamentaria, obedecen a medidas cautelares dictadas por esta Sala conforme a la amplia potestad que es propia de su competencia (artículo 130 de la Ley Orgánica del Tribunal Supremo de Justicia) y, en consecuencia, como garantía de la tutela judicial efectiva consagrada en el artículo 26 constitucional, teniendo en cuenta que las mismas se caracterizan por la instrumentalidad, provisionalidad y mutabilidad, esto es, que para este ejercicio se tendrán en cuenta las circunstancias del caso y los intereses públicos en conflicto (sentencia de esta Sala N° 640 del 30 de mayo de 2003), se revocan en este caso la medida contenida en el dispositivo 5.1.1, así como lo referido a la inmunidad parlamentaria. Así se decide."*

Así, y aun cuando solo ha sido por un momento, el Tribunal Supremo de Justicia desenmascaró sus ejecutorias, y ruda y planamente, afirmó que sin Asamblea Nacional no hay función legislativa y sin función legislativa no hay legisladores, y así no hay tampoco sujetos a los que se pueda reconocer prerrogativa parlamentaria alguna.

El ataque, desde este flanco, a la inmunidad cesó, con la *curiosa* –por decir lo menos– revocatoria por vía de *aclaratoria de oficio* de los razonamientos hechos en torno a la inmunidad en la sentencia 155 por la sentencia 157, sin embargo, aún ahora se mantiene el argumento según el cual la situación de desacato justifica la anulación de las funciones de la Asamblea Nacional.

Sobre eso debemos hacer tres comentarios.

---

[35]   http://www.ultimasnoticias.com.ve/noticias/sin-categoria/fiscal-se-pronuncia-sentencias-155-156-del-tsj/

[36]   Sentencia que –con el perdón del lector, pues este se supone que es un artículo científico– evoca a quien la lee la conseja *"no aclares que oscurece"*.

[37]   http://www.civilisac.org/civilis/wp-content/uploads/Sentencia-157-1-4-17-Sala-Constitucional. pdf

(1) El primero, es que el desacato es un *ilícito penal* que tiene, en el ordenamiento jurídico venezolano tipicidad y consecuencias concretas (conforme al principio de tipicidad penal que recoge como parte de la garantía del *debido proceso* el artículo 49 de la Constitución[38]), definidas en tres (3) instrumentos jurídicos vigentes: el Código Penal, la Ley Orgánica de Amparo sobre Derechos y Garantías Constitucionales y la Ley Orgánica para la Protección de Niños, Niñas y Adolescentes. Esos instrumentos textualmente definen al desacato y le atribuyen las siguientes consecuencias jurídicas:

> *"**Artículo 485** (Código Penal).- **El que hubiere desobedecido una orden legalmente expedida por la autoridad competente** o no haya observado alguna medida legalmente dictada por dicha autoridad en interés de la justicia o de la seguridad o salubridad públicas, **será castigado con arresto de cinco a treinta días, o multa de veinte a ciento cincuenta bolívares".* (Resaltado nuestro).*

> *"**Artículo 31** (Ley Orgánica de Amparo sobre Derechos y Garantías Constitucionales).- **Quien incumpliere el mandamiento de amparo** constitucional dictado por el Juez, **será castigado con prisión de seis (6) a quince (15) meses".* (Resaltado nuestro).*

> *"**Artículo 270** (Ley de Reforma Parcial de la Ley Orgánica para la Protección de Niños, Niñas y Adolescentes. Desacato a la autoridad).- **Quien impida, entorpezca o incumpla la acción de la autoridad judicial,** del consejo de protección de niños, niñas y adolescentes o del Fiscal del Ministerio Público, en ejercido de las funciones previstas en esta Ley, **será penado o penada con prisión de seis meses a dos años"* (Resaltado nuestro).

De este modo, según el derecho venezolano –merced del principio de tipicidad de los ilícitos y las sanciones y de legalidad sancionatoria que recoge con rango constitucional el ordinal 6to., del artículo 49 de la Constitución– la consecuencia jurídica de no acatar una decisión judicial puede ser, de modo genérico: (1) arresto de cinco a treinta días o multa de veinte a ciento cincuenta bolívares, o de modo específico (2) cuando es desacato a una decisión de amparo prisión de seis a quince meses, y (3) cuando es el desacato de una decisión en materia de niños y adolescentes prisión de seis meses a dos años. No existe en el ordenamiento venezolano otra consecuencia –legalmente impuesta conforme al principio de legalidad penal– para el desacato. No es baladí insistir en insistir en que esta materia –la de tipificar ilícitos y sanciones– es de la reserva legal, es decir, no pueden los jueces –ni siquiera la Sala Constitucional– determinar arbitrariamente los tipos penales o sancionatorios o las consecuencias de esas conductas ilícitas (las sanciones y las penas).

Así, dado que el supuesto desacato se ha producido frente a un mandamiento cautelar de amparo constitucional, la única sanción posible a los autores de tal conducta sería la que expresamente establece la Ley Orgánica de Amparo sobre Derechos y Garantías Constitucionales, esto es, la pena de prisión de seis (6) a quince (15) meses.

Claro está, para aplicar esa pena a los diputados –pues difícilmente se puede pensar en la opción de someter a prisión a "la Asamblea Nacional"– debería primero agotarse el proceso penal –pues las penas solo se imponen luego de la tramitación del correspondiente proceso penal– y para iniciar en contra de los diputados cualquier proceso penal se debe, en primer lugar, agotar los tramites a que obliga la inmunidad, es decir, obtener la autorización de la Asamblea.

---

[38]   *"Artículo 49.- El debido proceso se aplicará a todas las actuaciones judiciales y administrativas; en consecuencia: (...) (6) **Ninguna persona podrá ser sancionada por actos u omisiones que no fueren previstos como delitos, faltas o infracciones en leyes preexistentes** (...)"* (Resaltado nuestro).

Así, la sanción que pretende aplicar Tribunal Supremo al supuesto desacato de la Asamblea no tiene fundamento en norma alguna del ordenamiento jurídico vigente, es por el contrario una consecuencia *inventada*, sin que ella tenga, conforme a los límites que le impone el artículo 49, la potestad de crear penas o sanciones o tipificar ilícitos. Y así, no podemos menos que afirmar, que por esta razón ese es un proceder inconstitucional.

(2) El segundo comentario que nos merece este tema del desacato es el referido a la necesidad indiscutible de que, para su aplicación, debe tramitarse un proceso penal en el que se garantice el ejercicio del derecho a la defensa, por mandato ineludible del artículo 49 de la Constitución.

En efecto, no hay dudas de la naturaleza de ilícito penal que tiene el desacato. No en vano está previsto de modo genérico como un ilícito penal en el Código Penal (como hemos referido antes), sino que además acarrea sanciones típicamente penales (penas privativas de libertad).

Tampoco hay dudas de que, conforme a nuestro régimen constitucional –nos referimos aquí a la Constitución de 1999, y no a lo que ha sostenido la Sala Constitucional en algunas de sus decisiones, en contra del texto expreso de la Constitución– las penas solo pueden ser impuestas por sentencia definitiva y al término de un proceso penal.

Pretender declarar un ilícito penal y aplicar a los supuestos autores del mismo las sanciones que establece la ley –aun cuando en el caso concreto al que nos referimos las sanciones son jurisprudencialmente inventadas, en franca contradicción a lo que dispone el ordinal 6to. del artículo 49 de la Constitución– sin antes haber tramitado para ello un proceso judicial contradictorio en el que se dé cobertura a los extremos del debido proceso, tal y como los postula el artículo 49 de la Constitución, es, a todas luces, un proceder irregular e inconstitucional.

(3) El tercero, es que el *desacato* declarado originalmente por la Sala Electoral (en la Sentencia N° 1 del 11 de enero de 2016), incumbe personalmente, **por expresa disposición del fallo en cuestión**, a los diputados HENRY RAMOS ALLUP, ENRIQUE MÁRQUEZ, JOSÉ SIMÓN CALZADILLA, JULIO HARON YGARZA, NIRMA GUARULLA y ROMEL GUZAMANA. La decisión expresamente declara: *"(...) 3.-PROCEDENTE EL DESACATO de la sentencia número 260 dictada por la Sala Electoral el 30 de diciembre de 2015, por los miembros de la Junta Directiva de la Asamblea Nacional, Diputados Henry Ramos Allup, Enrique Márquez y José Simón Calzadilla y por los ciudadanos Julio Haron Ygarza, Nirma Guarulla y Romel Guzamana, (...)".*

Así ¿Cómo se supone que el desacato de seis (6) parlamentarios afecta o alcanza a la Asamblea Nacional?

Hay que recordar que en derecho penal la responsabilidad es individual y personalísima. De hecho aun cuando se admitiera la posibilidad de que personas jurídicas llegaran a ser tributarios –sujetos pasivos– de sanciones penales (posibilidad que en Venezuela disputan autores como ARTEAGA SÁNCHEZ[39]), tenemos que la Asamblea Nacional no es una persona jurídica, es un órgano del Poder Público, y la personalidad jurídica que la ampara es la de la República, así que si la Asamblea llegara a ser condenada por desacato ese desacato sería imputable a la REPÚBLICA BOLIVARIANA DE VENEZUELA, que es en definitiva quien personifica a la Asamblea y a todos los poderes públicos. Sin embargo, la disquisición es inútil. La decisión de

---

39   Arteaga Sánchez, Alberto. *Derecho Penal Venezolano*. Ediciones Liber. Caracas 2009. p. 210.

la Sala Electoral que declara el desacato expresamente designa a los sujetos pasivos –autores de la conducta y por ello sujetos pasivos de las sanciones que correspondan– y no son otros que seis (6) personas naturales. Es pues, sobre ellos, y no sobre la Asamblea Nacional (el órgano del Poder Público) o la República Bolivariana de Venezuela (que es en definitiva la persona que ampara las actuaciones de la Asamblea Nacional), sobre quienes han de pesar las consecuencias jurídicas –previamente definidas en una norma legal– del desacato.

Mal puede entonces el desacato de seis (6) parlamentarios acarrear consecuencias respecto de la Asamblea Nacional como cuerpo deliberante y órgano del Poder Público.

Ahora bien, es cierto que la propia decisión de la Sala Electoral declara la nulidad a futuro de todas las actuaciones de la Asamblea (la sentencia Nro. textualmente declara: *"NU-LOS ABSOLUTAMENTE los actos de la Asamblea Nacional que se hayan dictado o se dictaren, mientras se mantenga la incorporación de los ciudadanos sujetos de la decisión N° 260 del 30 de diciembre de 2015 y del presente fallo"*) , pero esa decisión no sólo es irracional, pues no hay forma de justificar que el desacato de seis (6) diputados afecte el funcionamiento de un cuerpo integrado por ciento sesenta y siete (167) miembros, que funciona bajo la regla de las mayorías, es además absolutamente ilegal e inconstitucional, pues **no existe norma atributiva de competencia alguna** –ni en la Constitución[40] ni en la Ley Orgánica del Tribunal Supremo de Justicia[41]– **que atribuya a la Sala Electoral facultades para: (i) anular actos de la Asamblea Nacional; (ii) anular a futuro cualquier acto –actos indeterminados– que dicte un órgano del Poder Público, y (iii) anular actos por vía de medida cautelar.**

De este modo, si el desacato existe, existe para afectar la conducta de unos diputados en específico, y no puede alcanzar –porque no le es atribuible– a la Asamblea Nacional. De existir ese desacato sus efectos deben ser los que establece la ley (multas o privación de libertad según sea el caso) y no otras. Y, en todo caso, la existencia del desacato debe ser el resultado de un proceso penal –pues se trata de un ilícito penal– en el que a los imputados se les haya permitido ejercer a plenitud el derecho a la defensa.

---

[40]   Según la Constitución a la Sala Constitucional le corresponden las atribuciones a las que se refieren los ordinales 6to, 7mo, 8vo y 9no del artículo 266 y el ordinal 6to del artículo 293, normas que textualmente señalan: *"**Artículo 266.**- Son atribuciones del Tribunal Supremo de Justicia: (...) (6) Conocer de los recursos de interpretación sobre el contenido y alcance de los textos legales, en los términos contemplados en la ley. (7) Decidir los conflictos de competencia entre tribunales, sean ordinarios o especiales, cuando no exista otro tribunal superior o común a ellos en el orden jerárquico. (8) Conocer del recurso de casación. (9) Las demás que establezca la ley."* *"**Artículo 293.**- El Poder Electoral tienen por funciones: (...) (6) Organizar las elecciones de sindicatos, gremios profesionales, y organizaciones con fines políticos en los términos que señale la ley. Así mismo, podrán organizar procesos electorales de otras organizaciones de la sociedad civil a solicitud de éstas, o por orden de la Sala Electoral del Tribunal Supremo de Justicia. Las corporaciones, entidades y organizaciones aquí referidas cubrirán los costos de sus procesos eleccionarios. (...)"*

[41]   La Ley Orgánica del Tribunal Supremo de Justicia define, atribuye y limita las competencias de la Sala Electoral del Tribunal Supremo de Justicia en su artículo 27 del siguiente modo: *"Artículo 27. Es de la competencia de la Sala Electoral del Tribunal Supremo de Justicia: (1) Conocer las demandas contencioso electorales que se interpongan contra los actos, actuaciones y omisiones de los órganos del Poder Electoral, tanto los que estén directamente vinculados con los procesos comiciales, como aquellos que estén relacionados con su organización, administración y funcionamiento; (2) Conocer las demandas contencioso electorales que se interpongan contra los actos de naturaleza electoral que emanen de sindicatos, organizaciones gremiales, colegios profesionales, organizaciones con fines políticos, universidades nacionales y otras organizaciones de la sociedad civil; (3) Conocer las demandas de amparo constitucional de contenido electoral, distintas a las atribuidas a la Sala Constitucional."*

Además, la Sala Electoral, que declara el desacato, no sólo no tiene competencias para declarar el desacato sin trámite procesal alguno, además no tiene competencias para anular, actos de la Asamblea Nacional, y menos aún para anular a futuro actos que aún no existen o para hacerlo por vía cautelar.

Pretender que por la declaración de un desacato de seis (6) diputados se deja sin competencias y sin funcionamiento a un órgano colegiado como la Asamblea Nacional, no sólo es irracional, es además una violación de las normas que dan a los venezolanos el derecho a ser representados en la Asamblea Nacional, de las normas que establecen las competencias de la Asamblea Nacional y de las normas que definen las competencias de la Sala Electoral del Tribunal Supremo de Justicia.

4. *Del modo en como luego de hacer una interpretación ampliada –e imposible– de la noción de flagrancia, se afirma –en contra incluso de lo que se lee del artículo 200 y sin fundamento alguno– que la flagrancia excluye la inmunidad*

En un eje de decisiones dictadas entre agosto de 2017 y agosto del año 2018, la Sala Plena del Tribunal Supremo de Justicia ha ingeniado una nueva forma de burlar la inmunidad parlamentaria que se sustenta en tres razonamientos. El primero consiste en sostener que la flagrancia de los delitos es una condición que va más allá de la proximidad temporal o material de la ocurrencia de la conducta presuntamente delictiva. El segundo consiste en señalar –de manera que propende a la confusión– que en los casos de flagrancia no se requiere del antejuicio o autorización parlamentaria[42]. El tercero consiste en sostener que la autorización para el juzgamiento la puede dar un ente colegido distinto a aquel que integran los diputados, la Asamblea Nacional Constituyente, debido a que el "desacato" inhabilita a la Asamblea Nacional como órgano para ejercer sus competencias.

Las decisiones a las que nos referimos son la Sentencia N° 66 del 16 de agosto de 2017 (caso *German Darío Ferrer*); la Sentencia N° 69 del 03 de noviembre de 2017 (*caso Freddy Alejandro Guevara Cortez*); la Sentencia N° 48 del 08 de agosto de 2018 (caso *Juan Carlos Requesens Martínez*), y; la Sentencia N° 49 del 08 de agosto de 2018 (caso *Julio Andrés Borges Junyent*).

Sobre el argumento en torno a la flagrancia –en el que la Sala Plena echa mano de lo dicho en dos (2) sentencias anteriores de la Sala Constitucional, la N° 2580 del 11/12/2001[43] y la N° 272 del 15/02/2007[44], en las que se estira la noción de flagrancia más allá de lo razonable y de lo normativamente permitido– debemos observar (aunque superficialmente, pues no es el objeto de estas observaciones hacer una disertación sobre temas del derecho penal), que ella, la flagrancia, es un instituto de derecho excepcional, es decir, la situación de la flagrancia comporta una excepción en derecho penal (toda vez el concepto de flagrancia se utiliza, en derecho penal, para aplicar consecuencias jurídicas más gravosas a los procesados[45]), y

---

[42] Es confuso pues si bien no se requiere para la detención o arresto domiciliario, si se requiere para proceder con el juicio

[43] Consultada en el portal electrónico oficial del Tribunal Supremo de Justicia en el enlace http://historico.tsj.gob.ve/decisiones/scon/diciembre/2580-111201-00-2866.HTM

[44] Consultada en el portal electrónico oficial del Tribunal Supremo de Justicia en el enlace http://historico.tsj.gob.ve/decisiones/scon/febrero/272-150207-06-0873.HTM

[45] En la mencionada sentencia N° 272 del 15/02/2007 la Sala Plena del Tribunal Supremo de Justicia expresamente señala que la flagrancia es una excepción a la regla del juzgamiento en libertad, en los siguientes términos: *"(...) la regla (privación de la libertad sólo por orden judicial) cuenta con una excepción (la flagrancia), (...)."*

justamente por esa razón los tribunales –y este argumento no le resulta ajeno a la Sala Constitucional– deben interpretarlo de modo ultra restrictivo[46], y así, solo puede ser flagrancia lo que la norma legal considera y declara como flagrancia. Y en razón de ello el proceder de la Sala Constitucional consistente en aumentar por vía de interpretación los supuestos en los que se produce la flagrancia, supone una operación interpretativa antijurídica para la que no está habilitado juez alguno.

El argumento consiste en escindir –artificiosamente– las nociones de flagrancia y delinto in fraganti, y sostener que la flagrancia es una noción en la que el elemento de proximidad temporal no resulta relevante. Textualmente lo dice la Sala en la sentencia N° 2580 del modo siguiente:

> "*En este caso, la determinación de la flagrancia no está relacionada con el momento inmediato posterior a la realización del delito, es decir, la flagrancia no se determina porque el delito 'acaba de cometerse', (...). Esta situación no se refiere a una inmediatez en el tiempo entre el delito y la verificación del sospechoso, sino que puede que el delito no se haya acabado de cometer, en términos literales, pero que por las circunstancias que rodean al sospechoso, el cual se encuentra en el lugar o cerca del lugar donde se verificó el delito, y, esencialmente, por las armas, instrumentos u otros objetos materiales que visiblemente posee, es que el aprehensor puede establecer una relación perfecta entre el sospechoso y el delito cometido*".

Y así, la Sala amplia la flagrancia a cualquier situación en la que los elementos probatorios están a su alcance de los órganos de instrucción policial, lo cual amplia de un modo inusitado el alcance de este instituto de derecho procesal penal excepcional, al punto que virtualmente hace que la regla sea –en contra de lo preceptuado en la constitución– el juicio en privación de libertad. De hecho, tal interpretación comporta, además, una violación al derecho a la inviolabilidad de los ciudadanos a que nos hemos referido ya antes en estas notas. De lo que resulta evidente que la interpretación hecha por la Sala es abiertamente inconstitucional.

Lo cierto es que la afirmación que hace la Sala se enfrenta a la literalidad del artículo 248 del Código Orgánico Procesal Penal, que al definir la flagrancia, hace énfasis en el elemento temporal de inmediatez, como elemento característico de la flagrancia –en tanto que excepción a la necesidad de la orden judicial de aprensión previa– en los términos siguientes:

> "*Artículo 248.- Para los efectos de este Capítulo se tendrá como delito flagrante el que se **esté cometiendo o el que acaba de cometerse**. También se tendrá como delito flagrante aquel **por el cual el sospechoso se vea perseguido** por la autoridad policial, por la víctima o por el clamor público, **o en el que se le sorprenda a poco de haberse cometido el hecho, en el mismo lugar o cerca del lugar donde se cometió, con armas, instrumentos u otros objetos que de alguna manera hagan presumir con fundamento que él es el autor**. (...)*"
> (resaltado nuestro)

Sobre el argumento por el cual en los casos de flagrancia no se requiere del antejuicio para autorizar *la detención provisional* no hay nada que decir, toda vez que eso lo establece el propio artículo 200 de la Constitución. Sin embargo, se debe aclarar, y lo hace –hay que decirlo– la propia Sala en estas sentencias un poco más adelante, que la inmunidad de los diputados obliga a que, para dar trámite al juicio, deba obtenerse la autorización del cuerpo al que él pertenece como legislador.

---

[46]   El propio artículo 274 del Código Orgánico Procesal Penal dispone: "*Todas las disposiciones que restrinjan la libertad del imputado, limiten sus facultades y las que definen la flagrancia, serán interpretadas restrictivamente.*"

Un asunto peculiar es que en estas sentencias la Sala afirman que la competencia para juzgar estos asuntos corresponde a los tribunales penales ordinarios. Tal afirmación aparece francamente en contradicción con lo que expresamente señala el artículo 200 de la Constitución, que asigna una competencia especial de juzgamiento de los parlamentarios al Tribunal Supremo de Justicia *"(...) De los presuntos delitos que cometan los y las integrantes de la Asamblea Nacional conocerá en forma privativa el Tribunal Supremo de Justicia, única autoridad que podrá ordenar, previa autorización de la Asamblea Nacional, su detención y continuar su enjuiciamiento"*).

Finalmente, todas estas decisiones cierran con una disposición que, en sí misma, supone una burla a la institución de la inmunidad –que supone justamente que sea el mismo cuerpo al que pertenece el sujeto expedientado el que autorice su juzgamiento– al señalar que, como consecuencia del desacato en el que se encuentra la Asamblea Nacional, la autorización para proceder al juzgamiento debe darla la Asamblea Nacional Constituyente. Así textualmente en todas estas sentencias se dispone, concretamente en la decisión N° 48/2018, lo siguiente:

"(...) de conformidad con lo previsto en el artículo 200 de la Constitución de la República Bolivariana de Venezuela, se debería ordenar la remisión de las actas a la Asamblea Nacional para que ésta ejerza su facultad de levantar la inmunidad parlamentaria; sin embargo, al encontrarse el Parlamento en desacato conforme a las decisiones N° 01 del 11 de Enero de 2016, emitida por la Sala Electoral; y las decisiones Nos. 808 y 810, de fechas 2 y 21 de septiembre de 2016, respectivamente; ratificado dicho desacato en la sentencia 952 de 21 de noviembre de 2016, así como también en las decisiones 1012, 1013, 1014 del 25 de noviembre de 2016 y la N° 1 del 06 de enero de 2017, todas dictadas por la Sala Constitucional de este Máximo Tribunal, es por lo que, en atención a las referidas decisiones, y ante la elección popular de la Asamblea Nacional Constituyente, como máxima expresión del Poder Constituyente Originario, con plenos poderes, la cual fue instalada en fecha 4 de agosto de 2017, se ordena la remisión de copias certificadas de las actuaciones al Presidente de la Asamblea Nacional Constituyente ciudadano DIOSDADO CABELLO RONDÓN, a los efectos contemplados en el artículo 200 de la Constitución de la República Bolivariana de Venezuela y a la Sala Constitucional de este Tribunal Supremo de Justicia, para su conocimiento y demás fines. Así se decide." (Resaltado nuestro).

De nuevo sale a colación el argumento del *desacato* que utiliza –indebida e inconstitucionalmente– la Sala Constitucional para justificar una suerte de inexistencia de la Asamblea Nacional y su sustitución por un órgano irregular –la Asamblea Nacional Constituyente irregularmente constituida sin consultar al pueblo soberano– que, en el mejor de los casos, es simplemente un mecanismo de modificación de la Constitución[47], y no, como lo ha pretendido el *grupo* que domina al Ejecutivo, un reemplazo de la Asamblea Nacional.

Tal pretensión comporta, de suyo –hay que insistir en esto– una violación al alcance de las atribuciones que constitucionalmente le asigna la Constitución a ese mecanismo y una violación de las normas constitucionales que prevén, regulan y facultan para actuar a la Asamblea Nacional, en el marco de la separación de poderes. De hecho, tal pretensión supone una infracción a los principios constitucionales sobre la *forma republicana* (artículo 1 de la Constitución) y al *gobierno democrático* (artículo 2 de la Constitución).

---

[47] *"Artículo 347.- El pueblo de Venezuela es el depositario del poder constituyente originario. En ejercicio de dicho poder, puede convocar una Asamblea Nacional Constituyente con el objeto de (...) redactar una Constitución."*

CONCLUSIONES

A lo largo de veinte (20) años en Venezuela hemos asistido a un proceso de concentración de poder en el Ejecutivo Nacional, al margen de lo que dispone la Constitución. Ese proceso ha adoptado –durante ese período– diversas modalidades, en la medida en que el equilibrio de las fuerzas políticas ha cambiado.

Desde finales del año 2015, luego de que las fuerzas contrarias a las que apoyan al Ejecutivo lograron la mayoría Parlamentaria, la Asamblea Nacional ha sido la *víctima designada*, y los modos de atacarle, desde el Ejecutivo y con la ayuda indispensable del Tribunal Supremo de Justicia, han sido diversos.

Uno de ellos –al que hemos prestado especial atención en estas notas– ha consistido en minar el funcionamiento y la autonomía del Parlamento poniendo en la mira a sus integrantes (los diputados). Para esto, el desmontaje de la inmunidad parlamentaria ha sido crucial.

Hemos visto que los argumentos con los que se ha pretendido dar *apariencia jurídica* a estos ataques, pasan por reducir *jurisprudencialmente* el alcance del artículo 200 de la Constitución valiéndose de interpretaciones insostenibles –desde el punto de vista técnico jurídico– de institutos como el *desacato* o la *flagrancia*.

Esto nos lleva a sostener que a lo largo de los últimos años la Asamblea Nacional y los diputados han sido víctimas de un verdadero –y eficaz– *asedio judicial*. Que en buena medida ha funcionado al desmontar y reducir, primero y por vía de interpretaciones judiciales, la inmunidad parlamentaria,

Ahora bien, si el ataque al Parlamento ha pasado, como hemos visto, por atacar primero a la inmunidad parlamentaria, tal vez este instituto, al que se ve con antipatía en ocasiones, sea, no obstante, una institución útil al correcto funcionamiento del Poder Legislativo, tal y como postula la doctrina.

Esto es un asunto a tener en cuenta de cara al diseño de la Venezuela del futuro que, más tarde o más temprano, deberán emprender los venezolanos.

BIBLIOGRAFÍA

Arteaga Sánchez, Alberto. *Derecho Penal Venezolano*. Ediciones LIBER. Caracas-Venezuela 2009.

Aveledo, Ramón Guillermo. *Curso de Derecho Parlamentario*. Colección La República de Todos. Instituto de Estudios Parlamentarios Fermín Toro, Universidad Católica Andrés Bello (UCAB). Caracas-Venezuela 2018.

Brewer-Carías, Allan. "La consolidación de la dictadura judicial: La Sala Constitucional, en un juicio sin proceso usurpó todos los poderes del Estado, decretó inconstitucionalmente un estado de excepción y eliminó la inmunidad parlamentaria, (Sentencia N° 155 de la Sala Constitucional)," en *Revista de Derecho Público*, N° 149-150, (enero-junio 2017), Editorial Jurídica Venezolana. Caracas-Venezuela 2017, pp. 276-291

Jiménez, Rafael Simón. *La Inmunidad Parlamentaria en la Constitución de la República Bolivariana de Venezuela*. Editorial Vadell Hermanos Editores, C.A. Caracas-Venezuela 2011.

Matheus, Juan Miguel. "Irresponsabilidad e Inmunidad parlamentarias en la Constitución de 1999". *Revista de la Facultad de Derecho* N° 62-63 (2007-2008). UCAB. Caracas-Venezuela 2010, pp. 59-79.

Ribas Alberti, Jhenny, "Prerrogativas Parlamentarias". Trabajo auspiciado por el Instituto de Estudios Constitucionales (IEC) y publicado electrónicamente por ese instituto en el enlace http://www.estudiosconstitucionales.com/NUEVOS/ENSAYOS/PRERROGATIVAS. pdf

Tovar, Orlando. *Derecho Parlamentario*. Publicaciones del Instituto de Derecho Público de la Universidad Central de Venezuela (UCV). Caracas-Venezuela 1973.

Tobía Díaz, Rafael Enrique. "La Inmunidad Parlamentaria en la Jurisprudencia del Tribunal Supremo de Justicia". *Revista Electrónica de Investigación y Asesoría Jurídica* - REDIAJ-14. Instituto de Estudios Constitucionales. Caracas, Diciembre 2017, pp. 1773-1815. http://www.estudiosconstitucionales.com/REDIAJ/1773-1815.pdf

LA EXCEPTIO INADIMPLETI CONTRACTUS Y LOS CONTRATOS DE LA ADMINISTRACIÓN PÚBLICA

–LA NECESARIA CLARIFICACIÓN DE UNA VETUSTA E INCOMPRENDIDA REGLA DEL DERECHO ADMINISTRATIVO VENEZOLANO–[1]

José Antonio Muci Borjas

*Profesor Titular de Derecho Administrativo en la Universidad Católica Andrés Bello
Individuo de Número de la Academias de Ciencias Políticas y Sociales*

Resumen: *El ensayo analiza la tesis, hasta ahora predominante en doctrina y jurisprudencia venezolanas, de acuerdo con la cual la contraparte contractual de la Administración Pública no puede invocar la exceptio inadimpleti contractus, y con base en la legislación y jurisprudencia reciente propone su revisión.*

Palabras Clave: *Contrato administrativo, exceptio non adimpleti contractus.*

Abstract: *The essay analyzes the thesis, hitherto predominant among Venezuelan authors and jurisprudence, according to which the contractual counterpart of the Public Administration cannot invoke the exceptio inadimpleti contractus, and based on recent legislation and jurisprudence proposes its revision.*

Key words: *Administrative contracts, exceptio non adimpleti contractus.*

I. LA EXCEPCIÓN *INADIMPLETI CONTRACTUS* EN EL DERECHO VENEZOLANO

1. *Introducción: el incumplimiento contractual y sus consecuencias*

El ordenamiento jurídico venezolano contempla dos consecuencias jurídicas *diferentes* ante el incumplimiento de las obligaciones asumidas por las partes contratantes en el marco de un contrato bilateral[2].

Efectivamente, de acuerdo con el artículo 1.167 del Código Civil[3], frente al *incumplimiento culposo* de su deudor el acreedor puede optar por:

a.   Exigir la *ejecución* del contrato (puede, más propiamente, exigir el *cumplimiento* de las obligaciones contractuales a cargo de su deudor).

---

[1]   El presente trabajo fue elaborado para su inclusión en el *Libro Homenaje al Profesor Eugenio Hernández-Bretón*, editado por la Academia de Ciencias Políticas y Sociales venezolana.

[2]   Mélich-Orsini, José, *Doctrina General del Contrato*, Editorial Jurídica Venezolana, 5ª Edición Primera Reimpresión, Caracas, 2012, pp. 759-761.

[3]   Código Civil (*Gaceta Oficial de la República* N° 2.990, del 26 de julio de 1982). Copiado a la letra el artículo 1.167 del Código Civil venezolano establece: «En el contrato bilateral, si una de las partes no ejecuta su obligación, la otra puede *a su elección* reclamar judicialmente la ejecución del contrato *o* la resolución del mismo, con los daños y perjuicios en ambos casos si hubiere lugar a ello».

Esta exigencia encuentra su fundamento en los artículos 1.159 y 1.160 del Código Civil, que establecen, respectivamente, (i) que los contratos tienen fuerza de Ley entre las partes[4] y (ii) que los contratos deben ejecutarse de buena fe[5].

b. Alternativamente, puede demandar la *resolución* del contrato (puede, esto es, exigir la terminación o disolución del vínculo contractual).

En uno y otro caso el acreedor puede exigir el pago de los daños y perjuicios derivados del incumplimiento[6].

Mientras la demanda –*lato et improprio sensu*– de cumplimiento persigue *preservar el vínculo* contractual, la acción judicial de resolución busca *disolverlo*, pues esta última es una forma de terminación de los contratos propia o característica de las convenciones bilaterales[7].

2. *El reclamo o demanda de cumplimiento y la exceptio inadimpleti contractus propiamente dicha*

Si el acreedor opta por exigir *el cumplimiento de las obligaciones* contractuales que según él no han sido satisfechas, el deudor puede oponerle a aquel la excepción de incumplimiento (*exceptio inadimpleti contractus*)[8], tanto en sede judicial como extrajudicialmente[9].

La precitada excepción se encuentra disciplinada por el artículo 1.168 del Código Civil, que reza textualmente así:

---

[4]   El artículo 1.159 del Código Civil establece textualmente lo siguiente: «Los contratos tienen fuerza de Ley entre las partes. No pueden revocarse sino por mutuo consentimiento o por las causas autorizadas por la Ley». A propósito de esta norma nuestra justicia ha afirmado (i) que «conforme a lo previsto en el artículo 1.159 del Código Civil el contrato legalmente perfeccionado tiene fuerza de ley entre las partes, lo que *significa que lo estipulado se constituye como de obligatorio cumplimiento para los contratantes*, so pena de incurrir no sólo en la respectiva responsabilidad civil por incumplimiento, sino también en diversas consecuencias que acarrean para las partes las variadas situaciones que pueden presentarse con motivo de dicho incumplimiento (riesgo del contrato, acción resolutoria, excepción *non adimpleti contractus*, daños y perjuicios contractuales, entre otras)»; y (ii) que «es así como se entiende que *los contratantes están obligados a cumplir el contrato del mismo modo que están obligados a cumplir la ley*, lo cual viene a representar *uno de los principios de mayor arraigo en el campo del Derecho*, cuyo origen se remonta a la antigüedad, llegándose a definir el contrato como ley particular que liga a las partes...» (Sala Político-Administrativa del Tribunal Supremo de Justicia, Sentencia N° 1.215, del 2 de septiembre de 2004, asunto *Distribuidora Kirios*.

[5]   El artículo 1.160 del Código Civil dispone: «Los contratos deben ejecutarse de buena fe y obligan no solamente a cumplir lo expresado en ellos, sino a todas las consecuencias que se derivan de los mismos contratos, según la equidad, el uso o la Ley».

[6]   Al referirse a la acción de daños y perjuicios que cabe acumular a la acción de resolución contractual, Mélich-Orsini observa: «El artículo 1.167 C.C. señala expresamente que se trata de un *derecho* del acreedor a elegir esa modificación de la situación jurídica derivada del contrato, consistente en su resolución *en lugar de* su cumplimiento forzoso...», agregando a continuación que si el acreedor opta por demandar la resolución del contrato «...no le está excluido demandar además los daños y perjuicios que tal resolución acarree» (Mélich-Orsini, José, *Doctrina General del Contrato, op. cit.*, pp. 722-723).

[7]   Maduro Luyando, Eloy, *Curso de Obligaciones* (Derecho Civil III), Fondo Editorial Luis Sanojo, Caracas, p. 509.

[8]   Mélich-Orsini, José, *Doctrina General del Contrato, op. cit.*, pp. 759-761.

[9]   Urdaneta Fontiveros, Enrique, *Régimen Jurídico de la Exceptio Non Adimpleti Contractus*, Academia de Ciencias Políticas y Sociales, Caracas, 2013, p. 183.

«En los contratos bilaterales, cada contratante puede negarse a ejecutar su obligación si el otro no ejecuta la suya, a menos que se hayan fijado fechas diferentes para la ejecución de las dos obligaciones».

La excepción se traduce en el derecho que asiste a la parte de un contrato bilateral «...a negarse a cumplir sus obligaciones cuando su contraparte *le exige el cumplimiento* sin a su vez haber cumplido con su propia obligación»[10]. Dicho de otro modo, según nuestra doctrina la excepción *inadimpleti contractus* tiene por objeto suspender los efectos del contrato[11], y «...excluye el deber de cumplir a cargo del *excipiens*...» hasta que su contraparte contractual haya dado cumplimiento a sus obligaciones[12].

En esencia, la *exceptio inadimpleti contractus* es una institución creada para brindar tutela preventiva o anticipada a un deudor –que al propio tiempo es también acreedor– frente a los riesgos asociados al incumplimiento de su recíproco deudor[13].

Comoquiera que la excepción del artículo 1.168 del Código Civil busca «...detener una exigencia de cumplimiento...»[14], resulta menester destacar aquí que la excepción *inadimpleti contractus* propiamente dicha solo puede ser opuesta frente a un reclamo o una demanda *de cumplimiento* –i.e., de ejecución– de un contrato. Según nuestra justicia, para que el demandado pueda oponer la excepción *inadimpleti contractus*

«...resulta *indispensable* que una de las partes pida el cumplimiento de las obligaciones derivadas del contrato»[15].

Una acotación final: El artículo 1.168 del Código Civil es *norma supletoria de la voluntad de las partes*. Por ende, en principio nada obsta para que las partes contratantes incorporen a sus contratos reglas especiales reguladoras del incumplimiento y sus consecuencias[16].

---

[10] Maduro Luyando, Eloy, *op. cit.*, p. 504. En palabras de Urdaneta Fontiveros, la *exceptio inadimpleti contractus* no es más que «...la facultad que tiene una de las partes de un contrato bilateral de negarse a ejecutar su obligación si la otra parte le exige el cumplimiento sin [antes] haber ejecutado la suya, salvo que aquélla esté obligada a cumplir con carácter previo» (Urdaneta Fontiveros, Enrique, *op. cit.*, p. 3).

[11] Maduro Luyando, Eloy, *op. cit.*, p. 507.

[12] Mélich-Orsini, José, *Doctrina General del Contrato, op. cit.*, pp. 759-761.

[13] Giorgianni, Michele, "Inadempimento (diritto privato)", en *Enciclopedia del Diritto*, Volume XX, Dott. A. Giuffrè Editore, Varese, 1970, p. 873.

[14] Sala de Casación Civil de la Corte Suprema de Justicia, Sentencia del 15 de noviembre de 1989, asunto *R. Lei*, en Mélich-Orsini, José, *La Resolución del Contrato por Incumplimiento*, 2ª Edición, Academia de Ciencias Políticas y Sociales, Caracas, 2003, pp. 525-526.

[15] Juzgado Superior Tercero en lo Civil, Mercantil y del Tránsito, Sentencia del 16 de septiembre de 1993, asunto *Inmobiliaria Orbie*, en Mélich-Orsini, José, *La Resolución del Contrato por Incumplimiento, op. cit.*, p. 524.

[16] *Vid.* Maduro Luyando, Eloy, *op. cit.*, p. 381-382, y Brewer-Carías, Allan R., *Contratos Administrativos*, Editorial Jurídica Venezolana, Caracas, 1992, pp. 320-321. En palabras de Brewer-Carías, quedando a salvo las normas especiales –de rango constitucional y legal– reguladoras de los contratos de la Administración, tales contratos, «...*como cualquier otro contrato*, se rigen *básicamente* por *las cláusulas establecidas en el contrato mismo*, y por el *Código Civil*, siendo éste de *aplicación supletoria*, en el sentido de que sus normas rigen aquellas materias *no reguladas expresamente* por las partes en el...» contrato.

3. *La acción de resolución y el incumplimiento del demandante como defensa o excepción de fondo*

Frente a una demanda de *resolución* del contrato por incumplimiento, el deudor demandado puede alegar que el demandante había incumplido sus obligaciones contractuales.

Según nuestra justicia, esa defensa o excepción de fondo *no puede ni debe confundirse* con la excepción *inadimpleti contractus* disciplinada por el artículo 1.168 del Código Civil[17]. Así lo ha asentado la Corte Suprema de Justicia[18] venezolana al afirmar:

a. Primero, que la excepción de incumplimiento contractual prevista por el artículo 1.168 del Código Civil, «...no es oponible, de acuerdo a la doctrina de esta Sala –sentencia del 8 de diciembre de 1960–, al deudor que opta por la resolución del contrato, pues [ese artículo] está dirigido a detener una exigencia de cumplimiento».

b. Segundo, que «...el incumplimiento del actor, si bien *no constituye, en la demanda de resolución, la excepción en cuestión*, debe considerarse un hecho impeditivo de la pretensión...» de resolución que el actor hace valer en juicio.

c. Tercero, que «...corresponde al actor afirmar en el libelo la existencia de los hechos constitutivos de la pretensión y al demandado alegar la existencia de hechos impeditivos, modificativos y extintivos».

d. Cuarto, que «...el incumplimiento del actor de las obligaciones que derivan del contrato cuya resolución se pretende, es un hecho impeditivo de su pretensión...» que debe «...ser alegado por los demandados en el acto de la contestación de la demanda»[19].

La decisión judicial citada con anterioridad puede ser complementada con otra, posterior en fecha, que dejó establecido (i) que «...uno de los requisitos o condiciones de procedencia de la acción resolutoria contractual, admitido pacíficamente por la doctrina es que el actor hubiese cumplido con su obligación, o que ofrezca cumplirla», y (ii) que «...tal requisito puede ser examinado [incluso] de oficio por el Tribunal, por corresponder a la determinación previa de que la acción [de resolución] está bien fundada»[20].

17 En contra, Urdaneta Fontiveros, Enrique, *op. cit.*, pp. 187-189.

18 Sala de Casación Civil de la Corte Suprema de Justicia, Sentencia del 15 de noviembre de 1989, asunto *R. Lei*, en Mélich-Orsini, José, *La Resolución del Contrato por Incumplimiento*, *op. cit.*, pp. 525-526.

19 Como bien enseña Rengel-Romberg, al contestar la demanda el demandado «...ejercita el derecho a la defensa...» dando «...respuesta a la pretensión contenida en la demanda», y al hacerlo puede oponer *excepciones de fondo*, consistentes en «...la alegación de un hecho... que desvirtúa el efecto jurídico del [hecho] alegado por el actor, ora impidiendo el nacimiento del derecho, ora modificando sus consecuencias, o bien extinguiendo la pretensión» (Rengel-Romberg, Arístides, *Tratado de Derecho Procesal Civil Venezolano*, Volumen III, 13ª Edición, Ediciones Paredes, Caracas, 2013, pp. 104 y 114).

20 Juzgado Superior Sexto en lo Civil, Mercantil y del Tránsito del Área Metropolitana de Caracas, Sentencia del 14 de agosto de 1997, asunto *Autocamiones Corsas*, en Mélich-Orsini, José, *La Resolución del Contrato por Incumplimiento*, *op. cit.*, pp. 418-419. Por el contrario, la parte que invoca la *exceptio inadimpleti contractus* «...no hace valer una limitación –apreciable de oficio por el juez– implícita en la pretensión propuesta por quien a su vez ha incumplido, sino un contraderecho autónomo al cual puede incluso renunciar» (*vid.*, Realmonte, Francesco, "Eccezione di

Para comprender las diferencias que median entre la excepción de incumplimiento propiamente dicha, fundada en el artículo 1.168 del Código Civil, y la alegación de incumplimiento culposo formulada por el demandado en el marco de un proceso de resolución contractual, estimamos pertinente invocar una decisión judicial adicional[21]. De acuerdo con esta última decisión judicial la alegación de incumplimiento que cabe formular en un proceso de resolución de contrato encuentra su fundamento en los principios de *reciprocidad*, *equidad* y *diligencia* plasmados por los artículos 1.134, 1.264 y 1.270 del Código Civil. Las normas legales indicadas establecen, respectivamente, que «...el contrato es unilateral, cuando una sola de las partes se obliga; y bilateral, cuando se obligan recíprocamente» (artículo 1.134); que «...las obligaciones deben cumplirse exactamente como han sido contraídas», y que «el deudor es responsable de daños y perjuicios, en caso de contravención» (artículo 1.264); y, que «...la diligencia que debe ponerse en el cumplimiento de la obligación, sea que ésta tenga por objeto la utilidad de una de las partes o la de ambas, será siempre la de un buen padre de familia, salvo el caso de depósito» (artículo 1.270)[22].

En síntesis, de acuerdo con las decisiones judiciales invocadas con anterioridad constituye un *error* confundir la excepción de incumplimiento propiamente dicha (*exceptio inadimpleti contractus*) con la alegación de incumplimiento culposo formulada por el demandado en el marco de un proceso de resolución contractual.

Mientras la primera procura impedir el cumplimiento que se le exige al demandado, la segunda pretende desvirtuar uno de los hechos constitutivos de la resolución exigida por el actor.

II. LA EXCEPCIÓN *INADIMPLETI CONTRACTUS* EN EL MARCO DE LOS CONTRATOS DE LA ADMINISTRACIÓN PÚBLICA SEGÚN LA JURISPRUDENCIA VENEZOLANA

1. *Introducción: los contratos de la Administración*

A. *Noción*

La jurisprudencia y doctrina venezolanas incorporaron a nuestro Derecho la distinción –de origen francés– entre *contratos administrativos*[23] y *contratos privados* de la Administra-

---

inadempimento", en *Enciclopedia del Diritto*, Volume XIV, Dott. A. Giuffrè Editore, Varese, 1965, p. 234).

[21] Sala Político-Administrativa de la Corte Suprema de Justicia, Sentencia del 10 de febrero de 1994, asunto *Clay Ceramic*, en Mélich-Orsini, José, *La Resolución del Contrato por Incumplimiento*, *op. cit.*, pp. 421-423.

[22] En efecto, de acuerdo con el criterio sentado por la Corte Suprema de Justicia, en aquellos supuestos en los que el actor «...en resolución...» ha incumplido sus obligaciones contractuales no «...puede hablarse de incumplimiento...» culposo del deudor, porque la suspensión de la ejecución de las obligaciones a cargo de este último «...se debe a *la inexistencia del presupuesto* que las partes habían estimado como causa» de las obligaciones del deudor (Sala Político-Administrativa de la Corte Suprema de Justicia, Sentencia del 10 de febrero de 1994, asunto *Clay Ceramic*, en Mélich-Orsini, José, *La Resolución del Contrato por Incumplimiento*, *op. cit.*, pp. 421-423).

[23] Sobre el tema de los contratos administrativos puede consultarse, *inter alia*, Araujo Juárez, José, *Derecho Administrativo*, Parte General, Ediciones Paredes, Primera Reimpresión, Caracas, 2008, pp. 585-639; Badell Madrid, Rafael y otros, *Contratos Administrativos*, Cuadernos Jurídicos N° 5, 1999; Brewer-Carías, Allan R., *Las Instituciones Fundamentales del Derecho Administrativo y la Jurisprudencia Venezolana*, Publicaciones de la Facultad de Derecho de la Universidad Central de

ción. De acuerdo con esa distinción, los primeros (contratos administrativos) se encuentran sometidos a un régimen preponderante de Derecho Público por lo que respecta (i) a su celebración, (ii) ejecución o (iii) rescisión, habida consideración de su estrecha vinculación con el interés general (*i.e.*, con un servicio público)[24]; los segundos (contratos privados de la Administración), por el contrario, se hallan disciplinados predominantemente por reglas del Derecho Privado.

En el Derecho venezolano la noción de contrato administrativo ha sido empleada para (i) reconocerle a la Administración contratante *potestades públicas* (cláusulas exorbitantes) que la habilitan para imponer su voluntad en ciertas y determinadas condiciones y, consecuentemente, para hacer prevalecer el interés general sobre el interés individual, y (ii) atribuir competencia al juez llamado a pronunciarse sobre las controversias relacionadas con ese tipo de contratos[25].

Venezuela, Caracas, 1964, p. 162; Brewer-Carías, Allan R., *Contratos Administrativos, Contratos Públicos, Contratos del Estado*, Colección Estudios Jurídicos N° 100, Editorial Jurídica Venezolana, Caracas, 2013, pp. 329-331; Farías Mata, Luis Henrique, "La Teoría del Contrato Administrativo en la Doctrina", en *Libro Homenaje a Antonio Moles Caubet*, Caracas, 1981, pp. 935-977; Iribarren Monteverde, Henrique, "Los Contratos Administrativos y las Condiciones Generales de Contratación en el Pensamiento de Gabriel Ruan Santos", en *Liber Amicorum. Homenaje a la obra del Profesor Gabriel Ruan Santos*, Asociación Venezolana de Derecho Tributario, Caracas, 2018, pp. 752-753; Muci Borjas, José Antonio, "Contratos administrativos y potestades exorbitantes", *Libro Homenaje a Las Instituciones Fundamentales del Derecho Administrativo y la Jurisprudencia Venezolana del Profesor Allan R. Brewer-Carías*, Editorial Jurídica Venezolana, Caracas, 2015, pp. 264-278; Pérez Luciani, Gonzalo, "Los contratos administrativos en Venezuela", *Escritos del Doctor Gonzalo Pérez Luciani*, Fundación Bancaribe para la Ciencia y la Cultura, Caracas, 2013, pp. 611-632; Rodríguez García, Armando, "Ejecución del Contrato Administrativo. Potestades de la Administración y Derechos de los Contratistas", *Régimen Jurídico de los Contratos Administrativos*, Fundación Procuraduría General de la República, 1991, pp. 85-223; y, Subero Mujica, Mauricio, "Críticas a la Doctrina del Contrato Administrativo en Venezuela", en *Revista Electrónica de Derecho Administrativo*, N° 9, Centro de Estudios de Derecho Público de la Universidad Monteávila, Caracas, 2016, pp. 94-99.

En sentido coincidente también puede consultarse, *inter alia*, las decisiones judiciales que se citan a continuación: Corte Federal, Sentencia s/n, del 12 de noviembre de 1954, asunto *Alberto Machado-Conejos Mestizos*; Sala Político-Administrativa de la Corte Suprema de Justicia, Sentencias N° 143, del 14 de junio de 1983, asunto *Acción Comercial*; y, N° 71, del 11 de agosto de 1983, asunto *Cervecería de Oriente*, en Ortiz-Álvarez, L.A. y Mascetti, G., *Jurisprudencia de Contratos Administrativos (1980-1999)*, Editorial Sherwood, Caracas, 1999, pp. 75, 522, 95 y 96. En este mismo orden de ideas, consúltese Sala Político-Administrativa del Tribunal Supremo de Justicia, Sentencias N° 220, del 28 de noviembre de 2000, asunto *Alimentos de Occidente*; N° 1.452, del 11 de julio de 2001, asunto *Alatec Haskoning*; N° 2.743, del 15 de noviembre de 2001, asunto *Monagas Plaza*; N° 1.111, del 17 de septiembre de 2002, asunto *Municipio Francisco de Miranda del Estado Guárico*; N° 1.410, del 3 de diciembre de 2002, asunto *Armando Arturo Padrino Mago*; N° 1.929, del 9 de diciembre de 2003, asunto *Barinas Ingeniería*; N° 1.164, del 22 de julio de 2003, asunto *Franco José López*; N° 500, del 19 de mayo de 2004, asunto *Inversiones y Desarrollo P&R*; N° 1.002, del 5 de agosto de 2004, asunto *DHL, Zoom, Domesa y otros*; N° 2.584, del 4 de mayo de 2005, asunto *Servicios Industriales Especializados*; y, N° 881, del 29 de julio de 2008, asunto *Babcock de Venezuela*.

[24]   Brewer-Carías, Allan R., *Contratos Administrativos*, Editorial Jurídica Venezolana, Caracas, 1992, pp. 44-51.

[25]   Según la Ley Orgánica de la Corte Suprema de Justicia, hoy en día derogada, correspondía a la Sala Político-Administrativa de ese tribunal «conocer de las cuestiones de cualquier naturaleza que se susciten con motivo de la interpretación, cumplimiento, caducidad, nulidad, validez o resolu-

B. *Los contratos administrativos y sus elementos*

Conforme a la jurisprudencia y doctrina venezolanas, los contratos de la Administración se pueden calificar como contratos administrativos cuando se cumplen los criterios que mencionamos a continuación.

a. *La identidad de las partes contratantes*

En los contratos administrativos al menos una de las partes contratantes ha de ser una persona jurídica estatal[26]. Satisfecho este primer requisito, el contrato califica como un contrato administrativo si se cumple uno cualquiera de los dos (2) extremos que mencionaremos más adelante[27].

b. *El objeto del contrato administrativo: una actividad de "interés general"*

Todo contrato administrativo tiene por objeto una actividad o servicio declarado por Ley como de "interés general", de "interés público" o de "interés colectivo"[28]. La actividad de interés general –*i.e.*, de servicio público *lato et improprio sensu*– constituye el denominador común de este tipo de contratos, caracterizados por estar sujetos *en mayor o menor medida* al Derecho Público[29].

Ahora bien, esas actividades de interés general son –por definición– variopintas, *heterogéneas*. Por ello, *no todos* los contratos administrativos se hallan sometidos a *idénticas reglas*.

---

ción de los contratos administrativos en los cuales sea parte la República, los Estados o las Municipalidades (artículo 42, numeral 14), (*Gaceta Oficial de la República* N° 1.893 Extraordinario, de 30 de julio de 1976). Esa norma fue luego reproducida por la Ley Orgánica del Tribunal Supremo de Justicia (*Gaceta Oficial de la República* N° 37942, 20 de mayo de 2004), hoy en día derogada.

Por otra parte, el término contratos administrativos también ha sido empleado en los instrumentos normativos, aún vigentes, que se mencionan a continuación: (i) Reglamento Parcial de la Ley Forestal de Suelos y de Aguas sobre Repoblación Forestal en Explotaciones Forestales (*Gaceta Oficial de la República* N° 34.808, 27 de septiembre de 1991); (ii) Ley de Reforma Parcial del Estatuto Orgánico del Desarrollo de Guayana (*Gaceta Oficial Extraordinaria de la República* N° 5.553, 12 de noviembre de 2001); (iii) Ley Orgánica que reserva al Estado bienes y servicios conexos a las actividades primarias de Hidrocarburos (*Gaceta Oficial de la República* N° 39.173, 7 de mayo de 2009); y, (iv) Ley de Tierras y Desarrollo Agrario (*Gaceta Oficial Extraordinaria de la República* N° 5.991, 29 de julio de 2010).

[26] Brewer-Carías, Allan R., *Contratos Administrativos*, *op. cit.*, p. 61.

[27] Iribarren Monteverde, H., "El equilibrio económico en los contratos administrativos y la teoría de la imprevisión", *op. cit.*, p. 148; y, Araujo Juárez, J., "El Contencioso de los Contratos Administrativos", *XXXVIII Jornadas J.M. Domínguez Escobar, Avances Jurisprudenciales del Contencioso Administrativo en Venezuela*, Barquisimeto, 2013, pp. 243-276.

[28] *Vid.* Sala Político-Administrativa del Tribunal Supremo de Justicia, Sentencia N° 220, del 28 de noviembre de 2000, asunto *Alimentos de Occidente*; y, Sentencia N° 2.743, del 15 de noviembre de 2001, asunto *Monagas Plaza*.

[29] Consúltese Brewer-Carías, Allan R., *Las Instituciones Fundamentales del Derecho Administrativo y la Jurisprudencia Venezolana*, *op. cit.*, p. 183. También Corte Federal, Sentencia del 12 de noviembre de 1954, asunto *Alberto Machado-Conejos Mestizos*; y, Sala Político-Administrativa de la Corte Suprema de Justicia, Sentencia del 14 de junio de 1983, asunto *Acción Comercial*), y Sentencia del 11 de agosto de 1983, asunto *Cervecería de Oriente*, en Ortiz-Álvarez, Luis y Mascetti, Giovanna, *Jurisprudencia de Contratos Administrativos (1980-1999)*, *op. cit.*, pp. 76, 81 y 82.

Dependiendo del objeto de la contratación administrativa, las partes pueden optar por someter su relación a un régimen en el que predomine el Derecho Público o tenga influencia sobresaliente el Derecho común. En este orden de ideas, resulta pertinente distinguir (i) los *servicios administrativos tradicionales*, que incluyen la *prestación directa*, por solo citar dos, de los servicios públicos de agua potable o de electricidad, de (ii) los *servicios públicos industriales y comerciales*[30]. Y hecha esa distinción, luce pertinente observar cuanto sigue:

i.   Mientras los servicios administrativos tradicionales demandan *continuidad* en su prestación[31], continuidad esta que se asegura sometiéndolos a un régimen de Derecho Público derogatorio del Derecho común, los *servicios públicos industriales y comerciales* pueden estar sometidos al derecho común y ser prestados por personas creadas conforme al Derecho Privado.

ii. El carácter industrial o comercial de un servicio «...*comporta grados*...» y que, por ello, la necesidad de someter el servicio a normas de Derecho Público puede *variar en intensidad*[32]. Ciertamente, una cosa es encomendarle a una empresa la generación, transmisión y distribución de la energía eléctrica; otra distinta es la contratación de servicios de asistencia técnica a la empresa que genera, transmite y distribuye dicha energía.

iii. La necesidad de someter la ejecución del contrato a reglas propias del Derecho Público es *más intensa* –no hay duda en propósito– cuando el contrato disciplina la prestación *directa e inmediata* del servicio administrativo tradicional. Por tanto, aun cuando un contrato pueda calificar como contrato administrativo, la ejecución del contrato que tenga por objeto la prestación de servicios *relacionados con* un servicio industrial o comercial puede estar sometida, por el contrario, a reglas en las que tenga influencia sobresaliente el Derecho Privado.

c.   *La existencia de potestades exorbitantes del Derecho común*

Cuando la Administración Pública obra como *autoridad* y, por ende, ejerce potestades públicas, sus decisiones unilaterales pueden ejecutarse, incluso contra la voluntad de los destinatarios de tales decisiones, sin necesidad de intervención previa del Poder Judicial, dado que el interés general encomendado a la Administración Pública debe –en principio– prevalecer cuando dicho interés entra en conflicto con el interés individual. Pues bien, en el marco de una relación disciplinada por un contrato administrativo la Administración puede llegar a ejercer potestades públicas para imponerle su voluntad a sus contrapartes contractuales.

Según la doctrina y jurisprudencia venezolanas, las siguientes son "cláusulas" características –implícitas o presupuestas– que se encuentran presentes en todo contrato administrativo: (i) la potestad que se reconoce a la Administración Pública de interpretar unilateralmente el sentido y alcance de las disposiciones contractuales, (ii) el *ius variandi –rectius*, la potestad– que se reconoce a la Administración Pública de modificar unilateralmente el contrato,

---

[30]   Rivero, Jean, *Derecho Administrativo*, Traducción de la 9ª Edición, Universidad Central de Venezuela, Caracas, 1984, pp. 477-491; y, Lares Martínez, Eloy, *Manual de Derecho Administrativo*, 5ª edición, Facultad de Ciencias Jurídicas y Políticas de la Universidad Central de Venezuela, Caracas, 1983, p. 237.

[31]   *Vid.*, *mutatis mutandis*, Consejo de Estado francés, 7 de agosto de 1909, asunto *Winkell*, en *Les grandes arrêts de la jurisprudence administrative*, Long, M., Weil, P., Braibant, G., Devolvé, P. y Genevois, B., 10e édition, Éditions Dalloz, Paris, 1993, pp. 117-121.

[32]   Rivero, Jean, *op. cit.*, p. 479.

(iii) la potestad que se reconoce a la Administración Pública de revocar el contrato unilateralmente por consideraciones de "orden público" y (iv) la potestad de rescindir el contrato unilateralmente sin intervención judicial como sanción a la contraparte de la Administración Pública, en ejercicio de un poder disciplinario ejercido por la Administración.

2. *El ejercicio del derecho a rehusarse a cumplir las obligaciones contractuales (exceptio inadimpleti contractus) en el marco de la contratación administrativa*

A. *El asunto Astilleros La Guaira*[33]

a. *Los antecedentes*

La sentencia, pronunciada por la Corte Federal y de Casación el 5 de diciembre de 1944, puso fin a una controversia judicial cuyos antecedentes cabría resumir en los términos siguientes:

i. La controversia giró en torno a un contrato, suscrito el 4 de marzo de 1939, que tenía por objeto la reconstrucción y mejoras del Puerto de La Guaira (en lo adelante, por mor de brevedad, el "Contrato").

ii. En el Contrato figuraban como partes contratantes la República de Venezuela y una sociedad anónima extranjera, constituida según las leyes del Reino de Holanda.

iii. El Código Civil (1922) vigente para el momento de la celebración del Contrato no contaba con norma equivalente a la del artículo 1.168 del Código Civil venezolano actualmente en vigor (*ut supra*, Capítulo I, numeral 2). Esta última norma legal, tomada por nuestro legislador del Proyecto Franco-Italiano de las Obligaciones, fue incorporada a nuestra legislación positiva en el año 1942[34].

iv. El Contrato fue rescindido unilateralmente por la Administración contratante con base en lo dispuesto por el literal a. la Cláusula 53 de las Especificaciones que disciplinaban la relación que mediaba entre la República y su contratista. La prenombrada previsión contractual establecía textualmente lo siguiente:

«El Ministerio, sin perjuicio ni detrimento de las estipulaciones contenidas en la cláusula 54 que sigue, y sin perjuicio de su acción contra el Contratista, si hubiese lugar a ella, por demora, obra de mano defectuosa o por cualquiera otra causa, y sin perjuicio de las reclamaciones que llegado el caso pudiera hacer por daños resultantes de incumplimiento del Contrato, y estando o no vencido el plazo para la terminación de toda la obra, podrá, por notificación escrita, rescindir totalmente el Contrato por cualesquiera de las siguientes causas:

a) Si, a juicio del Ministerio, el Contratista se rehusare o demorare rectificar, reformar, reconstruir o reponer cualquier trabajo o material defectuoso, cuando él se lo indique; o ejecutare impropiamente todo o parte de la obra; o llevare adelante o demorare el trabajo de tal modo que, a juicio del Ministerio, el Contratista no estuviere en capacidad de garantizar la terminación de cualquier sección para la fecha

---

[33] Sentencia de la Corte Federal y de Casación, del 5 de diciembre de 1944, asunto *Astilleros La Guaira*, folio 257 (consultada en original), (en lo adelante, por causa de brevedad, *Astilleros La Guaira*). Sobre el particular puede consultarse Pérez Luciani, Gonzalo, "Los contratos administrativos en Venezuela", *op. cit.,* pp. 619-620.

[34] Maduro Luyando, Eloy, *op. cit.,* p. 503; y, Mélich-Orsini, José, *Doctrina General del Contrato, op. cit.,* pp. 769-770.

indicada para la misma; o rehusare o descuidare proporcionar el número adicional de trabajadores o de señalados materiales, maquinarias u otras cosas adicionales, que a juicio del Ministerio y para garantizar la oportuna conclusión de las obras, puedan ser necesarias, bien por un período limitado de tiempo o hasta la terminación de la obra»[35].

b. El thema decidendum

Tras rescindir el Contrato por causa del incumplimiento de las obligaciones contractuales asumidas por su contratista, la República propuso demanda judicial contra la empresa contratista con el objeto de que se la condenase a (i) el pago de daños y perjuicios y (ii) la demolición de las obras ejecutadas en contravención a lo pactado.

Frente a la demanda de condena propuesta en su contra, la contratista demandada alegó que la República no podía rescindir el Contrato con base en la Cláusula 53 de las Especificaciones. Su defensa se fundamentó en las razones que de seguida se indican:

i. Para la contratista el Contrato se hallaba regido por el Código de Comercio, habida consideración (i) que la contratista era una sociedad mercantil, y (ii) que, en defecto de disposiciones expresas del Código de Comercio reguladoras del contrato de obras, a ese tipo contractual debían aplicarse las normas del Código Civil.

En síntesis, la demandada alegó que la resolución del Contrato se encontraba disciplinada por los artículos 1.231 y 1.699 del Código Civil vigente *ratione temporis*[36], y no por la Cláusula 53 de las Especificaciones.

ii. Según la contratista, la República no había honrado sus obligaciones contractuales. El alegato respondía a los *cambios* que la República le había introducido unilateralmente al Contrato y sus planos. En concreto, a la sustitución del terreno ofrecido para Patio de Trabajo por otro de inferiores condiciones, y a las modificaciones al Contrato y a los planos de la obra con relación a ciertos particulares de la Dársena de Pesquería. Respondía, además, a omisiones imputables a la República, particularmente a no haber hecho el relleno necesario para el empalme ferroviario con la línea del Ferrocarril que unía las poblaciones de La Guaira y Caracas[37].

A raíz de los incumplimientos mencionados anteriormente la República no podía rescindir unilateralmente el Contrato. El fallo judicial resume esta defensa de la de-

---

[35] *Astilleros La Guaira*, folio 269.

[36] Las normas legales invocadas establecían (i) que «la condición resolutoria va siempre implícita en los contratos bilaterales para el caso de que uno de los contratantes no cumpliere su obligación. En este caso el contrato no se resuelve de pleno derecho. La parte respecto de la cual no se ha ejecutado la obligación, tiene la elección, o de obligar a la otra a la ejecución del contrato, si es posible, o de pedir su resolución, además del pago de los daños y perjuicios en ambos casos. La resolución del contrato debe pedirse judicialmente» (artículo 1.231); y (ii) que «el dueño puede desistir por su sola voluntad de la construcción de la obra, aunque se haya empezado, indemnizando al contratista de todos sus gastos, de su trabajo y de la utilidad que hubiese podido obtener de ella» (artículo 1.699).

[37] *Astilleros La Guaira*, folios 359-360. El dato, generalmente pasado por alto por quienes comentan la decisión, es de la mayor importancia, porque revela que en esa controversia la Corte no analizó ni se pronunció sobre el incumplimiento de las obligaciones principales a cargo de la Administración contratante, consistentes, en la mayoría de los contratos administrativos, en el pago de sumas de dinero.

mandada en los siguientes términos: «...quien falta a sus obligaciones, o impide ú obstaculiza que el otro las ejecute, no puede ni pedir a la contraparte que cumpla la suya, ni rescindir o resolver el vínculo jurídico que los une»[38].

c. *La decisión*

Planteada la controversia en esos términos, la Corte entendió que a ella correspondía determinar, por una parte, si la controversia debía decidirse con base en las reglas de Derecho Privado invocadas por la contratista; y por la otra, si los actos imputados a la República, particularmente los cambios introducidos al Contrato y sus planos, podían «...considerarse como un incumplimiento que autorizase la invocación de la *exceptio non adimpleti contractus*, o si, al contrario, se trataba, en cuanto a esos hechos imputados, del ejercicio de un derecho por parte del Ministerio»[39].

Para dar respuesta a esas interrogantes la Corte distinguió (i) los contratos administrativos de (ii) los contratos de Derecho Privado de la Administración. Según la Corte, la distinción entre los contratos (administrativos) «...que interesan a los servicios públicos...» y los contratos de Derecho Privado de la Administración descansa sobre «...un concepto nuevo de justicia, irreconciliables [*sic*.] con los preceptos civiles y mercantiles que rigen los contratos entre simples particulares»[40]. Y sobre la base de esa distinción entre contratos administrativos y contratos de Derecho Privado de la Administración el fallo judicial formuló las precisiones siguientes:

i.   Primero, que en los contratos administrativos el Derecho Privado «...sigue siendo el derecho [*sic*.] común en todo aquello que en dichos contratos no ofrezca una naturaleza especial...»[41].

ii. Segundo, que ha de considerarse «...como *regla esencial en la ejecución* de los contratos administrativos, que el interés general del *funcionamiento regular del servicio público* en relación con el contrato no debe ser comprometido por el interés privado del otro contratante». Para la Corte «...lo que se dice en este punto con respecto al concesionario de un servicio público, se aplica también a los contratistas de Obras Públicas, en las cuales está interesado un servicio público...»[42] (en el caso *sub-iudice*, «...la construcción de obras portuarias...»).

Dicho de otra forma, la Corte Federal y de Casación entendió (*ratio iuris*) que (i) cuando el contrato suscrito por la Administración versa sobre una actividad de interés general y, por ello, (ii) se considera necesario garantizar la *continuidad* de la actividad de interés general (la continuidad, *i.e.*, en la prestación del servicio público), (iii) la *continuidad* de dicha actividad exige o demanda la *preservación del vínculo contractual* y –en principio– la ejecución o cumplimiento cabal de las obligaciones a cargo del particular que contrató con la Administración.

---

[38]   *Astilleros La Guaira*, folio 358.

[39]   *Astilleros La Guaira*, folio 342.

[40]   *Astilleros La Guaira*, folio 346.

[41]   *Ibíd.*

[42]   *Astilleros La Guaira*, folio 348.

iii. Tercero, que por causa del servicio, «...la regla de la intangibilidad de los contratos bilaterales, salvo por nuevo acuerdo de las partes, no rige de manera rigurosa en los contratos de la Administración»[43].

En palabras de la Corte, el «...rigor de la intangibilidad sería perjudicial a los intereses colectivos, pues fácilmente se comprende los perjuicios[1] que habría, si la Administración necesitase de acuerdos previos con el Contratista para introducir modificaciones en contratos que por su naturaleza y finalidad deben estar en todo momento sometidos a rectificaciones y mejoras que el mismo interés público aconseja, así sea en los planos como en los trabajos o en los medios de ejecución»[44]. Siempre según la Corte Federal y de Casación, (i) la introducción de cambios al contrato constituye el «...ejercicio de un derecho...» (*ius variandi*) y, por ende, no puede ser calificado como incumplimiento –culposo se entiende– de la Administración Pública, que autorice la oposición de la excepción *inadimpleti contractus*[45]; y, (ii) cuando los cambios «...sean de tal magnitud que desnaturalicen o cambien sustancialmente la obra o el servicio contratados...», el ejercicio de ese derecho autoriza al contratista para «...solicitar prórrogas y compensaciones...», así como la resciliación o terminación del contrato[46]. En su decisión la Corte agregó que esos conceptos, fundados en la doctrina y jurisprudencia comparada de la época, se veían reforzados por su expresa inclusión en el Contrato[47].

---

[43]   El artículo 1.198 del Código Civil de 1922, vigente *ratione temporis*, disponía que «los contratos formados legalmente tienen fuerza de ley entre las partes. No pueden revocarse sino por mutuo consentimiento o por las causas autorizadas por la ley». Complementariamente, el artículo 1.199 *eiusdem* establecía que «los contratos deben ejecutarse de buena fe y obligan no solamente a cumplir lo expresado en ellos, sino a todas las consecuencias que se derivan de los mismos contratos, según la equidad, el uso o la ley».

[44]   *Astilleros La Guaira*, folio 349. Según el Fallo (folios 347-348), el Decreto de 14 de abril de 1909, reglamentario de la Obras Públicas, establecía reglas especiales, propias de los contratos administrativos. De ese Decreto el Fallo cita –*inter alia*– el artículo 69, que establecía: «En los contratos que se celebren para la construcción de obras nacionales o de interés nacional que deben estar ajustadas en su letra y forma a lo prevenido por la leyes de la materia y tener en su cuerpo todas las cláusulas establecidas para los documentos de esa naturaleza, se establecerá como cláusula indispensable una condición resolutoria expresa, a fin de que el contrato quede resuelto de pleno derecho, si vencido alguno o algunos de los plazos estipulados, el contratista no hubiere dado cumplimiento a los compromisos por aquél contraídos. Además, se estipulará una pena pecuniaria por la falta de cumplimiento. § Único. No se estipularán prórrogas para el plazo fijo de dar comienzo a los trabajos de una obra contratada. Las prórrogas que en ese caso se concedan, serán a juicio, exclusivamente, del Gobierno Nacional, y por causas de fuerza mayor debidamente justificadas» (*vid. Leyes y Decretos de Venezuela 1909*, volumen 32, Biblioteca de la Academia de Ciencias Políticas y Sociales, Caracas, 1993, p. 77).

[45]   *Astilleros La Guaira*, folio 361.

[46]   *Ibíd*.

[47]   La Corte cita, *inter alia*, la Cláusula Diecisiete del Contrato, que copiada a la letra establecía, cito: «Los documentos del contrato demuestran y describen la naturaleza general de los trabajos que han de ejecutarse, pero el Ministerio se reserva el derecho, en cualquier momento, de aumentar, disminuir o modificar los trabajos en cuanto a su extensión, diseño o construcción; pero el Contratista no deberá aumentar, disminuir o modificar los trabajos sin haber recibido para ello las instrucciones escritas del Ingeniero Residente y la autorización respectiva del Ministerio. Cualquier aumento, deducción o modificación autorizada en la forma preindicada, en ningún caso será motivo de invalidación del contrato y no dará ningún derecho al Contratista para exigir compensación alguna por daños, perjuicios, pérdida de beneficios u otros, a menos de que tal aumento, deducción o modificación llegue a ser desproporcionada en extensión y naturaleza y materialmente influya en la obra proyectada en el contrato» (*Astilleros La Guaira*, folio 361).

iv. Cuarto, que en «…la más reciente doctrina algunos autores sostienen que en los contratos administrativos que interesan a algún servicio público, el particular contratista no puede oponer a la autoridad pública con quien ha contratado la regla *inadimpleti non est adimplendum,* partiendo no sólo del carácter de subordinación de la actividad del Contratista, al supremo interés público del servicio, que autoriza, como se ha visto, no considerar intangible el contrato cuando dicho interés lo exige, sino también partiendo de un nuevo concepto de la causa en los contratos bilaterales cuando se trata de contratos administrativos…»[48].

Con base en las razones expuestas anteriormente, la Corte concluyó que «carecen, en consecuencia, de toda eficacia, contra la procedencia de la acción deducida las imputaciones de incumplimiento de contrato alegadas por la Compañía [demandada] contra la parte actora»[49].

B. *Las sentencias subsecuentes*

El criterio sentado *Astilleros La Guaira* ha sido ratificado por nuestros tribunales contencioso-administrativos en reiteradas oportunidades. Veamos.

a. En el asunto *Instituto Psiquiátrico Rural Virgen del Rosario, C.A. et al.*[50] la Corte Suprema de Justicia sostuvo que como prestatario de un servicio público, la contraparte contractual de la Administración Pública se hallaba en el «…deber jurídico…» de continuar prestando dicho servicio aunque la Administración hubiera dejado de honrar sus obligaciones, porque la *exceptio inadimpleti contractus* «…no es aplicable a los contratos de servicio público», porque, según la Corte, «…en este tipo de relación jurídica, el interés general que motiva la contratación está muy por encima del interés particular…» del contratista[51].

b. Más recientemente, en el asunto *Pedarca*[52] la Sala Político-Administrativa del Tribunal Supremo de Justicia aseveró textualmente lo siguiente:

«…la defensa esgrimida por la demandada Pedarca se encuadra dentro de las previsiones de la excepción de contrato no cumplido o *exceptio non adimpleti contractus.* En efecto, nótese que la demandada ha argumentado que su incumplimiento obedece, precisamente, a los supuestos incumplimientos del Ministerio de Obras, Públicas. Sobre este particular, es bueno advertir que cuando la Administración reclama del co-contratante el cumplimiento de alguna previsión contenida en un contrato administrativo, éste queda imposibilitado para oponer la excepción antes dicha, *bastando citar para ello la decisión de la Corte Federal y de Casación del 5 de diciembre de*

---

[48] *Astilleros La Guaira,* folios 358-359.

[49] *Astilleros La Guaira,* folio 362.

[50] Sala Político-Administrativa de la Corte Suprema de Justicia, Sentencia N° 594, del 14 de agosto de 1998, asunto *Instituto Psiquiátrico Rural Virgen del Rosario, C.A. et al.*

[51] En sentido coincidente, Iribarren Monteverde afirma que «…parte esencial…» del régimen jurídico propio de los contratos administrativos «…consiste en que en la ejecución de este tipo especial de contratos, el contratante de la Administración Pública no puede oponer a ésta la "*exceptio non adimpleti*", en razón del servicio público involucrado» (Iribarren Monteverde, Henrique, "Los Contratos Administrativos y las Condiciones Generales de Contratación en el Pensamiento de Gabriel Ruan Santos", *op. cit.,* pp. 752-753).

[52] Sala Político-Administrativa del Tribunal Supremo de Justicia, Sentencia N° 789, del 11 de abril de 2000 (en lo adelante, por mor de brevedad, *Pedarca*).

1945 (caso Astilleros La Guaira) y las subsecuentes decisiones emanadas de esta Sala que ratificaron este criterio. Por ello, mal podía la demandada oponer a la demandante su incumplimiento, ya que ello, en materias como la sometida a consideración de la Sala, resultaría improcedente. Así se decide».

La cita que antecede permite constatar que la afirmación contenida en el fallo *Pedarca* descansa única y exclusivamente sobre la decisión previamente adoptada por la Corte Federal y de Casación en el asunto *Astilleros La Guaira*. Solo eso. Nada más.

Resta por subrayar que la "argumentación" sobre la cual descansa *Pedarca* ha sido reproducida en los fallos, posteriores en fecha, que resolvieron los asuntos *Promotora Jardín Calabozo C.A.*[53] y *Constructora Oryana, C.A.*[54]

    c.   Finalmente, en el asunto *Transporte Bonanza, C.A.*[55] la decisión es aún más escueta. De acuerdo a esta decisión, la *exceptio inadimpleti contractus* no puede ser opuesta a la Administración cuando esta última ha propuesto «...demanda por presunto incumplimiento de un contrato administrativo»[56].

    C.   *Recapitulación*

Con fundamento en *Astilleros La Guaira*, la doctrina y la jurisprudencia venezolanas han entendido tradicionalmente que la *exceptio inadimpleti contractus* propiamente dicha no puede ser opuesta a la Administración cuando media –o ha mediado– un contrato administrativo[57]. Sin reparar en el tiempo transcurrido desde 1944 ni en los cambios experimentados por el Derecho venezolano a lo largo de la segunda mitad del siglo XX, nuestra justicia ha ratificado una y otra vez el *dictum* de *Astilleros La Guaira* y nuestros autores han hecho eco de esa postura jurisprudencial.

Empero, somos del criterio que hoy por hoy resulta *inexacto* afirmar que la contraparte contractual de la Administración tiene prohibido invocar la precitada excepción sin más ni más, cuando media –o medió– un contrato administrativo[58]. Veamos.

---

[53]   Sala Político-Administrativa del Tribunal Supremo de Justicia, Sentencia N° 534, del 11 de abril de 2007, asunto *Promotora Jardín Calabozo C.A.*

[54]   Sala Político-Administrativa del Tribunal Supremo de Justicia, Sentencia N° 845, del 17 de julio de 2008, asunto *Constructora Oryana, C.A.*

[55]   Sala Político-Administrativa del Tribunal Supremo de Justicia, Sentencia N° 848, del 14 de julio de 2004, asunto *Transporte Bonanza, C.A.*

[56]   Aunque el Tribunal Supremo de Justicia invoca doctrina nacional, la cita de marras aporta poco, que el auto citado se limita a aseverar, cito, que «los contratos administrativos llevan intrínsecos diferentes principios y garantías que son de aplicación obligatoria por parte de los co-contratantes que los han celebrado. Tales principios y garantías están vinculados íntimamente bajo dos premisas, las cuales son: 1) el mantenimiento del equilibrio económico financiero del contrato; y 2) la inaplicabilidad de la excepción *non adimpleti contractus*, que caracteriza a los contratos civiles y mercantiles... (Ver Romero Mendoza, Alfredo, "El Hecho del Príncipe en los Contratos Administrativos y su Regulación en el Decreto que contienen las Condiciones Generales de Contratación para la Ejecución de Obras", en *Revista de Derecho* N° 4, Tribunal Supremo de Justicia, Caracas, 2002, pp. 467-471)».

[57]   Brewer-Carías, Allan R., *Contratos Administrativos, Contratos Públicos, Contratos del Estado*, *op. cit.*, p. 214.

[58]   Consúltese Urdaneta Fontiveros, Enrique, *op. cit.*, pp. 77-78.

III. LA EXCEPCIÓN *INADIMPLETI CONTRACTUS* EN EL MARCO DE LOS CON-
      TRATOS DE LA ADMINISTRACIÓN A LA LUZ DE LA LEGISLACIÓN VENE-
      ZOLANA Y SU CONSECUENCIA: LA NECESARIA REVISIÓN DEL CRITERIO
      FIJADO POR LA JUSTICIA VENEZOLANA

1. *Introducción*

Como expondremos de seguida, hoy por hoy existen diversas razones que exigen revisar
y clarificar el criterio sentado en *Astilleros La Guaira*. Las distintas razones a las cuales
aludimos cabría enunciarlas así:

a. En *Astilleros La Guaira* la Corte Federal y de Casación puso fin a una controversia
    basada en un contrato administrativo en el que la República figuraba como parte
    contratante. A la luz de este primer dato, resulta pertinente preguntarse si el criterio
    sentado en esa decisión y en las que la ratifican su *dictum* puede ser extrapolado au-
    tomáticamente –esto es, sin que medie reflexión previa– a las controversias deriva-
    das de contratos administrativos suscritos por entes, distintos a la República, sujetos
    o gobernados por reglas diferentes.

b. A esa primera razón se suma otra, fundada en las Condiciones Generales de Contra-
    tación para la Ejecución de Obras (en lo adelante, por mor de brevedad, las "Condi-
    ciones Generales"), hoy en día derogadas[59]. Ciertamente, las reglas de las Condicio-
    nes Generales de Contratación que autorizaban a la contraparte de la Administra-
    ción Pública para detener la ejecución de sus obligaciones contractuales si esta últi-
    ma incumplía las suyas, acreditan que la obligación de continuar prestando el servi-
    cio (i) no tenía entonces –tampoco lo tiene hoy por hoy– carácter absoluto, y que di-
    cha obligación (ii) no descansa –no lo hace– sobre razones de orden público.

c. Estrechamente vinculada con la razón enunciada precedentemente se encuentra otra:
    el principio general de capacidad que informa la negociación contractual y la inexis-
    tencia de norma legal que limite la libertad contractual de la Administración para
    incluir en sus convenciones, como suele hacer la Administración Pública en sus
    contratos, previsiones reguladoras del incumplimiento de las partes.

d. La compatibilidad del criterio jurisprudencial sentado por *Astilleros La Guaira*, li-
    mitativo –como es– (i) del derecho a la defensa y del principio de igualdad de armas
    que deriva de un derecho fundamental (derecho la defensa) calificado como invio-
    lable por la propia Constitución, y (ii) del derecho del acreedor a una tutela jurídica
    efectiva, con los derechos y el principio mencionados con anterioridad.

e. La clave interpretativa en materia de incumplimiento contractual sentada por el lau-
    do arbitral internacional *Venezuela-Aucoven*[60].

---

[59] Decreto Ejecutivo N° 1.417, del 31 de julio de 1996 (*Gaceta Oficial de la República*, N° 5.096
      Extraordinario, del 16 de septiembre de 1996). El antedicho Decreto fue derogado por el Regla-
      mento de la Ley de Contrataciones Públicas (*Gaceta Oficial de la República* N° 39.181, del 19 de
      mayo de 2009).

[60] Laudo, remitido a las partes el 23 de septiembre de 2003, asunto *Autopista Concesionada de
      Venezuela, C.A. (Aucoven) v. Venezuela*, Ciadi Caso N° ARB/00/5. En propósito consúltese Muci
      Borjas, José Antonio, "Control Judicial y Arbitraje Internacional conforme al Derecho Administra-
      tivo Global" (Algunas reflexiones en torno al Laudo *Aucoven v. Venezuela*, al Derecho aplicable a
      los "Contratos Administrativos" en los que la contraparte de la Administración Pública es un in-
      versionista extranjero, y la influencia de esa decisión jurisdiccional sobre el Derecho Administra-

f. Más recientemente, la tesis, defendida por un sector de la doctrina nacional, de acuerdo con la cual en Venezuela ya no cabe hablar de contratos administrativos.

En las secciones que siguen pasaremos revista, una por una, a las distintas razones que a nuestro entender demandan la revisión y clarificación de la regla establecida por *Astilleros La Guaira*.

B. La identidad de la Administración contratante

Hemos tenido oportunidad de destacar anteriormente que en el contrato que dio pie a la decisión recaída en *Astilleros La Guaira* figuraba la República como parte contratante. Ese dato resulta pertinente porque la actuación de los órganos administrativos de la República, he aquí la regla general, se encuentra sometida al Derecho Público.

El Derecho aplicable a los órganos administrativos de la República, ente de Derecho Público con sustrato político-territorial, difiere del Derecho que regula las actuaciones, *e.g.*, de las Empresas del Estado, porque estas, he aquí la *regla general*, se encuentran disciplinadas por la *legislación ordinaria*. Efectivamente, por mandato del artículo 108 de la Ley Orgánica de la Administración Pública

«las empresas del Estado se regirán *por la legislación ordinaria*, por lo establecido en el presente Decreto con Rango, Valor y Fuerza de Ley Orgánica y las demás normas aplicables; y sus trabajadores y trabajadoras se regirán por la legislación laboral ordinaria»[61].

Con base en la norma legal invocada con anterioridad cabe afirmar que la especie o naturaleza de la persona jurídica estatal contratante incide sobre las normas de Derecho –Público o Privado– y los principios aplicables a una contratación en particular. Es más, habida consideración de la identidad de la demandante en *Astilleros La Guaira* cabe afirmar que lo decidido por la Corte Federal y de Casación no puede –ni debe– extrapolarse automáticamente a todas las Administraciones, porque no todas se encuentran sometidas al mismo régimen jurídico. Verbigracia, mientras las Empresas del Estado se hallan regidas por la legislación ordinaria y demás normas que les resulten aplicables, en principio la República –y otro tanto cabe decir de los Institutos Autónomos– se hallan gobernados por normas de Derecho Público[62].

---

tivo nacional), Conferencia pronunciada en la Academia de Ciencias Políticas y Sociales el 25 de mayo de 2010 en el marco de la conmemoración del Trigésimo Aniversario de la Revista de Derecho Público, en *Revista de Derecho Público*, N° 122, abril-junio 2010, Editorial Jurídica Venezolana, Caracas, pp. 71-85.

[61] *Gaceta Oficial de la República* N° 6.147 Extraordinario, del 17 de noviembre de 2014) En esencia, la norma reproduce lo dispuesto por los 106 de la Ley Orgánica de Administración Pública de 2001 (*Gaceta Oficial de la República* N° 37.305, del 17 de octubre de 2001) y 107 de la Ley Orgánica de Administración Pública de 2008 (*Gaceta Oficial de la República* N° 5.890 Extraordinario, del 31 de julio de 2008). De acuerdo con estas dos últimas normas, vigentes sucesivamente en el tiempo, las Empresas del Estado se hallan gobernadas por el Derecho ordinario, *salvo que* exista norma especial de Derecho Público derogatoria del primero.

[62] Los artículo 98 (Institutos públicos o autónomos) y 101 (Sujeción de los institutos públicos o autónomos) de la Ley Orgánica de la Administración Pública establecen, respectivamente, que «los institutos públicos o autónomos son personas jurídicas de derecho público de naturaleza fundacional, creadas por ley nacional, estadal, u ordenanza municipal, dotadas de patrimonio propio, con las competencias determinadas en éstas», y que su actividad «… queda sujeta a los principios y bases establecidos en la normativa que regule la actividad administrativa…».

C.   *Las Condiciones Generales de Contratación*

a.   *La exceptio inadimpleti contractus y las Condiciones Generales de Contratación*

Según las Condiciones Generales de Contratación, al contratista de una obra pública le asistía el derecho a "paralizar la obra" o "paralizar la ejecución de la obra", si la Administración contratante no honraba alguna de las *obligaciones principales*[63] previstas por el contrato (si no pagaba a tiempo, *i.e.*, el anticipo contractualmente previsto o las valuaciones de obra ejecutada). Veamos.

El artículo 53 de las Condiciones Generales de Contratación, regulador del *pago del anticipo a cuenta de los derechos de crédito del contratista* que a lo largo de la vida del contrato debían documentarse mediante valuaciones de obra ejecutada, establecía textualmente lo siguiente:

«El ente Contratante en los casos en los cuales se hubiese establecido en el contrato, entregará al Contratista en calidad de anticipo, el porcentaje del monto del contrato que se hubiese establecido en el documento principal. Para proceder a la entrega del anticipo, el Contratista deberá presentar una fianza de anticipo por el monto establecido en el documento principal, emitida por una compañía de seguros o institución bancaria de reconocida solvencia, a satisfacción del Ente Contratante y según texto elaborado por éste, dentro del lapso de inicio de la obra. En caso de que el Contratista no presentare la fianza de anticipo, deberá iniciar la ejecución de la obra y estará obligado a su construcción de acuerdo al programa de ejecución del contrato y a las especificaciones del mismo. Presentada la Fianza de Anticipo y aceptada ésta, por el Ente Contratante, se entregará al Contratista el monto del anticipo correspondiente, en un plazo no mayor de treinta (30) días calendario, contados a partir de la presentación de la valuación de anticipo, la cual debe ser entregada después del acta de inicio. De no producirse el pago, se otorgará una prórroga en la fecha de terminación de la obra, por igual término al de la demora del pago del anticipo por parte del Ente Contratante. El Contratista tendrá *derecho a paralizar la obra*, en caso de que el Ente Contratante tenga un atraso mayor de treinta (30) días calendario en límite establecido en el párrafo anterior, *hasta tanto se realice el pago del anticipo*. A los fines de amortizar progresivamente el monto del Anticipo concedido hasta su total cancelación, el Ente Contratante establecerá el porcentaje a deducirse de cada valuación a pagar al Contratista»[64].

Por su parte, el artículo 60 de las Condiciones Generales de Contratación, regulador del *pago de las valuaciones de obra ya ejecutada*, disponía textualmente cuanto sigue:

«Cuando el Ente Contratante tenga un atraso en el pago de valuaciones por más de sesenta (60) días calendario por cantidades superiores al diez por ciento (10%) del monto total del contrato más el porcentaje que represente el saldo no amortizado del Anticipo, el Contratista tendrá *derecho a paralizar la ejecución de la obra hasta tanto se realice el pago*, y en este caso se considerará otorgada una prórroga automática por tiempo igual al de la paralización de la obra. En todo caso, para ejercer este derecho, el Contratista deberá notificar al Ente Contratante su decisión de paralizar la obra por lo menos con siete (7) días calendario de

---

[63]   Los supuestos de hecho (incumplimiento de obligaciones principales) regulados por las Condiciones Generales de Contratación se contraponen a las circunstancias de hecho (incumplimiento de obligaciones accesorias) en las que la contraparte basó su defensa en el asunto *Astilleros La Guaira* (*ut supra*, nota a pie de página N° 37).

[64]   El artículo 53 de las Condiciones Generales de Contratación para la Ejecución de Obras Públicas del año 1991 (en lo adelante, por causa de brevedad, las "Condiciones Generales de 1991") contenía norma equivalente (*vid.* Decreto N° 1.821, del 30 de agosto de 1991, *Gaceta Oficial de la República* N° 34.797, del 12 de septiembre de 1991).

anticipación. No habrá lugar a la indemnización, ni a la prórroga y suspensión de la obra que tratan los artículos que anteceden, cuando el Contratista no haya dado cumplimiento cabal y efectivo a todas las obligaciones del contrato y del presente Decreto. En este caso, si la pretensión del contratista resultare infundada, éste pagará al ente contratante en calidad de cláusula penal, una cantidad de dinero pretasada en el Documento Principal por cada día de retraso hasta la fecha cierta en que deba ocurrir la continuación de la ejecución de la obra. En todo caso, quedan a salvo los derechos del Ente Contratante preceptuados en el Título VIII del presente Decreto»[65].

Pero de las Condiciones Generales de Contratación hay que destacar otro dato de la mayor significación: estas no eran más que *Instrucciones de Servicio*, esto es, *reglamentos administrativos*, cuyos preceptos iban dirigidos a los funcionarios de la Administración. Su finalidad no era otra que uniformar –en la medida de lo posible– la contratación de obras públicas[66].

Dicho de otro modo, no obstante la forma del acto (Decreto del Ejecutivo Nacional), las previsiones de las Condiciones Generales de Contratación no eran más que una *oferta de contratación*, cuya eficacia se encontraba supeditada a su aceptación, en todo o en parte, por la contraparte contractual de la Administración[67].

Tratándose de preceptos de naturaleza o carácter contractual, porque el valor obligatorio de los artículos 59 y 60 de las Condiciones Generales de Contratación se hallaba condicionado a su incorporación en un contrato, resulta menester formular aquí dos (2) reflexiones relacionadas con la *exceptio inadimpleti contractus* en el ámbito de la contratación administrativa. La primera se refiere al alcance o extensión de la regla que niega al contratista el derecho a invocar la precitada excepción; la segunda al orden público.

    i.   La invocación de la *exceptio inadimpleti contractus* propiamente dicha y el orden público.

        Habida consideración de la naturaleza o carácter contractual de las reglas (uniformes) asentadas en los artículos 59 y 60 de las Condiciones Generales de Contratación, las precitadas Condiciones Generales de Contratación acreditaban que la regla jurisprudencial de conformidad con la cual la *exceptio inadimpleti contractus* no podía serle opuesta a la Administración que reclama el cumplimiento o ejecución de un contrato administrativo, no era un canon o precepto en el cual estuviese interesado el *orden público*.

        De haberlo sido (*argumentum a contrario*), las Condiciones Generales de Contratación no hubiesen contemplado la regla en términos por lo demás concluyentes.

    ii.   El alcance de la regla que niega al contratista el derecho a invocar la *exceptio inadimpleti contractus* propiamente dicha.

---

[65]   El artículo 60 de las Condiciones Generales de 1991 contemplaba norma equivalente.

[66]   Ruan Santos, Gabriel y Lupini, Luciano, "Consideraciones sobre las Condiciones Generales de Contratación para la Ejecución de Obras de la Administración Pública", en *Revista de Derecho Público*, N° 12, octubre-diciembre de 1982, Caracas, 1982, pp. 5-21.

[67]   Ruan Santos, Gabriel y Lupini, Luciano, *op. cit.*, pp. 5-21. En sentido coincidente, nuestra justicia ha reconocido que las Condiciones Generales de Contratación tienen «...carácter contractual...», pues su aplicabilidad a una relación convencional determinada se halla subordinada a su voluntaria incorporación al contrato de que se trate (Sala Político-Administrativa del Tribunal Supremo de Justicia, Sentencia N° 635, del 9 de junio de 2004, asunto *Constructora Jegal, C.A.*).

Los artículos 59 y 60 de las Condiciones Generales también acreditaban que la regla jurisprudencial, de conformidad con la cual la excepción no podía serle opuesta a la Administración, no se encontraba reñida con los contratos de obra y que, por tanto, resultaba perfectamente admisible en –y compatible con– ese tipo de contratos.

Expresado de otra manera, las Condiciones Generales de Contratación acreditaban que la regla jurisprudencial sentada en *Astilleros La Guaira* no tenía *carácter absoluto*, pues no resultaba incompatible con ese modelo contractual.

En síntesis, nada obsta para que la Administración negocie contratos en los que incluya previsiones reguladoras de los supuestos de hecho en los que el particular puede suspender la ejecución de sus obligaciones (esto es, el derecho –en la terminología de las Condiciones Generales– «...a paralizar la ejecución...» de sus obligaciones contractuales). Por consiguiente, cuando media contrato y dicho contrato regula los supuestos de hecho en los que el particular pueda suspender la ejecución de sus obligaciones, resulta *admisible* –es esto y no otra cosa lo que revelan las Condiciones Generales de Contratación– que la contraparte contractual de la Administración suspenda la ejecución de sus obligaciones hasta tanto esta última ma honre las suyas.

b.   *El principio de capacidad contractual*

En nuestro Derecho la capacidad de las personas naturales y jurídicas es la regla; la incapacidad, la excepción. De esa premisa general se derivan tres (3) consecuencias fundamentales, a saber: (i) no hay incapacidad sin texto legal que la establezca; (ii) en principio, las normas que establecen incapacidades son de interpretación restrictiva; y, (iii) quien afirma la incapacidad –propia o ajena– tiene la carga de probarla[68]. En palabras de De Sola,

«...es principio general la total capacidad de las personas individuales como de las colectivas. Es casi un aforismo jurídico, que recitan todos los iniciados en nuestra ciencia: la capacidad es la regla; la incapacidad, la excepción. Y toda excepción [legal] debe ser expresa»[69].

La regla enunciada con anterioridad gobierna por igual a la Administración al momento de negociar el texto de un contrato con su contraparte contractual. La actividad de los entes públicos, incluidas las sociedades creadas por el Estado, se encuentra disciplinada por el principio de la *autonomía de la voluntad* –también denominada *libertad de contratación*[70]– y no por el principio de legalidad cuando de lo que se trata es de negociar –dentro de las limita-

---

[68]   Aguilar Gorrondona, José Luis, *Derecho Civil. Personas*, Manuales de Derecho de la Universidad Católica Andrés Bello, 25ª Edición, Caracas, 2013, p. 205.

[69]   De Sola, René, "Capacidad de las personas jurídicas para intentar acciones penales", RCADF, N° 45, Caracas, 1946, en *Código Civil de Venezuela. Artículos 19 a 40*, [Antecedentes, Comisiones Codificadoras, Debates Parlamentarios, Jurisprudencia, Doctrina, Concordancias], coedición del Instituto de Derecho Privado de la Facultad de Derecho de la Universidad Central de Venezuela y el Colegio de Abogados del Distrito Federal, Caracas, 1969, p. 106.

[70]   Vale la pena citar decisión judicial en la que se alude al *principio de libertad de contratación* en los siguientes términos: (i) «la libertad de contratación es *un derecho*... y las personas tienen la facultad de ejercer o no este poder jurídico que el Estado...» les ha reconocido; y, (ii) «...la libertad de contratación se ejerce mediante dos clases de libertades: la libertad de contratar y la *libertad contractual*. Mediante la primera las personas deciden si contratan o no, y sobre la base de la segunda, *los contratantes determinan libremente el contenido de los contratos*...» (Sentencia s/n del Juzgado Segundo de los Municipios Maracaibo, Jesús Enrique Lossada y San Francisco de la Circunscripción Judicial del Estado Zulia, del 7 de diciembre de 2009 (asunto *Elio Chacín Molero*).

ciones legalmente existentes– el contenido de sus contratos, pues en materia contractual no existe principio jurídico que les coloque en situación de minusvalía frente a los demás sujetos de Derecho[71]. En virtud del principio de autonomía de la voluntad, la Administración cuenta con poder-facultad (*nomopoiesi*) para crear y aplicar las reglas contractuales que gobernarán su conducta futura[72].

Ante la *inexistencia* de norma expresa de Ley[73] prohibitiva de la inclusión en el contrato de una previsión, reguladora del incumplimiento de la Administración, que habilite al contratista para suspender la ejecución de sus obligaciones contractuales hasta tanto la Administración remedie su incumplimiento, la negociación y ulterior inclusión de una previsión como esa ha de reputarse *válida* y el ejercicio de ese derecho por el particular ha de considerarse *legítimo*[74].

D.   *El derecho fundamental a la defensa y el principio de interpretación pro cives*

El criterio jurisprudencial establecido en *Astilleros La Guaira* debe ser objeto de profunda revisión.

Así lo exige el artículo 49 de la Constitución venezolana que (i) *garantiza el debido proceso*, (ii) reconoce que el *derecho a la defensa* es *inviolable en todo estado y grado del proceso*[75] y, por vía de consecuencia, (iii) asegura el principio de igualdad de armas. Confor-

---

[71]   Giannini, Massimo Severo, *Istituzioni di Diritto Amministrativo*, Dott. A. Giuffrè Editore, Milano, 1981, p. 461-462.

[72]   *Ibíd.*

[73]   Por Ley ha de entenderse aquí la Ley formal, esto es, el acto sancionado por la Asamblea Nacional como cuerpo legislador (artículo 202 de la Constitución).

[74]   A propósito de lo dicho cabe observar, además, (i) que la presunción de validez, característica de los actos administrativos, también ampara los contratos, porque éstos, salvo que se demuestre lo contrario, se presumen igualmente legítimos y tampoco necesitan refrendo u homologación judicial previa a su ejecución; y, que esta presunción de validez existe porque, en principio, no hay razón alguna para dudar de la legitimidad de los contratos, pero también porque sería inviable un sistema judicial ante el que hubiera que homologar o acreditar la validez de todos los actos jurídicos (*vid.*, *mutatis mutandis*, Parada Vásquez es citado por Barceló Llop, Javier, Ejecutividad, Ejecutoriedad y Ejecución Forzosa de los Actos Administrativos, Universidad de Cantabria, 1995, Santander, p. 101). En sentido coincidente, Muci Borjas, José Antonio, *El abuso de la forma societaria* (El levantamiento del velo corporativo a la luz de la doctrina de la Administración Pública y de la jurisprudencia venezolanas en materias civil, mercantil, administrativa, tributaria, laboral y penal), Editorial Sherwood, Caracas, 2005, p. 50.

[75]   El artículo 49 de la Constitución (*Gaceta Oficial de la República* N° 5.908 Extraordinario del 19 de febrero de 2009) establece textualmente lo siguiente: «El debido proceso se aplicará a todas las actuaciones judiciales y administrativas y, en consecuencia: 1. La defensa y la asistencia jurídica es un derecho inviolable en todo estado y grado de la investigación y del proceso. Toda persona tiene derecho a ser notificada de los cargos por los cuales se le investiga, de acceder a las pruebas y de disponer del tiempo y de los medios adecuados para ejercer su defensa. Serán nulas las pruebas obtenidas con violación del debido proceso. Toda persona declarada culpable tiene derecho a recurrir del fallo, salvo las excepciones establecidas en esta Constitución y la ley. 2. Toda persona se presume inocente mientras no se pruebe lo contrario. 3. Toda persona tiene derecho a ser oída en toda clase de proceso, con las debidas garantías y dentro del plazo razonable determinado legalmente, por un juez o tribunal competente, independiente e imparcial establecido con anterioridad. Quien no hable castellano o no pueda comunicarse de manera verbal, tiene derecho a un intérprete. 4. Toda persona tiene derecho a ser juzgada por sus jueces naturales en las jurisdicciones ordinarias, o especiales, con las garantías establecidas en esta Constitución y en la ley. Ninguna persona podrá ser sometida a juicio sin conocer la identidad de quien le juzga, ni podrá ser proce-

me a este último, tanto la parte que demanda el cumplimiento contractual como la que se opone a esa pretensión alegando el incumplimiento de la demandante, deben contar con iguales oportunidades para formular sus alegatos y defensas; con medios parejos de ataque y defensa que les aseguren un trato paritario y equilibrado[76]. Así lo demanda, además, el principio de interpretación *pro cives*[77], canon este de interpretación conforme al cual ha de determinarse el preciso significado y alcance del derecho fundamental a la defensa que nuestra Constitución garantiza.

A nuestro parecer, la inadmisibilidad –en juicio– de la *exceptio inadimpleti contractus* propiamente dicha no puede ser conciliada con la inviolabilidad del derecho a la defensa y con el principio de igualdad de armas; tampoco con el principio de interpretación *pro cives*.

A lo dicho cabría agregar que la prevalencia del interés general tutelado por la Administración, so pretexto de la superioridad de dicho interés, no es un canon absoluto. Ciertamente, la tradicional superioridad de la Administración, por ser ella la titular de un interés general, no puede ser invocada cuando el particular es titular –y hace valer– un derecho fundamental, pues si el particular acredita ser titular de derechos fundamentales, por más que con ellos se

---

sada por tribunales de excepción o por comisiones creadas para tal efecto. 5. Ninguna persona podrá ser obligada a confesarse culpable o declarar contra sí misma, su cónyuge, concubino o concubina, o pariente dentro del cuarto grado de consanguinidad y segundo de afinidad. La confesión solamente será válida si fuere hecha sin coacción de ninguna naturaleza. 6. Ninguna persona podrá ser sancionada por actos u omisiones que no fueren previstos como delito, faltas o infracciones en leyes preexistentes. 7. Ninguna persona podrá ser sometida a juicio por los mismos hechos en virtud de los cuales hubiese sido juzgado anteriormente. 8. Todos podrán solicitar del Estado el restablecimiento o reparación de la situación jurídica lesionada por error judicial, retardo u omisión injustificados. Queda a salvo el derecho del particular para exigir la responsabilidad personal del magistrado o juez y del Estado de actuar contra éstos».

[76] Sobre la *igualdad de armas en el proceso* consúltense Sala Político-Administrativa del Tribunal Supremo de Justicia, Sentencia N° 2.053, del 24 de octubre de 2000 (asunto *Automecánica Superautos*), y Sala Constitucional del Tribunal Supremo de Justicia, Sentencia N° 1.620, de 18 de agosto de 2004 (asunto *León Cohen*). De acuerdo con la primera de las sentencias mencionadas, el principio de igualdad de armas exige que las partes cuenten con «…iguales oportunidades para formular alegatos y defensas». De acuerdo con la segunda, «el *derecho a la igualdad* de partes en el marco procesal (…) exige que las partes cuenten con medios parejos de ataque y defensa, ya que para evitar el desequilibrio entre las partes es necesario que ambas dispongan *de las mismas posibilidades y cargas de alegación, prueba e impugnación*».

[77] La Justicia venezolana, citando al catedrático español Santamaría Pastor, ha sostenido que «…el principio de favor *libertatis*… se halla más vinculado a la actividad administrativa, y sobre este esquema, se exige a la Administración aplicar entre múltiples alternativas la que resulte menos lesiva a derechos y libertades de los ciudadanos. En ese sentido, el principio pro libértate establece que cuando la norma que establece la potestad de intervención pueda "(…) razonablemente optar entre varias medidas alternativas para conseguir su finalidad ordenadora, debe necesariamente elegir la que resulte menos restrictiva de la libertad individual de los sujetos sobre los que vaya a ser empleada"…» (Corte Segunda en lo Contencioso-Administrativo, Sentencia N° 343, del 29 de febrero de 2012, asunto *Electricidad de Caracas*). En este mismo sentido, el Supremo Tribunal ha concluido que según el principio *favor libertatis* «los derechos fundamentales deben interpretarse de la manera más amplia y favorable al administrado para que sus contenidos puedan ser efectivos…». Ver Sentencia N° 1108 de la Sala Político Administrativa del Tribunal Supremo de Justicia, 16 de mayo de 2000 (asunto *Carlos Eduardo Oxford*).

intenten hacer valer meros intereses particulares, la invocación ritual del interés general contrario de nada sirve, pues en este caso el interés general debe ceder a la primacía de aquéllos[78].

E.   El asunto *Venezuela-Aucoven*

Complementariamente, entendemos que cabría citar aquí –mutatis mutandis– la conclusión a la cual arribó el Tribunal Arbitral que conoció y decidió el asunto *Venezuela-Aucoven*, con arreglo a la cual «...el estrangulamiento económico...» de la contraparte contractual de la Administración Pública, por causa de incumplimientos imputables a la Administración, habilita al particular para (i) resolver unilateralmente el contrato administrativo y también, porque ésta no es sino una consecuencia de la precitada decisión de resolución, (ii) dejar de cumplir las obligaciones derivadas del contrato.

Dicho en otras palabras, la Administración, so pretexto de la superioridad del interés general, no puede exigirle al particular que cumpla con sus obligaciones a todo trance, esto es, que continúe cumpliendo independientemente de los muy gravosos efectos –incluida la quiebra- que el incumplimiento imputable a la Administración pudiera llegar comportar para aquél en el plano económico financiero.

Siendo esto así, no vemos razones que justifiquen el rechazo –de plano– de la *exceptio inadimpleti contractus* cuando la Administración incumple sus obligaciones dinerarias y ese incumplimiento somete al particular a gravosas consecuencias ajenas a los términos y condiciones pactados (*qui potest plus, potest minus*).

F.   La revisión de la noción de contrato administrativo

Hoy por hoy parte significativa de la doctrina venezolana ha empezado a afirmar que la noción de *contrato administrativo* –y, por consiguiente, la distinción entre *contratos administrativos* y *contratos privados* de la Administración– ha sido «...superada...»[79], porque los motivos que justificaban su existencia cesaron[80].

Según Brewer-Carías, todos los contratos en los que una de las partes es una *persona jurídica estatal* (i) están sometidos a un *régimen jurídico mixto*[81] en el que rige el *principio de*

---

[78]   García de Enterría, Eduardo, "Los ciudadanos y la Administración: nuevas tendencias en Derecho español", en *Revista Española de Derecho Administrativo*, N° 59, Civitas, S.A., Madrid, 1998, pp. 325-344.

[79]   Brewer-Carías, Allan, *Contratos Administrativos, Contratos Públicos, Contratos del Estado, op. cit.*, p. 313. En sentido coincidente se pronuncia Subero Mujica, Mauricio, "Críticas a la Doctrina del Contrato Administrativo en Venezuela", en *Revista Electrónica de Derecho Administrativo*, N° 9, Centro de Estudios de Derecho Público de la Universidad Monteávila, Caracas, 2016, pp. 93-94.

[80]   Según Brewer-Carías, los motivos sobre la cual descansaba la distinción cesaron porque cuando la Administración contrata siempre media un interés general y la persona jurídica estatal puede hacer uso de *potestades exorbitantes*, por una parte; y por la otra, la noción de contrato administrativo ya no es empleada por el Legislador para asignar competencia *judicial ratione* materia (Brewer-Carías, Allan R., *Contratos Administrativos, Contratos Públicos, Contratos del Estado, op. cit.*, p. 327). En idéntico orden de idea se pronuncia también Hernández, José Ignacio, "El rapto del Derecho Civil por el Derecho Administrativo: A propósito del contrato administrativo. Un ensayo crítico", *Revista Venezolana de Legislación y Jurisprudencia*, N° 10, julio-diciembre de 2017, Revista Venezolana de Legislación y Jurisprudencia, C.A., Caracas, 2018, pp. 189-208.

[81]   A diferencia de lo que sucede en otros países como en España –y salvo por lo que atañe a las aludidas previsiones constitucionales y legales existentes- la doctrina reconoce que «...los contratos del Estado *no han sido objeto de una regulación legal general...*» (Brewer-Carías, Allan R., *Contratos Administrativos, Contratos Públicos, Contratos del Estado, op. cit.*, p. 314).

autonomía de voluntad de las partes contratantes; y, (ii) la *libertad contractual* puede ser limitada únicamente por norma expresa contenida en la Constitución[82] o en leyes formales. Salvo las limitaciones –de carácter imperativo– impuestas por la Constitución o la Ley, las partes «...en principio tienen *completa libertad para establecer el contenido de sus obligaciones y relaciones contractuales...* que estimen conveniente a sus intereses particulares...»[83].

En síntesis, los contratos de la Administración se hallan sujetos a *normas y disposiciones de Derecho Privado* cuando no existe norma o precepto especial –de Derecho Público– que *discipline un supuesto de hecho determinado* o *disponga una (singular) consecuencia jurídica* aplicable a este modelo de contratación.

Se esté o no de acuerdo con la tesis, expuesta por un sector de la doctrina venezolana, de acuerdo con la cual los contratos administrativos ya no constituyen una categoría aparte o independiente, lo cierto es que el criterio jurisprudencial fijado en *Astilleros La Guaira* debe revisarse por dos razones, a saber:

a. Hasta cierto punto, constituye un contrasentido reconocer el derecho al equilibrio económico financiero en los contratos administrativos, a los fines de garantizar que a lo largo de la vida del mismo perdure la proporción o correspondencia entre prestaciones recíprocas existente al momento de contratar, por una parte; y por la otra, desconocer la facultad o derecho a rehusarse a cumplir las obligaciones contractuales (*exceptio inadimpleti contractus*) cuando la Administración, *e.g.*, incumple sus obligaciones pecuniarias y, al hacerlo, altera la precitada correspondencia entre prestaciones recíprocas. Constituye un contrasentido, decíamos, porque el poderfacultad reconocido al acreedor que sufre las consecuencias del incumplimiento imputable a la Administración constituye justamente un remedio para evitar la (ulterior) alteración del equilibrio sustancial de los intereses de las partes contratantes[84].

b. Además, constituye una contradicción que a la contraparte de la Administración se le reconozca el derecho a proponer la acción resolutoria por incumplimiento de las obligaciones pecuniarias a cargo de la Administración, para así disolver y extinguir el vínculo contractual, y que, al propio tiempo, se le niegue el ejercicio de una facultad contractual (*exceptio inadimpleti contractus*) que procura restablecer el equilibrio entre las prestaciones recíprocas y, por vía de consecuencia, preservar el dicho

---

[82] De acuerdo con los artículos 150 y 151 de la Constitución, «la celebración de los contratos de interés público nacional requerirá la aprobación de la Asamblea Nacional en los casos que determine la ley. No podrá celebrarse contrato alguno de interés público municipal, estadal o nacional, o con Estados o entidades oficiales extranjeras o con sociedades no domiciliadas en Venezuela, ni traspasarse a ellos sin la aprobación de la Asamblea Nacional. La ley podrá exigir en los contratos de interés público, determinadas condiciones de nacionalidad, domicilio o de otro orden, o requerir especiales garantías»; y, «en los contratos de interés público, si no fuere improcedente de acuerdo con la naturaleza de los mismos, se considerará incorporada, aun cuando no estuviere expresa, una cláusula según la cual las dudas y controversias que puedan suscitarse sobre dichos contratos y que no llegaren a ser resueltas amigablemente por las partes contratantes, serán decididas por los Tribunales competentes de la República, de conformidad con sus leyes, sin que por ningún motivo ni causa puedan dar origen a reclamaciones extranjeras».

[83] Brewer-Carías, Allan R., *Contratos Administrativos, Contratos Públicos, Contratos del Estado*, op. cit., p. 221.

[84] Bigliazzi Geri, Lina, Breccia, Umberto, Busnelli, Francesco D. y Natoli, Ugo, *Derecho Civil* (Tomo I, Volumen 2, Hechos y Actos Jurídicos), Universidad Externado de Colombia, Bogotá, 1992, p. 1085.

vínculo, porque este segundo remedio –preservativo, como es, de la relación contractual– puede terminar sirviendo de mejor manera el interés público, subyacente al contrato, que la Administración pretendía tutelar con el auxilio o colaboración de su contraparte contractual.

IV. LA ALEGACIÓN DEL INCUMPLIMIENTO DE LA ADMINISTRACIÓN COMO EXCEPCIÓN DE FONDO EN EL MARCO DE UN PROCESO EN EL QUE ESTA RECLAMA LA RESOLUCIÓN DE CONTRATO

En otro orden de ideas, interesa destacar aquí que Astilleros La Guaira nada dice por lo que se refiere a la alegación de incumplimiento culposo formulada por el demandado en el marco de un proceso de resolución contractual, con el objeto de desvirtuar uno de los hechos constitutivos de la acción resolutoria propuesta por la Administración demandante. Sobre este particular solo se pronuncia nuestro más alto Tribunal en decisiones posteriores, en las que –como veremos más adelante– aceptó que se opusiera esta excepción de fondo con el objeto de acreditar la inexistencia de uno de los hechos constitutivos de la pretensión hecha valer por el actor.

1. *El asunto Constructora Finchel, C.A.*[85]

Nuestra justicia ha afirmado que la contraparte contractual de la Administración sí puede alegar el incumplimiento de esta última cuando la Administración demanda la *resolución del contrato*.

Los detalles del asunto judicial mencionado en el párrafo anterior cabría sintetizarlos así:

a. En la demanda propuesta por *Constructora Finchel* ésta solicitaba (i) la *resolución* del contrato que había sido suscrito con *Centro Simón Bolívar* para la dotación de las unidades de enfriamiento de aire y manejo de aire acondicionado para el Edificio Norte del Palacio de Justicia, junto con (ii) los daños y perjuicios derivados del incumplimiento imputable a la Administración. En su contestación a la demanda, la Administración (*Centro Simón Bolívar, C.A.*) propuso demanda reconvencional en la que pidió (i) la *resolución* del contrato y (ii) los daños y perjuicios derivados del incumplimiento imputable a su contraparte contractual. Dicho cuanto antecede, merece la pena subrayar al contestar la reconvención, *Constructora Finchel* alegó que no le había sido posible ejecutar sus obligaciones de acuerdo a lo pactado, por causa de incumplimientos contractuales varios imputables –todos ellos– al *Centro Simón Bolívar*.

b. En palabras del Tribunal Supremo de Justicia, la controversia planteada la obligaba a determinar «...a cuál de las [dos] partes contratantes...» resultaba imputable el incumplimiento contractual. Y hecha esa precisión el Tribunal Supremo de Justicia entró a considerar la alegación –y medios de prueba– de la actora-excepcionante, *Constructora Finchel, C.A.*

c. Según nuestro más alto Tribunal,

«...incluso en el supuesto de que hubiese existido un retardo imputable al ente contratante [*Centro Simón Bolívar*] respecto a la entrega del anticipo, *situación que no ha quedado demostrada en el expediente*, ello lo que daría lugar es a que la contratista obtuviese una

---

85 Sentencia N° 670 de la Sala Político-Administrativa del Tribunal Supremo de Justicia, 4 de junio de 2008 (asunto *Constructora Finchel, C.A.*).

prórroga respecto al lapso previsto para el suministro de tales equipos, o en su defecto solicitase la resolución del contrato, más no pretender justificar en razón de la supuesta demora en relación a la ludida entrega del anticipo, el incumplimiento definitivo de la obligación...».

La sentencia acredita que el Tribunal Supremo de Justicia *no desechó* –por inadmisible– la excepción de fondo que *Constructora Finchel, C.A.* opuso a la demanda reconvencional propuesta por la Administración. Al contrario, el Tribunal se pronunció sobre el mérito de la excepción de incumplimiento que había sido opuesta a la demanda reconvencional de la Administración.

El *derecho* que el fallo judicial anterior reconoce al particular que contrató con la Administración, le había sido reconocido antes a la Administración contra la cual había sido propuesta demanda por *resolución de contrato* por incumplimiento imputable a esta última.

B.   *El asunto Constructora Mandez*[86]

En sentido análogo cabría invocar aquí la decisión que resolvió el asunto *Constructora Mandez*. En efecto, una detenida lectura del fallo invocado permite constatar lo siguiente:

a.   Primero, en este proceso la contraparte contractual de la Administración demandó la *resolución* del contrato de obras que mediaba entre ambas, alegando que esta última había incumplido las obligaciones previstas en el contrato. Por su parte, la Administración (*Centro Simón Bolívar, C.A.*) sostuvo que «...para el momento en que fue paralizada la obra era perfectamente previsible que la actora *no cumpliría* el plazo de entrega y que... *había incumplido* la obligación de conservar la obra hasta su entrega...»; y,

b.   Segundo, que la Corte *no desechó* por inadmisible el alegato de incumplimiento opuesto por el *Centro Simón Bolívar*. Al contrario, la Corte entró a *analizar si la* excepción de fondo (incumplimiento) opuesta por la Administración tenía mérito[87].

C.   *Recapitulación*

En síntesis, las sentencias mencionadas en este Capítulo reconocen que en el marco de un proceso judicial en el que se demanda la *resolución* de un *contrato administrativo,* la parte demandada –sea esta la Administración o su contraparte– puede alegar el incumplimiento de las obligaciones contractuales de su contraparte a los efectos de enervar la acción de resolución propuesta.

---

[86]   Sentencia N° 112 de la Sala Político-Administrativa de la Corte Suprema de Justicia, 16 de noviembre de 1995 (asunto *Constructora Mandez*), en Ortiz-Álvarez, Luis y Mascetti, Giovanna, *Jurisprudencia de Contratos Administrativos (1980-1999), op. cit.,* pp. 610-614.

[87]   En sentido coincidente *vid.* Sentencia N° 961 de la Sala Político-Administrativa de la Corte Suprema de Justicia, 14 de diciembre de 1995 (asunto *Diques y Astilleros Nacionales (Dianca)*, en Ortiz-Álvarez, Luis y Mascetti, Giovanna, *Jurisprudencia de Contratos Administrativos (1980-1999), op. cit.,* pp. 590-597, y Sentencia N° 810 de la Sala Político-Administrativa de la Corte Suprema de Justicia, 28 de enero de 1999 (asunto *Mantenimientos Cordero (Mancorca)*), en Ortiz-Álvarez, Luis y Mascetti, Giovanna, *Contratos Administrativos,* Editorial Sherwood, Caracas, 1999, pp. 590-597 y 614-616.

LEGISLACIÓN

Información Legislativa

LEYES, DECRETOS NORMATIVOS, REGLAMENTOS Y RESOLUCIONES DE EFECTOS GENERALES DICTADOS DURANTE EL SEGUNDO SEMESTRE DE 2018

Recopilación y selección
por Gabriel Sira Santana
Abogado

SUMARIO

I. ORDENAMIENTO ORGÁNICO DEL ESTADO

1. *Régimen del Poder Público Nacional*

    A. *Poder Ejecutivo*

        a. *Ministerios*

Decreto N° 3.612, mediante el cual se crea el Ministerio del Poder Popular de Comercio Nacional. *G.O.* N° 41.479 del 11-09-2018, reimpreso en N° 41.486 del 20-09-2018.

        b. *Empresas del Estado*

Decreto N° 3.580, mediante el cual se revoca íntegramente el Decreto N° 2.486, de fecha 14-10-2016, a través del cual se autorizó la creación de una Empresa Mixta del Estado bajo la forma de Compañía Anónima, que se denominaría "Complejo Agroindustrial Tiuna II, C.A.,". *G.O.* N° 41.461 del 15-08-2018.

Decreto N° 3.591, mediante el cual se autoriza la creación de la Empresa Mixta PETROSUR, S.A. *G.O.* N° 6.398 Extraordinario del 24-08-2018.

Decreto N° 3.598, mediante el cual se autoriza la creación de una Empresa Mixta entre CVG Compañía General de Minería de Venezuela, C.A., (MINERVEN) y la Empresa Marilyns Proje Yatirim, S.A., bajo la forma de Sociedad Anónima, denominada Empresa Mixta Sociedad Anónima Minería Binacional Turquía - Venezuela (MIBITURVEN, S.A.). *G.O.* N° 41.472 del 31-08-2018.

Decreto N° 3.599, mediante el cual se autoriza la creación de una Empresa Mixta entre Carbones del Zulia, S.A., y la Empresa Glenmore Proje Insaat S.A., bajo la forma de Sociedad Anónima, denominada Sociedad Anónima Carbones de Turquía-Venezuela (CARBOTURVEN S.A.). *G.O.* N° 41.472 del 31-08-2018.

        c. *Fundaciones del Estado*

Decreto N° 3.511, mediante el cual se autoriza la creación de la Fundación Radio Miraflores, con personalidad jurídica y patrimonio propio. *G.O.* N° 41.432 del 03-07-2018.

        d. *Otros órganos y entes*

Resolución conjunta de los Ministerios del Poder Popular de Industrias y Producción Nacional y de Economía y Finanzas N° 005 y 070, mediante la cual se establecen los mecanismos que garanticen de manera óptima la continuidad de la gestión administrativa; el funcionamiento de la estructura orgánica; el ejercicio de las competencias asignadas; la equitativa y transparente transferencia de los recursos, bienes y talento humano, así como los regímenes transitorios aplicables al proceso de reorganización administrativa ordenado en el Decreto N° 3.467, del 15-06-2018; y se crea una Comisión Interministerial, a fin de realizar los análisis y propuestas técnicas que correspondan a los fines del cumplimiento del objeto de esta Resolución Conjunta, integrada por las ciudadanas y ciudadanos que en ella se mencionan. *G.O.* N° 41.438 del 12-07-2018.

Resolución del Ministerio del Poder Popular de Industrias y Producción Nacional N° 017, mediante la cual se crea la Vicepresidencia de Planificación Estratégica y Comercialización de la Corporación Venezolana de Guayana, a la cual le corresponderá establecer procesos centralizados aplicados a los entes del sector público vinculados con la industria del hierro, acero, aluminio y sus actividades conexas, adscritos a la Corporación Venezolana de Guayana. *G.O.* N° 41.450 del 31-07-2018.

Resolución del Ministerio del Poder Popular de Petróleo N° 053, mediante la cual se dicta la reforma parcial de la Resolución N° 275, de fecha 23-10-2008, emanada del Ministerio del Poder Popular para la Energía y Petróleo, que crea el Comité Estratégico de Negociación. *G.O.* N° 41.455 del 07-08-2018.

Resolución de la Vicepresidencia de la República N° 023, mediante la cual se constituye una instancia técnica de evaluación denominada Comisión Interministerial que se encargará de estudiar las posibles soluciones al caso de los ex trabajadores de los suprimidos institutos INOS, MOP, CADAFE, Acueductos Rurales del Zulia, Banco de Fomento Comercial de Venezuela (BANFOCOVE), Instituto Nacional de Deportes, entre otros, con ocasión al exhorto realizado por la Asamblea Nacional al Ejecutivo Nacional. *G.O.* N° 41.456 del 08-08-2018.

Resolución del Ministerio del Poder Popular de Petróleo N° 115, mediante la cual se crea la Comisión Técnica para la Reorganización de Petróleos de Venezuela, S.A., y sus Empresas Filiales, con carácter transitorio, la cual estará integrada por los ciudadanos que en ella se mencionan. *G.O.* N° 41.474 del 04-09-2018.

Resolución conjunta de los Ministerios del Poder Popular de Industrias y Producción Nacional y de Comercio Nacional N° 035 y 001, mediante la cual se constituyen los mecanismos que garanticen de manera efectiva la continuidad de la gestión administrativa, el funcionamiento de la estructura orgánica, el ejercicio de las competencias asignadas y la transparente transferencia de los recursos, bienes y talento humano del Ministerio del Poder Popular de Industrias y Producción Nacional, al Ministerio del Poder Popular de Comercio Nacional; y se crea una Comisión Interministerial integrada por las ciudadanas y ciudadanos que en ella se señalan. *G.O.* N° 41.515 del 01-11-2018.

Resolución del Ministerio del Poder Popular de Industrias y Producción Nacional N° 038, mediante la cual se crea la Vicepresidencia de Asuntos para el Trabajo, las Trabajadoras y los Trabajadores de la Corporación Venezolana de Guayana. *G.O.* N° 41.520 del 08-11-2018.

Decreto N° 3.656, mediante el cual se adecua la Unidad Nacional de Inteligencia Financiera (UNIF) como un órgano desconcentrado con capacidad de gestión presupuestaria, administrativa y financiera, dependiente jerárquicamente del Ministerio del Poder Popular de Economía y Finanzas. *G.O.* N° 41.522 del 12-11-2018.

Resolución del Ministerio del Poder Popular para la Salud N° 348, mediante la cual se crea el Comité Nacional de Vigilancia, Análisis y Respuesta para la Prevención y Control de la Morbilidad Materna Grave, la Mortalidad Materna y Mortalidad Neonatal. *G.O.* N° 41.553 del 27-12-2018.

B. *Poder Ciudadano*

a. *Contraloría General de la República*

Resolución de la Contraloría General de la República N° 01-00-000452, mediante la cual se prorroga, desde el 1° hasta el 31 de agosto de 2018, el lapso para la presentación de la declaración jurada de patrimonio actualizada, establecida en la Resolución N° 01-00-000160, de fecha 23-02-2016, publicada en la Gaceta Oficial de la República Bolivariana de Venezuela N° 40.905, de fecha 17-05-2016. Prórroga valida única y exclusivamente para el presente período fiscal. *G.O.* N° 41.448 del 27-07-2018.

Resolución de la Contraloría General de la República N° 01-00-000525, mediante la cual se aprueba la nueva Estructura Orgánica de la Contraloría General de la República. *G.O.* N° 41.475 del 05-09-2018.

Resolución de la Contraloría General de la República N° 01-00-000530, mediante la cual se dicta la reforma parcial de la Resolución Organizativa N° 1, de este órgano contralor. *G.O.* N° 41.476 del 06-09-2018.

b.   *Ministerio Público*

Resolución del Ministerio Público N° 1766, mediante la cual se dicta el Reglamento Interno de la Dirección de Auditoría Interna, de este Ministerio. *G.O.* N° 41.445 del 23-07-2018.

Resolución del Ministerio Público N° 2703, mediante la cual se reforma el artículo 3 del Estatuto de Personal de este organismo. *G.O.* N° 41.482 del 14-09-2018.

Resolución del Ministerio Público N° 3373, mediante la cual se modifica las funciones de las Unidades de Atención a la Víctima. *G.O.* N° 41.547 del 17-12-2018.

C.   *Poder Judicial*

Resolución de la Sala Plena N° 2018-0011, mediante la cual se establece que ningún Tribunal despachará desde el 15 de agosto hasta el 15 de septiembre de 2018, ambas fechas inclusive. Durante ese período permanecerán en suspenso las causas y no correrán los lapsos procesales. *G.O.* N° 41.458 del 10-08-2018.

Resolución de la Sala Plena N° 2017-0019, mediante la cual se establece el procedimiento a seguir para la aplicación del Convenio de La Haya del 25-10-1980, sobre los Aspectos Civiles de la Sustracción Internacional de Menores, en todos los Circuitos o Tribunales de Protección de Niños, Niñas y Adolescentes a nivel Nacional. *G.O.* N° 41.461 del 15-08-2018.

Acuerdo de la Sala Plena, mediante el cual se institucionaliza la celebración en nuestro Poder Judicial a nivel nacional del 8 de marzo, Día Internacional de la Mujer. *G.O.* N° 41.461 del 15-08-2018.

II.   RÉGIMEN DE LA ADMINISTRACIÓN GENERAL DEL ESTADO

1.   *Sistema financiero*

A.   *Contrataciones públicas*

Resolución conjunta de los Ministerios del Poder Popular de Planificación y de Economía y Finanzas N° 015 y 088, mediante la cual se fija en Bss. 8 la Unidad para el Cálculo Aritmético del Umbral Máximo y Mínimo (UCAU). *G.O.* N° 41.497 del 05-10-2018.

B.   *Deuda Pública*

Decreto N° 3.615, mediante el cual se dicta el Instrumento Normativo con Tratamiento de Ley Especial de Endeudamiento Complementaria N° 2 para el Ejercicio Económico Financiero 2018. *G.O.* N° 6.407 Extraordinario del 18-09-2018.

Decreto N° 3.658, mediante el cual se dicta el Instrumento Normativo con Tratamiento de Ley Especial de Endeudamiento Complementaria N° 3, para el Ejercicio Económico Financiero 2018. *G.O.* N° 41.522 del 12-11-2018.

Decreto N° 3.729, mediante el cual se Dicta el Instrumento Normativo con tratamiento de Ley Especial de Endeudamiento Complementaria N° 4 para el Ejercicio Económico Financiero 2018. *G.O.* N° 6.420 Extraordinario del 28-12-2018.

C. *Contabilidad*

Resolución del Ministerio del Poder Popular para la Cultura N° 245, mediante la cual se establecen los lineamientos para el buen funcionamiento y administración de los recursos asignados al Fondo Auto Administrado de Salud, del Ministerio del Poder Popular para la Cultura y sus Entes adscritos, (SALUDARTE), a fin de contribuir a garantizar el derecho a la salud de todos sus trabajadores y trabajadoras, jubilados y jubiladas, pensionados y pensionadas, cultores y familiares amparados. *G.O.* N° 41.451 del 01-08-2018.

Providencias N° 18-011, 18-012 y 18-013 de la ONCOP, mediante las cuales se dictan las normas técnicas de contabilidad N° 1, contabilidad N° 2 y contabilidad N° 3. *G.O.* N° 41.534 del 28-11-2018.

2. *Sistema funcionarial*

A. *Servidores públicos*

Providencia de la Superintendencia de Bienes Públicos N° 028, mediante la cual se dictan las normas generales para regular el registro, clasificación, selección y contratación de peritos avaluadores, de esta Superintendencia. *G.O.* N° 41.447 del 26-07-2018.

3. *Sistema de auditoría y control interno*

Providencia del Instituto Autónomo Hospital Universitario de Caracas N° 021, mediante la cual se dicta el reglamento interno de la Unidad de Auditoría Interna del Instituto Autónomo Hospital Universitario de Caracas. *G.O.* N° 41.448 del 27-07-2018.

4. *Bienes públicos*

Providencia de la Superintendencia de Bienes Públicos N° 041, mediante la cual se dicta el instructivo del Sistema de Información del Registro de Bienes Públicos de la Superintendencia de Bienes Públicos. *G.O.* N° 41.522 del 12-11-2018.

Providencia de la Superintendencia de Bienes Públicos N° 044, mediante la cual se dicta la normativa sobre la Unidad de Bienes Públicos y el Responsable Patrimonial de los Órganos y Entes del Sector Público. *G.O.* N° 41.522 del 12-11-2018.

III. RÉGIMEN DE EXCEPCIÓN[1]

1. *Decretos de estado de excepción*

Decreto N° 3.503, mediante el cual se prorroga por 60 días el plazo establecido en el Decreto N° 3.413, de fecha-05-2018, mediante el cual se declara el estado de excepción y de emergencia económica, en todo el territorio nacional, dadas las circunstancias extraordinarias en el ámbito social, económico y político, que afectan el Orden Constitucional, la paz social,

---

[1]   Para conocer a profundidad los decretos publicados con ocasión de los primeros tres estados de excepción nacional, así como la implementación del régimen de excepción en la frontera durante el segundo semestre de 2015, véase Gabriel Sira Santana: *El estado de excepción a partir de la Constitución de 1999*. Editorial Jurídica Venezolana y CIDEP. Caracas, 2017. Los balances de los decretos dictados durante el cuarto, quinto y sexto estado de excepción nacional y sus prórrogas pueden consultarse en http://cidep.com.ve/reportes.html.

la seguridad de la Nación, las Instituciones Públicas, a las ciudadanas y los ciudadanos habitantes de la República. *G.O.* N° 41.435 del 09-07-2018[2].

Decreto N° 3.610, mediante el cual se decreta el Estado de Emergencia Económica, en todo el territorio nacional, dadas las circunstancias extraordinarias en el ámbito social, económico y político, que afectan el orden constitucional, la paz social, la seguridad de la Nación, las instituciones públicas y a las ciudadanas y ciudadanos habitantes de la República Bolivariana de Venezuela, a fin de que el Ejecutivo Nacional adopte las medidas urgentes, efectivas, excepcionales y necesarias, para asegurar a la población el disfrute pleno de sus derechos, preservar el orden interno, el acceso oportuno a bienes, servicios, alimentos, medicinas y otros productos esenciales para la vida. *G.O.* N° 41.478 del 10-09-2018, reimpreso en N° 41.484 del 18-09-2018 y N° 41.485 del 19-09-2018[3].

Decreto N° 3.655, mediante el cual se prorroga por 60 días, el plazo establecido en el Decreto N° 3.610, de fecha 10-09-2018, en el cual se declara el Estado de Excepción y de Emergencia Económica, en todo el territorio nacional. *G.O.* N° 41.521 del 09-11-2018[4].

IV. "ASAMBLEA NACIONAL CONSTITUYENTE"

1. *"Decretos constituyentes"*

Decreto Constituyente mediante el cual se respalda el inicio del nuevo cono monetario a partir del día lunes 20-08-2018 y la supresión de cinco ceros en las denominaciones del Cono Monetario actual, a objeto de brindar mayor fortaleza y estabilidad del Bolívar Soberano, cuyo valor referencial estará anclado al valor del Petro, el cual estará asociado al precio del barril de petróleo venezolano. *G.O.* N° 41.452 del 02-08-2018.

Decreto Constituyente mediante el cual se establece la derogatoria del régimen cambiario y sus ilícitos. *G.O.* N° 41.452 del 02-08-2018.

Decreto Constituyente mediante el cual se establece el Régimen Temporal de Pago de Anticipo del Impuesto al Valor Agregado e Impuesto Sobre la Renta para los Sujetos Pasivos Calificados como Especiales que se dediquen a realizar actividad económica distinta de la explotación de minas, hidrocarburos y de actividades conexas, y no sean perceptores de regalías derivadas de dichas explotaciones. *G.O.* N° 6.396 Extraordinario del 21-08-2018.

Decreto Constituyente mediante el cual se reforma el Decreto con Rango, Valor y Fuerza de Ley de Impuesto a las Grandes Transacciones Financieras. *G.O.* N° 6.396 Extraordinario del 21-08-2018.

Decreto Constituyente mediante el cual se Reforma la Ley que establece el Impuesto al Valor Agregado. *G.O.* N° 6.396 Extraordinario del 21-08-2018.

---

[2]   Véase fallo N° 483 del 25-07-2018 de la Sala Constitucional, mediante el cual se declaró la constitucionalidad de este decreto. Publicado en la *G.O.* N° 41.448 del 27-07-2018.

[3]   Véase fallo N° 638 del 20-09-2018 de la Sala Constitucional, mediante el cual se declaró la constitucionalidad de este decreto. Disponible en http://historico.tsj.gob.ve/decisiones/scon/septiembre/301321-0638-20918-2018-18-0593.HTML y publicado en la *G.O.* N° 41.489 del 25-09-2018.

[4]   Véase fallo N° 805 del 22-11-2018 de la Sala Constitucional, mediante el cual se declaró la constitucionalidad de este decreto. Disponible en http://historico.tsj.gob.ve/decisiones/scon/noviembre/302601-0805-221118-2018-18-0593.HTMLy publicado en la *G.O.* N° 41.543 del 11-12-2018.

Decreto Constituyente mediante el cual se autoriza la prórroga de funcionamiento de la Comisión Para la Verdad, la Justicia, la Paz y la Tranquilidad Pública. *G.O.* N° 41.466 del 23-08-2018.

Decreto Constituyente que aprueba la Ley de Presupuesto para el Ejercicio Económico Financiero 2019, la Ley Especial de Endeudamiento Anual para el Ejercicio Económico Financiero 2019 y el Plan Operativo Anual 2019. *G.O.* N° 41.549 del 19-12-2018.

V. RÉGIMEN DE POLÍTICA, SEGURIDAD Y DEFENSA

1. *Relaciones internacionales*

A. *Acuerdos e incorporaciones al ordenamiento jurídico nacional*

Resolución del Ministerio del Poder Popular para Relaciones Exteriores N° DM/166, mediante la cual se procede a la publicación del "Protocolo Modificatorio del Convenio de Cooperación Específico para la Ejecución de la Misión Milagro, entre la República Bolivariana de Venezuela y la República de El Salvador". *G.O.* N° 41.432 del 03-07-2018.

Acuerdo Complementario N° DM/192, al Acuerdo Marco de Cooperación entre la República Bolivariana de Venezuela y la República de Mozambique sobre el reconocimiento de certificado, títulos o diplomas de educación universitaria. *G.O.* N° 41.455 del 07-08-2018.

Resolución del Ministerio del Poder Popular para Relaciones Exteriores N° DM/213, mediante la cual se adoptó el Protocolo de Nagoya sobre Acceso a los Recursos Genéticos y Participación Justa y Equitativa en los Beneficios que se Deriven de su Utilización al Convenio sobre la Diversidad Biológica. *G.O.* N° 41.476 del 06-09-2018.

Resolución del Ministerio del Poder Popular para Relaciones Exteriores N° DM/214, mediante la cual se adoptó el Protocolo de Nagoya Kuala Lumpur sobre Responsabilidad y Compensación Suplementario al Protocolo de Cartagena sobre Seguridad de la Biotecnología. *G.O.* N° 41.476 del 06-09-2018.

Resolución del Ministerio del Poder Popular para Relaciones Exteriores N° DM/430, mediante la cual se suscribe el Acuerdo entre el Gobierno de la República Bolivariana de Venezuela y el Gobierno de la República Popular Democrática de Corea, referente a la Supresión del Requisito de Visa para Portadores de Pasaportes Diplomáticos y de Servicio. *G.O.* N° 41.544 del 12-12-2018.

Resolución del Ministerio del Poder Popular para Relaciones Exteriores N° DM/496, mediante la cual se suscribe el "Acuerdo de Desarrollo Comercial entre la República Bolivariana de Venezuela y la República de Turquía". *G.O.* N° 6.418 Extraordinario del 27-12-2018.

Resolución del Ministerio del Poder Popular para Relaciones Exteriores N° DM/498, mediante la cual se suscribe el Convenio entre el Gobierno de la República Bolivariana de Venezuela y el Gobierno de la República de Turquía, para evitar la Doble Tributación y Prevenir la Evasión y el Fraude Fiscal en materia de Impuesto Sobre la Renta. *G.O.* N° 41.554 del 28-12-2018.

Resolución del Ministerio del Poder Popular para Relaciones Exteriores N° DM/499, mediante la cual se suscribe el Acuerdo de Transporte Marítimo entre el Gobierno de la República Bolivariana de Venezuela y el Gobierno de la República de Turquía. *G.O.* N° 41.554 del 28-12-2018.

B.   *Cuerpos diplomáticos*

Resoluciones del Ministerio del Poder Popular para Relaciones Exteriores N° DM/126 y DM/127, mediante las cuales se ordena el cierre del Consulado Honorario de la República Bolivariana de Venezuela en la ciudad de Malmö, con Circunscripción Consular en la Provincia de Escania y del Consulado *Ad Honorem* de la República Bolivariana de Venezuela en la ciudad de Gotemburgo, con Circunscripción Consular en la Provincia de Gotemburgo, Reino de Suecia. *G.O.* N° 41.480 del 12-09-2018.

Resolución del Ministerio del Poder Popular para Relaciones Exteriores N° DM/345, mediante la cual se establece que a partir de la presente fecha dentro de la estructura física de las Embajadas de la República Bolivariana de Venezuela ante los Gobiernos de Italia, Francia y Uruguay, cumplirán funciones los Embajadores o Embajadoras Alternas de la República Bolivariana de Venezuela ante la Organización de las Naciones Unidas para la Alimentación y la Agricultura (FAO); la Organización de las Naciones Unidas para la Educación, la Ciencia y la Cultura (UNESCO); y para el Mercado Común del Sur (MERCOSUR)-Asociación Latinoamericana de Integración (ALADI). *G.O.* N° 41.517 del 05-11-2018.

Resolución del Ministerio del Poder Popular para Relaciones Exteriores N° DM/352, mediante la cual se deroga la Resolución DM N° 345, de fecha 05-11-2018, publicada en la Gaceta Oficial N° 41.517 de esa misma fecha. *G.O.* N° 41.527 del 19-11-2018.

Resoluciones del Ministerio del Poder Popular para Relaciones Exteriores N° DM/350, DM/351 y DM/353, mediante las cuales se establece que la Representación Permanente de la República Bolivariana de Venezuela ante el Mercado Común del Sur (MERCOSUR) y Asociación Latinoamericana de Integración (ALADI), la Organización de las Naciones Unidas para la Alimentación y la Agricultura (FAO) y la Organización de las Naciones Unidas para la Educación, la Ciencia y la Cultura (UNESCO), se ejercerán desde las estructuras administrativas de las Embajadas de la República Bolivariana de Venezuela en las ciudades que en ellas se indican, pudiendo ser designado un Representante Permanente distinto al Jefe de Misión de la Embajada concernida. *G.O.* N° 41.527 del 19-11-2018.

Resolución del Ministerio del Poder Popular para Relaciones Exteriores N° DM/398, mediante la cual se crea la Embajada de la República Bolivariana de Venezuela ante el Gobierno de la República Popular Democrática de Corea. *G.O.* N° 41.534 del 28-11-2018.

Resolución del Ministerio del Poder Popular para Relaciones Exteriores N° DM/446, mediante la cual se crea la Embajada de la República Bolivariana de Venezuela ante el Gobierno de la República Democrática del Congo. *G.O.* N° 41.548 del 18-12-2018.

2.   *Seguridad y defensa*

A.   *Operativos y planes de seguridad ciudadana*

Resolución del Ministerio del Poder Popular para Relaciones Interiores, Justicia y Paz N° 195, mediante la cual se dictan las normas sobre la actuación de los órganos y entes del Frente Preventivo para la Vida y la Paz. *G.O.* N° 41.507 del 22-10-2018.

Decreto N° 3.688, mediante el cual se declaran Zonas de Seguridad para la Protección y Garantía del Libre Ejercicio del Derecho al Sufragio, de carácter temporal, con ocasión de los comicios a efectuarse el día domingo 09-12-2018, para la elección de los Concejos Municipales de la República Bolivariana de Venezuela, las instalaciones involucradas y sus áreas adyacentes. *G.O.* N° 41.532 del 26-11-2018.

Resolución conjunta de los Ministerios del Poder Popular para la Defensa y para Relaciones Interiores, Justicia y Paz N° 027711 y 230, mediante la cual se ordena al Comando Estratégico Operacional de la Fuerza Armada Nacional Bolivariana (CEOFANB), que gire instrucciones pertinentes a los Comandantes de las Regiones Estratégicas de Defensa Integral, para establecer estricto control del desplazamiento fronterizo de personas, tanto por vía terrestre, aérea y marítima, así como el paso de vehículos; se mantiene la suspensión del porte de armas de fuego y armas blancas señaladas en Resolución Conjunta de los Ministerios que en ella se indican, publicada en la Gaceta Oficial de la República Bolivariana de Venezuela que en ella se señala; se prohíbe el expendio y distribución bebidas alcohólicas; se prohíbe en todo el territorio nacional las reuniones y manifestaciones públicas, concentraciones de personas y cualquier otro acto similar que pueda perturbar o afectar el normal desarrollo del proceso electoral; se prohíbe el traslado, desplazamiento, transporte, empleo u operación de maquinarias pesadas en todo el territorio nacional; se establece estricto control de la distribución y comercialización al mayor y detal de artificios pirotécnicos y de artefactos de elevación por combustible sólido en todo el territorio nacional con motivo del proceso electoral; y se acredita a los ciudadanos Profesionales Militares que en ella se mencionan, para ejercer la dirección y supervisión directa del Cuerpo de Policía Nacional Bolivariana y los Cuerpos de Policía Estadales y Municipales, desde las 12:01 a.m. del viernes 07-12-2018, hasta las 11:59 p.m. del lunes 10-12-2018. *G.O.* N° 41.540 del 06-12-2018.

Resolución del Ministerio del Poder Popular para Relaciones Interiores, Justicia y Paz N° 237, mediante la cual se dictan las normas sobre los Comités Ciudadanos de Control Policial. *G.O.* N° 41.544 del 12-12-2018.

B. *Porte de armas*

Resolución conjunta de los Ministerios del Poder Popular para la Defensa y para Relaciones Interiores, Justicia y Paz N° 026145 y 161, mediante la cual se suspende el porte de armas de fuego y armas blancas en todo el territorio de la República Bolivariana de Venezuela, para garantizar la seguridad ciudadana, la paz, el orden interno y el resguardo de la integridad física de las personas dentro del Estado venezolano. *G.O.* N° 41.468 del 27-08-2018.

3. *Migración y extranjería*

Resolución del Ministerio del Poder Popular para Relaciones Exteriores N° DM/168, mediante la cual se otorga de manera unilateral y con fines de reciprocidad el beneficio de supresión de visas a los portadores de pasaportes diplomáticos y de servicio válidos a los nacionales de la República de Sudáfrica, para entrar, salir, transitar y permanecer en el territorio de la República Bolivariana de Venezuela por un período de tiempo no mayor a 90 días, a partir de la fecha de entrada. *G.O.* N° 41.433 del 04-07-2018.

Resolución del Ministerio del Poder Popular para Relaciones Exteriores N° DM/184, mediante la cual se acuerda entre el Gobierno de la República Bolivariana de Venezuela y el Gobierno de la República de Ghana, sobre supresión de visas para pasaportes diplomático y de servicio. *G.O.* N° 41.451 del 01-08-2018.

Resolución del Ministerio del Poder Popular para Relaciones Exteriores N° DM/193, mediante la cual se establecen los términos y condiciones para la supresión recíproca de visas de entrada al territorio de las partes para los nacionales de la República Bolivariana de Venezuela y de la República de Mozambique, titulares de pasaportes diplomático o de servicio. *G.O.* N° 41.454 del 06-08-2018.

Resolución conjunta de los Ministerios del Poder Popular para Relaciones Interiores, Justicia y Paz y para Relaciones Exteriores N° DM/233 y DM/428, mediante la cual se concede el beneficio de excepción de visado de no migrante (turista), hasta por un plazo de 90 días prorrogables por una sola vez y en igual término, a los ciudadanos y ciudadanas nacionales del Estado de Catar que deseen ingresar al territorio de la República Bolivariana de Venezuela con fines de recreo, salud o actividades que no involucren remuneración o lucro, ni denoten el ánimo de fijar domicilio permanente. *G.O.* N° 41.544 del 12-12-2018.

Resolución conjunta de los Ministerios del Poder Popular para Relaciones Interiores, Justicia y Paz y para Relaciones Exteriores N° DM/234 y DM/429, mediante la cual se concede el beneficio de excepción de visado de no migrante (turista), hasta por un plazo de 90 días prorrogables por una sola vez y en igual término, a los ciudadanos y ciudadanas nacionales de la República de Nicaragua que deseen ingresar al territorio de la República Bolivariana de Venezuela con fines de recreo, salud o actividades que no involucren remuneración o lucro, ni denoten el ánimo de fijar domicilio permanente. *G.O.* N° 41.544 del 12-12-2018.

VI. RÉGIMEN DE LA ECONOMÍA

1. *Unidad tributaria*

Providencia del SENIAT N° SNAT/2018/0125, mediante la cual se reajusta la Unidad Tributaria en Bss. 17. *G.O.* N° 41.479 del 11-09-2018.

2. *Tributos*

Decreto N° 3.547, mediante el cual se exonera hasta el 31-12-2019, el pago del Impuesto de Importación y Tasa por determinación del régimen aduanero, en los términos y condiciones previstos en este Decreto, a las importaciones definitivas que en él se señalan. *G.O.* N° 41.446 del 25-07-2018, reimpreso en N° 41.456 del 08-08-2018.

Decreto N° 3.551, mediante el cual se exonera del pago del Impuesto al Valor Agregado, Impuesto de Importación y Tasa por determinación del régimen aduanero, en los términos y condiciones previstos en el presente Decreto, a las operaciones de importación definitiva de bienes muebles corporales realizadas por el Consejo Nacional Electoral (CNE), así como las ventas nacionales de bienes muebles corporales que se efectúen a dicho Órgano, estrictamente necesarias para la realización de los procesos electorales que en él se señalan. *G.O.* N° 41.447 del 26-07-2018.

Decreto N° 3.553, mediante el cual se exonera del pago del Impuesto al Valor Agregado, Impuestos de Importación y Tasa por determinación del régimen aduanero, en los términos y condiciones previstos en este Decreto, a las importaciones definitivas de bienes muebles corporales realizadas por los Órganos y Entes de la Administración Pública Nacional, destinados a cubrir la demanda de Útiles Escolares para la temporada escolar 2018-2019 que en él se indican. *G.O.* N° 41.447 del 26-07-2018.

Decreto N° 3.569, mediante el cual se exoneran del pago del Impuesto Sobre la Renta, los enriquecimientos de fuente territorial o extraterritorial obtenidos por Petróleos de Venezuela (PDVSA), empresas filiales y las empresas mixtas domiciliadas o no domiciliadas en la República Bolivariana de Venezuela, provenientes de las actividades de producción de hidrocarburos. *G.O.* N° 41.452 del 02-08-2018.

Resolución conjunta de los Ministerios del Poder Popular de Industria y Producción Nacional, de Economía y Finanzas, para la Agricultura Productiva y Tierras, para la Pesca y Acuicultura, para la Alimentación, para la Salud, de Petróleo y para el Comercio Exterior e

Inversión Internacional, mediante la cual se establecen como mercancías sujetas a la exoneración del pago del Impuesto de Importación y Tasa por Determinación del régimen aduanero hasta el 31-12-2019, las correspondientes al Anexo I y II de esa Resolución. *G.O.* N° 6.393 Extraordinario del 14-08-2018.

Providencia del SENIAT N° SNAT/2018/0128, mediante la cual se modifica el calendario para el cumplimiento de las obligaciones tributarias generadas a partir de los meses de septiembre a diciembre del año 2018, establecido en los literales a, b y d del Artículo 1° de la Providencia Administrativa SNAT/2017/0053, de fecha 19/10/2017, que establece el Calendario de Sujetos Pasivos Especiales para las obligaciones que deben cumplirse para el año 2018. *G.O.* N° 41.468 del 27-08-2018.

Resolución conjunta de los Ministerios del Poder Popular de Industria y Producción Nacional, de Economía y Finanzas, para la Agricultura Productiva y Tierras, para la Pesca y Acuicultura, para la Alimentación, para la Salud, de Petróleo y para el Comercio Exterior e Inversión Internacional N° DM/020, DM/077, DM/069, DM/031, DM/044, DM/199, DM/107 y DM/033, mediante la cual se establece la exoneración del pago de impuesto de Importación y tasa por determinación del régimen aduanero, a las mercancías correspondientes al anexo I y II de esta Resolución, en las fechas que en ella se indican. *G.O.* N° 6.402 Extraordinario del 30-08-2018.

Decreto N° 3.600, mediante el cual se exonera, hasta el 31-12-2019, el pago del Impuesto al Valor Agregado, en los términos y condiciones previstos en este Decreto, a las importaciones definitivas de los bienes muebles corporales identificados en la Resolución Conjunta de los Ministerios del Poder Popular que en él se señalan, publicada en la Gaceta Oficial de la República Bolivariana de Venezuela N° 6.393 Extraordinario, de fecha 14-08-2018. *G.O.* N° 41.472 del 31-08-2018.

Decreto N° 3.584, mediante el cual se establece que la alícuota impositiva general a aplicarse en el Ejercicio Fiscal restante del 2018 y todo el Ejercicio Fiscal 2019, se fija en 16 %. *G.O.* N° 6.395 Extraordinario del 17-08-2018.

Decreto N° 3.609, mediante el cual se exonera del pago del Impuesto al Valor Agregado, Impuesto de Importación y Tasa por Determinación del régimen aduanero, en los términos y condiciones previstos en este Decreto, a las importaciones definitivas de los bienes muebles corporales realizadas por los Órganos y Entes de la Administración Pública Nacional, destinados a garantizar el fortalecimiento de los servicios de telecomunicaciones de la República Bolivariana de Venezuela. *G.O.* N° 41.478 del 10-09-2018.

Providencia del SENIAT N° SNAT/2018/0131, mediante la cual se establecen los términos y condiciones para la presentación de la relación mensual de las operaciones exoneradas concedidas mediante Decreto N° 3.551, de fecha 25-07-2018. *G.O.* N° 41.479 del 11-09-2018.

Providencia del SENIAT N° SNAT/2018/0138, mediante la cual se autoriza la emisión y circulación de bandas de garantía para licores. *G.O.* N° 41.504 del 17-10-2018.

Providencia del SENIAT N° SNAT/2018/0141, mediante la cual se establece las normas relativas a imprentas y máquinas fiscales para la elaboración de facturas y otros documentos. *G.O.* N° 41.518 del 06-11-2018.

Decreto N° 3.654, mediante el cual se fija en 2 % la alícuota del Impuesto a las Grandes Transacciones Financieras. *G.O.* N° 41.520 del 08-11-2018.

Providencia del SENIAT N° SNAT/2018/0189, mediante la cual se establece el calendario de sujetos pasivos especiales y agentes de retención para aquellas obligaciones que deben cumplirse para el año 2019. *G.O.* N° 41.546 del 14-12-2018.

Providencia del SENIAT N° SNAT/2018/0190, mediante la cual se establece el calendario de sujetos pasivos no calificados como especiales para actividades de juegos de envite o azar a cumplirse en el año 2019. *G.O.* N° 41.546 del 14-12-2018.

Decreto N° 3.719, mediante el cual los sujetos pasivos que realicen operaciones en el territorio nacional en moneda extranjera o criptodivisas, autorizadas por la Ley, deben determinar y pagar las obligaciones en moneda extranjera o criptodivisas. *G.O.* N° 6.420 Extraordinario del 28-12-2018.

Decreto N° 3.733, mediante el cual se prorroga hasta el 31-12-2019, la exoneración del pago del Impuesto de Importación y Tasa por determinación del régimen aduanero a las importaciones definitivas de productos elaborados de los sectores textiles, calzados, alimentos, lubricantes y sus derivados, productos para el aseo personal, para la higiene y limpieza del hogar y medicamentos, realizadas por los órganos y entes de la Administración Pública Nacional, así como las realizadas con recursos propios por las personas naturales o jurídicas, no producidos en el país o con producción insuficiente, conforme a la ley, en los términos y condiciones previstos en el artículo 2° del Decreto N° 3.547, publicado en la Gaceta Oficial de la República Bolivariana de Venezuela N° 41.446 de fecha 25-07-2018, reimpreso en la Gaceta Oficial de la República Bolivariana de Venezuela N° 41.456 de fecha 08-08-2018. *G.O.* N° 6.423 Extraordinario del 28-12-2018.

3. *Cono monetario*

Decreto N° 3.548, mediante el cual se establece que a partir del 20-08-2018, se reexpresa la unidad del sistema monetario de la República Bolivariana de Venezuela. *G.O.* N° 41.446 del 25-07-2018.

Resolución del Banco Central de Venezuela N° 18-07-02, mediante la cual se dictan las normas que rigen el proceso de reconversión monetaria. *G.O.* N° 41.460 del 14-08-2018.

Resolución del Banco Central de Venezuela N° 18-11-01, mediante la cual se establece que los billetes del cono monetario precedente emitidos por el Banco Central de Venezuela, con denominaciones iguales y superiores a Bs. 1.000, circularán hasta el 03-12-2018, simultáneamente con las representativas de la unidad monetaria reexpresada. *G.O.* N° 41.536 del 30-11-2018.

4. *Régimen cambiario*

Convenio Cambiario del Banco Central de Venezuela, N° 1. *G.O.* N° 6.405 Extraordinario del 17-09-2018.

5. *Instituciones financieras*

Resolución del Ministerio del Poder Popular de Economía y Finanzas N° DM/064, mediante la cual se fijan las bases, condiciones, términos y porcentajes mínimos obligatorios de la cartera de crédito dirigida al sector manufacturero, por parte de la banca universal y la banca comercial durante el ejercicio económico financiero 2018. *G.O.* N° 41.438 del 12-07-2018.

Resolución del Banco Central de Venezuela N° 18-08-01, mediante la cual se establece que los bancos universales y microfinancieros regidos por el Decreto con Rango, Valor y Fuerza de Ley de Instituciones del Sector Bancario, así como los bancos comerciales en proceso de transformación de acuerdo con lo previsto en las Disposiciones Transitorias de dicho Decreto-Ley, deberán mantener un encaje especial, adicional al encaje ordinario que deben constituir de conformidad con lo dispuesto en la Resolución del Directorio del Banco Central de Venezuela N° 14-03-02 del 13-03-2014, igual al 100 % sobre el incremento de las reservas bancarias excedentes al cierre del 31-08-2018. *G.O.* N° 41.472 del 31-08-2018.

Resolución del Banco Central de Venezuela N° 18-10-01, mediante la cual se dictan las normas que regirán la constitución del encaje. *G.O.* N° 41.500 del 10-10-2018.

Aviso Oficial del Banco Central de Venezuela, mediante el cual se informa a las instituciones bancarias, a las casas de cambio y a los proveedores no bancarios de terminales de puntos de venta, los límites máximos de las comisiones, tarifas y/o recargos que podrán cobrar por las operaciones y/o actividades que en él se mencionan. *G.O.* N° 41.521 del 09-11-2018.

Aviso Oficial del Banco Central de Venezuela, según el cual las instituciones bancarias sólo podrán cobrar a sus clientes o al público en general comisiones, tarifas y/o recargos por los conceptos que hayan sido establecidos por el Banco Central de Venezuela mediante Resoluciones y Avisos Oficiales dictados en la materia. *G.O.* N° 41.521 del 09-11-2018.

Resolución del Banco Central de Venezuela N° 18-11-02, mediante la cual se dictan las normas que regirán la constitución del encaje. *G.O.* N° 41.536 del 30-11-2018.

Resolución del Banco Central de Venezuela N° 18-11-03, mediante la cual se establece mantener un encaje especial adicional al encaje ordinario. *G.O.* N° 41.536 del 30-11-2018.

Resolución del Banco Central de Venezuela N° 18-12-01, mediante la cual se dictan las normas generales sobre los sistemas de pago y proveedores no bancarios de servicios de pago que operan en el país. *G.O.* N° 41.547 del 17-12-2018.

Aviso Oficial del Banco Central de Venezuela, mediante el cual se informa al público en general los sistemas de pago que operan en el territorio de la República Bolivariana de Venezuela y sus respectivos administradores, que han sido reconocidos, calificados según su impacto y autorizados por ese Instituto. *G.O.* N° 41.547 del 17-12-2018.

6.   *Actividad aseguradora*

Resolución del Ministerio del Poder Popular de Economía y Finanzas N° 057, mediante la cual se fija en 3 % del monto de las primas de las pólizas de seguro de salud, de las cuotas de los planes de salud y al monto de ingreso obtenido como remuneración por los contratos de administración de riesgos, correspondiente al ejercicio económico financiero del año 2018. *G.O.* N° 41.447 del 26-07-2018.

Resolución del Ministerio del Poder Popular de Economía y Finanzas N° 076, mediante la cual se fija en 2,5 % el monto del aporte que deberán enterar los sujetos regulados al patrimonio de la Superintendencia de la Actividad Aseguradora, correspondiente al Ejercicio Económico Financiero del año 2018. *G.O.* N° 41.447 del 26-07-2018.

Providencia de la Superintendencia de la Actividad Aseguradora N° FSAA-DL-2-0035, mediante la cual se dictan las normas para elaborar los reglamentos actuariales de las tarifas aplicables en los contratos de seguros y de servicios de medicina prepagada. *G.O.* N° 41.501 del 11-10-2018.

7.   *Cajas de ahorro*

Providencia de la Superintendencia de Cajas de Ahorro N° SCA-PAN-001-2018, mediante la cual se establece que el Consejo de Administración de las Cajas de Ahorro, Fondos de Ahorro y Asociaciones de Ahorro Similares, deberán enviar por el correo institucional: sudeca.datos@gmail.com, la información que en ella se indica. *G.O.* N° 41.445 del 23-07-2018.

Providencia de la Superintendencia de Cajas de Ahorro N° SCA-PAN-002-2018, mediante la cual se establece que los entes empleadores de los trabajadores a tiempo determinado e indeterminado, sean funcionarios, empleados u obreros del sector público, sector privado, no dependientes, jubilados o pensionados de los órganos y entes de la Administración Pública Nacional, Estadal y Municipal, instituciones públicas, empresas, fundaciones y asociaciones civiles públicas o privadas, universidades, colegios y afines que integran como asociados las Cajas de Ahorro, Fondos de Ahorro y Asociaciones de Ahorro Similares, tanto del Sector Público como del Sector Privado, deben entregar los aportes del ente empleador, aportes de los asociados, aportes voluntarios del empleador y de los asociados, en un plazo de 5 días hábiles siguientes a la fecha en que realice la deducción a las referidas Asociaciones Civiles. *G.O.* N° 41.445 del 23-07-2018.

Providencia de la Superintendencia de Cajas de Ahorro N° SCA-PAN-003-2018, mediante la cual se dicta la regulación de la reserva especial en el marco del Plan de Ahorro Soberano. *G.O.* N° 41.530 del 22-11-2018.

8.   *Telecomunicaciones*

Providencia de CONATEL N° 052, mediante la cual se ordena la publicación de la lista de marcas, modelos de equipos y aparatos, los cuales han obtenido previamente la aprobación y homologación por parte de la Comisión Nacional de Telecomunicaciones (CONATEL), y que han sido objeto de modificación respecto a sus marcas originales durante el año 2017. *G.O.* N° 41.431 del 02-07-2018.

Resolución del Ministerio del Poder Popular para la Comunicación e Información N° 029-A, mediante la cual se fijan los topes tarifarios máximos para los servicios de telefonía fija local ofrecidos a usuarios residenciales y no residenciales; así como fijar las tarifas del servicio de telefonía pública para uso nacional, fijo-móvil, servicio de larga distancia internacional residencial y no residencial, prestados por la C.A., CANTV. *G.O.* N° 6.391 Extraordinario del 09-08-2018.

Decreto N° 3.691, mediante el cual se dicta el Reglamento para la protección de los derechos de los usuarios en la prestación de los servicios de telecomunicaciones. *G.O.* N° 41.533 del 27-11-2018.

9.   *Agricultura y pesca*

Providencia del INSOPESCA N° 031-2018, mediante las cuales se establece dejar sin efecto el período de veda del recurso camarón (Litopenaeus Schmitti y Xiphopenaeus Kroyeri) en la zona costera marítima occidental del estado Falcón. *G.O.* N° 41.471 del 30-08-2018.

Providencia del INSAI N° 057/18, mediante la cual se establecen las normas, medidas y procedimientos fitosanitarios para la prevención y contención de la raza 4 tropical Fusarium Oxysporum F. SP. Cubense (Foc R4T). *G.O.* N° 41.480 del 12-09-2018.

Providencia del INSAI N° 058/18, mediante la cual se establecen las normas para la prevención y control de la plaga Ralstonia solanacearum (Smith.) Yabuchi, causante de la enfermedad conocida como Marchitez Bacteriana. *G.O.* N° 41.480 del 12-09-2018.

Providencia del INSAI N° 059/18, mediante la cual se establecen las normas para la prevención, contención, control y erradicación de la plaga "Sigatoka Negra" causada por el hongo Mycosphaerella Fijensis Morelet, en el cultivo de la familia Musaceae. *G.O.* N° 41.480 del 12-09-2018.

Providencia del INSAI N° 060/18, mediante la cual se establecen las normas, medidas y procedimientos fitosanitarios para la prevención, contención, control y erradicación de la plaga "Sarna Verrugosa de la Papa" Synchytrium Endobioticum (Schilb.) Percival. *G.O.* N° 41.480 del 12-09-2018.

Providencia del INSAI N° 061/18, mediante la cual se establecen las normas, medidas y procedimientos fitosanitarios para la prevención, contención, control y erradicación del ácaro vaneador del arroz Steneotarsonemus Spinki Smiley. *G.O.* N° 41.480 del 12-09-2018.

Providencia del INSAI N° 065/18, mediante la cual se prorrogan los lapsos, condiciones y términos establecidos en la Providencia N° INSAI N° 045/2017, de fecha 01-09-2017, donde se regula el procedimiento y establecen los requisitos para el otorgamiento de los registros de productos de uso pecuario, agrícola vegetal, doméstico, salud pública e industrial, en sustitución de los registros emitidos por el extinto Servicio Autónomo de Sanidad Agropecuaria (SASA). *G.O.* N° 41.480 del 12-09-2018.

Providencias del INSAI N° 069/2018, 070/2018, 071/2018, 072/2018 y 073/2018, mediante las cuales se establecen las normas, medidas y procedimientos fitosanitarios para la detección, prevención, manejo y control de las plagas que en ellas se señalan. *G.O.* N° 41.504 del 17-10-2018.

Resolución conjunta de los Ministerios del Poder Popular para la Agricultura Productiva y Tierras y para la Alimentación N° DM/080/2018 y N° DM/032-2018, mediante la cual se dictan las normas que regulan los requisitos que deben cumplir las personas naturales y jurídicas que intervienen directa o indirectamente en la cadena de producción, procesamiento, distribución y comercialización del rubro café. *G.O.* N° 41.517 del 05-11-2018.

Resolución del Ministerio del Poder Popular para el Ecosocialismo N° 486, mediante la cual se dictan las Normas para el Aprovechamiento Sustentable de la Especie Baba (Caimán Crocodilus). *G.O.* N° 41.535 del 29-11-2018.

10. *Energía y minas*

Decreto mediante el cual se reserva al Ejecutivo Nacional por Órgano del Ministerio del Poder Popular con competencia en materia de Minería, el ejercicio directo de las actividades de Exploración y Explotación del Mineral de Feldespato y demás Minerales Asociados a éste, que se encuentren en las áreas denominadas: La Gloria 3, La Gloria 4 y Hato San Antonio; ubicadas en los municipios San Carlos Lima Blanco y Tinaco y Falcón del estado Cojedes. *G.O.* N° 6.387 Extraordinario del 03-07-2018.

Decreto N° 3.519, mediante el cual se establece un régimen especial y transitorio para la gestión operativa y administrativa de la industria nacional del hierro, acero y aluminio. *G.O.* N° 41.434 del 06-07-2018.

Resolución del Ministerio del Poder Popular de Petróleo N° 049, mediante la cual se establecen los parámetros para declarar determinados volúmenes de hidrocarburos líquidos, exentos del pago de la contribución especial por precios extraordinarios y precios exorbitantes en el mercado internacional de hidrocarburos. *G.O.* N° 41.434 del 06-07-2018.

Decreto N° 3.550, mediante el cual se determina como respaldo para facilitar el acceso a mecanismos e instrumentos financieros y monetarios para la República Bolivariana de Venezuela, el desarrollo potencial de 29.298 MMBN de reservas de petróleo pesado y extrapesado en sitio, localizadas en el Bloque Ayacucho 02 de la Faja Petrolífera del Orinoco Hugo Chávez Frías. *G.O.* N° 41.446 del 25-07-2018.

Resolución del Ministerio del Poder Popular de Petróleo N° 080, mediante la cual se incorporan 1.330.146 MBN de nuevas reservas probadas de petróleo y condensado a nivel nacional, al cierre del 31-12-2017, provenientes tanto de la Faja Petrolífera del Orinoco Hugo Chávez Frías, como en Área Tradicional Oriente, Occidente y Centro Sur, distribuidas de la manera que en ella se indica. *G.O.* N° 41.446 del 25-07-2018.

Decreto N° 3.586, mediante el cual se reserva al Ejecutivo Nacional la compra de residuos sólidos de aluminio, cobre, hierro, bronce, acero, níquel u otro tipo de metal o chatarra ferrosa en cualquier condición; así como de residuos sólidos no metálicos, fibra óptica, y fibra secundaria producto del reciclaje del papel y cartón. Tales materiales se declaran de carácter estratégico y vital para el desarrollo sostenido de la industria nacional. *G.O.* N° 41.464 del 21-08-2018, reimpreso en N° 41.465 del 22-08-2018 y N° 41.492 del 28-09-2018.

Decreto N° 3.597, mediante el cual se declara como mineral estratégico para su exploración y explotación el carbón, por lo cual queda sujeto al régimen previsto en el Decreto con Rango Valor y Fuerza de Ley Orgánica que Reserva al Estado las actividades de exploración y explotación del oro y demás minerales estratégicos. *G.O.* N° 41.472 del 31-08-2018.

Decreto N° 3.607, mediante el cual se transfiere a la Corporación Venezolana de Minería, S.A., (CVM), el derecho al ejercicio de las actividades primarias de exploración y explotación del oro y demás minerales estratégicos. *G.O.* N° 41.477 del 07-09-2018, reimpreso en N° 41.478 del 10-09-2018.

Decreto N° 3.707, mediante el cual se prorroga hasta el 31-12-2019, la vigencia del Decreto N° 3.519, de fecha 06-07-2018, publicado en la Gaceta Oficial de la República Bolivariana de Venezuela N° 41.434 de la misma fecha, mediante el cual se establece un régimen especial y transitorio para la gestión operativa y administrativa de la industria nacional del hierro, acero y aluminio. *G.O.* N° 41.553 del 27-12-2018.

11. *Servicios e industrias*

Resolución de la Vicepresidencia Sectorial de Economía N° VSE-001-2018, mediante la cual se establece como precios al consumidor para los productos que en ella se indican, los cuales serán observados por todas las personas naturales y jurídicas, de derecho público y privado, en el territorio nacional. *G.O.* N° 6.397 Extraordinario del 21-08-2018.

Resolución de la Vicepresidencia Sectorial de Economía N° VSE-002-2018, mediante la cual se autoriza el acuerdo alcanzado para la fijación de los precios al consumidor para los productos y las presentaciones que en ella se indican, los cuales serán de obligatorio cumplimiento por las personas naturales y jurídicas, de derecho público y privado, en la República Bolivariana de Venezuela. *G.O.* N° 6.401 Extraordinario del 30-08-2018.

Resolución de la Vicepresidencia Sectorial de Economía N° VSE-003-2018, mediante la cual se reforma el Artículo 1 de la Resolución VSE-001-2018, de fecha 21-08-2018, publicada en la Gaceta Oficial de la República Bolivariana de Venezuela N° 6.397 Extraordinario. *G.O.* N° 6.401 Extraordinario del 30-08-2018.

Providencia del Instituto Nacional Contra la Discriminación Racial Nº PRE-CJ-001-2018, mediante la cual se dictan las Normas para la Publicación de los Carteles Contentivos de la Prohibición de Todo Acto de Discriminación Racial en el Territorio Nacional. *G.O.* Nº 41.491 del 27-09-2018.

Resolución de la Vicepresidencia Sectorial de Economía Nº VSE-004-2018, mediante la cual se establecen como precios máximos al consumidor para los medicamentos en sus formas farmacéuticas que en ella se indican. *G.O.* N° 41.501 del 11-10-2018.

Resolución del Ministerio del Poder Popular para la Agricultura Productiva y Tierras N° DM/083/2018, mediante la cual se suspende la importación de animales, productos y subproductos procedentes de la República de Colombia, susceptibles de transmitir o vehiculizar el virus de la fiebre aftosa. *G.O.* N° 41.512 del 29-10-2018.

Resolución conjunta del Comando para el Abastecimiento Soberano Despacho del Jefe del Órgano Superior, Ministerios del Poder Popular de Industrias y Producción Nacional, para la Agricultura Productiva y Tierras, para la Alimentación, para la Pesca y Acuicultura, y de Comercio Nacional N° 021/18, mediante la cual se prohíbe en todo el territorio nacional la emisión o ejecución de cualquier medida, restricción o gravamen, que impidan de manera directa o indirecta el acopio, transporte, distribución, comercialización o libre movilización de alimentos, bien sea de producción primaria o procesada, incluso sus subproductos, así como cualquier especie de ganadería, pesca o acuicultura, en pie o beneficiada, según corresponda. Asimismo, se prohíbe la emisión o ejecución de cualquier medida de restricción o gravamen a la libre movilización de los elementos necesarios para la producción primaria, procesamiento o comercialización de rubros agrícolas, pesqueros y acuícolas, tales como semillas, insumos biológicos y agroquímicos, fertilizantes, maquinaria agrícola, artes de pesca y cualesquiera otros materiales requeridos a tales fines, que atente contra el abastecimiento agroalimentario nacional, el consumo de alimentos del pueblo venezolano, la vida digna, la seguridad y la paz social de los venezolanos. *G.O.* N° 41.526 del 16-11-2018.

Resolución de la Vicepresidencia Sectorial de Economía N° VSE-011-2018, mediante la cual se autoriza el acuerdo alcanzado para la fijación de los precios al consumidor para los productos de la cesta básica, que se indican a continuación, los cuales serán observados por todas las personas naturales y jurídicas, de derecho público y privado, en la República Bolivariana de Venezuela. *G.O.* N° 41.536 del 30-11-2018.

Resolución de la Vicepresidencia Sectorial de Economía N° VSE-012-2018, mediante la cual se autoriza el acuerdo alcanzado para la fijación de los precios al consumidor para los productos de higiene y aseo personal, que se indican a continuación, los cuales serán de obligatorio cumplimiento por las personas naturales y jurídicas, de derecho público y privado, en la República Bolivariana de Venezuela. *G.O.* N° 41.536 del 30-11-2018.

Resolución del Ministerio del Poder Popular de Comercio Nacional N° 008, mediante la cual se exonera el cobro de cualquier comisión o recargo acordado mediante contratos privados, que pueda generar la venta de los textiles y calzados producto de las Alianzas Comerciales, celebradas en el marco de la Feria Navideña "Juntos por Venezuela 2018". *G.O.* N° 41.544 del 12-12-2018.

VII. RÉGIMEN DE DESARROLLO SOCIAL

1. *Educación*

A. *Educación básica y media*

Resolución de la Vicepresidencia de la República N° 027, mediante la cual se establece el mecanismo para determinar los precios aplicables al servicio prestado por las instituciones educativas privadas en todo el territorio nacional. *G.O.* N° 41.502 del 15-10-2018, reimpreso en N° 41.503 del 16-10-2018.

B. *Educación superior*

Decreto N° 3.632, mediante el cual se crea la Universidad Nacional Experimental de las Telecomunicaciones e Informática "UNETI". *G.O.* N° 41.501 del 11-10-2018.

Decreto N° 3.651, mediante el cual se crea la Universidad Nacional Experimental del Magisterio "Samuel Robinson" (UNEM). *G.O.* N° 41.515 del 01-11-2018.

Decreto N° 3.677, mediante el cual se crea la Universidad Politécnica Territorial de Maracaibo en el marco de la Misión Alma Mater, como universidad experimental, con personalidad jurídica y patrimonio propio, distinto e independiente del Tesoro Nacional. *G.O.* N° 41.531 del 23-11-2018.

Decreto N° 3.678, mediante el cual se crea la Universidad Politécnica Territorial de Puerto Cabello en el marco de la Misión Alma Mater, como Universidad Experimental, con personalidad jurídica y patrimonio propio, distinto e independiente del Tesoro Nacional. *G.O.* N° 41.531 del 23-11-2018.

Decreto N° 3.679, mediante el cual se crea la Universidad Politécnica Territorial del Zulia en el marco de la Misión Alma Mater, como Universidad Experimental, con personalidad jurídica y patrimonio propio, distinto e independiente del Tesoro Nacional. *G.O.* N° 41.531 del 23-11-2018.

Decreto N° 3.680, mediante el cual se crea la Universidad Politécnica Territorial de los Llanos "Juana Ramírez" en el marco de la Misión Alma Mater, como Universidad Experimental, con personalidad jurídica y patrimonio propio, distinto e independiente del Tesoro Nacional. *G.O.* N° 41.531 del 23-11-2018.

Decreto N° 3.681, mediante el cual se crea la Universidad Politécnica Territorial de Caracas "Mariscal Sucre" en el marco de la Misión Alma Mater, como Universidad Experimental, con personalidad jurídica y patrimonio propio, distinto e independiente del Tesoro Nacional, la cual tendrá su sede principal en la ciudad de Caracas. *G.O.* N° 41.531 del 23-11-2018.

Decreto N° 3.682, mediante el cual se crea la Universidad Politécnica Territorial Agroindustrial del Estado Táchira, en el marco de la Misión Alma Mater, como universidad experimental, con personalidad jurídica y patrimonio propio, distinto e independiente del Tesoro Nacional. *G.O.* N° 41.531 del 23-11-2018.

Decreto N° 3.683, mediante el cual se crea la Universidad Politécnica Territorial del Estado Bolívar, en el marco de la Misión Alma Mater, como universidad experimental, con personalidad jurídica y patrimonio propio, distinto e independiente del Tesoro Nacional. *G.O.* N° 41.531 del 23-11-2018.

Decreto N° 3.684, mediante el cual se crea la Universidad Politécnica Territorial de Valencia, en el marco de la Misión Alma Mater, como universidad experimental, con personalidad jurídica y patrimonio propio, distinto e independiente del Tesoro Nacional. *G.O.* N° 41.531 del 23-11-2018.

Decreto N° 3.685, mediante el cual se crea la Universidad Politécnica Territorial del Estado Miranda "Dr. Federico Rivero Palacio", en el marco de la Misión Alma Mater, como universidad experimental, con personalidad jurídica y patrimonio propio, distinto e independiente del Tesoro Nacional. *G.O.* N° 41.531 del 23-11-2018.

2.   *Régimen laboral*

Decreto N° 3.583, mediante el cual se declara día no laborable y, por tanto, se le otorga el carácter de feriado a los efectos del Decreto con Rango, Valor y Fuerza de Ley Orgánica del Trabajo, los Trabajadores y las Trabajadoras, el día 20 de agosto del año 2018. *G.O.* N° 6.395 Extraordinario del 17-08-2018.

Decreto N° 3.601, mediante el cual se incrementa el salario mínimo mensual obligatorio en todo el territorio de la República Bolivariana de Venezuela, para los trabajadores que presten servicios en los sectores público y privado, el cual se fija en la cantidad de Bs.S 1.800 mensuales, a partir del 01-09-2018. *G.O.* N° 6.403 Extraordinario del 31-08-2018.

Decreto N° 3.602, mediante el cual se fija el Cestaticket Socialista mensual para los trabajadores que presten servicios en los sectores público y privado, en la cantidad de Bs.S 180. *G.O.* N° 6.403 Extraordinario del 31-08-2018.

Providencia del INPSASEL N° 014, mediante la cual se modifica el baremo nacional para la asignación del porcentaje de discapacidad por enfermedades ocupacionales y accidentes de trabajo, de fecha 17 de enero de 2013. *G.O.* N° 41.543 del 11-12-2018.

Decreto N° 3.708, mediante el cual se establece la inamovilidad laboral de las trabajadoras y trabajadores del sector público y privado regidos por el Decreto con Rango, Valor y Fuerza de Ley Orgánica del Trabajo, los Trabajadores y las Trabajadoras, por un lapso de 2 años contados a partir de la entrada en vigencia de este Decreto, a fin de proteger el derecho al trabajo como proceso fundamental que permite la promoción de la prosperidad, el bienestar del pueblo y la construcción de una sociedad justa y amante de la paz. *G.O.* N° 6.419 Extraordinario del 28-12-2018.

3.   *Cultura*

Decreto N° 3.676, mediante el cual se declara el 20 de noviembre de cada año como "Día Nacional de la Historia Insurgente y de los Derechos Soberanos del Pueblo Venezolano". *G.O.* N° 41.528 del 20-11-2018.

Providencia del Instituto del Patrimonio Cultural N° 025, mediante la cual se declara como Bien de Interés Cultural "los Diseños, Símbolos, Técnicas y Saberes asociados al Arte del Tejido Wayuu", que tienen su origen ancestral en la península de la Guajira conocida hoy como el Municipio Indígena Bolivariano Guajira. *G.O.* N° 41.542 del 10-12-2018.

Providencia del Instituto del Patrimonio Cultural N° 027, mediante la cual se declara como Bien de Interés Cultural, la trayectoria y las obras musicales y cinematográficas de Jesús Bernardo Sanoja Soteldo, mejor conocido como "Chuchito Sanoja", como expresión musical de la República Bolivariana de Venezuela. *G.O.* N° 41.542 del 10-12-2018.

Providencia del Instituto del Patrimonio Cultural N° 028, mediante la cual se declara Bien de Interés Cultural de la República Bolivariana de Venezuela la imagen y devoción a Nuestra Señora de la Paz, en el estado Trujillo. *G.O.* N° 41.542 del 10-12-2018.

Resolución del Ministerio del Poder Popular para Relaciones Interiores, Justicia y Paz N° 238, mediante la cual se señalan los Actos Protocolares y Ceremoniales para el 17-12-2018, con motivo de conmemorarse el 188° Aniversario de la muerte del Libertador y Padre de la Patria Simón Bolívar. *G.O.* N° 41.546 del 14-12-2018.

4. *Premios y condecoraciones*

Decreto N° 3.695, mediante el cual se crea la condecoración "Orden Espada del Libertador". *G.O.* N° 41.537 del 03-11-2018.

Decreto N° 3.689, mediante el cual se crea la condecoración Orden "Sable Victorioso de Carabobo". *G.O.* N° 41.533 del 27-11-2018.

5. *Salud*

Resolución del Ministerio del Poder Popular para la Salud N° 226, mediante la cual se declara oficial el Tomo del Anuario de Mortalidad del año 2014. *G.O.* N° 41.490 del 26-09-2018.

Resolución del Ministerio del Poder Popular para la Salud N° 322, mediante la cual se crea el Sistema de Gestión y Distribución de Medicamentos e Insumos Médicos Simón Bolívar (SIBO), de carácter estratégico y de obligatorio cumplimiento por la Red de Hospitales que integran el Sistema Público Nacional de Salud, interconectado con el Sistema Integral de Control de Medicamentos (SICM). *G.O.* N° 41.519 del 07-11-2018.

Resolución conjunta de los Ministerios del Poder Popular para la Salud y de Comercio Nacional N° 331 y 003, mediante la cual se establecen los lineamientos necesarios que deben cumplir los usuarios del Sistema Integral de Control de Medicamentos (SICM), los laboratorios, casas de representación, importadoras del sector público y privado, para la obtención de la información en relación con los procesos de producción e importación de medicamentos. *G.O.* N° 41.541 del 07-12-2018.

Resolución del Ministerio del Poder Popular para la Salud N° 346, mediante la cual se dictan las normas de buenas prácticas para almacenamiento de productos farmacéuticos, materiales médico-quirúrgicos, materias primas, productos intermedios, a granel e insumos para acondicionamiento. *G.O.* N° 41.545 del 13-12-2018.

Resolución del Ministerio del Poder Popular para la Salud N° 356, mediante la cual se establecen los lineamientos necesarios que deben cumplir los usuarios del Sistema Integral de Control de Medicamentos (SICM), los laboratorios, casas de representación, importadoras, droguerías, farmacias, centros de salud del sector público y privado. *G.O.* N° 41.546 del 14-12-2018.

6. *Vivienda y hábitat*

Resolución del Ministerio del Poder Popular para Hábitat y Vivienda, mediante la cual se establece las condiciones de financiamiento que regirán el otorgamiento de créditos para la adquisición, autoconstrucción, ampliación o mejoras de vivienda principal con recursos provenientes de los fondos regulados por el Decreto con Rango, Valor y Fuerza de Ley del Régimen Prestacional de Vivienda y Hábitat y, con recursos provenientes de los fondos que al efecto cree, administre o especifique el Órgano Superior del Sistema Nacional de Vivienda y Hábitat. *G.O.* N° 41.525 del 15-11-2018.

Decreto N° 3.718, mediante el cual se autoriza a la Oficina Nacional del Tesoro para que capte, custodie, administre y efectúe los pagos que correspondan con los aportes y retenciones, cuya percepción está atribuida al Instituto Venezolano de los Seguros Sociales (IVSS), al Banco Nacional de Vivienda y Hábitat (BANAVIH) y al Instituto Nacional de Capacitación y Educación Socialista (Inces), como parte del Sistema de Seguridad Social. *G.O.* N° 6.420 Extraordinario del 28-12-2018.

VIII. RÉGIMEN DEL DESARROLLO FÍSICO Y ORDENACIÓN DEL TERRITORIO

1. *Territorio nacional*

Decreto N° 3.732, mediante el cual tiene por objeto garantizarle a la República Bolivariana de Venezuela el ejercicio de los derechos de soberanía plena y jurisdicción exclusiva sobre toda la plataforma submarina, zócalo y subsuelo continental que proyecta el Delta del Orinoco hasta el borde continental hacia el Océano Atlántico o fachada atlántica del Delta del Orinoco. *G.O.* N° 6.422 Extraordinario del 28-12-2018.

2. *Zonas económicas especiales*

Decreto mediante el cual se crea la zona Económica Especial Tinaquillo-San Carlos, cuyo ámbito espacial se circunscribe al territorio de los municipios Tinaco; Tinaquillo; Ezequiel Zamora y Lima Blanco, del estado Cojedes. *G.O.* N° 6.387 Extraordinario del 03-07-2018.

Decreto N° 3.652, mediante el cual se crea las Zonas Económicas Especiales del Municipio Palavecino y del Municipio Iribarren del estado Lara. *G.O.* N° 41.516 del 02-11-2018.

3. *Transporte y tránsito*

A. *Sistema de transporte terrestre*

Exhorto del Ministerio del Poder Popular para el Transporte a los Alcaldes a nivel nacional quienes tienen la competencia en materia de tarifa de transporte urbano, a los gremios de transportistas y a las autoridades competentes a respetar y mantener como tarifas máximas en sus áreas de competencia para el Transporte Privado, la cantidad de Bs.S 1, y para el Transporte Público en Bs.S 0,50, a partir del 27-08-2018. *G.O.* N° 41.468 del 27-08-2018.

Providencia del INTT N° 028-2018, mediante la cual se establece de forma provisional el procedimiento especial para llevar a cabo la inscripción ante el Registro del Sistema Nacional de Transporte Terrestre, única y exclusivamente en aquellos casos cuyos propietarios de vehículos a motor, no dispongan de todos los requisitos previstos en la Ley de Transporte y su Reglamento, para demostrar de forma auténtica la propiedad de dicho vehículo a motor ante este Instituto. *G.O.* N° 41.469 del 28-08-2018.

Resolución del Ministerio del Poder Popular para el Transporte N° 064, mediante la cual se modifica el formato del Certificado de Registro de Vehículo y Certificado de Circulación, y se deroga la Resolución N° 066, de fecha 27-11-2007. *G.O.* N° 41.470 del 29-08-2018.

Resolución del Ministerio del Poder Popular para el Transporte N° 063, mediante la cual se establece la tarifa máxima oficial para las rutas interurbanas y suburbanas a nivel nacional, a ser cobradas por los prestadores del servicio público de transporte terrestre de pasajeras y pasajeros, respectivamente, con la finalidad de concretar y equilibrar tanto a los transportistas como a los usuarios del servicio. *G.O.* N° 6.400 Extraordinario del 30-08-2018.

Resolución del Ministerio del Poder Popular para el Transporte N° 066, mediante la cual se establece el ajuste de las tarifas de los Sistemas de Transporte Masivo Metro de Caracas; Metro Los Teques; Metro de Maracaibo; Metro de Valencia; incluyendo Metro Cable, Bus Caracas y Metrobús; Trolebús Mérida; Sistemas Ferroviarios Tuy Medio Ezequiel Zamora; Sistema Integral de Transporte Superficial S.A. (SITSSA) y todas las empresas de transporte público del Estado Venezolano que en ella se especifican. *G.O.* N° 41.484 del 18-09-2018.

Exhorto Oficial del Ministerio del Poder Popular para el Transporte, mediante el cual se exhorta a los alcaldes a nivel nacional, quienes tienen la competencia en materia de tarifas de transporte urbano, a los gremios de transportistas y a las autoridades competentes a respetar y mantener como tarifas máximas en sus áreas de competencia, las cantidades que en él se indican. *G.O.* N° 41.515 del 01-11-2018.

Resolución del Ministerio del Poder Popular para el Transporte N° 075, mediante la cual se establece la tarifa máxima oficial para las rutas suburbanas e interurbanas a nivel nacional, a ser cobrada por los prestadores del servicio público de transporte terrestre de pasajeras y pasajeros, respectivamente, con la finalidad de concretar y equilibrar tanto los transportistas como a los usuarios del servicio. *G.O.* N° 6.412 Extraordinario del 12-11-2018.

Providencia del INTT N° 035-2018, mediante la cual se dicta la prórroga del procedimiento provisional especial para la inscripción ante el Registro del Sistema Nacional de Transporte Terrestre de los vehículos a motor. *G.O.* N° 41.533 del 27-11-2018.

Resolución del Ministerio del Poder Popular para el Transporte N° 079, mediante la cual se establece la tarifa máxima oficial para las rutas suburbanas e interurbanas a nivel nacional, a ser cobradas por los prestadores del servicio público de transporte terrestre de pasajeras y pasajeros. *G.O.* N° 6.415 Extraordinario del 12-12-2018.

Exhorto oficial del Ministerio del Poder Popular para el Transporte, mediante el cual se exhorta a los alcaldes a nivel nacional, a los gremios de transportistas y a las autoridades competentes a respetar y mantener como tarifas máximas en sus áreas de competencia las cantidades que en él se indican. *G.O.* N° 41.544 del 12-12-2018.

B.   *Sistema de transporte acuático y aéreo*

Providencia del Instituto Nacional de Aeronáutica Civil N° PRE-CJU-GDA-169-18, mediante la cual se establecen los requisitos técnicos para la operación de Aeronaves de Aviación Comercial hacia los Aeródromos en condiciones especiales de la República Bolivariana de Venezuela. *G.O.* N° 41.460 del 14-08-2018.

Comentarios Legislativos

LA "ASAMBLEA NACIONAL CONSTITUYENTE" EN LA GACETA OFICIAL DE LA REPUBLICA (SEGUNDA PARTE)

Gabriel Sira Santana*

Abogado

Resumen: *El artículo identifica las decisiones ("decretos constituyentes") adoptadas por la asamblea nacional constituyente y publicadas en la Gaceta Oficial.*

Palabras Clave: *The article identifies the decisions ("constituent decrees") adopted by the national constituent assembly and published in the Official Gazette.*

Abstract: *Asamblea nacional constituyente, decretos constituyentes.*

Key words: *National constituent assembly, constituent decrees.*

En el número 153-154 de esta revista, correspondiente al primer semestre del año 2018, publicamos un artículo titulado "La 'Asamblea Nacional Constituyente' en la Gaceta Oficial de la República" donde –como hicimos en otros ocasiones, respecto a otras materias[1]– reseñamos los diversos actos divulgados en la Gaceta Oficial de la República (en lo sucesivo, G.O.) por la entidad mencionada.

Lo anterior, con la intención de brindar al lector una imagen de conjunto que facilitara la comprensión de qué han hecho los representantes llamados a "decidir el futuro de la Patria"[2] y determinar –a su vez– cuál es la verdadera finalidad de la llamada "Asamblea Nacional Constituyente"[3].

---

[*]   Abogado mención summa cum laude y especialista en Derecho Administrativo, mención honorífica, por la Universidad Central de Venezuela (UCV). Profesor de pregrado y de la Especialización en Derecho Administrativo de la UCV. Profesor de Teoría Política y Constitucional en la Universidad Monteávila. Investigador del Centro para la Integración y el Derecho Público (CIDEP). Ganador del Premio Academia de Ciencias Políticas y Sociales para Profesionales 2017-2018, Dr. Ángel Francisco Brice.

[1]   Véanse, en coautoría con Antonio Silva Aranguren, los artículos sobre los decretos con rango, valor y fuerza de ley publicados en *G.O.* producto de las leyes habilitantes de 2015, 2013 y 2010 en los N° 143-144 (2015), 140 (2014) y 130 (2012) –respectivamente– de la *Revista de Derecho Público*, editada por la Editorial Jurídica Venezolana.

[2]   Véase el artículo 1 del Decreto N° 2.830, publicado en *G.O.* N° 6.295 Extraordinario del 01-05-2017, mediante el cual se "convocó" a una "ASAMBLEA NACIONAL CONSTITUYENTE, ciudadana y de profunda participación popular, para que nuestro Pueblo, como depositario del Poder Constituyente Originario, con su voz suprema, pueda decidir el futuro de la Patria, reafirmando los principios de independencia, soberanía, igualdad, paz, democracia participativa y protagónica, multiétnica y pluricultural".

[3]   Al efecto resulta oportuno recordar que según el artículo 347 de la Constitución de la República, "[e]l pueblo de Venezuela es el depositario del poder constituyente originario. En ejercicio de dicho poder, puede convocar una Asamblea Nacional Constituyente con el objeto de transformar al

A la fecha de cierre de este número de la Revista de Derecho Público, cuando han transcurrido más de dieciséis meses de la "instauración" de esa "Asamblea Nacional Constituyente"[4], se desconoce si existe un proyecto formal del nuevo texto constitucional[5]. No obstante, los acuerdos, decretos y leyes "constituyentes" siguen incorporándose con frecuencia en la *G.O.* y, por ende, resulta necesario continuar la recopilación que iniciamos en el número anterior de esta revista.

Así, en el primer aparte de esta colaboración enlistaremos todas las publicaciones según su contenido (aspectos internos; "decretos constituyentes" con aparente contenido normativo; ratificaciones, remociones, designaciones y antejuicios; organización y presupuesto; pronunciamientos sobre el acontecer nacional e internacional)[6], mientras que en el segundo aparte haremos lo propio en orden cronológico, indicando el número de la *G.O.* respectiva y una breve descripción de su contenido cuando se considere pertinente, o la cita del objeto en caso de tratarse de un "decreto constituyente" con aparente contenido normativo.

I.   PUBLICACIONES EN GACETA OFICIAL DE LA "ASAMBLEA NACIONAL CONSTITUYENTE", ORDENADAS POR CATEGORÍA

1.   *Aspectos internos de la "Asamblea Nacional Constituyente"*

a.   Resolución N° 002-2018, mediante la cual se designa a la ciudadana Rosángel del Valle Gómez Ainaga, en su carácter de Directora Adjunta de Gestión Administrativa, como Encargada de la Dirección de Gestión Administrativa de la Asamblea Nacional Constituyente.

b.   Resolución N° 003-2018, mediante la cual se extiende la designación de la ciudadana Rosángel del Valle Gómez Ainaga, en calidad de Directora Adjunta de Gestión Administrativa, como Encargada de la Dirección de Gestión Administrativa, de este Organismo.

c.   Decreto Constituyente mediante el cual se elige al ciudadano Diosdado Cabello Rondón, como Presidente de la Asamblea Nacional Constituyente.

d.   Resolución N° 004-2018, mediante la cual se designa a la ciudadana Yilda Marlene Plaza Zambrano, Directora de Gestión Administrativa, como Cuentadante Responsable de la Asamblea Nacional Constituyente; y se le delega las atribuciones y firma de los actos y documentos que en ella se indican.

Estado, crear un nuevo ordenamiento jurídico y redactar una nueva Constitución". Véase al respecto Brewer-Carías, Allan R. y García Soto, Carlos (compiladores): *Estudios sobre la Asamblea Nacional Constituyente y su inconstitucional convocatoria en 2017*. Editorial Jurídica de Venezuela. Caracas, 2017.

[4]   Véase el "Acuerdo mediante el cual se elige a las ciudadanas y ciudadanos que en él se mencionan, como integrantes de la Junta Directiva de la Asamblea Nacional Constituyente", publicado en *G.O.* N° 6.320 Extraordinario del 04-08-2017.

[5]   A lo sumo, nótese que en septiembre de 2018 circuló en el foro jurídico una supuesta "propuesta texto constitucional de la República Bolivariana de Venezuela 2018" con autoría del Instituto de Altos Estudios del Proceso Social de Trabajo "Jorge Rodríguez" de la Universidad Bolivariana de Trabajadores "Jesús Rivero". Disponible en https://www.scribd.com/document/388424502/ Propuesta-Texto-Constitucional-Completa-28-8#from_embed

[6]   Dejamos constancia que la fecha de cierre de esta colaboración fue el 31-12-2018, por lo que cualquier publicación en *G.O.* posterior a esa fecha no fue incluida en la misma.

e. Acuerdo Constituyente de elección como integrante de la Junta Directiva de la Asamblea Nacional Constituyente, a la ciudadana Gladys del Valle Requena, como Segunda Vicepresidenta.

f. Resolución mediante la cual se aprueba la estructura para la ejecución financiera del presupuesto de gastos de la Asamblea Nacional Constituyente para el ejercicio económico financiero del año 2019, y se designa a la ciudadana Yilda Marlene Plaza Zambrano, como Cuentadante responsable de los fondos de avance y anticipo que le sean girados a la Unidad Administradora Central, Código 21050.

2. *"Decretos constituyentes" con aparente contenido normativo*

a. Decreto Constituyente sobre criptoactivos y la criptomoneda soberana Petro.

b. Decreto Constituyente para la promoción y protección del parto y el nacimiento humanizado.

c. Decreto Constituyente mediante el cual se establece la derogatoria del régimen cambiario y sus ilícitos.

d. Decreto Constituyente mediante el cual se establece el régimen temporal de pago de anticipo del impuesto al valor agregado e impuesto sobre la renta para los sujetos pasivos calificados como especiales que se dediquen a realizar actividad económica distinta de la explotación de minas, hidrocarburos y de actividades conexas, y no sean perceptores de regalías derivadas de dichas explotaciones.

e. Decreto Constituyente mediante el cual se reforma el decreto con rango, valor y fuerza de ley de impuesto a las grandes transacciones financieras.

f. Decreto Constituyente mediante el cual se reforma la ley que establece el impuesto al valor agregado.

3. *Ratificaciones, remociones, designaciones y antejuicios*

a. Decreto Constituyente que autoriza la designación del ciudadano Calixto José Ortega Sánchez, como Presidente del Banco Central de Venezuela.

b. Decreto Constituyente mediante el cual se designa al ciudadano Tarek William Saab Halabi, Fiscal General de la República, como Presidente de la Comisión para la Verdad, la Justicia, la Paz y la Tranquilidad Pública.

c. Decreto Constituyente mediante el cual se autoriza la continuación del enjuiciamiento del ciudadano diputado de la Asamblea Nacional Julio Andrés Borges.

d. Decreto Constituyente mediante el cual se autoriza la continuación del enjuiciamiento del ciudadano diputado de la Asamblea Nacional Juan Requesens.

e. Decreto Constituyente mediante el cual se designa al ciudadano Elvis Eduardo Hidrobo Amoroso, como Contralor General de la República; y se aprueba la solicitud de jubilación del ciudadano Manuel Galindo Ballesteros.

f. Decreto Constituyente mediante el cual se designa a la ciudadana Beysce Pilar Loreto Duben, como Vice Fiscal General de la República Bolivariana de Venezuela, en calidad de Encargada.

g.   Decreto Constituyente mediante el cual se ratifica en el ejercicio de sus funciones al ciudadano Alfredo José Ruiz Ángelo, como Defensor del Pueblo de la República Bolivariana de Venezuela.

4.   *Organización y presupuesto*

a.   Decreto Constituyente con el cual se crea el Comité de Evaluación y Méritos para designar las vacantes del Directorio del Banco Central de Venezuela.

b.   Decreto Constituyente mediante el cual se autoriza la prórroga de funcionamiento de la Comisión Para la Verdad, la Justicia, la Paz y la Tranquilidad Pública.

c.   Decreto Constituyente que aprueba el presupuesto de ingresos y gastos operativos del Banco Central de Venezuela para el ejercicio fiscal 2019.

d.   Decreto Constituyente que aprueba la ley de presupuesto para el ejercicio económico financiero 2019, la Ley especial de endeudamiento anual para el ejercicio económico financiero 2019 y el plan operativo anual 2019.

e.   Ley de presupuesto para el ejercicio económico financiero 2019, aprobada por la Asamblea Nacional Constituyente mediante Decreto Constituyente de fecha 18-12-2018.

f.   Ley especial de endeudamiento anual para el ejercicio económico financiero 2019, aprobada por la Asamblea Nacional Constituyente mediante Decreto Constituyente de fecha 18-12-2018.

5.   *Pronunciamientos sobre el acontecer nacional e internacional*

a.   Acuerdo Constituyente sobre el reconocimiento al Maestro José Antonio Abreu fundador del Sistema Nacional de Orquestas y Coros Juveniles e Infantiles de Venezuela.

b.   Acuerdo Constituyente para repudiar las sanciones de los Estados Unidos de América contra la criptomoneda el Petro.

c.   Acuerdo Constituyente en solidaridad y apoyo al pueblo de Brasil y al ex Presidente Luiz Inácio Lula Da Silva.

d.   Decreto Constituyente mediante el cual se celebra la voluntad democrática del Pueblo venezolano expresada el 20-05-2018 de elegir mediante votación universal, directa y secreta al Presidente de la República Bolivariana de Venezuela, Nicolás Maduro Moros, para el ejercicio del cargo durante el período constitucional 2019-2025, tal y como fue proclamado por el Consejo Nacional Electoral el 22-05-2018.

e.   Acuerdo Constituyente en rechazo a las injerencistas, coercitivas y unilaterales sanciones impuestas por la Unión Europea a funcionarios del gobierno democrático y constitucionalmente electo de la República Bolivariana de Venezuela.

f.   Acuerdo Constituyente en conmemoración del bicentenario de la creación del semanario "Correo del Orinoco".

g.   Acuerdo en ocasión del secuestro judicial al Expresidente de la República Federativa de Brasil, Luiz Inácio Lula Da Silva.

h.   Decreto Constituyente mediante el cual se respalda el inicio del nuevo cono monetario a partir del día lunes 20-08-2018 y la supresión de cinco ceros en las denominaciones del cono monetario actual, a objeto de brindar mayor fortaleza y estabilidad del Bolívar Soberano, cuyo valor referencial estará anclado al valor del Petro, el cual estará asociado al precio del barril de petróleo venezolano.

i.   Acuerdo Constituyente en conmemoración del primer aniversario de haberse instalado nuestra soberana y plenipotenciaria Asamblea Nacional Constituyente.

j.   Decreto Constituyente de respaldo y acompañamiento al Plan Vuelta a la Patria, y de repudio a los nuevos planes injerencistas contra el pueblo y las instituciones democráticas de la República Bolivariana de Venezuela.

k.   Acuerdo Constituyente de rechazo a las recientes agresiones del gobierno de los Estados Unidos de América contra el pueblo y las instituciones democráticas de la República Bolivariana de Venezuela.

l.   Acuerdo Constituyente de repudio a las declaraciones de Luis Almagro por constituirse en amenaza contra la paz y la estabilidad de la República Bolivariana de Venezuela, de América Latina y del Caribe.

m.   Acuerdo Constituyente en rechazo al informe final del Ex Alto Comisionado de Derechos Humanos, Zeid Ra´Ad Al Hussein, presentado ante el Consejo de Derechos Humanos de las Naciones Unidas.

n.   Acuerdo Constituyente mediante el cual se declara Hijo Ilustre de la República Bolivariana de Venezuela al hermano de luchas bolivarianas y latinoamericanas Evo Morales Ayma, Presidente del Estado Plurinacional de Bolivia.

o.   Acuerdo Constituyente en memoria de nuestros jóvenes combatientes, chavistas y antiimperialistas, ejemplo de lucha revolucionaria, Robert Serra y María Herrera.

p.   Acuerdo Constituyente de respaldo al mensaje del Presidente de la República, Nicolás Maduro Moros, en la Asamblea General de Naciones Unidas, por llevar la posición firme, digna, democrática y de paz de la República Bolivariana de Venezuela al Mundo.

q.   Acuerdo Constituyente en reconocimiento a la trayectoria personal, política, social, moral y espiritual de Haydeé Josefina Machín Ferrer.

r.   Acuerdo Constituyente en honor al joven bolivariano y revolucionario Xoan Noya, ejemplo de integridad, disciplina, capacidad y firmeza socialista entregada en amor a su patria Venezuela.

s.   Acuerdo Constituyente de Rechazo al criminal bloqueo económico, comercial y financiero del gobierno de los Estados Unidos a la República de Cuba.

t.   Acuerdo Constituyente en rechazo a las acciones injerencistas del Parlamento Europeo en contra de la paz, la democracia, nuestro pueblo y las instituciones de la República Bolivariana de Venezuela.

u.   Acuerdo Constituyente en honor a Alí Rafael Primera Rossell en ocasión de los 77 años del nacimiento del Cantor del Pueblo Venezolano.

v.   Acuerdo Constituyente en rechazo a los nuevos ataques y bloqueos del gobierno de los Estados Unidos de América y de la prórroga de las mismas por parte de algunos gobiernos que integran la Unión Europea, contra el pueblo venezolano.

w.   Acuerdo Constituyente en honor al compatriota revolucionario Alí Rodríguez Araque, hombre leal, guerrero de mil batallas y ejemplo de lucha incansable para las presentes y futuras generaciones en pro de la causa libertaria del pueblo venezolano y el compromiso indeclinable por construir un mundo mejor.

x. Acuerdo Constituyente de felicitación al pueblo venezolano y a las instituciones de la República Bolivariana de Venezuela por la jornada electoral democrática, pacífica, libre, soberana e independiente del 09-12-2018.

y. Acuerdo Constituyente para expresar nuestro pesar por el sensible fallecimiento del constituyente Eduardo Rodríguez, por el municipio Silva del estado Falcón.

z. Acuerdo Constituyente de rechazo a los nuevos planes intervencionistas del gobierno de los Estados Unidos de América en contra del pueblo y el sistema democrático de la República Bolivariana de Venezuela.

II. PUBLICACIONES EN GACETA OFICIAL DE LA "ASAMBLEA NACIONAL CONSTITUYENTE", ORDENADAS CRONOLÓGICAMENTE

1. *Resolución N° 002-2018, mediante la cual se designa a la ciudadana Rosangel del Valle Gómez Ainaga, en su carácter de Directora Adjunta de Gestión Administrativa, como Encargada de la Dirección de Gestión Administrativa de la Asamblea Nacional Constituyente. G.O. N° 41.372 del 06-04-2018.*

Síntesis: La resolución incluyó una delegación para, entre otros, suscribir contratos para la ejecución de obras y la conservación y reparación de los bienes muebles e inmuebles pertenecientes a la "Asamblea Nacional Constituyente".

2. *Acuerdo Constituyente sobre el reconocimiento al Maestro José Antonio Abreu fundador del Sistema Nacional de Orquestas y Coros Juveniles e Infantiles de Venezuela. G.O. N° 6.370 Extraordinario del 09-04-2018.*

3. *Decreto Constituyente sobre criptoactivos y la criptomoneda soberana Petro. G.O. N° 6.370 Extraordinario del 09-04-2018.*

Objeto: "El objeto de este Decreto Constituyente es establecer las bases fundamentales que permiten la creación, circulación, uso e intercambio de criptoactivos, por parte de las personas naturales y jurídicas, públicas y privadas, residentes o no en el territorio de la República Bolivariana de Venezuela y en especial el Petro, Criptomoneda venezolana, creada de manera soberana por el Ejecutivo Nacional, con el firme propósito de avanzar, de forma armónica en el desarrollo económico y social de la Nación, a través de su ofrecimiento como criptoactivo alternativo para el mundo, dado su carácter de intercambiabilidad por bienes y servicios" (artículo 1).

4. *Acuerdo Constituyente para repudiar las sanciones de los Estados Unidos de América contra la criptomoneda el Petro. G.O. N° 41.375 del 11-04-2018.*

Síntesis: Acordó, entre otros, "[a]compañar las acciones del Jefe de Estado de la República Bolivariana de Venezuela para consolidar el desarrollo de la Criptomoneda 'El Petro'" y "[o]rdenar la apertura de una investigación dirigida a la determinación de las responsabilidades a que hubiera lugar por la actuación antinacional de factores políticos venezolanos".

5. *Decreto Constituyente para la promoción y protección del parto y el nacimiento humanizado. G.O. N° 41.376 del 12-04-2018.*

Objeto: "El presente Decreto Constituyente tiene por objeto promover, proteger y garantizar el derecho humano de quienes integran las familias, a una gestación, parto y nacimiento humanizado, a los fines de generar las condiciones necesarias para la expresión y desarrollo de las relaciones humanas fundadas en el amor, el afecto, la seguridad, la solidaridad, el respeto recíproco y esfuerzo común, durante la gestación, parto, nacimiento y posparto, con el objeto de contribuir a la suprema felicidad social y a la promoción de la paz para la construcción de una sociedad socialista" (artículo 1).

6. *Acuerdo Constituyente en solidaridad y apoyo al Pueblo de Brasil y al ex Presidente Luiz Inácio Lula Da Silva. G.O. N° 41.376 del 12-04-2018.*

7. *Decreto Constituyente mediante el cual se celebra la voluntad democrática del Pueblo venezolano expresada el 20-05-2018 de elegir mediante votación universal, directa y secreta al Presidente de la República Bolivariana de Venezuela, Nicolás Maduro Moros, para el ejercicio del cargo durante el período constitucional 2019-2025, tal y como fue proclamado por el Consejo Nacional Electoral el 22-05-2018. G.O. N° 41.405 del 25-05-2018.*

Síntesis: En su motivación indica que actúa "conforme al mandato otorgado (...) en elecciones democráticas, libres, universales, directas y secretas por el Pueblo venezolano como depositario del poder originario" y que ella "cumple el mandato del Pueblo para hacer realidad los valores supremos de la República (...) de paz, libertad, igualdad, soberanía, solidaridad, bien común, integridad y preeminencia de los derechos humanos". Asimismo, como ocurrió en actos reseñados en la ocasión anterior, afirma que "todos los órganos del Poder Público se encuentran subordinados a la Asamblea Nacional Constituyente, como expresión del Poder originario y fundacional del Pueblo venezolano, en los términos establecidos en las Normas para Garantizar el Pleno Funcionamiento Institucional de la Asamblea Nacional Constituyente en Armonía con los Poderes Públicos Constituidos".

8. *Resolución N° 003-2018, mediante la cual se extiende la designación de la ciudadana Rosángel del Valle Gómez Ainaga, en calidad de Directora Adjunta de Gestión Administrativa, como Encargada de la Dirección de Gestión Administrativa, de este Organismo. G.O. N° 41.419 del 14-06-2018.*

9. *Decreto Constituyente mediante el cual se elige al ciudadano Diosdado Cabello Rondón, como Presidente de la Asamblea Nacional Constituyente. G.O. N° 41.422 del 19-06-2018.*

10. *Decreto Constituyente que autoriza la designación del ciudadano Calixto José Ortega Sánchez, como Presidente del Banco Central de Venezuela. G.O. N° 41.422 del 19-06-2018.*

Síntesis: Señala que "el Presidente de la República (...) ha presentado a la consideración de esta Plenipotenciaria Asamblea Nacional Constituyente la autorización para designar al ciudadano (...) de conformidad con la Constitución de la República Bolivariana de Venezuela y la Ley del Banco Central de Venezuela y en el marco del Estado de Excepción y Emergencia Económica"[7].

11. *Decreto Constituyente mediante el cual se designa al ciudadano Tarek William Saab Halabi, Fiscal General de la República, como Presidente de la Comisión para la Verdad, la Justicia, la Paz y la Tranquilidad Pública. G.O. N° 41.423 del 20-06-2018.*

---

[7] Véase, sobre cómo el derecho de excepción ha sido tergiversado para desconocer las atribuciones de la Asamblea Nacional, Gabriel Sira Santana: *El estado de excepción a partir de la Constitución de 1999*. Editorial Jurídica Venezolana y CIDEP. Caracas, 2017, así como los reportes CIDEP disponibles en http://cidep.com.ve/reportes.html

12. *Acuerdo Constituyente en rechazo a las injerencistas, coercitivas y unilaterales sanciones impuestas por la Unión Europea a funcionarios del gobierno democrático y constitucionalmente electo de la República Bolivariana de Venezuela. G.O. N° 41.427 del 26-06-2018.*

Síntesis: Acordó, entre otros, "[r]eiterar la responsabilidad de factores de la oposición quienes, aún en conocimiento de las consecuencias de estas agresiones en contra del pueblo venezolano, de la paz y la estabilidad de la Nación, estimulan nacional e internacionalmente la asfixia de nuestro país impidiendo la adquisición de bienes y servicios prioritarios, como alimentos y medicinas, con el firme propósito de destruir Venezuela para beneficiar bastardos intereses económicos y políticos imperiales" y "[r]espaldar y acompañar, desde esta Asamblea Nacional Constituyente, las acciones que acometa el ciudadano Presidente de la República (...) en defensa de la Paz, la soberanía, la estabilidad republicanas, y en contra de cualquier amenaza que pretenda alterar nuestra Independencia".

13. *Acuerdo Constituyente en conmemoración del bicentenario de la creación del semanario "Correo del Orinoco". G.O. N° 41.427 del 26-06-2018, reimpreso en N° 41.428 del 27-06-2018.*

14. *Decreto Constituyente con el cual se crea el Comité de Evaluación y Méritos para designar las vacantes del Directorio del Banco Central de Venezuela. G.O. N° 41.427 del 26-06-2018.*

15. *Acuerdo en ocasión del secuestro judicial al Expresidente de la República Federativa de Brasil, Luiz Inácio Lula Da Silva. G.O. N° 41.437 del 11-07-2018.*

16. *Resolución N° 004-2018, mediante la cual se designa a la ciudadana Yilda Marlene Plaza Zambrano, Directora de Gestión Administrativa, como Cuentadante Responsable de la Asamblea Nacional Constituyente; y se le delega las atribuciones y firma de los actos y documentos que en ella se indican. G.O. N° 41.445 del 23-07-2018, reimpreso en N° 41.451 del 01-08-2018.*

Síntesis: Como ocurrió en la designación que le precede, la resolución incluyó la delegación para suscribir contratos para la ejecución de obras y la conservación y reparación de los bienes muebles e inmuebles pertenecientes a la "Asamblea Nacional Constituyente".

17. *Decreto Constituyente mediante el cual se respalda el inicio del nuevo cono monetario a partir del día lunes 20-08-2018 y la supresión de cinco ceros en las denominaciones del cono monetario actual, a objeto de brindar mayor fortaleza y estabilidad del Bolívar Soberano, cuyo valor referencial estará anclado al valor del Petro, el cual estará asociado al precio del barril de petróleo venezolano. G.O. N° 41.452 del 02-08-2018.*

Síntesis: Acordó, entre otros, "[a]poyar las políticas del Nuevo Comienzo Económico, en cuanto al Decreto Constituyente Derogatorio del Régimen Cambiario y sus Ilícitos, con el propósito de incentivar y permitir la inversión en moneda extranjera, que dé entrada a las divisas necesarias para nuestra economía, abriendo espacio al funcionamiento de las casas de cambio y a las operaciones cambiarias entre los distintos actores de la economía nacional" y "[a]valar el Decreto para exoneración de impuestos y desgravámenes para la importación de bienes de capital, materias primas, insumos y agroinsumos, repuestos, maquinarias y equipos, productos manufacturados, a los fines de la recuperación productiva nacional".

18. *Decreto Constituyente mediante el cual se establece la derogatoria del régimen cambiario y sus ilícitos. G.O. N° 41.452 del 02-08-2018.*

Objeto: "El presente Decreto Constituyente tiene por objeto establecer la derogatoria del Régimen Cambiario y sus Ilícitos, de acuerdo con lo establecido en el artículo 2 de este Decreto Constituyente, con el propósito de otorgar a los particulares, tanto personas naturales como jurídicas, nacionales o extranjeras, las más amplias garantías para el desempeño de su mejor participación en el modelo de desarrollo socio-económico productivo del país" (artículo 1)[8].

19. *Acuerdo Constituyente en conmemoración del primer aniversario de haberse instalado nuestra soberana y plenipotenciaria Asamblea Nacional Constituyente. G.O. N° 41.454 del 06-08-2018.*

Síntesis: Acordó, entre otros, "[r]econocerle al Presidente de la República (...) la importancia por haber convocado de manera democrática al poder constituyente del pueblo venezolano para ejercer su voluntad absoluta en la defensa de su patria, la estabilidad nacional y las garantías sociales que soberanamente nos hemos dado" y "[r]atificar desde este Poder Constituyente Originario (...) nuestra firme determinación de seguir consolidando la paz como valor supremo, así como la defensa del camino de la libertad y redención nacional para cumplir la máxima bolivariana de dar la mayor suma de felicidad posible, seguridad social y estabilidad política (...) en el marco del nuevo comienzo revolucionario que estamos transitando".

20. *Decreto Constituyente mediante el cual se autoriza la continuación del enjuiciamiento del ciudadano diputado de la Asamblea Nacional Julio Andrés Borges. G.O. N° 41.456 del 08-08-2018.*

Síntesis: En su motivación expone que "el Tribunal Supremo de Justicia ha constado la existencia de medios de prueba suficientes para considerar que el ciudadano diputado de la Asamblea Nacional JULIO ANDRÉS BORGES se encuentra incurso como responsable directo de la planificación, incitación y ejecución en los hechos punibles de delitos de magnicidio en grado de frustración, asociación e instigación pública al odio, previstos y sancionados por la legislación penal vigente", con ocasión de los hechos ocurridos el 04-08-2018.

21. *Decreto Constituyente mediante el cual se autoriza la continuación del enjuiciamiento del ciudadano diputado de la Asamblea Nacional Juan Requesens. G.O. N° 41.456 del 08-08-2018.*

Síntesis: El decreto comparte la motivación del anterior.

22. *Decreto Constituyente mediante el cual se establece el régimen temporal de pago de anticipo del impuesto al valor agregado e impuesto sobre la renta para los sujetos pasivos calificados como especiales que se dediquen a realizar actividad económica distinta de la explotación de minas, hidrocarburos y de actividades conexas, y no sean perceptores de regalías derivadas de dichas explotaciones. G.O. N° 6.396 Extraordinario del 21-08-2018.*

Objeto: "Este Decreto Constituyente tiene por objeto la creación de un Régimen Temporal de pago de anticipo de Impuesto al Valor Agregado e Impuesto sobre la Renta, para los sujetos pasivos calificados como especiales que se dediquen a realizar actividad económica distintas de la explotación de minas, hidrocarburos y de actividades conexas, y no sean perceptores de regalías derivadas de dichas explotaciones" (artículo 1).

---

[8]   El decreto dice derogar el Decreto con Rango, Valor y Fuerza de Ley del Régimen Cambiario y sus Ilícitos (publicado en *G.O.* N° 6.210 Extraordinario del 30-12-2015) y el artículo 138 del Decreto con Rango, Valor y Fuerza de Ley del Banco Central de Venezuela (en *G.O.* N° 6.211 Extraordinario de la misma fecha) "en lo que concierne exclusivamente al ilícito referido a la actividad de negociación y comercio de divisas en el país".

23. *Decreto Constituyente mediante el cual se reforma el decreto con rango, valor y fuerza de ley de impuesto a las grandes transacciones financieras. G.O. N° 6.396 Extraordinario del 21-08-2018.*

Síntesis: Dice modificar el artículo 13 del decreto ley indicado[9] cuya redacción pasaría a ser "[l]a alícuota de este impuesto podrá ser modificada por el Ejecutivo Nacional y estará comprendida de un límite mínimo de 0% hasta un máximo de 2%. // Hasta tanto el Ejecutivo Nacional establezca la alícuota de este impuesto, esta se fija en 1%, a partir de la publicación en la Gaceta Oficial de la República Bolivariana de Venezuela".

24. *Decreto Constituyente mediante el cual se reforma la ley que establece el impuesto al valor agregado. G.O. N° 6.396 Extraordinario del 21-08-2018.*

Síntesis: Dice modificar los artículos 18, 19, 61 y 70 del decreto ley indicado[10].

25. *Decreto Constituyente mediante el cual se autoriza la prórroga de funcionamiento de la Comisión Para la Verdad, la Justicia, la Paz y la Tranquilidad Pública. G.O. N° 41.466 del 23-08-2018.*

26. *Decreto Constituyente de respaldo y acompañamiento al Plan Vuelta a la Patria, y de repudio a los nuevos planes injerencistas contra el pueblo y las instituciones democráticas de la República Bolivariana de Venezuela. G.O. N° 41.475 del 05-09-2018.*

Síntesis: Acordó, entre otros, "[c]rear, desde esta Asamblea Nacional Constituyente, una comisión especial que acompañe y complemente las acciones en el marco del 'Plan Vuelta a la Patria', así como desarrollar una agenda amplia de atención al tema migratorio y de despliegue internacional para el desmonte de la campaña contra la República".

27. *Acuerdo Constituyente de rechazo a las recientes agresiones del gobierno de los Estados Unidos de América contra el pueblo y las instituciones democráticas de la República Bolivariana de Venezuela. G.O. N° 41.485 del 19-09-2018.*

Síntesis: Acordó, entre otros, "[e]xpresar nuestro respaldo absoluto al Presidente Constitucional de la República (...) así como a la Vicepresidenta Ejecutiva (...); al Vicepresidente para el Área Económica (...); a todo el Gobierno Bolivariano y al Pueblo venezolano por su entereza ante estas agresiones sistemáticas, así como la defensa de nuestro pueblo en todos los escenarios nacionales e internacionales y en las acciones para derrotar el bloqueo inmoral e ilegal que pretende socavar las bases de nuestro Estado Nación".

28. *Acuerdo Constituyente de repudio a las declaraciones de Luis Almagro por constituirse en amenaza contra la paz y la estabilidad de la República Bolivariana de Venezuela, de América Latina y del Caribe. G.O. N° 41.485 del 19-09-2018.*

Síntesis: Acordó, entre otros, "[e]xigir la renuncia de Luis Almagro como Secretario General de la Organización de los Estados Americanos, por indigno para ocupar ese cargo y contrario a los intereses de los pueblos que pregonan los valores supremos como la paz y la vida" y "[c]rear, desde este Poder Constituyente Originario, una Comisión Especial que elabore y presente ante el país y el Mundo un memorial de agravios que sustancie los elementos del sistemático proceso de agresiones, con los cuales se ha pretendido alterar la paz regional y la estabilidad de nuestra República, a través del uso de la violencia, sumada al bloqueo económico y financiero contra nuestro pueblo e instituciones democráticas".

---

9   Publicado en *G.O.* N° 6.210 Extraordinario del 30-12-2015.

10   Publicado en *G.O.* N° 6.152 Extraordinario del 18-11-2014.

29. *Acuerdo Constituyente en rechazo al informe final del Ex Alto Comisionado de Derechos Humanos, Zeid Ra´Ad Al Hussein, presentado ante el Consejo de Derechos Humanos de las Naciones Unidas. G.O. N° 41.495 del 03-10-2018.*

Síntesis: Acordó, entre otros, "[r]echazar categóricamente, el Informe presentado por el ex Alto Comisionado del Consejo de DDHH, por considerarlo sesgado, ilegítimo e ilegal, porque califica, la situación humanitaria en Venezuela, *a priori*, como una supuesta crisis humanitaria violatoria de los derechos fundamentales de los venezolanos" y "[r]efutar la aseveración sobre la existencia de una crisis humanitaria en un país cuyos niveles de actividad económica, aunque hayan descendido, se encuentran por encima de los registrados durante los últimos 30 años y en el que las empresas, nacionales y transnacionales se mantienen operativas en el territorio nacional, incluyendo las de alimentos y medicamentos". Adicionalmente, convino "[d]eclarar que la República Bolivariana de Venezuela cuenta con los recursos naturales y financieros para superar la actual situación económica y social, por lo cual no necesita ayuda ni intervención humanitaria" y "[e]xhortar al Ejecutivo Nacional a que solicite a la Asamblea General de la ONU invocar el artículo 96 de la Carta de la ONU para que a través de la Corte Internacional de Justicia se reconozca y quede expresamente establecido en el artículo 7 del Estatuto de Roma, que las medidas coercitivas unilaterales y las manipulaciones monetarias son crímenes de lesa humanidad".

30. *Acuerdo Constituyente mediante el cual se declara Hijo Ilustre de la República Bolivariana de Venezuela al hermano de luchas bolivarianas y latinoamericanas Evo Morales Ayma, Presidente del Estado Plurinacional de Bolivia. G.O. N° 41.495 del 03-10-2018.*

31. *Acuerdo Constituyente en memoria de nuestros jóvenes combatientes, chavistas y antiimperialistas, ejemplo de lucha revolucionaria, Robert Serra y María Herrera. G.O. N° 41.495 del 03-10-2018.*

32. *Acuerdo Constituyente de respaldo al mensaje del Presidente de la República, Nicolás Maduro Moros, en la Asamblea General de Naciones Unidas, por llevar la posición firme, digna, democrática y de paz de la República Bolivariana de Venezuela al Mundo. G.O. N° 41.495 del 03-10-2018.*

Síntesis: Acordó, entre otros, "[r]eafirmar desde este Poder Constituyente Originario nuestra voluntad de defender la Democracia Bolivariana, profundizando el diálogo, las vías de la diplomacia y el multilateralismo sin imposiciones que pretendan socavar nuestros intereses nacionales o nuestra indeclinable soberanía y paz".

33. *Acuerdo Constituyente de elección como integrante de la Junta Directiva de la Asamblea Nacional Constituyente, a la ciudadana Gladys del Valle Requena, como Segunda Vicepresidenta. G.O. N° 41.508 del 23-10-2018.*

34. *Acuerdo Constituyente en reconocimiento a la trayectoria personal, política, social, moral y espiritual de Haydeé Josefina Machín Ferrer. G.O. N° 41.508 del 23-10-2018.*

35. *Acuerdo Constituyente en honor al joven bolivariano y revolucionario Xoan Noya, ejemplo de integridad, disciplina, capacidad y firmeza socialista entregada en amor a su patria Venezuela. G.O. N° 41.508 del 23-10-2018.*

36. *Decreto Constituyente mediante el cual se designa al ciudadano Elvis Eduardo Hidrobo Amoroso, como Contralor General de la República; y se aprueba la solicitud de jubilación del ciudadano Manuel Galindo Ballesteros. G.O. N° 41.508 del 23-10-2018.*

Síntesis: En su motivación indica que "todos los órganos del Poder Público se encuentran subordinados a la Asamblea Nacional Constituyente, como expresión del poder originario y fundacional del Pueblo venezolano, en los términos establecidos en las Normas para Garantizar el Pleno Funcionamiento Institucional de la Asamblea Nacional Constituyente en

Armonía con los Poderes Públicos Constituidos" y que "la Asamblea Nacional Constituyente se encuentra facultada para adoptar medidas sobre las competencias, funcionamiento y organización de los órganos del Poder Público, con el objeto de alcanzar los altos fines del Estado y los valores de paz, soberanía y preeminencia de los derechos humanos, sin menoscabo del cumplimiento de las funciones consustanciales a cada rama de Poder Público".

37. *Decreto Constituyente mediante el cual se designa a la ciudadana Beysce Pilar Loreto Duben, como Vice Fiscal General de la República Bolivariana de Venezuela, en calidad de Encargada. G.O. N° 41.508 del 23-10-2018.*

38. *Acuerdo Constituyente de rechazo al criminal bloqueo económico, comercial y financiero del gobierno de los Estados Unidos a la República de Cuba. G.O. N° 41.514 del 31-10-2018.*

39. *Acuerdo Constituyente en rechazo a las acciones injerencistas del Parlamento Europeo en contra de la paz, la democracia, nuestro pueblo y las instituciones de la República Bolivariana de Venezuela. G.O. N° 41.514 del 31-10-2018.*

40. *Acuerdo Constituyente en honor a Alí Rafael Primera Rossell en ocasión de los 77 años del nacimiento del Cantor del Pueblo Venezolano. G.O. N° 41.518 del 06-11-2018.*

41. *Acuerdo Constituyente en rechazo a los nuevos ataques y bloqueos del gobierno de los Estados Unidos de América y de la prórroga de las mismas por parte de algunos gobiernos que integran la Unión Europea, contra el pueblo venezolano. G.O. N° 41.518 del 06-11-2018.*

Síntesis: Acordó, entre otros, "[r]atificar nuestra absoluta lealtad y compromiso de lucha con el Presidente Constitucional de la República (...), quien democráticamente ha sido elegido por el soberano pueblo venezolano el pasado 20 de mayo para continuar en el ejercicio de su cargo durante el periodo constitucional 2019-2025".

42. *Acuerdo Constituyente en honor al compatriota revolucionario Alí Rodríguez Araque, hombre leal, guerrero de mil batallas y ejemplo de lucha incansable para las presentes y futuras generaciones en pro de la causa libertaria del pueblo venezolano y el compromiso indeclinable por construir un mundo mejor. G.O. N° 41.528 del 20-11-2018.*

43. *Decreto Constituyente mediante el cual se ratifica en el ejercicio de sus funciones al ciudadano Alfredo José Ruiz Ángelo, como Defensor del Pueblo de la República Bolivariana de Venezuela. G.O. N° 41.529 del 21-11-2018.*

Síntesis: Reitera la motivación vista en el decreto sobre la designación de Elvis Eduardo Hidrobo Amoroso como Contralor General de la República.

44. *Acuerdo Constituyente de felicitación al pueblo venezolano y a las instituciones de la República Bolivariana de Venezuela por la jornada electoral democrática, pacífica, libre, soberana e independiente del 09-12-2018. G.O. N° 41.542 del 10-12-2018*[11].

Síntesis: En su motivación indica que "la Asamblea Nacional Constituyente, en aras de fortalecer la paz en la República, y ante las acciones violentas del fascismo para alterar el orden constitucional en la República (...), convocó elecciones para Gobernador y Gobernadora de Estado; elección de Alcaldes y Alcaldesas de Municipios en 2019, la elección Presiden-

---

[11]   Nótese que el acuerdo fue publicado nuevamente en la *G.O.* N° 41.549 del 19-12-2018, sin indicación de que se tratase de una reimpresión, variando únicamente la fecha de emisión del 10-12-2018 al 18-12-2018.

cial del 20 de mayo de 2018, así como el proceso celebrado el pasado 9 de diciembre para que los venezolanos y venezolanas en paz, democracia, amplias libertades políticas, de manera universal, directa y secreta, expresaran al mundo su determinación patriótica y soberana".

45. *Acuerdo Constituyente para expresar nuestro pesar por el sensible fallecimiento del constituyente Eduardo Rodríguez, por el municipio Silva del estado Falcón. G.O. N° 41.549 del 19-12-2018.*

46. *Acuerdo Constituyente de rechazo a los nuevos planes intervencionistas del gobierno de los Estados Unidos de América en contra del pueblo y el sistema democrático de la República Bolivariana de Venezuela. G.O. N° 41.549 del 19-12-2018.*

Síntesis: Acordó, entre otros, "[r]eiterar, como Poder Plenipotenciario de la República (...), nuestra decisión de continuar siendo garantes del cumplimiento de lo dispuesto en la Constitución Nacional, garantizando el inicio del Periodo Constitucional del Poder Ejecutivo Nacional 2019-2025, así como la juramentación efectiva de NICOLÁS MADURO MOROS, como Presidente Constitucional de la República para el periodo constitucional precitado".

47. *Decreto Constituyente que aprueba el presupuesto de ingresos y gastos operativos del Banco Central de Venezuela para el ejercicio fiscal 2019. G.O. N° 41.549 del 19-12-2018.*

Síntesis: En su motivación indica que "todos los órganos del Poder Público se encuentran subordinados a la Asamblea Nacional Constituyente, como expresión del poder originario y fundacional del Pueblo venezolano, en los términos establecidos en las Normas para Garantizar el Pleno Funcionamiento Institucional de la Asamblea Nacional Constituyente en Armonía con los Poderes Públicos Constituidos".

48. *Decreto Constituyente que aprueba la ley de presupuesto para el ejercicio económico financiero 2019, la ley especial de endeudamiento anual para el ejercicio económico financiero 2019 y el plan operativo anual 2019. G.O. N° 41.549 del 19-12-2018.*

Síntesis: El decreto comparte la motivación del anterior.

49. *Ley de presupuesto para el ejercicio económico financiero 2019, aprobada por la Asamblea Nacional Constituyente mediante Decreto Constituyente de fecha 18-12-2018. G.O. N° 6.416 Extraordinario del 20-12-2018.*

50. *Ley especial de endeudamiento anual para el ejercicio económico financiero 2019, aprobada por la Asamblea Nacional Constituyente mediante Decreto Constituyente de fecha 18-12-2018. G.O. N° 6.416 Extraordinario del 20-12-2018.*

51. *Resolución mediante la cual se aprueba la estructura para la ejecución financiera del presupuesto de gastos de la Asamblea Nacional Constituyente para el ejercicio económico financiero del año 2019, y se designa a la ciudadana Yilda Marlene Plaza Zambrano, como Cuentadante responsable de los fondos de avance y anticipo que le sean girados a la Unidad Administradora Central, Código 21050. G.O. N° 41.552 del 26-12-2018.*

COMENTARIOS SOBRE ALGUNOS PRINCIPIOS GENERALES DEL RÉGIMEN DE LA LEY DE PROCEDIMIENTOS ADMINISTRATIVOS DE EL SALVADOR

Allan R. Brewer-Carías
Director de la Revista

Resumen: *El artículo comenta los principios fundamentales de la Ley de Procedimientos Administrativos de El Salvador de 2018, que es más reciente de todas las Leyes de Procedimiento Administrativo de América Latina.*

Palabras Clave: *Procedimiento Administrativo.*

Abstract: *This article is devoted to analyze the fundamental principles of the Administrative Procedure Lay of El Salvador, which is the most recent of all the Administrative Procedure Law of Latin America.*

Key words: *Administrative Procedure.*

La Asamblea Legislativa de la República de El Salvador sancionó el 15 de diciembre de 2017 el Decreto 586 contentivo de la **Ley de Procedimientos Administrativos, la cual, devuelta por el Presidente de la República, una vez aceptadas parcialmente sus observaciones, se sancionó de nuevo en Sesión Plenaria del 30 de enero del 2018,** y entra en vigencia el 13 de febrero de 2019 (art. 168), o sea doce meses después de su publicación en el *Diario* N° 30, Tomo 418, de 13 de febrero de 2018.

Se trata de la más reciente de todas las Leyes de Procedimiento Administrativo de América Latina, de cuya normativa y práctica de aplicación sin duda se nutrieron sus redactores, como también en su momento lo hicieron los redactores de aquellas respecto de la legislación española, a través de las previsiones ya derogadas Ley de Régimen Jurídico de la Administración del Estado de 1957 y Ley de Procedimientos Administrativos de 1958, las cuales fueron sustituidas por la Ley 30/1992 de Régimen Jurídico de las Administraciones Públicas y del Procedimiento Administrativo Común (modificada por Ley 4/1999 de 13 de enero de 1999), todas las cuales, puede decirse que influyeron en la redacción de la Ley de Procedimientos Administrativos de El Salvador.

Dichas leyes de América Latina, es bueno recordarlo, en sentido cronológico descendente de la más reciente a la más antigua, han sido las siguientes: en 2017, el Código Orgánico Administrativo de Ecuador, que sustituyó en la materia las normas del Decreto Ejecutivo 2428, de 2002, sobre el Estatuto del Régimen Jurídico Administrativo de la Función Ejecutiva; en 2013, la Ley N° 107-17 de 6 de agosto de 2013 de la República Dominicana sobre el Procedimiento Administrativo;[1] en 2003, la Ley N° 19.880 de Procedimientos Administrati-

---

[1] Sobre la Ley de la República Dominicana véase nuestros comentarios en Allan R. Brewer-Carías, "Principios del procedimiento administrativo en la Ley N° 107-13 de 6 de agosto de 2013 de la República Dominicana," en el libro *Principios del Procedimiento Administrativo. Estudio de Derecho Comparado*, Asociación Dominicana de Derecho Administrativo, Editorial Jurídica Venezolana International, Santo Domingo, 2016, pp. 51-79.

vos de Chile; en 2002, la Ley 2341 de Procedimiento Administrativo de Bolivia; en 2001, la Ley 27.444 del Procedimiento Administrativo General del Perú,[2] la cual tuvo su antecedente remoto en el Decreto Supremo 006-67-56 de 1967 el cual, aún cuando de rango parlamentario, puede considerarse como el primer cuerpo normativo en la materia en América Latina; en 2000, la Ley N° 38 contentiva del Estatuto Orgánico de la Procuraduría de la Administración de Panamá, que regula el Procedimiento Administrativo General; en 1999, la Ley 9.784 de Brasil que regula el proceso administrativo en el ámbito de la Administración Pública Federal; en 1994, la Ley Federal de Procedimiento Administrativo de México; en 1987, la Ley de Procedimiento Administrativo de Honduras, reformada en 2014 por la Ley para Optimizar la Administración Pública, Mejorar los Servicios a la Ciudadanía y Fortalecimiento de la Transparencia en el Gobierno; en 1984, el Código Contencioso Administrativo de Colombia, en cuya reforma se agregó precisamente el "Libro I sobre Procedimientos Administrativos," Código reformado Ley 1437 de enero de 2011, en la cual quedó con la nueva denominación de "Código de Procedimiento Administrativo y de lo Contencioso Administrativo;" en 1981, la Ley Orgánica de Procedimientos Administrativos de Venezuela;[3] en 1978, la Ley General de la Administración Pública de Costa Rica;[4] en 1973, el Decreto Ley 640 sobre Procedimientos Administrativos de Uruguay, que luego fue sustituido por el Decreto 500 de 1991 sobre Normas Generales de Actuación Administrativa y Regulación del Procedimiento en la Administración Central; y en 1967 la Ley 19.549 de Procedimientos Administrativos de Argentina, que fue posteriormente reformada por la Ley 21.682,[5] y que fue la ley pionera en esta materia en todo el continente Latinoamericano.

---

[2]   Sobre la Ley peruana véase nuestros comentarios en Allan R. Brewer-Carías, "La regulación del procedimiento administrativo en América Latina (con ocasión de la primera década de la Ley N° 27.444 del Procedimiento Administrativo General del Perú 2001-2011)," en *Derecho PUCP, Revista de la Facultad de Derecho*, N° 67, "El procedimiento administrativo a los 10 años de entrada en vigencia de la LPAG", Fondo Editorial, Pontificia Universidad Católica del Perú, Lima 2011, pp. 47-77.

[3]   Sobre la ley venezolana véase nuestros comentarios en Allan R. Brewer-Carías, "Comentarios a la Ley Orgánica de Procedimientos Administrativos," en *Revista de Derecho Público*, N° 7, Editorial Jurídica Venezolana, Caracas, julio-septiembre 1981, pp. 115-117; "Comentarios sobre el alcance y ámbito de la Ley Orgánica de Procedimientos Administrativos en Venezuela," en *Revista Internacional de Ciencias Administrativas*, Vol. XLIX, N° 3, Institute International des Sciences Administratives, Bruselas 1983, pp. 247-258; "Introducción al régimen de la Ley Orgánica de Procedimientos Administrativos", en Allan R. Brewer-Carías et al., *Ley Orgánica de Procedimientos Administrativos*, Colección Textos Legislativos, N° 1, Editorial Jurídica Venezolana, Caracas 1981, pp. 7-51; y *El derecho administrativo y la Ley Orgánica de Procedimientos Administrativos. Principios del procedimiento administrativo*, Editorial Jurídica Venezolana, 6ª edición ampliada, Caracas 2002.

[4]   Sobre la Ley costarricense véase nuestros comentarios en Allan R. Brewer-Carías, "Comentarios sobre los principios generales de la Ley General de la Administración Pública de Costa Rica" en *Revista del Seminario Internacional de Derecho Administrativo*, Colegio de Abogados de Costa Rica, San José 1981, pp. 31-57; y en "Comentarios sobre los principios generales de la Ley General de la Administración Pública de Costa Rica" en *Revista Internacional de Ciencias Administrativas*, Vol. XLVIII, Institute International des Sciences Administratives, Bruselas 1982, N° 1, pp. 47-58.

[5]   Sobre la Ley argentina nuestros comentarios en Allan R. Brewer-Carías, "La Ley de Procedimientos Administrativos de Argentina de 1972 en el inicio del proceso de positivización de los principios del procedimiento administrativo en América Latina," en Héctor M. Pozo Gowland, David A. Halperin, Oscar Aguilar Valdez, Fernando Juan Lima, Armando Canosa (Coord.), *Procedimiento*

I. MOTIVACIÓN GENERAL DE LA LEY DE PROCEDIMIENTOS ADMINISTRATIVOS

La Ley de procedimientos Administrativos de El Salvador, al igual que en general las demás Leyes de Procedimientos Administrativos antes mencionadas de América Latina, tuvo entre sus motivaciones la necesidad de que en El Salvador existieran "normas claras y uniformes" que regulasen "con carácter general y uniforme" "los procedimientos que corresponde seguir a la Administración Pública y que desarrolle los principios que deben regir su actividad;" y todo ello, con el objeto de que, *primero*, se garantice "en mejor forma el sometimiento de la Administración Pública al principio de legalidad," *segundo*, se asegure que en la misma "el respeto a los derechos fundamentales logre mayor efectividad," *tercero*, se garantice que cumpla con eficiencia y eficacia sus atribuciones," a fin de "de satisfacer adecuadamente los objetivos y metas de los planes nacionales de desarrollo" y *cuarto*, se logre la necesaria "modernización de la Administración Pública en sus aspectos orgánico y funcional," y la "simplificación de las actuaciones administrativas."

La particularidad de la Ley de El Salvador, sin embargo, está en que siendo la última de las dictadas en el Continente, ha recogido lo mejor de la evolución legislativa que se aprecia de las Leyes anteriores, configurándose como un compendio de todos los principios establecidos en la materia. [6]

Nuestra intención, en estas notas, es analizar algunos de los principios rectores de la nueva regulación legal, precisando para comenzar el marco de su estructura general, que responde a las motivaciones antes mencionadas.

II. ESTRUCTURA GENERAL DE LA LEY DE PROCEDIMIENTOS ADMINISTRATIVOS

En efecto, la Ley está integrada por seis Títulos. El Título I, sobre "Normas generales, derechos de la persona frente a la administración y empleo de las nuevas tecnologías" tiene tres Capítulos: Capítulo I sobre "Disposiciones generales" (art. 1 a 15); y Capítulo II sobre "De los derechos y deberes de las personas en sus relaciones con la Administración Pública" (arts. 16 y 17; y Capítulo III sobre "Del empleo de las tecnologías de la información y de las comunicaciones" (arts. 18 a 20).

El Título II, sobre "Régimen jurídico de los actos de la Administración Pública," tiene cuatro Capítulos: el Capítulo I sobre "El acto administrativo" esta dividido en tres secciones: Sección Primera sobre la "Configuración del acto administrativo" (arts. 21 a 25); Sección Segunda sobre la "Eficacia del acto administrativo" (arts. 26 a 35); y Sección Tercera sobre la "Invalidez de los actos" (arts. 36 a 41). El Capítulo II trata sobre la "Competencia" (arts. 42 a 50); el Capítulo III sobre "Abstención y recusación" (arts. 51 a 54); y el Capítulo IV sobre "La responsabilidad patrimonial de la Administración Pública y de los servidores públicos" (arts. 55 a 63).

Administrativo. Tomo II. *Aspectos generales del procedimiento administrativo. El procedimiento Administrativo en el derecho Comparado*, Buenos Aires 2012, pp. 959-993.

[6]   Véase Allan R. Brewer-Carías, *Principios del procedimiento administrativo en América Latina*, Universidad del Rosario, Colegio Mayor de Nuestra Señora del Rosario, Editorial Legis, Bogotá 2003, 344 pp.; *Principios del procedimiento administrativo* (Prólogo de Eduardo García de Enterría), Editorial Civitas, Madrid 1990, 200 pp.;

El Título III, que es grueso de la Ley, se refiere a "Del procedimiento" y está dividido en ocho Capítulos: El Capítulo I sobre "Principios generales" (arts. 64 a 79); el Capítulo II sobre los "Términos y plazos" (arts. 80 a 90); el Capítulo III sobre "Tramitación"(arts. 91 a 96); el Capítulo IV sobre "Comunicaciones" (arts. 97 a 105); el Capítulo V sobre la Prueba"(arts. 106 a 109); el Capítulo VI, sobre la "Audiencia a los interesados" (art 110); el Capítulo VII sobre la "Terminación" (art. 111) con tres Secciones: Sección Primera sobre "Resolución final y silencio administrativo" (arts. 112 a 114); Sección Segunda sobre "Desistimiento y renuncia" (arts. 115 a 116), y Sección Tercera sobre "Caducidad" (art. 117); y Capítulo VIII sobre "Revisión, Revocatoria y rectificación de errores"(arts. 118 a 122).

El Título IV sobre "De los recursos" contiene dos Capítulo: "el Capítulo I sobre "Disposiciones generales" (arts. 123 a 131), y el Capítulo II sobre "Tipos de recursos" con tres secciones: la Sección Primera sobre el "Recurso de reconsideración" (art. 132 a 133); la Sección Segunda sobre el "Recurso de apelación" (arts. 134 a 135); y la Sección Tercera sobre el "Recurso extraordinario de revisión" (arts. 136 a 138).

El Título V se refiere a la "De la potestad Sancionadora," dividido en dos Capítulos: Capítulo I sobre "Aspectos generales para el ejercicio de la potestad sancionadora" (arts. 139 a 149), y el Capítulo II sobre "Reglas aplicables a los procedimientos sancionatorios" (arts. 150 a 158)

El Título VI sobre "Procedimiento para el ejercicio de la potestad normativa" (arts. 159 162).

III.   OBJETO Y SUJETOS DE LA LEY DE PROCEDIMIENTOS ADMINISTRATIVOS: ÁMBITO DE APLICACIÓN

El objeto de la Ley, conforme a la estructura general antes mencionada y como lo precisa el artículo 1, es regular, en *primer lugar*, el régimen de "las actuaciones administrativas de toda la Administración Pública," en particular "de los actos administrativos," con especial previsiones sobre "los requisitos de validez y eficacia" de los mismos;" en *segundo lugar*, el régimen de "los derechos de los ciudadanos frente a la Administración Pública," en *tercer lugar* "el régimen de responsabilidad patrimonial de la Administración Pública y de sus funcionarios," en *cuarto lugar* "el ejercicio de la potestad normativa," y en *quinto lugar*, el régimen de "los principios y garantías del procedimiento administrativo sancionador."

En cuanto a los sujetos a los cuales se aplica la Ley, la misma, al regular su "ámbito de aplicación" (art. 2) hace comprender dentro de la denominación genérica de "Administración Pública" a los siguientes sujetos:

En primer lugar, la ley se aplica a los órganos del Poder Ejecutivo, es decir al "Órgano Ejecutivo y sus dependencias," o sea a la Administración Pública nacional Central; "a las entidades autónomas y demás entidades públicas, aun cuando su ley de creación se califique de carácter especial," o sea a la Administración Pública nacional descentralizadas funcionalmente; y "a las municipalidades," que son los entes políticos descentralizados territorialmente, agrega la Ley, "en cuanto a los actos administrativos definitivos o de trámite que emitan y a los procedimientos que desarrollen."

En segundo lugar, la ley se aplica a los órganos de los otros Poderes Públicos distintos del Poder Ejecutivo, "cuando excepcionalmente ejerzan potestades sujetas al derecho administrativo," y en particular en esos casos "a los Órganos Legislativo y Judicial, la Corte de Cuentas de la República, la Procuraduría General de la República, la Procuraduría para la Defensa de los Derechos Humanos, la Fiscalía General de la República, el Consejo Superior de Salud Pública, el Tribunal Supremo Electoral" y, en general, a cualquier otra "institución de carácter público, cuando excepcionalmente ejerza potestades sujetas al derecho administrativo."

En tercer lugar, por extensión, la Ley también se aplica "a los concesionarios de la Administración Pública," se entiende también cuando ejerza potestades sujetas al derecho administrativo.

IV. PRINCIPIOS GENERALES DE LA ACTIVIDAD ADMINISTRATIVA EN LA LEY DE PROCEDIMIENTOS ADMINISTRATIVOS

Siguiendo la orientación general de las leyes de procedimiento administrativos precedentes sancionadas en América Latina, y sin duda inspirada en muchas de ellas, la Ley de El Salvador (art. 3) estableció que las actuaciones de la Administración Pública están sujetas a los siguientes principios generales:

1. *Principio del carácter servicial de la Administración Pública*

La Ley establece respecto del carácter servicial de la Administración Pública, el principio de que la misma "debe servir con objetividad a los intereses generales" (art. 3), es decir, que está al servicio de los ciudadanos, y no del aparato del Estado, de los gobernantes o de la burocracia estatal;

2. *Principio de Legalidad*

Conforme al principio de la legalidad, la Administración Pública debe actuar "con pleno sometimiento al ordenamiento jurídico, de modo que solo puede hacer aquello que esté previsto expresamente en la ley y en los términos en que esta lo determine" (art. 3.1).

Un derivado del principio de legalidad es el respeto de las fuentes del derecho por la actuación de la administración, razón por la cual se dispone expresamente que "las resoluciones administrativas de carácter particular no pueden contradecir lo establecido en una disposición de carácter general, aunque aquellas procedan de un órgano de igual o mayor jerarquía al que dictó la disposición general" (art. 29); es decir, el llamado principio de la inderogabilidad singular de las normas.

Igualmente, en virtud del principio de la legalidad, como lo establece expresamente el artículo 25 de la ley, "solo podrán dictarse actos discrecionales, cuando así lo autorice el ordenamiento jurídico," considerándose, además "ilegales" es decir, contrarios al principio de legalidad, los actos discrecionales "cuando incurran en desviación de poder o de cualquier otro modo contravengan las leyes."

3. *Principio de la competencia*

Otro principio derivado del principio de legalidad, en particular de la previsión de que el funcionario de la Administración solo puede actuar cuando así está autorizado "expresamente en la ley y en los términos en que esta lo determine," es el principio de la competencia regulado en el artículo 42 al disponer que la misma siempre es de texto expreso y de carácter irrenunciable la cual, por lo tanto, no se presume.

Además, conforme al artículo 112, la competencia es de ejercicio *obligatorio,* no pudiendo la Administración "abstenerse de resolver un asunto de su competencia con el pretexto de vacío u oscuridad en las disposiciones legales aplicables o en las cuestiones que se susciten en el procedimiento."

La secuela del principio de la competencia respecto de los actos administrativos es no sólo que, entre los requisitos de validez de los mismos, de acuerdo con el artículo 22.a de la Ley, está la "competencia e investidura del órgano competente;" sino el principio de la nulidad absoluta o de pleno derecho de los actos administrativos "dictados por autoridad manifiestamente incompetente por razón de la materia o del territorio" (art. 36.a).

4. *Principio de Proporcionalidad*

Este principio de la proporcionalidad impone a la Administración Pública, que "las actuaciones administrativas deben ser cualitativamente aptas e idóneas para alcanzar los fines previstos, restringidas en su intensidad a lo que resulte necesario para alcanzar tales fines y limitadas respecto a las personas cuyos derechos sea indispensable afectar para conseguirlos" (art. 3.2).

En este supuesto, agrega la norma "deberá escogerse la alternativa que resulte menos gravosa para las personas y, en todo caso, el sacrificio de estas debe guardar una relación razonable con la importancia del interés general que se trata de salvaguardar" (art. 3.2).

La Ley recurre de nuevo al principio de la proporcionalidad específicamente en materia de ejercicio de la potestad sancionadora exigiendo que tanto en la "determinación normativa del régimen sancionador así como en la imposición de sanciones por parte de la Administración Pública, se deberá guardar la debida adecuación entre la gravedad del hecho constitutivo de infracción y la sanción aplicada" (art. 139.7); y en general como principio que debe tenerse en cuenta "en el ejercicio de la potestad normativa" por la Administración Pública (**Art. 160**).

5. *Principio del Antiformalismo*

Este principio del antiformalismo busca asegurar que "ningún requisito formal que no sea esencial debe constituir un obstáculo que impida injustificadamente el inicio del procedimiento, su tramitación y su conclusión normal" (art. 3.3).

Asimismo, en lo que se refiere al procedimiento administrativo la norma del artículo 3.3 exige que la Administración Pública "debe interpretar los requisitos esenciales en el sentido que posibilite el acceso a los procedimientos y el pronunciamiento de una resolución de fondo."

6. *Principio de la Eficacia*

Conforme a este principio de la eficacia, "la Administración, antes de rechazar el inicio del procedimiento o recurso, su conclusión anormal o la apertura de un incidente, debe procurar la reparación o subsanación de cualquier defecto que haya advertido, incluso sin necesidad de prevención al interesado" (art. 3.4). Este principio de la eficacia, además, debe tenerse en cuenta "en el ejercicio de la potestad normativa" por la Administración Pública (**Art. 160**).

7. *Principio de Celeridad*

De acuerdo con el principio de la celeridad, "los procedimientos deben ser ágiles y con la menor dilación posible y serán impulsados de oficio cuando su naturaleza lo permita" (art. 3.5).

Conforme a este principio de la celeridad, el artículo 4 de la ley dispone que "en todo caso, con el fin de agilizar los trámites y procedimientos administrativos, la Administración se debe abstener de exigir documentos de uso común que obren en registros públicos o en las dependencias encargadas de expedirlos, tales como la documentación acreditativa de la existencia de las personas, su personería, o la tarjeta de identificación tributaria." La Administración Pública, además, "no debe exigir requisitos para el cumplimiento de obligaciones o para el ejercicio de actividades y derechos que no se encuentren respaldados por el ordenamiento jurídico" (art. 4).

Por ello, de acuerdo con este principio de la celeridad, el artículo 93 de la ley sobre la tramitación del procedimiento administrativo precisa que "para dar al procedimiento la mayor celeridad, se deben acordar en un solo acto todos los trámites que, por su naturaleza, admitan un impulso simultáneo y no estén entre sí sucesivamente subordinados en su cumplimiento."

También podrían encontrar su fundamento en el principio de celeridad, las previsiones de la Ley de Procedimientos Administrativos en materia de efectos del silencio de la Administración, al establecer en su artículo 113, el principio del silencio administrativo positivo en los procedimientos iniciados a solicitud del interesado, al disponer que sin perjuicio de la obligación de la Administración de decidir, "el vencimiento del plazo máximo, sin haberse notificado resolución expresa, producirá el efecto positivo, de modo que el interesado ha de entender estimada su petición." En esto casos, conforme a la misma norma, "la producción de los efectos positivos del silencio administrativo tiene la consideración de acto administrativo finalizador del procedimiento, con todas sus consecuencias."

El principio, sin embargo, no se estableció en forma absoluta, estableciéndose que en dichos procedimientos que el silencio tendrá efecto negativo o desestimatorio en los siguientes casos:

"1. Cuando el supuesto constitutivo se origine exclusivamente del derecho constitucional de petición, sin que exista regulación infraconstitucional alguna relativa al supuesto constitutivo de la petición.

2. Cuando la solicitud tuviera como consecuencia que se transfirieran al solicitante o a terceros facultades relativas al dominio público o al servicio público; y

3. Cuando se trate de peticiones dirigidas a la impugnación de actos y disposiciones."

En este último caso, sin embargo, la Ley dispuso que "cuando se hubiere interpuesto recurso de apelación contra la desestimación por silencio administrativo de una solicitud, se producirán los efectos positivos del silencio si, llegado el plazo de resolución, el órgano administrativo competente no dictase resolución expresa sobre el mismo". (art. 113)

8.   *Principio de oficialidad o de impulso de oficio*

Por lo que se refiere al principio de la oficialidad, establecido en el mismo artículo 3.5 de la Ley al disponer que "los procedimientos deben ser impulsados de oficio cuando su naturaleza lo permita," por ejemplo, el artículo 106 de la ley dispone en materia de pruebas que la Administración debe practicar "en el procedimiento todas las pruebas pertinentes y útiles para determinar la verdad de los hechos, aunque no hayan sido propuestas por los interesados y aun en contra de la voluntad de estos." El mismo principio se recoge en el procedimiento sancionatorio, al disponer el artículo 153 que "en el plazo probatorio se practicarán de oficio o se admitirán a propuesta del denunciante y el presunto responsable, cuantas pruebas sean pertinentes y útiles para la determinación de hechos y posibles responsabilidades, o el descargo de estas."

El mismo principio de oficialidad se refleja en materia de desistimiento del procedimiento por el interesado, en cuyo caso dispone el artículo 116 que "si la cuestión suscitada en el procedimiento entrañase un interés general o si fuese conveniente sustanciarla para su definición y esclarecimiento, la Administración debe limitar los efectos del desistimiento o de la renuncia del interesado y debe seguir de oficio el procedimiento."

Por otra parte, conforme al artículo 118 de la Ley, la Administración Pública puede "en cualquier momento, por iniciativa propia en la vía administrativa," declarar la nulidad de los actos administrativos "favorables que hayan puesto fin a la vía administrativa o que no hayan sido recurridos en plazo," cuando los mismos adolezcan de un vicio de nulidad absoluta o de pleno derecho (art.???). La ley también autoriza a la Administración para declarar, pero únicamente de oficio, la nulidad de las normas administrativas."

Por otra parte, conforme al artículo 121, la Administración Pública también. puede "revocar de oficio sus actos desfavorables, siempre que tal revocación no constituya dispensa o exención no permitida por la ley, o sea contraria al principio de igualdad o al interés público;" y conforme al artículo 122 de la ley, igualmente puede, en cualquier momento, "de oficio," "rectificar los errores materiales, los de hecho y los aritméticos."

Por último, en materia de ejecución de acto administrativo impugnado, si bien el principio es que la interposición de recursos contra los mismos "no suspende la ejecución del acto impugnado," sin embargo, "el órgano a quien competa resolver el recurso, previa ponderación suficientemente razonada entre el perjuicio que causaría al interés público o a terceros la suspensión y el perjuicio que se causa al recurrente como consecuencia de la eficacia inmediata del acto recurrido, podrá suspender, de oficio, la ejecución del acto impugnado, cuando concurran las circunstancias indicadas en la norma (art. 127).

9.   Principio de Economía

Conforme al principio de la economía, "la actividad administrativa debe desarrollarse de manera que los interesados y la Administración incurran en el menor gasto posible, evitando la realización de trámites o la exigencia de requisitos innecesarios" (art. 3.6).

En consecuencia, conforme lo dispone el artículo 4 de la Ley, la Administración Pública, "con el fin de facilitar a los ciudadanos el acceso a esta, mejorar su eficacia y reducir costos, no puede exigir documentos emitidos por la institución que los solicita ni requisitos relativos a información que dicha institución posea o deba poseer. Además, "la institución u organismo público, tampoco puede exigir la presentación de documentos o requisitos que hayan sido proporcionados con anterioridad, salvo que los efectos de tales documentos se hubiesen extinguido por causas legales" (art. 14).

Una manifestación del principio de la economía, por ejemplo, es la recogida en el artículo 69 de la ley que permite que la representación de los interesados en el procedimiento administrativo se pueda otorgar, aparte de "mediante instrumento público o documento privado con firma legalizada notarialmente," directamente "por comparecencia ante el funcionario competente para instruir el procedimiento," lo cual se debe hacer constar "en un acta o bien en el mismo escrito en el que se solicite la iniciación del procedimiento."

10.   Principio de Coherencia

Sobre el principio de coherencia, la norma del artículo 3.7 de la Ley, dispone que las actuaciones administrativas deben ser "congruentes con los antecedentes administrativos, salvo que por las razones que se expliciten por escrito y se motiven adecuadamente, sea pertinente en algún caso apartarse de ellos."

Por ello, por ejemplo, en cuanto a la decisión de los procedimientos administrativos el artículo 112 exige que "la resolución debe decidir todas las cuestiones de hecho y de derecho que resulten del expediente, aunque no hayan sido planteadas por los interesados;" y en cuanto a la decisión en materia de los recursos administrativos, el artículo 129 de la ley exige que "la resolución del recurso debe contener una respuesta a las peticiones formuladas por el recurrente."

11. *Principio de la Verdad material*

Conforme al principio de la verdad material, "las actuaciones de la autoridad administrativa deben ajustarse a la verdad material que resulte de los hechos, aun cuando no hayan sido alegados ni se deriven de pruebas propuestas por los interesados" (art. 3.8).

12. *Principio de la buena fe*

De acuerdo con el principio de la buena fe, "todos los participantes en el procedimiento deben ajustar sus comportamientos a una conducta honesta, leal y conforme con las actuaciones que podrían esperarse de una persona correcta, la cual se presume respecto de todos los intervinientes," (art. 3.9). Por ello, por ejemplo, conforme al artículo 112 de la Ley los administrados pueden acudir seguros ante la Administración en sus peticiones, con la seguridad de que "en ningún caso, la resolución final podrá agravar o perjudicar la situación inicial del administrado a cuya instancia se hubiera iniciado el procedimiento" (art. 112).

Por otra parte, en particular, al establecer los deberes de los ciudadanos en sus relaciones con la Administración Pública, el artículo 17.2 de la ley les impone el de "actuar de acuerdo con el principio de buena fe, absteniéndose de emplear maniobras dilatorias en los procedimientos y de efectuar o aportar declaraciones o documentos falsos o hacer peticiones o afirmaciones temerarias."

13. *Principio de la transparencia*

Sobre el principio de la transparencia, solo está indirectamente mencionado en la ley cuando entre los deberes que se definen para los órganos administrativos en relación con los particulares, el artículo 11.5 se refiere a que deberán tratar "a los ciudadanos con el más alto índice de decoro y transparencia." También, el artículo 160 de la Ley establece que, en materia de ejercicio de la potestad normativa, la Administración Pública debe actuar de acuerdo con varios principios, entre los cuales indica el de la "transparencia."

Sin duda, vinculado a este principio de la transparencia es que el artículo 16.1 de la Ley, al regular los derechos de las personas, en sus relaciones con la Administración Pública, destaca el derecho "a la buena Administración, que consiste en que los asuntos de naturaleza pública sean tratados con equidad, justicia, objetividad e imparcialidad y que sean resueltos en un plazo razonable y al servicio de la dignidad humana."

14. *Principio de la seguridad*

En relación con el principio de seguridad en relación con los datos e informaciones sobre las personas, al referirse al expediente administrativo en el procedimiento administrativo, el artículo 8 de la Ley le impone a la Administración, "para garantía de seguridad," la obligación de "implementar los mecanismos necesarios que salvaguarden la información y el exclusivo acceso a quienes tienen derecho en los términos establecidos en esta ley y en las especiales que resulten aplicables."

Igualmente, el artículo 16.1 de la Ley, al regular los derechos de las personas, en sus relaciones con la Administración Pública, incluye el derecho "a la garantía de seguridad y confidencialidad de los datos personales que figuren en los ficheros, bases de datos, sistemas y aplicaciones de la Administración Pública."

V. LA LEY DE PROCEDIMIENTOS ADMINISTRATIVOS COMO GARANTÍA DEL DEBIDO PROCESO EN MATERIA ADMINISTRATIVA

El principio del debido proceso, es decir, la garantía que tiene toda persona a ser juzgada por sus jueces naturales, que deben ser autónomos e independientes, en procesos en los cuales se debe respetar su presunción de inocencia, su derecho a ser oído y a aportar pruebas, y su derecho a la defensa, es principio que está establecido en el ordenamiento constitucional de El Salvador fundamentalmente respecto de los procesos judiciales, como se deriva del texto de los artículos 1 y 12 de la Constitución.

Sin embargo, es evidente, el debido proceso también es una garantía que se debe respetar en los procedimientos administrativos, lo que por lo demás, tiene su fundamento indirecto en lo dispuesto en el artículo 14 de la Constitución que establece que:

"Artículo 14. Corresponde únicamente al órgano judicial la facultad de imponer penas. No obstante, la autoridad administrativa podrá sancionar, mediante resolución o sentencia y previo el debido proceso, las contravenciones a las leyes, reglamentos u ordenanzas, con arresto hasta por cinco días o con multa, la cual podrá permutarse por servicios sociales prestados a la comunidad."

La importancia de la norma está, primero, en que es la única del texto constitucional que utiliza la expresión "debido proceso," precisamente al referirse a los procedimientos administrativos; y segundo, que si bien la norma está destinada a regular el ejercicio de la potestad sancionatoria por parte de la Administración, el principio que de la misma deriva se aplica a todos los procedimientos administrativos, y ello lo confirma precisamente la Ley de Procedimientos Administrativos que en esa forma se puede considera como el cuerpo normativo que garantiza el derecho al debido proceso de las personas en sus relaciones con la Administración.

1. *El derecho de los interesados al procedimiento administrativo*

El procedimiento administrativo se ha regulado en la Ley para establecer el marco de la garantía del debido proceso administrativo, de manera que de la ley deriva un derecho fundamental de mas personas en tanto que administrados, y es el derecho al procedimiento administrativo, es decir, a que la Administración Pública desarrolle los procedimientos que en sus relaciones con los administrados conforme al régimen establecido en la ley.

De allí, incluso, la sanción de nulidad absoluta o de pleno derecho que conforme a la Ley afecta a los actos administrativos cuando sean dictados "prescindiendo absolutamente del procedimiento legalmente establecido; se utilice uno distinto al fijado por la ley, o se adopten en ausencia de fases esenciales del procedimiento previsto o de aquellas que garantizan el derecho a la defensa de los interesados" (art. 36).

2. *El derecho de los interesados de hacerse parte en los procedimientos administrativos que puedan afectar sus derechos e intereses*

De acuerdo con lo previsto en el artículo 65 de la ley, todos los titulares de derechos o intereses legítimos, individuales o colectivos están legitimados para intervenir en el procedimiento administrativo, teniendo por tanto derecho a apersonarse en el procedimiento antes que haya recaído resolución definitiva.

3. *El derecho de los interesados a ser notificados para la defensa de los derechos en el curso del procedimiento administrativo*

Para asegurar el derecho de los interesados a apersonarse en un procedimiento administrativo y defender sus derechos, "si durante la tramitación de un procedimiento se establece la existencia de interesados que puedan resultar directamente afectados por la decisión que se adopte y que no hayan intervenido en el procedimiento," conforme al artículo 70 de la Ley la Administración está obligada a comunicarles de la tramitación del expediente para que, si así lo desean, se apersonen."

Como parte en el procedimiento, los interesados tienen derecho a probar y alegar lo que estimen necesario en defensa de sus derechos.

4. *El derecho de los interesados a ser notificados para la defensa de los derechos al concluir el procedimiento administrativo*

Concluido el procedimiento administrativo, "la Administración está obligada a dictar resolución expresa" en el mismo y, además, está obligada a "notificarla" a las partes interesadas, "cualquiera que sea su forma de iniciación," (art. 89), sea de oficio o a instancia de parte. El principio lo reafirma en general el artículo 97 de la Ley al disponer que "todo acto administrativo que afecte a derechos o intereses de las personas, tendrá que ser debidamente notificado en el procedimiento administrativo," debiendo la notificación "ser cursada dentro del plazo de tres días a partir de la fecha en que el acto haya sido dictado" y, además, contener "el texto íntegro de la resolución y, en su caso, los anexos que la acompañen."

De acuerdo con el artículo 103 de la ley, sin embargo, no será necesaria la notificación individual de los actos administrativos, y debe procederse a su publicación en los siguientes casos:

1. Cuando el acto tenga por destinatarios a una pluralidad indeterminada de personas. En este supuesto, la publicación deberá realizarse en un diario de circulación nacional y en la página electrónica de la institución, si la tuviera.

2. Cuando se trate de procedimientos selectivos de concurrencia competitiva y en la convocatoria se haya indicado expresamente el tablero o medio de comunicación donde se efectuarán las publicaciones. En este supuesto la publicación se practicará, precisamente, a través del medio que se haya indicado."

En todo caso, respecto de las notificaciones y dejando a salvo esta excepción, las mismas son tan importantes respecto de la resolución o acto administrativo, que los mismos solo pueden producir "sus efectos desde que se comuniquen a los interesados, excepto si únicamente producen efectos favorables o no procede su notificación o publicación, en cuyo caso serán eficaces desde el momento de su emisión" (art. 28).

Por ello, la Ley en su artículo 98 regula detalladamente las reglas para realizar las notificaciones de los actos o resoluciones administrativas, cualquiera que fuera su contenido, en la forma siguiente:

"1. La notificación de las resoluciones podrá practicarse por cualquier medio que permita tener constancia de la recepción por el interesado o su representante, así como de la fecha y el contenido del acto notificado. Se autorizan las notificaciones por correo postal, público o privado, con acuse de recibo.

2. Los interesados tendrán derecho a acudir a la oficina o dependencia para que se les notifiquen las resoluciones dictadas en el procedimiento.

3. Siempre que sea posible y el receptor lo solicite, por no saber o no poder leer, el notificador le dará lectura íntegra al documento que entregará.

4. La acreditación de la notificación efectuada se incorporará al expediente.

5. En los procedimientos iniciados a solicitud del interesado, la notificación se practicará en el lugar o medio que este haya señalado a tal efecto en la solicitud. Cuando ello no fuera posible, en cualquier lugar adecuado a tal fin y por cualquier medio, conforme a lo dispuesto en el número uno de este artículo.

6. Cuando la notificación se practique en el domicilio del interesado, de no hallarse presente este en el momento de entregarse la notificación, podrá hacerse cargo de la misma cualquier persona, mayor de edad que se encuentre en el domicilio y haga constar su identidad. Si nadie pudiera hacerse cargo de la notificación o esta fuera rechazada, se hará constar esta circunstancia en el expediente, junto con el día y la hora en que se intentó la notificación. En este caso, se fijará aviso en lugar visible, indicando al interesado que existe resolución pendiente de notificársele y que debe acudir a la oficina o dependencia administrativa, a tal efecto. Si no acudiere en el plazo de tres días, se entenderá por efectuada la notificación."

A los efectos de asegurar la efectividad de las notificaciones, el artículo 99 de la ley exige de los interesados que, en su primer escrito de comparecencia, deben señalar el medio electrónico o dirección postal para recibir las sucesivas notificaciones; y para el caso de que trate de una dirección postal, la misma debe "ser dentro de la circunscripción donde tiene su domicilio la institución o bien donde esta tenga una delegación o dependencia" (art. 99).

Para asegurar el respeto del derecho de las personas a ser notificadas de los actos o resoluciones administrativas, el artículo 101, de la Ley exige que la realización de la notificación se acredite "mediante constancia de acuse de recibo o documento firmado por el receptor, en el que se haga constar la fecha, la identidad de quien ha recibido la notificación y, en su caso, su relación con el interesado." Sin embargo, si el receptor no sabe, no puede o no quiere firmar, el notificador dejará constancia de ello.

En el caso de que la notificación se haya realizado por medios electrónicos o cualquier otro medio admitido, debe dejarse constancia por escrito de su realización, la cual se debe anexar al expediente, en el cual debe aparecer la identificación y firma de la persona responsable de la notificación, así como la fecha y hora en que se realizó.

Todo este conjunto normativo, tiene precisamente por objeto asegurar el debido proceso administrativo, pues la notificación es la condición necesaria, no solo para que los actos administrativos produzcan efectos, sino para que las personas interesadas puedan ejercer el derecho a la defensa. Por ello, precisamente, la previsión del artículo 102, en el sentido de que la notificación que se realice "por un medio inadecuado o de forma defectuosa es nula, salvo que el interesado se dé por enterado oportunamente del contenido del acto de que se trate, de forma expresa o tácita, ante el órgano correspondiente, con lo cual se entendería que ha quedado subsanado el defecto."

5. *El derecho a la motivación de los actos administrativos y el derecho a recurrir contra los mismos*

Otro de los elementos esenciales del debido proceso administrativo regulados en la Ley de procedimientos Administrativos, es la exigencia de la motivación de los actos administrativos, que es la condición esencial para que sus destinatarios y los interesados puedan ejercer el derecho a la defensa frente a los mismos. Esta motivación, que debe contener una "sucinta referencia de hechos y fundamentos de derecho" del acto en cuestión es imprescindible conforme al artículo 23 de la Ley, respecto de los actos administrativos que impongan obligaciones; limiten, supriman o denieguen derechos; resuelvan recursos; modifiquen el criterio adoptado en actuaciones anteriores o se separen del dictamen de órganos consultivos, cuando la ley lo permita; contengan un pronunciamiento sobre una medida cautelar; revoquen o modifiquen actos anteriores; se dicten en ejercicio de una potestad discrecional; o cuando así lo exija expresamente una disposición legal o reglamentaria.

En todos estos casos, solo motivando los actos administrativos con indicación expresa de todos sus presupuestos de hecho y de derecho, es que los interesados podían recurrir y defenderse contra los mismos, ejerciendo los recursos que regula la ley (reconsideración, apelación o revisión) (arts. 123 a 131), razón por la cual en la notificación de los mismos debe también informarse a sus destinatarios de si cabe o no recurso administrativo y, en su caso, expresar cuál o cuáles son los recursos procedentes, el plazo para interponerlos, el lugar en que deben presentarse y las autoridades competentes para resolverlos (art. 104).

JURISPRUDENCIA

Información Jurisprudencial

Jurisprudencia Administrativa y Constitucional (Tribunal Supremo de Justicia y Cortes de lo Contencioso Administrativo): Segundo Semestre de 2018

Selección, recopilación y notas
por Mary Ramos Fernández
Abogada
Secretaria de Redacción de la Revista

SUMARIO

I. ORDENAMIENTO CONSTITUCIONAL Y FUNCIONAL DEL ESTADO

1. *Estados de excepción y emergencia económica*

TSJ-SC (638)   **20-9-2018**

Magistrado Ponente: Juan José Mendoza Jover

Caso: Constitucionalidad Decreto N° 3610 del 10 septiembre de 2018 publicado en la Gaceta Oficial N° 41.478 de la misma fecha, reimpresión publicada en la Gaceta Oficial de la República Bolivariana de Venezuela N° 41.485 del 19 del mismo mes y año mediante el cual se declara el Estado de excepción y de la emergencia económica.

…Verificada la competencia de esta Sala Constitucional para conocer del presente asunto, cumplidos los trámites correspondientes y estando dentro de la oportunidad que establece el artículo 339 constitucional para dictar el fallo, incumbe en este estado analizar la constitucionalidad del Decreto N° 3.610 del 10 de septiembre de 2018 en el que se decretó el Estado de Excepción y de Emergencia Económica en todo el Territorio Nacional, para lo cual se observa lo siguiente:

La Constitución de la República Bolivariana de Venezuela, desarrolla varios extremos fundamentales de estos estados de excepción y determina los controles a los cuales deben sujetarse los decretos mediante los cuales se declaran tales circunstancias extraordinarias (artículos 236, numeral 7, 337, 338 y 339).

De otra parte, el desarrollo legislativo de esta figura jurídica extraordinaria de orden constitucional, está regulado como antes se apuntó en la Ley Orgánica Sobre Estados de Excepción, los cuales han sido definidos como circunstancias extraordinarias dotadas de la característica de la irresistibilidad de los fenómenos y la lesividad de sus efectos, que se plantean en un régimen constitucional, afectando o amenazando con hacerlo a sus instituciones fundamentales, impidiendo el normal desarrollo de la vida ciudadana y alterando la organización y funcionamiento de los poderes públicos (Rondón de Sansó, Hildegard. "El Régimen de los estados de excepción en la Constitución de 1999", en *Cuatro Temas Álgidos de la Constitución Venezolana de 1999*, Caracas 2004).

En tal sentido, puede afirmarse que los estados de excepción son circunstancias de variada índole, que pueden afectar la seguridad de la Nación, de las instituciones o de los ciudadanos, para cuya atención no serían totalmente suficientes ni adecuadas a los fines del restablecimiento de la normalidad, las facultades de que dispone ordinariamente el Poder Público, y ante las cuales el ciudadano Presidente de la República, en Consejo de Ministros, está investido de potestades plenas para declarar tal estado, decretarlo o aumentar el número de garantías constitucionales restringidas con miras a proteger el bien común, y disponer de tales medidas en los términos que contemple en el Decreto respectivo, en el marco constitucional, para garantizar la seguridad y defensa de la República, y de su soberanía en todos sus atributos y aspectos; en fin, para proteger el propio orden constitucional.

En este orden de ideas, debe indicarse que tanto los estados de excepción como sus prórrogas solamente pueden declararse ante situaciones objetivas de suma gravedad que hagan insuficientes los medios ordinarios de que dispone el Estado para afrontarlos. De allí que uno de los extremos que han de ponderarse se refiere a la proporcionalidad de las medidas decretadas respecto de la ratio o las situaciones de hecho acontecidas.(…)

(…) En este sentido, revisado como ha sido el contenido del instrumento jurídico sometido a control constitucional, se observa que se trata de un Decreto cuyo objeto es, a tenor de su artículo 1, es decretar el "…*Estado de Excepción y de emergencia Económica en todo el territorio Nacional, dadas las circunstancias extraordinarias en el ámbito social, económico y político, que afectan el Orden Constitucional, la paz social, la seguridad de la Nación, las instituciones públicas y a las ciudadanas y los ciudadanos habitantes de la República, a fin de que el Ejecutivo Nacional adopte las medidas urgentes, contundentes, excepcionales y necesarias, para asegurar a la población el disfrute pleno de sus derechos, preservar el orden interno, el acceso oportuno a bienes, servicios, alimentos, medicinas y otros productos esenciales para la vida…*".

La fundamentación jurídica, la cual expresa los dispositivos constitucionales y legales en que se basan las competencias que está ejerciendo el ciudadano Presidente de la República en Consejo de Ministros, entre los cuales se invocan los artículos 226 y 236, numeral 7 Constitucionales, que se refieren a la acción de gobierno y a la facultad para dictar estados de excepción, sus prórrogas o aumentos del número de garantías restringidas, en concordancia con los artículos 337, 338 y 339 *eiusdem*, normas que a su vez fueron concatenadas con los artículos 2 al 7, 10, 17 y 23 de la Ley Orgánica sobre Estados de Excepción.

Visto el referido Decreto, esta Sala Constitucional advierte que en sentencias números 4 del 20 de enero de 2016, 7 del 11 de febrero de 2016, 184 del 17 de marzo de 2016, 411 del 19 de mayo de 2016, 615 del 19 de julio de 2016, 810 del 21 de septiembre de 2016, 4 del 19 de enero de 2017, 113 del 20 de marzo de 2017 y, 364 del 24 de mayo de 2017, ratificaron el criterio del primer fallo sobre algunas nociones de carácter doctrinario respecto de la naturaleza, contenido y alcance de los estados de excepción, como mecanismos constitucionales válidos para que el Presidente de la República pueda tomar medidas extraordinarias y excepcionales cuando existan situaciones fácticas de alarma, emergencia o calamidad.

(…) Al respecto, como antes se indicó, el Decreto sometido al control de esta Sala plantea desde su primer artículo, que el mismo tiene como objeto decretar el Estado de Excepción, en el que el Ejecutivo, hace uso de dicha facultad, para disponer de la atribución para adoptar las medidas urgentes, contundentes, excepcionales y necesarias, para asegurar a la población el disfrute pleno de sus derechos, preservar el orden interno, el acceso oportuno a bienes, servicios, aumentos, medicinas y otros productos esenciales para la vida, dadas las situaciones fácticas y jurídicas bajo las cuales es adoptado y los efectos que debe surtir con la inmediatez que impone la gravedad o entidad de las circunstancias vulneradoras que el Poder Público, con facultades extraordinarias temporales derivadas del propio Decreto, pues el Presidente de la República como Jefe de Estado y del Ejecutivo Nacional está en la obligación de atender para restaurar la normalidad en el funcionamiento del sistema socioeconómico, para ponderar y garantizar de forma cabal e inaplazable los derechos fundamentales de todos los ciudadanos y ciudadanas.

(…) Por ello, se observa que se trata de un límite y ponderación legítima respecto del ejercicio de algunos derechos y garantías constitucionales, fundado en razones excepcionales, cuyo único propósito es establecer un orden alternativo, temporal y proporcional dirigido a salvaguardar la eficacia del Texto Constitucional y, por ende, la eficacia de los derechos y garantías, en situaciones de anormalidad de tal entidad que comprometan la seguridad de la República, de sus habitantes, la armonía social, la vida económica de la República, de sus ciudadanos o ciudadanas, así como el normal funcionamiento de los Poderes Públicos y de la comunidad en general.

Observa esta Sala Constitucional que el Decreto N° 3.610 del 10 de septiembre de 2018, mediante el cual se decreta el Estado de Excepción y de Emergencia Económica en todo el Territorio Nacional, atiende de forma prioritaria aspectos de seguridad económica, que encuentran razón, además, en el contexto económico latinoamericano y global actual, y resulta proporcional, pertinente, útil y necesario para el ejercicio y desarrollo integral del derecho constitucional a la protección social por parte del Estado, ineludibles para la construcción de una sociedad justa y amante de la paz y para la promoción de la prosperidad y bienestar del pueblo, conforme a lo previsto en el artículo 3 Constitucional. Aunado a lo anterior, se incorpora un aparte referido a la implementación y regulación de criptoactivos que viene desarrollando el Ejecutivo Nacional, con la finalidad de superar el bloqueo comercial y financiero que ha recaído en la República por potencias extranjeras, de modo que el Estado pueda seguir proporcionando una política pública enfocada en la protección del pueblo venezolano.

De allí que se estime ajustado al orden constitucional y por ende procedente, que el Ejecutivo Nacional, constatadas las circunstancias suscitadas y que se mantienen en el espacio geográfico de la República, emplee las medidas amparadas por el decreto bajo estudio, en cumplimiento del deber irrenunciable e ineludible del Estado Venezolano de garantizar el acceso oportuno de la población a bienes y servicios básicos y de primera necesidad, así como el disfrute de sus derechos en un ambiente pleno de tranquilidad y estabilidad, asegurando el derecho a la vida de todos los habitantes de la República Bolivariana de Venezuela.

(…) En fin, estima esta Sala que el Decreto sometido a control de constitucionalidad cumple con los principios y normas contenidas en la Constitución de la República Bolivariana de Venezuela, en tratados internacionales sobre derechos humanos válidamente suscritos y ratificados por la República y en la Ley Orgánica sobre Estados de Excepción.

(…) Por último, se ordena la publicación de la presente decisión en la Gaceta Oficial de la República Bolivariana de Venezuela, en la Gaceta judicial y en la página web de este Tribunal Supremo de Justicia.

2.   *Estados de excepción. Decretos de estado de excepción. Prorroga*

TSJ-SC (805)   **22-11-2018**

Ponente: Juan José Mendoza Jover

Caso: Solicitud del Presidente de la República para que se declare la constitucionalidad del Decreto N° 2.655 del 9 de noviembre de 2018, publicado en la Gaceta Oficial N° 41.521 de la misma fecha; mediante el cual, el Presidente de la República prorroga por sesenta (60) días el plazo establecido en el Decreto N° 3610 del 11 de diciembre de 2018, publicado en la Gaceta Oficial N° 41.543 de la misma fecha.

….En este orden de ideas, debe indicarse que tanto los estados de excepción como sus prórrogas solamente pueden declararse ante situaciones objetivas de suma gravedad que hagan insuficientes los medios ordinarios de que dispone el Estado para afrontarlos.

De allí que uno de los extremos que han de ponderarse se refiere a la proporcionalidad de las medidas decretadas respecto de la ratio o las situaciones de hecho acontecidas.

De lo anterior, se observa que existe y así ha sido reconocido por el órgano legislativo nacional que se mantiene en desacato a las decisiones de este Alto Tribunal, una situación nacional extraordinaria, vinculada a la materia económica, a la seguridad de la Nación y de los ciudadanos y ciudadanas, a la paz social, que afecta el orden constitucional, lo cual exige la toma de medidas excepcionales y oportunas con la finalidad de lograr el restablecimiento de la situación de normalidad social y, por ende, de normalidad conforme a los valores, principios y fines que proyecta la Constitución.

En este sentido, revisado como ha sido el contenido del instrumento jurídico sometido a control constitucional, se observa que se trata de un Decreto cuyo objeto es, a tenor de su artículo 1, es prorrogar por sesenta (60) días, el plazo establecido en el Decreto N° 3.610 (analizado en sentencia N° 638/18).

La fundamentación jurídica, la cual expresa los dispositivos constitucionales y legales en que se basan las competencias que está ejerciendo el ciudadano Presidente de la República en Consejo de Ministros, entre los cuales se invocan los artículos 226 y 236, numeral 7 de la Constitución de la República Bolivariana de Venezuela, que se refieren a la acción de gobierno y a la facultad para dictar estados de excepción, sus prórrogas o aumentos del número de garantías restringidas, en concordancia con los artículos 337, 338 y 339 *eiusdem*, normas que a su vez fueron concatenadas con los artículos 2 al 7, 10, 17 y 23 de la Ley Orgánica sobre Estados de Excepción.

Visto el referido Decreto, esta Sala Constitucional advierte que en sentencias números: 4 del 20 de enero de 2016, 7 del 11 de febrero de 2016, 184 del 17 de marzo de 2016, 411 del 19 de mayo de 2016, 615 del 19 de julio de 2016, 810 del 21 de septiembre de 2016, 4 del 19 de enero de 2017, 113 del 20 de marzo de 2017 y, 364 del 24 de mayo de 2017, 959 del 22 noviembre de 2017, ratificaron el criterio del primer fallo sobre algunas nociones de carácter doctrinario respecto de la naturaleza, contenido y alcance de los estados de excepción, como mecanismos constitucionales válidos para que el Presidente de la República pueda tomar medidas extraordinarias y excepcionales cuando existan tales situaciones fácticas de alarma, emergencia o calamidad.

Al respecto, como antes se indicó, el Decreto sometido al control de esta Sala plantea desde su primer artículo, que el mismo tiene como objeto prorrogar el Decreto N° 3.610 del 10 de septiembre de 2018, en el que el Ejecutivo, hace uso de dicha facultad, para disponer de la atribución para adoptar las medidas urgentes, contundentes, excepcionales y necesarias, para asegurar a la población el disfrute pleno de sus derechos, preservar el orden interno, el acceso oportuno a bienes, servicios, aumentos, medicinas y otros productos esenciales para la vida, dadas las situaciones fácticas y jurídicas bajo las cuales es adoptado y los efectos que debe surtir con la inmediatez que impone la gravedad o entidad de las circunstancias vulneradoras que el Poder Público, con facultades extraordinarias temporales derivadas del propio Decreto, pues el Presidente de la República como Jefe de Estado y del Ejecutivo Nacional está en la obligación de atender para restaurar la normalidad en el funcionamiento del sistema socio-económico, para ponderar y garantizar de forma cabal e inaplazable los derechos fundamentales de todos los ciudadanos y ciudadanas.

Por ello, se observa que se trata de un límite y ponderación legítima respecto del ejercicio de algunos derechos y garantías constitucionales, fundado en razones excepcionales, cuyo único propósito es establecer un orden alternativo, temporal y proporcional dirigido a salvaguardar la eficacia del Texto Constitucional y, por ende, la eficacia de los derechos y garantías, en situaciones de anormalidad de tal entidad que comprometan la seguridad de la Nación, de sus habitantes, la armonía social, la vida económica de la Nación, de sus ciudadanos o ciudadanas, así como el normal funcionamiento de los Poderes Públicos y de la comunidad en general.

Observa esta Sala Constitucional que el Decreto N° 3.610 del 10 de septiembre de 2018, mediante el cual se declaró el Estado de Excepción y de Emergencia Económica, en todo el Territorio Nacional, atiende de forma prioritaria aspectos de seguridad económica, que encuentran razón, además, en el contexto económico latinoamericano y global actual, y resulta proporcional, pertinente, útil y necesario para el ejercicio y desarrollo integral del derecho constitucional a la protección social por parte del Estado, ineludibles para la construcción de una sociedad justa y amante de la paz y para la promoción de la prosperidad y bienestar del pueblo, conforme a lo previsto en el artículo 3 Constitucional.

De allí que se estime ajustado al orden constitucional y por ende procedente, que el Ejecutivo Nacional, constatadas las circunstancias suscitadas y que se mantienen en el espacio geográfico de la República, emplee las medidas amparadas por el decreto bajo estudio, en cumplimiento del deber irrenunciable e ineludible del Estado Venezolano de garantizar el acceso oportuno de la población a bienes y servicios básicos y de primera necesidad, así como el disfrute de sus derechos en un ambiente pleno de tranquilidad y estabilidad, asegurando el derecho a la vida digna de todos los habitantes de la República Bolivariana de Venezuela.

En fin, estima esta Sala que el Decreto sometido a control de constitucionalidad cumple con los principios y normas contenidas en la Constitución de la República Bolivariana de Venezuela, en tratados internacionales sobre derechos humanos válidamente suscritos y ratificados por la República y en la Ley Orgánica sobre Estados de Excepción.

(…) Por último, se ordena la publicación de la presente decisión en la Gaceta Oficial de la República Bolivariana de Venezuela, en la Gaceta judicial y en la página web de este Tribunal Supremo de Justicia.

II.   DERECHOS Y GARANTÍAS CONSTITUCIONALES

1.   *Garantías constitucionales*

A.   *Garantía del debido proceso*

a.   *Presunción de inocencia. Actas policiales*

TSJ-SC (421)   **22-6-2018**

Magistrado-Ponente: Calixto Ortega Ríos

Caso: José Ramón Peña Peraza

Ahora bien, esta Sala Constitucional ha señalado de manera expresa que la incorporación de Actas Policiales por sí misma no constituye una prueba suficiente capaz de desvirtuar el principio de la presunción de inocencia que goza toda persona en virtud de la Constitución nacional y los tratados de Derechos Humanos pero que esta situación es distinta cuando el Acta Policial no es tan sólo presentada al debate de juicio sino que es acompañada por el testimonio de los funcionarios actuantes los cuales pueden ser objeto de una evacuación que permita la contradicción entre las partes y la inmediación judicial.

…Un último alegato había sido formulado por el accionante que consideró que la decisión había sido tomada en base a las actas policiales y que estos medios son considerados como insuficientes para generar la mínima actividad probatoria requerida a los fines de condenar a una persona por la comisión de un delito.

Al respecto, hemos de partir por considerar que el Acta Policial es una prueba documental, es decir un medio material donde se recogen manifestaciones de voluntad o conocimiento, se muestran imágenes o narraciones correspondientes a un estado de cosas pasadas, o, se dejó constancia de la ocurrencia de cierto acto o hecho. En razón del principio de prueba libre de nuestro proceso penal acusatorio pueden traerse al debate probatorio a los fines de sustentar la acusación, como documentos extraprocesales de naturaleza pública.

En la opinión de Pérez Sarmiento en virtud de ello *"gozan de una presunción general de veracidad en cuanto a su forma, sus otorgantes, su contenido, la fecha y lugar de realización y en cuanto a los funcionarios que los han autorizado. Esta eficacia probatoria, que le viene conferida a esos documentos por la legislación civil, opera en todos los campos de la vida donde deba ser establecida la veracidad de esos documentos, incluido, claro está el proceso penal".* (Pérez Sarmiento, Eric Lorenzo. *Manual de Derecho Procesal Penal*, p. 323)

Ahora bien, esta Sala Constitucional ha señalado de manera expresa que la incorporación de Actas Policiales por sí misma no constituye una prueba suficiente capaz de desvirtuar el principio de la presunción de inocencia que goza toda persona en virtud de la Constitución nacional y los tratados de Derechos Humanos pero que esta situación es distinta cuando el

Acta Policial no es tan sólo presentada al debate de juicio sino que es acompañada por el testimonio de los funcionarios actuantes los cuales pueden ser objeto de una evacuación que permita la contradicción entre las partes y la inmediación judicial.

Lo anterior se desprende del criterio expresado en la sentencia vinculante N° 1303 del 20 de junio de 2005, la Sala Constitucional se pronunció al respecto, en los siguientes términos:

> En tal sentido, una de las manifestaciones del derecho a la defensa, es que el proceso ostente carácter contradictorio, es decir, que el acusado pueda, además de ofrecer pruebas, participar en los actos de producción de las pruebas, controlar y examinar las pruebas ya ofrecidas, así como también sugerir al órgano jurisdiccional una reconstrucción de los hechos y una interpretación del Derecho que le sea favorable, todo lo cual se manifiesta a plenitud en la fase de juicio.

> Lo anterior se vería desvirtuado, en el supuesto de una prueba testimonial, cuando se incorpora al proceso por su simple lectura el acta contentiva de la declaración realizada por una persona en la investigación, la cual tenga conocimiento de las circunstancias que rodearon la comisión del hecho punible objeto del proceso, y sin que tal persona sea llamada en calidad de testigo al juicio oral a los fines de que deponga sobre tal conocimiento, ya que de ser así se le impediría al acusado la posibilidad de examinar y desvirtuar tal testimonio (por ejemplo, a través del interrogatorio del testigo), y por ende se vulneraría el derecho a la defensa, atentando todo ello además contra la propia naturaleza de la prueba testimonial.

> Por otra parte, debe señalarse que el principio de inmediación es esencial e inmanente para el régimen de la prueba testifical. En tal sentido, la prueba testifical requiere que el órgano jurisdiccional examine con atención especial las características de la persona que realiza la declaración, así como las circunstancias que permiten fijar la credibilidad de ésta.

En el presente caso, puede observarse cómo en la Audiencia Oral y Pública que se celebró en el asunto que se le seguía al ciudadano José Ramón Peña Peraza, comparecieron la funcionaria Eglys Muro, los funcionarios Willian Aranguren, Lenin Colmenares, Carlos Díaz, José Rodríguez y el experto Julio Rodríguez, quienes fueron los actuantes de las actuaciones policiales y de las experticias que en el amparo se señalan como fraudulentas.

Por lo cual, analizados como han sido los alegatos sobre los cuales el abogado Willian Rafael Méndez Unda solicitó un amparo constitucional a favor del ciudadano José Ramón Peña Peraza, así como evidenciado que el análisis realizado por la Corte de Apelaciones de Barquisimeto, del Circuito Judicial Penal del Estado Lara, fue ajustado a derecho, esta Sala declara SIN LUGAR la apelación interpuesta; y en consecuencia CONFIRMA, en los términos expuestos la decisión dictada por dicha Corte de Apelaciones el 6 de abril de 2016, mediante la cual se declaró improcedente *in limine litis* la acción de amparo constitucional incoada por la defensa privada en contra de la decisión del 2 de diciembre de 2015 del Tribunal Quinto de Primera Instancia en funciones de Juicio de aquél Circuito Judicial Penal. Así se declara.

B.   *Principio non bis in idem*

TSJ-SPA (1107)   1-11-2018

Magistrado Ponente: María Carolina Ameliach Villarroel

Caso: NESTLÉ VENEZUELA, S.A.,

...Precisado lo anterior, esta Sala considera necesario analizar, en primer lugar, la denuncia relativa a la supuesta violación del principio *non bis in idem* dado su rango constitucional.

En ese sentido, se observa del libelo que la parte actora denunció la presunta lesión del citado principio, en razón que durante la sustanciación de los expedientes que dieron origen a los actos impugnados, no fueron acumulados por la Administración a pesar que tenían –según afirmó– una evidente conexión por ser "*el mismo 'objeto' y el mismo 'título'* (…)". Por lo tanto arguyó que "(…) *vista la falta de acumulación de los procedimientos, los Actos Denegatorios Tácitos que confirman las Decisiones de los Recursos de Reconsideración y el Acto, se encuentran además viciadas* (sic) *de nulidad absoluta de acuerdo con lo dispuesto en los artículos 25 de la Constitución y 19 numeral 1 de la LOPA por violación del principio non bis in idem, previsto en el artículo 49 numeral 7 de la Constitución* (…)".

A fin de resolver el anterior planteamiento la Sala considera necesario reiterar una vez más que el principio invocado constituye una garantía esencial del derecho al debido proceso que, de conformidad con el artículo 49 de la Constitución resulta aplicable a todas las actuaciones judiciales y administrativas, y a su vez se configura como un derecho fundamental del sancionado junto a los principios de legalidad y tipicidad de las infracciones.

Dicha garantía consagrada en el numeral 7 de la citada disposición, según la cual "*ninguna persona podrá ser sometida a juicio por los mismos hechos en virtud de los cuales hubiese sido juzgada anteriormente*", se considera vulnerada cuando una persona es sometida dos veces a juicio, existiendo identidad en el supuesto de hecho y en el bien jurídico protegido por las normas cuya aplicación se pretende.

Igualmente, se ha indicado que no puede la Administración ejercer dos o más veces su potestad sancionadora cuando exista identidad de sujetos y de supuesto de hecho en el bien jurídico protegido por las normas cuya aplicación se pretende. De manera que el principio constitucional *non bis in idem,* implica una prohibición por parte del Constituyente a no ser juzgado dos veces por el mismo hecho, que en el ámbito de las actuaciones administrativas se traduce en no ser investigado –y sancionado– administrativamente en más de una oportunidad por los mismos hechos en virtud de los cuales se juzgó: **al mismo sujeto, por los idénticos hechos y con igual fundamento jurídico.** (*Vid.* sentencia de esta Sala N° 911 del 31 de julio de 2013).

(…) Por lo tanto, la situación descrita conlleva a afirmar a esta Sala que es evidente la violación al principio *non bis in idem* consagrado en el artículo 49, numeral 7 de la Constitución, toda vez que la hoy actora fue castigada múltiples veces por el mismo hecho. Así se decide

2.   *Derechos individuales*

   A.   *Derecho a la libertad de expresión a la igualdad y la no discriminación*

TSJ-SC (407)   **21-6-2018**

Magistrada Ponente: Carmen Zuleta De Merchán

Caso: Hilario Manuel Padrino Malpica

La Sala analiza una vez más su jurisprudencia, referente al derecho constitucional a la libertad de expresión.

…Aunado a lo anterior, juzga la Sala necesario, a fin de abundar en su decisión, analizar los indicios cursantes en autos, que hacen surgir en esta Sala la presunción de que la Administración incurrió en el vicio de desviación de poder al emitir el acto administrativo que acordó la destitución del ciudadano Hilario Manuel Padrino Malpica, en detrimento de su derecho constitucional a la libertad de expresión.

En primer lugar, se destaca, con relación a la aludida garantía fundamental, que esta Sala Constitucional asentó mediante sentencia N° 1013 del 12 de junio de 2001 (caso: *Elías Santana*), **[Véase *Revista de Derecho Público* N° 85-86/87-88, 2001, pp. 117 y ss.]** lo siguiente:

El Derecho a la libre expresión del pensamiento, permite a toda persona expresar libremente su pensamiento, sus ideas u opiniones, bien en forma oral (de viva voz), en lugares públicos o privados; bien por escrito o por cualquier otra forma de expresión (como la artística, o la musical, por ejemplo).

El artículo 57 mencionado (de la Constitución de la República Bolivariana de Venezuela), reza:

'Toda persona tiene derecho a expresar libremente sus pensamientos, sus ideas u opiniones de viva voz, por escrito o mediante cualquier otra forma de expresión y de hacer uso para ello de cualquier medio de comunicación y difusión, sin que pueda establecerse censura. Quien haga uso de este derecho asume plena responsabilidad por todo lo expresado. No se permite el anonimato, ni la propaganda de guerra, ni los mensajes discriminatorios, ni los que promuevan la intolerancia religiosa.

Se prohíbe la censura a los funcionarios públicos o funcionarias públicas para dar cuenta de los asuntos bajo sus responsabilidades'.

La norma constitucional autoriza que esa expresión del pensamiento se haga oralmente en círculos privados, en lugares públicos, en mítines, en la docencia, charlas callejeras, mediante altoparlantes, etc; y que igualmente pueda realizarse por escrito mediante hojas volantes, cartas privadas, vallas publicitarias y otras formas de comunicación escrita, artística, científica o técnica (cuadros, esculturas, imágenes, etc).

Además, sea oral, escrita o artística, la libertad de expresión puede realizarse utilizando los medios de comunicación social, escritos, radiofónicos, audiovisuales o de cualquiera otra naturaleza que existan o surjan en el futuro.

Sin embargo, la posibilidad de acudir a los medios de comunicación para expresarse, no es un derecho irrestricto que tiene todo ciudadano para transmitir su pensamiento, ya que cada medio tiene limitaciones de tiempo y espacio, por lo que es el director del mismo quien, en vista de las limitantes señaladas, escoge cuáles ideas, pensamientos u opiniones son comunicables masivamente, lo que restringe el acceso de la libertad de expresión de las personas a través de los medios de comunicación masivos.

(...omissis...)

Por otra parte, si bien es cierto que la libertad de expresión es irrestricta en el sentido que no puede ser impedida por la censura previa oficial (ya que de hecho los medios de comunicación masiva, públicos o privados, limitan lo que se ha de difundir mediante ellos), una vez emitido el pensamiento, la idea o la opinión, el emisor asume plena responsabilidad por todo lo expresado, tal como lo señala el artículo 57 constitucional, y surge así, conforme a la ley, responsabilidad civil, penal, disciplinaria, o de otra índole legal, conforme al daño que cause a los demás la libertad de expresión utilizada ilegalmente.

Puede suceder que, con lo expresado se difame o injurie a alguien (artículos 444 y 446 del Código Penal); o se vilipendie a funcionarios o cuerpos públicos (artículos 223 y 226 del Código Penal); o se ataque la reputación o el honor de las personas, lo que puede constituir un hecho ilícito que origine la reparación de daños materiales y morales, conforme al artículo 1196 del Código Civil; o puede formar parte de una conspiración nacional o internacional, tipificada como delito en el artículo 144 del Código Penal; o puede ser parte de una campaña destinada a fomentar la competencia desleal, o simplemente a causar daños económicos a personas, empresas o instituciones. Éstos y muchos otros delitos y hechos ilícitos pueden producir la 'libertad de expresión'; de allí que el artículo 57 constitucional señale que quien ejerce dicho derecho, asume plena responsabilidad por todo lo expresado, responsabilidad, que al menos en materia civil, puede ser compartida, en los casos de comunicación masiva, por el que pudiendo impedir la difusión del hecho dañoso, la permite, convirtiéndose en coautor del hecho ilícito, conforme a lo previsto en el artículo 1.195 del Código Civil. En otras palabras, la libertad de expresión, aunque no está sujeta a censura previa, tiene que respetar los derechos de las demás personas, por lo que su emisión genera responsabilidades ulteriores para el emisor, en muchos casos compartidas con el vehículo de difusión, sobre todo cuando éste se presta a un terrorismo comunicacional, que busca someter al desprecio público a personas o a instituciones, máxime cuando lo difundido no contiene sino denuestos, insultos y agresiones que no se compaginan con la discusión de ideas o conceptos.

*De todas maneras, apunta la Sala, que el **criterio del animus injuriandi, para enjuiciar delitos, debe ponderarlo el juzgador, en concordancia con el derecho a la libertad de expresión, para determinar si la actitud de quien expone sus pensamientos, realmente persigue dañar (como cuando se insulta o arremete sin motivo alguno, o por uno baladí), o es parte de la crítica que se ejerce sobre ciertas situaciones, que por lo regular, involucra políticas públicas y sus protagonistas, tal como lo resaltó sentencia de la Sala de Casación Penal de este Tribunal Supremo de Justicia de fecha 29 de febrero de 2000 (caso: Procter & Gamble de Venezuela C.A.).***

Diversas convenciones internacionales que son leyes vigentes en el país, con jerarquía constitucional, conforme a lo previsto en el artículo 23 de la vigente Constitución, señalan responsabilidades derivadas de la libertad de expresión, las cuales deben ser fijadas por la ley.

El artículo 19 de la Ley Aprobatoria del Pacto Internacional de Derechos Civiles y Políticos, reza:

'1. Nadie podrá ser molestado a causa de sus opiniones.

2. Toda persona tiene derecho a la libertad de expresión; este derecho comprende la libertad de buscar, recibir y difundir informaciones e ideas de toda índole, sin consideración de fronteras, ya sea oralmente, por escrito o en forma impresa o artística, o por cualquier otro procedimiento de su elección.

3. El ejercicio del derecho previsto en el párrafo 2 de este artículo entraña deberes y responsabilidades especiales. Por consiguiente, puede estar sujeto a ciertas restricciones, que deberán sin embargo, estar expresamente fijadas por la ley y ser necesarias para:

a) Asegurar el respeto a los derechos o a la reputación de los demás;

b) La protección de la seguridad nacional, el orden público o la salud o la moral públicas'.

Una norma similar, con igual texto, ha sido recogida en el artículo 13-2-b de la Ley Aprobatoria de la Convención sobre los Derechos del Niño.

Por otra parte, el artículo 13 de la Ley Aprobatoria de la Convención Americana sobre Derechos Humanos, Pacto de San José, es aún más acabado en todos los sentidos, y es del tenor siguiente:

'1. Toda persona tiene derecho a la libertad de pensamiento y de expresión. Este derecho comprende la libertad de buscar, recibir y difundir información e ideas de toda índole, sin consideración de fronteras, ya sea oralmente, por escrito o en forma impresa o artística, o por cualquier otro procedimiento de su elección.

2. El ejercicio del derecho previsto en el inciso precedente no puede estar sujeto a previa censura sino a responsabilidades ulteriores, las que deben estar expresamente fijadas por la ley y ser necesarias para asegurar:

a) el respeto a los derechos o a la reputación de los demás, o

b) la protección de la seguridad nacional, el orden público o la salud o la moral pública.

3. No se puede restringir el derecho de expresión por vías o medios indirectos, tales como el abuso de controles oficiales o particulares de papel para periódicos, de frecuencias radioeléctricas, o de enseres y aparatos usados en la difusión de información o por cualesquiera otros medios encaminados a impedir la comunicación y la circulación de ideas y opiniones.

4. Los espectáculos públicos pueden ser sometidos por la ley a censura previa con el exclusivo objeto de regular el acceso a ellos para la protección moral de la infancia y la adolescencia, sin perjuicio de lo establecido en el inciso 2.

5. Estará prohibida por la ley toda propaganda a favor de la guerra y toda apología del odio nacional, racial o religioso que constituyan incitaciones a la violencia o cualquier persona o grupo de personas, por ningún motivo, inclusive los de raza, color, religión, idioma o origen nacional'.

Consecuencia de las normas citadas, todas de rango constitucional, es que la libertad de expresión genera responsabilidades, que deben ser expresamente fijadas por la ley, y que deben asegurar:

1. El respeto a los derechos o a la reputación de los demás (artículos 444 y 446 del Código Penal, 1196 del Código Civil, por ejemplo).

2. La protección de la seguridad nacional (artículo 144 del Código Penal), el orden público, o la salud o la moral pública.

3. La protección moral de la infancia y la adolescencia (ver Ley Orgánica de Protección del Niño y del Adolescente)" (Destacado de la Sala).

(…) Ello así, aunado al hecho de que no fue verificado por la Administración, ni por el Juzgado Superior en lo Civil y Contencioso Administrativo de la Región Centro Norte, que el ciudadano Hilario Manuel Padrino Malpica hubiese actuado con el *animus injuriandi* a que hace referencia la decisión parcialmente transcrita *supra*, que implicara una clara intención de dañar, más allá de afirmar que las expresiones emitidas por el referido ciudadano –sin ni siquiera hacer mención a ellas– fueron *"lesivas del buen nombre de INSALUD"*, configura en criterio de esta Sala, indicios suficientes para presumir la violación a sus derechos constitucionales a la libertad de expresión y la no discriminación, en franca contradicción a lo señalado en el artículo 89.5 de la Constitución de la República Bolivariana de Venezuela. Así se declara.

3. *Derechos Sociales*

    A. *Derechos Laborales*

        a. *Derecho al Trabajo. Inamovilidad Reenganche y pago de salarios caídos*

TSJ-SC (658)   **18-10-2018**

Magistrada Ponente: Lourdes Benicia Suárez Anderson

Caso: Alimentación Balanceada Alibal, C.A.

La Sala establece que el procedimiento para la ejecución de las órdenes de reenganche y pago de salarios caídos proferidas por las inspectorías del trabajo deben desarrollarse con apego a las garantías del derecho a la defensa y el debido proceso.

Con ocasión de la resolución del caso que aquí ocupó a esta Sala, se debió revisar el procedimiento administrativo contemplado en el artículo 425 de la Ley Orgánica del Trabajo, los Trabajadores y las Trabajadoras, para la tramitación de las solicitudes de reenganche y pago de salarios caídos que hacen valer los trabajadores ante las inspectorías del trabajo con el objeto de preservar la inamovilidad laboral que le otorga un determinado fuero, apreciándose que el andamiaje de este procedimiento se estructuró en el contenido de la mencionada norma de la manera siguiente:

"Cuando un trabajador o una trabajadora amparado por fuero sindical o inamovilidad laboral sea despedido, despedida, trasladado, trasladada, desmejorado o desmejorada podrá, dentro de los treinta días continuos siguientes, interponer denuncia y solicitar la restitución de la situación jurídica infringida, así como el pago de los salarios y demás beneficios dejados de percibir, ante la Inspectoría del Trabajo de la jurisdicción correspondiente".

El procedimiento será el siguiente:

1. El trabajador o trabajadora o su representante presentará escrito que debe contener: la identificación y domicilio del trabajador o de la trabajadora; el nombre de la entidad de trabajo donde presta servicios, así como su puesto de trabajo y condiciones en que lo desempeñaba; la razón de su solicitud; el fuero ó inamovilidad laboral que invoca, acompañado de la documentación necesaria.

2. El Inspector o Inspectora del Trabajo examinará la denuncia dentro de los dos días hábiles siguientes a su presentación, y la declarará admisible si cumple con los requisitos establecidos en el numeral anterior. Si queda demostrada la procedencia del fuero o inamovilidad laboral, y existe la presunción de la relación de trabajo alegada, el Inspector o la Inspectora del Trabajo ordenará el reenganche y la restitución a la situación anterior, con el pago de los salarios caídos y demás beneficios dejados de percibir. Si hubiese alguna deficiencia en la solicitud o documentación que la acompaña, convocará al trabajador o a la trabajadora para que subsane la deficiencia.

3. Un funcionario o funcionaria del trabajo se trasladará inmediatamente, acompañado del trabajador o la trabajadora afectado o afectada por el despido, traslado o desmejora, hasta el lugar de trabajo de éste o ésta, y procederá a notificar al patrono, patrona o sus representantes, de la denuncia presentada y de la orden del Inspector o Inspectora del Trabajo para que se proceda al reenganche y restitución de la situación jurídica infringida, así como al pago de los salarios caídos y demás beneficios dejados de percibir.

4. El patrono, patrona o su representante podrá, en su defensa, presentar los alegatos y documentos pertinentes. En la búsqueda de la verdad, el funcionario o la funcionaria del trabajo deberá ordenar en el sitio y en el mismo acto cualquier prueba, investigación o examen que considere procedente, así como interrogar a cualquier trabajador o trabajadora y exigir la presentación de libros, registros u otros documentos. La ausencia o negativa del patrono, patrona o sus representantes a comparecer en el acto dará como validas las declaraciones del trabajador o trabajadora afectado o afectada. El funcionario o funcionaria del trabajo dejara constancia en acta de todo lo actuado.

5. Si el patrono o patrona, sus representantes o personal de vigilancia, impiden u obstaculizan la ejecución de la orden de reenganche y restitución de la situación jurídica infringida, el funcionario o funcionaria del trabajo solicitará el apoyo de las fuerzas de orden público para garantizar el cumplimiento del procedimiento.

6. Si persiste el desacato u obstaculización a la ejecución del reenganche y restitución de la situación jurídica infringida, será considerará flagrancia y el patrono, patrona, su representante o personal a su servicio responsable del desacato u obstaculización, serán puestos a la orden del Ministerio Público para su presentación ante la autoridad judicial correspondiente.

7. Cuando durante el acto, no fuese posible comprobar la existencia de la relación de trabajo alegada por el o la solicitante, el funcionario o funcionaria del trabajo informara a ambas partes el inicio de una articulación probatoria sobre la condición de trabajador o trabajadora del solicitante, suspendiendo el procedimiento de reenganche o de restitución de la situación jurídica infringida. La articulación de pruebas será de ocho días, los tres primeros para la promoción de pruebas y los cinco siguientes para su evacuación. Terminado este lapso el Inspector o Inspectora del Trabajo decidirá sobre el reenganche y restitución de la situación jurídica infringida en los ocho días siguientes.

8. La decisión del Inspector o Inspectora del Trabajo en materia de reenganche o restitución de la situación de un trabajador o trabajadora amparado de fuero o inamovilidad laboral será inapelable, quedando a salvo el derecho de las partes de acudir a los tribunales.

9. En caso de reenganche, los tribunales del trabajo competentes no le darán curso alguno a los recursos contenciosos administrativos de nulidad, hasta tanto la autoridad administrativa del trabajo no certifique el cumplimiento efectivo de la orden de reenganche y la restitución de la situación jurídica infringida."

(…) En el texto del precepto normativo supra transcrito, el legislador previó un procedimiento breve, sumario, eficaz y eficiente por medio del cual se procuró materializar la tutela privilegiada debida al trabajo como hecho social en el Estado Social de Derecho y de Justicia tal y como se conceptualizó en el artículo 89 de la Constitución de la República Bolivariana de Venezuela, en el que además se establecen los principios primarios o rectores en esta materia, consagrando en particular, la obligación del Estado de garantizar la igualdad y equidad de hombres y mujeres en el ejercicio de los derechos del trabajo y considerando el trabajo como un hecho social, protegido por el Estado y regido por los principios de: intangibilidad, progresividad, primacía de la realidad, irrenunciabilidad, *indubio pro operario*, entre otros.

En este contexto, considera esta Sala que la vigente Ley Orgánica del Trabajo, los Trabajadores y las Trabajadoras, se erigió como un instrumento normativo de avanzada que fue producto de la discusión y consulta que se enriqueció de la opinión extraída de los distintos estratos sociales que participaron en el denominado *"parlamentarismo de calle"* en el que se sustrajo las consideraciones técnicas de expertos en la materia y se le dio un papel protagónico a la clase trabajadora como especial objeto de protección de esta ley, procurándose regular esa realidad social de la dinámica laboral que debía ser atendida por el ordenamiento jurídico.

Ahora bien, en este procedimiento administrativo para la protección de la inamovilidad como garantía de permanencia en el puesto de trabajo, nuestra vigente ley marco sustantiva laboral, impregnada de ese valioso contenido social, concibe que, una vez que es admitida la solicitud de reenganche y pago de salarios caídos en la que se encuentra inmersa la denuncia de un despido sin justa causa, un acercamiento del Estado que actúa por órgano de la inspectoría del trabajo a la sede donde llevó a cabo el desarrollo de esa relación jurídica prestacional de índole laboral, para que una vez constituido el órgano administrativo sea notificado *in situ* al sujeto empleador o a sus representantes, imponiéndosele de la denuncia por la que se le acusa de finiquitar ese vínculo laboral sin una justa causa que lo avale, siendo que en esa oportunidad la parte patronal, en uso a su derecho a la defensa, podrá alegar los supuestos que estime pertinente para contravenir la pretensión del trabajador reclamante e incluso presentar en ese momento los elementos probatorios para comprobar la veracidad de sus argumentos, los cuales deberán ser allí apreciados por el funcionario inspector del trabajo, quien, procurando la búsqueda de la verdad, deberá ordenar la práctica de cualquier investigación o cualquier tipo de actividad probatoria que le permita dilucidar la procedencia del pretendido reenganche y pago de salarios caídos y demás beneficios dejados de percibir.

Ello así, se entiende que en el desarrollo del citado numeral 4 del artículo 425 de la Ley Orgánica del Trabajo, los Trabajadores y las Trabajadoras, se permitió expresamente el ejercicio del derecho a la defensa en un debido proceso que debe ser garantizado en las actuaciones administrativas según lo consagrado en el artículo 49 constitucional, en este sentido, se considera necesario resaltar que estos derechos deben ser entendidos con la directriz de que en todo proceso, sea judicial o administrativo, deben cumplirse las garantías indispensables para que se escuche a las partes, se les permita el tiempo necesario para presentar pruebas y ejercer plenamente la defensa de sus derechos e intereses, siempre de la manera prevista en la ley; de forma tal, que la controversia sea resuelta conforme a derecho, en aras de una tutela judicial efectiva.

Siguiendo este hilo argumentativo, debe acotarse que estas garantías constitucionales persiguen como finalidad que los derechos que poseen las partes en el iter procedimental permanezcan incólumes, sin que los mismos se vean limitados o restringidos de manera tal que impida el ejercicio pleno y efectivo de otros derechos relevantes dentro del proceso que menoscaben los principios que el mismo debe ofrecer en la instrucción de un procedimiento, el cual es definido como una serie ordenada, consecutiva y preclusiva de actos jurídicos emanados de las partes o del órgano decisor, destinados a impulsar el proceso hasta la efectiva satisfacción de las pretensiones deducidas en juicio. Ciertamente el artículo 257 de la Constitución de la República Bolivariana de Venezuela, consagra que el proceso constituye un instrumento fundamental para la realización de la justicia y en armonía con esa disposición constitucional, el artículo 49 del Texto Fundamental, desarrolla en forma amplia la garantía del derecho a la defensa, con la finalidad de que toda persona ejerza el derecho a ser oída en cualquier clase de proceso, con las debidas garantías y dentro de los lapsos razonables determinados legalmente.

Estas disposiciones constitucionales están dirigidas a garantizar la seguridad jurídica de las partes y constituyen una premisa general sobre el trámite procedimental que debe seguirse en todo proceso, a los fines de evitar eventuales nulidades y recursos que impidan la satisfacción de las pretensiones de los sujetos procesales involucrados en algún caso concreto.

A mayor abundamiento, conviene precisar que, conforme al principio de colaboración de poderes, al carácter complejo de la función administrativa y a que la propia Constitución de la República Bolivariana de Venezuela reconoce en sus artículos 253 y 258, el sistema de justicia se encuentra compuesto por una pluralidad de mecanismos de heterocomposición de conflictos, entre los cuales interviene la Administración en ejercicio de una función que aun cuando es propia de los tribunales de la República, puede ser desarrollada por otras figuras subjetivas del Estado a través de actos administrativos que puede dictar la Administración del Trabajo de contenido resolutorio que han sido denominados como cuasi-jurisdiccionales, en los que precisamente se dirimen conflictos entre los administrados, lo cual ya ha sido reconocido por esta Sala Constitucional en su sentencia N° 1.889, del 17 de octubre de 2007, en la que se dejó establecido que:

"...la actividad administrativa del Estado no debe ser observada desde una perspectiva restringida en sentido sustancial, pues su carácter complejo conlleva a que se materialice a través de actos administrativos materialmente compuestos que no acaban su contenido en la concreción de una actividad eminentemente prestacional, sino que se extienden a normar y a declarar el derecho y aplicar la ley, es decir, que un acto administrativo puede crear derecho y al mismo tiempo y en términos de Cuenca (Derecho Procesal Civil. Universidad Central de Venezuela, 2° edición, Caracas 1969, p. 73), dirimir un conflicto.

Es evidente entonces, que la iuris-dictio o potestad de "decir" el derecho a los fines de resolver una disputa donde se ventila una situación jurídica, no puede ser actualmente concebida como aquella parte del ius imperium conferida de forma exclusiva y excluyente a los juzgados, pues, se reitera ninguna función esencial del Estado es desarrollada de forma impermeable por una de las ramas del Poder Público.

La función jurisdiccional, no está actualmente ceñida a sus orígenes romanos y de allí, que no se agote en la estructura orgánica tribunalicia materializándose exclusivamente en sentencias, sino que pueda ser desplegada por órganos de distinta naturaleza (entre ellos los administrativos) quienes igual y válidamente pueden dictar actos administrativos de contenido jurisdiccional, en un procedimiento donde la Administración no actúa como tutora de sus propios intereses, sino como tercero que decide una controversia, en un procedimiento triangular que encuentra su ratio en el carácter expedito, flexible y menos oneroso, de los procedimientos administrativos respecto de la actuación en sede jurisdiccional.

En efecto, siendo que la Administración se informa de manera superlativa de los principios de economía, celeridad, simplicidad, eficacia, objetividad, imparcialidad, honestidad, transparencia, buena fe, confianza legítima y eficiencia, el legislador atribuyó a las inspectorías del trabajo competencias en materia de calificación de despido, con el objeto de prevenir un eventual litigio, a través de un procedimiento que presenta una fase conciliatoria cuya sustanciación no amerita de asistencia jurídica y tiende a la constitución de un acto con carácter ejecutorio que busca la protección de la relación laboral."

Al amparo de las consideraciones precedentemente explanadas, se entiende que al estar dotados estos órganos administrativos inspectores del trabajo de la facultad de dirimir cuestiones controvertidas que se dan entre los administrados dentro del especial procedimiento administrativo aquí analizado para la protección de la inamovilidad laboral reconocida a la clase trabajadora y en el que se prevé la posibilidad del ente patronal de contraponerse a la denuncia presentada por el laborante, este órgano administrativo debe asegurar que en su instrucción se cumplan las garantías indispensables para que se escuchen a las partes, se les permita el tiempo necesario para presentar pruebas y ejercer plenamente la defensa de sus derechos e intereses, siempre de la manera prevista en la ley; de forma tal, que la controversia sea resuelta conforme a derecho, en aras de una tutela judicial efectiva.

En este contexto, debe esta Sala hacer notar que en el propio procedimiento administrativo de reenganche y pago de salarios caídos se previó en el ya transcrito numeral 7 del artículo 425 de la Ley Orgánica del Trabajo, los Trabajadores y las Trabajadoras antes citado, la posibilidad de dar apertura a una articulación probatoria: "[c]*uando durante el acto, no fuese posible comprobar la existencia de la relación de trabajo alegada por el o la solicitante*", de lo que puede inferirse con meridiana claridad que en los supuestos en que quede controvertida la existencia del vínculo laboral entre quien afirmó ser trabajador y quien quedó identificado como su empleador, por el examen minucioso que conlleva a la determinación de esta especial relación jurídica y no poder dilucidarse en el propio acto del procedimiento, debe someterse a este examen probatorio que expresamente consagra la norma *in commento*, no obstante, es necesario puntualizar que la hermenéutica de este artículo debe estar armonizada con las garantías constitucionales al derecho a la defensa y al debido proceso previamente desarrolladas, siendo que además esta interpretación no debe realizarse de una forma disociada entre sus numerales ya que, como antes se analizó, en su numeral 4, se previó la posibilidad de la que la parte patronal presentara en ese acto los alegatos y documentos que considerase pertinentes para su defensa.

No pretende más que significarse que en este especial procedimiento pueden suscitarse situaciones en los que los alegatos de defensa y elementos probatorios hechos valer por la entidad patronal no puedan dilucidarse en la propia celebración de este acto donde se procura ejecutar la orden de reenganche y pago de salarios caídos, entendiéndose que en el desarrollo de este acto el funcionario actuante tiene la obligación de dejar constancia en acta de todo lo allí actuado y en modo alguno puede limitar la actividad alegatoria que tenga a bien desplegar el denunciado, no pudiendo entonces negarse a plasmar los argumentos que se expongan en la mencionada acta.

Ciertamente, pueden producirse casos en los que, por ejemplo, sin negar la existencia de la relación de trabajo, se alegue que el trabajador esté desprovisto de la protección de inamovilidad por tratarse de un empleado de dirección; también podría darse oposición a la orden de reenganche sosteniéndose que esa relación de trabajo fue pactada por un tiempo determinado que ya expiró o para la realización de una obra determinada que efectivamente culminó; otro supuesto sería en el que se niegue de forma absoluta la ocurrencia del despido que fue denunciado por el trabajador o que simplemente se pretendan desvirtuar los alegatos y anexos presentados por este para demostrar el fuero de inamovilidad que invoca, solo por nombrar algunos casos.

Ello así, aprecia esta Sala que por el propio dinamismo que subyace en estas relaciones jurídicas amparadas por las disposiciones tuitivas del Derecho del Trabajo, se materializan situaciones controvertidas, complejas, no relacionadas necesariamente con el desconocimiento en sí de la existencia del vínculo laboral y que requieren de un especial análisis exhaustivo del caso en concreto que debe estar apoyado en los elementos probatorios que acrediten los supuestos fácticos del asunto, por lo que este tipo de situaciones no podrían resolverse de inmediato en el propio acto, máxime cuando para la ejecución de la orden de reenganche y pago de salarios caídos no siempre actúa el propio inspector del trabajo sino un funcionario ejecutor que es delegado para tal fin, resultando entonces útil y necesaria la apertura de esta articulación probatoria que, sin dejar de ser breve y expedita, permite la constatación de los hechos para fijar la decisión que se expresará en el acto administrativo resolutorio final, procurándose con ello que se cumplan las garantías indispensables para que se escuchen a las partes, se les permita el tiempo necesario para presentar pruebas y ejercer plenamente la defensa de sus derechos e intereses, siempre de la manera prevista en la ley; de forma tal que el controvertido sea resuelto conforme a derecho, en aras de una tutela judicial efectiva.

Con base en las consideraciones antes expuestas, esta Sala Constitucional del Tribunal Supremo de Justicia, conforme a la potestad otorgada en el artículo 335 de la Constitución de la República Bolivariana de Venezuela, exhorta a las inspectorías del trabajo del territorio nacional a que garanticen que el desarrollo del procedimiento para la ejecución de las órdenes de reenganche y pago de salarios caídos, contemplado en el artículo 425 de la Ley Orgánica del Trabajo, los Trabajadores y las Trabajadoras, sea llevado a cabo con apego a las garantías constitucionales del derecho a la defensa y al debido proceso, en el sentido de que se deje asentado en el acta que se levante en la sustanciación de dicho procedimiento, todos los alegatos que se hagan valer para la defensa del allí denunciado y que se dé apertura a la articulación probatoria prevista en el numeral 7 de la mencionada norma, no solo cuando no fuese posible comprobar la existencia de la relación de trabajo, sino cuando sea útil y necesaria para conocer la realidad de los hechos de la relación de trabajo y dilucidar el controvertido que puede surgir en este especial proceso que debe ser resuelto con atención a los principios tuitivos que informan al hecho social denominado trabajo. Así se deja establecido.

Con el objeto de que se materialice lo aquí dictaminado, esta Sala ordena remitir copia certificada de la presente decisión al Ministerio del Poder Popular para el Proceso Social de Trabajo para que sea notificada de la misma a las inspectorías del trabajo desplegadas en todo el territorio nacional y a la Sala de Casación Social de este Tribunal Supremo de Justicia, para que, a través de la Coordinación Nacional de los Tribunales Laborales, se haga del conocimiento de los juzgados integrantes de la jurisdicción del trabajo este fallo; de igual forma se ordena la publicación de esta sentencia en la Gaceta Oficial de la República Bolivariana de Venezuela, en la Gaceta Judicial y en la página web de este Máximo Tribunal con el siguiente titulado: "*Sentencia de la Sala Constitucional del Tribunal Supremo de Justicia que establece que el procedimiento para la ejecución de las órdenes de reenganche y pago de salarios caídos proferidas por las inspectorías del trabajo deben desarrollarse con apego a las garantías del derecho a la defensa y el debido proceso*".

b.   *Derecho a la seguridad social. Pensión de jubilación*

TSJ-SC (809)   **28-11-2018**

Magistrado Ponente: Juan José Mendoza Jover

Caso: José Ceballos Gamardo (interpretación del artículo 80 de la Constitución).

La Sala Constitucional en atención a lo dispuesto en el artículo 335 del Texto Fundamental, hace una interpretación constitucionalizante de la parte in fine del artículo 80 de la Constitución de la República Bolivariana de Venezuela, y establece que; las pensiones y jubilaciones otorgadas mediante el sistema de seguridad social no podrá ser inferior al salario mínimo urbano; y en aquellos casos de trabajadores que mantuvieron relaciones de trabajo atípicas o a tiempo parcial, se otorgará una "pensión de retiro" que responderá a las condiciones que ostentaba al momento de solicitud de la misma, en cuanto al cargo y al monto percibido, conforme a la dedicación parcial prestada, y en esa proporción será realizado el cálculo de la misma.

La presente demanda de interpretación tiene por finalidad que esta Sala Constitucional, como máxima y última intérprete del Texto Fundamental, determine el alcance y el contenido del artículo 80 de la Constitución de la República Bolivariana de Venezuela, con relación a los planteamientos formulados en la presente solicitud, siendo tal artículo del siguiente tenor:

Artículo 80. El Estado garantizará a los ancianos y ancianas el pleno ejercicio de sus derechos y garantías. El Estado, con la participación solidaria de las familias y la sociedad, está obligado a respetar su dignidad humana, su autonomía y les garantiza atención integral y los beneficios de la seguridad social que eleven y aseguren su calidad de vida. **Las pensiones y jubilaciones otorgadas mediante el sistema de Seguridad Social no podrán ser inferiores al salario mínimo urbano**. A los ancianos y ancianas se les garantizará el derecho a un trabajo acorde a aquellos y aquellas que manifiesten su deseo y estén en capacidad para ello. (Destacado de esta Sala).

(…) Ahora bien, la interpretación está dirigido a buscar la intención del Constituyente, es decir, el alcance, contenido y la razón de la parte in fine de la norma contenida en el artículo 80 de la Constitución de la República Bolivariana de Venezuela, respecto a la forma de pago de la jubilación a aquellos trabajadores que alcanzaron la misma bajo una relación de dependencia laboral convenida a tiempo parcial de trabajo.

En relación con las disposiciones constitucionales y legales objeto de la presente demanda de interpretación constitucional, esta Sala observa:

Disposiciones de la Constitución de la República Bolivariana de Venezuela

Artículo 21. Todas las personas son iguales ante la ley y, en consecuencia:

1. No se permitirán discriminaciones fundadas en la raza, el sexo, el credo, la condición social o aquellas que, en general, tengan por objeto o por resultado anular o menoscabar el reconocimiento, goce o ejercicio en condiciones de igualdad, de los derechos y libertades de toda persona.

2. La ley garantizará las condiciones jurídicas y administrativas para que la igualdad ante la ley sea real y efectiva; adoptará medidas positivas a favor de personas o grupos que puedan ser discriminados, marginados o vulnerables; protegerá especialmente a aquellas personas que, por alguna de las condiciones antes especificadas, se encuentren en circunstancia de debilidad manifiesta y sancionará los abusos o maltratos que contra ellas se cometan.

3. Sólo se dará el trato oficial de ciudadano o ciudadana; salvo las fórmulas diplomáticas.

4. No se reconocen títulos nobiliarios ni distinciones hereditarias.

Artículo 87. Toda persona tiene derecho al trabajo y el deber de trabajar. El Estado garantizará la adopción de las medidas necesarias a los fines de que toda persona puede obtener ocupación productiva, que le proporcione una existencia digna y decorosa y le garantice el pleno ejercicio de este derecho. Es fin del Estado fomentar el empleo. La ley adoptará medidas tendentes a garantizar el ejercicio de los derechos laborales de los trabajadores y trabajadoras no dependientes. La libertad de trabajo no será sometida a otras restricciones que las que la ley establezca.

Todo patrono o patrona garantizará a sus trabajadores y trabajadoras condiciones de seguridad, higiene y ambiente de trabajo adecuados. El Estado adoptará medidas y creará instituciones que permitan el control y la promoción de estas condiciones.

Artículo 91. Todo trabajador o trabajadora tiene derecho a un salario suficiente que le permita vivir con dignidad y cubrir para sí y su familia las necesidades básicas materiales, sociales e intelectuales. Se garantiza el pago de igual salario por igual trabajo y se fijará la participación que debe corresponder a los trabajadores y trabajadoras en el beneficio de la empresa. El salario es inembargable y se pagará periódica y oportunamente en moneda de curso legal, salvo la excepción de la obligación alimentaria, de conformidad con la ley.

El Estado garantizará a los trabajadores y trabajadoras del sector público y privado un salario mínimo vital que será ajustado cada año, tomando como una de las referencias el costo de la canasta básica. La Ley establecerá la forma y el procedimiento.

Artículo 90. La jornada de trabajo diurna no excederá de ocho horas diarias ni de cuarenta y cuatro horas semanales. En los casos en que la ley lo permita, la jornada de trabajo nocturna no excederá de siete horas diarias ni de treinta y cinco semanales. Ningún patrono podrá obligar a las trabajadoras o trabajadores a laborar horas extraordinarias. Se propenderá a la progresiva disminución de la jornada de trabajo dentro del interés social y del ámbito que se determine y se dispondrá lo conveniente para la mejor utilización del tiempo libre en beneficio del desarrollo físico, espiritual y cultural de los trabajadores y trabajadoras.

Los trabajadores y trabajadoras tienen derecho al descanso semanal y vacaciones remunerados en las mismas condiciones que las jornadas efectivamente laboradas.

Artículo 96. Todos los trabajadores y las trabajadoras del sector público y del privado tienen derecho a la negociación colectiva voluntaria y a celebrar convenciones colectivas de trabajo, sin más requisitos que los que establezca la ley. El Estado garantizará su desarrollo y establecerá lo conducente para favorecer las relaciones colectivas y la solución de los conflictos laborales. Las convenciones colectivas amparan a todos los trabajadores y trabajadoras activos al momento de su suscripción y a quienes ingresen con posterioridad.

Artículo 148. Nadie podrá desempeñar a la vez más de un destino público remunerado, a menos que se trate de cargos académicos, accidentales, asistenciales o docentes que determine la ley. La aceptación de un segundo destino que no sea de los exceptuados en este artículo, implica la renuncia del primero, salvo cuando se trate de suplentes, mientras no reemplacen definitivamente al principal.

Nadie podrá disfrutar más de una jubilación o pensión, salvo los casos expresamente determinados en la ley.

(…) Las anteriores normas, tienen su origen en razón del compromiso por parte del Estado en asumir dentro de sus fines el establecimiento de la efectiva seguridad social como una política pública, en la cual se encuentra comprendido de forma integral la política social, previsión social, asistencia social, y seguro social a favor de los ciudadanos siendo destinatarios de protección independientemente de su capacidad contributiva.

Siendo así, en fallo N° 3.476 del 11 de diciembre de 2003, (caso: *Hugo Romero Quintero*), esta Sala Constitucional reconoció que la jubilación se incluye en el derecho constitucional a la seguridad social, como pensión de vejez, asimismo, en fallo N° 03 del 25 de enero de 2005 **[Véase *Revista de Derecho Público* N° 101 enero-marzo 2005, p 105 y ss.]** realizó un estudio más pormenorizado y desarrolló que:

(…) Ciertamente, como se ha indicado en diversas oportunidades, la Sala no puede desconocer el valor social y económico que tiene la jubilación, pues ésta sólo se obtiene luego que una persona dedica su vida útil al servicio de un empleador, y conjugado con la edad –la cual coincide con el declive de esa vida útil– el beneficio de la jubilación se configura como un logro a la dedicación de un esfuerzo que se prestó durante años. Así, se ha entendido que el objetivo de la jubilación es que su titular –que cesó en sus labores diarias de trabajo– mantenga la misma o una mayor calidad de vida de la que tenía, producto de los ingresos que ahora provienen de la pensión de jubilación, con la finalidad de asegurar una vejez cónsona con los principios de dignidad que recoge el Texto Fundamental en su artículo 80 de la Constitución de la República Bolivariana de Venezuela. (Destacado de la Sala)

Tal dedicatoria de vida útil responde al máximo de jornada permitida por nuestro ordenamiento jurídico, esto es de cuarenta y cuatro horas (44) semanales y ocho (08) horas diarias, de dedicación exclusiva de los trabajadores frente a sus patronos, por las cuales luego podrá percibir un importe que no podrá ser inferior al salario mínimo urbano.

(…) Lo anterior, en razón que ya este Máximo Tribunal ha establecido en distintos fallos de vieja data que el monto obligado para pagar la jubilación no debe ser inferior al salario mínimo, ello por mandato constitucional, sin embargo, denota esta Sala que el constituyente no previó situaciones fácticas como la presente, en consecuencia, esta Sala advirtiendo lo precisado ut supra y siendo que en sentencia N° 1457 del 27 de julio de 2007, (caso: *Pedro José Martínez Yánez*), estableció que el derecho a la igualdad, es conjuntamente con la libertad, uno de los principios inherentes a la naturaleza del hombre y, por tanto, el ordenamiento jurídico debe brindar un marco que permita el ejercicio pleno de éstos sin limitación alguna, que trasciende la noción retórica, asumiendo una técnica jurídica operante, que tiende a equilibrar las situaciones jurídicas de los particulares de una manera no sólo declarativa, sino también real y verdadera, advierte que contraviene al derecho a la igualdad otorgar de forma inmediata y plena; el mismo monto de jubilación a aquellos trabajadores que se encuentran en condiciones de dedicación y permanencia a tiempo parcial o convencional que aquellos que obtuvieron el beneficio tras una relación de trabajo a dedicación exclusiva, al encontrarse en situaciones jurídicas diferenciadas que impiden que perciban el mismo monto por un trabajo que no fue prestado en igual dedicación. Así se decide.

Tal declaratoria surge al estudiar los elementos diferenciadores en cada situación real de estos individuos, siendo que, para el funcionamiento de las Universidades, –respondan estas a una naturaleza pública o privada– deben contar con profesionales que se dediquen a la docencia o a las actividades académicas, para satisfacer la demanda conforme a las carreras impartidas, y tales profesionales serán requeridos a dedicación exclusiva o parcial, es por ello que, se da la existencia de relaciones laborales que si bien pueden alcanzar el tope de años requeridos para solicitar la jubilación, éstas no se desarrollaron de forma típica, al no mantener una dedicación exclusiva, en consecuencia, mal podría permitirse equiparar a tales trabajadores a aquellos que sí dedicaron su fuerza laboral a un único patrono, y que se le exija a una única entidad de trabajo correr con el pasivo que implica pagar el monto que permita mantener una calidad de vida igual o mayor a la que tenía el trabajador, cuando tal trabajador convino su vida laboral con otros empleadores.

(...) Conjuntamente con lo anterior, esta Sala quien ha establecido en distintos fallos que la jubilación tiene un fundamento de orden político y de paz social, reivindicador de la dignidad humana vinculado a la idea de la seguridad social y al deber que tiene el Estado, de garantizar una vida digna, aun después de que una persona ha pasado a retiro, con lo cual, se insiste es un importe que se percibe sin prestación de esfuerzo actual, razón por la cual se conviene en precisar que por la dinámica propia de la sociedad en la cual los ciudadanos tienen libertad de trabajo, y en consecuencia, pueden prestar su actividad productiva en distintas entidades de trabajo, tendrán derecho a que tal inversión de su vida útil sea reconocida, sólo que como se precisó ut supra no se exige que la misma se equipare al salario mínimo urbano como sí es exigido en casos de dependencia exclusiva.

Por todo lo previamente establecido esta Sala Constitucional en atención a lo dispuesto en el artículo 335 del Texto Fundamental, hace una interpretación constitucionalizante de la parte *in fine* del artículo 80 de la Constitución de la República Bolivariana de Venezuela, y establece que; las pensiones y jubilaciones otorgadas mediante el sistema de seguridad social no podrá ser inferior al salario mínimo urbano; y en aquellos casos de trabajadores que mantuvieron relaciones de trabajo atípicas o a tiempo parcial, se otorgará una *"pensión de retiro"* que responderá a las condiciones que ostentaba al momento de solicitud de la misma, en cuanto al cargo y al monto percibido, conforme a la dedicación parcial prestada, y en esa proporción será realizado el cálculo de la misma. Así se establece.

Con miras a la declaratoria de esta Sala, y visto que tal pensión de retiro no podrá actualizarse u homologarse de manera proporcional a los aumentos de salario mínimo urbano, se establece que tal actualización u homologación se hará en atención al aumento de salario básico acordado para el trabajador conforme al escalafón salarial en el cual se encontraba al momento de optar a tal beneficio laboral más el disfrute del resto de los beneficios complementarios o inherentes que abarque la convención colectiva suscrita. Así se decide.

TSJ-SPA (1243)   **29-11-2018**

Magistrada Ponente: Eulalia Coromoto Guerrero Rivero

Caso: Sindicato Nacional de Trabajadores del Poder Electoral (SINTRA-PEL) y otros

...A este respecto, solicitaron que sea declarada la nulidad absoluta del acto impugnado y la vigencia del artículo 10 de la "Normativa Especial sobre el Régimen de Jubilaciones y Pensiones de los Rectores, Funcionarios y Obreros al Servicio del Consejo Nacional Electoral" del 19 de enero de 2005, y que como consecuencia de ello les sea aplicada por igual a los jubilados los aumentos acordados por ese organismo comicial a los funcionarios activos.

(...) Conforme a las normas y sentencias parcialmente citadas, una vez otorgado el beneficio de jubilación el funcionario o la funcionaria podrá, en caso que se produzca una modificación en la remuneración en el cargo que desempeñaba al momento en que le fue concedido el aludido beneficio, solicitar el ajuste del monto de su pensión y la Administración Pública deberá revisar de manera periódica las pensiones de jubilación cada vez que los sueldos o salarios que percibe su personal activo sean aumentados, ello a fin de velar porque sus antiguos trabajadores y antiguas trabajadoras mantengan una óptima calidad de vida en la que puedan cubrir satisfactoriamente sus necesidades.

(...).En consecuencia, la jubilación y por ende, la homologación de las pensiones de jubilación, son materia de orden público, por lo que la actualización constante de las mismas es un derecho constitucional del jubilado, siendo el propósito de la revisión pertinente a tal efecto, el reajuste del monto de la pensión de jubilación, conforme a la remuneración del último cargo desempeñado por el jubilado o pensionado, en el entendido que fue en ese cargo en el que se jubiló, debiendo calcularse la misma con los conceptos laborales comunes al activo (por ejemplo prima de antigüedad y profesionalización), pues debe mantener el mismo nivel del rango con el que se jubiló. Y en caso de que hubiere sido eliminado, debe tomarse como base la remuneración del nuevo cargo equivalente o superior al eliminado, nunca inferior, ajustándose el monto causado a favor del beneficiario. Así se decide.

(.....) Del contenido de estas regulaciones, se desprende que también según la Convención Colectiva la homologación del monto de las pensiones y jubilaciones al salario del trabajador activo es un derecho adquirido, el cual no puede ser desmejorado al pasar su *estatus* a jubilado, pensionado o incapacitado, sin embargo, se evidenció que tanto la norma impugnada del 2013, como su reedición del 2016, quebrantaron las cláusulas 2 y 45 denunciadas como vulneradas, haciendo nugatorio el derecho a la homologación, motivo por el cual se declara procedente la denuncia formulada. Así se establece.

III. ORDENAMIENTO ORGÁNICO

1. *Poder Judicial*

A. *Medios alternativos de Resolución justicia: El Arbitraje como derecho fundamental*

TSJ-SC (702)   18-10-2018

Magistrada Ponente: Carmen Zuleta De Merchán

Caso: Desaplicación por control difuso de constitucionalidad del artículo 41 de la Ley de Regulación del Arrendamiento Inmobiliario para el Uso Comercial que prohibía el arbitraje.

Ahora bien, con la entrada en vigencia de la Constitución de la República Bolivariana de Venezuela, se incluyó en el sistema de administración de justicia a los medios alternativos de resolución de conflictos, y se exhortó su desarrollo a través de la ley, lo que a juicio de esta Sala, se materializa con el ejercicio de la iniciativa legislativa, la cual ha de procurar el desarrollo y eficacia del arbitraje, la conciliación, la mediación y demás medios alternativos de solución de conflictos.

Sobre este particular, los artículos 253 y 258 de la Constitución establecen lo siguiente:

"Artículo 253. (…) El sistema de justicia está constituido por el Tribunal Supremo de Justicia, los demás tribunales que determine la ley, el Ministerio Público, la Defensoría Pública, los órganos de investigación penal, los o las auxiliares y funcionarios o funcionarias de justicia, el sistema penitenciario, los medios alternativos de justicia, los ciudadanos o ciudadanas que participan en la administración de justicia conforme a la ley y los abogados autorizados o abogadas autorizadas para el ejercicio" (Subrayado y resaltado de la Sala).

Artículo 258. (…)

La ley promoverá el arbitraje, la conciliación, la mediación y cualesquiera otros medios alternativos para la solución de conflictos (…)" (Subrayado y resaltado de la Sala).

Al respecto, esta Sala ha señalado que:

"(…) la Constitución amplió el sistema de justicia para la inclusión de modos alternos al de la justicia ordinaria que ejerce el poder judicial, entre los que se encuentra el arbitraje. Esa ampliación implica, a no dudarlo, un desahogo de esa justicia ordinaria que está sobrecargada de asuntos pendientes de decisión, y propende al logro de una tutela jurisdiccional verdaderamente eficaz, célere y ajena a formalidades innecesarias (…). Así, a través de mecanismos alternos al del proceso judicial, se logra el fin del Derecho, como lo es la paz social, en perfecta conjunción con el Poder Judicial, que es el que mantiene el monopolio de la tutela coactiva de los derechos y, por ende, de la ejecución forzosa de la sentencia (…). A esa óptica objetiva de los medios alternativos de solución de conflictos, ha de añadírsele su óptica subjetiva, en el sentido de que dichos medios con inclusión del arbitraje, en tanto integran el sistema de justicia, se vinculan con el derecho a la tutela jurisdiccional eficaz que recoge el artículo 26 de la Constitución. En otras palabras, puede decirse que el derecho fundamental a la tutela jurisdiccional eficaz entraña un derecho fundamental a la posibilidad de empleo de los medios alternativos de resolución de conflictos, entre ellos, evidentemente, el arbitraje (…)" (*Vid.* Sentencia de esta Sala N° 198/08).

El arbitraje colabora entonces con el Poder Judicial en tanto que ofrece la posibilidad de desahogar el sistema de justicia de las múltiples causas de las cuales le toca conocer; y los árbitros, a su vez, necesitan de los jueces ordinarios para que estos revistan de *imperium* a las decisiones de aquellos. En tal sentido, está claro que la administración de justicia mejorará si esta relación se optimiza.

Al igual que ocurre en el Poder Judicial, a través del arbitraje se imparte justicia. La Constitución de la República Bolivariana de Venezuela encarga a la ley la regulación del arbitraje y le impone al mismo tiempo el deber de promoverlo. Podría sostenerse que se trata de un imperativo categórico a través del cual se debe procurar y asegurar que los interesados tengan la posibilidad, la opción, de acudir a la jurisdicción arbitral (alternativa) y no a la jurisdicción ordinaria (judicial), a fin de dirimir sus controversias de cualquier índole, pues el artículo 258 constitucional no hace diferencias al respecto.

Según el Diccionario de la lengua española, Edición del Tricentenario, Actualización 2017, Madrid, la palabra "Promover, del lat. *promovere*" significa o se traduce en "Impulsar el desarrollo o la realización de algo". De tal forma que todos los órganos del Poder Público a los que de alguna u otra forma les competa la elaboración de leyes deben procurar que las normas incluidas en las mismas favorezcan o sean proclives a la admisión del arbitraje y que sólo in extremis se disponga su prohibición o rechazo.

Lo anterior tiene sentido porque el arbitraje y el resto de los medios alternativos de resolución de conflictos, en tanto envuelven el ejercicio de actividad jurisdiccional, no se limitan o se realizan con el imperativo constitucional de que la Ley promoverá el arbitraje (artículo 258), sino se materializan en "(…) la existencia de un derecho fundamental al arbitraje que está inserto en el derecho a la tutela jurisdiccional eficaz (…)" (*Vid.* Sentencia de esta Sala N° 198/08), lo cual se traduce en que la procedencia y validez de los medios alternativos de resolución de conflictos y, en particular del arbitraje, se verifica en la medida en que éstos respondan a los principios y límites que formal y materialmente el ordenamiento jurídico ha establecido al respecto –vgr. Procedencia del arbitraje, validez del laudo arbitral, entre otras–, por lo que el arbitraje trasciende el simple derecho individual de los particulares a someterse al mismo –en los términos de las normas de derecho comparado– y se erige como una garantía de éstos a someterse a un proceso (arbitral) accesible, imparcial, idóneo, transparente, autónomo, independiente, responsable, equitativo y sin dilaciones indebidas.

De tal forma que el arbitraje es un derecho fundamental de rango constitucional. Se trata del tema del derecho de acceso a la justicia, de acceso a los órganos del sistema nacional de justicia y a la tutela judicial efectiva, previstos en los artículos 26 y 257 de la Constitución de la República Bolivariana de Venezuela.

Reclamar y recibir justicia, es entonces un derecho inherente a la persona, de allí que se imponga su reconocimiento constitucional, aún a falta de disposición que expresamente lo estatuya. En consecuencia, cualquier acto violatorio de ese derecho es nulo de conformidad con lo establecido en el artículo 25 de la Constitución de la República Bolivariana de Venezuela (*Cfr.* "Arbitraje y Constitución: El Arbitraje como Derecho Fundamental." Eugenio Hernández Bretón, en *Arbitraje Comercial Interno e Internacional. Reflexiones teóricas y experiencias prácticas*, Academia de Ciencias Políticas y Sociales, Comité Venezolano de Arbitraje, Caracas 2005, p. 30 y 33).

Es por ello que toda disposición normativa en materia de arbitraje debe ser interpretada de forma tal que se estimule el desarrollo del mismo como medio alternativo de resolución de conflictos, es decir que se haga efectiva su realización. Se trata de materializar el principio de interpretación conforme a la Constitución (ex artículo 334 de la Constitución de la República Bolivariana de Venezuela). Si ello resulta imposible, entonces la disposición en cuestión será inconstitucional.

En este sentido, ha de considerarse que aún cuando los tribunales arbitrales no forman parte del poder judicial, la actividad que desarrollan los árbitros es auténtica función jurisdiccional, dirimente de conflictos intersubjetivos de intereses mediante una decisión obligatoria denominada laudo, que pone fin a la disputa surgida entre las partes con todos los efectos de la cosa juzgada.

La definición más técnica dada por la doctrina considera al arbitraje como "una función de tipo jurisdiccional, a cargo de jueces, que las partes eligen en forma privada y a cuya decisión se someten y aceptan como obligatoria y la ley le confiere la autoridad de cosa juzgada y ejecutoriedad propia de las decisiones de los órganos jurisdiccionales" (Navarrine, Susana Camila. ASOREY, Rubén. *Arbitraje*. La Ley. Buenos Aires 1992).

Para la doctrina "el arbitraje es función jurisdiccional porque los árbitros, al resolver el conflicto, declaran el derecho que asiste a la parte cuyas pretensiones amparan y por que el laudo, que resume la función arbitral, constituye un acto jurisdiccional" (Vidal Ramírez, Fernando. *Manual de Derecho Arbitral*. Cap. 8. Gaceta Jurídica. Lima 2009).

Esta misma tesis es acogida por el Tribunal Constitucional Español, el cual considera que "el árbitro que zanja una controversia mediante un laudo de Derecho, actúa en ejercicio de una potestad de *iuris dictio*, pues el arbitraje es un equivalente jurisdiccional mediante el cual las partes pueden obtener los mismos objetivos que con la jurisdicción civil, esto es, una decisión que ponga fin al conflicto con todos los efectos de la cosa juzgada. Su declaración de los derechos y obligaciones recíprocas de las partes se encuentra revestida de auctoritas, por imperativo de la ley; y sólo carece del *imperium* necesario para ejecutar forzadamente su decisión, que la ley vigente reserva a los tribunales civiles" (Tribunal Constitucional Español, auto del 28/10/1993, *Rev. Actualidad Jurídica Aranzadi*, N° 126).

De modo que cuando en nuestro ordenamiento jurídico y más concretamente el artículo 336, numeral 10, de la Constitución le atribuye a la Sala Constitucional la potestad de "revisar las sentencias definitivamente firmes de amparo constitucional y de control de constitucionalidad de leyes o normas jurídicas dictadas por los Tribunales de la República, en los términos establecidos por la Ley Orgánica respectiva", debe interpretarse que ello comprende también la revisión de aquellos laudos arbitrales definitivamente firmes en los que se hubiere desaplicado por control difuso alguna norma jurídica.

De allí que los árbitros tengan la obligación de privilegiar la vigencia del Texto Fundamental, sobre cualquier otra disposición cuya aplicación pudiera lesionar su supremacía, lo que incluye, claro está, el deber de ceñirse a los criterios vinculantes sentados por esta Sala, tal como ocurrió en el presente caso, respecto de las sentencias números 192/2008; 1.541/2008 y 1.067/2010.

Significa entonces, que los árbitros deben encauzar su actividad dentro del marco de la norma *normarum*, independientemente de que esa adecuación se dé o no dentro de un proceso judicial, pues, toda aplicación de la ley debe ser conforme a la Constitución de la República Bolivariana de Venezuela, a fin de garantizar la supremacía constitucional prevista en su artículo 7 y al mismo tiempo, evitar eventuales lesiones a los derechos fundamentales.

A modo de conclusión, resulta de aplicación extensiva a los árbitros el deber que tienen los jueces de asegurar la integridad de la Constitución en el ámbito de sus competencias y conforme a lo previsto en nuestra Carta Magna y en la ley, mediante el ejercicio del control difuso siempre que consideren que una norma jurídica de cualquier categoría (legal, sublegal), colidiere o es incompatible con alguna disposición constitucional, debiendo aplicar ésta con preferencia (ex artículo 334 de la Constitución de la República Bolivariana de Venezuela).

Es por ello que los laudos arbitrales definitivamente firmes contentivos de alguna desaplicación por control difuso han de ser sometidos a la consulta obligatoria a que se refiere el artículo 33 de la Ley Orgánica del Tribunal Supremo de Justicia (*Vid.* Sentencia de esta Sala N° 347/2018).

Ello así, en el caso de autos con ocasión de determinar si el laudo arbitral contentivo de la desaplicación por control difuso que se examina se encuentra definitivamente firme, la Sala requirió información al Centro de Arbitraje de la Cámara de Caracas, respecto a si contra el mencionado laudo se había ejercido recurso de nulidad, ante lo cual, mediante comunicación de fecha 14 de mayo de 2018, suscrita por la ciudadana Adriana Vaamonde M., Directora Ejecutiva del mismo, señaló:

> "Que, hasta la presente fecha, el Centro de Arbitraje de la Cámara de Caracas (CACC) no ha recibido notificación alguna de que se haya interpuesto un recurso de nulidad en los términos previstos en el artículo 76 del Reglamento General del Centro de Arbitraje de la Cámara de Caracas (RGCACC), en concordancia con el artículo 43 de la Ley de Arbitraje Comercial (LAC), en contra del Laudo Arbitral (sic) dictado por el Tribunal Arbitral constituido por la árbitro único Dra. Irma Lovera De Sola de fecha 15 de septiembre de 2016, en el Expediente signado bajo el N° CA01-A-2016-000005, según la nomenclatura llevada por el CACC".

De donde se deduce que, el laudo arbitral en el que se desaplicó por control difuso el artículo 41, literal "j" del Decreto con Rango, Valor y Fuerza de Ley de Regulación del Arrendamiento Inmobiliario para el Uso Comercial, se encuentra definitivamente firme, siendo posible el examen abstracto sobre la constitucionalidad de la norma desaplicada, la cual es del siguiente tenor:

> "Artículo 41
>
> En los inmuebles regidos por este Decreto Ley queda taxativamente prohibido:
>
> (...*Omissis*...)
>
> j. El arbitraje privado para resolver los conflictos surgidos entre arrendador y arrendatario con motivo de la relación arrendaticia".

De la transcripción del laudo arbitral que se examina en el capítulo correspondiente, constata esta Sala que para declarar la validez de la cláusula compromisoria contenida en el contrato de arrendamiento de un local comercial suscrito entre la parte demandante Miriam Josefina Pacheco Cortés y la parte demandada Carmen Cárdenas de Rodríguez, así como para justificar la competencia del árbitro y la validez del procedimiento arbitral en sí mismo, se le dio preferencia a lo dispuesto en los artículos 253 y 258 de la Constitución de la República Bolivariana de Venezuela y, a los criterios jurisprudenciales sentados en algunas decisiones que ha dictado esta Sala Constitucional en materia de arbitraje (192/2008; 1.541/2008 y

1.067/2010), frente a la norma que prohíbe el mismo para dilucidar controversias surgidas con motivo de relaciones arrendaticias que tienen por objeto locales comerciales, prevista en artículo 41, literal "j", de la Ley de Regulación del Arrendamiento Inmobiliario para el Uso Comercial, por considerar que esta última es contraria a dichas disposiciones constitucionales y a lo sostenido por esta Sala en las sentencias allí citadas.

En tal virtud, resulta forzoso traer a colación lo sostenido en sentencia N° 1.541/08 (publicada en la Gaceta Oficial de la República Bolivariana de Venezuela N° 39.055 del 10 de noviembre de 2008) en la que se dejó claro que la inserción del arbitraje dentro del sistema de justicia, puso fin a la aparente contradicción que desde el punto de vista doctrinal y jurisprudencial se generó entre arbitraje, orden público, normas imperativas y el principio tuitivo o protector de la legislación especial en áreas "sensibles" como laboral, arrendamiento, consumo, operaciones inmobiliarias, entre otras; en la medida que:

> "Cuando el legislador determina que conforme al principio tuitivo, una materia debe estar regida por el orden público, no deben excluirse per se a los medios alternativos para la resolución de conflictos y, entre ellos, al arbitraje, ya que la declaratoria de orden público por parte del legislador de una determinada materia lo que comporta es la imposibilidad de que las partes puedan relajar o mitigar las debidas cautelas o protecciones en cabeza del débil jurídico, las cuales son de naturaleza sustantiva; siendo, por el contrario que la libre y consensuada estipulación de optar por un medio alternativo –vgr. Arbitraje, mediación, conciliación, entre otras–, en directa e inmediata ejecución de la autonomía de la voluntad de las partes es de exclusiva naturaleza adjetiva.

> Por ello, ya que el orden público afecta o incide en la esencia sustantiva de las relaciones jurídicas, conlleva a que sea la ley especial y no otra la norma de fondo la que deban aplicar los árbitros, en tanto los medios alternativos de resolución de conflictos al constituirse en parte del sistema de justicia no pueden desconocer disposiciones sustantivas especiales de orden público, al igual que no podrían quebrantarse por parte del Poder Judicial.

> La estipulación en un contrato de cualquier medio alternativo para la resolución de controversias, no supone entonces renuncia alguna a las protecciones, derechos o garantías establecidas en la legislación especial, porque tales medios deben aplicarla preferentemente, lo cual en forma alguna permite afirmar la anulación del ejercicio de competencias administrativas en materia de policía administrativa, conforme al estatuto atributivo de específicas potestades en determinada materia -vgr. En materia de bancos, seguros, valores y competencia a las respectivas Superintendencias o en materia de arrendamiento a las Direcciones de Inquilinato-, sino por el contrario, es admitir que en el ordenamiento jurídico vigente el hecho que se haya pactado un arbitraje no altera el régimen protector o de derecho público aplicable a cada área, en tanto la misma se constituye en la elección de un medio distinto a la vía judicial, al momento de una pretensión pecuniaria entre las partes.

(…Omissis…)

> Inclusive, todo lo anterior (que luce abstracto y general) resultará fácilmente comprobable con el examen o test que se haga –en cada caso– de la medida o extensión del propio juez ordinario; en otras palabras, para conocer si algún tópico de cierta relación jurídica es susceptible de arbitraje o no, bastará con discernir si allí puede llegar también el conocimiento de un juez, pues si es así, no habrá duda de que también es arbitrable por mandato de la voluntad de las partes. Esto, en contraposición al ámbito exclusivamente reservado al conocimiento de una autoridad administrativa, en donde no pueden llegar los árbitros, como tampoco el juez. (Vgr. En materia arrendaticia ni los jueces ni los árbitros pueden fijar los cánones máximos a cobrar en los inmuebles sujetos a regulación de alquileres; pero los primeros sí pueden conocer (tanto el juez como los árbitros) de cualquiera de las pretensiones a que se refiere el artículo 33 de la Ley de Arrendamientos Inmobiliarios; también en materia de consumo, ni los jueces ni los árbitros pueden imponer multas por 'remarcaje' de precios, pero sí pueden conocer de pretensiones de contenido

pecuniario entre un comprador, consumidor o usuario contra un fabricante, expendedor o prestador; también en el ámbito laboral, ni los jueces ni los árbitros pueden negar o inscribir a un Sindicato, pero sí pueden resolver las pretensiones que se intenten sobre la interpretación o cumplimiento de una convención colectiva) (Resaltado añadido).

Así, visto que el mandamiento constitucional a que se refiere el artículo 258 impone el desarrollo, promoción y sana operatividad de los medios alternativos para la resolución de conflictos en el foro venezolano (que compele tanto al legislador como al operador judicial), toda norma legal o interpretación judicial que lo contraríe debe considerarse reñida al texto fundamental y, por tanto, inconstitucional. Así se declara". (Resaltado y subrayado añadido).

De donde se colige que, el carácter imperativo, irrenunciable y de orden público de ciertas normas en materia de arrendamiento de inmuebles destinados al uso comercial, no es óbice para que las partes (arrendador y arrendatario) puedan ejercer su derecho fundamental de someter a arbitraje las controversias que puedan surgir, o que surjan entre ellos con motivo de la relación arrendaticia, tales como, las demandas por desalojo, cumplimiento o resolución de un contrato de arrendamiento, reintegro de alquileres pagados en exceso, reintegro de depósito en garantía, ejecución de garantías, prórroga legal, retracto legal arrendaticio y cualquier otra acción derivada de una relación arrendaticia, claro está, siempre que se trate de un arbitraje de derecho, el cual obliga al árbitro a utilizar las normas sustantivas previstas, en este caso, en el Decreto con Rango, Valor y Fuerza de Ley de Regulación del Arrendamiento Inmobiliario para el Uso Comercial.

Lo anterior, en modo alguno implica la desaparición de la justa y equilibrada tuición que requiere el débil jurídico en estos casos y, que se encuentra establecida en la legislación especial, así como tampoco el anular el ejercicio de competencias administrativas atribuidas al Ministerio del Poder Popular para la Industria y el Comercio y a la Superintendencia Nacional para la Defensa de los Derechos Socio Económicos (SUNDEE), tales como las previstas en los artículos 5, 7, 22, 31 y 32 del mencionado Decreto Ley.

La ampliación del arbitraje a sectores tradicionalmente considerados ajenos a su ámbito de aplicación es la tendencia moderna, lo cual resulta plenamente acorde con el espíritu, propósito y razón de los artículos 253 y 258 de nuestra Carta Magna, en contraposición a lo que ocurre con lo dispuesto en el artículo 41, literal "j" del Decreto con Rango, Valor y Fuerza de Ley, que en lugar de promover, impulsar o favorecer este medio alternativo de resolución de conflictos, lo rechaza de plano y de forma tajante coarta e impide su admisibilidad, lo cual resulta contrario a lo dispuesto en las normas constitucionales antes citadas, así como a los criterios vinculantes sentados por esta Sala Constitucional en sentencias números 192/2008; 1.541/2008 y 1.067/2010.

Es por ello, que el empleo del arbitraje como medio alternativo de solución de conflictos es admisible para debatir y resolver aquellos casos de arrendamientos de locales comerciales en los que las partes decidan acudir al mismo, contando el árbitro con todas las potestades propias de un juzgador independiente y autónomo, conocedor del derecho, que debe velar de igual manera por su correcta interpretación y aplicación, dándole prevalencia a los principios y normas constitucionales, en atención a lo cual se declara conforme a derecho la desaplicación por control difuso de la constitucionalidad del artículo 41, literal "j" del Decreto con Rango, Valor y Fuerza de Ley de Regulación del Arrendamiento Inmobiliario para el Uso Comercial que se hizo en el laudo arbitral dictado el 15 de septiembre de 2016, suscrito por la abogada Irma Lovera de Sola, inserto en el expediente distinguido con el alfanumérico CA01-A-2016-000005, nomenclatura del Centro de Arbitraje de la Cámara de Caracas, en el que es parte demandante la ciudadana Miriam Josefina Pacheco Cortés y parte demandada la ciudadana Carmen Cárdenas de Rodríguez.

Finalmente, y como consecuencia del pronunciamiento anterior, esta Sala ordena abrir de oficio el procedimiento de nulidad por inconstitucionalidad contra el artículo 41, literal "j" del Decreto con Rango, Valor y Fuerza de Ley de Regulación del Arrendamiento Inmobiliario para el Uso Comercial, de acuerdo a lo previsto en el artículo 34 de la Ley Orgánica del Tribunal Supremo de Justicia.

    B.   *Tribunal Supremo de Justicia*

        a.   *Competencia Antejuicio de Mérito: Improcedencia. Delitos Flagrantes*

TSJ-SP (48)   **8-8-2018**

Magistrado Ponente: Maikel José Moreno Pérez

Caso: Tarek Williams Saab (Antejuicio de Mérito contra Juan Carlos Requesens Martínez).

De lo expuesto debe concluirse que tanto la tesis doctrinaria expuesta como la jurisprudencia de la Corte en pleno, siguen vigentes en cuanto a la situación de la condición de delitos en flagrancia. De acuerdo a lo señalado, es imprescindible el allanamiento de la inmunidad en cualquier caso para el enjuiciamiento, por tratarse de un privilegio irrenunciable. Pero el antejuicio de mérito en tales casos no es pertinente ni necesario, pues no existe duda sobre la comisión del delito ni sobre su autoría.

Asumida la competencia, esta Sala Plena pasa a decidir sobre la referida solicitud incoada por el Fiscal General de la República Bolivariana de Venezuela, y para ello, observa:

El artículo 234 del Código Orgánico Procesal, dispone expresamente que:

*"**Artículo 234**. Para los efectos de este Capítulo, se tendrá como delito flagrante el que se esté cometiendo o el que acaba de cometerse. También se tendrá como delito flagrante aquel por el cual el sospechoso o sospechosa se vea perseguido o perseguida por la autoridad policial, por la víctima o por el clamor público, o en el que se le sorprenda a poco de haberse cometido el hecho, en el mismo lugar o cerca del lugar donde se cometió, con armas, instrumentos u otros objetos que de alguna manera hagan presumir con fundamento que el o ella es el autor o autora.*

En estos casos, cualquier autoridad deberá, y cualquier particular podrá, aprehender al sospechoso o sospechosa, siempre que el delito amerite pena privativa de libertad, entregándolo o entregándola a la autoridad más cercana, quien lo pondrá a disposición del Ministerio Público dentro de un lapso que no excederá de doce horas a partir del momento de la aprehensión, sin perjuicio de lo dispuesto en la Constitución de la República en relación con la inmunidad de los diputados o diputadas a la Asamblea Nacional y a los consejos legislativos de los estados. En todo caso, el Estado protegerá al particular que colabore con la aprehensión del imputado o imputada".

De acuerdo con el contenido de la citada disposición normativa, delito flagrante es aquel que se está cometiendo o que acaba de cometerse, también es aquel por el cual el sospechoso o sospechosa se vea perseguido o perseguida por la autoridad policial, por la víctima o por el clamor público, o que se le sorprenda a poco de haberse cometido el hecho, en el mismo lugar o cerca del lugar donde se cometió, con armas, instrumentos u otros objetos que de alguna manera hagan presumir con fundamento que es el autor o autora.

En este orden de ideas, la Sala Constitucional de este Tribunal Supremo de Justicia, en sentencia número 2580, del 11 de diciembre de 2001, señaló que conforme lo dispuesto en el

Código Orgánico Procesal Penal, la definición de flagrancia implicaba, en principio, cuatro (4) momentos o situaciones, a saber:

"(...) 1. Delito flagrante se considera aquel que se esté cometiendo en ese instante y alguien lo verificó en forma inmediata a través de sus sentidos.

La perpetración del delito va acompañada de actitudes humanas que permiten reconocer la ocurrencia del mismo, y que crean en las personas la certeza, o la presunción vehemente que se está cometiendo un delito.

Es esa situación objetiva, la que justifica que pueda ingresarse a una morada, establecimiento comercial en sus dependencias cerradas, o en recinto habitado, sin orden judicial escrito de allanamiento, cuando se trata de impedir su perpetración (...).

De acuerdo a la diversidad de los delitos, la sospecha de que se está cometiendo y la necesidad de probar tal hecho, obliga a quien presume la flagrancia a recabar las pruebas que consiga en el lugar de los hechos, o a instar a las autoridades competentes a llevar a los registros e inspecciones contempladas en los artículos 202 y siguientes del Código Orgánico Procesal Penal.

2. Es también delito flagrante aquel que 'acaba de cometerse'. En este caso, la ley no especifica qué significa que un delito 'acabe de cometerse'. Es decir, no se determina si se refiere a un segundo, un minuto o más. En tal sentido, debe entenderse como un momento inmediatamente posterior a aquel en que se llevó a cabo el delito. Es decir, el delito se cometió, y de seguidas se percibió alguna situación que permitió hacer una relación inmediata entre el delito cometido y la persona que lo ejecutó. Sólo a manera de ejemplo, podría pensarse en un caso donde una persona oye un disparo, se asoma por la ventana, y observa a un individuo con el revólver en la mano al lado de un cadáver.

3. Una tercera situación o momento en que se considerará, según la ley, un delito como flagrante, es cuando el sospechoso se vea perseguido por la autoridad policial, por la víctima o por el clamor público. En este sentido, lo que verifica la flagrancia es que, acaecido el delito, el sospechoso huya, y tal huida da lugar a una persecución, objetivamente percibida, por parte de la autoridad policial, por la víctima o por el grupo de personas que se encontraban en el lugar de los hechos, o que se unieron a los perseguidores. Tal situación puede implicar una percepción indirecta de lo sucedido por parte de aquél que aprehende al sospechoso, o puede ser el resultado de la percepción directa de los hechos, lo que originó la persecución del sospechoso.

4. Una última situación o circunstancia para considerar que el delito es flagrante, se produce cuando se sorprenda a una persona a poco de haberse cometido el hecho, en el mismo lugar o cerca del lugar donde ocurrió, con armas, instrumentos u otros objetos que de alguna manera hagan presumir, con fundamento, que él es el autor. En este caso, la determinación de la flagrancia no está relacionada con el momento inmediato posterior a la realización del delito, es decir, la flagrancia no se determina porque el delito 'acabe de cometerse', como sucede en la situación descrita en el punto 2. Esta situación no se refiere a una inmediatez en el tiempo entre el delito y la verificación del sospechoso, sino que puede que el delito no se haya acabado de cometer, en términos literales, pero que por las circunstancias que rodean al sospechoso, el cual se encuentra en el lugar o cerca del lugar donde se verificó el delito, y, esencialmente, por las armas, instrumentos u otros objetos materiales que visiblemente posee, es que el aprehensor puede establecer una relación perfecta entre el sospechoso y el delito cometido.

En relación con lo anterior, en sentencia de esta Sala de fecha 15 de mayo de 2001 (caso: *Haidee Beatriz Miranda y otros*), en consideración de lo que establece el Código Orgánico Procesal Penal como definición de delito flagrante, se estableció lo siguiente:

'... Se entiende que hay flagrancia no sólo cuando se sorprende al imputado en plena ejecución del delito, o éste lo acaba de cometer y se le persigue por ello para su aprehensión, sino cuando se le sorprende a poco de haberse cometido el hecho, en el mismo lugar o cerca del lugar donde se cometió, con armas, instrumentos u otros objetos que de alguna manera hagan presumir con fundamento que él es el autor...'.

Así pues, puede establecerse que la determinación de flagrancia de un determinado delito puede resultar cuando, a pocos minutos de haberse cometido el mismo, se sorprende al imputado con objetos que puedan ser fácilmente asociados con el delito cometido. En tal sentido, para que proceda la calificación de flagrancia, en los términos antes expuestos, es necesario que se den los siguientes elementos: 1. Que el aprehensor haya presenciado o conozca de la perpetración de un delito, pero que no haya determinado en forma inmediata al imputado. 2. Que pasado un tiempo prudencial de ocurrido el hecho, se asocie a un individuo con objetos que puedan fácilmente relacionarse en forma directa con el delito perpetrado. 3. Que los objetos se encuentren en forma visible en poder del sospechoso. Es decir, es necesario que exista una fácil conexión entre dichos objetos o instrumentos que posea el imputado, con el tipo de delito acaecido minutos o segundos antes de definida la conexión que incrimine al imputado (...)".

Posteriormente, la referida Sala Constitucional de este Tribunal Supremo de Justicia, en el fallo número 272, del 15 de febrero de 2007, [Véase: *Revista de Derecho Público* N° 109 enero-marzo 2007, pp. 215 y ss.] estableció no solo la diferencia existente entre el delito flagrante y la aprehensión in fraganti; sino que, además, sentó la concepción de la flagrancia como un estado probatorio, indicando al respecto lo siguiente:

"(...) El delito flagrante, según lo señalado en los artículos 248 y 372.1 del Código Orgánico Procesal Penal, constituye un estado probatorio cuyos efectos jurídicos son: a) que tanto las autoridades como los particulares pueden detener al autor del delito sin auto de inicio de investigación ni orden judicial, y, b) el juzgamiento del delito mediante la alternativa de un procedimiento abreviado. Mientras que la detención in fraganti, vista la literalidad del artículo 44.1 constitucional, se refiere, sin desvincularlo del tema de la prueba, a la sola aprehensión del individuo (vid. Jesús Eduardo Cabrera Romero, El delito flagrante como un estado probatorio, en Revista de Derecho Probatorio, N° 14, Ediciones Homero, Caracas, 2006, pp. 9-105).

Según esta concepción, el delito flagrante 'es aquel de acción pública que se comete o se acaba de cometer', y es presenciado por alguien que sirve de prueba del delito y de su autor' (vid. op. cit. p. 33). De manera que 'la flagrancia del delito viene dada por la prueba inmediata y directa que emana del o de los medios de prueba que se impresionaron con la totalidad de la acción delictiva' (vid. op. cit. p. 11) producto de la observación por alguien de la perpetración del delito, sea o no éste observador la víctima; y si hay detención del delincuente, que el observador presencial declare en la investigación a objeto de llevar al Juez a la convicción de la detención del sospechoso. Por tanto, sólo si se aprehende el hecho criminoso como un todo (delito-autor) y esa apreciación es llevada al proceso, se producen los efectos de la flagrancia; lo cual quiere decir que, entre el delito flagrante y la detención in fraganti existe una relación causa y efecto: la detención in fraganti únicamente es posible si ha habido delito flagrante; pero sin la detención in fraganti puede aún existir un delito flagrante.

Lo importante a destacar es que la concepción de la flagrancia como un estado probatorio hace que el delito y la prueba sean indivisibles. Sin las pruebas no solo no hay flagrancia sino que la detención de alguien sin orden judicial no es legítima. O como lo refiere el autor glosado:

'El delito flagrante implica inmediatez en la aprehensión de los hechos por los medios de prueba que los trasladarán al proceso, y esa condición de flagrante, producto del citado estado probatorio, no está unida a que se detenga o no se detenga al delincuente, o a que se comience al instante a perseguirlo. Lo importante es que cuando éste se identifica y captura, después de ocurridos los hechos, puede ser enjuiciado por el procedimiento abreviado, como delito flagrante' (vid. op. cit. p. 39).

La detención in fraganti, por su parte, está referida o bien a la detención de la persona en el sitio de los hechos a poco de haberse cometido, lo cual es la ejemplificación más clásica de la flagrancia, o bien a la aprehensión del sospechoso a poco de haberse cometido el hecho en el mismo lugar, o cerca del lugar donde se cometió, con armas, instrumentos u otros objetos que de alguna manera hagan presumir con fundamento que él es el autor, es decir, lo que la doctrina impropiamente denomina la cuasi-flagrancia.

El estado de flagrancia que supone esta institución se refiere a sospechas fundadas que permiten, a los efectos de la detención in fraganti, la equiparación del sospechoso con el autor del delito, pues tales sospechas producen una verosimilitud tal de la autoría del delito por parte del aprehendido que puede confundirse con la evidencia misma. Sin embargo, la valoración subjetiva que constituye la 'sospecha' del detenido como autor del delito queda restringida y limitada por el dicho observador (sea o no la víctima) y por el cúmulo probatorio que respalde esa declaración del aprehensor. Si la prueba existe se procede a la detención inmediata (...)".

Así, los delitos permanentes implican una acción o estado que subsiste en el tiempo, es decir, un comportamiento que se está ejecutando o perpetrando, de lo que podemos concluir que existe compatibilidad de esta institución procesal con la flagrancia, concretamente a la definición legal del delito que se está cometiendo, lo que nos lleva en un primer momento a la conclusión de que todos los delitos caracterizados por tal noción son flagrantes. (...)

Con respecto a los delitos mencionados por el Fiscal General en su escrito, resaltamos los tipos penales de *instigación pública continuada, traición a la patria y asociación*, pues resulta evidente que al comienzo de la consumación implica un estado antijurídico continuado por la prolongación voluntaria de la conducta del sujeto.

Sobre este particular, la doctrina ha sostenido: "*...en el delito permanente todos los momentos constitutivos de la continuidad o permanencia se entienden como su consumación, en tanto que en los delitos instantáneos la acción que lo consuma se perfecciona en un solo momento, debiendo destacarse que el carácter de instantáneo no se lo da el efecto que causa ni la forma como se realiza, sino que ello viene determinado por la acción consumatoria definida en la ley mediante el verbo rector. En tal sentido se afirma: "existe delito permanente cuando todos los momentos de su duración pueden imputarse como consumación..."* (Soler, 1963: p. 159).

En virtud de los razonamientos expuestos, resulta claro que la noción de delitos permanentes, lleva a la conclusión de que se tratan de delitos flagrantes.

Ahora bien, ante la comisión de delitos flagrantes de carácter grave cuya autoría le es atribuida en este caso a un Diputado de la Asamblea Nacional, no es procedente el antejuicio de mérito, toda vez que para gozar de dicha prerrogativa es necesario que medie una acusación o denuncia contra el funcionario, la cual deberá ser examinada por esta Máxima Instancia, con el objeto de verificar la comisión de un tipo delictivo y, en caso de existir elementos de convicción suficientes que presuman su autoría o participación, ordenar su detención para su posterior enjuiciamiento, previo levantamiento de la inmunidad parlamentaria.

Sobre este particular esta Sala Plena del Tribunal Supremo de Justicia en Sentencia N° 16 del 22 de abril de 2010, dispuso lo siguiente:

"Es pertinente analizar, a la luz de los textos normativos vigentes, la protección o privilegio parlamentario de la inmunidad y el antejuicio de mérito, como requisitos para su enjuiciamiento.

Tanto la Constitución de 1961 como la de 1999 regulan de una manera similar el privilegio parlamentario de la inmunidad y el requerimiento del antejuicio de mérito para el enjuiciamiento de los integrantes del Poder Legislativo.

En tal sentido, el artículo 143 de la Carta de 1961 establecía el principio de la inmunidad. En esta disposición se precisaba que <u>en caso de delito flagrante de carácter grave</u> cometido por un senador o diputado, la autoridad competente lo pondrá bajo custodia en su residencia y <u>comunicará inmediatamente el hecho a la Cámara respectiva o a la Comisión Delegada</u> con una información debidamente circunstanciada. Ello, a los efectos de que el órgano legislativo autorice la detención mientras se decida sobre el allanamiento.

Por su parte, el artículo 215 ordinal segundo del mismo texto fundamental, exigía la declaratoria previa de mérito por la Corte en pleno, para el enjuiciamiento, entre otros, de los miembros del Congreso.

El Dr. Humberto J. La Roche, ilustre constitucionalista y magistrado emérito de este máximo Tribunal de justicia, en su obra Instituciones Constitucionales del Estado Venezolano (Maracaibo. Editorial Metas C.A. 1984) concluía con base en las disposiciones antes citadas que, en relación al privilegio de la inmunidad parlamentaria, podían presentarse dos situaciones claramente diferenciables:

La primera, es cuando el congresista ha cometido un <u>delito flagrante de carácter grave</u>, en cuyo caso no hay duda acerca de la ocurrencia del delito y de la cualidad del autor del mismo; y la segunda, que es cuando media una <u>acusación o denuncia</u> en contra de un parlamentario.

En caso de flagrancia, en criterio de LA ROCHE, el juez sumariador somete al senador o diputado a custodia domiciliaria y envía a la Cámara respectiva un informe circunstanciado acerca de los detalles y factores que han concurrido para determinar la autoría del parlamentario en el acto que se le está imputando, a los efectos de que dicha Cámara o la Comisión Delegada autorice que continúe en ese estado mientras se decide el allanamiento, requisito indispensable para el enjuiciamiento.

Es decir que como podrá deducirse, <u>si se trata de un delito flagrante el antejuicio de mérito no es procedente</u>, pero en cualquier caso es indispensable la autorización de la Cámara correspondiente para privar de la inmunidad a un congresista cuando este ha sido culpable de un hecho punible (Op. Cit., p. 44).

Distinto sería si el parlamentario no es sorprendido en flagrancia en la comisión de un delito ya que en tal caso sí es necesario que el máximo Tribunal examine los recaudos que enviaría el tribunal sumariador (hoy Ministerio Público) para verificar si se ha configurado un tipo delictivo y si hay indicios de culpabilidad del congresista a quien se le imputan hechos punibles. En este caso, en el cual media necesariamente una acusación o denuncia, es imprescindible el antejuicio de mérito, en cuyo caso si la Corte Suprema de Justicia decidía que había lugar a la prosecución de juicio, debía enviarse la decisión a la Cámara correspondiente para que esta autorizara mediante el allanamiento la continuación del procedimiento respectivo (Ibidem, p. 46).

El ex magistrado LA ROCHE en su obra hace referencia a varios ejemplos en materia de allanamiento en la historia constitucional venezolana. Es digno de destacar, en lo que concierne a la Carta de 1961, que se debatió jurídica y políticamente la pertinencia del allanamiento y del antejuicio de mérito para delitos de carácter militar, distintos de los comunes y los políticos. Desde 1963 y hasta 1976 se impuso la tesis (avalada por los partidos del establecimiento político y la Corte Suprema de Justicia) de que en caso de imputación a parlamentarios por delitos militares no procedía ninguna de las dos instituciones. Así, se ordenó el enjuiciamiento de los diputados del PCV y del MIR por el asalto al "Tren de El Encanto" (1963); y de Miguel Ángel Capriles, en 1968.

Esta situación cambió a propósito de la imputación de los diputados Fortunato Herrera y Salom Meza Espinoza por el secuestro de Niehous. Al respecto, el Fiscal General de la República Dr. José Ramón Medina se dirigió a la Corte Suprema de Justicia el 10 de agosto de 1976, sosteniendo que los nombrados parlamentarios gozaban del antejuicio de mérito y que estaban protegidos por la inmunidad.

En fecha 25 de agosto de 1976, este Alto Tribunal decidió la problemática planteada, dictaminando que era indispensable el antejuicio no solo cuando se trate de delitos de derecho común sino también de delitos de tipo militar.

Pero lo más importante, a los efectos del caso que hoy ocupa a esta Sala Plena, es que la Corte excluyó del antejuicio de mérito los casos en que se incurría en delito flagrante (Ibidem, p. 51).

*Como referíamos **supra**, no existen diferencias sustanciales entre las figuras del antejuicio de mérito y el allanamiento de la inmunidad parlamentaria entre los textos constitucionales de 1961 y 1999. Es decir, que ambas Cartas consagran la inmunidad y la necesidad del allanamiento de la misma para el enjuiciamiento de los diputados de la Asamblea Nacional (artículos 143 y 144-C.N. de 1961; 200 de la C.R.B.V.). Asimismo, tanto el artículo 215.2 -1961- como el artículo 266.3 de la de 1999 contemplan el antejuicio de mérito para los parlamentarios.*

De lo expuesto debe concluirse que tanto la tesis doctrinaria expuesta como la jurisprudencia de la Corte en pleno, siguen vigentes en cuanto a la situación de la condición de delitos en flagrancia. De acuerdo a lo señalado, es imprescindible el allanamiento de la inmunidad en cualquier caso para el enjuiciamiento, por tratarse de un privilegio irrenunciable. Pero el antejuicio de mérito en tales casos no es pertinente ni necesario, pues no existe duda sobre la comisión del delito ni sobre su autoría.

Ciertamente, hay una diferencia entre ambas Constituciones en lo referente a la intervención del Tribunal Supremo de Justicia cuando se trata de delitos flagrantes.

En la Carta de 1961, dicha intervención era inexistente: una vez bajo custodia domiciliaria, la autoridad competente comunica el hecho al órgano legislativo para que autorice dicha detención mientras se decide el allanamiento (ver artículo 143). Por el contrario, en la nueva Constitución sí interviene el Tribunal Supremo de Justicia, pero no para el antejuicio de mérito, sino que ahora el máximo Tribunal de la República y no la Cámara respectiva, es quien debe decidir si se mantiene la detención domiciliaria. En efecto, el artículo 22 de la Ley Orgánica del Tribunal Supremo de Justicia pauta, en su párrafo cuarto que "cuando uno de los funcionarios a que se refiere este artículo fuere sorprendido en la comisión flagrante de delito, la autoridad competente lo pondrá bajo custodia en su residencia, y comunicará inmediatamente el hecho al Tribunal Supremo de Justicia, quién decidirá lo que juzgue conveniente sobre la libertad del detenido" (subrayado de esta decisión)".

Criterio que fue reiterado por esta Sala Plena en Sentencia N° 55 del 12 de Julio de 2017, en virtud de lo cual resulta necesario ratificar que en el presente caso, no procede el antejuicio de mérito contra el ciudadano **Juan Carlos Requesens Martínez**, Diputado a la Asamblea Nacional por el Distrito Capital, toda vez que las actuaciones que cursan en el expediente evidencian que el mencionado ciudadano presuntamente ha cometido delitos de naturaleza permanentes, por lo tanto está en situación de flagrancia, en virtud de lo cual, a criterio de esta Sala Plena, su enjuiciamiento ineludiblemente corresponde a la jurisdicción de los Tribunales Penales Ordinarios, en aras de la garantía consagrada en el artículo 49, numeral 4, de la Constitución de la República Bolivariana de Venezuela.

TSJ-SP (49)   **8-8-2018**

Magistrado Ponente: Dr. Juan Luis Ibarra Verenzuela

Caso: Tarek Williams Saab, en su condición de Fiscal General de la República Bolivariana de Venezuela (Antejuicio de Mérito contra el ciudadano Julio Andrés Borges Junyent, Diputado de la Asamblea Nacional).

Véase: **TSJ-SP (48) 8-8-2018**

IV. LA ACTIVIDAD ADMINISTRATIVA

1. *Actos Administrativos*

A. *Motivación*

TSJ-SPA (1042)   **11-10-2018**

Magistrado Ponente: Inocencio Antonio Figueroa Arizaleta

Caso: Fisco Nacional.

(…) Con vista a la transcripción anterior, esta Superioridad considera pertinente precisar que la motivación de los actos administrativos está referida a la expresión formal de los supuestos de hecho y de derecho de éstos. Así, el artículo 9 de la Ley Orgánica de Procedimientos Administrativos en forma expresa exige que los "*actos administrativos de carácter particular*" deben estar suficientemente motivados, exceptuando a los de simple trámite o aquellos a los cuales una disposición legal exima de ella, entendiéndose por estas razones la explanación de los presupuestos de hecho y de derecho que tuvo la Administración para dictar el proveimiento administrativo.

De la referida normativa se observa la voluntad del Legislador de instituir la motivación como uno de los principios rectores de la actividad administrativa, y concretamente de los actos administrativos, lo cual permite adecuar su función dentro de los límites que la Ley le impone. Tal exigencia consiste en que los actos que la Administración Tributaria emita deberán estar debidamente motivados, es decir, señalar en cada caso el fundamento expreso de la determinación de los hechos que dan lugar a su decisión, de manera que el particular pueda conocer en forma clara y precisa las razones fácticas y jurídicas que originaron tal determinación, permitiéndole oponer las razones que crea pertinentes a fin de ejercer su derecho a la defensa.

Es jurisprudencia de esta Sala que la nulidad de los actos administrativos por inmotivación sólo se produce en el caso que no se permite conocer a los interesados los fundamentos legales y los supuestos de hecho que constituyeron las bases o motivos en que se apoyó el órgano administrativo para dictar la decisión; y no cuando la motivación es sucinta, pero permite conocer la fuente legal, las razones y los hechos apreciados por el funcionario actuante.

Por lo tanto, un acto puede considerarse motivado en aquellos supuestos en que ha sido expedido con base en hechos, datos o cifras concretas y cuando éstos consten efectivamente y de manera explícita en el expediente siempre que el administrado haya tenido acceso y conocimiento oportuno de los mismos; siendo suficiente, en algunos casos, que sólo se cite la fundamentación jurídica, si ésta contiene un supuesto unívoco y simple. (*Vid.*, sentencia N° 1076 del 11 de mayo de 2000, caso: Carlos Alberto Urdaneta Finucci, reiterada entre otros en los fallos N° 00992 del 18 de septiembre de 2008, 00649 del 20 de mayo de 2009, 00145 del 11 de febrero de 2010, 00320 del 10 de marzo de 2011 y más recientemente la decisión Nro. 00431 del 22 de abril de 2015, casos: *Mercedes-Benz Venezuela, S.A.; Valores e Inversiones C.A.; Corporación Inlaca, C.A.; Aguamarina de la Costa C.A., Mi Mesa, C.A.; y Comercial Silver Start, C.A.*, respectivamente).

En definitiva, el objetivo de la motivación es, en primer lugar, permitir a los órganos competentes el control de la legalidad del acto emitido y, en segundo lugar, hacer posible a los administrados el ejercicio del derecho a la defensa.

TSJ-SPS (1201)   **21-11-2018**

Magistrado Ponente: Marco Antonio Medina Salas

Caso: Maricruz Del Carmen Meléndez Pérez

Con relación al vicio de inmotivación de los actos administrativos, el artículo 89 de la Ley Orgánica de Procedimientos Administrativos dispone que el órgano administrativo deberá resolver todos los asuntos que se sometan a su consideración dentro del ámbito de su competencia, o que surjan con motivo del recurso, aunque no hayan sido alegados por los interesados.

Sobre este último particular, el criterio reiterado de la Sala ha sido considerar que el incumplimiento de esta norma por parte de la Administración, implica la existencia del vicio de inmotivación del acto siempre y cuando esa falta de pronunciamiento resulte crucial a los fines de la determinación de fondo de la expresión de la voluntad administrativa contenida en el acto. (*Vid.*, entre otras, Sentencias de la Sala Político Administrativa números 01755 y 00132, de fechas 18 de noviembre de 2003 y 7 de febrero de 2013, respectivamente).

En este mismo orden de ideas, la Sala estableció que la inmotivación como vicio de forma de los actos administrativos, consiste en la ausencia absoluta de motivación; pero no es inmotivación la que contenga los elementos principales del asunto debatido y su principal fundamentación legal, lo cual garantiza al interesado el conocimiento de los motivos que sirvieron de fundamento para emitir la decisión. (*Vid.*, entre otras, Sentencias números 00318 del 07 de marzo de 2001 y 00132 del 7 de febrero de 2013).

De manera, que aun cuando la motivación sea sucinta, pero permite conocer la fuente legal de lo decidido, así como las razones y hechos apreciados por el funcionario, la motivación debe reputarse suficiente en su expresión. La inmotivación se verifica solo ante el incumplimiento total por parte de la Administración al señalar las razones que tuvo en cuenta para resolver. En cambio, no hay inmotivación cuando el interesado, los órganos administrativos o los jurisdiccionales al revisar la decisión, pueden conocer cuáles son las normas y hechos que sirvieron de fundamento a la decisión.

    B.   *Vicios de fondo. Desviación de poder*

TSJ-SPA (1201)   **21-11-2018**

Magistrado Ponente: Marco Antonio Medina Salas

Caso: Maricruz Del Carmen Meléndez Pérez

Que la sanción de inhabilitación impuesta a su representada "*ha sido dictada como consecuencia de una evidente desviación de poder, ya que el Contralor General de la República ha actuado arbitraria y desproporcionadamente, falseando la verdad y abusando del poder que le otorga la LOCGR. En efecto, el fin de la sanción de inhabilitación por un periodo de diez (10) años (...) no es la lucha contra la corrupción ni alguna otra razón legítima, ya que se trata de una decisión arbitraria, donde no se fundamentan los hechos y motivos en que se basó el Contralor para escoger una medida muy severa, por lo que esta desproporcionalidad y arbitrariedad reflejan sin duda una grave desviación de poder, alejada totalmente de la finalidad de la norma*".

Al respecto, esta Máximo Tribunal considera necesario reiterar una vez más que el vicio de desviación de poder se configura cuando el autor del acto administrativo, en ejercicio de una potestad conferida por la norma legal, se aparta del espíritu y propósito de ésta, persiguiendo con su actuación una finalidad distinta de la contemplada en el dispositivo legal. Respecto a este vicio, este Máximo Tribunal en múltiples decisiones ha expresado lo siguiente:

*"(...) Ahora bien, la Sala reiteradamente ha establecido sobre **el vicio de desviación de poder**, que es una ilegalidad teleológica, es decir, que se presenta cuando el funcionario, actuando dentro de su competencia dicta un acto para un fin distinto al previsto por el legislador; <u>de manera que es un vicio que debe ser alegado y probado por la parte, sin que pueda su inactividad ser subsanada por el juzgador</u>.*

Por lo tanto, se entiende que la Administración incurre en el vicio de desviación de poder, cuando actúa dentro de su competencia, pero dicta un acto que no esté conforme con el fin establecido por la Ley, <u>correspondiendo al accionante probar que el acto recurrido, como ya ha sido señalado, persigue una finalidad diferente a la prevista a la Ley</u>.

Lo anterior implica, que deben darse dos supuestos para que se configure el vicio de desviación de poder, a saber: <u>que el funcionario que dicta el acto administrativo tenga atribución legal de competencia y que el acto haya sido dictado con un fin distinto al previsto por el legislador; además, estos supuestos deben ser concurrentes." (Vid. sentencias de esta Sala Político-Administrativa Nros. 00623 y 0780 de fechas 25 de abril de 2007 y 9 de julio de 2008, respectivamente). (Resaltado de este fallo).*

Conforme a lo expuesto y, en particular, los elementos que deben concurrir para la configuración del citado vicio precisados en el fallo parcialmente transcrito, la Sala observa que la Contraloría General de la República es el órgano competente para dictar el acto que hoy se impugna, pues como ya se señaló en líneas anteriores, tiene la atribución legal para ejercer sus funciones de control fiscal y aplicar su potestad de intervención o bien de investigación.

    2.   *Contratos Administrativos: Potestad de rescisión del contrato. Clausulas exorbitantes*

           TSJ-SPA (1270)   **11-12-2018**

Magistrada Ponente: María Carolina Ameliach Villarroel

Caso: Unión Metalúrgica Industrial Del Sur, S.A. (UMISSA) vs. (Ministro del Poder Popular para Vivienda y Hábitat).

Esta Máxima Instancia actuando como cúspide de la jurisdicción contencioso administrativa reitera que, la Administración en el ejercicio de la potestad de rescisión, derivada de las cláusulas exorbitantes que subsisten aun ante la falta de establecimiento contractual, puede dar por terminada la vida de los contratos administrativos respecto de los cuales forma parte, por razones de legalidad (cuando no se han satisfecho los requisitos exigidos para su validez o eficacia), de interés general o colectivo y a causa del incumplimiento o falta grave del contratista; supuesto último en el cual deberá garantizar al referido sujeto sus derechos constitucionales a la defensa y al debido proceso.

    ...Con relación a la convención bajo examen, pactada por los antagonistas procesales en juicio, esta Sala evidencia que: **1.**- una de las partes contratantes es un órgano de la República Bolivariana de Venezuela, esto es, el entonces Ministerio del Poder Popular para Vivienda y Hábitat; **2.**- el contrato tiene una finalidad de utilidad pública, redundante en el suministro de kits de viviendas industrializadas y asistencia técnica en la construcción de las mismas, como parte integrante del Plan Nacional de Vivienda; debiendo entenderse que: **3.**- subsisten en el cuerpo del contrato, ciertas prerrogativas consideradas exorbitantes, aun cuando no se hayan plasmadas de forma expresa en su redacción. (*Vid.*, fallo N° 00187 del 5 de febrero de 2002).

Por tanto, ha de concluirse ante la presencia concurrente de tales características, que nos encontramos frente a un verdadero contrato administrativo. Así se establece.

(…) En ese orden de ideas, este Alto Tribunal considera necesario apuntar que, según la jurisprudencia patria, existen a favor de la Administración potestades derivadas de cláusulas exorbitantes que exceden el derecho civil, susceptibles de incidir en la vida de un contrato administrativo.

Así, entre ellas figura **la potestad de rescisión del contrato** por parte de la Administración, la cual tiene su fundamento en el tutelaje del interés general que ésta pretende, frente al derecho individual del sujeto que lleva a cabo un servicio público (concesionario) o una obra que persigue una finalidad pública (contratista).

Al respecto, de una revisión del acto administrativo impugnado, cursante desde el folio 49 al 51 de la pieza principal del expediente, puede observarse que el entonces Ministro del Poder Popular para Vivienda y Hábitat, en uso de esa potestad rescisoria dio por terminado el contrato de suministros en razón del "(…) *incumplimiento por parte de la empresa UNIÓN METALÚRGICA INDUSTRIAL DEL SUR, S.A. (UMISSA), de las obligaciones contractuales a las cuales estaba sujeta, por cuanto no cumplió con el tiempo establecido, no realizó la entrega de Kits completos de viviendas en el término señalado y no ha amortizado la totalidad del Anticipo Contractual que le fue otorgado*".

En tal sentido, esta Sala ha afirmado que la Administración, cuando es parte de los aludidos contratos administrativos, puede ejercer tal potestad por razones diferentes, a saber: **i.- de legalidad**, cuando no se han satisfecho los requisitos exigidos para su validez o eficacia; **ii.- de interés general o colectivo**; y **iii.- a título de sanción**, en caso de falta grave o incumplimiento del co-contratante; supuesto en el cual "(…) *no puede la Administración prescindir, en principio, de un procedimiento contradictorio, en el cual se asegure al particular sus elementales garantías de intervención y defensa. En consecuencia, frente a la potestad de rescisión (...) del contrato, se erige la garantía del derecho a la defensa del interesado que será afectado por la decisión que haya de adoptarse*". (*Vid*., decisión de la Sala N° 00060 del 6 de febrero de 2001).

El establecimiento realizado en esa oportunidad por esta Máxima Instancia de la jurisdicción contencioso administrativa, responde precisamente al desarrollo de los derechos constitucionales a la defensa y al debido proceso sentado por la intérprete del Texto Fundamental, a través de la sentencia N° 568 del 20 de junio de 2000, [Véase *Revista de Derecho Público* N° 85-86/87-88, 2000, p. 699 y ss.] en la cual se dispuso lo siguiente:

"*(...) la Administración frente a ese incumplimiento contractual como por ejemplo falta de pago, falta de constitución de las fianzas exigidas, falta de rendición de cuentas etc., tiene la potestad de rescindir unilateralmente el contrato pero respetando los derechos subjetivos o intereses legítimos de los concesionarios, toda vez que el acto por el cual se rescinde la concesión es un acto administrativo que debe estar precedido de un procedimiento que garantice el derecho a la defensa y al debido proceso del concesionario, aun cuando ese procedimiento sea expedito, como lo sería el procedimiento sumario contenido en la Ley Orgánica de Procedimientos Administrativos.*

En este contexto, la Sala como intérprete de las normas fundamentales contenidas en el texto constitucional, observa que en los actuales momentos que vive el país, donde existe una necesidad de inversiones para la reactivación del aparato productivo y donde el administrado espera una contraprestación en los servicios públicos por las contribuciones, cargas e impuestos a los que son sometidos, debe garantizarse, por una parte la continuidad y correcta prestación de los servicios públicos y por la otra respetarse y garantizarse la inversión erogada por los concesionarios mediante su respeto al derecho a la defensa y al debido proceso al momento de resolver unilateralmente este tipo de contratación por parte de la Administración". (Destacados de la Sala).

Seguidamente, la misma Sala Constitucional constató lo siguiente:

"Al respecto esta Sala, luego de un estudio detenido de las actas que conforman el presente expediente, así como de los argumentos expuestos por las partes y de la sentencia apelada, observa que no se evidencia que a la empresa Aerolink Internacional S.A., se le haya notificado del inicio de algún procedimiento administrativo, de la causa de su inicio, que haya podido intervenir en la fase de instrucción del procedimiento administrativo, probando o controlando las pruebas (basadas especialmente en informes técnicos realizados con fecha muy anterior al acto mismo), que haya tenido oportunidad de oponer las defensas que hubiese considerado pertinentes para desvirtuar el supuesto incumplimiento del contrato de concesión, que la Administración haya acudido a la instancia arbitral para dilucidar tal incumplimiento, como así lo pactaron las partes en la Cláusula Décima del contrato de concesión, como medio de resolución de conflictos; simplemente consta que fue notificada de un acto administrativo y que contra ese acto ejerció los recursos administrativos que la ley le otorga, pero –se insiste– no hay prueba de la intervención de la accionante en el procedimiento constitutivo del acto administrativo por el cual le rescindieron unilateralmente la concesión del servicio público de transporte de pasajeros en el Aeropuerto Internacional de Maiquetía, razón por la cual el fallo apelado debe ser confirmado en ese sentido, y así se declara". (Negrillas de esta Máxima Instancia).

Ahora bien, tal criterio fue ratificado por esta Sala en decisión N° 01002 del 5 de agosto de 2004, [Véase *Revista de Derecho Publico* N° 99-100, 2004, pp. 224 y ss.] en la cual se reiteró que, en el ejercicio de las cláusulas exorbitantes, puede la Administración ejercer un control de alcance excepcional sobre su co-contratante, dando cabida a la posibilidad por parte de ésta, de declarar el incumplimiento del contratista e, inclusive, imponer las sanciones administrativas ha lugar. No obstante, se resaltó que dicha declaratoria (de rescisión), exteriorizada a través de un acto administrativo, debía ser precedida por un debido proceso administrativo.

Específicamente se indicó lo siguiente:

"El hecho que el artículo 8 de la Resolución N° 389 establezca que el incumplimiento de esas condiciones conllevaría a la revocatoria de pleno derecho de la concesión, no es otra cosa que la utilización de la cláusula exorbitante por medio de la cual se le permite a la Administración dar por terminado un contrato administrativo cuando exista un incumplimiento por parte del co-contratante.

5.- Ahora bien, es menester señalar que la Resolución N° 389 no señala procedimiento alguno para constatar el cumplimiento o no de lo exigido. En efecto, la Resolución se limita exclusivamente a señalar que a las empresas concesionarias que no cumplan lo establecido en esa Resolución N° 389, les será revocado de pleno derecho la autorización o habilitación por el Instituto Postal Telegráfico de Venezuela. La Resolución tan sólo expresa que de existir incumplimiento se revocará la concesión otorgada por la Administración.

Sin embargo, la Ley Orgánica de Procedimientos Administrativos regula a falta de disposición expresa el procedimiento administrativo aplicable por la Administración. Cuando no existe un procedimiento especial, la Administración deberá utilizar el procedimiento ordinario señalado en la Ley Orgánica de Procedimientos Administrativos, tal como su artículo 47 lo señala:

(...omissis...)

Es evidente entonces, que la Administración debe iniciar procedimientos administrativos establecidos en [la] Ley si considera que alguna concesionaria no cumple con los requisitos que se le imponen. Ello es un principio de toda la actividad administrativa por el cual, desde el momento en que la Administración verifica la supuesta existencia de una falta debe iniciar un procedimiento administrativo. Esto no implica que cada Resolución deba señalar un procedimiento administrativo para ejercer una potestad revocatoria en caso de incumplimiento por parte de los concesionarios, más aún, la Administración no tiene la potestad de crear procedimientos administrativos mediante actos administrativos, ya que ello es materia de reserva legal, por lo que sólo los procedimientos administrativos expresados por ley serán aplicables, como es el caso de la Ley Orgánica de Procedimientos Administrativos.

Por ello, para esta Sala Político Administrativa Accidental, las Resoluciones N° 389 y 390 no violan el derecho a la defensa, por cuanto no eran ellas las llamadas a establecer un procedimiento administrativo. **De hecho, en caso tal de que la Administración no iniciara el procedimiento administrativo ordinario establecido en la Ley Orgánica de Procedimientos Administrativos, la efectiva lesión al derecho a la defensa lo cometería esta última y no las Resoluciones impugnadas".** (Destacados y agregado de la Sala).

Atendiendo al precedente jurisprudencial parcialmente citado, se desprende que la Sala Político Administrativa extendió la protección de los derechos constitucionales del concesionario, imponiendo a la Administración el deber de instruir el procedimiento ordinario estatuido en la Ley Orgánica de Procedimientos Administrativos para ventilar el ejercicio de su derecho a la defensa (alegar, probar y, en definitiva, contradecir) y, en el caso particular, verificar la conducta imputada al contratista, esto es, el incumplimiento contractual.

En conexión con lo anterior, este Alto Tribunal no puede dejar de advertir que la **potestad rescisoria de la Administración** encontró sustento –históricamente– en diferentes cuerpos normativos, a saber, en las Condiciones Generales de Contratación para la Ejecución de Obras contenidas en el Decreto N° 1.417 del 31 de julio de 1996 (publicado en la Gaceta Oficial de la República de Venezuela N° 5.096 Extraordinario del 16 de septiembre de ese mismo año), en el Decreto N° 5.929 con Rango, Valor y Fuerza de Ley de Contrataciones Públicas (publicado en la Gaceta Oficial de la República Bolivariana de Venezuela Nro. 5.877 Extraordinario del 14 de marzo de 2008), reformado el 24 de abril de 2009 (publicado en la Gaceta Oficial de la República Bolivariana de Venezuela N° 39.165), en la Ley de Reforma Parcial de la Ley de Contrataciones Públicas (publicada en la Gaceta Oficial N° 39.503 de fecha 6 de septiembre de 2010), así como en el vigente Decreto N° 1.399 con Rango, Valor y Fuerza de Ley de Contrataciones Públicas del 13 de noviembre de 2014 (publicado en la Gaceta Oficial de la República Bolivariana de Venezuela N° 6.154 Extraordinario del 19 del mismo mes y año).

Sin embargo, la falta de previsión de los referidos textos normativos no es óbice para la sujeción de la actividad administrativa y judicial de los criterios asumidos por la Máxima Intérprete del Texto Constitucional, máxime cuando estos estriban en la interpretación o alcance de las normas y principios constitucionales, los cuales resultan vinculantes para el resto de las Salas del Tribunal Supremo de Justicia y demás Tribunales de la República, conforme al artículo 335 de la Carta Magna.

Por tanto, esta Máxima Instancia actuando como cúspide de la jurisdicción contencioso administrativa reitera que, la Administración en el ejercicio de la potestad de rescisión, derivada de las cláusulas exorbitantes que subsisten aun ante la falta de establecimiento contractual, puede dar por terminada la vida de los contratos administrativos respecto de los cuales forma parte, por razones de legalidad (cuando no se han satisfecho los requisitos exigidos para su validez o eficacia), de interés general o colectivo y a causa del incumplimiento o falta grave del contratista; supuesto último en el cual deberá garantizar al referido sujeto sus derechos constitucionales a la defensa y al debido proceso.

Así pues, ciñéndose al desarrollo jurisprudencial sentado por la Sala Constitucional de este Alto Tribunal, debe el ente u órgano de la Administración, sustanciar un procedimiento administrativo previo, esto es, al menos, aquel de carácter sumario estatuido en la redacción de los artículos 67, 68 y 69 de la Ley Orgánica de Procedimientos Administrativos, en el cual se le permita al co-contratante conocer del inicio del mismo, formular los alegatos y defensas respecto de la imputación realizada sobre su conducta, promover y evacuar pruebas y ejercer los recursos a los que hubiere lugar, de acuerdo al ordenamiento jurídico vigente, siendo garantizado su derecho a la presunción de inocencia. Todo ello, a los fines de comprobar el indiciado incumplimiento de las obligaciones a su cargo, toda vez que la ulterior decisión adoptada por la autoridad podría ser capaz de afectar negativamente su esfera jurídico-subjetiva de intereses o precaver un futuro juicio.

En consecuencia, esta Sala concluye que en el caso concreto, en la medida que el entonces Ministro del Poder Popular para Vivienda y Hábitat resolvió rescindir el contrato objeto de la presente causa, debido al presunto incumplimiento de la empresa Unión Metalúrgica Industrial del Sur, S.A. (UMISSA), respecto "(…) de las obligaciones contractuales a las cuales estaba sujeta (…)", la Administración estaba compelida a instruir un procedimiento administrativo previo, en resguardo de los derechos constitucionales de la prenombrada compañía. Así se establece.

V. LA JUSTICIA CONSTITUCIONAL

1. *Control de la Constitucionalidad*

    A. *Control difuso de la constitucionalidad. Revisión de las sentencias Sala Constitucional*

TSJ-SC   18-10-2018

Magistrada Ponente: Carmen Zuleta de Merchán

Caso: Desaplicación por control difuso de constitucionalidad del artículo 41 de la Ley de Regulación del Arrendamiento Inmobiliario para el Uso Comercial que prohibía el arbitraje.

Una de las innovaciones y fortaleza de nuestro sistema de justicia constitucional fue el reconocimiento expreso que la Constitución de la República Bolivariana de Venezuela hizo sobre el instituto de control de la constitucionalidad de las leyes y actos jurídicos que compete a todos los jueces, para la garantía de la supremacía constitucional, que se conoce como control difuso.

En efecto, la fuente del control difuso en nuestro país antes de la Constitución vigente, se encuentra en el artículo 20 del Código de Procedimiento Civil y es, por primera vez, en la Constitución de 1999 cuando fue preceptuado en la Carta Magna o Norma Normarum.

En lo que respecta al control difuso de la constitucionalidad y la consecuencial revisión de esos fallos, por parte de esta Sala Constitucional, los artículos 334 y 336.10 de la Constitución de la República Bolivariana de Venezuela, establecen:

"Artículo 334. Todos los jueces o juezas de la República en el ámbito de sus competencias y conforme a lo previsto en esta Constitución y en la ley, están en la obligación de asegurar la integridad de esta Constitución.

En casos de incompatibilidad entre esta Constitución y una ley y otra norma jurídica, se aplicarán las disposiciones constitucionales correspondiendo a los tribunales en cualquier causa, aún de oficio, decidir lo conducente.

Corresponde exclusivamente a la Sala Constitucional del Tribunal Supremo de Justicia como jurisdicción constitucional, declarar la nulidad de las leyes y demás actos de los órganos que ejercen el Poder Público dictados en ejecución directa e inmediata de la Constitución o que tengan rango de ley, cuando colidan con aquella.

Artículo 336. Son atribuciones de la Sala Constitucional del Tribunal Supremo de Justicia:

10. Revisar las sentencias definitivamente firmes de amparo constitucional y de control de constitucionalidad de las leyes o normas jurídicas dictadas por los Tribunales de la República, en los términos establecidos en la Ley Orgánica respectiva".

Sobre la base de las disposiciones constitucionales mencionadas, esta Sala delimitó jurisprudencialmente el desarrollo fundamental del mecanismo de control de las sentencias que ejerzan el control difuso de constitucionalidad, como un modo revisor de esas decisiones que han aplicado el carácter inmanente de la norma fundamental para desaplicar disposiciones inferiores integrantes del ordenamiento jurídico. Así, en decisión N° 1400 del 8 de agosto de 2001, se asentó que "...el juez constitucional debe hacer saber al Tribunal Supremo de Justicia sobre la decisión adoptada, a los efectos del ejercicio de la revisión discrecional atribuida a la Sala Constitucional, conforme lo disponen los artículos 335 y 336.10 de la Constitución de la República Bolivariana de Venezuela."

De allí que el juez que desaplique una norma legal o sub-legal, por considerarla inconstitucional, está obligado a remitir copia certificada de la sentencia definitivamente firme y del auto que verifica dicha cualidad, a fin de que esta Sala proceda a la revisión de la misma, para hacer más eficaz el resguardo de la incolumidad constitucional; en caso contrario, el control difuso no tendría sino un efecto práctico sólo en el caso concreto, en detrimento del orden constitucional, pues el canal de conexión con el control concentrado –que tiene efectos *erga omnes*– estaría condicionando a la eventual solicitud de revisión de la persona legitimada por ante la Sala, lo que desde luego minimiza la potencialidad de los instrumentos emanados de ésta, que es el carácter vinculante de sus decisiones y la facultad de revisar ese tipo de sentencias por mandato constitucional (*vid.* Sentencia de la Sala N° 1.998 del 22 de julio de 2003, caso: "Bernabé García").

Ha sido la jurisprudencia constitucional, basándose en el carácter operativo de las normas constitucionales, la que devino en la implementación del mecanismo por el cual se fundó un control de revisión sobre las sentencias que ejerzan el control difuso, como medio de supervisión por parte de la Sala, garante de asegurar frente a esas decisiones, definitivamente firmes, que las desaplicaciones obedezcan realmente a un proteccionismo constitucional. Sobre el particular, en sentencia N° 3126/2004, se asentó la finalidad de esta modalidad de revisión:

"...la Sala fue clara sobre el particular: los fallos de desaplicación de normas, que sean definitivamente firmes, son revisables a través del mecanismo extraordinario que prevé el número 10 del artículo 336 de la Constitución, caso en el que la discrecionalidad de que goza la Sala para aceptar la solicitud no es la misma que la existente en el supuesto de los fallos definitivamente firmes de amparo.

Precisamente la relevancia del análisis de los fallos por los que se ejerció el control difuso, y que obliga a efectuar distingos respecto de los fallos de amparo, obliga a los jueces desaplicantes a remitir la decisión a la Sala, a fin de que no haya caso que escape al control que ésta debe efectuar.

La Sala reitera que la razón que lo justifica es la necesidad de lograr 'mayor eficacia de la conexión entre el control concentrado, que corresponde a esta Sala, y el control difuso, que corresponde a todos los jueces de la República', pues de esa manera se obtendrá 'una mayor protección del texto constitucional y se evitará la aplicación general de normas inconstitucionales o la desaplicación de normas ajustadas a la Constitución en claro perjuicio para la seguridad jurídica y el orden público constitucional'.

...omissis...

Esta Sala sólo conoce, por mandato constitucional y legal, de la revisión de fallos definitivamente firmes. Cualquier fallo en el que efectivamente se haya ejercido el control difuso, remitido sin la firmeza requerida escapa de la revisión de la Sala, pues es objeto de los recursos a que haya lugar ante los órganos jurisdiccionales que corresponda. Para la determinación de la firmeza del fallo, la Sala ordena, a partir de la fecha de publicación del presente fallo, que la remisión la efectúe, con la mención debida a ese carácter, el órgano judicial que quede encargado del archivo del expediente de manera definitiva, único que puede dar fe de que ya contra la decisión no procede recurso alguno; bien porque ya fueron ejercidos los existentes o precluyeron los lapsos para ello. En otros términos, el control de esta Sala se realizará respecto de aquellos fallos en los que efectivamente se haga un pronunciamiento definitivamente firme sobre la desaplicación de una norma por control difuso, independientemente de que el juez de alzada confirme o no el fallo que sobre esta materia dicte el tribunal de la primera instancia".

Precisamente, ha sido la posición de esta Sala Constitucional la que permitió estatuir normativamente en el vigente artículo 33 de la Ley Orgánica del Tribunal Supremo de Justicia, la revisión como mecanismo de supervisión, sobre las sentencias definitivamente firmes que apliquen el control difuso de constitucionalidad:

"Artículo 33. Cuando cualquiera de las Salas del Tribunal Supremo de Justicia y los demás tribunales de la República ejerzan el control difuso de la constitucionalidad, deberán informar a la Sala Constitucional sobre los fundamentos y alcance de la desaplicación que sea adoptada, para que ésta proceda a efectuar un examen abstracto sobre la constitucionalidad de la norma en cuestión. A tal efecto, deberá remitir copia certificada de la sentencia definitivamente firme".

Por otra parte, la Sala en sentencia N° 833 del 25 de mayo de 2001, caso Instituto Autónomo Policía Municipal de Chacao, estableció con carácter vinculante cuando funciona el control difuso de la constitucionalidad y al respecto sostuvo que:

"…Debe esta Sala, con miras a unificar la interpretación sobre el artículo 334 de la vigente Constitución, y con carácter vinculante, señalar en qué consiste el control difuso, y en qué consiste el control concentrado de la Constitución.

El artículo 334 de la Constitución, reza: (…omissis…).

Consecuencia de dicha norma es que corresponde a todos los jueces (incluso los de la jurisdicción alternativa) asegurar la integridad de la Constitución, lo cual adelantan mediante el llamado control difuso. Dicho control se ejerce cuando en una causa de cualquier clase que está conociendo el juez, éste reconoce que una norma jurídica de cualquier categoría (legal, sublegal), que es incompatible con la Constitución. Caso en que el juez del proceso, actuando a instancia de parte o de oficio, la desaplica (la suspende) para el caso concreto que está conociendo, dejando sin efecto la norma en dicha causa (y sólo en relación a ella), haciendo prevalecer la norma constitucional que la contraría. Por lo tanto, el juez que ejerce el control difuso, no anula la norma inconstitucional, haciendo una declaratoria de carácter general o particular en ese sentido, sino que se limita a desaplicarla en el caso concreto en el que consideró que los artículos de la ley invocada, o hasta la propia ley, coliden con la Constitución. (omissis…).

Conforme al artículo 334 aludido, el control difuso sólo lo efectúa el juez sobre normas (lo que a juicio de esta Sala incluye las contractuales) y no sobre actos de los órganos que ejercen el poder público, así ellos se dicten en ejecución directa e inmediata de la Constitución. No debe confundirse el control difuso, destinado a desaplicar normas jurídicas, con el poder que tiene cualquier juez como garante de la integridad de la Constitución, de anular los actos procesales que atenten contra ella o sus principios, ya que, en estos casos, el juzgador cumple con la obligación de aplicar la ley, cuya base es la Constitución. Distinta es la situación del juez que desaplica una norma porque ella colide con la Constitución, caso en que la confrontación entre ambos dispositivos (el constitucional y el legal) debe ser clara y precisa. Esto último, conlleva a la pregunta ¿si en ejercicio del control difuso un juez puede interpretar los principios constitucionales, y en base a ellos, suspender la aplicación de una norma? Fuera de la Sala Constitucional, debido a las facultades que le otorga el artículo 335 de la Constitución vigente, con su carácter de máximo y última intérprete de la Constitución y unificador de su interpretación y aplicación, no pueden los jueces desaplicar o inaplicar normas, fundándose en principios constitucionales o interpretaciones motu proprio que de ellas hagan, ya que el artículo 334 comentado no expresa que, según los principios constitucionales, se adelante tal control difuso. Esta es función de los jueces que ejercen el control concentrado, con una modalidad para el derecho venezolano, cual es que sólo la interpretación constitucional que jurisdiccionalmente haga esta Sala, es vinculante para cualquier juez, así esté autorizado para realizar control concentrado. Ahora bien, el juez al aplicar el derecho adjetivo, debe hacerlo ceñido a la Constitución, adaptándose en sus actuaciones a lo constitucional, y por ello sin que se trate de un control difuso, sino de aplicación de la ley, puede anular los actos procesales que contraríen a la Constitución, y sus principios. Este actuar amoldado a la Constitución es parte de su obligación de asegurar la integridad constitucional y, dentro de la misma, el juez debe rechazar en su actividad todo lo que choque con la Constitución. Conforme a lo expuesto, la defensa y protección de los derechos fundamentales corresponde a todos los jueces, los que los ejercen desde diversas perspectivas: mediante el control difuso y, otros, mediante el control concentrado; pero todo este control corresponde exclusivamente a actos netamente jurisdiccionales, sin que otros órganos del Poder Público, ni siquiera en la materia llamada cuasi-jurisdiccional, puedan llevarlo a cabo. El artículo 334 constitucional es determinante al respecto. A diferencia de otros países (donde existen tribunales constitucionales) en Venezuela, –siendo parte del Poder Judicial– se encuentra la Sala Constitucional del Tribunal Supremo de Justicia, a la cual corresponde la jurisdicción constitucional, pero tal jurisdicción no tiene una cobertura total en el control concentrado. El artículo 334 de la Constitución, crea la jurisdicción constitucional, la cual corresponde a la Sala Constitucional...".

En cuanto a los requisitos que deben estar presentes para aplicar el control difuso, esta Sala en sentencia N° 1.696/2005, caso: Rosa Luisa Mémoli Bruno y otro, estableció:

"Conforme al artículo 334 constitucional, todos los jueces de la República en el ámbito de sus competencias, ejercen el control difuso de la Constitución, siendo este control exclusivamente el resultado de actos jurisdiccionales dictados en algunas causas. En casos de incompatibilidad entre la Constitución y una ley u otra norma jurídica, prevalecen las disposiciones constitucionales, o como lo expresa el artículo 20 del Código de Procedimiento Civil, cuando la ley vigente, cuya aplicación se pida, colidiere con alguna disposición constitucional, los jueces aplicaran ésta con preferencia. En esta desaplicación de una norma por colidir o ser incompatible con la Constitución, consiste el control difuso.

Para que dicho control se aplique, es necesario:

1) Que exista una causa, lo que equivale a un proceso contencioso.

2) Que una de las partes pida la aplicación de una norma.

3) Que dicha norma colida con alguna disposición constitucional, lo que indica que debe tratarse de una contradicción objetiva (de texto); o que la ley resulte incompatible con la Constitución, incompatibilidad que se refiere a los principios constitucionales recogidos expresamente en la Carta Fundamental.

4) Que el juez se vea en la necesidad de aplicar la norma que considera colide con la Constitución, ya que esa es la ley que regirá el caso. En consecuencia, si el juez a su arbitrio puede inaplicar la ley, ya que considera que el supuesto de hecho de la norma no ha sido probado, o que el caso puede ser resuelto mediante la invocación de otra disposición, no tiene razón alguna para practicar control difuso alguno.

5) Que quien lo adelante sea un juez, así ejerza la jurisdicción alternativa, dentro de un proceso donde se pide la aplicación de la ley o norma cuestionada.

6) Que el juez no anule la norma sometida al control, sino que la inaplique en el caso concreto.

Ejercido el control difuso, su efecto es que, para el caso concreto, sólo con respecto a éste, no se aplica la disposición".

Sin duda, nuestro sistema de Justicia Constitucional es sólido y bien engranado, por cuanto está dispuesto que todas las eventuales desaplicaciones de leyes o normas jurídicas que, de manera concreta, accidental e incidental, ejecute un juez, deba remitirse a esta Sala Constitucional cuando tal veredicto esté definitivamente firme, en razón de que esta Sala es la última intérprete y garante de la Constitución y, por ello, es la competente para el pronunciamiento definitivo sobre la conformidad a derecho del acto decisorio de desaplicación (*Vid.* Sentencia N° 19/2.009, caso: Nicola Cicenia Belina y otro).

2. *Revisión Constitucional*

TSJ-SC (494)   **26-7-2018**

Magistrado Ponente: Juan José Mendoza Jover

Caso: Arrendadora Santa Clara C.A.,

En cuanto a los efectos de una decisión de revisión, la Ley Orgánica del Tribunal Supremo de Justicia dispone en su artículo 35:

Efectos de la revisión

Artículo 35. Cuando ejerza la revisión de sentencias definitivamente firmes, la Sala Constitucional determinará los efectos inmediatos de su decisión y podrá reenviar la controversia a la Sala o tribunal respectivo o conocer de la causa, siempre que el motivo que haya generado la revisión constitucional sea de mero derecho y no suponga una nueva actividad probatoria; o que la Sala pondere que el reenvío pueda significar una dilación inútil o indebida, cuando se trate de un vicio que pueda subsanarse con la sola decisión que sea dictada.

En el caso de autos, dado que el fundamento en el cual se declaró la nulidad de la decisión que dictó el Juzgado Superior Segundo en lo Civil, Mercantil, Tránsito y Bancario de la Circunscripción Judicial del Área Metropolitana de Caracas, el 18 de junio de 2014, conlleva a la reposición de la causa, con la consecuente nulidad de todo lo actuado, al estado de contestación de la demanda, cuyo lapso comenzará a computarse a partir de que el tribunal de la causa notifique a las partes de la presente decisión. En consecuencia, con fundamento en el precepto legal antes trascrito, así como en los postulados constitucionales a la materialización de la finalidad del proceso como instrumento fundamental para la realización de la justicia y en cumplimiento de su obligación de garantizar su concreción de forma expedita, sin dilaciones indebidas, sin formalismos ni reposiciones, esta Sala Constitucional considera innecesario que se ordene al Juzgado Superior que resulte competente previa distribución, que proceda a la resolución de la segunda instancia, sino al Juzgado Cuarto de Primera Instancia en lo Civil, Mercantil y Tránsito de la Circunscripción del Área Metropolitana de Caracas, para el cumplimiento de lo que se ordenó en la presente decisión y del trámite a la causa principal desde el momento en que se notifique a las partes para que se abra el lapso para la contestación de la demanda. Así se decide.

TSJ-SC (795)   **8-11-2018**

Magistrada Ponente: Lourdes Benicia Suárez Anderson

Caso: Audelina Daza, José Villanueva y otros

La Sala aclara que al momento de la ejecución de su potestad de revisión de sentencias definitivamente firmes, está obligada, de acuerdo con una interpretación uniforme de la Constitución y en consideración a la garantía de la cosa juzgada, a guardar la máxima prudencia

en cuanto a la admisión y procedencia de peticiones que pretendan la revisión de actos de juzgamiento que han adquirido el carácter de cosa juzgada judicial; de allí que esta Sala esté facultada para desestimar cualquier requerimiento como el de autos, sin ningún tipo de motivación, cuando, en su criterio, se verifique que lo que se pretende en nada contribuye con la uniformidad de la interpretación de normas y principios constitucionales

3.   *Acción de Amparo constitucional*

   A.   *Objeto: Amparo contra sentencia. Admisibilidad*

   TSJ-SC (453)   **2-7-2018**

   Magistrado Ponente: Calixto Ortega Ríos

   Caso: José Luis Durán y Katty Neitaly Delgado González

Precisado lo anterior, pasa esta Sala a pronunciarse acerca de la admisibilidad de la presente acción, a cuyo fin observa:

En el caso de autos, la decisión denunciada como lesiva fue dictada dentro del lapso el 21 de diciembre de 2016, siendo esta no susceptible de notificación a las partes, no obstante, la acción de amparo constitucional se ejerció el 6 de julio de 2017, vale decir, luego de haber transcurrido 6 meses y 15 días, de haberse dictado el referido fallo, de manera que, al comprobar que ocurrió el consentimiento tácito de la infracción denunciada debido a que la inactividad procesal del lesionado entraña signos inequívocos de aceptación de la situación, lo constituye un consentimiento tácito de las partes hoy accionantes en obtener la tutela de los derechos que, a su decir, fueron quebrantados, se configura el supuesto de inadmisibilidad contenido en el numeral 4 del artículo 6 de la Ley Orgánica de Amparo sobre Derechos y Garantías Constitucionales, según el cual, "(…) *no se admitirá la acción de amparo: cuando la acción u omisión, el acto o la resolución que viole el derecho o la garantía constitucionales hayan sido consentidos expresa o tácitamente, por el agraviado, a menos que se trate de violaciones que infrinjan el orden público o las buenas costumbres. Se entenderá que hay consentimiento expreso, cuando hubieren transcurridos los lapsos de prescripción establecidos en leyes especiales o en su defecto seis (6) meses después de la violación o la amenaza al derecho protegido (…)*".

De la norma parcialmente transcrita se infiere que existe una excepción a la causal de inadmisibilidad antes descrita, relativa a que se admitirá la acción de amparo constitucional cuando existan violaciones que infrinjan el orden público o las buenas costumbres, independientemente si la acción u omisión, el acto o la resolución que violen el derecho o las garantías constitucionales hayan sido consentidos expresa o tácitamente por el agraviado.

En otras palabras, para que proceda la excepción contenida en el artículo 6.4 *ejusdem*, la infracción al orden público –a que hace alusión dicha norma– ha de entenderse en el sentido que el hecho o situación denunciada por el agraviado, además de, 1) violentar un derecho o norma constitucional protegido por los procedimientos legales establecidos para los juicios de amparo, debe, 2) afectar correlativamente a una parte de la colectividad o al interés general más allá del interés particular del mismo.

Al respecto, es menester resaltar que el criterio jurisprudencial tomado en consideración por la decisión parcialmente transcrita para llegar a tal conclusión es claro al señalar que: "…*el concepto de orden público a los efectos de la excepción al cumplimiento de ciertas normas relacionadas con los procesos de amparo constitucional, se refiere a la amplitud en que el hecho supuestamente violatorio del derecho o norma constitucional afecta a una parte de la colectividad o al interés general, más allá de los intereses particulares de los accionantes. Por ello en casos donde un presunto agraviado alega que un hecho, actuación, omisión o amenaza ocasionó una supuesta violación constitucional a su persona, sólo se consideraría de orden público, a manera de la excepción de las normas procedimentales de los juicios de amparo, cuando el Tribunal compruebe que, en forma evidente, y a consecuencia del hecho denunciado por los accionantes, se podría estar infringiendo, igualmente, derechos o garantías que afecten a una parte de la colectividad diferente a los accionantes o al interés general, o que aceptado el precedente resultaría una incitación al caos social, si es que otros jueces lo siguen…".* (Resaltado de esta Sala). (*Vid.* S.S.C. Nº 1207 del 6 de julio de 2001, caso: *"Ruggiero Decina y otro"*, ratificada, entre otras, mediante sentencias Nros. 1105 del 5 de junio de 2002, 1324 del 13 de agosto de 2008 y 633 del 26 de mayo de 2009).

En el caso de autos las apoderadas judiciales denunciaron, entre otros aspectos, que sus representados han visto vulnerados sus derechos a lo largo del juicio, toda vez, que, a pesar de haber acompañado a las actas del proceso todas las pruebas que sustentaron su demanda, estas fueron desechadas por el referido Juzgado Superior, ocasionándoles –en su criterio– una lesión a su derecho al debido proceso y a la tutela judicial efectiva. Así las cosas, esta Sala, al evidenciar que tales infracciones sólo tienen incidencia en la esfera particular del accionante, sin que de alguna manera se afecte el orden público, ya que el mismo es un mecanismo a través del cual el Estado impide que ciertos actos particulares afecten intereses fundamentales de toda la sociedad. Por lo tanto, esta Sala considera que no se dan los presupuestos necesarios para que sea aplicada la excepción limitada del lapso de caducidad en la acción de amparo constitucional, prevista en el artículo 6, cardinal 4, de la Ley Orgánica de Amparo sobre Derechos y Garantías Constitucionales.

B.   *Procedimiento. Admisibilidad. Falta de representación. Poder*

TSJ-SC (536)   **3-8-2018**

Magistrado Ponente: Luis Fernando Damiani Bustillos

Caso: Margarita Estupiñan de Medina

La Sala advierte que la presente acción de amparo constitucional la ejerció el abogado Lisandro Estupiñan, ya identificado, quien afirmó actuar *"en su carácter de apoderado especial de la ciudadana MARGARITA ESTUPIÑAN DE MEDINA (...) representación que se evidencia en instrumento Poder Apud Acta (sic) que riela en el expediente 9161 que cursa por (sic) ante el Tribunal Primero de Municipio Ordinario y Ejecutor de Medidas de los Municipios Libertador y Santos Marquina de la Circunscripción Judicial del estado (sic) Mérida".*

Sin embargo, no se observa de las actas del expediente el poder que le fue otorgado presuntamente por la ciudadana Margarita Estupiñan de Medina, ya identificada, al referido abogado Lisandro Estupiñan, ante el Tribunal Primero de Municipio Ordinario y Ejecutor de Medidas de los Municipios Libertador y Santos Marquina de la Circunscripción Judicial del Estado Mérida, el cual él mismo identificó como *"apud acta"*, ni copias certificadas o simples de poder alguno de las que se pueda concluir que se le haya conferido la facultad para interponer en nombre de la presunta agraviada la presente acción de amparo constitucional.

Sobre el referido particular, esta Sala considera necesario indicar que en las sentencias N° 1364 del 27 de junio de 2005, (Caso: *Ramón Emilio Guerra Betancourt*); N° 2603 del 12 de agosto de 2005, (Caso: *Gina Cuenca Batet*); N° 152 del 2 de febrero de 2006, (Caso:

Sonia Mercedes Look Oropeza); y N° 1316 del 3 de junio de 2006, (Caso: *Inversiones Inmobiliarias S.A.*), se señaló lo siguiente:

> *"Para la interposición de un amparo constitucional, cualquier persona que considere haber sido víctima de lesiones constitucionales, que reúna las condiciones necesarias para actuar en juicio, puede ser parte actora en un proceso de ese tipo. Sin embargo, al igual que para cualquier otro proceso, si ese justiciable, por más capacidad procesal que posea, no puede o no quiere por su propia cuenta postular pretensiones en un proceso, el ius postulandi o derecho de hacer peticiones en juicio, deberá ser ejercido por un abogado que detente el derecho de representación, en virtud de un mandato o poder auténtico y suficiente.*
>
> *Así las cosas, para lograr el 'andamiento' de la acción de amparo constitucional, será necesario por parte del abogado que no se encuentre asistiendo al supuesto agraviado, demostrar su representación de manera suficiente; de lo contrario, la ausencia de tan indispensable presupuesto procesal deberá ser controlada de oficio por el juez de la causa mediante la declaratoria de inadmisibilidad de la acción".*

Además, en relación al poder apud acta, la Sala señaló en el fallo 1.561 del 10 de noviembre de 2009 (Caso: Gladys Marlene Guerrero Vivas), lo siguiente:

> *"(...) el poder que se confiere apud acta sólo faculta a los abogados para que actúen en el juicio que se tramita en el expediente donde se otorgó el mandato, según lo dispone el artículo 152 del Código de Procedimiento Civil, en consecuencia, el profesional del derecho que se constituya como apoderado bajo esa modalidad, sólo hará uso del ius postulandi en ese juicio donde se le confirió el poder, así entonces, podrá ejercer la representación de su mandante en las dos instancias respectivas y en cualquier incidencia que se presente siempre y cuando sea dentro de ese proceso y no otro.*
>
> *Ello así, y tomando en cuenta que el juicio de amparo constitucional no constituye una tercera instancia del proceso principal, sino que se trata de una litis nueva en la cual se ventilan denuncias por violaciones constitucionales, distintas al thema decidendum inicial, quien ostente un poder así otorgado, no puede pretender erigirse como apoderado judicial dentro del marco de un proceso de amparo constitucional, ni por la parte agraviada, ni por la parte agraviante.*
>
> *Es por ello, que aun en el presente caso, en el cual se incluyó en el poder otorgado apud acta la facultad de ejercer 'Acción de Amparo Constitucional autónomo, cautelar o sobrevenido', la misma no podrá ejercerse por el hecho de no constituir una incidencia dentro del juicio de partición de bienes en el que se otorgó dicho poder, por lo que el radio de acción del mencionado poder sólo abarca la causa en la que fue otorgado, y no puede hacerse extensivo otro proceso distinto aún de amparo como el presente.*
>
> *(Omissis)*
>
> *Tal criterio fue ratificado en las sentencias de esta Sala Constitucional N°: 2644 del 12 de diciembre de 2001 (Caso: Cipriano Arellano Contreras); 1653 del 17 de julio de 2002 (Caso: Crisóstomo Cristóbal García Molero); 1636 del 30 de julio de 2007 (Caso: José Gregorio Méndez Querales) y la sentencia N° 1741 del 9 de agosto de 2007 (Caso: Eva Rosa López Gómez).*
>
> *De lo anterior se colige que el poder con que actuó la abogada Elba Yudith Medina Moreno, es un poder para el caso específico, que únicamente faculta la actuación de dicha apoderada judicial en el juicio de partición de bienes en el cual fue otorgado; y no, en cambio, para representar a la ciudadana (...) en el presente amparo constitucional.*
>
> *Así las cosas, esta Sala Constitucional no puede hacer extensible la referida representación de la abogada Elba Yudith Medina Moreno, para la proposición de la presente solicitud de amparo, pues la supuesta interesada otorgó poder apud acta el cual faculta a la apoderada para actuar únicamente en los límites de las instancias donde se ventila la controversia".*

Igualmente, esta Sala se ha pronunciado sobre los efectos del mismo, en sentencia N° 263 del 16 de abril de 2010, (Caso: Gertrudis Elena Vogeler Mendoza) en la que dejó sentado lo siguiente:

"Al respecto, esta Sala Constitucional, estima oportuno indicar, que de acuerdo con lo dispuesto en el artículo 152 del Código de Procedimiento Civil: 'El poder puede otorgarse también apud acta, para el juicio contenido en el expediente correspondiente, ante el Secretario del Tribunal, quien firmará el acta junto con el otorgante y certificará su identidad' (...). De donde se colige de manera inequívoca que el poder otorgado ante el Secretario del Tribunal sólo surte sus efectos en el juicio contenido en el expediente correspondiente, y no en otro.

Cabe destacar que la demanda de amparo constitucional comporta el ejercicio de una acción autónoma y, en los casos de amparo contra actuaciones judiciales, es indudable que es independiente del juicio donde supuestamente se causó la injuria constitucional. Se trata de una acción nueva, e independiente de la principal compuesta de elementos distintos a aquella, con un destino distinto y con partes igualmente diferentes, en principio conocida por otro tribunal de otra instancia, además, por lo que la vinculación con el juicio que da lugar a la misma es mínima, aunque en realidad mantengan una relación eventualmente estrecha.

Debe destacarse, por otra parte, que por regla general quien otorga un poder apud acta, es decir, un poder para un juicio específico, no ha querido otorgar uno general, o por lo menos este tipo de instrumento no expresa ese deseo, por tanto, no es de suponer que el otorgante desee que aquel a quien le ha sido conferido el mandato le represente en todos o cualquier juicio y en todo momento; desea, por muy general que el mismo sea, que le representen sólo en el juicio donde el mismo fue extendido.

A este respecto, valga citar la doctrina de esta Sala en relación con este tipo de instrumentos, expuesta ampliamente en sentencia N° 1364/2005 en los siguientes términos:

'La abogada (...) tanto en el escrito contentivo de la acción de amparo constitucional, como en los escritos consignados ante la Secretaría de esta Sala Constitucional, ha señalado actuar con el carácter de apoderada judicial del supuesto agraviado, ciudadano (...), representación que afirma poseer '...según consta de acta contenida en diligencia estampada el día diez y seis (16) de abril de dos mil uno (2001), en la causa principal que inicialmente cursaba por ante el Juzgado Undécimo (11°) de Primera Instancia en lo Civil, Mercantil y del Tránsito...', recaudo que fue acompañado en copia simple con la querella constitucional, e identificado con el alfanumérico A1, (sic) y que se trata de un poder apud acta otorgado de conformidad con lo dispuesto en el artículo 152 del Código de Procedimiento Civil.

En este sentido, es pertinente citar lo que esta Sala Constitucional ha establecido de manera reiterada:

'Visto que el poder que cursa en autos es un poder apud acta, otorgado ante el Juzgado Superior Séptimo de lo Contencioso Tributario, en el juicio que por estimación e intimación de honorarios profesionales seguía el demandante contra la Alcaldía del Municipio Chacao del Estado Miranda.

Y visto que el mencionado poder apud acta solamente puede ser utilizado en el juicio para el cual fue otorgado de conformidad con el artículo 152 del Código de Procedimiento Civil, la Sala observa que el abogado Daniel Buvat de Virgini de la Rosa no ha demostrado que está facultado para ejercer la demanda de amparo en nombre y representación del prenombrado demandante, por cuanto, tal como se señalara supra el poder apud acta acredita al abogado para actuar como representante de quien lo otorga únicamente en el juicio en el cual éste le fue conferido'.(auto del 18-12-01, caso: William Fuentes Hernández).

El anterior criterio fue ratificado a través de decisión N° 1653 del 17 de julio de 2002, en la cual se señaló lo siguiente:

'Igualmente, se debe añadir, respecto al alegato de que la representación judicial para actuar en el presente procedimiento estaba acreditada por un poder apud acta otorgado de conformidad con el artículo 408 del Código Orgánico Procesal Penal y los artículos 152, 153 y 154 del Código de Procedimiento Civil, que este tipo de poder sólo puede ser utilizado en el juicio en el que fue otorgado (vid. auto dictado el 18 de diciembre de 2001, caso: Williams Fuentes Hernández), lo que corrobora la falta de legitimación para intentar el presente amparo en nombre del ciudadano (...)'(...)''.

Conforme a la doctrina jurisprudencial transcrita, esta Sala reitera que de conformidad con el contenido del artículo 152 del Código de Procedimiento Civil, el poder otorgado ante el Secretario del Tribunal sólo surte sus efectos en el juicio contenido en el expediente correspondiente y no en otro.

En este sentido, es necesario señalar que la presente acción de amparo constitucional se ejerció contra una decisión judicial que resolvió en segunda instancia otro proceso de naturaleza civil, como lo es el desalojo de un inmueble dedicado a vivienda, por lo que debe tenerse presente que se trata del ejercicio de una acción autónoma, independiente de la inicial. De tal manera, que el poder *apud* acta presuntamente otorgado al abogado Lisandro Estupiñan, ya identificado, en principio lo facultaría única y exclusivamente para representar a la ciudadana Margarita Estupiñan de Medina, ya identificada, ante el Tribunal Primero de Municipio Ordinario y Ejecutor de Medidas de los Municipios Libertador y Santos Marquina de la Circunscripción Judicial del Estado Mérida, no para ejercer la acción de amparo constitucional que pretendió intentar ante esta Sala Constitucional.

En este sentido, el numeral 3 del artículo 133 de la Ley Orgánica del Tribunal Supremo de Justicia, establece:

"Artículo 133: Se declarará la inadmisión de la demanda:

(Omissis...)

3. Cuando sea manifiesta la falta de legitimidad o representación que se atribuya el o la demandante, o de quien actúe en su nombre, respectivamente.

(...Omissis...)"

Acorde con la disposición legal parcialmente citada y conforme con la doctrina jurisprudencial antes expuesta, visto que no consta en autos documento poder que acredite al abogado Lisandro Estupiñan, ya identificado, la capacidad para ejercer la representación que aduce, la Sala estima que tal situación acarrea la falta de representación para intentar la acción de amparo constitucional, pues no se evidencia de la actas que la supuesta agraviada haya otorgado un mandato o poder que permitiera que el referido abogado actuara en su nombre en la presente causa, por lo que de conformidad con el numeral 3 del artículo 133 de la Ley Orgánica del Tribunal Supremo de Justicia, aplicable en virtud de lo establecido en el artículo 48 de la Ley Orgánica de Amparo sobre Derechos y Garantías Constitucionales, se declara inadmisible por falta de representación la acción de amparo constitucional incoada. Así se decide.

Comentarios Jurisprudenciales

EL PRINCIPIO DE LA INTANGIBILIDAD DE LAS SENTENCIAS DE LOS TRIBUNALES CONSTITUCIONALES. ALGUNAS EXCEPCIONES CONTRASTANTES: COLOMBIA, PERÚ, VENEZUELA

Allan R. Brewer-Carías
Director de la Revista

Resumen: *El presente estudio tiene por objeto analizar, desde una perspectiva comparada, el principio de la intangibilidad de las sentencias de los Tribunales Constitucionales y sus excepciones, establecidas en la relación entre el principio de la seguridad jurídica y el de la garantía del debido proceso. Se analizan en consecuencia, conforme a las experiencias de los Jueces Constitucionales de Colombia, Perú y Venezuela, los casos de nulidad de sentencias, o de aclaración o subsanación de errores de las mismas, e incluso los casos de inconstitucionales reformas o modificación de sentencias por vía de ampliación de las mismas.*

Palabras Clave: *Tribunales Constitucionales. Sentencias; Intangibilidad de sentencias; Cosa juzgada; Sentencias. Nulidad.*

Abstract: *This study has the purpose of analyzing from a comparative perspective, the intangible character of the Constitutional Courts Judgments and its exceptions, established as a consequence of the relation between the principle of legal confidence and the due process of law guarantee. In particular, it analyses the cases decided by the Constitutional Tribunals of Colombia, Peru and Venezuela, in which Judgements have been annulled, its content clarified, or its errors corrected, and even have been unconstitutionally reformed or modified by means of supposedly clarifying its contents.*

Key words: *Constitutionals Courts. Judgments; Judgments. Intangibility; Judgments. Authority of final decision; Judgments. Nullity.*

INTRODUCCIÓN

Uno de las garantías constitucionales de más importancia en el mundo contemporáneo, y por supuesto, en los Estados democráticos, es el derecho a la tutela judicial efectiva y al debido proceso, uno de cuyos componentes es la garantía y derecho constitucionales a la intangibilidad de las sentencias.

Se trata, en general, del principio insertado en todos los Códigos de Procedimiento Civil de los países, como es el caso, por ejemplo, del Código venezolano cuando establecer en su artículo 252, que "después de pronunciada la sentencia definitiva o la interlocutoria sujeta a apelación, no podrá revocarla ni reformarla el Tribunal que la haya pronunciado." A ello se refiere, por ejemplo, específicamente Código Procesal Constitucional del Perú, en su artículo 121 al establecer el "carácter inimpugnable de las sentencias del Tribunal Constitucional."

Por tanto, respecto de los Jueces Constitucional, puede decirse que rige el principio de la intangibilidad de sus propias sentencias, máxime cuando son los garantes por excelencia, precisamente del derecho a la tutela judicial efectiva, las cuales, conforme a los principios mencionados del proceso, no podrán ser revisadas por el propio Juez Constitucional.

I. LAS EXCEPCIONES AL PRINCIPIO

Ese principio, que es uno de los pilares del sistema judicial en el mundo moderno, sin embargo, tiene una serie de excepciones, que son la posibilidad de que el juez pueda aclarar o ampliar sus sentencias; o que pueda anularlas o invalidarlas.

En primer lugar, está la posibilidad de que el juez puede, a solicitud de parte, como lo dice el mismo artículo 121 del Código Procesal Constitucional del Perú, tratándose de las resoluciones recaídas en los procesos de inconstitucionalidad, el Tribunal, de oficio o a instancia de parte, *puede aclarar* algún concepto o *subsanar cualquier error material u omisión* en que hubiese incurrido," mediante resoluciones que "deben expedirse, sin más trámite, al segundo día de formulada la petición."

En sentido similar, pero con carácter general, el artículo 252 del Código de Procedimiento Civil venezolano le permite al juez, también a solicitud de parte:

"aclarar los puntos dudosos, salvar las omisiones y rectificar los errores de copia, de referencias o de cálculos numéricos, que aparecieren de manifiesto en la misma sentencia, o dictar ampliaciones, dentro de tres días, después de dictada la sentencia, con tal de que dichas aclaraciones y ampliaciones las solicite alguna de las partes en el día de la publicación o en el siguiente."

Independientemente de los lapsos procesales establecidos, que por lo perentorio podrían considerarse como no razonables,[1] lo importante de la norma es que regula dos supuestos distintos que permiten al juez intervenir excepcionalmente en su propia sentencia, una vez dictada, que son la aclaratoria y la ampliación.

En cuanto a la aclaratoria, la norma precisa que se trata de en cuanto a puntos dudosos, "salvar las omisiones y rectificar los errores de copia, de referencias o de cálculos numéricos, que aparecieren de manifiesto en la misma sentencia;" sin embargo, en cuanto a la ampliación, concepto no está desarrollado en la norma, lo que ha llevado a la doctrina jurisprudencial tradicional en Venezuela a considerarla siempre como un "complemento conceptual de la sentencia requerido por omisiones de puntos, incluso esenciales, en la disertación y fundamento del fallo o en el dispositivo, siempre que la ampliación no acarree la modificación del fallo."[2]

Por tanto, la ampliación no significa que se puedan realizar modificaciones de lo establecido en el fallo, sino que son "adiciones o agregados que dejan incólumes los dispositivos ya consignados," pues "su causa motiva obedece a un *lapsus* o falta en el orden intelectivo, en el deber de cargo del magistrado, y su causa final es la de inteligenciar un razonamiento o

[1] Véase sentencia de la Sala de Casación Social del Tribunal Supremo de Justicia de Venezuela, en N° 48 del 15 de marzo de 2000, en http://historico.tsj.gob.ve/decisiones/scs/marzo/48-150300-99638.HTM. Véase igualmente, sentencia N° 124 de la Sala Político Administrativa del 13 de febrero de 2001, (Caso: *Olimpia Tours and Travel, C.A.*), en http://historico.tsj.gob.ve/decisiones/spa/febrero/00124-130201-11529.htm. Dicha decisión se citó, también en la sentencia N° 209 de la Sala de Casación Social del 25 de febrero de 2016, (Caso: *Municipio Chacao del Estado Bolivariano de Miranda*), en http://historico.tsj.gob.ve/decisiones/spa/febrero/185475-00209-25216-2016-2013-1575.HTML.

[2] Véase La Roche, Ricardo Henríquez. *Comentarios al Código de Procedimiento Civil*, Tomo II, Centro de Estudios Jurídicos de Venezuela. Caracas 2009, p. 267. Así lo expuso R. Henríquez La Roche, quien citó la sentencia de la Corte Suprema de Justicia en Sala de Casación Civil, de 6 de agosto de 1992, en Oscar Pierre Tapia, *Jurisprudencia de la Corte Suprema de Justicia*, N° 8-9, Editorial Pierre Tapia, Caracas 1992, pp. 385-386.

completar una exigencia legal."[3] En otras palabras, la "ampliación tiene por objeto complementar la decisión sobre la cual versa el recurso, *añadiendo los aspectos omitidos en ella en razón de un error involuntario del tribunal*," y en ningún caso "significa que *pueda versar sobre asuntos no planteados en la demanda*, o disminuir o modificar los puntos que han sido objeto de pronunciamiento en la decisión."[4]

En segundo lugar está la posibilidad de que las sentencias, una vez definitivamente firmes, puedan ser invalidada o anuladas por el propio juez que la dictó, lo que se regula en los propios Códigos de Procedimiento Civil, como por ejemplo lo prevé el artículo 327 del Código de Procedimiento Civil de Venezuela, al indicar que las sentencias ejecutorias, o cualquier otro acto que tenga fuerza de tal, solo pueden ser objeto de recurso extraordinario de invalidación, cuando se han dictado en violación a las garantías del debido proceso, y en particular, conforme a las siguientes causales de invalidación que se enumeran en el artículo 328 del mismo Código:

"1) La falta de citación, o el error, o fraude cometidos en la citación para la contestación.

2) La citación para la contestación de la demanda de menor, entredicho o inhabilitado.

3) La falsedad del instrumento en virtud del cual se haya pronunciado la sentencia, declarada dicha falsedad en juicio penal.

4) La retención en poder de la parte contraria de instrumento decisivo en favor de la acción o excepción del recurrente; o acto de la parte contraria que haya impedido la presentación oportuna de tal instrumento decisivo.

5) La colisión de la sentencia con otra pasada en autoridad de cosa juzgada, siempre que, por no haberse tenido conocimiento de la primera, no se hubiere alegado en el juicio la cosa juzgada.

---

[3]   Véase sentencia del Juzgado Superior Segundo del Trabajo de la Circunscripción Judicial del Estado Bolívar, Extensión Territorial Puerto Ordaz, de 22 de noviembre de 2010 http:// bolivar.tsj.gob.ve/DECISIONES/2010/NO-VIEMBRE/1928-22-FP11-R-2010-000342-.HTML. Como también lo expresó R. Marcano Rodríguez, que "La ampliación no supone, como la aclaración, que el fallo sea oscuro, ambiguo o dudoso, sino más bien insuficiente o incompletamente determinativo de las soluciones dadas al problema jurídico planteado con la acción y la excepción (...), la ampliación no es remedio de los vicios congénitos del fallo, sino que, por el contrario, presupone la existencia de una decisión válida, que ha resuelto todos y cada uno de los puntos del litigio de acuerdo con el pro y el contra, pero que, en su dispositivo hay una insuficiencia de generalización, de determinación, de extensión en el modo de fijar el fin y el alcance de algunos o algunos de los puntos debatidos." Véase en *Apuntaciones Analíticas sobre las Materias Fundamentales y Generales del Código de Procedimiento Civil Venezolano*, Tomo III, Editorial Bolívar, Caracas, 1942, p. 75-76.

[4]   Véase La Roche, Ricardo Henríquez, *Comentarios al Código de Procedimiento Civil*, Tomo II, Centro de Estudios Jurídicos de Venezuela. Caracas, 2009, p. 267. Véase igualmente sentencia de la Sala Político Administrativa del Tribunal Supremo de Justicia, N° 2676 del 14 de noviembre de 2001, (Caso: VENEVISIÓN) en http://historico.tsj.gob.ve/decisio-nes/spa/noviembre/02811-271101-14950.HTM. En el mismo sentido se pronunció la misma Sala Político Administrativa en sentencia N° 570 del 2 de junio de 2004 en la cual sostuvo, respecto de la ampliación, que "dicha figura está prevista con miras a subsanar omisiones de la sentencia pronunciada, corrigiendo la falta de congruencia del fallo con la pretensión o con la defensa en algún punto específico, es decir, es necesario para su procedencia que la sentencia sea insuficiente en cuanto a la resolución del asunto a que se contraen las actuaciones. Véase en http://historico.tsj.gob.ve/decisiones/spa/junio /00570-020604-2003-0971.HTM.

6) La decisión de la causa en última instancia por Juez que no haya tenido nombramiento de tal, o por Juez que haya sabido estar depuesto o suspenso por decreto legal."

En sentido similar, en Colombia, el artículo 49 del Decreto 2067 de 1991 que regula la Jurisdicción Constitucional, luego de establecer el principio de que "contra las sentencias de la Corte Constitucional no procede recurso alguno," sin embargo agrega que:

> "La nulidad de los procesos ante la Corte Constitucional sólo podrá ser alegada antes de proferido el fallo. Sólo las irregularidades que impliquen violación del debido proceso podrán servir de base para que el Pleno de la Corte anule el Proceso."

Fuera de estas causales, que son todas violaciones al debido proceso, y que en general se prevén expresamente en los Códigos de Procedimiento Civil, que son también en general de aplicación supletoria en los procesos constitucionales, ninguna otra causal podría invocarse para solicitar la nulidad o invalidación de las sentencias.

II. LA ANULACIÓN DE LAS SENTENCIAS POR PARTE DE LOS JUECES CONSTI-TUCIONALES POR VIOLACIÓN AL DEBIDO PROCESO

Plantearse la anulación de sentencias de los tribunales constitucionales, sin duda, es plantearse la necesidad de ponderar entre dos derechos y garantías constitucionales: por una parte, la garantía de la cosa juzgada y la intangibilidad de las sentencias del Juez Constitucional en aras de la seguridad jurídica; y la garantía del debido proceso en aras de asegurar la tutela judicial efectiva.

Esta disyuntiva, que el Juez Constitucional debe resolver en cada caso ponderando la prevalencia de una u otra garantía, por supuesto, debe hacerlo teniendo en cuenta también como cuestión de principio, como lo ha expresado Eloy Espinosa-Saldaña Barrera, que "repugna al Estado Constitucional y al constitucionalismo que quede indemne, y en condición de incuestionable, cualquier pronunciamiento jurisdiccional que sea írrito, arbitrario, fraudulento o carente de motivación."[5]

De allí la posibilidad desarrollada en las Jurisdicciones Constitucionales de que las sentencias de los Tribunales Constitucionales puedan ser anuladas por el mismo Tribunal en casos de violaciones graves al debido proceso, como sucede en Colombia y Perú.

1. *El caso de la Corte Constitucional de Colombia, actuando en la Sala Plena, anu-lando sentencias de sus propias Salas por violación al debido proceso*

La institución del recurso de revisión por razones de constitucionalidad que se ha desarrollado en los países que han adoptado un sistema de control concentrado de la constitucionalidad por razones de constitucionalidad, es decir, de violación del orden constitucional y del debido proceso, en general se refiere a las sentencias dictadas por tribunales de instancia. Una excepción se encuentra en el caso venezolano donde por la peculiar configuración de la Jurisdicción Constitucional en una de las Salas del Tribunal Supremo (Sala Constitucional), la misma ha extendido su ámbito de revisión constitucional a las sentencias de las otras Salas del Tribunal Supremo.

---

5   Véase Espinosa Saldaña, Eloy. "El Tribunal Constitucional y la potestad excepcional de declarar la nulidad de sus propias decisiones," *en Revista Peruana de Derecho Constitucional, Cosa Juzgada Constitucional*, Centro de Estudios Constitucionales, Tribunal Constitucional del Perú, N° 9 Nueva Época, diciembre de 2016, Lima, pp. 25, 29, 41 y 51. Véase en https://www.tc.gob.pe/tc /private/adjuntos/cec/publicaciones/revista/revista_peruana_der_consti_9.pdf

Este principio, sin embargo, ha encontrado excepciones en el caso de la Corte Constitucional de Colombia, pues conforme al artículo 49 del decreto 2067 de 1991, si bien se establece el principio de que "contra las sentencias de la Corte Constitucional no procede recurso alguno," sin embargo se agrega que:

"La nulidad de los procesos ante la Corte Constitucional sólo podrá ser alegada antes de proferido el fallo. Sólo las irregularidades que impliquen violación del debido proceso podrán servir de base para que el Pleno de la Corte anule el Proceso."

Con ello, en el ordenamiento colombiano se regula la posibilidad de que la propia Corte Constitucional anule sus sentencias "solo por irregularidades que impliquen violación al debido proceso," habiéndose desarrollado una rica jurisprudencia sobre la materia, especialmente en los casos de nulidad de sentencias dictadas por Salas de Revisión de Tutelas de la Corte, por el Pleno de la misma.

Con base en ello, la Sala Plena ha expresado que este proceso de nulidad solo procede en presencia de "eventos excepcionales circunscritos, en todo caso, a la afectación grave y trascendental del debido proceso," no constituyendo "una nueva instancia ni un recurso a partir del cual debatir o censurar nuevamente el fondo de la controversia" (Auto 181 de 12 de julio de 2007).

En cuanto a las vulneraciones cualificada del debido proceso que justifican la nulidad, la Corte Constitucional relacionó, por ejemplo, en auto 196 de 2006, los siguientes: (i), cuando una Sala de Revisión modifica o cambia el criterio de interpretación o la posición jurisprudencial fijado por la Sala Plena frente a una misma situación jurídica, considerándose ello como un desconocimiento del principio del juez natural y vulneración del derecho a la igualdad; (ii) Cuando se presente una incongruencia entre la parte motiva y resolutiva del fallo, generando incertidumbre con respecto a la decisión tomada. Esto ocurre, en los casos en que la decisión es anfibológica o inteligible, cuando se contradice abiertamente o cuando carece totalmente de fundamentación en la parte motiva; (iii) Cuando en la parte resolutiva se profieran órdenes a particulares que no fueron vinculados al proceso y que no tuvieron la oportunidad procesal para intervenir en su defensa; (iv) Cuando la Sala de Revisión desconoce la existencia de la cosa juzgada constitucional respecto de cierto asunto, caso en el cual lo que se presente de parte de ésta una extralimitación en el ejercicio de las competencias que le son atribuidas por la Constitución y la ley."

En definitiva, conforme a la doctrina de la Corte Constitucional de Colombia, resumida en el auto 181 de 12 de julio de 2007, de lo que se trata al conocer de las solicitudes de nulidad, es de adoptar una providencia sobre la invalidez alegada, por ejemplo, por falta de competencia debido al cambio de la jurisprudencia; o por el desconocimiento de la cosa juzgada constitucional no siéndole dado a la Corte entrar a corregir los argumentos de la sentencia, o realizar un nuevo análisis probatorio.

En definitiva, la nulidad solo es posible cuando la irregularidad que se invoque como lesiva del debido proceso, sea manifiesta y grave constituyendo un palmario desconocimiento del derecho fundamental al debido proceso.

2.   *El caso de la Corte Constitucional de Colombia, anulando sus propias sentencias por violación al debido proceso*

La Corte Constitucional de Colombia, sin embargo, no sólo ha desarrollado su doctrina jurisprudencial admitiendo la posibilidad de anular las sentencias de sus Salas de revisión de Tutelas por violación al debido proceso, sino también respecto de sus propias sentencias.

En una de las últimas decisiones adoptadas en tal sentido, la Corte Constitucional cono-ció de la solicitud de nulidad de la sentencia C-853-13 de fecha 27 de noviembre de 2013, mediante la cual se había anulado (declarado exequible) por inconstitucionalidad el artículo 2 del Decreto Ley 2090 de 2003 por el cual se definen las actividades de alto riesgo para la salud del trabajador y se modifican y señalan las condiciones, requisitos y beneficios del régimen de pensiones de los trabajadores que laboran en dichas actividades."[6] El solicitante de la nulidad consideró que

"la Corte, al declarar la exequibilidad de la norma demandada, incurrió en unas irregularidades que condujeron a la violación del debido proceso por inaplicación de los principios de no regresividad y progresividad en materia pensional y, por desconocer el precedente jurisprudencial sobre la protección constitucional de las expectativas legítimas en dicha materia."

Aun cuando la solicitud se denegó mediante auto N° 045/14 de 26 de febrero de 2014,[7] la Corte ratificó su potestad para anular sus propias decisiones, partiendo de lo establecido en el artículo 49 del decreto 2067 de 1991 que rige los procesos constitucionales, indicando lo siguiente como criterio general sobre el tema de la nulidad de sus propias sentencias, en el sentido que:

"De manera reiterada y pacífica, la jurisprudencia constitucional ha reconocido que las decisiones judiciales, al ser una clara manifestación del poder de administrar justicia y en mayor grado, de la actividad del Estado, deben contar con mecanismos judiciales del control, en aquellos casos excepcionales en que se contradigan los postulados propios del derecho al debido proceso.

En ese sentido, el incidente de nulidad de las sentencias de la Corte proferidas en su competencia de control abstracto o en sede de revisión, se presenta como un instrumento que media entre los efectos de la cosa juzgada constitucional, –que obliga a que una vez el fallo se encuentre ejecutoriado sea inmodificable y tenga efectos en el ordenamiento jurídico–; y la necesidad de garantizar la eficacia del derecho fundamental al debido proceso –cuando es afectado por la decisión de la Corte–" (Auto 353 de 2010)."

Ahora sobre las solicitudes de nulidad que se presentan luego de dictada la sentencia, la Corte Constitucional en esta sentencia N° 045/14 de 26 de febrero de 2014, reiteró la doctrina sobre la nulidad de sentencias sentada en el caso de nulidad de las sentencias de revisión (Autos 031A de 2002, 002A, 063 de 2004 y 131 de 2004, 008 de 2005, 042 de 2005 y 016/06), indicando que ello:

"es una medida excepcional a la cual sólo puede arribarse cuando en la decisión concurran "situaciones jurídicas *especialísimas y excepcionales*, que tan sólo pueden provocar la nulidad del proceso cuando los fundamentos expuestos por quien la alega muestran, de manera *indudable y cierta*, que las reglas procesales aplicables a los procesos constitucionales, que no son otras que las previstas en los decretos 2067 y 2591 de 1991, han sido quebrantadas, *con notoria y flagrante vulneración del debido proceso*. Ella tiene que ser significativa y trascendental, en cuanto a la decisión adoptada, es decir, debe tener unas repercusiones sustanciales, para que la petición de nulidad pueda prosperar."

Siendo por tanto el presupuesto material fundamental para que proceda la declaratoria de nulidad que la afectación del debido proceso por parte de la Corte Constitucional, sea "ostensible, probada, significativa y trascendental, es decir, que tenga repercusiones sustan-ciales y directas en la decisión o en sus efectos (Autos 031 A/02, 283 de 2012, 082 de 2012, y 022 de 2013)."

---

6   Véase en http://www.corteconstitucional.gov.co/RELATORIA/2013/C-853-13.htm

7   Véase en https://corte-constitucional.vlex.com.co/vid/-496599818.

En definitiva, la Corte Constitucional concluyó las Consideraciones para decidir en su Auto 045/14, indicando que

"la solicitud de nulidad de las sentencias que profiere la Corte Constitucional en su competencia de control abstracto, es un trámite de configuración jurisprudencial directamente relacionado con la protección del derecho al debido proceso, que se caracteriza por su naturaleza excepcional y el estricto cumplimiento en los requisitos de procedencia, los cuales versan sobre la acreditación suficiente de circunstancias ostensibles y trascendentales que afecten de manera cierta y palpable del derecho fundamental mencionado."[8]

Y en cuanto a la nulidad concreta que se había solicitado respecto de la sentencia C-853/13 de 27 de noviembre de 2013, la Corte Constitucional estimó que lo alegado en ese caso no se trataba "de una vulneración del debido proceso, sino de una inconformidad con la decisión adoptada, fundamentada en la interpretación que a juicio de la actora es la adecuada sobre los principios de progresividad y no regresividad en derechos sociales," y en especial en la consideración de las actividades de alto riesgo regladas en la Ley anulada.

Por último, la Corte Constitucional ratificó su criterio en el sentido de que:

"la solicitud de nulidad no es un recurso de reconsideración, ni una nueva instancia procesal para que la Sala Plena reformule las razones que dieron lugar a la decisión atacada, y, menos aún, para presentar nuevos cargos de inconstitucionalidad tendientes a reabrir el debate jurídico que finalizó con la decisión acusada."

3. *El caso del Tribunal Constitucional del Perú, anulando sus propias sentencias por violación al debido proceso*

En el caso del Perú, el Tribunal Constitucional también ha desarrollado jurisprudencialmente su potestad de anular sus propias sentencias en caso de graves violaciones al debido proceso, a pesar de que la Constitución establezca en general el principio de la intangibilidad de las sentencias al disponer en su artículo 139.2 que ninguna autoridad "puede dejar sin efecto resoluciones que han pasado en autoridad de cosa juzgada;" y prever en su artículo 139.13, la "prohibición de revivir procesos fenecidos con resolución ejecutoriada."

En efecto, en el conflicto entre el principio de la seguridad jurídica derivado de la cosa juzgada y la garantía del debido proceso y la tutela judicial efectiva, en muchas sentencias el Tribunal Constitucional del Perú ha anulado sus propias sentencias en casos en los cuales ha invocado la violación del debido proceso.[9] En tal sentido, Eloy Espinosa-Saldaña Barrera ha citado, por ejemplo, los siguientes casos: por errores de hecho al decidir (RTC Exp. N° 04324- 2007-AC/TC. Nulidad, 3 de octubre de 2008; RTC Exp. N° 00978- 2007-AA/TC, de fecha 21 de octubre de 2009; RTC Exp. N° 06348- 2008-AA/TC Resolución (RTC 8230-2006-AA/ TC; RTC Exp. N° 00705- 2011-AA/TC. Nulidad, de fecha 3 de agosto de 2011), de 2 de agosto de 2010); por omisiones en evaluar pruebas (RTC Exp. N° 4104-2009-

---

[8]   Véase en https://corte-constitucional.vlex.com.co/vid/-496599818

[9]   Véase en tal sentido lo expuesto por Sosa Sacio, Juan Manuel. "La potestad del Tribunal Constitucional para declarar nulas sus resoluciones con incorrecciones graves, dañosas e insubsanables, en *Revista Peruana de Derecho Constitucional*, N° 9, Nueva Época, diciembre de 2016, Lima, p. 59 ss. Véase en https://www.tc.gob.pe/tc/private/adjuntos/cec/publicaciones/revista/revista_peruana _der_consti_9.pdf Véase además, Luis Castillo Córdova (Coordinador): *¿Son anulables las sentencias del Tribunal Constitucional? Análisis de la sentencia N° 04317-2012-PA/TC en el caso Panamericana Televisión*. Cuadernos sobre jurisprudencia constitucional, N° 10, Palestra, Lima 2015; y "¿Puede el TC anular sus propias sentencias?», en *Gaceta Constitucional & Procesal Constitucional*. Tomo 85, Gaceta Jurídica, Lima, enero 2015

AA/TC, 10 de mayo de 2011); por no existir congruencia entre los fundamentos y lo solicita-do en la demanda (RTC Exp. N° 2023-2010- AA/TC. Nulidad, 18 de mayo de 2011); por no valorar un documento crucial para la decisión del caso (RTC Exp. N° 2046-2011- HC/TC. Reposición, 7 de setiembre de 2011); por haber tomado en cuenta como prueba un documen-to que de modo expreso había sido declarado nulo en una anterior sentencia del Tribunal Constitucional (RTC Exp. N° 02135-2012- AA/TC. Nulidad, de fecha 6 de enero de 2014).[10]

Resumiendo la orientación jurisprudencial que deriva de estas sentencias, Eloy Espino-sa-Saldaña ha señalado, con razón, que efectivamente, si bien como lo indica la Constitución del Perú, "el contenido de una sentencia que constituye cosa juzgada es inmutable e inmodi-ficable," sin embargo, ello es así "siempre y cuando su contenido no incluya graves irregulari-dades, ni manifiestas arbitrariedades que terminen vulnerando los derechos fundamentales y los principios constitucionales;"[11] considerando que

"no existe oposición a la posibilidad de que un órgano judicial declare la nulidad de sus propias resoluciones írritas, si estas son precisamente en aras de que el Derecho brinde razonable cognoscibilidad, confiabilidad y calculabilidad; reparando de ese modo lo indebidamente dispuesto en caso de vicios o errores graves." [12]

Ahora bien, el caso más relevante de declaración de nulidad de una sentencia por el Tri-bunal Constitucional del Perú, es el resuelto por la sentencia STC Exp. N° 02315-2012-PA/TC (caso Luis Alberto Cardoza Jiménez) de 6 de enero de 2014,[13] mediante la cual se anuló una sentencia precedente del Tribunal de 21 de agosto de 2-13, por basarse en un me-dio probatorio, cuando el mismo había sido declarado inválido en decisión anterior (STC Exp. N° 2698-2012-PA/TC). En el voto dirimente (Eloy Espinosa Saldaña Barrera) de la decisión, se señaló que:

"no sería una interpretación constitucionalmente correcta aquella en la cual se considere que la garantía de la inmutabilidad de la cosa juzgada alcanza a resoluciones írritas, arbitrarias, fraudulentas o carentes de motivación. Es más, se anota cómo en rigor en esos casos lo que existe son las denominadas cosa juzgada aparente, falsa o fraudulenta.

Y es que, si bien en principio el contenido de una sentencia del Tribunal Constitucional que se pronuncia sobre el fondo del asunto controvertido constituye cosa juzgada, y por ende, es inmutable e inmodificable, aquello no es predicable de aquellas sentencias en las cuales se haya incurrido en graves irregularidades, o en supuestos de manifiesta arbitrariedad, violatorios de derechos fundamentales o de principios constitucionales. En este escenario, no es admisible ofrecer consideraciones meramente formales, como la de una lectura literal de lo recogido en el artículo 121 del Código Procesal Constitucional peruano, para sostener la validez de decisiones materialmente injustas. Apelar a esa justificación implicaría, entre otros factores, desconocer que el principio de legalidad, tal como tradicionalmente se le comprendió, se ha ido transformando en uno de juridicidad en sentido amplio, donde la validez de normas y actos jurídicos no depende únicamente de lo

---

[10]   Véase Espinosa Saldaña, Eloy. "El Tribunal Constitucional y la potestad excepcional de declarar la nulidad de sus propias decisiones," *en Revista Peruana de Derecho Constitucional*, N° 9 Nueva Época, diciembre de 2016, Lima, pp. 33-35. Véase en https://www.tc.gob.pe/tc/private/adjuntos /cec/publicaciones/revista/revista_peruana_der_consti_9.pdf

[11]   *Idem.*, p. 42

[12]   *Idem.*, p. 47

[13]   Véase en http://www.tc.gob.pe/jurisprudencia/2016/02135-2012-AA%202.pdf

regulado en disposiciones legales, sino también del conjunto de bienes materiales relevantes existentes, destacando entre ellos los valores, principios y derechos constitucionales."[14]

En el caso decidido, en definitiva, se anuló la sentencia cuestionada porque el Tribunal Constitucional encontró "un vicio extremadamente grave en la valoración de los medios probatorios, al considerarse indebidamente como válido un documento previamente ya anulado por el propio Tribunal Constitucional."[15]

En todos estos casos de declaratoria de nulidad de sentencias, la regla general que las motiva han sido vicios graves del procedimiento, violatorios del derecho a la defensa o en general al debido proceso, en cuyos casos, se ha estimado que la única forma de reparar las garantías violadas es que el Tribunal Constitucional anule la decisión abiertamente contraria a derecho.

IV. LA ANULACIÓN DE SENTENCIAS POR LOS JUECES CONSTITUCIONALES CUANDO HAN SIDO DICTADAS SIN LOS VOTOS LEGALMENTE REQUERIDOS PARA QUE HAYA SENTENCIA

Otro supuesto de revisión de las sentencias del Tribunal Constitucional por la propia corporación se refiere a los supuestos en los cuales se alegue como fundamento de la solicitud de nulidad, que la sentencia dictada carecía de los votos necesarios para constituirse en sentencia del Tribunal.

1. *Casos ante la Corte Constitucional de Colombia*

La Corte Constitucional de Colombia, en efecto, ha admitido como una de las causales de nulidad de sus propias sentencias, como lo expresó en el auto 196 de 2006, "Cuando las decisiones no sean tomadas por las mayorías legalmente establecidas," lo que "ocurre, en los casos en que se dicta sentencia sin que haya sido aprobada por las mayorías exigidas en el Decreto 2067 de 1991, el Acuerdo N° 05 de octubre 15 de 1992 y la Ley 270 de 1996."

En esos supuestos de "la aprobación del fallo por mayoría no calificada legalmente," que la Corte Constitucional de Colombia considera como "irregularidad que vulnera las garantías del debido proceso" (Auto 181 de 12 de julio de 2007), evidentemente que de lo que se trata es de la inexistencia de la sentencia, pues si la misma se ha pronunciado sin los votos o mayoría necesaria de acuerdo con la Ley, no puede considerársela como tal.

En el Auto 360-06 de 6 de diciembre de 2006, que dictó la Corte Constitucional de Colombia con ocasión de la solicitud de nulidad de una sentencia de la misma Sala Constitucional (N° C-355 de 2006 que había declarado la constitucionalidad del aborto), la Corte precisó sobre los casos de nulidad cuando la misma tiene origen en la sentencia misma, que:

"aunque las normas constitucionales ni el decreto 2067 de 1991 la prevén, en aplicación directa del artículo 29 de la Carta Política, la Corte ha considerado la posibilidad de su ocurrencia para aquellos casos en que al momento mismo de votar se produce el desconocimiento del debido proceso, circunstancia que se circunscribe a los eventos de violación del principio de publicidad, falta de quórum o de mayoría exigidos por la ley, y de violación del principio de cosa juzgada constitucional, casos en los que la nulidad debe alegarse dentro de los tres días

---

[14]   Véase en Eloy Espinosa Saldaña, "El Tribunal Constitucional y la potestad excepcional de declarar la nulidad de sus propias decisiones," *en Revista Peruana de Derecho Constitucional*, N° 9 Nueva Época, diciembre de 2016, Lima, pp. 51 y 52. Véase en https://www.tc.gob.pe/tc/private/adjuntos/cec/publicaciones/revista/revista_peruana_der_consti_9.pdf

[15]   *Idem.*, p. 55.

siguientes a la notificación de la sentencia. Lo anterior no significa que la opción de solicitar la nulidad pueda llegar a convertirse en una nueva oportunidad para reabrir el debate o examinar controversias que ya fueron concluidas."

En el caso, precisamente se planteó como causal de nulidad, como vicio del consentimiento, que la sentencia solo había sido votada por tres magistrados, que no hacían mayoría. La Corte, sin embargo, en la sentencia C-360 de 2006, declaró sin lugar la solicitud de nulidad, conforme a los siguientes argumentos:

"La Corte deberá denegar la nulidad de la sentencia C-355 de 2006 en cuanto refiere a esta causal alegada, pues carece de todo fundamento. Se tiene que el magistrado Araujo Rentería fue co-ponente de la providencia y participó por ende de forma activa en las discusiones respectivas en Sala Plena, en tal medida y por obvias razones conocía el proyecto en consideración y con su presencia en las sesiones podían conocer también el estado del debate, razón por la cual no es dable afirmar que al momento de votar la decisión incurrió en un vicio del consentimiento, porque según lo arguye la incidentante, el magistrado creyó votar algo diferente a lo puesto en consideración. Además, el magistrado Jaime Araujo respecto de la sentencia aclaró su voto mas no lo salvó, y es a esa manifestación a la que objetivamente hay que atenerse. Basta con señalar sólo uno de los apartes de la aclaración de voto en el cual indicó: "Por consiguiente, el suscrito Magistrado está de acuerdo con la parte Resolutiva de la presente Sentencia, sin embargo, el entendimiento y algunos de los argumentos de la parte motiva debieron ser sustentados de otra manera". Así entonces, no existió un vicio del consentimiento por parte del co-ponente de la sentencia al momento de votar. Reitera la Corte entonces que, en virtud de la estabilidad de los fallos de este Tribunal y del carácter excepcional de la nulidad de los mismos, el vicio alegado debe ser claro, cierto y ostentar una entidad tal que indudablemente afecte el derecho al debido proceso de manera ostensible e intolerable. Ello obviamente no ocurre en este caso, pues la supuesta equivocación por parte del magistrado Araújo Rentería no se evidencia de sus propias manifestaciones."

2.   Casos ante el Tribunal Constitucional del Perú

De lo anterior resulta, por tanto, que para que haya sentencia de cualquier tribunal y se considere como dictada, la misma debe haber sido emitida y firmada por el juez en ejercicio, con competencia para ello; y tratándose de un tribunal colegiado, debe haber sido aprobada y firmada por la mayoría exigida en la legislación que regula el ejercicio de sus funciones. Es el caso, en general, de los Tribunales o Cortes Constitucionales que siempre están integradas en forma colegiada.

En el Perú, el Tribunal Constitucional, de acuerdo con el artículo 201 de la Constitución, está conformado por siete miembros, y el mismo en el Pleno, conforme al artículo 10 del Reglamento Normativo del Tribunal Constitucional, "resuelve y adopta acuerdos por mayoría simple de votos emitidos." Por tanto, cualquier sentencia que se haya dictado, por cualquier motivo, sin contar con los votos necesarios, debe considerarse como inexistente y debe ser anulada.

En tal sentido, en el caso del Tribunal Constitucional del Perú, también pueden identificarse una serie de decisiones en las cuales se han anulado sentencias del mismo Tribunal, por motivos de haberse dictado sin contar con los votos requeridos, lo que implica violación al debido proceso, pues en esos casos, puede considerarse igualmente que no ha habido sentencia.

Entre los casos mencionados, aun cuando los considera como casos de anulación por motivos de forma, Eloy Espinosa Saldaña barrera menciona los siguientes: por ausencia de notificación del magistrado llamado a dirimir una discordia de criterios (RTC Exp. N° 02386-2008-AA/TC. Nulidad, de fecha 12 de noviembre de 2009); por contener la firma de un magistrado equivocado (RTC Exp. N° 02488- 2011-HC/TC. Nulidad, de fecha 22 de diciembre de 2011); una sentencia porque se contó mal el sentido de los votos y se llama al magistrado correspondiente para que se pronuncie sobre el extremo en el que subsiste el empate (RTC Exp. N° 03681- 2010-HC/TC. Nulidad, de fecha 11 de mayo de 2012); pues se contabilizó mal el voto de un magistrado, por lo cual no se había conformado resolución válida (RTC Exp. N° 00831- 2010-PHD/TC. Nulidad, de fecha 10 de mayo de 2011); no se notificó el sentido de un voto ni el llamamiento a otro magistrado para que dirima, (RTC Exp. N° 03992- 2006-AA/TC, de fecha 31 de octubre de 2007).[16]

V. LA SUBSANACIÓN DE ERRORES MATERIALES EN SENTENCIAS CONSTITU-CIONALES CUANDO SE HAN CONTADO VOTOS SOBRE DISPOSITIVOS DE LAS MISMAS QUE NO FUERON EMITIDOS: EL CASO DEL TRIBUNAL CONS-TITUCIONAL DEL PERÚ

Ahora bien, aparte de la posibilidad de anulación de las sentencias del Tribunal Constitucional del Perú por haber sido dictadas sin los votos necesarios para que pueda adoptarse una sentencia, el artículo 121 del Código Procesal Constitucional, que es el que dispone el "carácter inimpugnable de las sentencias del Tribunal Constitucional," establece que "tratándose de las resoluciones recaídas en los procesos de inconstitucionalidad, el Tribunal, de oficio o a instancia de parte, *puede aclarar* algún concepto o *subsanar cualquier error material u omisión* en que hubiese incurrido," mediante resoluciones que "deben expedirse, sin más trámite, al segundo día de formulada la petición."

Se reguló entonces en el Código Procesal Constitucional, lo que en general regulan los Código de Procedimiento Civil, estableciéndose en este caso la posibilidad excepcional del tribunal, primero, de *aclarar* algún concepto emitido en la sentencia; y segundo, de *subsanar* cualquier error material u omisión en que el tribunal hubiese incurrido al dictar la sentencia.

El que una sentencia se haya dictado sin los votos necesarios, como lo ha elaborado la Corte Constitucional Colombiana y el propio Tribunal Constitucional Peruano, puede considerarse como una causal de invalidez que debería conducir a la nulidad de la misma, pues implica que simplemente la sentencia no existe.

Otra situación es que el Tribunal Constitucional, al emitir su fallo, después de haber dado por sentado que en la votación de dispositivos concretos de una sentencia efectivamente existía la mayoría necesaria para dictarla, considerándola por tanto como aprobada, hubiese sido advertido posteriormente que en realidad ello no fue así, en el sentido de que lo resuelto en el tema específico de la sentencia no contaba realmente con dicha mayoría. En estos casos, entonces, puede considerarse que, al dictarse la sentencia en relación al punto concreto debatido, en realidad éste no podía considerarse como aprobado, habiendo incurrido el tribunal en un error material al contar un voto que no había sido emitido a favor del punto concreto de la sentencia, omitiendo además considerar dicho voto como contrario a lo supuestamente decidido.

El Tribunal Constitucional del Perú, ha seguido precisamente ese procedimiento, específicamente en el caso denominado como "El Frontón,"[17] al dictar el auto N° 01969 2011-

---

[16]   Véase Espinosa Saldaña, Eloy. "El Tribunal Constitucional y la potestad excepcional de declarar la nulidad de sus propias decisiones," en *Revista Peruana de Derecho Constitucional*, N° 9 Nueva Época, diciembre de 2016, Lima, p. 33. Véase en https://www.tc.gob.pe/tc/private/adjuntos/cec/publicaciones/revista/revista_peruana_der_consti_9.pdf

[17]   El caso tuvo su origen remoto en los motines que se produjeron en 1986 en varios establecimientos penales en el Perú, donde había detenidos por delios de terrorismo, que fueron reprimidos por un grupo de marinos, que fueron denunciados por la comisión del delito de asesinato. Un Tribunal

PHC/TC (caso Humberto Bocanegra Chávez a favor de José Santiago Bryson de la Barra y Otros) de fecha 5 de abril de 2016,[18] ratificado por auto de marzo de 2017, subsanando el error material que estimó había ocurrido al dictar el mismo Tribunal Constitucional, la sentencia de fecha 14 de junio de 2013. La sentencia de subsanación se dictó a solicitud de los abogados de la Procuraduría Pública Especializada Supranacional y del Instituto de Defensa Legal, de la Secretaría Ejecutiva de la Coordinadora Nacional de Derechos Humanos y de la directora de la Asociación Pro Derechos Humanos, las cuales advirtieron al Tribunal sobre "diversos errores materiales recaídos" en la sentencia anterior dictada tres años antes, el 14 de junio de 2013.

Como lo resumieron los solicitantes de medidas cautelares de protección a favor de los Magistrados que aprobaron la sentencia, formuladas ante la Corte Interamericana de Derechos Humanos, según se recoge en el auto del Presidente de la misma de 17 de diciembre de 2017:

> "c. En la sentencia de 2013, el Tribunal Constitucional estableció que el proceso judicial ya abierto debía continuar siendo tramitado por el Poder Judicial, en tanto el caso judicial prescribirá cuando termine el juicio actualmente en trámite," disponiendo además que no puede haber ningún nuevo proceso por estos hechos. Adicionalmente "determinó que los hechos calificados [en la apertura de la investigación como] crímenes de lesa humanidad no tenían tal condición."

> d. Con respecto a la votación de ese extremo relativo a la no calificación de los hechos como crímenes de lesa humanidad, el "Procurador Público Supranacional sobre [D]erechos Humanos […] y […] algunas organizaciones no gubernamentales [… pidieron] al Tribunal Constitucional […] hacer un nuevo cómputo de votos para ver si se había configurado o no sentencia en [ese] extremo" debido a que consideraban que se computó indebidamente el voto del entonces magistrado Vergara. La anterior composición del Tribunal Constitucional no dio "el trámite correspondiente" a dicha solicitud. Fue en marzo de 2017 que los cuatro magistrados de la "actual composición del Tribunal Constitucional […] procedieron… a realizar un correcto cómputo del sentido de los votos de lo resuelto [y, por tanto] corrigieron el error material en que se había incurrido". Esta decisión tuvo como consecuencia "eliminar del texto de la sentencia" el extremo relativo a que los hechos no podían ser calificados como delitos de lesa humanidad."[19]

Para decidir la subsanación del error material, el Tribunal Constitucional, en efecto, se fundamentó en lo dispuesto en el mencionado artículo 121 del Código Procesal Constitucional que como como lo reafirmó el Tribunal "prevé expresamente" que el mismo "tiene competencia para subsanar sus resoluciones cuando estas hubieran incurrido en algún error." En el caso, como se dijo, la Procuraduría Pública Especializada Supranacional, en su momento,

---

penal (Cuarto Juzgado Penal Supraprovincial), en enero de 2009 (Exp. N° 2007- 00213-0-1801-JR-PE-04), emitió un auto en el que abrió proceso penal por estos hechos, calificándolos como crímenes de lesa humanidad. A partir de marzo de 2009, con ocasión de un habeas corpus intentado por Humberto Bocanegra Chávez a favor del grupo de militares con el objeto de que se declare nulo el auto de instrucción y se cierre el caso por tratarse de un delito (asesinato) ya prescrito, se abrió la discusión procesal sobre la calificación del delito como de lesa humanidad, la cual no ha concluido. Véase sobre en la reseña: "El Frontón: El voto de Juan Vergara Gotelli, origen del problema", en *Legis.pe*, Lima, 13 de noviembre de 2017, en http://legis.pe/el-fronton-voto-juan-vergara-gotelli/

18   Véase en https://tc.gob.pe/jurisprudencia/2017/01969-2011-HC%20Resolucion.pdf

19   Véase en http://agendapais.com/wp-content/uploads/2017/12/Sentencia-CIDH-casos-magistrados-TC.pdf

"mediante escrito de fecha 16 de setiembre de 2013; y el Instituto de Defensa Legal, la Coordinadora Nacional de Derechos Humanos y la Asociación Pro Derechos Humanos, mediante escrito de fecha 20 de setiembre de 2013," habían solicitado al Tribunal que procediera "a subsanar de oficio diversos errores materiales recaídos en la decisión de fondo tomada en este mismo expediente," refiriéndose básicamente a errores relacionados con lo siguiente:

Primero, que las decisiones adoptadas por la Corte Interamericana de Derechos Humanos en los casos Neira Alegría y otros, y Durand y Ugarte, se encuentran en etapa de supervisión de sentencia; y que en ambos casos, "la Corte dispuso la obligación del Estado peruano de investigar los hechos, procesar y sancionar a los responsables por lo ocurrido en junio de 1986 en el establecimiento penal de la isla El Frontón, así como hacer los esfuerzos posibles por localizar e identificar los restos de las víctimas, y entregarlos a sus familiares."

Segundo, que la decisión del Tribunal Constitucional mediante la cual se decidió "que los hechos de El Frontón no deben ser calificados como crímenes de lesa humanidad no cuenta con los votos necesarios para conformar una sentencia válida," pues a juicio de los solicitantes "en autos se aprecia que solo tres magistrados, de los cuatro que habrían suscrito materialmente la sentencia, estaban de acuerdo en que el Tribunal se pronuncie señalando que 'los hechos que son materia del proceso penal contra los favorecidos no constituyen crímenes de lesa humanidad.'"

Con respecto al primero de los aspectos alegados, el Tribunal Constitucional en su sentencia subsanatoria consideró que, en efecto, ello era algo que el Tribunal Constitucional debió haber tenido en cuenta "al momento de pronunciarse sobre el fondo de la causa," pero que sin embargo, contrariamente a lo indicado por los solicitantes, ello no constituía "algún 'error material' subsanable por el órgano colegiado," considerando que más bien se trataba "de un argumento orientado a que este Tribunal Constitucional reexamine su decisión," lo que obviamente era improcedente.

Pero en cuanto al segundo punto señalado, "en relación con la ausencia de votos para conformar válidamente un extremo de la sentencia constitucional," en este caso el relativo a la calificación de los delitos como de lesa humanidad, el Tribunal consideró de ser dicho vicio o defecto fuese corroborado," que el mismo:

"podría ser entendido bien como causal de inexistencia de la resolución (considerada también por algunos como una causal de "nulidad" de la decisión) o bien como un problema de mero error material que puede ser subsanado."

En cuanto a la primera alternativa, el Tribunal se refirió a "sobre si el problema detectado podría ser considerado como una causal de inexistencia o nulidad de la decisión emitida por el Tribunal Constitucional," estimando que una declaración de tal naturaleza, de acuerdo con lo admitido por el Tribunal en varios casos (y sobre todo en el caso "Cardoza"), solo es posible en los siguientes supuestos excepcionales:

"(a) Cuando existan vicios graves de procedimiento, en relación con: el cumplimiento de las formalidades necesarias y constitutivas de una resolución válida (a.1) y con vicios en el procedimiento seguido en esta sede que afecten de modo manifiesto el derecho de defensa (a.2)."

"(b) Cuando existan vicios o errores graves de motivación, los cuales, por ejemplo, pueden estar referidos a: vicios o errores graves de conocimiento probatorio (b.1); vicios o errores graves de coherencia narrativa, consistencia normativa o congruencia con el objeto de discusión (b.2); y errores de mandato, en caso se dispongan mandatos imposibles de ser cumplidos, que trasgredan competencias constitucional o legalmente estatuidas, destinados a sujetos que no intervinieron en el proceso, etc. (b.3)."

"(c) Cuando existan vicios sustantivos contra el orden jurídico-constitucional (en sentido lato), en alusión a, por ejemplo: resoluciones emitidas contraviniendo arbitrariamente precedentes constitucionales (c.1); incuestionable doctrina jurisprudencial de este Tribunal (c.2); o cuando se trasgreda de modo manifiesto e injustificado bienes, competencias o atribuciones reconocidos constitucionalmente (c.3)."

En el caso de la sentencia de 2013 que fue analizada por el Tribunal Constitucional en la sentencia del 5 de abril de 2016, ratificada en marzo de 2017, una vez revisada la misma, y sobre la base del examen planteado, para el Tribunal quedó claro que no se trataba "de supuestos de vicios o errores graves de motivación ni de vicios sustantivos contra el orden jurídico-constitucional" que ameritaran la declaratoria de nulidad de la sentencia; y con respecto a los vicios graves de procedimiento, y sobre la base de los votos emitidos, el Tribunal constató que en general sí estaba "ante una sentencia formalmente válida" (pues contaba con las formalidades para ser considerada así), solo existiendo "dudas *con respecto a uno de sus extremos*, el cual, conforme alegaron los solicitantes, habría sido incorporado erróneamente en la sentencia."

De ello concluyó el Tribunal considerando que "lo alegado por los solicitantes no se refiere a un supuesto que habilite a este Tribunal Constitucional a declarar la nulidad o la inexistencia de toda la sentencia," sino que lo alegado se refiere a que "si fuera el caso de que se acredite que la resolución no contó con los votos necesarios para pronunciarse sobre la calificación de los hechos del caso El Frontón como crímenes de lesa humanidad, contenido en el fundamento 68," se trataría "de un vicio o error que podría ser materia de una subsanación puntual."

Con base en todo lo anterior, el Tribunal efectivamente verificó que, en efecto, en el expediente apreció que en el fundamento 27 del voto del magistrado Vergara Gotelli, éste señaló expresamente que:

"[D]e la sentencia propuesta por el ponente del presente hábeas corpus advierto [la] argumentación y decisión que concluye en señalar que "(...) los hechos que son materia del proceso penal contra los favorecidos no constituyen crímenes de lesa humanidad (...)", temática respecto de la cual considero que resulta innecesario un pronunciamiento constitucional toda vez que aquella no es materia de la demanda ni de controversia en el caso de autos, tanto más si el demandante refiere en el recurso de agravio constitucional que no es competencia ni corresponde al órgano constitucional el calificar si los hechos penales imputados constituyen o no hechos de lesa humanidad, apreciación del recurrente que estimo acertada ya que el hábeas corpus no es la vía que permita apreciar los hechos criminosos a fin de subsumirlos o no en determinado tipo penal, pues dicha tarea incumbe al juzgador penal ordinario" (subrayado en el original)."

El propio Magistrado Vergara Gotelli, en un documento que presentó ante el Tribunal el procurador solicitante de la subsanación, y que por tanto cursa en el expediente, explicó a través de un cuadro comparativo lo que había expresado en su pronunciamiento, y había votado con efectos diferentes a lo que votaron los otros tres magistrados.[20]

---

[20]   Véase el texto en: la reseña "El Frontón: El voto de Juan Vergara Gotelli, origen del problema," en *Legis.pe*, Lima, 13 de noviembre de 2017, en http://legis.pe/el-fronton-voto-juan-vergara-gotelli/. Véase igualmente, la reseña "El Frontón | Álvarez a Mesía: «El fundamento [de Vergara] recoge en forma errada la sentencia»," en *Legis.pe*, 26 de noviembre de 2017, donde se explica que "como lo hemos sostenido en un publicado hace unos días en este portal, la raíz del problema fue el voto del magistrado Juan Vergara Gotelli. A estas alturas del partido no podemos hacer otra cosa que ratificarnos en lo dicho. En aquel Informe demostramos que el exmagistrado Vergara Gotelli nunca estuvo de acuerdo con sus colegas de la época Mesía Ramírez, Calle Hayen y Álvarez Miran-

De lo anterior estimó el Tribunal Constitucional que el magistrado Vergara Gotelli había sido:

"explícito al señalar que no estaba de acuerdo con lo finalmente incorporado en el fundamento 68 y en el punto 1 de la parte resolutoria de la sentencia, a través de los cuales se declaraba la nulidad del auto de apertura de instrucción por calificar los hechos materia del proceso penal como constitutivos de un crimen de lesa humanidad."

La consecuencia que de ello sacó el Tribunal Constitucional fue, entonces, que era claro:

"que lo contenido en el fundamento mencionado y en el fallo de la sentencia, relacionado con la calificación de los hechos delictivos como crímenes de lesa humanidad, carecía de la cantidad suficiente de votos para conformar una decisión válida."

Esta circunstancia, de que la sentencia solo contó con tres votos a favor (de los magistrados Álvarez Miranda, Mesía Ramírez y Calle Hayén), llevó a Tribunal a considerar que ello no se ajustaba a lo dispuesto en el artículo 10 del Reglamento Normativo del Tribunal Constitucional, que exige que las sentencias adoptadas por el Pleno del Tribunal se resuelven y adoptan por mayoría simple de votos emitidos. Por el contario, estimó el Tribunal Constitucional, que lo más bien se verificaba en el expediente era "la posición contraria, conforme a la cual debía desestimarse el extremo del hábeas corpus en que se cuestiona la calificación de los hechos penales como crímenes de lesa humanidad," la cual contaba:

"incluso con la mayoría de votos del Pleno del Tribunal constituido en ese momento, en la medida que, además de contar con tres votos explícitos a favor (magistrados Urviola Hani, Eto Cruz y Vergara Gotelli), se beneficiaría también del voto decisorio del entonces Presidente del Tribunal Constitucional, magistrado Urviola Hani, conforme estaba establecido en el artículo 10-A del Reglamento Normativo del Tribunal Constitucional: "El Presidente del Tribunal Constitucional cuenta con el voto decisorio para las causas que son competencia especial del Pleno en la que se produzca un empate de ponencia."

El Tribunal Constitucional concluyó su sentencia indicando que siendo todo ello así, le correspondía:

"subsanar el error material de la sentencia de autos, consistente en haber incluido indebidamente el fundamento jurídico 68 y el punto 1 de la parte resolutiva, conforme a los cuales se declaró la nulidad del auto de apertura de instrucción de la presente causa."

Lo decidido por los cuatro magistrados fue resumido por el Presidente de la Corte Interamericana de Derechos Humanos en el auto que dictó el 17 de diciembre de 2017, contentivo de medidas cautelares de protección a favor de los magistrados del Tribunal Constitucional que hicieron mayoría al dictar la sentencia subsanatoria, en la siguiente forma:

"14. Esta Presidencia constata que las decisiones de abril de 2016 y marzo de 2017, por las cuales están siendo objeto de acusación ante el Congreso los referidos cuatro magistrados del Tribunal Constitucional, se limitan a corroborar y fundamentar si hubo o no un error en el conteo de votos respecto a lo resuelto en el punto resolutivo primero y fundamento jurídico 68 de la sentencia emitida por el propio Tribunal en el 2013, que resolvió un recurso de agravio constitucional presentado a favor de varios acusados en el proceso penal relativo a los hechos del Penal "El Frontón". La decisión del Tribunal Constitucional del 2016, confirmada mediante decisión del 2017, se pronuncia sobre solicitudes planteadas en el 2013

---

da." Véase en http://legis.pe/alvarez-miranda-mesia-ramirez-fundamento-vergara-sentencia/. Véase, además, la reseña "TC: Álvarez admitió diferencia de votos en caso El Frontón," en *La República*, 15 de noviembre de 2017, en http://larepublica.pe/politica/1145391-tc-Alvarez-admitio-diferencia-de-votos-en-caso-el-fronton a la composición anterior del Tribunal Constitucional; es decir, la que adoptó la sentencia ese año, pero no emitió una decisión sobre dichas solicitudes. Las referidas decisiones de 2016 y 2017 resuelven "subsanar el error material de la sentencia de autos, consistente en haber incluido indebidamente el fundamento jurídico 68 y el punto 1 de la parte resolutiva [...] y por ende, tenerlos por no incorporados [...]". Dentro de los fundamentos para adoptar tal decisión, se hace referencia a los argumentos contenidos en el voto del magistrado Vergara Gotteli y se considera que el mismo no estaba de acuerdo con lo incorporado en el fundamento 68 y en el punto 1 de la parte resolutoria de la sentencia de 2013. Se determina que la conclusión relativa a que los hechos delictivos no pueden ser calificados como crímenes de lesa humanidad, "carecía de la cantidad suficiente de votos para conformar una decisión válida", debido a que ello no se ajustaba "a lo dispuesto en el artículo 10 del Reglamento Normativo del Tribunal Constitucional" relativo al requerimiento de una mayoría simple de votos. Con posterioridad a la decisión de marzo de 2017, la defensa legal de imputados en la causa penal planteó un recurso de reposición ante el Tribunal Constitucional, el cual se encuentra pendiente de pronunciamiento."[21]

Ahora bien, de todo lo expresado en la sentencia antes mencionado, el Tribunal Constitucional concluyó su decisión de 5 de abril de 2016, ratificada en marzo de 2017, resolviendo "subsanar la sentencia de fecha 14 de junio de 2013 y, por ende, tener por no incorporados en la resolución el fundamento 08 y el punto 1 de la parte resolutiva."

La sentencia se dictó con una mayoría de cuatro votos y el voto singular de tres magistrados. Los cuatro Magistrados que adoptaron la decisión, fueron acusados constitucionalmente ante el Congreso,[22] abriéndose contra ellos un proceso político, lo que sin duda, constituye un grave atentado contra la autonomía e independencia del Tribunal Constitucional.

El Tribunal Constitucional, lo que hizo en su auto de fecha 5 de abril de 2016,[23] ratificado por auto de marzo de 2017, fue cumplir funciones propias de la judicatura. En este caso, conforme lo autoriza la Ley, subsanando el error material en el cual estimó había incurrido el mismo Tribunal Constitucional, al dictar la sentencia de fecha 14 de junio de 2013, sin haber emitido en su decisión nuevo pronunciamiento de cualquier naturaleza sobre los asuntos debatidos en el proceso.

VI. LA INCONSTITUCIONAL MODIFICACIÓN Y REFORMA DE SUS SENTENCIAS POR LA SALA CONSTITUCIONAL DEL TRIBUNAL SUPREMO DE JUSTICIA MEDIANTE LA FIGURA DE LA ACLARACIÓN O AMPLIACIÓN DE SENTENCIAS

Conforme al mencionado el artículo 252 del Código de Procedimiento Civil de Venezuela, después de pronunciada la sentencia definitiva no puede el juez ni revocarla ni reformarla, pudiendo solo y a solicitud de parte, *aclarar* los puntos dudosos que aparecieren de manifiesto en la misma sentencia, salvando las omisiones y rectificando los errores de copia, de referencia o de cálculos numéricos; o dictar *ampliaciones* para complementar conceptualmente lo expresado en la sentencia cuando haya en la misma omisiones, incluso esenciales, respecto de lo solicitado en la demanda y lo considerados en la sentencia cuya aclaratoria se pide, sin que pueda haber modificación del fallo.

[21] Véase el texto íntegro del auto de la Corte Interamericana, en http://agendapais.com/wp-content/uploads/2017/12/Sentencia-CIDH-casos-magistrados-TC.pdf

[22] Véase la reseña: "El Frontón: Comisión Permanente aprobó investigar a jueces del TC," en *Perú 21*, 11 de noviembre de 2017, en https://peru21.pe/politica/fronton-comision-permanente-aprobo-investigar-jueces-tc-382930

[23] Véase en https://tc.gob.pe/jurisprudencia/2017/01969-2011-HC%20Resolucion.pdf

Contrariamente a ello, sin embargo, en los últimos años, la Sala Constitucional del Tribunal Supremo de Justicia de Venezuela ha utilizado la vía de ampliación sentencias, para proceder a reformarlas y modificarlas.

Fue el caso, por ejemplo, de la sentencia Nº 810 del 21 de septiembre de 2016, dictada en un proceso de control de constitucionalidad de un decreto de estado de excepción (art. 336.6 de la Constitución), en este caso, el Decreto Nº 2.452 de 13 de septiembre de 2016, en la cual la Sala, en la misma, se limitó simplemente a declarar la constitucionalidad de dicho Decreto, que junto con declararlo inconstitucional era lo único que podía decidir.

Sin embargo, el Presidente de la República solicitó una "ampliación" de la sentencia sobre "las condiciones de presentación y aprobación del Presupuesto de la República" ante la Asamblea Nacional, cuyos actos desde principios de 2016 habían sido declarados "nulos y carentes de toda vigencia y eficacia jurídica" por la Sala Constitucional,[24] pues consideraban que entonces el Poder Ejecutivo no podría presentar el Presupuesto ante la Asamblea "debido a la situación irregular en que se encuentra ese órgano legislativo;" lo cual obviamente no encajaba dentro de la posibilidad de "ampliación," pues ello no se había discutido ni mencionado, ni se planteó en el procedimiento que originó la sentencia.

Sin embargo, la Sala Constitucional, bajo dicha excusa de dictar una "ampliación" procedió a dictar una *nueva sentencia*, la Nº 814 de 11 de octubre de 2016,[25] cuyo contenido no tenía relación alguna con la materia decidida en la sentencia supuestamente "aclarada," decidiendo asuntos que no fueron considerados en la misma, como son las competencias constitucionales para la aprobación de la Ley de Presupuesto y sobre la propia noción de ley en la Constitución. De ello pasó, en la nueva sentencia "aclaratoria," disponiendo que la Ley de Presupuesto correspondiente al año fiscal 2017, debía formularse mediante "decreto" el Presidente de la República, y presentarse, no ante la Asamblea Nacional como manda la Constitución sino ante la propia Sala Constitucional para su aprobación. La Sala Constitucional, además, en esta nueva sentencia, declaró la nulidad de un Acuerdo de la Asamblea Nacional el 20 de septiembre de 2016,[26] mediante el cual había rechazando el mencionado Decreto Nº 2452 de 13 de septiembre de 2016 sobre estado de excepción;[27] y lo

[24] Véase por todas las sentencias Brewer-Carías, Allan R. *La dictadura judicial y la perversión del Estado de derecho. El juez constitucional y la destrucción de la democracia en Venezuela* (Prólogo de Santiago Muñoz Machado), Ediciones El Cronista, Fundación Alfonso Martín Escudero, Editorial IUSTEL, Madrid 2017; *La consolidación de la Tiranía judicial. El juez constitucional controlado por el Poder Ejecutivo, asumiendo el poder absoluto,* Colección Estudios Políticos, Nº 15, Editorial Jurídica Venezolana International. Caracas / New York, 2017.

[25] Véase en http://historico.tsj.gob.ve/decisiones/scon/octubre/190792-814-111016-2016-2016-897.HTML.

[26] Véase en http://www.asambleanacional.gob.ve/noticia/show/id/16338.

[27] En dicho Acuerdo, la Asamblea Nacional expresó además, con toda claridad: "Que no hay democracia sin la vigencia efectiva de un texto constitucional que ordene de acuerdo a la justicia, el ejercicio de los poderes públicos, así como las relaciones del poder público con los ciudadanos;" que no hay democracia sin respeto de los derechos humanos, que el ejercicio de los derechos humanos es irrenunciable y que los órganos del Poder Público están obligados a velar por su efectiva vigencia;" y que "Que no hay democracia sin voto y que el ejercicio del voto es el cauce democrático para exigir a las autoridades del Poder Público el cumplimiento de sus funciones en beneficio de los ciudadanos, así como el medio para garantizar la paz y que los cambios políticos anhelados por la ciudadanía se alcancen pacífica y cívicamente." Véase el texto en http://www.asamblea nacional.gob.ve/up-loads/documentos/doc_e1f2b1e2f50dc2e598d87dbf11d989a2f560e4d5.pdf.

hizo, de nuevo, de oficio, es decir, sin que nadie se lo hubiese solicitado, sin desarrollar proceso constitucional de nulidad alguno, violando en consecuencia el derecho a la defensa de la Asamblea Nacional.

La sentencia N° 814 de 11 de octubre de 2016, de "aclaratoria" de la sentencia N° 810 del 21 de septiembre de 2016 de la misma Sala Constitucional, por tanto, en definitiva fue una nueva sentencia dictada sin proceso constitucional alguno, en la cual no sólo violó las normas del Código de procedimiento Civil sobre aclaración de sentencias, sino que en sí misma, además, violó abiertamente los artículos 187.6, 311 y 313 de la Constitución que le atribuyen a la Asamblea Nacional la competencia exclusiva para "discutir y aprobar el presupuesto nacional;" el artículo 202 de la Constitución sobre la noción de "ley" en Venezuela como acto emanado de la Asamblea Nacional actuando como cuerpo legislador, y la competencia exclusiva de la Asamblea Nacional para sancionar leyes; y los artículos 203 y 236.8 de la Constitución, que restringen la potestad del Poder Ejecutivo a dictar actos con fuerza de ley ("decretos leyes") actuando por delegación legislativa.

La Sala Constitucional, con posterioridad siguió utilizando la figura de la "aclaratoria," no ya para dictar nueva sentencia, sino para modificar y reformar sus propias sentencias. El caso más notorio fue el relativo a las sentencias N° 155[28] y 156[29] de 27 y 29 de marzo de 2017, las cuales fueron modificadas y revocadas parcialmente mediante las sentencias Nos. 157[30] y 158[31] de fecha 1 de abril de 2017, dictadas, como lo anunció la propia Sala Constitucional el día 1 de abril de 2017,[32] a solicitud del Presidente de la República a través de una reunión de un Consejo consultivo de Defensa de la Nación,[33] en violación de los principios

---

[28]   Véase la sentencia N° 155 de 27 de marzo de 2017, en http://historico.tsj.gob.ve/decisiones/scon/ marzo/197285-155-28317-2017-17-0323.HTML. Véase los comentarios a dicha sentencia en Allan. Brewer-Carías: "El reparto de despojos: la usurpación definitiva de las funciones de la Asamblea Nacional por la Sala Constitucional del Tribunal Supremo de Justicia al asumir el poder absoluto del Estado (sentencia N° 156 de la Sala Constitucional), 30 de marzo de 2017, en http://diarioconstitucional.cl/noticias/actualidad-internacional/2017/03/31/opinion-acerca-de-la-usur-pacion-de-funciones-por-el-tribunal-supremo-de-venezuela-y-la-consolidacion-de-una-dictadura-ju-dicial/.

[29]   Véase la sentencia N° 156 de 29 de marzo de 2017 en http://historico.tsj.gob.ve/decisiones /scon/marzo/197364-156-29317-2017-17-0325.HTML. Véase los comentarios a dicha sentencia en Allan. Brewer-Carías: "La consolidación de la dictadura judicial: la Sala Constitucional, en un juicio sin proceso, usurpó todos los poderes del Estado, decretó inconstitucionalmente un estado de excepción y eliminó la inmunidad parlamentaria (sentencia N° 156 de la Sala Constitucional), 29 de Marzo de 2017, en http://diarioconstitucional.cl/noticias/actualidad-internacional/2017/ 03/31/opinion-acerca-de-la-usurpacion-de-funciones-por-el-tribunal-supremo-de-venezuela-y-la-consolidacion-de-una-dictadura-judicial/.

[30]   Véase en http://historico.tsj.gob.ve/decisiones/scon/abril/197399-157-1417-2017-17-0323.Html.

[31]   Véase en http://Historico.Tsj.Gob.Ve/Decisiones/Scon/Abril/197400-158-1417-2017-17-0325. Html.

[32]   Véase sobre el anuncio de las aclaratorias, los comentarios en Allan. Brewer-Carías: "El golpe de Estado judicial continuado, la no creíble defensa de la constitución por parte de quien la despreció desde siempre, y el anuncio de una bizarra "revisión y corrección" de sentencias por el juez constitucional por órdenes del poder ejecutivo. (Secuelas de las sentencias N° 155 y 156 de 27 y 29 de marzo de 2017), New York, 2 de abril de 2017, en http://allanbrewercarias.net/site/wp-content/ uploads/2017/04/150.-doc.-BREWER.-EL-GOLPE-DE-ESTADO-Y-LA-BIZARRA-RE-FORMA-DE-SENTENCIAS.-2-4-2017.pdf.

[33]   La propia Sala confesó en un Comunicado de 3 de abril de 2017 publicado en *Gaceta Oficial* que "El Tribunal Supremo de Justicia en consideración al exhorto efectuado por el Consejo de Defensa de la Nación ha procedido a revisar las decisiones 155 y 156, mediante los recursos contemplados

más elementales del debido proceso, pero irónicamente invocando la sala Constitucional como motivación fundamental para las aclaratorias, la "garantía de la tutela judicial efectiva consagrada en el artículo 26 constitucional."[34]

Mediante la sentencia Nº 155 de 27 de marzo de 2017, en efecto, la Sala Constitucional había anulado un Acuerdo político adoptado por la Asamblea Nacional sobre la Reactivación del Proceso de Aplicación de la Carta Interamericana de la OEA, como mecanismo de resolución pacífica de conflictos para restituir el orden constitucional en Venezuela, de 21 de marzo de 2017; y en la misma, la Sala Constitucional, además de desconocer la inmunidad parlamentaria de los diputados de la Asamblea nacional cuyos actos ya había declarado nulos en múltiples ocasiones anteriores, dictó como medida cautelar una orden al Presidente para que procediera a legislar sin límite, en especial para tomar "las medidas civiles, económicas, militares, penales, administrativas, políticas, jurídicas y sociales que estime pertinentes y necesarias para evitar un estado de conmoción," y para proceder a "revisar excepcionalmente la legislación sustantiva y adjetiva (incluyendo la Ley Orgánica contra la Delincuencia Organizada y Financiamiento al Terrorismo, la Ley Contra la Corrupción, el Código Penal, el Código Orgánico Procesal Penal y el Código de Justicia Militar –pues pudieran estar cometiéndose delitos de naturaleza militar–)."[35]

A raíz del escándalo nacional e internacional que provocó esta sentencia, y luego de la exhortación que el Consejo de Defensa de la nación le hiciera a la Sala Constitucional para que reformara su sentencia No 155, la Sala Constitucional efectivamente mediante la sentencia Nº 157 pasó a revocar las partes de la sentencia en las cuales la Sala había desconocido la inmunidad parlamentaria de los diputados a la Asamblea Nacional; y había ordenado al Presidente legislar sin límites y revisar toda "la legislación sustantiva y adjetiva."

Para la revocación parcial de la sentencia Nº 155, la Sala Constitucional solo esgrimió como "motivación," el "alcance constitucional que tiene el exhorto del Consejo de Defensa de la Nación,"[36] analizando entonces solo al tema de la violación de la inmunidad parlamen-

---

en el ordenamiento jurídico venezolano, y en tal sentido, hoy son públicas y notorias sendas sentencias aclaratorias que permiten sumar en lo didáctico y expresar cabalmente el espíritu democrático constitucional que sirve de fundamento a las decisiones de este Máximo Tribunal." Véase en la *Gaceta Oficial* Nº 41.127 de 3 de abril de 2017.

[34] Véase Román José Duque Corredor, "Fraude procesal de los magistrados de la Sala Constitucional," 4 de abril de 2017, en http://justiciayecologiaintegral.blogspot.com/2017/04/fraude-procesal-de-los-magistrados-de.html?spref=fb&m=1.

[35] Véase la sentencia Nº 155 de 27 de marzo de 2017, en http://historico.tsj.gob.ve/decisiones/scon/marzo/197285-155-28317-2017-17-0323.HTML. Véase los comentarios a dicha sentencia en Allan Brewer-Carías: "El reparto de despojos: la usurpación definitiva de las funciones de la Asamblea Nacional por la Sala Constitucional del Tribunal Supremo de Justicia al asumir el poder absoluto del Estado (sentencia nº 156 de la Sala Constitucional), 30 de marzo de 2017, en http://diarioconstitucio-nal.cl/noticias/actualidad-internacional/2017/03/31/opinion-acerca-de-la-usurpacion-de-funciones-por-el-tribunal-supremo-de-venezuela-y-la-consolidacion-de-una-dictadura-judicial/.

[36] Sobre el "alcance constitucional del exhorto del Consejo de Defensa" que supuestamente le permitió "a la Sala Constitucional "analizar la situación planteada," el profesor Duque Corredor, con razón, indicó que ello "es falso, porque, por un lado, las competencias del Consejo mencionado se limitan a las materias de la seguridad de la Nación y no a las materias judiciales y mucho menos relativas a revisión de sentencias del Tribunal Supremo de Justicia o de los tribunales. "Ello es falso también" porque "en ninguna disposición de esta Ley se prevé que mediante exhortos de órganos del Ejecutivo Nacional las Salas del Tribunal Supremo de Justicia puedan revisar sus senten-

taria en la que había incurrido; pero ignorando lo concerniente al inconstitucional "decreto de estado de excepción" que contenía su sentencia N° 155. Para ello, la Sala comenzó por aclarar (excusarse?) que solo había hecho referencia a la inmunidad parlamentaria, *en la motiva de la sentencia "mas no en su dispositivo,"* considerando que dicho "señalamiento *aislado en la motiva*" había sido "tema central del debate público," pero advirtiendo que en este caso, se habían difundido "diversas interpretaciones erradas sobre algunos aspectos de la decisión objeto de esta aclaratoria."

Y sin más, de allí pasó a "aclarar" de oficio, "en ejercicio de la potestad que para este caso corresponde y con base en el artículo 252 del Código de Procedimiento Civil," que "el dispositivo 5.1.1 y lo contenido sobre el mismo en la motiva; así como lo referido a la inmunidad parlamentaria," supuestamente obedecían a medidas cautelares dictadas por esta Sala, lo cual era falso, indicando para terminar que "como garantía de la tutela judicial efectiva" consagrada en el artículo 26 de la Constitución, y sin argumentar absolutamente nada sobre el inconstitucional decreto de estado de excepción contenido en el "dispositivo 5.1.1.0" concluyó señalando que:

> "se revocan en este caso la medida contenida en el dispositivo 5.1.1, así como lo referido a la inmunidad parlamentaria. Así se decide.

Es decir, sin motivación alguna, la sentencia N° 157 no aclaró nada sino que modificó y revocó parcialmente la sentencia N° 155, lo que está expresamente prohibido en Venezuela, indicándose que lo resuelto debía además, tenerse como "parte complementaria de la sentencia N° 155 del 28 de marzo de 2017. Así se decide." Mayor arbitrariedad es imposible de encontrar en los anales de la justicia constitucional en el derecho comparado.

En todo caso, algo similar ocurrió con la sentencia de la Sala Constitucional N° 156 de 29 de marzo de 2017 que fue reformada mediante la sentencia N° 158 de fecha 1° de abril de 2017.

En esta sentencia N° 156, la Sala Constitucional, al conocer de un recurso de interpretación de unas normas constitucional y legal que regulan la autorización parlamentaria para la constitución de empresas mixtas en el sector de hidrocarburos, presentado por una empresa del Estado de dicho sector, había resuelto "con carácter vinculante y valor *erga omnes,* declarar que había una "omisión inconstitucional parlamentaria por parte de la Asamblea Nacional," ya que no podía actuar porque la Sala Constitucional había declarado nulos todos sus actos, disponiendo entonces entre otros aspectos, que:

> "4.3.- Sobre la base del estado de excepción, el Jefe de Estado podrá modificar, mediante reforma, la norma objeto de interpretación, en correspondencia con la jurisprudencia de este Máximo Tribunal (ver sentencia N° 155 del 28 de marzo de 2017).
>
> 4.4.- Se advierte que mientras persista la situación de desacato y de invalidez de las actuaciones de la Asamblea Nacional, esta Sala Constitucional garantizará que las competencias parlamentarias sean ejercidas directamente por esta Sala o por el órgano que ella disponga, para velar por el Estado de Derecho."[37]

---

cias." En "Fraude procesal de los magistrados de la Sala Constitucional," 4 de abril de 2017, en http://justiciayecologiainte-gral.blogspot.com/2017/04/fraude-procesal-de-los-magistrados-de.html ?spref=fb&m=1.

[37]   Véase la sentencia N° 156 de 29 de marzo de 2017 en http://historico.tsj.gob.ve/decisiones/scon/marzo/197364-156-29317-2017-17-0325.HTML. Véase los comentarios a dicha sentencia en Allan Brewer-Carías: "La consolidación de la dictadura judicial: la Sala Constitucional, en

Con estos dispositivos, la Sala Constitucional, por una parte, le otorgó la potestad de legislar en materia de hidrocarburos al Presidente de la República, y por la otra, asumió ella misma todas las competencias de la Asamblea Nacional, para ejercerlas directamente.

La Sala Constitucional, también en este caso, mediante sentencia Nº 158 de 1º de abril de 2017, pasó supuestamente a "aclarar" dicha sentencia Nº 156 en los dos dispositivos mencionados, basándose en la misma exhortación que el Consejo de Defensa de la Nación había hecho al Tribunal Supremo de Justicia de "aclarar el alcance de las decisiones Nro. 155 y 156, dictadas el 28 y 29 de marzo de 2017, respectivamente, con el propósito de mantener la estabilidad institucional y el equilibrio de poderes, mediante los recursos contemplados en el ordenamiento jurídico venezolano."

Y por tanto, de nuevo, "atendiendo al alcance constitucional que tiene el exhorto del Consejo de Defensa de la Nación" (sic), la Sala entonces pasó a "analizar la situación planteada," considerando que a su juicio era "un hecho público, notorio y comunicacional la situación de desacato y de omisión inconstitucional en la que se encuentra la Asamblea Nacional," respecto de las anteriores sentencias dictadas por la Sala Electoral y la propia Sala Constitucional,[38] pasando a recordar que en la sentencia Nº 156 de 29 de marzo de 2017 había decidido, en relación con el artículo 33 de la Ley de Hidrocarburos, que no existía impedimento alguno para que el Ejecutivo Nacional constituya empresas mixtas en el sector" sustituyendo a la Asamblea para conocer de las circunstancias de las contrataciones, en sustitución de la Asamblea Nacional.

Ahora, para proceder "supuestamente "aclarar" dicha sentencia Nº 156 de 29 de marzo de 2017, la Corte, primero, mutó la naturaleza definitiva de la misma, pues fue una sentencia dictada en un proceso de interpretación, transformándola en una "medida cautelar;" y segundo, sin motivación alguna, pasó a revocar las decisiones mediante las cuales había usurpado las potestades de la Asamblea Nacional

Para esto último, la Sala Constitucional, teniendo en cuenta que se habían difundido "diversas interpretaciones erradas sobre algunos aspectos de la decisión objeto de esta aclaratoria," sin motivación alguna, considerando simplemente que la convocatoria efectuada por el Jefe del Estado para reunir al Consejo de Defensa de la Nación, "a objeto de tratar en su seno la controversia surgida entre autoridades del Estado venezolano, se nos presenta como una situación inédita para la jurisdicción constitucional," pasó a retractarse de lo que había decidido, diciendo que lo que había decidido no es lo que decidió, precediendo así a "aclarar" de oficio, supuestamente "en ejercicio de la potestad que para este caso corresponde y con base en el artículo 252 del Código de Procedimiento Civil," que:

---

un juicio sin proceso, usurpó todos los poderes del Estado, decretó inconstitucionalmente un estado de excepción y eliminó la inmunidad parlamentaria (sentencia Nº 156 de la Sala Constitucional), 29 de Marzo de 2017, en http://diarioconstitucional.cl/noticias/actualidad-internacional/2017/03/31/opinion-acerca-de-la-usurpacion-de-funciones-por-el-tribunal-supremo-de-venezuela-y-la-consolidacion-de-una-dictadura-judicial/.

[38]   La Sala en la sentencia, hizo referencia nuevamente a las sentencias dictadas "en su Sala Electoral (Nros. 260 del 30 de diciembre de 2015, 1 del 11 de enero de 2016 y 108 del 1 de agosto de 2016) y en Sala Constitucional (Nros. 269 del 21 de abril de 2016, 808 del 2 de septiembre de 2016, 810 del 21 de septiembre de 2016, 952 del 21 de noviembre de 2016, 1012, 1013, 1014 del 25 de noviembre de 2016 y 2 del 11 de enero de 2017)."

"en el fallo N° 156 dictado el 29 de marzo de 2017 los dispositivos 4.3 y 4.4 y lo que respecta a lo indicado en la parte motiva sobre los mismos, *tienen naturaleza cautelar*, en vista de que el desacato de la Asamblea Nacional, que le impide el ejercicio de sus atribuciones constitucionales es de carácter circunstancial; y, en todo caso, *esta Sala no ha dictado una decisión de fondo* que resuelva la omisión."

Ello, por supuesto no era cierto, pues la sentencia N° 156 de 29 de marzo de 2017, fue una *sentencia definitiva*, dictada en un "juicio de interpretación constitucional" que concluyó con la misma, y que por tanto impide esencialmente que sus dispositivos puedan tener el carácter cautelar. Esta decisión, ni siquiera se puede considerar como una ilegal "reforma" de la sentencia N° 156 por vía de aclaración, porque en ningún caso una sentencia definitiva se puede trastocar, cambiar y convertir en una medida cautelar, que solo se puede dictar en el curso de un juicio, pero nunca una vez que el mismo ha terminado.

La sentencia N° 158 de 1 de abril de 2017, en definitiva, sin motivación, pero falsamente calificando una sentencia definitiva como medida cautelar, no aclaró nada respecto de la sentencia N° 156, sino que lo que hizo fue revocarla parcialmente, lo que está expresamente prohibido en Venezuela, indicándose también que lo resuelto por la sentencia debía además tenerse como "parte complementaria de la sentencia N° 156 del 29 de marzo de 2017. Así se decide."

CONCLUSIONES

Como puede apreciarse de los casos resueltos por los Tribunales Constitucionales de Colombia y del Perú, el principio de la intangibilidad de las sentencias como manifestación del derecho al debido proceso y a la tutela judicial efectiva continúa siendo uno de los pilares fundamentales del sistema judicial, en el sentido de que después de pronunciada la sentencia por el juez, éste no puede éste revocarla ni reformarla.

Queda a salvo, sin embargo, que las partes puedan solicitar del juez aclaración o ampliación a la sentencia para precisar aspectos dudosos y corregir errores materiales, lo que en ningún caso puede llevar al juez a reformar o revocar parcialmente su sentencia. Por tanto, son absolutamente inconstitucionales las sentencias analizadas de la Sala Constitucional del Tribunal Supremo de Justicia de Venezuela, mediante las cuales, con la excusa de aclarar sentencias precedentes las mismas fueron reformadas y revocadas parcialmente.

Distinto es el caso analizado del Tribunal Constitucional del Perú, en el cual, con motivo de una solicitud de parte, el mismo se limitó a corregir un error material de una decisión precedente.

Y distinto a los dos supuestos anteriores son los casos analizados decididos por la Corte Constitucional de Colombia y del Tribunal Constitucional del Perú, en los cuales precisamente en protección al derecho a las garantías del debido proceso, los mismos han conocido de peticiones de nulidad de sus propias sentencias, conforme al principio general del derecho procesar que se recoge en los Códigos de procedimiento Civil, e incluso en el Decreto 2067 de 1991 que regula la Jurisdicción Constitucional. Donde se precisa que "sólo las irregularidades que impliquen violación del debido proceso podrán servir de base para que el Pleno de la Corte anule el proceso."

En estos casos entre dos principios protectores del debido proceso, el de la intangibilidad y la nulidad es al juez a quien compete hacer la correspondiente ponderación para determinar cuál debe prevalecer.

BIBLIOGRAFÍA

Brewer-Carías, Allan R., *La dictadura judicial y la perversión del Estado de derecho. El juez constitucional y la destrucción de la democracia en Venezuela* (Prólogo de Santiago Muñoz Machado), Ediciones El Cronista, Fundación Alfonso Martín Escudero, Editorial IUSTEL, Madrid 2017.

_____, *La consolidación de la Tiranía judicial. El juez constitucional controlado por el Poder Ejecutivo, asumiendo el poder absoluto*, Colección Estudios Políticos, Nº 15, Editorial Jurídica Venezolana International. Caracas / New York, 2017.

_____, "El reparto de despojos: la usurpación definitiva de las funciones de la Asamblea Nacional por la Sala Constitucional del Tribunal Supremo de Justicia al asumir el poder absoluto del Estado (sentencia Nº 156 de la Sala Constitucional), 30 de marzo de 2017, en http://diarioconstitucional.cl/noti-cias/actualidad-internacional /2017/ 03/31/opinion-acerca-de-la-usurpacion-de-funciones-por-el-tribunal-supremo-de-venezuela-y-la-consolidacion-de-una-dictadura-judicial/.

_____, "La consolidación de la dictadura judicial: la Sala Constitucional, en un juicio sin proceso, usurpó todos los poderes del Estado, decretó inconstitucionalmente un estado de excepción y eliminó la inmunidad parlamentaria (sentencia Nº 156 de la Sala Constitucional), 29 de Marzo de 2017, en http://diarioconstitucional.cl/noticias/ actualidad-internacional/2017/03/31/opinion-acerca-de-la-usurpacion-de-funciones-por-el-tribunal-supremo-de-venezuela-y-la-consolidacion-de-una-dictadura-judicial/.

_____, "El golpe de Estado judicial continuado, la no creíble defensa de la constitución por parte de quien la despreció desde siempre, y el anuncio de una bizarra "revisión y corrección" de sentencias por el juez constitucional por órdenes del poder ejecutivo. (Secuelas de las sentencias Nº 155 y 156 de 27 y 29 de marzo de 2017), New York, 2 de abril de 2017, en http://allanbrewercarias.net/site/wp-content/uploads/2017/04/150.-doc.-BREWER.-EL-GOLPE-DE-ESTADO-Y-LA-BIZARRA-REFORMA-DE-SENTEN-CIAS. -2-4-2017.pdf.

_____, "El reparto de despojos: la usurpación definitiva de las funciones de la Asamblea Nacional por la Sala Constitucional del Tribunal Supremo de Justicia al asumir el poder absoluto del Estado (sentencia Nº 156 de la Sala Constitucional), 30 de marzo de 2017, en http://diarioconstitucional.cl/noticias/actualidad-internacional/2017/03/ 31/opinion-acerca-de-la-usurpacion-de-funciones-por-el-tribunal-supremo-de-venezuela-y-la-consolidacion-de-una-dictadura-judicial/.

_____, "La consolidación de la dictadura judicial: la Sala Constitucional, en un juicio sin proceso, usurpó todos los poderes del Estado, decretó inconstitucionalmente un estado de excepción y eliminó la inmunidad parlamentaria (sentencia Nº 156 de la Sala Constitucional), 29 de Marzo de 2017, en http://diarioconstitucional.cl/noticias/actualidad-internacional/2017/03/31/opinion-acerca-de-la-usurpacion-de-funciones-por-el-tribunal -supremo-de-venezuela-y-la-consolidacion-de-una-dictadura-judicial/.

Castillo Córdova, Luis (Coordinador): ¿Son anulables las sentencias del Tribunal Constitucional? Análisis de la sentencia Nº 04317-2012-PA/TC en el caso Panamericana Televisión. Cuadernos sobre jurisprudencia constitucional, N° 10, Palestra, Lima 2015.

Duque Corredor, Román José, "Fraude procesal de los magistrados de la Sala Constitucional," 4 de abril de 2017, en http://justiciayecologiainte-gral.blogspot.com/2017/04/fraude-procesal-de-los-magistrados-de.html?spref=fb&m=1.

Espinosa-Saldaña Barrera, Eloy, "El Tribunal Constitucional y la potestad excepcional de declarar la nulidad de sus propias decisiones," en *Revista Peruana de Derecho Constitucional, Cosa Juzgada Constitucional, Centro de Estudios Constitucionales*, Tribunal Constitucional del Perú, N° 9 Nueva Época, Lima diciembre de 2016.

Henríquez La Roche, Ricardo, *Comentarios al Código de Procedimiento Civil*, Tomo II, Centro de Estudios Jurídicos de Venezuela. Caracas 2009.

Marcano Rodríguez, R., *Apuntaciones Analíticas sobre las Materias Fundamentales y Generales del Código de Procedimiento Civil Venezolano*, Editorial Bolívar, Caracas, 1942, Tomo III, p. 75-76.

Pierre Tapia, Oscar, *Jurisprudencia de la Corte Suprema de Justicia*, N° 8-9, Editorial Pierre Tapia, Caracas 1992.

Sosa Sacio, Juan Manuel, "La potestad del Tribunal Constitucional para declarar nulas sus resoluciones con incorrecciones graves, dañosas e insubsanables, en *Revista Peruana de Derecho Constitucional*, N° 9, Nueva Época, Lima, diciembre de 2016, pp. 59 y ss.

AAVV, "¿Puede el TC anular sus propias sentencias?", en *Gaceta Constitucional & Procesal Constitucional*. Tomo 85, Gaceta Jurídica, Lima, enero 2015.

www.ingramcontent.com/pod-product-compliance
Lightning Source LLC
Chambersburg PA
CBHW061135220326
41599CB00025B/4244